World Book 214

Jack London
THE CALL OF THE WILD/WHITE FANG
야성의 부르짖음/하얀 엄니
잭 런던/박상은 옮김

동서문화사

디자인 : 동서랑 미술팀

야성의 부르짖음/하얀 엄니/불지피기
차례

야성의 부르짖음
제1장 원시 속으로…11
제2장 몽둥이와 송곳니의 법칙…21
제3장 우월한 원초적 야수…30
제4장 새로운 우두머리…44
제5장 고된 여정 썰매 끌기…53
제6장 한 인간을 향한 사랑…67
제7장 부르는 소리…80

하얀 엄니
제1부…99
제2부…128
제3부…167
제4부…212
제5부…265

잭 런던 명작선
불 지피기…305
마푸히의 집…323
삶의 법칙…351
잃어버린 체면…360
미다스의 노예들…375
그림자와 섬광…391

잭 런던 생애와 작품
잭 런던 생애와 작품…411
잭 런던 연보…432

The Call of the Wild
야성의 부르짖음

제1장
원시 속으로

　방랑에 대한 오랜 갈망이 끓어올라 관습의 사슬을 끊어버릴 때, 다시 그 겨울잠에서 야성의 피가 깨어나리.

　벅은 신문을 읽을 수 없었다. 읽을 줄 알았다면 악운이 다가오는 것을 알아차렸으리라. 그것도 자신만이 아니라 퓨젓사운드에서 샌디에이고까지 미국 서해안에 사는, 강한 근육과 길고 따스한 털을 가진 모든 개들에게 말이다. 사람들이 북극의 어둠 속을 더듬어 황금을 발견하자 기선회사와 운송회사들이 그 횡재를 부채질하면서 몇천, 몇만 명이 북극으로 몰려갔다. 그 사람들은 개를 원했다. 일 잘할 수 있게 근육이 발달하고 동상으로부터 몸을 보호할 수 있도록 털이 수북한 커다란 개를 원했다.
　벅은 햇빛이 잘 드는 산타클라라 계곡 어느 큰 저택에 살고 있었다. 사람들은 그 집을 밀러 판사 댁이라 불렀다. 길에서 살짝 들어선 곳에 지어진 그 집은 숲에 가려 반쯤밖에 보이지 않았으며 사면을 둘러싼 넓고 서늘한 베란다가 얼핏 눈에 들어왔다. 서로 얽힌 큰 미루나무 가지들 아래 넓게 펼쳐진 잔디 사이로 뚫린 자갈길을 따라가면 집으로 들어갈 수 있었다. 집 앞쪽보다 뒤쪽 공간이 더 넓었다. 12명 정도의 마부와 심부름꾼 소년들이 이런저런 이야기를 장황하게 늘어놓는 커다란 마구간들이 있었으며 넝쿨에 덮여 가지런히 늘어선 하인들의 오두막들, 끝없이 가지런하게 늘어선 헛간들, 긴 포도 넝쿨이 드리운 정자들, 푸른 목장과 과수원, 딸기밭이 펼쳐져 있었다. 깊은 우물에서 물을 길어 올리는 펌프가 있고, 밀러 판사의 아이들이 아침에 물놀이를 하거나 뜨거운 오후에 시원하게 몸을 담그는 시멘트 풀장도 있었다.
　이렇게 넓은 저택을 지배하는 것을 다름 아닌 벅이다. 그는 여기에서 태어나 4년을 살았다. 물론 다른 개들도 있었다. 이토록 넓은 곳에 어찌 다른 개들이 없겠는가? 그러나 그 개들은 보잘것없는 존재였다. 그들은 왔다가도 자주 사라졌으며 버글대는 개집에서 살거나 재패니즈 퍼그인 투츠와 멕시칸 헤어리스도그 이사벨처럼 집안 구석에서 조용히 살았다. 그 이상한 개들은 집 밖으로 얼굴을 내밀지도, 발에 흙을 묻히지도 않았다. 폭스테리어도 스무 마리쯤 있었는데, 그들은 대걸레와 빗자루로 무장한 하녀 부대의 보호를 받으며 유리창으로 밖을 빠끔히 내다보는 투츠와 이사벨을 반드시 혼내주겠다고 으르렁거리고는 했다.

그러나 벅은 집 안에 사는 개도 아니고 우리에 갇힌 개도 아니었다. 모두가 그의 영역이었다. 그는 판사의 아들들과 풀장에 뛰어들기도 하고 함께 사냥을 나가기도 했다. 판사의 딸인 몰리와 앨리스가 해가 뜨거나 질 무렵에 산책할 때는 따라나섰다. 추운 겨울밤이면 불이 훨훨 타오르는 서재 벽난로 앞에 있는 판사의 발치에 누웠다. 그리고 판사의 손자들을 등에 태우거나 풀밭에서 떼굴떼굴 구르게 했다. 때때로 그 애들이 마구간 마당의 샘터나 샘터 너머에 있는 목장과 딸기밭까지 가 보는 거친 모험을 하려 들면 그들을 보호했다. 그는 테리어들 사이를 근엄하게 걸었고 투츠와 이사벨을 완전히 무시했다. 그는 왕이었기 때문이다. 인간을 포함해 밀러 판사의 저택 안에서 기고 걷고 나는 모든 것들 위에 군림하는 왕이었다.

벅의 아버지, 엘모는 커다란 세인트버나드로 판사와 뗄 수 없는 친구였고 이제 벅이 아버지의 뒤를 이을 참이었다. 벅은 몸집이 그리 큰 개는 아니었다. 어머니인 셰프가 스코틀랜드 셰퍼드여서 그런지 체중은 63.5킬로그램 정도였다. 그런데도 주위에서 보내오는 존경과 쾌적한 삶에서 나오는 고상함 덕분에 그는 마치 왕족이라도 되는 듯 굴었다. 강아지 시절부터 4년 동안 그는 가장 좋은 것들을 질릴 만큼 누렸다. 그러나 때로 시골 신사가 우물 안 개구리에 불과하듯이 벅은 자존심이 세고 자기중심적이었다. 그는 자신을 절제했으며 단순히 귀여움만 받는 집개로 전락하지는 않았다. 사냥과 야외 오락들로 체내의 지방을 줄이고 근육을 단련시켰다. 게다가 냉수욕을 즐기는 동물처럼 물을 사랑하는 것이 하나의 강장제가 되어 건강유지에도 도움이 되었다.

1897년 가을, 클론다이크(알래스카 국경에 가까운 캐나다 금광. 19세기 끝무렵, 알래스카 골드러시 발상지)가 온 세상 사람들을 얼어붙은 북극으로 끌어들이던 때의 벅은 이런 모습이었다. 벅은 신문을 읽지 못했고 정원사의 조수들 가운데 하나였던 마누엘과 좋지 않은 사이가 되리라는 것도 알지 못했다. 마누엘에게는 몸에 밴 나쁜 습관이 있었다. 바로 중국식 도박이었다. 게다가 그 도박 방식에는 치명적인 약점이 있었다. 한 가지 방법에서 벗어나지 못한다는 것이었는데 이는 그를 파멸로 몰아넣었다. 한 가지 방식에 의존하는 도박에는 돈이 들었는데, 정원사 조수 월급으로는 아내와 자식들을 먹여 살리기도 빠듯했다.

마누엘의 배신으로 영원히 잊을 수 없게 된 그날 밤, 판사는 건포도 재배업자 모임에 참석하느라 집을 비웠고 아들들은 운동모임을 만드느라 바빴다. 벅과 마누엘이 과수원을 지나가는 것을 아무도 보지 못했고, 벅도 그저 산책하는 것쯤으로 생각했다. 그리고 단 한 사람 말고는, 벅과 마누엘이 칼리지 공원이라는 간이역에 나타난 것을 본 사람은 아무도 없었다. 이 사람은 마누엘과 무슨 말을 주고받더니 돈을 건넸다.

"물건을 넘기기 전에 포장 좀 하게나." 낯선 남자가 퉁명스레 말했다. 마누엘은 벅의 목걸이 밑에 굵은 밧줄을 끼워 넣고 두 번 감았다.

"이걸 비틀면 숨이 막힐 만큼 목이 조이지." 마누엘이 말하자 낯선 남자는 볼멘소리로 알았다고 답했다.

벅은 소란을 피우지 않고 위엄 있게 밧줄을 받아들였다. 여느 때와는 상황이 달랐지만, 그는 아는 사람을 믿으라고 배웠으며 자신보다 한 수 위인 지혜를 가진 인간에 대한 믿음도 있었다. 그러나 막상 밧줄이 낯선 자의 손에 넘어가자 위협하듯 으르렁거렸다. 그저 기분이 안 좋다는 것을 알리려는 뜻이었고 자존심이 센 그가 그렇게 하는 것은 곧 명령을 내린다는 의미이기도 했다. 그러나 목을 탁 조이는 밧줄 때문에 숨이 컥 막혀서 그는 깜짝 놀랐다. 분노가 치솟아 확 달려드는 순간 남자는 그의 목을 잽싸게 쥐고 한 바퀴 홱 돌리더니 몸을 뒤집어 놓았다. 벅이 분노로 버둥거리자 밧줄이 사정없이 조여 왔다. 벅의 혀가 입 밖으로 나오고 커다란 가슴은 무력하게 헐떡거렸다. 그는 살면서 이런 지독한 대접을 받아 본 적도, 이토록 화가 치밀어 오른 적도 없었다. 그러나 점차 기운이 빠지고 눈앞이 흐려졌다. 깃발의 신호에 따라 기차가 출발할 때 두 사람이 그를 화물칸으로 집어 던졌고 벅은 정신을 잃었다.

정신이 들었을 때 벅은 혀가 몹시 아프다는 것과 자신이 흔들리는 어느 찻

간에 갇혀 있음을 어렴풋이 알았다. 건널목에서 기차가 목쉰 소리를 내뿜었을 때 그는 비로소 자신이 어디에 있는지 알았다. 판사와 자주 여행을 다녔던 그가 화물칸에 탔을 때의 감각을 모를 리 없었다. 벅은 눈을 번쩍 떴다. 그의 눈에는 납치된 왕의 참을 수 없는 분노가 이글거렸다. 남자는 얼른 벅의 목을 낚아채려고 달려들었으나 이번에는 벅이 더 빨랐다. 벅이 남자의 손을 꽉 물었고 다시 한 번 목이 졸려 정신을 잃을 때까지 물고 있는 입을 벌리지 않았다.

"아, 이 녀석한테 발작 증세가 있거든요." 남자는 상처 난 손을 감추며 소란을 듣고 달려온 수화물 차장에게 말했다. "샌프란시스코의 주인에게 데려갈 거예요. 거기 유명한 의사가 있는데 그곳에 가면 나을 수 있다는군요."

남자는 샌프란시스코 부둣가 어느 선술집 작은 뒷방에 앉아 그날 밤 여행에 대한 이야기를 투덜대며 늘어놓았다.

"받은 게 고작 50달러예요. 빳빳한 새 돈으로 1천 달러를 준대도 다시는 이런 일 안 할 거예요."

그의 손은 피 묻은 헝겊으로 싸여 있었고 오른쪽 바짓가랑이는 무릎부터 발목까지 쭉 찢겨 있었다.

"그 얼간이는 얼마나 받았어?" 술집 주인이 물었다.

"1백 달러요. 거기서 단 한 푼도 덜 받으려 들지 않던걸요."

"그러면 합쳐서 150달러군. 저놈은 그만한 가치가 있어. 아니면 내 성을 갈겠네." 술집 주인은 계산을 하더니 그렇게 확신했다.

벅을 납치한 남자는 피 묻은 헝겊을 풀고 찢긴 손을 들여다보았다. "만일 내가 광견병에 걸리지 않는다면……."

"그건 자네가 교수형을 당할 운명이기 때문이지." 주인은 낄낄거렸. "자, 화물칸으로 돌아가기 전에 자네 손 좀 빌리세."

정신이 혼미하고 목과 혀에 느껴지는 참을 수 없는 아픔에 너무나 고통스러웠으며 반쯤 숨이 막힌 상태이지만 벅은 고문자들과 대결하려고 했다. 그러나 그들은 줄칼로 무거운 쇠목걸이를 끊어 낼 때까지 벅을 계속 바닥에 내던지고 목을 조였다. 마침내 그들은 밧줄을 풀고 벅을 우리처럼 생긴 상자 속으로 쳐넣었다.

벅은 그곳에 누워 분노와 상처받은 자존심을 달래면서 지긋지긋한 밤을 보냈다. 도대체 이 상황이 무슨 의미인지 이해할 수 없었다. 이 이상한 사내들은 나를 어떻게 하려는 걸까? 왜 이 좁은 상자 안에 가두는 걸까? 이유는 알 수 없었지만 재난이 닥치고 있다는 막연한 느낌에 짓눌릴 것만 같았다. 밤새 몇 번이나 문이 삐걱 열릴 때마다 벅은 판사나 적어도 아들들이 나타나리라 생각하면서 벌떡 몸을 일으키곤 했다. 그러나 동물 기름으로 만든 양초의 흐릿한 빛으로 그를 비춰 보는 통통한 술집 주인의 얼굴만 나타났다. 그럴 때마다 기쁨에 넘치는 즐거운 외침으로 떨리던 벅의 목구멍에서 거칠게 으르렁대는 소리가 터져나왔다.

　하지만 술집 주인은 벅을 그냥 내버려 뒀다. 아침이 되자 네 사람이 들어와 상자를 들어 올렸다. 누더기 차림에 지저분하고 사악해 보이는 사람들로 그들 또한 벅을 괴롭힐 것이 분명했다. 벅은 창살 너머로 분노와 위협을 담아 울부짖었지만, 그들은 낄낄대며 막대기로 그를 푹푹 찔렀다. 벅은 즉시 이빨로 공격했지만 머지않아 자신의 이런 행동이야말로 그들이 원하는 것임을 깨달았다. 그래서 상자를 마차로 옮겨 싣는 동안 잠자코 누워만 있었다. 그 뒤로 벅을 가둔 상자는 여러 사람 손을 거치기 시작했다. 운송회사 직원이 그를 맡더니 상자를 다른 마차로 옮겨 실은 다음 다른 상자들과 소포 꾸러미들과 함께 트럭을 타고 연락선까지 갔다. 벅은 연락선에서 내려 다시 트럭으로 옮겨 타고 큰 철도역으로 가서 마침내 화물열차에 실렸다.

　화물열차는 쇳소리를 지르는 기관차 꼬리에 매달려 이틀 밤낮을 내달렸다. 그동안 벅은 먹지도 마시지도 못했다. 그는 분노에 차서 화물열차 직원들을 보자마자 으르렁댔다. 그들은 벅을 놀리면서 으르렁거렸던 것에 대한 앙갚음을 했다. 벅이 몸을 부르르 떨며 입에 거품을 물고 창살로 달려들자 그들은 벅을 비웃고 조롱했다. 그들은 밉살스러운 개들처럼 으르렁거리며 짖어대다가 고양이처럼 야옹거리더니 두 팔을 파닥거리며 수탉처럼 울었다. 벅은 그들의 행동이 모두 어리석은 짓이라는 걸 알았지만 그의 위엄이 짓밟힐수록 분노는 더 커졌다. 배고픈 것은 참을 수 있었으나 목마른 것은 견디기 어려웠다. 그들은 너무 고통스러워서 거의 미칠 지경에 이를 만큼 그의 분노를 부채질했다. 극도로 긴장하고 신경이 곤두선 상태에서 이렇게 지독한 대우를 받자 벅은 열병이 생겼으며 그의 목과 혀는 바짝 말라붙고 부어올라 염증도 심해졌다.

야성의 부르짖음　15

그래도 단 한 가지, 안심할 수 있는 점이 있다면 목을 조이는 밧줄에서 해방되었다는 사실이다. 그들은 밧줄로 부당하게 유리한 입장을 차지했었다. 그러나 이제 밧줄에서 해방되었으니 벅은 다시는 자신의 목에 밧줄을 매지 못하게 하리라 단단히 결심했다. 이틀 밤낮을 못 먹고 못 마시고 당하는 동안에 쌓이고 또 쌓인 분노는 누구든지 맨 처음 부딪치게 될 운 없는 인간에겐 재앙이나 다름없었다. 그는 눈이 붉게 충혈되고 분노의 악마로 변해 갔다. 그즈음 벅의 모습은 판사조차도 알아볼 수 없을 만큼 너무나 많이 변해 있었다. 그래서 시애틀에 그 상자가 내려지자 화물열차 직원들은 안도의 한숨을 내쉬었다.

네 남자가 조심스레 마차에서 상자를 내려 높은 담으로 둘러싸인 작은 뒷마당에 놓았다. 목 부근이 축 늘어진 붉은 스웨터를 입은 튼실한 남자가 나오더니 수표책에 서명을 해서 마부에게 줬다. 이번에는 저놈이 나를 괴롭히겠군. 본능적으로 느낀 벅은 창살을 보며 사납게 대들었다. 남자는 으스스하게 웃음을 흘리더니 손도끼를 들고 나왔다.

"설마 지금 저놈을 풀어 주려는 건 아니겠지?" 마부가 물었다.

"물론 풀어 줘야지." 그는 손도끼를 지렛대처럼 상자 속으로 밀어 넣으며 대답했다.

벅을 날라 온 네 짐꾼들은 순식간에 흩어져 안전하게 담 위로 올라가 앉더니 구경할 준비를 했다.

벅은 쪼개지는 나뭇조각을 이빨로 꽉 물면서 튀어나오려고 미친 듯이 날뛰었다. 남자가 밖에서 손도끼를 내려칠 때마다 벅은 안에서 이를 갈며 으르렁댔다. 붉은 스웨터 입은 사내가 침착하게 그를 풀어 놓으려 하자 벅은 맹렬히 뛰어나오려 했다.

"자, 붉은 눈의 악마야, 나와라." 벅의 몸이 충분히 빠져나올 만큼 상자가 열리자 그가 말했다. 동시에 그는 손도끼를 내던지고 오른손에 몽둥이를 잡았다.

털을 곤두세우고 입에 거품을 물면서 광기에 번뜩이는 충혈된 눈으로 뛰어오르려 몸을 잔뜩 웅크렸을 때의 벅은 글자 그대로 붉은 눈의 악마였다. 이틀 밤낮 갇혀서 쌓이고 쌓인 분노로 타오르는 63.5킬로그램짜리 몸이 그를 보며 곧장 돌진했다. 공중에 떠 있는 벅의 주둥이가 그의 몸을 물어뜯으려는 바로 그 순간, 심한 충격에 멈칫했고 고통스러워 하며 이를 악물었다. 그는 빙글빙글 돌고 나서 땅으로 곤두박질쳐 등과 옆구리를 부딪쳤다. 그는 몽둥이에 맞아 본 적이 한 번도 없어서 그게 뭔지 알 수 없었다. 짖기보다는 소리 지르듯 으르렁대면서 그는 또다시 일어나 공중으로 돌진했다. 그러나 또다시 충격이 찾아와 벅은 바닥에 납작하게 엎어졌다. 이번에는 몽둥이가 무엇인지 알았지만 이성을 잃은 상태여서 조심하지 못했다. 벅은 열두 번도 더 대들었으나 그때마다 몽둥이 세례를 받고 바닥에 나뒹굴어야만 했다.

지독하게 한 방 맞고 나자 벅은 엉금엉금 기었고 대들지도 못할 만큼 정신이 혼미해졌다. 그는 비틀대면서 절뚝거렸고 코와 입과 귀에서는 피가 흘러내렸으며 피가 섞인 침이 튀어 고운 털이 얼룩덜룩해졌다. 남자는 유유히 다가와 벅의 코에 아주 세게 한 방 먹였다. 지금까지 참아 냈던 어떤 아픔보다 더 강렬한 고통이 벅을 엄습했다. 벅은 노여움에 마치 사자처럼 울부짖으면서 다시 한 번 사나이에게 몸을 날렸다. 그러나 사나이는 몽둥이를 오른손에서 왼손으로 옮겨 쥐고 냉혹하게 벅의 아래턱을 잡아채고는 그대로 뒤로 비틀어버렸다. 벅은 공중에서 완전히 한 바퀴 반을 돌고는 머리와 가슴이 땅에 처박혔다.

그래도 벅은 마지막으로 한 번 더 돌진했다. 사나이는 일부러 한동안 쓰지 않던 몽둥이를 재빠르게 내리쳤다. 벅은 그대로 정신을 잃고 쓰러졌다.

"아무튼 개를 길들이는 거 하나는 타고 났어, 정말." 담 위에 올라앉은 사나이들 가운데 하나가 흥분해서 외쳤다.

"난 개보다는 인디언 조랑말 길들이는 게 더 좋아, 그것도 일요일마다 두 번씩 말이야." 마부는 마차에 올라타서 말을 몰기 시작하며 대답했다.

벅은 정신을 차렸으나 힘을 회복하지는 못했다. 그는 넘어진 곳에 그대로 누워서 붉은 스웨터 입은 남자를 바라보았다.

"이름은 벅이랍니다." 남자는 배달된 상자와 내용물들과 함께 있던 술집 주인의 편지를 들고 혼잣말로 읽었다. "흠, 네가 벅이란 말이지." 그는 부드러운 목소리로 말했다. "우린 조금 싸우긴 했지만 이쯤에서 잊어버리는 게 가장 좋을 거야. 넌 네 주제를 잘 알았고 나도 내 주제를 잘 알거든. 행동을 잘하면 모든 게 잘 풀리고 앞길도 환해지지. 못되게 굴면 실컷 매나 맞을 거고, 알았냐?"

그는 그토록 무자비하게 두들겨 팼던 벽의 머리를 겁도 없이 쓰다듬었다. 벽은 사내의 손길에 자신도 모르게 털이 곤두섰지만 저항하지 않고 묵묵히 견뎠다. 그가 물을 가져오자 벽은 정신없이 마셨다. 그 다음에는 그의 손에 든 푸짐한 생고기를 한 덩어리씩 급하게 먹어 치웠다.

벽은 두들겨 맞았다(자신이 두들겨 맞았다는 사실을 알았다). 그러나 길 들여진 게 아니었다. 벽은 단 한 번이라도 몽둥이를 든 남자를 이길 수 없다는 사실을 깨달았다. 그는 이번 일로 교훈을 얻었고 앞으로 살면서 그 교훈을 잊지 않을 것이다. 그 몽둥이는 하나의 계시였다. 그것은 그가 야생의 법칙이 지배하는 세계로 입문하는 첫걸음이었으며 이미 반쯤 그 길로 들어섰다. 사실 삶에는 가혹한 면이 있다. 그래도 벽은 겁먹지 않고 그의 본성 속에 잠들어 있다 깨어난 온갖 재능을 동원해 맞섰다.

시간이 흐르면서 밧줄에 묶인 채 상자에 갇힌 다른 개들이 오고는 했다. 어떤 개는 온순했으나 어떤 개는 벽처럼 분노로 으르렁대며 이곳으로 왔다. 그러나 그는 어떤 개든 하나같이 붉은 스웨터 입은 남자의 의식을 통과하는 것을 지켜보았다. 잔인한 그 절차를 하나하나 지켜보는 벽의 마음속 깊이 교훈이 스며들었다. 몽둥이를 든 남자는 입법자였으며 꼭 비위를 맞춰야 할 필요는 없지만 복종해야 할 주인이었다. 그에게 알랑거리며 꼬리를 흔들고 그의 손바닥을 핥는 개나 비위를 맞추지도 복종도 하지 않고 끝까지 맞서다가 죽는 개를 보아도 벽은 결코 자신을 부끄럽게 여길 만한 짓은 하지 않았다.

낯선 사람들이 자주 드나들었는데 그들은 흥분하기도 하고 감언이설을 늘어놓기도 하면서 온갖 방법으로 붉은 스웨터 입은 남자에게 말을 걸었다. 그럴 때마다 그들 사이에서 돈이 오갔으며 낯선 사람들은 한 마리나 더 많은 개들을 끌고 갔다. 벽은 그들이 어디로 가는지 궁금했다. 한번 가면 다시는 돌아오지 않기 때문이다. 그래도 미래에 대한 강한 불안에 그는 자신이 뽑히지 않을 때마다 안도의 한숨을 내쉬었다.

그러나 결국 그의 차례가 돌아왔다. 벽이 이해할 수 없는 거칠고 이상한 괴성과 서툰 영어를 쏟아 내는 작은 늙은이였다.

"대단하군!" 벽을 보자 그 사내는 눈을 번쩍 뜨며 소리쳤다. "진짜 대단한 놈이군! 그렇지? 얼마라고?"

"3백 달러, 거저 주는 거지." 붉은 스웨터 입은 남자가 즉시 대답했다. "게다가 정부 공금 같아 보이는데 당신이 해고당할 리도 없을 테고. 안 그래, 페로?"

페로는 히죽 웃었다. 전례를 찾아볼 수 없는 수요로 개 값이 하늘 높은 줄 모르고 치솟았기에 3백 달러에 이만 한 개를 살 수 있다면 결코 비싼 것이 아니었다. 캐나다 정부가 손해를 보진 않을 것이고 정부의 급송 전보들이 더 늦어질 리도 없었다. 페로는 개를 볼 줄 알아서 벅을 보자마자 남다른 개라는 것을 알아챘다. 마음속으로 만 마리 가운데 하나일 것이라 중얼거렸다.

벅은 그들 사이에서 돈이 오가는 것을 보았다. 그래서 이 늙은이가 온순한 뉴펀들랜드종 컬리와 자신을 골라잡아 끌고 나갈 때 그는 별로 놀라지 않았다. 그것이 벅이 붉은 스웨터 입은 남자를 마지막으로 본 순간이었다. 그리고 컬리와 함께 나르왈호 갑판에서 멀어지는 시애틀을 바라본 것은 벅이 따스한 남쪽 나라를 마지막으로 본 순간이 되었다. 페로는 컬리와 벅을 밑으로 끌고 가더니 얼굴이 검고 몸집이 큰 프랑수아라는 사람에게 넘겼다. 페로는 프랑스계 캐나다인으로 피부가 거무스름했는데 프랑수아는 프랑스계 캐나다인인데다 인디언 피가 섞여 있어 두 배나 더 검었다. 앞으로 그런 인간들을 더 많이 보겠지만 둘 다 지금의 벅에게는 낯선 인종으로 그들에게 애정을 주지는 않았으나 그들을 존경하게 되었다. 벅은 페로와 프랑수아가 좋은 사람들이며 차분한데다 공평하게 정의를 행하고 개를 다룰 줄 알기에 결코 개에게 바보 취급당하지 않는다는 것을 재빨리 간파했다.

벅과 컬리는 나르왈호의 가장 큰 갑판에서 다른 개 두 마리와 합류했다. 그들 가운데 한 녀석은 스피츠베르겐 출신의 몸집이 크고 눈처럼 흰 개였는데 고래잡이배 선장을 따라갔다가 그 뒤에 캐나다 북부 툰드라지대를 탐색하는 지질조사팀과 함께한 적이 있었다. 그는 친근하게 굴었지만 도저히 믿을 수 없는 녀석이었다. 겉으로는 웃었지만 속으로는 음흉한 생각을 했던 것이다. 첫 식사 때, 벅의 먹이를 훔쳐 먹으려 한 것이 바로 그 예이다. 벅이 혼내주려고 튀어오르자 프랑수아의 채찍이 먼저 공중을 가르며 도둑놈을 휘갈겼다. 그렇게 벅은 힘도 들이지 않고 도둑맞은 뼈를 되찾았다. 벅은 그것이 프랑수아의 정의라 단정 짓고 그 혼혈인을 높이 평가하기 시작했다.

또 다른 녀석은 다른 개에게 다가가지 않았고 그렇다고 다른 개를 받아들이지도 않았다. 신참들의 밥그릇을 넘보려 하지도 않았다. 그는 성미가 우울하고 까다로워서 자기는 혼자 있고 싶으니 건드리면 큰코다칠 거라는 뜻을 컬리에게 분명히 내비쳤다. 그의 이름은 데이브였는데 먹고 자고 가끔씩 하품할 뿐 어떤 일에도 흥미를 보이지 않았다. 심지어 퀸샬럿 해협을 건널 때도 크게 몰아치는 파도에 나르왈호가 요동치며 신들린 것처럼 튀어오르는데도 까닥하지 않았다. 벅과 컬리는 흥분해서 두려움에 반쯤 정신을 놓았을 때에도 그는 머리를 꼿꼿이 세우고 귀찮다는 듯이 무심한 시선으로 그들을 바라보며 하품을 하더니 다시 잠이 들었다.

  배는 지칠 줄 모르는 프로펠러 고동 소리에 맞춰 밤낮으로 진동했고 똑같은 날들이 되풀이되는 듯했다. 그러나 벅은 날씨가 점점 추워지는 것을 느꼈다. 마침내 어느 날 아침 프로펠러가 조용해지자 나르왈호는 흥분에 휩싸였다. 벅도 뭔가가 달라졌다는 것을 깨닫고는 다른 개들처럼 흥분했다. 프랑수아는 개를 가죽끈으로 매어 갑판 위로 데려갔다. 차가운 땅바닥 위로 첫발을 내딛자 벅의 발이 진흙처럼 물렁물렁하고 흰 무언가에 빠졌다. 그는 펄쩍 뛰며 콧김을 내뿜었다. 흰 것들이 공중에서 더 많이 날렸다. 그는 몸을 흔들었으나 흰 것은 계속해서 그에게 계속 내려왔다. 그는 킁킁 냄새를 맡다가 혀로 핥아보았다. 얼핏 불처럼 느껴졌으나 이내 그 맛이 사라졌다. 그는 갸우뚱했다. 다시 한 번 시도했지만 결과는 같았다. 구경하던 사람들이 와 하며 웃음을 터뜨렸고 그는 이유를 몰랐지만 조금 창피했다. 벅은 난생처음 눈을 보았다. 그가 생전 처음 보는 눈이었다.

제2장
몽둥이와 송곳니의 법칙

 다이 해변에서 보낸 첫날은 악몽 같았다. 1분 1초가 충격과 놀라움의 연속이었다. 벅은 갑자기 문명의 한복판에서 추방되어 원시 세계 한가운데로 내던져졌다. 그곳은 게으름이나 따스한 햇볕 그리고 하릴없이 빈둥거리는 지루한 삶과 거리가 멀었다. 평화로움과 안식은커녕 한순간의 안전도 보장되지 않았다. 그저 혼란과 전쟁뿐이었다. 생명도 자신의 안전도 시시각각 위기에 처했다. 언제나 신경을 곤두세워야만 할 필요가 있었다. 사람과 개들은 마을에 사는 것이 아니었기 때문이다. 그들은 모두 인간의 법이 아니라 몽둥이와 송곳니의 법칙에 따르는 야만인이었다.
 벅은 늑대들이 싸우는 것처럼 싸우는 개들을 한 번도 본 적이 없었다. 첫 경험은 그에게 잊을 수 없는 교훈을 안겨 주었다. 실제로 벌어진 일이기는 했지만 그에게는 간접경험이었다. 그렇지 않았다면 살아서 교훈을 얻을 수도 없었으리라. 희생자는 컬리였다. 그들은 통나무 가게 근처에서 텐트를 쳤는데 컬리가 이미 다 자란 늑대지만 자신에 비해서는 반쯤밖에 안 되는 에스키모개에게 다정하게 다가갔다. 그 순간 에스키모개가 아무런 경고도 없이 번개처럼 펄쩍 달려들자 이빨이 부딪치는 쇳소리가 들렸고, 다시 번개처럼 펄쩍 달려들자 컬리의 눈에서부터 턱이 어느샌가 쭉 찢어져 있었다.
 갑자기 공격하고 바로 물러나는 늑대식 싸움이었다. 그러나 그게 끝이 아니었다. 삼사십 마리나 되는 에스키모개가 이 투사를 조용히 둘러쌌다. 벅은 그들의 고요한 응시와 입맛을 다시는 욕망이 무엇을 의미하는지 몰랐다. 컬리는 적에게 몸을 날렸으나 적은 이번에도 다시 공격한 뒤 펄쩍 옆으로 물러났다. 적은 컬리의 다음 공격을 가슴으로 받아쳤는데 어떻게 한 것인지 컬리는 그대로 쓰러지고 말았다. 그녀는 다시 일어나지 못했다. 바로 그때가 구경하던 개들이 노리던 순간이었다. 그들은 으르렁대고 짖으면서 그녀에게 달려들었다. 그녀는 털을 곤두세운 개들 속에 파묻혀 고통스럽게 비명을 지르며 몸부림쳤다.

벅은 너무나 갑작스럽고 예기치 못한 일에 질겁했다. 벅은 스피츠가 붉은 혀를 날름대며 웃는 것도 보았다. 그리고 프랑수아가 도끼를 휘두르며 개들 속으로 뛰어드는 것도 보았다. 세 남자가 몽둥이를 들고 나타나 개들을 쫓아 버리는 프랑수아를 도왔다. 그리 오래 걸리지는 않았다. 컬리가 쓰러지고 2분쯤 지나 달려들었던 마지막 개가 몽둥이를 맞고 도망쳤다. 그러나 그녀는 글자 그대로 조각조각 찢긴 채, 핏물로 다져진 눈 위에 늘어져 움직이지 않았고 까무잡잡한 혼혈인은 그녀를 내려다보며 끔찍하게 욕을 퍼부었다.

그 광경은 그 뒤로도 꿈속에 몇 번이나 나타나 벅을 괴롭혔다. 그것이 현실이었다. 정정당당한 싸움이란 없다. 쓰러진다면 벅에게는 죽음뿐이다. 그러니 절대로 쓰러지지 않을 것이다. 스피츠는 혀를 날름거리며 다시 웃었다. 그 순간부터 벅은 결코 지워지지 않을 격렬한 증오를 담아 그를 미워했다.

컬리의 비극적인 죽음으로 받은 충격에서 회복되기도 전에 벅은 또 다른 충격을 받았다. 프랑수아가 벅에게 가죽끈과 버클을 채운 것이다. 그것은 집에서 마부가 말에게 씌우는 마구와 비슷했다. 그는 말처럼 프랑수아를 썰매에 태우고 계곡 가장자리에 있는 숲까지 갔다가 땔감을 한 짐 싣고 되돌아왔다. 벅은 짐 나르는 개로 전락하여 체면이 손상되었으나 무턱대고 반항할 만큼 어리석지는 않았다. 모두 다 새롭고 이상한 일이었지만 그는 의욕적으로 일에 몰두했으며 최선을 다했다. 프랑수아는 즉시 복종할 것을 가차없이 강요했다. 그리고 채찍의 힘으로 즉각적인 복종을 받아 냈다. 썰매 바로 앞자리를 차지한 노련한 데이브는 벅이 실수할 때마다 엉덩이를 깨물었다. 선두에서 달리는 스피츠도 역시 노련했는데 언제나 벅을 혼낼 수는 없었기에 때때로 날카롭게 꾸짖듯 으르렁거리다가 가죽끈에 체중을 실어 가야 할 방향으로 벅을 끌어당겼다. 벅은 어렵지 않게 배울 수 있었으며 이 두 친구와 프랑수아의 훈련으로 눈에 띄게 발전했다. 그는 캠프로 돌아오기 전부터 이미 "워" 하면 멈추고 "가자" 하면 앞으로 나아갔으며 모퉁이에서는 넓게 돌고 짐을 실은 썰매가 내리막길에서 뒤를 바싹 쫓을 때는 썰매 앞자리의 개로부터 멀리 떨어지게 되었다.

"세 마리 모두 좋은 놈들이야." 프랑수아가 페로에게 말했다. "저기 벅이라는 놈은 죽어라고 하는군. 가르치면 금방 배울 거야."

페로는 특급 우편물을 서둘러 배달하려고 오후에 빌리와 조라는 순종 에스키모개 두 마리를 더 데려왔다. 두 놈은 형제였는데 같은 어미에게서 나왔지만 성격은 밤과 낮처럼 완전히 달랐다. 빌리의 유일한 결점이 너무 온순하다는 것이라면, 조는 아주 판판이어서 까다롭고 내성적인데다 계속 으르렁거리며 눈에 적개심을 가득 품고 있었다. 벅은 그들을 동료로 대했지만 데이브는 무시했으며 스피츠는 한 놈씩 차례로 혼내주려 했다. 빌리는 화해를 원한다는 듯이 꼬리를 흔들다가 그런 짓이 아무 효과도 없음을 알고는 곧 도망치려 하다가 스피츠의 날카로운 이빨에 옆구리를 물렸지만 여전히 화해를 원하는 듯 낑낑거렸다. 그러나 스피츠가 아무리 주변에서 배회해도 조는 발꿈치를 홱 돌리며 적에 맞서 목털을 곤두세우고 귀를 뒤로 젖히고 입술을 이리저리 비틀고 으르렁대며 턱을 빠르게 딱딱 부딪치면서 눈을 악마처럼 번득였다. 조는 공포의 화신이었다. 그의 모습이 너무도 무시무시해서 스피츠도 그에게 벌을 주려 하다가 단념했고 좌절감을 감추기 위해 아무런 저항도 하지 않고 꼬리만 흔드는 빌리를 캠프 경계까지 쫓아 버렸다.

저녁 무렵 페로는 긴 몸에 마르고 수척해 보이지만 연륜이 느껴지는 에스키모개 한 마리를 더 데려왔다. 얼굴에는 싸움으로 얻은 흉터 자국이 있었으며 그의 외눈은 존경심을 불러일으킬 만큼의 용맹함을 나타내듯 번쩍 빛났다. 그의 이름은 솔렉스로 '성난 개'라는 뜻이었다. 그는 데이브처럼 아무것도 요구하지 않았으며 아무것도 주지 않았고 아무것도 기대하지 않았다. 그가 일부러 천천히 그들 사이를 걸어갈 때면 스피츠조차도 그를 건드리지 못했다.

그에게는 한 가지 괴팍한 점이 있었는데 벅이 운 나쁘게 그걸 발견했다. 솔렉스는 눈이 안 보이는 쪽에서 누가 접근하는 것을 싫어했다. 벅이 아무 생각 없이 그 죄를 범하자 솔렉스는 벅의 어깨로 번개같이 달려들어 뼈가 드러나도록 위아래로 7센티미터나 쭉 물어뜯었다. 벅은 그제야 자신의 경솔함을 알아챘다. 그때부터 계속 벅은 솔렉스의 눈이 안 보이는 쪽으로는 다가가지 않도록 조심했고 그들의 우정에 다시는 문제가 생기지 않았다. 솔렉스의 유일한 야망은 데이브와 마찬가지로 아무도 자신을 건드리지 못하게 만드는 것처럼 보였다. 물론 나중에 벅은 그 둘이 그보다 절실한 또 다른 야망에 불

타고 있음을 알았지만.

그날 밤 벽은 잠자리 문제로 애를 먹었다. 텐트는 하얀 대평원 한가운데에서 따뜻하게 타오르는 촛불로 밝게 빛났다. 그가 늘 그랬듯 아무 생각 없이 그 속으로 들어가자 페로와 프랑수아는 그에게 욕설을 해대며 요리 기구들을 집어 던졌다. 그는 깜짝 놀라 허겁지겁 정신을 차리고는 수치심을 느끼며 추운 바깥으로 도망쳤다. 쌀쌀한 바람이 살을 에는 듯했고 어깨의 상처에 독을 바른 듯 날카로운 통증이 몰려왔다. 그는 눈 위에 누워 잠을 청했다. 그러나 곧 찬 기운이 몰려들어 머리부터 발끝까지 부들부들 떨렸다. 그는 비참함과 우울함에 텐트 사이를 누비고 다녔으나 어느 곳이나 춥기는 마찬가지였다. 여기저기서 사나운 개들이 그에게 달려들었지만 그는 이럴 때 어떻게 하면 좋을지 빨리 배웠으므로 목털을 곤두세우고 으르렁거렸고 개들은 더 이상 그를 괴롭히지 않았다.

마침내 한 가지 생각이 떠올랐다. 그래, 되돌아가서 우리 팀 개들이 어떻게 자는지 살펴보자. 그러나 놀랍게도 그들은 어디에도 없었다. 그는 다시 한 번 널따란 캠프 사이로 동료들을 찾으러 다니다가 되돌아왔다. 그렇다면 텐트 안에 있단 말인가? 아니야, 그럴 리는 없어. 나만 쫓겨날 리가 없거든. 그렇다면 도대체 어디에 있는 걸까? 그는 꼬리를 늘어뜨리고 몸을 떨면서 너무나도 큰 서글픔에 정처 없이 텐트 사이를 맴돌았다. 그런데 갑자기 발밑의 눈이 아래로 풀썩 꺼졌다. 그의 발밑에서 뭔가가 꿈틀했다. 보이지도 않고 알지도 못하는 것에 두려움을 느낀 그는 털을 곤두세우고 으르렁대며 펄쩍 뛰어 뒤로 물러났다. 그러나 낮고 친근한 소리에 안심하고 다시 살피기 시작했다. 그의 콧속으로 따스한 열기가 훅 끼쳐 왔다. 눈 밑 아늑한 공간에서 빌리가 웅크리고 있었다. 그는 달래듯이 낑낑거리며 자신의 선의와 반가움을 표시하려고 몸을 움츠리고 꼬리를 흔들었다. 심지어 평화를 위한 뇌물로 벅의 얼굴을 따뜻하고 축축한 혀로 핥아주려고까지 했다.

또 하나를 배웠다. 아하, 다들 이렇게 자는구나. 벅은 자신만만하게 잠자리를 고르고 야단스럽게 구덩이를 파느라 힘을 썼다. 그 순간 몸에서 나는 열기가 작은 공간을 꽉 채웠고 그는 잠이 들었다. 길고도 힘든 날이었다. 비록 악몽 때문에 짖기도 하고 으르렁대기도 하고 몸을 뒤척이기도 했지만 그는 편안히 곤한 잠을 잤다.

캠프 사람들이 부스럭거리며 일어나는 소리에 잠이 깼다. 벅은 처음에 자신이 어디에 있는지도 몰랐다. 밤새 눈이 내려서 그의 몸이 완전히 파묻혔던 것이다. 자신의 주위를 짓누르는 눈 벽의 공포가 파도처럼 온몸에 몰려왔다. 그것은 함정에 대한 야생동물의 두려움이었다. 그 두려움은 벅이 자신의 삶에서 아득한 조상들의 삶으로 거슬러 올라가고 있다는 증거였다. 그는 문명화된 개였다. 그것도 지나칠 만큼 문명화되어서 결코 함정에 빠져 본 적도 없었고 따라서 그런 두려움을 느낄 일도 없었다. 벅은 저도 모르게 온몸의 근육을 발작적으로 움츠렸다. 그러나 곧 본능적으로 목과 어깨 털을 곤두세운 채 사납게 으르렁 짖고는, 번쩍이는 구름 아래 흩날리는 눈발로 눈부신 아침 속으로 높이 튀어 올랐다. 발이 땅에 채 닿기도 전에 그는 눈앞에 펼쳐진 하얀 캠프를 보고 자신이 어디에 있는지 알았다. 그리고 마누엘과 함께 산책을 나왔을 때부터 전날 밤 잠자리를 파던 때까지 모든 일을 기억해 냈다.

그 모습에 프랑수아가 환호성을 질렀다. "내가 말했잖아?" 그 썰매몰이꾼은 페로에게 소리쳤다. "저 벅이란 놈, 정말 빨리 터득할 거라고."

페로는 신중하게 고개를 끄덕였다. 중요한 우편물을 맡는 캐나다 정부의 배달원으로 최고의 개들을 확보하고 싶었던 그는 무엇보다 벅을 얻은 것이 무척 기뻤다.

한 시간 뒤 에스키모개 세 마리가 팀에 합류해 모두 아홉 마리가 되었고 15분이 채 지나기도 전에 그들은 모두 썰매에 연결되어 다이 협곡으로 출발했다. 벅은 출발한 것이 기뻤다. 힘들기는 했지만 경멸할 일은 아니라고 제 나름대로 판단했던 것이다. 그는 팀 전체에 흐르는 힘찬 열기와 그 힘이 곧 자신에게도 전달되는 것에 놀랐다. 그러나 데이브와 솔렉스에게 일어난 변화는 더욱 놀라웠다. 끈에 연결되는 순간 그들은 전혀 다른 개로 변했다. 수동적이고 무관심하던 태도는 씻은 듯이 사라졌다. 그들은 민첩하고 활발하며 일이 잘 풀리기를 열망했기에 혹시 늦어지거나 혼란이 생겨 일하는 데에 방해가 되면 지독하게 초조해했다. 썰매 끈에 묶여 일하는 것은 그들의 존재를 가장 강렬하게 드러내는 것이었고 그들이 사는 이유였으며 그들이 기쁨을 느끼는 유일한 일이었다.

데이브는 썰매 바로 앞자리를 차지했고 그 앞에 벅이, 그 앞에 솔렉스가 달렸다. 나머지 개들은 거기에서부터 제일 앞에서 달리는 스피츠까지 한 줄로 연결되어 달렸다.

벅은 특별히 데이브와 솔렉스의 가운데에 배치되어 일을 배웠다. 벅이 똘똘한 학생이듯이 그들도 똑똑한 선생이어서 잘못을 하면 재빨리 고쳐줬으며 날카로운 이빨로 가르침을 전수했다. 데이브는 공정하고 아주 현명했다. 그는 결코 이유 없이 벅을 물지 않았고, 또 물어야 할 때를 놓치는 법도 없었다. 그의 뒤에는 프랑수아의 채찍이 버티고 있었으므로 벅은 자신의 방식을 고치는 것이 복수하는 것보다 더 낫다는 것을 깨달았다. 한번은 잠깐 멈춘 사이에 벅이 끈을 엉키게 하는 바람에 출발이 늦어지자 데이브와 솔렉스는 그에게 달려들어 적절히 혼을 냈다. 이 때문에 끈은 더 심하게 엉켰지만 벅은 그 뒤로 다시는 이런 일이 없도록 단단히 조심했다. 그리고 하루가 다 가기 전에 벅은 자기 일을 터득했으므로 동료들은 더 이상 그를 괴롭히지 않았다. 프랑수아의 채찍질도 뜸해졌고 페로는 영광스럽게도 벅의 발을 들어 올려 주의 깊게 살펴주기까지 했다.

하루 내내 가혹한 행군을 계속했다. 협곡에 올라 쉽게 캠프를 지나고 스케일 고개와 수목한계선을 통과했으며 빙하를 가로질러 몇십 미터 깊이의 눈 속을 달렸다. 그리고 염수와 담수 사이에서 쓸쓸하고 외로운 북극을 험상궂은 얼굴로 지키는 거대한 칠쿳 분수령을 넘었다. 그들은 사화산의 분화구를 채우며 쭉 늘어선 호수들을 빠르게 지나갔다. 그리고 밤늦게 베넷 호수 입구에 있는 커다란 캠프에 도착했는데 그곳에서는 황금을 찾아온 수많은 사람들이 봄이 되면 얼음이 녹을 것에 대비해 보트를 만들고 있었다. 벅은 눈 속에 구덩이를 파고 피곤에 지쳐 잠 속으로 폭 빠져들었다. 그러나 너무 이른 시간부터 추운 어둠 속으로 불려 나가 동료들과 함께 썰매에 다시 매여야 했다.

그날은 길이 다져져 있어서 60킬로미터를 달렸다. 그러나 다음날 그리고 그다음 며칠 동안 스스로 길을 만들어 가야 했기에 더 열심히 달렸으나 더 더디게 갔다. 언제나 그렇듯이 페로는 그들이 쉽게 달리도록 팀 앞에서 오리발 같은 신발을 신고 눈을 다져 주었다. 채찍을 잡고 썰매를 인도하는 프랑수아는 가끔 페로와 교대했으나 그런 경우는 드물었다. 페로는 서둘렀다. 그는 얼음에 대해 잘 아는 것을 자랑스러워했는데 그것은 필수 지식이었다. 가을철 얼음은 아주 얇았고 급류에서는 물이 얼지 않았기 때문이다.

하루가 가고 이틀이 가고 언제 끝날지 모르는 날들을 벅은 끈에 묶인 채 달렸다. 그들은 언제나 어둠 속에서 야영 막사를 걷고 부연 첫새벽에는 이미 박차고 나아가 그 뒤로는 새로운 길이 몇 마일이나 이어져 있었다. 그리고 항상 어두워져서야 야영 막사를 쳤으며 물고기를 조금 먹고는 눈 속에서 웅크린 채 잠이 들었다. 벅은 늘 배가 고팠다. 날마다 배급받는 말린 연어 700그램은 어디로 들어가는지 알 수 없었다. 배부르게 먹은 적이 한 번도 없었고 언제나 굶주림이 그를 괴롭혔다. 그러나 다른 개들은 몸무게가 덜 나가는 데다 그런 생활에 익숙해서 물고기 450그램만으로도 건강을 유지했다.

벅은 예전의 까다로웠던 식습관을 곧 잊었다. 우아하게 먹으면 먼저 다 먹은 동료가 그의 남은 음식을 강탈해 갔다. 막을 길이 없었다. 그가 두세 놈들과 싸우고 있으면 어느새 다른 놈들 목구멍으로 넘어가고는 했다. 그도 다른 놈들만큼 재빨리 먹어 치워야만 했다. 너무 심하게 굶주려서 이제는 남의 것을 넘보는 짓도 서슴지 않았다. 그는 다른 개들을 지켜보고 배웠다. 새로 온 개들 가운데 파이크라는 개가 한 마리 있는데 이 개는 요리조리 핑계를 대며 도둑질을 잘했다. 어느 날, 페로가 등을 돌린 사이 교활하게 베이컨 한 조각을 훔치는 것을 본 그는 다음날 그대로 따라해서 베이컨을 덩어리째 훔쳤다. 대소동이 벌어졌으나 그는 의심받지 않았다. 그 대신 평소에 하는 짓이 서투르고 허둥대느라 늘 들키는 더브가 벅의 도둑질을 뒤집어쓰고 벌을 받았다.

이 첫 도둑질은 벅이 냉혹한 북극에서 살아남을 수 있음을 보여 주었다. 이는 환경 변화에 순응할 수 있는 그의 적응력을 나타내주는 것으로 이 능력이 없으면 순식간에 끔찍한 죽음을 맞이할 수밖에 없었다. 그리고 한 걸음 나아가, 그의 도덕성이 마모되고 붕괴되는 과정이기도 했다. 생존경쟁이라는 무자비한 투쟁에서 도덕성은 허영에 불과하고 장애물에 지나지 않았다. 개인의 감정과 재산을 존중하는 것은 사랑과 우정의 법이 다스리는 남부에서나 가능했다. 그러나 몽둥이와 송곳니가 지배하는 북극에서 그런 것을 지키는 놈은 바보였고 그러다가는 살아남지 못했다.

벅은 이성적으로 생각한 것이 아니었다. 그는 적응했고 그게 다였다. 그는 무의식적으로 새로운 삶의 방식에 자신을 맞췄을 뿐이다. 지금까지 벅은 아무리 힘들어도 결코 싸움에서 도망친 적이 없었다. 그러나 붉은 스웨터 입은 사내의 몽둥이는 근원적이고 원시적인 방식으로 그를 단숨에 길들여 버렸다. 문명화되었을 때의 그에게는 도덕적 사고, 예를 들면 밀러 판사의 말채찍을 지키기 위해서라면 목숨을 바칠 수도 있었다. 그러나 그런 문명화가 한 순간에 모조리 사라지면서 계속 지켜오던 도덕적 사고를 저버릴 수 있다는 것을 증명해냈으며 이는 벅의 목숨을 구하게 되었다. 그는 재미가 아니라 배 속에서 일어난 소동 때문에 음식을 훔쳤다. 그는 당당하게 훔친 것이 아니라 몽둥이와 송곳니의 지배 아래 몰래 교활하게 훔쳤다. 한마디로 그는 하지 않는 것보다 하는 것이 더 쉬웠기 때문에 훔쳤다.

진화라 해야 할지 퇴보라 해야 할지는 알 수 없었지만 어찌 되었건 벅의 변화는 매우 빨랐다. 그의 근육은 쇳덩이처럼 단단해져서 웬만한 고통에는 무뎌졌다. 그는 외적뿐만 아니라 내적으로도 경제성을 추구했다. 이를테면 그는 아무리 메스껍고 소화가 어려운 음식이라도 무엇이든지 먹어 치웠다. 한 번 먹고 나면 위액은 아무리 적은 양의 영양소라도 다 빨아들였다. 혈관은 그것을 몸 구석구석에 전달해서 가장 단단하고 여문 조직을 만들어냈다. 시각과 후각은 굉장히 민감해졌으며 잠들어서도 가장 작은 소리까지 예민하게 알아듣고는 그것이 위험의 신호인지 평화의 예고인지 분간할 수 있을 만큼 청각이 발달했다. 그는 발가락 사이에 낀 얼음을 이빨로 물어뜯어 내는 법도 배웠다. 목마를 때면 앞발에 힘을 주고 쳐들어 물구덩이의 단단하고 두꺼운 얼음을 깨뜨릴 수 있었다. 그의 두드러진 특징 가운데 하나는 바람의 냄새를 맡을 수 있어서 하룻밤 전에 그것을 알아챈다는 점이었다. 벅이 나무나 강둑 옆에 잠자리를 팔 때는 바람 한 점 없다가 얼마 뒤에 바람이 불면 그것은 늘 그의 포근하고 아늑한 잠자리를 비껴갔다.

경험으로 배웠을 뿐만 아니라 오랫동안 죽어 있던 본능이 되살아난 것이다. 길든 세대의 유산들이 그에게서 떨어져 나갔다. 그는 막연하게나마 길들여지던 초창기를 기억해 냈다. 야생 개들 무리가 원시림 속에서 먹이를 쫓아 죽이던 시대를 기억해 냈다. 베고 자르고 늑대처럼 물어뜯는 식의 싸움을 배우는 것은 조금도 어렵지 않았다. 잊혔던 조상들은 이런 식으로 싸웠던 것이다. 그들은 벅의 몸속에서 옛 방식을 재빨리 되살려냈고 그들이 대대로 종족 속에 새겨 놓았던 전략들을 벅의 것으로 만들게 했다. 그런 것들은 마치 언제나 그의 방식이었다는 듯 발견하지 않아도 애쓰지 않아도 찾아왔다. 여전히 추위가 가시지 않은 어느 날 밤에 그는 별을 향해 코를 쳐들고 늑대처럼 길게 울부짖었다. 별을 향해 코를 쳐들고 길게 우는 것은 죽어서 먼지가 된 조상으로부터 몇 세기를 거쳐 그에게 이어진 것이었다. 그리고 그 선율은 슬픔을 알리던 조상들의 것이었고 그들에겐 지독한 추위와 어둠을 의미했다.

이렇게 인생이란 꼭두각시 같은 것임을 증명하듯이 머나먼 옛날의 선율이 벅의 몸 안에서 파도처럼 내달렸고 그는 다시 자기 자신에게로 돌아갔다. 인간들이 북극에서 황금을 발견했기 때문에, 마누엘의 급료가 아내와 자신을 빼닮은 자식들의 욕구를 감당하지 못했기 때문이었다.

제3장
우월한 원초적 야수

벅을 지배하던 원초적 야수는 그의 안에서 강해졌으며 썰매개의 가혹한 생활 아래 힘을 점점 늘려갔다. 그러나 그 변화는 은밀하게 이루어졌다. 눈치 보는 법을 새롭게 배운 그는 자제할 줄 알고 침착해졌다. 그는 새로운 생활에 적응하느라 너무나 바빠서 잠시도 마음을 놓을 수 없었으며 싸움을 벌이지 않도록 또 가능하면 싸움에 말려들지 않도록 조심했다. 그의 행동에는 신중함이 배어 있었다. 그는 결코 성급하게 굴거나 경솔한 행동은 하지 않으려 했다. 그래서 스피츠와의 사이에 증오가 깊어져도 짜증을 내거나 불쾌하게 자극하지 않았다.

한편 스피츠는 벅이 자신을 뛰어넘을 수도 있는 위험한 경쟁자라고 느낀 탓인지 이빨을 드러낼 기회를 틈틈이 엿봤다. 그는 벅을 약 올리는 행위도 서슴지 않았고 둘 가운데 하나는 죽어야 끝나는 싸움을 끊임없이 일으키려 했다. 뜻하지 않은 사건이 일어나지 않았다면 아마 처음에 그런 일이 벌어졌을지도 모른다.

하루가 끝나갈 무렵, 그들은 라베르지 호숫가에 궁색하고 초라한 캠프를 쳤다. 눈보라가 몰아치는데다 바람이 흰 칼날처럼 살을 에고 날도 어두워서 그들은 캠핑 장소를 더듬더듬 물색했다. 그보다 더 힘든 여행은 없었을 것이다. 등 뒤로 암벽이 수직으로 솟아 있어 페로와 프랑수아는 얼어붙은 호수 위에 불을 피우고 잠자리를 펴야 했다. 짐을 덜기 위해 다이에서 텐트를 버렸던 것이다. 그들은 굴러다니던 나뭇가지 몇 개를 주워 불을 피웠으나 얼음이 녹아 불꽃이 꺼지는 바람에 어둠 속에서 저녁밥을 먹었다.

벅은 눈보라를 막아 주는 바위 밑에 바짝 붙어서 잠자리를 만들었다. 어찌나 아늑하고 따스했던지 프랑수아가 맨 처음 불에 녹인 고기를 나눠 줄 때조차 자리를 뜨기가 싫었다. 그런데 벅이 음식을 먹고 제자리로 돌아왔을 때 누군가가 그 자리를 차지하고 있었다. 으르렁 경고하는 소리를 들으니 그 침입자는 스피츠였다. 지금까지 벅은 문제를 일으키지 않으려고 피해왔으나 이번엔 참을 수 없었다. 그의 안에 있던 야수가 포효했다. 그는 분노로 스피츠에게 돌진했는데 그 순간 둘 다 깜짝 놀랐다. 특히 스피츠는 매우 놀랐다. 지금까지의 경험에 비춰 보았을 때 경쟁자 벅은 그저 덩치와 무게로 한몫하려는 아주 소심한 놈이라 생각했기 때문이다.

놀란 것은 프랑수아도 마찬가지였다. 엉망이 된 잠자리에서 그 둘이 한데 뒤엉켜 뛰쳐나왔을 때는 깜짝 놀랐으나 곧 원인을 알아차렸다. 그는 벅에게 소리쳤다. "오호라, 그놈을 가르쳐! 더러운 도둑놈에게 본때를 보여 주라고!"

본때를 보여주고 싶은 것은 스피츠도 마찬가지였다. 분노에 차 으르렁대며 벅의 주변을 앞뒤로 맴돌면서 쳐들어갈 기회를 노렸다. 벅도 그 못지않게 분노가 타올라 조심스럽게 놈의 주변을 맴돌면서 선수를 노렸다. 그러나 바로 그때 예기치 못한 일이 벌어졌다. 둘의 주도권 다툼이 썰매 끌기라는 고된 일을 몇 킬로미터 더 겪고 난 뒤인 머나먼 뒷날로 미뤄지는 사건이 일어났다.

그 대혼란을 알린 것은 느닷없는 페로의 욕지거리와 뼈만 앙상한 몸에 부딪치는 몽둥이 소리 그리고 고통스럽게 외치는 날카로운 비명이었다. 캠프에서는 털북숭이 짐승들이 슬금슬금 돌아다니고 있었다. 그것은 어느 인디언 부락에서 냄새를 맡고 달려든 80~100마리 정도의 굶주린 에스키모개들이 벅과 스피츠가 싸우는 사이 몰래 들어온 것이다. 그놈들은 두 사내가 단단한 몽둥이를 들고 달려들어도 흰 이빨을 드러내며 대들었다. 그들은 음식 냄새를 맡고 흥분했다. 페로는 한 놈이 식료품 상자 속에 머리를 처박고 있는 것을 보고 몽둥이로 그놈의 앙상한 옆구리를 세차게 내리쳤고 그 상자는 바닥에 뒤집어졌다. 그 순간 굶주린 개 스무 마리 정도가 빵과 베이컨을 향해 달려들었다. 몽둥이가 그놈들의 몸을 수없이 내리쳤다. 그들은 빗발처럼 퍼붓는 타격에 비명을 지르면서도 미친 듯이 날뛰며 마지막 빵 부스러기까지 몽땅 먹어 치웠다.

그사이 깜짝 놀란 썰매개들도 잠자리에서 튀어나왔으나 그저 사나운 침입자들에게 사정없이 공격을 받을 뿐 별 도리가 없었다. 벅은 그런 개들을 처음 봤다. 마치 뼈가 가죽 밖으로 튀어나올 것 같았다. 그들은 더러운 가죽을 허술하게 덮어쓰고 타오르는 눈과 군침이 맺힌 송곳니를 가진 앙상한 해골이었다. 그러나 굶주림에서 비롯한 광기는 그들을 무적으로 만들었다. 그들을 이겨 낼 도리가 없었다. 썰매개들은 첫 공격에 곧바로 벼랑까지 쫓겨났다. 벅은 에스키모개 세 마리에게 포위당하자 순식간에 머리와 어깨가 놈들에게 찢기고 베었다. 소름 끼치는 소동이었다. 빌리는 늘 그랬듯이 울었고, 데이브와 솔렉스는 수많은 상처에서 피를 줄줄 흘리면서도 나란히 붙어서 용감하게 싸웠다. 조는 악마처럼 물어뜯었다. 한번은 그의 이빨이 에스키모개의 앞다리를 물어 뼈까지 우두둑 씹기도 했다. 요리조리 머리를 잘 굴리는 파이크는 절름발이에게 달려들어 이빨로 꽉 물더니 홱 잡아채 목을 부러뜨려 놓았다. 벅도 입에 하얀 거품을 문 적의 목을 꽉 물었는데 이빨이 핏줄까지 파고들어 피가 솟구쳤다. 입 안에 느껴지는 따스한 피 맛이 그를 더욱 사납게 만들었다. 그는 순식간에 다른 놈에게 뛰어들었는데 그 순간 자신의 목에 이빨이 파고드는 것을 느꼈다. 적과 싸우다가 비열하게 동료를 옆에서 공격한 스피츠의 이빨이었다.

페로와 프랑수아는 캠프에서 개들을 쫓아내자마자 썰매개들을 구하기 위해 서둘러 나섰다. 굶주린 야수들이 그들 앞에서 물러나기 시작했고 벅도 자유롭게 풀려났다. 그러나 잠시뿐이었다. 두 사람은 다시 음식 상자를 보호하기 위해 달려가야 했다. 그 순간, 개들은 다시 썰매개들을 공격하기 시작했다. 빌리는 매우 겁에 질린 나머지 오히려 대담해져 포악한 짐승들의 무리를 뚫고 얼음 위로 달아났다. 파이크와 더브가 그 뒤를 쫓았고, 이어서 나머지 개들이 뒤따랐다. 벅이 그들을 뒤쫓으려고 몸을 날리려다 힐끗 보니 스피츠가 작정하고 그를 넘어뜨리기 위해 달려드는 게 아닌가. 한번 넘어지면 개들에게 짓밟혀 살아날 가망이 없었다. 벅은 정신을 바짝 차려 스피츠의 공격을 받아내고는 호수 위에 있는 자기 팀을 향해 달렸다.

그 뒤 썰매개 아홉 마리는 한데 모여 숲 속에 쉴 곳을 마련했다. 비록 추격당하지는 않았으나 그들은 아주 비참했다. 네다섯 군데쯤 다치지 않은 개가 없었고 몇 마리는 중상을 입었다. 더브는 뒷다리를 심하게 다쳤고 다이에서 마지막으로 팀에 합류한 돌리는 목이 심하게 찢어졌으며 조는 한쪽 눈을 잃었다. 착한 빌리는 너덜너덜해진 리본처럼 씹힌 귀 때문에 밤새 낑낑대며 울었다. 새벽녘에 그들은 다리를 절뚝거리며 조심스레 캠프로 돌아왔다. 약탈자들은 사라졌지만 두 사내는 기분이 좋지 않았다. 식료품의 반 이상이 없어졌고 개들은 썰매의 밧줄과 천으로 만든 덮개를 짓씹어 놓았다. 전혀 먹을 수 없었다 해도 그들의 이빨을 피한 것은 하나도 없었다. 개들은 페로의 사슴 가죽신 한 켤레를 먹어 치웠고 썰매개들을 묶는 가죽끈들을 토막 내어 먹었으며 프랑수아의 가죽 채찍을 끝에서 30센티미터쯤 먹어 치웠다. 프랑수아는 그것을 우울하게 바라보다가 상처 입은 개들에게 시선을 돌렸다.

"오, 내 친구들." 프랑수아는 부드럽게 말했다. "이렇게 많이 물렸으니 미친개가 되면 어쩌나. 모두 미친개가 될지도 몰라, 제기랄! 이봐, 페로, 그렇지 않아?"

그는 불안하다는 듯이 고개를 흔들었다. 도슨까지 아직도 650킬로미터나 남았는데 개들에게 광견병이라도 생겼다간 큰일이었다. 두 사람은 두 시간 동안 투덜거리며 애를 써서 간신히 장비를 다시 갖추고 상처가 딱딱해진 개들과 여정에 올랐다. 지금까지 왔던 길 가운데 가장 힘든 여정으로 고통에 몸부림치며 넘어가게 되었는데 그런 점에서 본다면 그들이 도슨에 도착할 때까지 가장 험난한 고비가 되었다.

서티마일 강이 넓게 펼쳐져 있었다. 물살이 빨라서 얼 틈이 없었고 얼음이 그나마 좀 붙은 곳은 소용돌이치거나 흐름이 잔잔한 곳이었다. 이 끔찍한 50킬로미터를 질주하는 데에는 엿새 동안의 사투와 인고가 필요했다. 사람에게나 개에게나 똑같이 걸음마다 목숨을 건 위험이 따르는, 그야말로 끔찍한 여행길이었다. 페로는 앞장서서 길을 더듬다가 그의 몸무게로 얼음이 부셔져 생긴 구멍 양쪽에 그가 들고 다니던 장대가 걸려 얼어붙어 다리처럼 변한 곳을 열두 번이나 부서뜨렸다. 그러나 한파가 닥쳐와 온도계가 영하 50도를 기록하자 그는 구덩이에 빠질 때마다 살기 위해 불을 피우고 옷을 말려야 했다.

그러나 페로는 결코 기죽지 않았다. 그가 정부의 배달원으로 선발된 것도 결코 기죽지 않기 때문이었다. 그는 어떤 위험도 무릅쓰고 자신의 작고 주름 잡힌 얼굴을 찬 얼음 속에 단호하게 들이밀었으며 희미한 새벽부터 어두워질 때까지 분투했다. 그들은 발밑에서 우그러들며 깨지는 얼음 때문에 한순간도 멈출 수 없는, 얼음이 얇게 깔린 험악한 강의 가장자리를 따라갔다. 한

번은 썰매가 얼음을 깨뜨리는 바람에 벅과 데이브와 함께 얼음 밑으로 빠졌다. 간신히 끌려 나왔을 때 그들은 물에 젖어 반쯤 얼어버린 상태였다. 살기 위해서는 불이 필요했다. 얼음이 그들의 온몸을 단단히 뒤덮었으므로 두 사내는 얼음을 녹이고 땀이 나도록 그들에게 불가를 맴돌며 계속 달리라 했는데 어찌나 불 가까이에서 달렸던지 털이 그슬릴 정도였다.

또 한 번은 스피츠가 물에 빠지면서 그의 뒤에 따라오는 벅의 바로 앞에 있는 개들까지 몽땅 끌고 들어갔다. 벅은 온 힘을 다해 뒤로 버텼지만 앞발이 구덩이 속으로 미끄러질 듯했고 사방에서 얼음이 흔들리며 탁탁 깨지는 소리가 났다. 그러나 그의 뒤에 있는 데이브 역시 힘껏 당겨 주었고 또 그 뒤에 있는 프랑수아도 힘줄에서 우두둑 소리가 날 때까지 힘껏 당겼다.

강가의 얇은 얼음이 썰매의 앞뒤로 깨져 살아날 길이라고는 절벽 위로 기어오르는 수밖에 없었던 적도 있었다. 프랑수아가 기적이 일어나기를 비는 동안 페로가 기적적으로 절벽을 기어올랐다. 그러고는 썰매의 밧줄과 굴레의 마지막 토막까지 몽땅 엮어 긴 밧줄을 만든 다음 개들을 한 놈씩 절벽 꼭대기로 올렸다. 썰매와 짐들까지 모두 올린 다음에 프랑수아가 맨 나중에 올라왔다. 그리고 나서 다시 내려갈 길을 찾기 시작했으나 결국 다시 밧줄을 이용해서 내려가야 했다. 강바닥으로 되돌아오자 밤이 찾아왔고 그날은 400미터밖에 가지 못했다.

그들이 후탈린쿠아 강의 단단한 얼음에서 벗어났을 때 벅은 이제 한 발짝도 움직이지 못할 정도로 피곤했다. 다른 개들도 사정은 비슷했다. 그러나 페로는 손해 본 시간을 만회하려고 밤늦게까지 그리고 아침 일찍부터 그들을 다그쳤다. 첫날 그들은 55킬로미터를 달려 빅새먼까지 갔고 다음 날에는 또다시 55킬로미터를 달려 리틀새먼까지 갔다. 셋째 날에는 65킬로미터를 달려 파이브핑거스에 아주 가까이 갔다.

벅의 발은 에스키모개들처럼 그리 단단하고 야무지지 못했다. 마지막으로 야생에서 살던 조상이 동굴이나 강가에 사는 사람들에게 길들여진 뒤 몇 세기가 지나는 동안 그의 발은 부드러워졌다. 그는 온종일 고통스럽게 절룩거리다가 캠프가 마련되면 죽은 개처럼 퍼졌다. 배가 고팠지만 먹이를 받으러 갈 수도 없어 결국 프랑수아가 물고기를 날라 주었다. 또 프랑수아는 밤마다 저녁식사를 끝내고 30분씩 벅의 발을 비벼 주더니 자신의 사슴 가죽신 윗부분을 잘라 벽의 신발 네 짝을 만들어줬다. 그것은 큰 도움이 되었다. 어느 날 아침 프랑수아가 벽의 가죽신을 깜박 잊자 그는 땅에 벌렁 누워 네 발을 공중에서 애원하듯이 흔들며 신발 없이는 나가지 않겠다고 해서 주름살투성이 페로의 얼굴을 히죽 웃게 만들었다. 점차 벽의 발은 고된 여행에 알맞게 단단해졌고 그는 닳은 신발을 벗어 던졌다.

어느 날 아침 펠리 강에서 출발 준비를 하고 있는데 그때까지 아무 증세를 보이지 않던 돌리가 갑자기 광기를 드러냈다. 그 암캐는 가슴이 무너지는 듯한 늑대 울음을 길게 내는 것으로 자신의 상태를 알려 다른 개들을 공포로 몰아넣고 털을 곤두서게 만들었다. 그러고는 곧장 벅을 향해 달려들었다. 벅은 그때까지 미친개를 본 적이 없었고 광기를 두려워할 어떤 이유도 없었지만 이것이야말로 끔찍하다는 것을 알아채고 공포에 질려 달아났다. 벅이 달아나자 돌리도 헐떡거리며 입에 거품을 물고 바짝 뒤쫓았다. 벅의 공포가 너무도 커서 돌리는 그를 잡을 수 없었고, 돌리의 광기가 너무나 심해서 벅은 그녀를 따돌릴 수 없었다. 벅은 숲이 우거진 섬 한복판에 뛰어들어 낮은 지대의 끝까지 갔다가 울퉁불퉁한 얼음이 꽉 들어찬 뒤쪽 수로를 건너 다른 섬으로 갔고 그곳에서 다시 세 번째 섬으로 갔다. 그러고는 강 본류로 되돌아와서 필사적으로 그 강을 건너기 시작했다. 볼 수는 없었지만 바로 한 발자국 뒤에서 돌리가 계속 으르렁대는 소리를 들을 수 있었다. 프랑수아는 400미터 떨어진 곳에서 그를 향해 소리쳤고 벅은 그가 자기를 구해 줄 것이라 믿으며 방향을 바꾼 다음 가슴이 아플 만큼 숨을 헐떡이며 미친개보다 한 발 앞서 죽을힘을 다해 달려갔다. 벅이 그 앞을 총알처럼 지나치자 바로 그 순간 도끼를 높이 쳐들고 있던 프랑수아가 미친 돌리의 머리 위로 도끼를 힘껏 내리쳤다.

벅은 지쳐 숨만 가쁘게 쉬고 비틀거리다 그대로 썰매에 부딪쳤다. 스피츠에게는 좋은 기회였다. 그는 벅에게 달려들더니 이빨을 박아 넣어 무력한 적을 이빨로 두 번이나 물어뜯고는 뼈까지 드러나게 만들었다. 그러자 프랑수아가 채찍을 내려쳤고 벅은 팀의 어느 누구도 그렇게 심하게 맞아 본 적이 없다고 할 수 있을 만큼 최악의 벌을 받는 스피츠를 보자 만족했다.

"저 악마 같은 스피츠 놈." 페로가 말했다. "언젠가 저놈이 반드시 벅을 죽이고 말 거야."

"벽은 그 두 배라고." 프랑수아가 되받았다. "지금까지 줄곧 저놈을 지켜봐서 잘 알아. 언젠가 때가 되면 저놈이 미쳐 가지고는 길길이 날뛰면서 스피츠를 갈기갈기 씹어 눈 위에 내팽개칠걸. 틀림없어, 난 알아."

그때 이후로 둘은 아슬아슬한 상태였다. 팀의 주인이자 대장으로 인정받는 스피츠는 이상한 남부 개가 자신의 위치를 위협한다고 느꼈다. 그에게 벅은 이상한 개였다. 그도 그럴 것이 그가 알아 온 많은 남부 개들 가운데 벅처럼 야영 생활이나 썰매 끌기에서 실력을 발휘했던 개는 단 한 마리도 없었다. 그들은 모두 너무 연약해서 노역, 동상, 굶주림으로 죽었다. 그러나 벅만은 달랐다. 그만이 그것을 참아내고 발전했으며 힘이나 야만성이나 교활함에서 에스키모개들과 맞먹었다. 그는 대장감이었다. 그를 위험한 존재로 만든 것은 붉은 스웨터를 입은 사내로, 그는 몽둥이를 이용해 네가 대장이 되고자 한다면 무모한 용기와 성급함은 금물이라는 사실을 벅에게 일깨워 주었다. 벅은 다른 누구보다도 교활함이 돋보였으며 원시 동물이 그랬듯이 인내심을 가지고 자신의 시간이 올 때를 기다릴 줄 알았다.

대장 자리를 둘러싼 충돌은 언젠간 일어날 것이며 피할 수는 없다. 벅은 그 자리를 원했다. 그것은 그의 본성이었다. 그는 썰매를 끌고 길을 더듬어 가면서 표현하기 어렵고 이해하기 힘든 어떤 자부심에 단단히 사로잡혔다. 그 자부심은 개들도 사로잡아 마지막 숨을 토해낼 때까지 달리게 했으며, 죽을 때까지 기꺼이 굴레에 매여 있으라 유혹했다. 그것은 썰매 앞자리를 차지한 데이브가 느끼는 것이며 온 힘을 다해 달리는 솔렉스도 느끼는 것이다. 또한 캠프를 철수할 때 그들을 사로잡았고, 그들을 시들하고 뚱한 짐승에서 기운차고 모든 일에 열심이며 의욕적인 동물로 바꿔 놓았다. 낮에는 그들을 고무시키다가 밤이 되면 캠프에서 그들을 침울한 불안과 불만으로 끌어내렸다. 이 자부심이 스피츠에게 힘을 불어넣어 달릴 때 실수하거나 꾀부리는 개들, 아침에 끈에 묶일 때 숨어 버리는 개들을 혼냈다. 바로 그 자부심 때문에 그는 대장이 될 가능성이 있는 벅을 두려워했고 벅도 마찬가지였다.

벅은 이제 공공연히 스피츠의 지도력을 위협했다. 벅은 스피츠와 그가 벌주어야 할 게으른 개들 사이에 끼어들었다. 일부러 그렇게 한 것이다. 어느 날 밤 폭설이 쏟아지고 나서 그 다음 날 아침이 되자 꾀부리는 파이크가 눈에 띄지 않았다. 그는 눈이 30센티미터나 쌓인 포근한 잠자리에 숨어 있었다. 프랑수아가 그를 부르며 찾았으나 헛일이었다. 분노한 스피츠는 거칠어졌다. 그는 그럴듯한 장소마다 코를 킁킁대고 앞발로 헤쳐 보면서 사납게 캠프를 뒤지고 다녔는데 으르렁대는 그의 소리가 어찌나 무서웠던지 파이크는 숨은 곳에서 그 소리를 듣고 벌벌 떨었다.

 마침내 발각된 파이크를 벌주려고 스피츠가 달려들었을 때 벅이 똑같이 사나운 기세로 그들 사이에 끼어들었다. 너무나 뜻밖인 데다 눈 깜짝할 사이에 일어나는 바람에 스피츠는 뒤로 물러나다가 넘어졌다. 비굴하게 떨고만 있던 파이크는 공공연히 벌어진 반란에 용기를 얻어 쓰러진 대장에게 덤벼들었다. 이미 '정정당당한 대결 정신'을 잊은 벅도 스피츠에게 달려들었다. 그 광경을 보고 낄낄 웃고 있던 프랑수아지만 공정하게 처벌하는 데에는 흔들림이 없었기에 벅을 향해 채찍을 힘껏 내리쳤다. 그러나 채찍도 넘어진 적수에게서 벅을 떼어 놓지는 못했다. 그래서 이번에는 채찍 손잡이를 휘둘렀다. 심한 타격에 반쯤 실신하다시피 떨어져 나간 벅은 계속 채찍을 맞았고 그동안 스피츠는 자신을 화나게 한 파이크에게 몇 번이나 철저하게 벌을 주었다.

 그 뒤 도슨에 점점 가까워지는 와중에도 벅은 여전히 스피츠와 죄지은 개들 사이에 끼어들어 훼방을 놓았다. 그러나 이제 그는 프랑수아가 없는 틈을 타서 교묘하게 일을 벌였다. 벅은 은밀하게 반란을 주도했고 반란은 팀 안에서 점차 모든 개에게 확대되어 갔다. 데이브와 솔렉스는 무심했으나 그 둘을 제외한 나머지 개들의 상태는 악화되었다. 모든 일이 제대로 되지 않았다. 싸움과 소란이 끊이지 않았다. 문제는 계속 일어났고 그 배후에는 언제나 벅이 있었다. 벅은 늘 프랑수아를 긴장하게 만들었다. 조만간 둘 사이에서 죽느냐 사느냐 하는 처절한 대결이 일어날 것을 예상하고는 불안을 금치 못했기 때문이다. 그래서 며칠 밤 동안 어디선가 다른 개들 사이에서 시비나 충돌로 소란스러워지면 그는 벅과 스피츠가 개입된 것이 아닌가 걱정하며 잠자리를 박차고 나왔다.

 그러나 아직 그런 기회를 잡지 못한 어느 음산한 오후, 그들은 커다란 대결을 뒤로한 채 도슨에 도착했다. 도슨에는 많은 사람과 개들이 있었는데, 벅은 그들이 모두 일하는 개라는 것을 알았다. 개들은 일해야만 한다는 법을 제정하기라도 한 것 같았다. 온종일 그들은 길게 늘어서서 중심가를 오갔으며 밤에도 방울 소리가 그치지 않았다. 그들은 통나무집을 지을 목재나 땔감을 실어 나르고 광산까지 화물을 운반했으며 산타클라라 계곡에서 말들이 하는 일을 했다. 벅은 여기저기 남부 출신 개들을 만났으나 대부분 야생 늑대 개들이었다. 매일 밤 9시, 12시 그리고 새벽 3시에 규칙적으로 그들은 소리 높여 밤의 노래를 불렀다. 섬뜩하고 무시무시한 그 노래에 합세하는 것이 벅의 유일한 기쁨이었다.

머리 위에서는 오로라(북반구의 고위도지방에서 관찰되는 발광현상으로 극광이라고도 한다)가 차갑게 빛나고 별들이 얼어붙은 하늘에서 춤을 추며 대지가 눈의 장막에 덮여 무감각하게 얼어 버리는 이곳에서 에스키모개들의 노래는 어쩌면 삶에 대한 유일한 도전이었는지도 모른다. 침울하고 길게 늘어지며 반쯤 흐느끼는 듯한 구슬픈 소리는 생존의 고뇌를 표현한 삶의 애원이었다. 그것은 오래된 노래, 개 종족만큼이나 오래된 노랫소리로 슬픈 노래만 있었던 때 묻지 않은 세상의 태곳적 노래 가운데 하나였다. 거기에 수많은 세대의 슬픔이 담겨 있어 그 비애에 신기하게도 벅의 마음이 움직였다. 그가 신음하며 흐느낄 때 그 속에는 야생의 조상들이 지녔던 오래된 삶의 고통이 있었고 그들에게 공포와 신비를 던진 바로 그 추위와 어둠이 드리워 있었다. 벅이 그 소리에 그토록 끌린다는 것은 그가 문명의 상징인 불과 지붕의 세대를 거슬러 울음의 시대였던 거친 태고의 삶으로 완전히 돌아갔다는 것을 의미했다.

도슨에 도착한 지 이레가 되는 날, 그들은 기마경관대 본부 옆의 가파른 둑을 타고 유콘 도로까지 내려가 다이와 솔트워터에 도착했다. 페로는 우편물을 나르고 있었는데 그가 가져왔었던 것들보다 더 시급해 보이는 것들이었다. 이번 길을 답파했다는 자부심에 사로잡힌 그는 지난해 기록을 경신하려고 했다. 그에게는 유리한 점이 몇 가지 있었다. 일주일 동안 쉬면서 원기를 회복한 개들은 건강 상태가 아주 좋았다. 마을을 향해 그들이 뚫어 놓은 썰맷길도 그들 뒤로 여행자들이 오면서 단단히 다져졌다. 그리고 개와 여행객들이 식사하도록 경찰들이 음식 파는 곳을 두세 곳 마련해서 그들은 짐을 줄일 수 있었다.

그들은 첫날에 80킬로미터를 달려 식스티마일즈에 도착했다. 다음 날에는 유콘 강을 기세 좋게 달려 무난히 펠리에 다가가고 있었다. 그러나 이런 장대한 질주 뒤에서 프랑수아는 커다란 문제점과 괴로움을 안고 있었다. 벅이 이끄는 보이지 않는 반란이 팀의 결속력을 무너뜨리고 있었던 것이다. 이제 개들은 더 이상 끈에 매여 한 마리처럼 달리는 팀이 아니었다. 벅은 다른 개들이 반항하도록 부추겨서 온갖 자질구레한 못된 짓들을 하게 했다. 더 이상 어떤 개들도 스피츠를 두려워하지 않았다. 오랜 경외감은 사라졌고 개들은 그의 권위에 도전해서 동등해지고자 했다. 어느 날 밤이 되자 급기야 파이크는 스피츠의 물고기를 반이나 훔쳤다. 그러고는 벅의 비호 아래 그것을 꿀떡 삼켰다. 어느 날에는 더브와 조가 스피츠에게 대항했는데도 당연히 받아야 할 벌을 받지 않았다. 그러다 보니 순둥이 빌리조차 더 이상 착하게 굴지 않았고 비위를 맞추듯 킹킹대던 짓도 전보다 반쯤 줄였다. 벅은 스피츠와 가까이 있을 때면 언제나 으르렁댔고 위협하듯 털을 곤두세웠다. 벅은 스피츠의 코앞에서 골목대장처럼 으스대며 왔다 갔다 하곤 했다.

무너지는 규율은 개들의 관계에 영향을 미치기 시작했다. 그들이 전보다 더 자주 서로 트집을 잡고 싸워서 때때로 캠프는 병자들이 울부짖는 정신병원을 방불케 했다. 끊이지 않는 소란에 신경이 날카로워지기는 했지만 데이브와 솔렉스만은 요지부동이었다. 프랑수아는 상스럽고 괴상한 욕을 하거나 분노에 못 이겨 애꿎은 눈을 두 발로 쾅쾅 밟아 대거나 자신의 머리카락을 잡아 뜯었다. 그는 개들 사이에서 채찍을 휘둘렀지만 별 효과가 없었다. 그가 등을 돌리자마자 개들은 다시 티격태격했다. 프랑수아가 채찍으로 스피츠 편을 들면 벅은 나머지 개들 편을 들었다. 프랑수아는 모든 분쟁 뒤에 벅이 있음을 알았고 벅도 프랑수아가 그 사실을 알고 있음을 알았다. 그러나 영리한 벅은 현장에서 걸려들지 않았다. 그는 썰매 끈에 묶여 열심히 달렸다. 그에게 이런 고된 일은 기쁨이 되어 가고 있었다. 그러나 그보다 더 즐거운 일은 팀원들 사이에서 교묘하게 분쟁을 일으키고 썰매에 연결된 끈을 헝클어뜨리는 것이었다.

타키나 강어귀에 캠프를 친 어느 날 밤, 저녁을 먹은 뒤 더브가 토끼를 발견했는데 실수로 그만 놓치고 말았다. 순식간에 팀 전체가 소리치며 달려들었다. 90미터쯤 떨어져 있는 북서부 지방의 경찰 캠프에 있는 에스키모개 50여 마리도 일제히 끼어들었다. 토끼는 강을 따라 질주하다가 작은 개울로 돌아들어가 얼음 위를 쉬지 않고 달렸다. 개들이 눈을 헤치며 전력을 다해 내달리는 반면에 토끼는 눈 위를 가볍게 달렸다. 벅은 60마리의 선두에 서서 굽이굽이를 돌아 달렸지만 토끼를 잡을 수 없었다. 벅은 몸을 낮춘 채 온 힘을 다해 달리면서 정신없이 신음을 토해 냈고 창백한 달빛 아래서 찬란한 몸을 번쩍이며 앞으로 달리고 또 달렸다. 하얀 눈의 요정처럼 토끼 역시 몸을 번쩍이며 앞으로 내달렸다.

사냥철에 인간을 시끄러운 도시로부터 숲과 광야로 내몰아 화학적으로 발사되는 납 탄환으로 동물을 죽이도록 부추기는 오래된 본능, 피에 대한 갈망, 학살의 쾌감, 이 모든 것이 벅의 내면에서도 꿈틀거렸다. 다만 인간보다 벅에게 한없이 친숙한 본능이었다. 그는 무리의 선두에서 달렸다. 그는 야생 동물을 추적해 싱싱한 살을 이빨로 물어뜯고 보란 듯이 주둥이를 따스한 핏물에 적시고 싶었다.

삶에는 그 이상 올라갈 수 없는 어떤 절정을 나타내는 환희가 있다. 치열하게 살아갈 때 그리고 여기에 삶의 모순이 있다. 그 환희는 찾아오지만 그렇기에 오히려 살아 있다는 것을 완전히 망각할 때에야 찾아온다. 그 환희, 살아 있다는 것의 망각은 감흥의 불꽃 속에서 자아를 잊는 예술가에게 찾아온다. 그리고 싸움터에서 전쟁에 미쳐 자아를 잊고 생존을 거부하는 군인에게 찾아온다. 달빛을 헤치며 번개처럼 앞질러 가는 싱싱한 먹이를 잡기 위해 늑대들이 오랫동안 질러왔던 울음소리를 내면서 무리를 이끌고 달려가는 벅에게도 바로 그 환희가 찾아왔다. 그는 시간의 자궁 속으로 되돌아가며 본성, 자신보다 더 깊은 본성의 일부와 그 심오함에서 나오는 울음소리를 냈다. 그는 순수하게 솟구치는 삶과 조수처럼 밀려드는 존재의 파도 그리고 근육과 관절과 힘줄 하나하나에서 느껴지는 완벽한 기쁨에 압도당했다. 이들은 죽음을 제외한 모든 것으로, 걷잡을 수 없이 불타오르고 움직임 속에서만 자신을 드러내며, 별 아래 그리고 움직임 없는 죽은 물질의 표면 위로 도취되어 달렸다.

그러나 스피츠는 그렇지 않았다. 기분이 최고일 때조차 차갑고 계산적인 그는 무리를 이탈해 길게 굽이져 있는 개울 때문에 생긴 좁게 오므라든 땅을 가로질러 갔다. 벅은 그 사실을 몰랐다. 그가 모퉁이를 막 도는데 여전히 앞서 달리는 토끼보다 더 큰 하얀 유령이 강둑의 솟아나온 곳에서 토끼의 앞길을 가로막으며 펄쩍 뛰어내렸다. 스피츠였다. 토끼는 갑자기 방향을 바꿀 수 없었다. 하얀 이빨이 공중에서 등뼈를 깨물자 토끼는 치명상을 입은 인간처럼 생명의 비명을 크게 질렀다. 그 비명 소리, 삶의 정점에서 죽음의 나락으로 추락하는 외마디 비명 소리에 벽의 뒤를 바짝 따라오던 개들이 기쁨에 가득 찬 아비규환과도 같은 합창을 내질렀다.

　벽은 울부짖지 않았다. 주저 없이 스피츠의 어깨를 자신의 어깨로 들이받았다. 너무나 격렬하게 달려드는 바람에 목 부분을 놓치고 말았다. 그들은 눈보라를 일으키며 땅 위에서 뒹굴고 또 뒹굴었다. 스피츠는 넘어지지 않았다는 듯이 일어나 벽의 어깨를 물어뜯고 펄쩍 뛰어 물러났다. 그는 위로 치켜 올라간 얇은 입술을 뒤틀고 으르렁대며 더 나은 발판을 차지하려고 뒤로 훌쩍 물러나면서 덫에 달린 강철 아가리처럼 철커덕 소리를 내며 이빨을 두 번 마주쳤다.

　그 순간 벽은 알았다. 드디어 때가 왔다. 사투가 시작되었다. 그들이 으르렁대며 귀를 뒤로 젖히고 유리한 고지를 차지하기 위해 잔뜩 노려보며 돌고 돌 때 벽은 이 장면이 어쩐지 친숙하게 느껴졌다. 하얀 숲, 흙, 달빛 그리고 전투의 전율 그 모든 장면이 떠오르는 듯했다. 흰 눈과 침묵 위로 유령 같은 침착함이 스며들어 있었다. 그곳에서는 아주 미미한 공기의 속삭임조차도 들리지 않았다. 아무것도 움직이지 않았다. 나뭇잎 하나 까딱하지 않았다. 개들의 허연 입김이 천천히 올라와 얼어붙은 공중에 머물렀다. 개들은 잘못 길들여진 늑대들처럼 순식간에 토끼를 먹어 치우고는 기대에 차서 벽과 스피츠를 빙 둘러싸고 서 있었다. 그들도 침묵을 지켰다. 눈만 맹렬히 불타올랐고 입김은 천천히 위로 올라갔다. 오래전부터 있어 왔던 이 광경이 벽에겐 전혀 새롭거나 낯설지 않았다. 마치 늘 그래왔던 것 같고 당연히 그런 것 같았다.

　스피츠는 노련한 투사였다. 스피츠베르겐에서 북극을 거쳐 캐나다와 배런즈를 가로지르며 온갖 개들 속에서 자신의 위치를 지키고 그들을 굴복시키는데 성공했다. 그래서 그는 통렬하게 노여워했으나 결코 맹목적인 분노는 아니었다. 그는 자신이 상대를 찢어발기고 파괴하고 싶을 만큼의 격렬한 열망에 사로잡힌 것처럼 적도 똑같은 열망에 사로잡혔다는 것을 잊지 않았다. 스피츠는 적의 돌진을 받아들일 준비가 되기 전에는 결코 돌진하지 않았으며 공격을 방어할 준비가 되기 전에는 결코 공격하지 않았다.

　벽은 크고 하얀 개의 목에 이빨을 깊숙이 박으려 했으나 헛수고였다. 그의 송곳니가 부드러운 살점을 파고들려 할 때마다 스피츠의 송곳니가 반격을 가했다. 송곳니와 송곳니가 부딪치면서 입술이 찢어지고 피가 흘렸지만 벅은 적의 방어를 뚫을 수 없었다. 피가 끓어오른 벅은 돌풍처럼 사방에서 스피츠를 공격했다. 벅은 눈처럼 하얗고 숨을 헐떡이는 놈의 목을 몇 번이나 겨냥했으나 그럴 때마다 놈은 벅을 물어서 따돌렸다. 그러자 벅은 목을 겨냥하는 척 돌진하다가 갑자기 머리를 옆으로 휙 돌려 스피츠의 어깨를 자신의 어깨로 들이받아 그를 넘어뜨리려 했다. 하지만 그럴 때마다 스피츠는 몸을 가볍게 날려 피하면서 벅의 어깨를 물어뜯었다.

벅은 숨을 헐떡거리며 피를 흘리는데 스피츠는 아무렇지도 않았다. 점점 더 필사적인 격투가 되었다. 주위를 에워싸고 침묵하는 개들은 침을 삼키며 누가 이기든 싸움이 끝나기만을 고대하고 있었다. 벅의 숨이 점점 차오르자 스피츠가 공격을 개시하여 벅을 계속 비틀거리게 만들었다. 벅이 한 번 넘어지자 60마리의 개들이 활기를 띠었다. 그러나 벅은 곧 공중에서 몸을 돌려 자세를 회복했고 에워싼 개들은 다시 제자리에 앉아 기다렸다.

그러나 벅에게는 위대한 대장이 될 수 있는 기질이 있었다. 그것은 상상력이었다. 그는 지금까지 본능적으로도 싸웠지만, 동시에 머리를 써서 싸울 수 있었다. 그는 돌진했다. 어깨 충돌 작전을 다시 시도하는 척하다가 마지막 순간에 몸을 눈 속에 파묻듯 납작 수그렸다. 그의 이빨이 스피츠의 왼쪽 앞발에 닿았다. 곧 우두둑 뼈가 부서지는 소리가 들렸고 놈은 세 다리로 벅에게 대항하게 되었다. 벅은 놈을 넘어뜨리려고 했다가 다시 그 전략을 사용해서 오른쪽 앞발을 부서뜨렸다. 스피츠는 고통과 무력함을 느끼면서도 미친 듯이 사투를 벌였다. 스피츠는 눈을 번들거리며 입맛을 다시고 은빛 입김을 공중으로 올려 보내는 고요한 개들을 보았다. 과거에 비슷한 개들이 패배한 적에게 다가갔던 것처럼 이제 개들이 자신을 향해 조용히 다가오는 것을 보았다. 그러나 이번에는 패배자가 바로 자신이었다.

스피츠에게 희망은 없었다. 벅은 무자비했다. 적을 동정하는 것 따위는 따뜻한 지역에서나 가능했다. 그는 몸을 가다듬고 마지막으로 돌진했다. 그들을 에워싼 에스키모개들이 좁혀 들어와 바로 옆구리에서 놈들의 입김을 느낄 수 있었다. 벅은 개들이 스피츠 너머에서 그리고 양옆에서 스피츠를 노려보며 금방이라도 튀어오를 듯이 반쯤 웅크린 것을 보았다. 모든 것이 멈춘

듯 보였다. 개들은 모두 돌이 된 듯 꼼짝도 하지 않았다. 오직 스피츠만 앞뒤로 비틀거리고 꿈틀대며 털을 곤두세웠다. 그리고 마치 다가오는 죽음에게 겁을 주어 내쫓아 버리려는 듯 무섭게 으르렁거렸다. 벅은 돌진했다가 물러섰다. 이번 돌진에서 그는 마침내 스피츠의 어깨를 정면으로 치받을 수 있었다. 그들을 에워싼 검은 무리가 달빛이 넘치는 눈밭에서 한 점으로 좁혀지는 순간, 스피츠는 눈앞에서 사라졌다. 승리한 투사, 우위를 차지한 원초적 야수는 적을 죽여서 흡족해져 당당하게 발을 내딛고 그 광경을 지켜보았다.

제4장
새로운 우두머리

"그것 봐, 내가 말했지? 저 벅이란 놈, 두 배는 더 지독한 악마라는 말이 맞지?"

다음 날 아침 스피츠가 사라지고 벅이 상처투성이가 된 것을 발견한 프랑수아의 말이었다. 그는 벅을 불 가로 끌고 가서 불빛에 상처들을 비춰 보았다.

"스피츠도 악마처럼 싸웠어." 페로가 찢어지고 벌어진 벅의 상처를 살펴보며 대답했다.

"그렇다면 저 벅이란 놈은 두 배는 더 악마처럼 싸웠군." 프랑수아가 말했다. "자, 이제 우리도 편안해지겠어. 스피츠가 없으니 문제도 안 터질 테지. 암, 그래야지."

페로가 캠프를 정리하고 썰매에 짐을 실으며 여행을 떠날 준비를 하는 동안 프랑수아는 개들에게 끈을 맸다. 벅은 스피츠가 차지했던 대장 자리로 재빨리 걸어갔다. 그러나 프랑수아는 벅을 신경쓰지 않고 벅이 탐내는 자리에 솔렉스를 앉혔다. 그의 판단으로는 남아 있는 개들 중에서 솔렉스가 최고의 대장이었다. 화난 벅은 솔렉스에게 달려들어 그를 쫓아내고 그 자리를 차지했다.

"어? 이것 봐라?"

프랑수아는 어이없다는 듯이 무릎을 탁 치며 소리쳤다. "이놈 좀 봐, 스피츠를 죽이더니 이제 그 자리를 차지하겠다는 거잖아? 네 자리로 가지 못해, 얼른!" 프랑수아가 소리쳤으나 벅은 꼼짝도 하지 않았다.

프랑수아는 벅의 목덜미를 잡고 위협하듯이 으르렁대는 벅을 끌어낸 다음 그 자리에 다시 솔렉스를 앉혔다. 그 늙은 개는 분명히 벅을 두려워했고 그 자리를 원치 않았다. 그래도 프랑수아는 완강했다. 하지만 그가 등을 돌리자

마자 벅은 다시 솔렉스의 자리를 차지했고 솔렉스는 순순히 자리를 내줬다.
"그래? 그렇다면 이제 버릇을 고쳐 주지!" 화난 프랑수아는 소리치고 나서 손에 무거운 몽둥이를 들고 나타났다.
벅은 붉은 스웨터 입은 사내를 잊지 않았기에 슬슬 물러났다. 솔렉스가 그 자리를 다시 차지해도 그는 대들지 않았다. 그러나 벅은 몽둥이가 미치는 범위 밖에서 맴돌며 괴로움과 분노에 차 으르렁댔다. 그러면서도 프랑수아가 몽둥이를 내리치면 잽싸게 피하기 위해 몽둥이를 지켜보면서 주위를 맴돌았다. 그는 몽둥이에 대한 지혜를 터득했던 것이다.
썰매꾼은 다시 일을 하면서 벅을 불러 예전 자리인 데이브 앞에 세우려고 했다. 벅은 두세 걸음 뒤로 물러났다. 프랑수아가 벅을 따라가면 벅은 다시 물러났다. 이런 짓을 되풀이하다가 벅이 매질을 두려워하나 보다 하고 생각한 프랑수아가 몽둥이를 내던졌다. 그러나 벅은 공공연히 저항했다. 그는 몽둥이를 피하고 싶었던 것이 아니라 대장이 되고 싶었다. 그 자리는 마땅히 그의 것이었다. 그는 싸워서 그 자리를 얻었고 거기에서 반걸음도 양보할 수 없었다.
페로도 끼어들었다. 벅은 그들 사이에서 한 시간쯤 도망다녔다. 그들은 벅에게 몽둥이를 내리쳤으나 벅은 피했다. 그들은 벅에게 온갖 저주를 퍼부었다. 벅이 태어나기 전부터 있었던 아버지나 어머니를 들먹였고, 아득한 먼 훗날에 태어날 벅의 후손들까지 대대손손 저주했다. 그의 몸에 난 털 한 올, 혈관을 타고 흐르는 피 한 방울에까지 저주를 퍼부었다. 그러나 벅은 그런 저주에 으르렁대는 것으로 대꾸할 뿐 여전히 잡히지 않았다. 그는 아예 멀리 도망가려 하지도 않았고 뒤로 물러나면서 캠프 주위를 맴돌았다. 그리고 자신의 요구를 받아들이면 기꺼이 들어가 일을 잘하겠다는 뜻을 분명히 내보였다.
프랑수아는 앉아서 머리를 긁적였다. 페로는 시계를 들여다보더니 욕을 했다. 시간이 달아나고 있었다. 한 시간 전에는 벌써 출발했어야만 했다. 프랑수아는 다시 머리를 긁적였다. 그는 머리를 흔들며 배달원을 보고 멋쩍은 듯 히죽 웃었다. 그러자 배달원은 항복했다는 듯 어깨를 들썩해 보였다. 프랑수아는 솔렉스가 있는 곳에 가서 벅을 불렀다. 벅은 개들처럼 웃으면서도 그대로 멀찌감치 서 있었다. 프랑수아는 솔렉스의 끈을 풀고 그를 본디 자리로 보냈다. 하나도 빠짐없이 썰매에 끈으로 연결된 팀은 출발 준비를 했다. 선두 자리는 벅을 위해 비어 있었다. 프랑수아는 다시 한 번 벅을 불렀다. 벅은 웃었지만 그래도 다가오지는 않았다.

"몽둥이를 내려놓으라고." 페로가 지시했다.

프랑수아는 그대로 했다. 그러자 벅은 만족한 듯 웃으며 팀의 선두 자리로 잽싸게 걸어 들어왔다. 벅을 끈에 매고서 썰매는 출발했고 두 사람이 이끄는 대로 강 길을 따라 쏜살같이 달려갔다.

썰매몰이꾼은 일찍이 '두 배는 더 악마'라고 표현하며 벅을 높이 평가했지만 오전이 채 가기도 전에 자신이 그를 과소평가했다는 것을 알았다. 벅은 즉시 대장의 임무를 수행했다. 프랑수아는 결정이 필요한 지점에서의 빠른 판단과 재빠른 행동으로는 스피츠만 한 개가 없다고 봤는데 벅은 그보다 훨씬 더 우수한 대장이었다.

그러나 벅의 정말 뛰어난 점은 규칙을 정하고 동료들이 그 규칙을 지키도록 만들었다는 것이다. 데이브와 솔렉스는 누가 대장이 되든 상관하지 않았다. 그들에게 부과된 임무는 대장의 할 일이 아니었다. 그들의 임무는 지치도록 일하는 것, 끈에 연결된 채 힘들여 지치도록 일하는 것이었다. 그래서 그 일에 간섭받지 않는 한 무슨 일이 일어나든 신경 쓰지 않았다. 착한 빌리라도 질서를 깨뜨리지 않는 한 그가 원하는 대로 썰매를 끌어 나갈 수 있었다. 그러나 나머지 개들은 스피츠가 이끌던 때조차 후반부로 갈수록 점점 통제불능이 되었는데 놀랍게도 지금 벅은 그들을 잘 다스려 질서를 세우고 있었다.

벅의 바로 뒤에서 달리던 파이크는 가슴 끈으로 자신이 끌어야 하는 무게보다 조금이라도 더 짐을 지지 않으려 했는데, 그 빈둥거리던 짓을 당장 그만두었고 첫날이 지나기도 전에 태어나 그 어느 때보다 더 많은 짐을 끌게되었다. 시큰둥하던 조는 캠프의 첫날 밤 벅에게 무척 혼났다. 스피츠가 시도했지만 결코 못하던 일이었다. 벅은 더 무거운 자신의 몸무게를 이용해 간단히 조를 짓누르면서 그가 덥석덥석 물기를 그만두고 제발 살려 달라고 낑낑거릴 때까지 그를 혼내주었을 뿐이다.

팀의 전반적인 질서가 금방 잡혔다. 다시 옛날처럼 하나가 되어 개 한 마리가 끈에 매인 것처럼 달렸다. 링크에서 티크와 쿠나라는 순종 에스키모개 두 마리가 합류했다. 그들을 길들이는 벅의 민첩함에 프랑수아는 혀를 내둘렀다.

"벽 같은 개는 내 생전 처음이야!" 그는 감탄했다. "정말 처음 본다니까! 천 달러 가치는 있어. 암, 그렇고말고. 안 그래, 페로?"

페로도 고개를 끄덕였다. 그는 기록을 경신했고 날마다 신기록을 세웠다. 썰맷길은 단단히 다져져 최상의 상태였고 방해가 될 만큼 눈이 새로 쌓이지도 않았다. 날씨도 그리 춥지 않았다. 여행 내내 영하 50도로 떨어진 채 그대로 있어 줬다. 두 사람은 교대로 썰매를 타거나 달리거나 했고 개들은 가끔씩 멈출 뿐 계속 펄쩍펄쩍 달렸다.

서티마일 강은 비교적 단단한 얼음으로 뒤덮여 오는 데 열흘 걸렸던 길이 가는 데는 단 하루밖에 걸리지 않았다. 라베르지 호수 끝 부분에서 화이트호스까지 약 100킬로미터를 쉬지 않고 단숨에 달렸다. 마시, 타기시 그리고 베넷(너비가 110킬로미터가 넘는 호수들)을 가로질러 개들이 어찌나 빨리 달렸는지 썰매를 몰 차례가 된 사람은 썰매 뒤에서 밧줄 끝을 단단히 잡아당겨야 했다. 둘째 주 마지막 밤에 그들은 화이트패스 정상에 올랐고, 스캐그웨이와 발아래 선박들의 불빛을 바라보며 바다를 끼고 있는 내리막길을 내달렸다.

기록적인 질주였다. 14일 동안 매일같이 그들은 평균 60킬로미터를 달렸다. 페로와 프랑수아는 사흘간 스캐그웨이 중심가를 이리저리 활보하면서 술대접을 받느라 정신이 없었다. 한편 개를 길들이는 사람들이나 썰매꾼들이 끊임없이 몰려들어 그 팀을 숭배하면서 관심을 쏟아 냈다. 그러다가 마을을 깨끗이 쓸어버리려는 야망을 품던 서부 악당 서너 명이 총에 맞아 벌집이 되어 쓰러지자 대중의 관심은 다른 우상에게로 쏠렸다. 그 다음에 공식 명령이 떨어졌다. 프랑수아가 벅을 부르더니 두 팔로 끌어안고 눈물을 뚝뚝 흘렸다. 벅이 프랑수아와 페로를 마지막으로 본 순간이었다. 다른 사람들처럼 그들도 벅의 삶에서 영원히 사라졌다.

이제 스코틀랜드 혼혈인이 벅과 동료들을 맡았다. 벅은 다른 열두 팀 정도의 개들과 함께 다시 도슨까지 지루한 길을 달리기 시작했다. 이번에는 짐이 가볍지 않았고 신기록을 세우는 것도 아니었으며 그저 매일같이 무거운 짐을 싣고 지치도록 달려야 했다. 왜냐하면 북극의 그림자 속에 묻힌 황금을

야성의 부르짖음 47

캐러 간 사람들에게 세상 곳곳에서 보내온 소식들을 전달하는 우편 썰매였기 때문이다.

벅은 그 일을 좋아하지 않았지만 참고 열심히 일했다. 데이브와 솔렉스를 따라서 긍지를 가졌고 또 동료들이 긍지를 갖든 그렇지 않든 자신들의 몫을 다하도록 했다. 기계처럼 규칙적으로 일하는 단조로운 삶이었다. 하루하루가 거의 똑같았다. 매일 아침 정해진 시간에 요리사가 나타나 불을 피우고 아침을 준다. 그러고 나서 누군가가 텐트를 걷는 동안 다른 사람들은 개들에게 굴레를 채운다. 그러다 짙게 깔린 어둠이 새벽을 알리기 1시간 전이나 아니면 훨씬 더 전에 그들은 떠났다. 밤이면 캠프를 세운다. 누군가는 깃발을 꽂고, 누군가는 땔감으로 쓰거나 잠자리를 만들기 위해 소나무 가지를 잘랐으며 누군가는 요리사들에게 물이나 얼음을 날라다 준다. 그리고 개들도 밥을 먹는다. 그 시간이야말로 하루 중에서 가장 즐거운 시간이다. 물고기를 먹은 다음 한두 시간 동안 백여 마리 다른 개들과 어울려 어슬렁거리는 일이 즐거웠다. 그중에는 아주 사나운 개들도 있었다. 그러나 가장 사나운 놈들과 세 번 정도 싸워서 패권을 잡은 뒤로는 벅이 털을 곤두세우거나 이빨을 드러내면 그들은 슬슬 물러났다.

그러고 나서 가장 좋은 일은 벅이 불 옆에 누울 수 있게 된 것이었다. 벅은 뒷발을 밑으로 웅크리고 앞발을 앞으로 쭉 뻗으면서 머리를 든 채 꿈꾸듯이 불꽃을 향해 두 눈을 깜빡거렸다. 때때로 그는 햇빛이 비치는 산타클라라 계곡에 있는 밀러 판사의 큰 집을 생각했다. 시멘트 칠한 풀장, 멕시칸 헤어리스도그 이사벨, 재패니즈 퍼그 투츠. 그러나 그들보다는 붉은 스웨터 입은 사내, 컬리의 죽음, 스피츠와 목숨을 걸고 싸우던 일, 그가 먹어 본 맛있는 음식들과 먹고 싶은 음식들이 더 자주 생각났다. 그는 고향이 그립지는 않았다. 남쪽 나라는 너무 멀고 아득했다. 그런 기억은 그를 사로잡지 않았다. 그보다 그를 더욱 강렬하게 사로잡은 것은 조상이 물려준 기억으로 전에는 결코 볼 수 없었던 사물들을 어딘지 친숙하게 느끼게 만들었다. 그저 습관으로 변해 뒷날 퇴화한 본능이 그의 내부에서 다시 되살아나 활발하게 움직이고 있는 것이다.

때때로 불꽃을 보며 웅크리고 앉아 꿈꾸듯이 눈을 깜빡거리고 있노라면 불꽃이 또 다른 불처럼 느껴지고 자기도 그 다른 불 옆에 앉아 눈앞에 있는 혼혈 요리사가 아닌 다른 사람으로 보는 듯한 느낌이 들었다. 그는 다리가 더 짧고 팔은 더 길었다. 그는 둥글고 토실토실하다기보다는 근육의 힘줄이 불거져 울퉁불퉁했다. 그의 긴 머리털은 지저분하게 헝클어져 있었고 머리는 눈 위쪽에서 뒤로 비스듬히 기울어져 있었다. 그는 이상한 소리를 냈고 어둠이 너무나도 무섭다는 듯 무릎과 발 사이 중간 지점까지 내려오는 손에 무거운 돌을 단단히 매단 장대를 꽉 쥐고 계속 어둠을 응시했다. 그는 거의 발가벗은 상태였지만 등의 일부분에 불에 그슬린 누더기를 늘어뜨리고 있을 뿐 몸에는 털이 많았다. 가슴과 어깨를 가로지른 부분들, 팔과 장딴지 아래쪽 바깥 부분들은 대부분 두꺼운 털로 덮여 있었다. 그는 반듯이 서지 못하고 몸이 엉덩이부터 앞으로 기울어 있었으며, 두 다리는 무릎에서 굽어 있었다. 몸 전체에서 보이는 고유한 탄력성이 어딘가 고양이를 연상케 했다. 보이는 것과 보이지 않는 것에 대한 끊임없는 두려움 속에 사는 동물 특유의 기민함과 경계심이 있었다.

어떤 때는 이 털 많은 남자가 머리를 다리 사이에 파묻고 불 곁에 웅크린 채 잠들어 있었다. 그럴 경우 팔꿈치는 무릎 위에 대고 두 손은 머리 위로 꽉 쥔 채여서 마치 털 많은 두 팔로 비를 막는 것 같았다. 불꽃 너머 주위를 둘러싼 어둠 속에서 벅은 여기저기 번쩍거리며 타오르는 석탄덩이들을 보았다. 그 덩어리들은 언제나 둘씩이어서 먹이를 찾는 거대한 짐승의 두 눈처럼 보였다. 그는 덤불 사이로 짐승들이 부딪치는 소리와 밤에 그들이 내는 소리를 들을 수 있었다. 그리고 유콘 강둑에서 불꽃을 향해 축 처진 두 눈을 깜박거리며 꿈을 꾸고 있노라면 또 다른 세상의 소리와 광경들이 그의 등에 난 털을 세우고 어깨를 가로질러 목에 난 털까지 곤두서게 만들었다. 마침내 그는 억누르듯 낮게 낑낑거리며 조용히 으르렁거렸다. 그러면 혼혈 요리사가 그에게 소리쳤다.

"이봐, 벅, 일어나!"

그 소리에 다른 세상은 사라지고 현실 세계가 눈앞에 다가왔다. 그는 일어나 하품을 하고 마치 잠을 잤던 것처럼 기지개를 켰다.

우편물을 싣고 달리는 일은 매우 고됐기 때문에 그들은 곧 지쳤다. 도슨에 도착했을 때 그들은 몸무게가 줄고 건강이 악화되어 적어도 일주일에서 열흘은 쉬어야만 했다. 그러나 그들은 이틀 안에 외부로 가야 할 우편물을 싣고 기마경관대의 본부에서 유콘 강둑을 내려가야 했다. 개들은 지쳤고 몰이꾼은 투덜거렸다. 게다가 엎친 데 덮친 격으로 눈까지 매일 퍼부었다. 눈이 쌓이면 길이 질척질척해져 마찰이 더 심해지며 개들이 짐을 끄는 데 힘이 더 들었다. 그래도 몰이꾼들은 일하는 내내 공정했고 동물들을 위해 최선을 다했다.

밤마다 그들은 개들을 먼저 배려했다. 식사도 몰이꾼들보다 먼저였고, 몰이꾼들은 자신이 담당하는 개의 발을 살펴주고 나서야 잠자리에 누웠다. 그래도 개들의 힘은 점점 줄어만 갔다. 겨울이 시작된 이래 개들은 썰매를 끌고 단조롭게 3천 킬로미터를 달렸다. 3천 킬로미터라니, 살면서 그보다 더 힘든 일은 없을 정도였다. 벅은 피곤에 지쳤지만 그것을 견뎠고 동료들이 그 일을 참고 견디며 질서를 지키도록 했다. 빌리는 매일 밤 울었고 잠이 들어서도 킹킹댔다. 조는 전보다 더 날카로워졌고 솔렉스는 눈이 먼 쪽이든 멀지 않은 쪽이든 어떤 접근도 싫어했다.

그러나 가장 고통스러워하는 개는 데이브였다. 그의 건강에 이상이 생긴 것이 분명했다. 우울하고 신경질적이 된 그는 캠프가 세워지자마자 잠자리로 파고들었고 하는 수 없이 몰이꾼이 밥을 갖다 주었다. 그는 끈이 풀리면 주저앉아 아침에 다시 끈을 맬 때까지 일어나지 못했다. 때때로 썰매가 갑작스레 멈추거나 멈췄다 다시 출발할 때면 그는 고통스러워 소리를 질렀다. 몰이꾼이 그를 살펴보았지만 아무것도 발견하지 못했다. 그는 모든 몰이꾼의 관심사가 되었다. 그들은 식사 시간에도 그 문제를 들먹였고 잠자리에 들기 전 파이프 담배 한 대를 피워 물면서도 그 이야기를 했다. 그러던 어느 날 밤, 회의가 열렸다. 데이브는 잠자리에서 불 근처로 끌려 나갔다. 그들이 그의 몸을 여기저기 누르고 꾹꾹 찌르자 그는 고통스러워하며 몇 번이나 소리를 질렀다. 내상이 생긴 게 분명한데 뼈가 부러진 것도 아니어서 원인을 밝히기 어려웠다.

캐시어 바에 이를 때쯤, 데이브는 너무나 약해져 끈에 매여서도 계속 쓰러졌다. 스코틀랜드 혼혈인이 잠시 멈춰 대열에서 그를 빼고 그 앞에 있던 솔렉스와 썰매를 단단히 연결했다. 데이브를 썰매 뒤에서 홀가분하게 달리게 하면서 휴식을 취하게 하려는 의도였다. 그러나 데이브는 그토록 아프면서도 대열에서 빠져야 하는 것이 분해 끈을 푸는 동안 투덜거리고 으르렁대더니 그가 오래도록 일했던 자리에 솔렉스가 들어가는 것을 보자 가슴이 찢어지는 듯 낑낑댔다. 끈에 매여 달리는 자부심은 그의 모든 것이었기에 그는 죽을 정도로 아픈데도 다른 개가 자기 일을 해야만 하는 사실을 참을 수 없었다.

썰매가 출발하자 데이브는 잘 다져진 썰매 옆길의 부드러운 눈 속에서 허우적거리면서도 연방 이빨로 솔렉스를 공격했고 그에게 달려들어 그를 반대쪽 눈 속으로 밀어내려 했다. 계속 슬픔과 고통으로 낑낑대며 소리치고 울부짖으면서 데이브는 썰매 사이로 끼어들기 위해 끈 속으로 펄떡 뛰어들려고 애를 썼다. 혼혈 몰이꾼은 채찍으로 그를 몰아내려 했다. 그러나 그는 날카로운 매질에 아랑곳하지 않았다. 몰이꾼 또한 더 심하게 매질할 만큼 잔인하지 못했다. 썰매 뒤에서 조용히 따라오는 것이 더 쉬운 일이었지만 데이브는 그것을 거부했다. 훨씬 힘든데도 기력이 다 할 때까지 계속해서 부드러운 눈 속에 넘어지면서 썰매 곁을 떠나지 않았다. 그러더니 마침내 쓰러져 다시 일어나지 못하고 썰매의 긴 대열이 그냥 지나치는 것을 보면서 가슴이 메도록 오열했다.

마지막 남은 기운으로 데이브는 우편 썰매가 그다음 정차할 때까지 뒤에서 비틀거리며 따라오더니 멈춰 서 있는 썰매 곁을 지나 언제나 솔렉스와 나란히 달리던 자기 자리로 간신히 다가왔다. 몰이꾼은 뒤에 있던 사람의 도움으로 파이프 담배에 불을 붙이느라 잠깐 시간을 지체했다. 그러고는 돌아와서 개들을 출발시켰다. 그들은 전혀 힘을 쓰지 못했고 길 위에서 흔들거렸다. 그리고 불안한 듯 고개를 흔들더니 깜짝 놀라 썰매를 멈춰 세웠다. 몰이꾼도 놀랐다. 썰매가 움직이지 않았기 때문이다. 그는 동료를 불러서 어찌된 일인지 살펴보라고 말했다. 데이브가 솔렉스와 이어진 두 끈을 입으로 물고 본디 자기 자리인 썰매 앞자리에 의연히 서 있었다.

데이브는 제발 그 자리에 있게 해 달라고 눈으로 애원했다. 몰이꾼은 당황했다. 그의 동료가 개는 자신이 혹사로 죽을 지경인데도 일을 거부당하면 얼마나 가슴 아파할 수 있는지에 대한 이야기를 하며 고된 노동에 너무 늙거나 부상당한 개들이 끈에서 풀려나면 곧 죽었다는 몇몇 경우를 예로 들었다. 그리고 어차피 죽을 데이브의 슬픔을 덜어 주기 위해서라도 만족스레 끈에 매여 죽게 하는 것이 자비로운 행동이라고 말했다. 그래서 데이브는 다시 끈에 묶였고 비록 내장을 물어뜯기는 듯한 통증으로 자신도 모르게 한두 번 소리를 질렀으나 옛날처럼 자랑스럽게 다시 썰매를 끌었다. 그는 여러 번 넘어져서 끈에 매달려 질질 끌려갔고 썰매에 한 번 깔린 뒤부터는 한쪽 뒷다리를 절룩거렸다.

그러나 데이브는 캠프에 도착해 몰이꾼이 그를 불 옆자리로 인도할 때까지 참아 냈다. 아침이 되자 그는 더 이상 일할 수 없을 정도로 약해져 있었다. 그런데도 끈 매는 시간이 되자 그는 몰이꾼에게 기어갔다. 그는 죽을힘을 다해 일어났으나 비틀거리다가 결국 넘어졌다. 그러자 그는 천천히 기어서 자신의 동료들이 끈으로 매이는 곳까지 갔다. 그는 앞발을 먼저 내밀고 나서 절룩거리며 몸을 옮겼다. 또다시 몇 센티미터 더 앞발을 내밀고 나서 절룩거리며 몸을 옮겼다. 그리고 그의 기운은 그를 떠났다. 그의 동료들이 마지막으로 본 데이브는 눈 속에 누워 숨을 헐떡이며 간절한 동경의 시선을 그들에게 던지고 있었다. 숲을 다 지나갈 때까지 일행은 데이브가 슬프게 부르짖는 소리를 들을 수 있었다.

썰매가 멈췄다. 스코틀랜드 혼혈인은 그들이 떠나온 캠프를 향해 천천히 발길을 옮겼다. 남자들은 입을 다물었다. 이윽고 권총 쏘는 소리가 들렸다. 사내는 빠른 걸음으로 되돌아왔다. 채찍은 날리고 좋은 즐거이 딸랑대며 썰매는 길을 따라갔다. 그러나 벅은, 아니 모든 개는 숲 너머에서 무슨 일이 일어났는지 알았다.

제5장
고된 여정 썰매 끌기

솔트워터 우편 썰매는 도슨을 떠난 지 30일 만에 벅과 그의 동료들을 앞세우고 스캐그웨이에 도착했다. 그들은 지치고 힘이 다 빠져 보기에도 비참했다. 벅의 몸무게는 60킬로그램에서 50킬로그램으로 줄었다. 나머지 다른 동료들도 벅보다 가볍다고는 하지만 상대적으로 따지면 몸무게가 그보다 더 많이 줄었다. 꾀병쟁이 파이크는 속임수로 가득 찬 삶을 살면서 자주 다리를 다친 척 꾸며대는 데에는 성공했지만 이번에는 정말로 다리를 절룩거렸다. 솔렉스도 다리를 절었고 더브는 심한 어깨 부상으로 고통스러워했다.

그들의 발은 모두 끔찍하게 퉁퉁 부었다. 튀어오른다거나 펄쩍 뛸 힘 따윈 남아 있지도 않았다. 길 위에 무겁게 늘어져 있는 발은 몸의 균형을 잃게 해서 하루 일의 피곤을 두 배로 키웠다. 그저 죽도록 피곤한 것 말고 다른 문제는 아무것도 없었다. 이 죽음과도 같은 피로는 단기간 일을 지나치게 많이 해서 오는 것이 아니었다. 그렇다면 회복도 시간문제였다. 그러나 이는 몇 달에 걸쳐 천천히 힘을 소모하며 쌓인 것이었다. 회복할 기운도, 끌어낼 만한 힘도 남아 있지 않았다. 모든 힘을 다 써 버려 이제 마지막 한 방울의 힘도 남아 있지 않았다. 모든 근육, 섬유질, 세포가 지치고 또 지쳤다. 거기에는 그럴 만한 이유가 있었다. 다섯 달도 채 못 되는 기간에 그들은 4천 킬로미터를 달렸다. 마지막 3천 킬로미터를 달리는 동안에는 단지 닷새를 쉬었다. 스캐그웨이에 도착했을 때 그들은 글자 그대로 녹초가 되어 있었다. 그들은 가까스로 끈을 팽팽하게 유지할 수 있을 뿐이며 내리막길에서는 썰매를 피하는 것이 고작이었다.

"조금만 힘내, 발들이 퉁퉁 부었구나, 쯧쯧." 그들이 스캐그웨이 중심가를 비틀거리며 걷자 몰이꾼은 이렇게 힘을 북돋웠다. "이게 끝이란다. 도착하고 나면 우린 아주 푹 쉴 거야. 그렇지? 암, 정말로 아주 길게 푹 쉴 수 있어."

몰이꾼도 푹 쉬리라 확신했다. 그들은 이틀 쉬고 2천 킬로미터를 달렸다. 쉴 이유도 충분했고 상식적으로도 그들은 당연히 쉴 자격이 있었다. 그러나 문제는 황금을 찾아 클론다이크로 몰려든 사람들이 너무 많다는 데 있었다. 함께 오지 못한 그들의 연인, 아내, 친척들의 편지가 모여들어 알프스 산만큼 쌓였다. 또 더 이상 일할 수 없는 개들의 자리를 허드슨 만의 건강한 개들로 교체하겠다는 공식 명령도 있었다. 쓸모없어진 개들은 제거되었고 돈과 달리 개에겐 가치란 거의 없었으므로 그들은 팔리게 되었다.

사흘이 지났다. 그동안 벅과 동료들은 자신들이 얼마나 지치고 쇠약해졌는지 깨달았다. 나흘째 되는 날 아침, 미국에서 온 두 사람이 개들과 장비 전부를 헐값에 샀다. 그들은 서로를 '핼'과 '찰스'라고 불렀다. 찰스는 사오십 대 정도로 피부가 하얗고 눈에는 살짝 눈물을 머금은 데다가 턱수염만은 힘차고 사납게 올라가 있는 데 비해 그 밑에 숨은 입술은 힘없이 늘어져 있었다. 핼은 열아홉이나 스무 살쯤 되는 젊은이로 벨트에 커다란 콜트 권총과 사냥칼을 차고 있었으며 마찬가지로 탄창이 빽빽이 들어서 있었다. 그를 볼 때 눈에 가장 띄는 것은 다름아닌 벨트였다. 그것은 그가 아직 경험이 부족하며 이루 말할 수 없이 미숙한 풋내기라는 사실을 드러내는 것이나 다름없었다. 둘 다 그곳 분위기와 전혀 어울리지 않았다. 왜 그들은 이 북극으로 모험을 떠나는지는 이해할 수 없는 수수께끼 가운데 하나였다.

벅은 흥정하는 소리를 들었고 정부 관리와 그 남자 사이에서 돈이 오가는 것을 보았다. 페로와 프랑수아 그리고 그전 사람들의 뒤를 이어 이제 스코틀랜드 혼혈인과 우편 썰매 몰이꾼들도 그의 삶에서 지나가는 것을 깨달았다. 벅이 동료들과 함께 따라간 새 주인의 캠프는 엉성한데다 지저분하기까지 했다. 텐트는 반쯤 펼쳐진 채였고 접시들은 더러웠으며 모든 게 엉망이었다. 거기에는 '머시디스'라고 불리는 한 여자가 있었는데 찰스의 아내이자 핼의 누나였다. 참으로 기막힌 가족 모임이었다.

그들이 텐트를 걷고 짐들을 챙겨 썰매에 싣는 것을 벅은 유심히 지켜보았다. 그들은 아주 대단한 노력을 들여 모든 일을 처리했는데 전혀 효율적으로 보이지 않았다. 엉성하게 만 텐트는 제대로 꾸린 것보다 세 배나 컸다. 그들은 양철 접시들을 씻지도 않고 넣었다. 머시디스는 끊임없이 활개를 치고 다니면서 남자들을 가르치고 나무라며 수다를 멈추지 않았다. 그들이 옷 꾸러미를 썰매 앞에 싣자 그녀는 뒤에 실으라고 우겼다. 그것을 썰매 뒤에 싣고 그 위에 짐 꾸러미 두 개 정도를 더 얹었더니 깜박 잊은 물건이 바로 그 옷 꾸러미 속에 있다고 그녀가 난리를 피워 그들은 다시 짐을 풀어야 했다.

옆 텐트에서 나온 세 남자가 그 장면을 지켜보고는 히죽 웃으며 눈을 찡끗해 보였다.

"거참, 짐 한번 잘 쌌네그려." 한 남자가 입을 열었다. "내가 남의 일에 이래라저래라 할 처지는 아니지만 말이야, 나라면 저 텐트는 팽개치고 절대 안 가져가."

"말도 안 되는 소리 하지 마세요! 어떻게 텐트 없이 살 수 있어요?" 머시디스는 당황해서 우아하게 손을 위로 흔들면서 소리쳤다.

"봄이잖아, 이제 더 이상 춥지 않을 텐데." 그자가 되받았다.

머시디스는 단호하게 머리를 흔들었다. 찰스와 핼은 산 같은 짐 위에다 마지막으로 이것저것 더 실었다.

"저래서 움직일까?" 다른 남자가 물었다.

"왜 안 움직여요?" 찰스가 볼멘소리로 물었다.

"아, 그래, 그래. 좋다고, 잘해 봐. 난 그저 짐을 좀 높이 쌓은 것 같아서 그랬을 뿐이라고." 사내는 급히 말투를 부드럽게 바꿨다.

찰스는 등을 돌리고 밧줄을 아래로 힘껏 당겼지만 잘될 리가 없었다.

"물론 저 이상한 짐들은 개들이 하루 내내 잘도 끌고 가겠지." 두 번째 남자가 단언했다.

"당연하지요." 핼은 쌀쌀하지만 공손하게 말하고 썰매채를 한 손에 쥐고 다른 손으로 채찍을 휘둘렀다. 그는 소리쳤다. "가자! 이제 가자고!"

개들은 가슴 끈에 몸을 대고 잠깐 힘껏 끌었다가 놓았다. 썰매는 꼼짝도 하지 않았다.

"이 게으른 족속들, 본때를 좀 보여 줘야지." 핼은 소리치며 채찍을 내리치려고 했다.

그때 머시디스가 소리치며 끼어들었다. "제발, 핼, 그러면 안 돼." 그녀는 채찍을 잡고 그에게서 낚아채려 했다. "불쌍한 것들! 이제부터 여행 내내 개들에게 잘해 준다고 약속하지 않으면 여기서 한 발자국도 안 갈 거야."

"거참, 개에 대해서 아는 것도 많구려." 머시디스의 동생이 빈정거렸다. "제발 날 좀 내버려 둬. 이놈들은 꾀부리고 있어. 때리지 않으면 아무 일도 안 한다고. 그게 개의 본성이야. 물어보라고, 여기 있는 사람들 누구에게든."

머시디스는 고통스러워하며 예쁜 얼굴에 말 못할 혐오를 담아 그들을 애원하듯이 둘러보았다.

"알고 싶다면 말해 주지, 저 개들은 맹물처럼 기운이 다 빠져 버렸어." 그렇게 말한 것은 구경하던 한 남자였다. "완전히 기진맥진해 있다고. 그게 문제야. 그러니 쉬어야 해."

"쉬다니 무슨 얼빠진 소리예요." 수염 하나 없는 입으로 핼이 말하자 머시디스는 "오!" 소리치고 동생의 욕설에 괴로워하며 슬프게 탄식했다.

그러나 편협한 머시디스는 당장 동생 편을 들고 나섰다. 그녀는 남자를 가리키며 말했다.

"저 사람 말 신경 쓰지 마. 개를 모는 사람은 너야, 그러니 네가 옳다고 생각하는 대로 하면 돼."

핼은 다시 한 번 개들에게 채찍을 휘둘렀다. 개들은 가슴 끈에 의지해 단단히 다져진 눈에 발을 박아넣으며 몸을 낮추고 온 힘을 다해 앞으로 나가려 했다. 그러나 썰매는 닻을 내린 듯 꼼짝도 하지 않았다. 개들은 두 번이나 시도해 보다가 숨을 헐떡이며 멈췄다. 채찍이 사납게 획획 소리를 냈고 다시 한 번 머시디스가 끼어들었다. 그녀는 눈에 눈물을 머금은 채 벅 앞에 무릎을 꿇고 팔로 그의 목을 감쌌다. 그녀는 동정 어린 목소리로 외쳤다.

"아이고, 이 불쌍한 것아, 왜 더 힘껏 끌지 못하니, 응? 그러면 안 맞잖아."

벅은 그녀가 싫었다. 그러나 너무나 피곤해서 그저 그날의 비참한 일 가운데 하나려니 하고 그녀가 하는 대로 내버려 뒀다.

쓴소리를 하지 않으려고 지금까지 이를 깨물고 참던 한 사내가 드디어 입을 열었다.

"당신이 무슨 짓을 하건 내 알 바는 아니야. 하지만 이 개들을 위해서 한마디만 하겠어. 당신이 힘 좀 보태서 썰매를 조금만 움직여주면 개들이 편해져. 썰매 날이 단단히 얼어붙어 있어. 그러니 썰매 끌채 쪽으로 몸을 힘껏 밀어 봐. 오른쪽 왼쪽으로 밀어서 그걸 떼어 내고."

세 번째 시도에 결국 남자가 하라는 대로 핼은 썰매 날에서 단단히 얼어붙은 눈을 떼어 냈다. 썰매는 짐을 잔뜩 싣고 뒤뚱거리며 앞으로 나아갔다. 벅과 동료들은 비처럼 쏟아지는 매질에 미친 듯이 악전고투를 벌였다. 90미터쯤 가서 커브길을 지나치자 중심가까지 이어지는 가파른 내리막길이 나왔다. 높이 쌓은 짐을 싣고 그런 길을 달리려면 능숙한 몰이꾼이 필요했다. 그러나 핼은 그런 인물이 못 되었다. 모퉁이를 흔들흔들 돌아가던 썰매가 넘어졌고 허술하게 묶인 짐들 가운데 절반이 길 위로 쏟아졌다. 개들은 멈추지 않았다. 가벼워진 썰매는 옆으로 쓰러진 채 덜커덩거리며 개들 뒤를 따라왔다. 개들은 지금까지 받은 나쁜 대우와 턱없이 무거운 짐에 단단히 화가 났다. 벅은 분노했다. 그가 갑자기 달려나가자 나머지 동료들도 모두 그를 따랐다. 핼은 소리쳤다.

"멈춰! 멈추라고!"

그러나 개들은 듣지 않았다. 핼은 발을 헛디뎌 풀썩 넘어졌다. 뒤집힌 썰매가 그의 몸 위로 지나갔다. 개들은 스캐그웨이 중심가를 질주하면서 썰매에 남은 물건들을 흩뿌리며 한층 즐거움을 더했다.

친절한 시민들이 개를 붙잡고 흩어진 물건들을 모아 준 다음 조언까지 했다. 정말 도슨까지 가고 싶다면 짐을 반으로 줄이고 개는 두 배로 늘리라는 것이었다. 핼과 그의 누나와 그녀의 남편은 마지못해 충고를 들었고 텐트를 친 다음 짐들을 자세히 살폈다. 그 속에서 통조림이 나오자 사람들이 낄낄 웃었다. 통조림을 들고 그 먼 길을 달릴 생각을 하다니 몰라도 너무 몰랐다. 그들을 돕던 사람이 웃으면서 말했다.

"이런 담요는 호텔에서나 쓰는 거야. 이 짐들의 절반도 많아. 다 없애라고. 텐트도 버리고 이 접시들도 모두 버려. 도대체 누가 그걸 씻고 앉아 있겠어? 맙소사, 당신들 일등 침대차라도 타는 줄 알아?"

그런 식으로 일이 진행됐고 넘치는 물건들이 무자비하게 버려지기 시작했다. 머시디스는 자신의 옷 가방이 땅바닥에 던져지고 물건들이 하나하나 버려지자 소리 내어 울었다. 그녀는 일하는 동안 내내 징징거렸고 그 다음에는 물건들이 하나하나씩 버려질 때마다 소리쳤다. 두 손으로 무릎을 감싸안고 몸을 앞뒤로 흔들면서 애통해했다. 그리고 열 명의 찰스가 설득하더라도 1

센티미터도 꼼짝하지 않겠다고 공언했다. 그동안에도 주변 사람들과 주변의 모든 것에 하소연하더니 아무 소용이 없자 마침내 눈물을 닦고 짐 정리를 시작하더니 꼭 필요한 옷까지 내동댕이치기 시작했다. 제풀에 못 이겨 자기 물건들을 다 버린 뒤에는 남자들의 물건들에 달려들어 마치 태풍이 몰아치듯이 그것들을 쑤석거리고 내던졌다.

일이 다 끝나자 짐이 반으로 줄었지만 그래도 여전히 엄청난 부피였다. 찰스와 핼은 저녁에 나가더니 도입종 개 여섯 마리를 사들였다. 그렇게 해서 본디 팀에 있었던 여섯 마리에 기록을 경신할 때 링크에서 합세한 에스키모 개 두 마리 티크와 쿠나를 포함해 모두 열네 마리가 되었다. 도입종 개들은 그곳에 와서 훈련을 받았다고는 하지만 실제로 큰 도움이 되지 못했다. 세 마리는 쇼트헤어드 포인터종이었고 하나는 뉴펀들랜드종이었고 나머지 두 마리는 혈통도 알 수 없는 잡종이었다. 이 신참들은 아무것도 모르는 듯했다. 벅과 동료들은 넌더리가 난다는 듯 신참들을 내려다보았다. 벅이 급하게 그들의 위치와 하면 안 되는 일들을 가르쳤지만 해야 하는 일이 뭔지는 가르칠 수 없었다. 그들은 썰매를 끌며 여행하는 것을 신통치 않게 생각했다. 잡종 개 두 마리를 제외한 나머지는 한 번도 겪어본 적이 없는 가혹한 환경과 오자마자 받은 푸대접에 당황해서 한 풀 꺾여 있었다. 잡종 개 두 마리도 전혀 힘이 없어 보였다. 그들 몸에서 꺾일 것이라고는 뼈밖에 없었다.

희망도 믿을 만한 점도 없는 신참들에다 연속해서 4천 킬로미터를 달려 기진맥진해진 늙은 팀이라니, 앞이 보이지 않았다. 그런데도 그 두 남자는 아주 들떠 있었고 심지어 자랑스러워하기까지 했다. 그들은 개 열네 마리를 거느린 호화로운 여행을 꿈꾸고 있었다. 그들은 지금껏 패스를 넘어 도슨까지 갔다가 다시 도슨에서 돌아오는 썰매들을 본 적은 있었지만 개 열네 마리가 끌고 다니는 썰매는 한 번도 본 적이 없었다. 북극에서 여행할 때에 절대로 썰매 하나를 개 열네 마리가 끌지 않는데에는 이유가 있었다. 썰매 하나가 개 열네 마리의 식량을 싣고 다닐 수 없기 때문이었다. 그러나 핼과 찰스는 이런 사실을 몰랐다. 그들은 여행 계획을 순전히 머릿속으로 계산해서 개 한 마리에 식량 얼마, 개의 마릿수는 얼마, 여행에 드는 일수는 얼마, 이상으로 증명 끝, 이런 식이었다. 머시디스는 그들의 어깨너머로 보고는 알겠다는 듯이 고개를 끄덕였다. 모든 것이 아주 단순하기 그지없었다.

다음 날 아침 느지막이 벅은 열 맞춰 길게 늘어선 팀을 이끌고 거리로 갔다. 벅과 동료들에게 생기나 힘 따위는 없었다. 그들은 죽음과도 같은 피로를 안고 그대로 출발했다. 솔트워터에서 도슨까지 네 번이나 왕복했는데도 이제 지치고 피곤한 상태에서 같은 길을 또다시 가야 하다니 비참하기 짝이 없었다. 벅의 마음에는 일할 생각이 없었고 동료들도 마찬가지였다. 도입종 개들은 겁 많고 소심했으며 에스키모개들은 새 주인을 전혀 믿지 못했다.

벅은 저 두 남자와 여자를 믿을 수 없다고 막연하게 느꼈다. 그들은 자신들이 어떻게 해야 되는지 아무것도 몰랐고 시간이 흐를수록 무언가를 배운다는 것이 불가능한 사람들이라는 사실이 점점 드러났다. 그들은 모든 일에 느슨했고 무질서한데다 훈련도 되어 있지 않았다. 허술하기 짝이 없는 캠프를 세우는 데 밤의 절반이 지나갔고 캠프를 걷고 짐을 싣는 데 아침의 반은 소비했다. 어찌나 짐을 허술하게 꾸려서 실었는지 가는 내내 툭 하면 멈춰서 다시 짐을 꾸리느라 그날의 남은 시간을 다 썼다. 어떤 날은 15킬로미터도 채 못 갔고 어떤 날은 아예 출발도 하지 못했다. 개에게 먹일 식량에 맞춰 계산한 거리의 반 이상을 갔던 날이 단 하루도 없었다.

사정이 이렇다 보니 개에게 먹일 식량이 부족한 것은 당연했다. 그런데도 그들은 개들에게 식량을 지나치게 많이 먹여서 식량 공급을 줄여야 하는 날을 앞당겼다. 만성적인 배고픔에 적은 식량을 최대한으로 활용하기 위한 단련이 되어 있지 않았던 도입종 개들은 늘 왕성한 식욕을 자랑했다. 게다가 핼은 지친 에스키모개들이 간신히 썰매를 끌자 정해진 식사량이 적어서 그렇다고 판단하고 양을 두 배로 늘렸다. 그러고도 모자라 머시디스는 그 예쁜 눈에 눈물을 글썽이며 떨리는 목소리로 개에게 음식을 더 주도록 핼을 설득하지 못할 때는 자루에서 물고기를 훔쳐 몰래 먹이기까지 했다. 그러나 벅과 에스키모개들이 원하는 것은 음식이 아니라 휴식이었다. 천천히 달렸는데도 무거운 짐이 개들에게서 힘을 모두 앗아 갔다.

드디어 식량을 줄여야 할 때가 되었다. 어느 날 핼은 개들의 음식이 반밖에 남지 않았는데 그들은 겨우 사분의 일 지점을 지나고 있음을 깨달았다. 게다가 돈이 있든 없든 더 이상 음식을 구할 수도 없는 형편이었다. 그래서 그는 이번에는 식사량을 줄이고 대신 매일 가야 할 거리를 늘리기로 했다. 누나와 매형은 찬성했지만 짐이 무겁다는 사실과 자신들의 무능함에 절망했

야성의 부르짖음 59

다. 개들에게 음식을 덜 주는 것은 간단했지만 일을 더 시키는 것은 불가능했다. 아침 일찍 출발하지 못했으므로 여행을 좀 더 할 수도 없었다. 그들은 개를 어떻게 부려야 하는지 몰랐고 자신들이 어떻게 해야 하는지도 몰랐다.

맨 먼저 죽은 것은 더브였다. 실수투성이에다 불쌍한 도둑이었던 그는 늘 잡혀서 벌을 받았지만, 그래도 충실한 일꾼이었다. 치료도 못 받고 쉬지도 못해서 그의 비틀린 어깨뼈 상태가 점점 더 악화되었고 핼은 할 수 없이 콜트 권총으로 그를 죽여야 했다. 도입종 개들이 에스키모개들 먹는 양밖에 못 먹으면 굶어 죽는다는 지방 속담은 틀린 말이 아니었다. 그러니 당연하게도 썰매 밑에 있던 도입종 개 여섯 마리가 에스키모개 식사량의 반을 먹고 살 수는 없었다. 뉴펀들랜드종이 가장 먼저 죽었고, 포인터종 세 마리가 그 뒤를 따랐다. 잡종 개 두 마리는 용감하게 좀 더 버텼지만 결국 세상을 뜨고 말았다.

이때쯤부터 세 사람은 남부인다운 예의와 부드러움을 잃어 갔다. 우아함과 낭만이 벗겨지고 나니 북극 여행은 그들에게 남성다움과 여성다움을 지키기 어려운, 너무나 가혹한 현실로 다가왔다. 머시디스는 더 이상 개들을 위해 울지 않았다. 그보다 스스로를 위해 울고 남편과 동생과 다투느라 바빴다. 비참함에서 비롯한 초조함이 점점 커져서 비참함의 두 배가 되고 그것을 넘어섰다. 열악한 상황에 고통받으면서도 열심히 일하고 여전히 친절함과 부드러운 말투를 잃지 않는 사람들에게 찾아드는 멋진 인내심이 그들에게는 찾아오지 않았다. 그들은 그런 인내심을 막연하게라도 떠올리지 못했다. 속 좁은 그들은 힘들어하기만 했다. 그들은 근육도 아프고 뼈도 아프고 가슴도 아팠다. 그들은 이런 아픔 때문에 아침에 입을 열자마자, 그리고 밤에 잠들 때까지 날카롭고 거칠게 쏘아댔다.

찰스와 핼은 머시디스가 빌미를 제공할 때마다 말다툼을 했다. 자신이 상대방보다 더 많이 일한다고 굳게 믿었으므로 기회가 있을 때마다 불만을 토로했다. 머시디스는 때로 남편의 편을 들었고 때로 남동생의 편을 들었다. 그 결과는 꼴사납게 그칠 줄 모르는 가족 불화였다. 불을 지피는 데 쓸 장작 서너 조각을 누가 쪼개느냐로 시작한 말다툼은(오직 찰스와 핼 사이의 말다툼이었지만) 어느덧 아버지, 어머니, 삼촌, 조카 등 현장에 있지도 않은 몇천 킬로미터 떨어진 사람들이나 때로는 죽은 사람들까지 끌어들이며 커져만 갔다. 예술에 관한 핼의 견해라든가 그의 외삼촌이 쓴 사회극이 불을 피우기 위해 장작 쪼개는 일과 무슨 상관이 있는지 도무지 모를 일이었다. 그런데도 다툼은 찰스의 정치적 편견과 같은 방향으로 번져가곤 했다. 입이 싼 찰스의 누이가 유콘 강가에서 불을 피우는 일과 관련되어 있다는 것은 오직 머시디스에게만 중요한 문제였다. 그녀는 그것을 화제 삼아, 그리고 남편의 가족과 관계된 불쾌하고 이상한 특성들도 함께 싸잡아 트집을 잡으면서 자신의 불안을 해소하려 했다. 그러는 사이에 모닥불은 지펴지지 않았고 캠프는 세워지다 말았고 개들은 언제 먹이를 먹을지 알 수 없었다.

머시디스는 특별한 불만을 키워 갔다. 여성으로서의 불만이었다. 예쁘고 부드러운 그녀는 평생 정중하게 대접받아 왔다. 그러나 현재 남편과 남동생에게서 받는 대접은 그런 정중함과 거리가 멀었다. 그 때문에 그녀는 습관적으로 무력했고 남자들은 그것을 불평했다. 그녀에 대한 불평은 여성의 가장 본질적인 특권을 건드리는 것이었기에 그녀는 그들의 태도를 참고 견딜 수 없었다. 그녀는 더 이상 개를 배려하지 않았고 아프고 피곤해서 썰매를 타고 가겠다고 계속 고집했다. 그녀는 예쁘고 부드러웠지만 몸무게가 55킬로그램이나 돼서 쇠약하고 굶주린 개들이 끄는 짐에 엄청난 부담이 되었다. 그녀는 며칠 동안 썰매를 타고 갔고, 결국 개들은 끈을 맨 채로 쓰러져 썰매는 멈춰 버렸다. 찰스와 핼이 그녀에게 내려서 걸어 달라고 빌고 간청하고 탄원하자, 그녀는 울면서 하늘에 대고 그들의 무례함을 조목조목 열거했다.

한번은 둘이 힘을 합쳐 머시디스를 썰매에서 내려놓은 적도 있었는데, 그 뒤 다시는 그런 짓을 하지 않았다. 그녀가 응석 부리는 아이처럼 두 다리를 늘어뜨리고 길바닥에 주저앉아 버렸기 때문이다. 그들이 계속 가는데도 그녀는 꼼짝도 하지 않았다. 5킬로미터를 간 다음에 그들은 짐을 내려놓고 돌아와서 그녀를 간신히 썰매에 다시 태웠다.

자신들이 너무나 비참했기 때문에 그들은 동물의 고통에 무감각해졌다. 핼에게는 제 나름대로 이론이 있었고 다른 이들에게 그것을 실제로 적용했는데 다름 아니라 사람은 비정해져야 한다는 것이었다. 그는 누나와 매형에게 그 이론을 설교하기 시작했다. 그것이 통하지 않자 그는 몽둥이를 들고 개들에게 그 이론을 적용하려 했다. 파이브핑거스에서 개들의 식량이 바닥났다. 어떤 늙은 인디언 여자가 핼이 커다란 사냥칼과 함께 엉덩이에 자랑스럽게 차고 다니던 콜트 권총을 냉동 말가죽 몇 킬로그램과 바꾸자고 제안했다. 음식 대용으로 형편없는 이 말가죽은 소몰이꾼이 여섯 달 전에 굶어 죽은 말에게서 벗겨낸 것이었다. 차라리 양철 조각에 가까운 냉동 가죽은 개가 억지로 위장에 쑤셔 넣으면 녹아서 가늘고 아무 영양가도 없는 가죽 조각과 한 덩어리의 짧은 털이 되는데, 비위만 상하게 할 뿐 소화도 되지 않았다.

그 모든 일을 악몽처럼 겪으면서 벅은 여전히 일행의 선두에서 비틀거리며 나아갔다. 그는 썰매를 끌 힘이 있을 때는 끌고 그렇지 못할 때는 주저앉았다가 채찍이나 몽둥이가 그를 마구 내리치면 다시 일어서곤 했다. 아름다운 털의 탄력 있고 빛나는 광택은 사라진 지 오래였다. 털은 맥없이 늘어져 질질 끌리며 더러워졌고 몽둥이 때문에 생긴 상처 자국에는 말라붙은 피가 딱딱하게 엉겨 붙어 있었다. 그의 근육은 닳아서 매듭진 끈처럼 변했고 피하지방이 빠진 탓에 갈비뼈와 온갖 뼈들은 주름들과 늘어진 피부를 통해 그 윤곽을 뚜렷하게 드러냈다. 가슴 아픈 몰골이었으나 벅의 마음만은 그렇지 않았다. 붉은 스웨터를 입은 남자가 증언했듯이 벅의 가슴은 아직 부서지지 않았다.

벅과 마찬가지로 다른 개들도 사정은 비슷했다. 모두 걸어 다니는 해골이었다. 너무 고통스러워서 채찍으로 갈겨 맞건 몽둥이로 얻어맞건 무감각했다. 눈으로 보는 것과 귀로 듣는 것 모두가 무뎌지고 아득해지듯이 매질의 고통도 무뎌졌고 아득하게 느껴졌다. 그들은 반쯤 살아 있는 것도 아니고 사분의 일쯤 살아 있는 것도 아니었다. 그저 생명의 불꽃이 희미하게 깜빡거리는 수많은 뼈들이 든 자루였다. 썰매가 멈추면 개들은 끈에 매인 채 죽은 듯이 털썩 주저앉았고 생명의 불꽃은 멀리서 희미하게 꺼져가는 듯했다. 다시 몽둥이나 채찍으로 맞으면 그 불꽃이 희미하게 깜빡였고 그들은 간신히 일어나 비틀거리며 나아갔다.

착한 빌리도 어느 날 쓰러져 다시는 일어나지 못했다. 콜트 권총을 말가죽과 바꿔 버린 핼은 하는 수 없이 끈에 묶인 채 쓰러진 빌리의 목을 도끼로 내리쳤다. 그리고는 그의 몸을 끈에서 빼내 길가로 끌어냈다. 벅과 동료들은 그 광경을 보았다. 머지않아 같은 운명이 그들을 찾아오리라는 것을 알았다. 그 다음 날 쿠나가 죽었고 일행은 다섯 마리로 줄었다. 조는 심술을 부리기에는 너무나 쇠약해졌고, 다리를 절뚝거리며 몸을 가누지 못하는 파이크는 꾀를 부리기엔 정신이 반쯤 나가 있었다. 외눈박이 솔렉스는 여전히 있는 힘을 다해 썰매를 끌었으나 이제 끌 힘이 남아 있지 않았다. 오랫동안 이렇게 멀리까지 여행해 본 적이 없는 데다 티크는 처음이어서 누구보다 더 지쳐 있었다. 벅은 아직도 팀의 대장이었으나 이제는 규율을 요구하지 않았고 그것을 강요하려 애쓰지도 않았다. 쇠약해진 그는 여정의 끄트머리쯤 되자 잘 보이지 않는 시력과 희미한 발의 감각에 의지해 간신히 썰매를 끌었다.

화창한 봄날이었다. 그러나 개도 인간도 그것을 의식하지 못했다. 매일같이 해는 더 일찍 떠서 더 늦게 졌다. 새벽은 아침 3시에 찾아왔고 황혼은 밤 9시까지 머뭇거렸다. 긴긴 하루 동안 태양이 내리비췄다. 유령 같은 겨울의 침묵은 생명을 일깨우는 위대한 봄의 재잘거림에 자리를 내줬다. 그 재잘거림은 삶의 기쁨에 흠뻑 취한 드넓은 대지로부터 솟아올랐다. 그것은 다시 살아 움직이는 만물에서, 땅이 얼어붙은 긴 세월 동안 숨죽인 채 움직일 줄 몰랐던 만물에서 솟아나왔다. 소나무에서는 수액이 올라왔고 버드나무와 사시나무에서는 어린 꽃눈이 텄다. 떨기나무와 넝쿨들은 연초록 옷을 입었다. 밤이면 귀뚜라미가 울었으며, 낮이면 기어다니고 꿈틀거리는 것들이 온갖 자세로 태양 아래에서 바스락댔다. 자고새와 딱따구리는 숲 속에서 번창하며 나무를 딱딱 쪼았다. 다람쥐들은 재잘거렸고 새들은 노래했고 들새들은 교묘하게 쐐기 모양으로 공중을 가르며 남쪽에서 날아와 머리 위에서 조잘거렸다.

모든 비스듬한 언덕에서는 보이지 않는 샘물들의 노랫소리가 졸졸 들렸다. 만물이 녹고 굽이치고 딱딱 갈라졌다. 유콘 강은 단단히 붙어 있던 얼음을 떼어 내려고 애를 썼다. 아래에서는 강이, 위에서는 태양이 얼음을 녹였다. 바람구멍이 뚫리고 균열이 생기더니 틈이 벌어지는 사이로 얇은 얼음들이 떨어져 강물 속에 통째로 떠내려갔다. 온갖 생명이 깨어나며 터지고 갈라지고 고동치는 한가운데, 가볍게 한숨짓는 미풍 속으로 태양이 내리비출 때 두 사내와 한 여자와 에스키모개들은 죽음을 향해 가는 나그네처럼 비틀거리며 걷고 있었다.

개들이 쓰러지는데도 머시디스는 징징 짜면서 썰매를 타고 갔다. 핼은 공연히 욕을 해댔고 찰스는 눈물을 글썽거리며 생각에 잠겨 있었다. 그들은 화이트 강 입구에 세워진 존 손턴의 캠프로 비틀거리며 들어갔다. 그들이 멈추자 개들은 갑자기 죽음의 세례를 받은 듯이 한꺼번에 털썩 주저앉았다. 머시디스는 눈물을 닦으며 손턴을 바라보았다. 찰스는 쉬기 위해 통나무 위에 주저앉았다. 몸 전체가 뻣뻣하게 굳은 그는 아주 힘들게 천천히 그 위에 앉았다. 핼이 손턴에게 말을 붙였다. 손턴은 도끼 자루를 만들기 위해 자작나무를 잘라 마지막 칼질을 하고 있었다. 그는 나무를 다듬으면서 그들이 하는 이야기를 들었다. 그는 아주 짧게 대답했고 도움을 요청받으면 간단히 충고만 했다. 그는 그 사람들이 어떤 부류인지 꿰뚫어 보았기에 따르지도 않을 충고를 길게 말할 필요가 없다고 느꼈다.

"강 위쪽 사람들이 바닥이 갈라져 길이 없어지니까 여행을 늦추는 게 최선이라고 합디다."

못 믿을 얼음 위에서 왜 목숨을 거느냐고 손턴이 충고하자 핼이 되받았다. "그 사람들 우리가 화이트 강에 못 갈 거라고 말했는데 보세요, 우리는 이렇게 왔잖아요." 그는 조롱기를 약간 띠고 의기양양하게 말했다.

"그렇지만 그 사람들은 진실을 말한 거요. 바닥은 어느 순간에 갈라질지 몰라요, 그러니 바보들이나 눈먼 행운을 믿고 그런 길을 가죠. 한마디로 나는 알래스카의 황금을 다 준다 해도 저런 얼음 밑으로 내 시체를 던지지는 않겠어요." 손턴이 대답했다.

"흠, 그건 당신이 바보가 아니라 그렇겠죠. 누가 뭐래도 우리는 도슨으로 갈 거요." 핼은 말았던 채찍을 풀었다. "일어나, 벅! 모두들 일어나라고! 출발한다!"

손턴은 칼질을 계속했다. 바보와 맞서 봐야 자신도 바보가 될 뿐이었다. 바보가 두세 명 늘거나 준다고 어디 세상이 달라지나, 그의 생각은 그랬다.

그러나 개들은 핼이 명령했는데도 일어날 수 없었다. 이미 오래전에 매를 맞지 않으면 일어설 수 없는 단계로 접어들었던 것이다. 채찍이 여기저기에서 무자비한 임무를 수행하며 번득였다. 존 손턴은 입술을 꽉 다물었다. 맨 처음으로 솔렉스가 다리를 꿈틀거렸다. 티크가 따랐다. 다음으로 조가 고통을 호소하며 꿈틀거렸다. 파이크는 아주 힘들게 애를 썼다. 그는 두 번이나 넘어졌고 세 번째에 간신히 설 수 있었다. 그러나 벅은 아무 노력도 하지 않았다. 그는 넘어진 채로 꼼짝도 하지 않았다. 채찍이 그의 몸을 연방 내리쳤다. 그러나 그는 신음하지도 않고 움직이지도 않았다. 손턴이 몇 번이나 말을 하려고 움찔했다가는 그만뒀다. 매질이 계속되자 두 눈에 눈물이 고였고 그는 몸을 일으키더니 어쩔 줄 모르고 서성거렸다.

벅이 명령을 따르지 않은 것은 이번이 처음이었다. 그래서 핼의 분노는 이만저만이 아니었다. 그는 채찍 대신 몽둥이를 쳐들었다. 타격이 훨씬 더 심해졌으나 벅은 여전히 일어서기를 거부했다. 그는 동료들처럼 간신히 일어설 수는 있었다. 그러나 동료들과 달리 일어서지 않기로 작정했다. 그는 파국이 닥치고 있음을 어렴풋이 느꼈다. 강둑으로 들어섰을 때부터 그런 느낌이 강하게 벅을 사로잡았고, 그 뒤부터 그 느낌은 줄곧 그를 떠나지 않았다. 온종일 발밑에서 흔들리는 얇은 얼음을 느끼며 그는 재난이 가까이, 저기 저, 지금 주인이 그를 끌고 가려는 그곳에 도사리고 있음을 느꼈다. 그는 움직이지 않았다. 고통이 너무나 심해서, 기력이 너무나 떨어져서 매질의 아픔도 그리 심하게 느껴지지 않았다. 매질이 계속되자 생명의 불꽃도 반짝이다가 꺼져 갔고 거의 소진되었다. 그는 이상하게 무감각했다. 매를 맞고 있다는 것을 몽롱하게 느낄 뿐이었다. 마지막 고통이 그를 떠났다. 벅은 몽둥이가 몸에 부딪치는 소리를 희미하게 들은 것 같았으나 아무런 느낌이 없었다. 그것은 더 이상 자신의 몸이 아니었고 먼 곳에 있는 어떤 것이었다.

그때 갑자기 아무 예고도 없이 어떤 외침, 거의 동물이 부르짖는 듯한 알 수 없는 외침이 들렸고 존 손턴이 몽둥이를 휘두르는 사내에게 달려들었다. 핼은 쓰러지는 나무에 맞은 듯 뒤로 넘어졌다. 머시디스가 비명을 질렀다. 찰스는 눈에서 눈물을 씻고 그 장면을 망연히 바라보았으나 몸이 굳어 쉽사리 일어서지 못했다.

존 손턴은 핼의 몸을 한 발로 밟고 자신을 가누려고 애쓰며 분노에 차서 아무 말도 하지 못했다.

"저 개를 또다시 때리면 넌 내 손에 죽는다." 마침내 손턴은 목이 막힌 듯 간신히 말을 마쳤다.

"저건 내 개야." 핼은 정신이 들자 입에서 흐르는 피를 닦으며 대꾸했다. "내 일에 간섭하지 마. 안 그러면 손 좀 봐줄 테다. 어쨌거나 난 도슨으로 갈 거야."

손턴은 핼과 벅 사이를 가로막았고 전혀 비킬 기미를 보이지 않았다. 핼은 긴 사냥칼을 꺼냈다. 머시디스는 자지러지게 비명을 지르고 울었다 웃었다하며 혼란스러운 히스테리 중세를 나타냈다. 손턴은 핼의 주먹을 도끼 자루로 힘껏 내리쳐 칼을 땅에 떨어뜨렸다. 손턴은 핼이 칼을 주우려 하자 다시 그의 주먹을 세차게 내리쳤다. 그러고 나서 허리를 굽혀 그 칼을 집어 벅을 묶은 끈을 두 번에 끊어 버렸다.

핼은 이미 싸울 의지가 없었다. 게다가 그의 두 손이라기보다는 오히려 두 팔에 가까운 부분을 머시디스가 꽉 잡고 있었다. 벅은 이제 죽은 것이나 다름없어서 더 이상 썰매를 끌 수 없었다. 몇 분 뒤에 일행은 둑을 벗어나 강을 따라 내려갔다. 벅은 그들이 떠나는 소리를 듣고 고개를 들어 바라보았다. 파이크가 앞장섰다. 솔렉스는 썰매 바로 앞자리를 차지했다. 그 사이에 조와 티크가 있었다. 그들은 다리를 절고 비틀거렸다. 머시디스는 여전히 짐이 쌓여 있는 썰매를 타고 갔다. 핼이 끌채를 쥐었고 찰스는 뒤에서 비틀거리며 따라갔다.

벅이 그들을 바라보고 있을 때 손턴은 그의 곁에 무릎을 꿇고 앉아 거칠면서도 친절한 손길로 벅의 부러진 뼈들을 살펴보았다. 그가 벅의 몸에서 여러 군데의 상처와 끔찍한 굶주림 말고 다른 별다른 것을 찾지 못했을 때 썰매는 400미터 정도 떨어진 곳을 가고 있었다. 손턴과 벅은 일행이 얼음 위를 기어가는 것을 지켜보았다. 그런데 갑자기 썰매 뒷부분이 마치 홈으로 미끄러지듯이 쑥 들어가더니 썰매 끌채에 매달린 핼이 공중으로 튕겨 나갔다. 머시디스의 비명이 둘의 귓전을 울렸다. 찰스가 뒤돌아 달려나오려고 한 걸음을 떼자 주변의 얼음 전체가 무너졌고 개와 인간들이 모두 사라졌다. 보이는 것이라고는 입을 딱 벌린 구멍뿐이었다. 강바닥이 녹아 썰맷길이 떨어져 나간 것이었다.

존 손턴과 벅은 서로 마주 보았다.

"불쌍한 녀석." 손턴이 말했고 벅은 그의 손을 핥았다.

제6장
한 인간을 향한 사랑

지난 12월, 존 손턴은 발에 동상이 걸렸는데 그가 편안하게 발을 치료할 수 있도록 동료들은 그를 남겨 두고 계속 강을 따라 올라갔다. 도슨의 제재소로 가져갈 통나무를 뗏목에 실어 끌고 오기 위해서였다. 그래서 벅을 구출할 때까지만 해도 손턴은 발을 약간 절뚝거렸지만 날씨가 계속 포근해서 이제는 다 나았다. 강둑에 누워 흐르는 물을 바라보며 새들의 노랫소리와 자연의 흥얼거림에 귀를 기울이며 긴 봄날을 보내자 벅도 서서히 원기를 회복해 갔다.

5천 킬로미터를 달리고 난 뒤의 휴식은 꿀맛 같았다. 솔직히 말하면 상처가 낫고 근육이 부풀이 오르며 다시 살이 붙어 뼈들을 덮는 동안 벅은 좀 게을러졌다. 그들 넷(벅, 존 손턴, 스키트, 니그)은 모두 뗏목이 와서 그들을 태우고 도슨으로 갈 때를 기다리며 빈둥거렸다. 스키트는 작은 아이리시 세터로 지금은 벅의 친한 친구가 되었다. 사실 벅이 죽어 가는 상태였기에 그녀가 먼저 친구가 되자고 했을 때 벅은 화를 낼 수 없었다. 어떤 개들에게는 의사 기질이 있었는데 그녀가 바로 그랬다. 스키트는 어미 고양이가 제 새끼를 핥듯 벅의 상처를 핥아 주었다. 아침마다 벅이 식사를 끝내고 나면 스키트는 자진해서 규칙적으로 그 일을 했고, 그러다 보니 벅은 손턴의 보살핌을 기다리듯이 그녀의 도움을 기다리게 되었다. 니그도 스키트 못지않게 친절했지만 겉으로는 잘 표현하지 않는 커다랗고 검은 개였다. 니그는 반은 블러드하운드이고 반은 디어하운드였는데 눈은 늘 웃었고 마냥 착했다.

벅에게는 의외였지만 이 두 마리 개들은 벅을 전혀 질투하지 않았다. 그들은 존 손턴의 친절함과 너그러움을 나눠 가진 듯했다. 벅이 점점 기운을 차리자 둘은 벅을 온갖 우스꽝스러운 놀이에 끌어들였고 손턴도 놀이에 참가했다. 이런 식으로 즐겁게 뛰놀며 몸을 회복한 그는 새로운 존재로 태어났다. 그는 생전 처음으로 사랑, 진실하고 열정적인 사랑을 경험했다. 햇빛 비치는 산타클라라 계곡에서도 결코 맛보지 못했던 것이었다. 판사의 아들과 사냥거나 산책할 때의 벅은 업무상 동업자였고 판사의 손자와 놀 때는 어엿한 보호자였으며 판사와 함께 있을 때는 견고하고 위엄 있는 우정의 동반자였다. 그러나 열병처럼 타오르는 흠모와 광적인 사랑은 손턴만이 불러일으킨 감정이었다.

벅의 생명을 구해낸 그는 벅의 모든 것이었다. 게다가 손턴은 이상적인 주인이었다. 다른 사람들은 개를 의무감에서, 일의 편의를 위해서 돌봐 주었다. 그러나 그 사람은 마치 자식을 돌보듯이, 그렇게밖에 달리 길이 없다는 듯이, 벅을 돌봐 주었다. 그리고 그 이상으로 그는 언제나 친절한 인사와 즐거운 말을 잊지 않았고 앉아서 개들과 긴 이야기를 나눴는데(그는 이것을 '잡담'이라고 불렀다), 이는 곧 개들의 기쁨이자 그 자신의 기쁨이었다. 손턴은 벅의 머리를 그의 두 손으로 꽉 잡고 벅의 머리 위에 자기 머리를 얹고 벅을 앞뒤로 흔들면서 말을 하곤 했다. 그러면서 손턴은 욕을 했지만 벅에게는 그것들이 애정 표현이었다. 벅은 손턴이 거칠게 포옹할 때나 귀에 대고 욕을 속삭일 때 가장 행복했다. 손턴이 벅을 앞뒤로 흔들어 줄 때마다 벅은 심장이 밖으로 터져나오는 것처럼 황홀했다. 그리고 손턴이 그를 놓아줄 때면 그는 펄쩍 뛰어올라 웃음을 머금고 우아한 눈빛을 띤 채 말을 못하는 대신 목젖을 떨며 그렇게 한동안 조용히 있었다. 그러면 주인은 존경스럽다는 듯이 외쳤다.

"맙소사! 넌 말만 빼고 다 할 수 있구나!"

벅에게도 그 특유의 애정표현 법이 있었다. 그것은 손턴의 손을 입에 넣고 이빨로 꽉 물어서 그의 손에 자신의 이빨 자국을 한동안 남기는 방식이었다. 벅이 욕을 애정표현으로 이해했듯이 손턴 또한 벅이 진짜가 아니라 깨무는 척하는 것을 애정표현으로 이해했다.

그러나 벅은 전반적으로 주인을 숭배하는 것으로 사랑을 표현했다. 손턴이 그를 만지거나 말을 걸 때 벅은 말할 수 없는 행복감으로 흥분했지만 이런 사랑의 증거를 얻어내려고 애쓰지는 않았다. 손턴의 손 밑에 자신의 코를 밀어 넣고 그가 쓰다듬어 줄 때까지 계속 비벼대는 스키트와 달리, 몰래 다가가 큰 머리를 손턴의 무릎 위에 올려놓는 니그와 달리 벅은 그저 멀리서 손턴을 바라보는 것만으로 만족했다. 그는 열정에 가득 차 있지만 경계는 풀지 않고 손턴의 발치에서 몇 시간이고 누워 있곤 했다. 그럴 때면 벅은 정신을 집중해 그의 얼굴을 들여다보면서 곰곰이 생각하거나 관찰했으며 스쳐 지나가는 표정 하나도 놓치지 않고 동작 하나하나, 심지어 자세를 바꾸는 모습까지 놓치지 않고 지켜보곤 했다. 기회가 주어지면 벅은 좀 떨어진 곳, 주인의 뒤에서나 옆에서 전체 모습이나 때때로 움직이는 몸의 곡선 등을 놓치지 않고 보았다. 그때도 그들은 서로 깊은 교감을 나누기 때문에 가만히 바라보는 벅의 눈빛은 존 손턴을 돌아보게 했고, 그도 말없이 벅을 응시했다. 눈을 통해 손턴의 마음에 빛이 비치듯이 벅의 마음에도 빛이 비쳤다.

구출되고 나서 오랫동안 벅은 손턴이 보이지 않는 것을 싫어했다. 그래서 텐트를 나와서 다시 들어올 때까지 늘 그를 따라다녔다. 집을 떠나 북극에 온 뒤 계속 주인이 바뀌었기에 벅의 마음속에는 어떤 주인도 영원하지 않다는 공포가 새겨져 있었다. 페로, 프랑수아, 스코틀랜드 혼혈인들이 스쳐지나 갔듯이 손턴도 자신 곁에서 떠나면 어쩌나 하는 두려움이 컸다. 밤에도, 꿈속에서도 벅은 이런 두려움에 쫓기곤 했다. 그런 날 밤이면 그는 꿈을 떨치고 일어나 살금살금 걸어갔다. 그리고 펄럭이는 차가운 텐트 자락 옆에 서서 주인의 숨소리에 귀를 기울였다.

그러나 존 손턴을 사랑하는 벅의 마음이 아무리 강해도 그것은 유약한 문명의 산물이었고, 북극이 불러일으킨 원시적 기질은 그대로 살아 벅의 내부에서 꿈틀거렸다. 불과 지붕의 산물인 충성심 그리고 헌신적 사랑과 마찬가지로 야생의 거친 본성과 약삭빠른 책략을 잊지는 않았던 것이다. 그는 수세대에 걸쳐 문명의 낙인이 찍힌 남부의 길들여진 개가 아니라 황야에서 손턴의 불 곁으로 찾아든 야생의 후예였다. 벅은 주인에 대한 커다란 사랑 때문에 그에게서 아무것도 훔치지 않았으나 다른 사람들이나 다른 캠프에서는 아무런 흔적도 남기지 않고 물건을 훔칠 수 있는 교묘한 책략을 갖고 있었다.

벅의 얼굴과 몸은 수많은 개들에게 입은 상처투성이였지만, 그는 갈수록 사납고 한층 더 교활하게 싸웠다. 스키트와 니그는 싸우기에는 너무나 순했고, 손턴의 개들이라 애당초 싸움 상대는 되지 않았다. 그러나 어떤 핏줄을 타고 태어났든 얼마나 용맹스럽든 낯선 개는 벅의 우월함을 금방 알아보거나 그렇지 않으면 끔찍한 적수인 벽과 목숨을 걸고 싸워야 했다. 벅은 무자비했다. 그는 몽둥이와 송곳니의 법칙을 깊이 새겼기에 유리한 싸움을 놓치지 않았으며 죽음을 마다하지 않는 적에게서 물러서지도 않았다. 벅은 스피츠에게서 배웠고, 경찰견이나 우편견의 대장들에게서도 배웠다. 그리고 거기서 중간노선이란 없다는 교훈을 얻었다. 이기든 지든 둘 중 하나였다. 자비를 베푸는 것은 나약한 행동이었다. 원시적 삶에서 자비란 존재하지 않았다. 자비는 공포로 오해받았고 그런 오해는 죽음을 불렀다. 죽느냐 죽이느냐, 먹느냐 먹히느냐 이것이 유일한 법이었다. 태곳적부터 지금까지 벅은 이 법칙에 따랐다.

벅은 자신이 숨 쉬며 살아온 날들보다 더 나이가 들었다. 그는 현재와 과거를 하나로 연결했고, 그의 배후에 있는 영원한 시간이 그를 통과하며 강렬한 리듬으로 고동쳤으며 바로 그 리듬에 맞춰 조수와 계절의 흐름처럼 몸이 흔들렸다. 손턴의 모닥불 옆에 앉아 있는 그는 넓은 가슴과 하얀 송곳니와 긴 털을 가졌지만, 그의 뒤에는 온갖 종류의 개들 그림자가 길게 드리워 있었다. 반은 늑대인 개들과 야생 늑대들이 벅을 다급하게 몰아세우면서 벅이 먹는 고기의 풍미를 맛보았고 그가 마시는 물을 탐냈으며 그와 함께 바람 냄새를 맡았고 숲 속 거친 삶이 만들어 내는 소리들을 듣고 그에게 말해 줬다. 그들은 벅의 기분을 좌우하고 행동을 지시했으며 벅이 누우면 함께 누워 잠이 들었다. 그와 함께 꿈을 꿨고, 그를 넘어서 꿈속으로 들어가 그 꿈을 가득 채웠다.

이 그림자들이 너무나 집요하게 자신을 불러들여서 인간과 인간의 요구들은 날마다 그에게서 멀어졌다. 숲 속 깊은 곳에서 벅을 부르는 소리가 들렸다. 신비롭게 떨리고 유혹하는 소리를 자주 들은 벅은 모닥불과 그 주변의 잘 다져진 흙에서 등을 돌려 숲 속으로 뛰어들고 싶었다. 그는 이 소리가 어디에서 오는지 왜 들리는지 알지 못했고 궁금해하지도 않았지만, 숲 속 깊은 곳에서 도도히 울려 퍼지는 야성의 부름은 계속되었다. 그러나 부드럽고 매끄러운 흙과 초록빛 그늘을 자주 접하면서 손턴에 대한 사랑이 커진 벅은 다시 모닥불 가로 돌아섰다.

오직 손턴만이 벅을 붙잡아 두었다. 나머지 사람들은 아무것도 아니었다. 우연히 만난 여행객들이 그를 칭찬하고 쓰다듬었지만 벅은 그런 관심에 냉담했고 그들이 너무 지나치게 관심을 표시하면 벅은 일어나 걸어가 버렸다. 손턴의 동료인 한스와 피트가 기다리고 기다리던 뗏목을 타고 도착했을 때 벅은 그들이 손턴과 아주 가깝다는 것을 알 때까지 그들에게 아는 척도 하지 않았다. 그 뒤에도 아주 수동적인 태도로 그들을 대했는데, 마치 그들을 받아들이는 게 호의를 베푸는 행동인 것처럼 그들의 호의를 받아들였다. 그들도 손턴처럼 너그러운 사람들이어서 흙과 친하게 살고 소박하게 생각하며 사물을 제대로 통찰했다. 도슨에서 제재소 옆에 있는 커다란 소용돌이 속으로 뗏목을 타고 떠날 즈음 그들은 벅의 태도를 이해했고 스키트나 니그와 친한 만큼 벅과 친해지기를 바라지 않게 되었다.

손턴을 향한 벅의 사랑은 점점 더 깊어 가는 듯했다. 여름 여행에서 손턴만이 벅의 등에 짐을 실을 수 있었다. 벅은 손턴이 명령하는 일은 어떤 것이든 할 수 있었다. 어느 날 (그들은 뗏목에서 얻은 돈으로 일용품들을 구입하고 도슨을 출발해 태너나 강 상류를 향하고 있었다) 사내들과 개들은 절벽 꼭대기에 앉아 있었다. 그 절벽은 90미터 아래에 암반까지 수직으로 기울어져 있었다. 존 손턴은 절벽 끝에 앉았고 벅도 그와 나란히 앉아 있었다. 그때 갑자기 손턴은 한스와 피트를 놀라게 할 엉뚱한 생각을 떠올렸다.

"뛰어내려, 벅!"

그는 절벽 아래를 향해 팔을 뻗더니 그렇게 명령했다. 그다음 순간 그는 절벽 아래로 떨어지기 직전인 벅을 아슬아슬하게 두 팔로 꽉 끌어안았고 한스와 피트는 둘을 안전한 곳으로 끌어왔다.

"으스스하군." 모두 한숨을 돌린 뒤 피트가 말했다.

하지만 손턴은 고개를 흔들었다. "아니야, 환상적인 거지. 또 무시무시하기도 하고. 그거 알아? 가끔 난 두렵기도 해."

"벅이 가까이 있을 때는 네게 손도 댈 생각을 말아야겠어." 피트는 벅을 향해 고개를 끄덕이면서 단호하게 결론지었다.

"두말할 필요도 없지. 나도 절대 사절이야." 한스도 거들었다.

피트의 우려가 현실이 된 것은 그해가 가기 전 서클 시티에서였다. '검둥이' 버튼이라는 성질이 악랄하고 고약한 사내가 술집에서 그 지역에 처음 온 사람에게 시비를 걸었고, 마침 거기에 있던 손턴이 싸움을 말리려 그 사이에 끼어들었다. 벅은 늘 그랬듯이 한쪽 구석에 앉아 앞발에 머리를 올려놓고 주인의 일거수일투족을 지켜보고 있었다. 버튼이 경고도 없이 팔을 쭉 뻗어 한 대 쳤고, 손턴은 그 자리에서 한 바퀴 빙그르 돌다가 바의 난간을 잡아 간신히 넘어지지 않았다.

그 자리에서 지켜보던 사람들은 벅이 짖거나 우는 것이 아니라 크게 포효하면서 공중으로 날아올라 버튼의 목을 향해 자신의 몸을 내리꽂는 것을 보았다. 버튼은 본능적으로 팔을 저어 목숨을 구했지만 바닥에 벌렁 자빠졌고 그 위를 벅이 덮쳤다. 벅은 그의 팔에서 이빨을 떼고 목을 향해 돌진했다. 이번에는 그도 제대로 막지 못해 목이 찢겨 나갔다. 구경꾼들이 달려들어 벅을 그에게서 떼어 놓았다. 의사가 달려와 흐르는 피를 막는 동안에도 벅은 위아래로 펄떡펄떡 뛰면서 사납게 으르렁거리며 틈틈이 달려들려 했고 사람들은 벅을 몽둥이로 위협해 떼어 놓았다. 그 자리에서 '광산업자 모임'이 소집됐고 그 개가 달려들 만한 이유가 충분히 있다고 결론이 났으므로 벅은 풀려났다. 그러나 그는 그날부터 유명인사가 됐고 알래스카의 모든 캠프에 이름이 알려졌다.

그해 가을 벅은 전혀 다른 방식으로 또다시 주인의 목숨을 구했다. 세 동료는 포티마일 계곡의 물살 빠른 협곡 아래로 길고 좁은, 장대 달린 보트를 육지에서 밧줄로 연결해 당겨 주고 있었다. 한스와 피트는 강둑을 따라 내려가면서 나무와 나무 사이에 연결된 가느다란 마닐라 밧줄로 보트를 당기는 일을 맡았고, 손턴은 보트에 남아 장대로 보트를 떠내려 보내는 일을 맡아서 강둑을 향해 큰 소리로 방향을 알렸다. 벅은 강둑에서 걱정하고 초조해하며 보트와 나란히 눈을 맞춘 채 주인에게서 시선을 떼지 않았다.

물에 겨우 잠긴 바위들이 강물 여기저기에 삐죽삐죽 솟아 있는 험한 지점에서 손턴이 장대를 이용해 위험한 바위들이 없는 쪽으로 보트를 끌어가는 동안 한스는 넉넉히 푼 밧줄 끝을 잡고 보트를 당기면서 강둑을 따라 달려 내려갔다. 간신히 보트가 바위틈을 벗어났을 때 물레방아만큼 물살이 빠른 강물 속으로 보트가 휩쓸렸고 당황한 한스는 밧줄을 갑자기 세게 당겼다. 그 순간 보트가 뒤집혀 엎어진 채 강둑으로 끌려 나왔고 손턴은 순식간에 강물 속으로 빠져 물살이 가장 센 곳으로 휩쓸려 들어갔다. 어느 누구도 헤엄쳐 살아나올 가망이 없는 아주 험한 급류 지역이었다.

그때 벅이 물속으로 뛰어들었다. 벅은 300미터나 헤엄쳐 미친 듯이 소용돌이치는 물속에서 손턴을 따라잡았다. 손턴의 손이 자신의 꼬리를 잡는 것을 느끼자 벅은 상상을 초월한 힘으로 둑을 향해 헤엄쳤다. 그러나 강둑을 향한 벅의 전진은 느렸고 흘러가는 물은 무섭게 빨랐다. 하류에서는 운명과도 같은 굉음이 들렸고 점점 더 험악해지는 강물은 바위에 부딪쳐 거대한 빗살을 통과하듯이 갈라지고 부서지면서 물보라를 흩뿌리고 있었다. 마지막 급경사가 시작되는 지점에서 빨아들이는 물의 힘이 어마어마하게 커지자 손턴은 도저히 강둑에 닿을 수 없음을 깨달았다. 그는 바위에 사정없이 긁힌 다음 바위에 부딪혀 멍이 들었고 거센 물살을 뒤집어썼다. 그는 미끄러운 바위 꼭대기를 두 손으로 움켜쥐고 벅의 꼬리를 놓은 뒤 으르렁대며 흘러가는 물 위로 소리쳤다.

"가, 벅! 가라고!"

벅은 몸을 가누지 못하고 물속에 빠르게 휩쓸리며 필사적으로 발버둥을 쳤으나 주인을 붙잡지는 못했다. 벅은 손턴이 반복해서 소리치는 것을 듣고 물 위로 몸을 일으켜 마지막으로 주인을 바라보려는 듯 고개를 높이 쳐들었다. 그리고 명령에 순종하듯이 강둑을 향해 몸을 돌렸다. 그는 맹렬히 헤엄쳤다. 벅이 더 이상 꼼짝도 할 수 없을 듯한 지경에 이르렀을 때 한스와 피트가 그를 둑으로 끌어올렸다.

그들은 이런 급류에서 사람이 미끄러운 바위에 매달려 버틸 수 있는 시간은 단 몇 분에 불과하다는 것을 알았다. 그들은 손턴이 버티는 곳에서 훨씬 위쪽 강둑으로 가능한 빨리 달려갔다. 그러고는 그때까지 보트를 당겼던 밧줄을 벅의 목과 어깨에 맸다. 목을 너무 세게 조이거나 수영하기에 방해가 되지 않도록 조심하면서 줄을 맨 뒤 벅을 물속에 띄웠다. 벅은 힘차게 헤엄쳤으나 주인이 있는 방향으로 곧장 가지 못했다. 잘못 간 것을 알았을 때는 이미 늦어 있었다. 벅은 손턴 바로 옆까지 와서는 불과 몇 번만 헤엄치면 되는 지점에서 무력하게 주인을 지나쳐 버렸다.

한스는 벅이 보트라도 되는 듯 즉시 밧줄을 당겼다. 밧줄은 급류 속에서 벅의 목을 조였고 벅은 물속으로 쑥 들어갔다. 그는 다시 강둑에 몸을 부딪치면서 끌어올려지기까지 물속에 잠겨 있었다. 벅은 거의 익사하기 직전이었다. 한스와 피트는 벅의 몸 위에 올라가 숨을 불어넣으며 그가 물을 토해 내도록 했다. 벅은 비틀거리며 일어서다가 다시 넘어졌다. 멀리서 손턴의 외침이 희미하게 들려왔고 무슨 말인지는 몰라도 굉장히 급한 상태인 것만은 분명했다. 주인의 다급한 목소리에 벼락이라도 맞은 것처럼 벅이 움찔했다. 그는 튕기듯 벌떡 일어나 사람들을 제치고 강둑을 향해 달려 먼저 출발했던 지점으로 갔다.

벅은 다시 밧줄을 매고 물속으로 들어갔다. 그리고 힘차게 헤엄쳤다. 이번에는 곧장 주인을 향해 갈 수 있었다. 실수는 한 번으로 족했고 두 번의 실수는 있을 수 없었다. 한스는 밧줄이 늘어지지 않게 조심했고 피트는 밧줄이 꼬이지 않게 조심했다. 벅은 곧바로 손턴의 위쪽으로 갔다가 방향을 돌려 급행열차 같은 속력으로 주인을 향해 헤엄쳤다. 손턴은 벅이 자신을 향해 오는 것을 보았고 벅이 물살의 강한 위력에 밀려 무거운 망치처럼 세게 부딪혀 왔을 때 두 팔을 크게 벌려 털이 길게 난 벅의 목을 힘껏 끌어안았다. 한스는 밧줄을 당겼고 벅과 손턴은 물속으로 쑥 들어갔다. 목이 졸려 숨은 막히고 한쪽이 위로 올라왔다가 다른 쪽이 위로 올라왔다가 하거나 울퉁불퉁한 바닥에 질질 끌리고 바위와 나무 그루터기에 세게 부딪히면서도 둘은 둑까지 끌려왔다.

한스와 피트는 떠다니는 통나무에 손턴을 엎드리게 하고 앞뒤로 강하게 흔들어 정신을 차리게 만들었다. 손턴은 눈을 뜨자마자 벅을 찾았다. 축 늘어져 죽은 듯이 꼼짝하지 않는 벅을 보고 니그는 크게 울부짖었고 스키트는 벅의 젖은 얼굴과 감은 두 눈을 혀로 핥았다. 손턴은 자신도 멍들고 상처를 입었으면서도 가까이 옮겨진 벅의 몸을 조심스럽게 살펴보고 늑골 세 개가 부러진 것을 찾아냈다.

"이것으로 결정됐어. 우린 바로 여기에 캠프를 치는 거야." 손턴이 선언했다. 결국 벅이 상처를 모두 치료받고 다시 여행할 수 있을 때까지 그들은 그곳에 캠프를 쳤다.

그해 겨울, 도슨에서 벅은 또 다른 공적을 세웠다. 그리 영웅적인 것은 아니었을지 모르지만 알래스카의 명예를 상징하는 기념비 가운데 가장 높은 곳에 새겨진 일이었다. 그것은 특히 세 사내에게 고마운 일이었다. 그들은 장비를 구입하기 위해 돈이 필요했는데 벅의 공적으로 돈을 얻었고 드디어 오랫동안 원했던 동쪽 처녀지로 떠날 수 있게 되었다. 아직까지 금광 광부들이 한 번도 가본 적 없는 곳이었다. 그 일은 엘도라도의 한 술집에서 몇몇이 서로 자기 개가 더 낫다고 자랑하다가 일어났다. 자연히 실적이 우수했던 벽은 그들의 표적이 되었고 손턴은 어쩔 수 없이 벽을 강하게 옹호할 수밖에 없었다. 30분쯤 지났을까, 한 사람이 자기 개는 짐을 200킬로그램 실은 썰매를 끌고 걸을 수 있다고 자랑했다. 그러자 두 번째 사내가 자기 개는 250킬로그램을 끌 수 있다고 자랑했고 세 번째 사내는 300킬로그램이라고 뽐냈다.

"제기랄, 겨우 그거야! 벽은 500킬로그램을 끌 수 있다고." 존 손턴이 말했다.

"그걸 끌 수 있단 말이지? 정말 그걸 끌고 100미터를 걸을 수 있단 말이지?" 금광으로 벼락부자가 된 매튜슨이 따졌다. 그는 300킬로그램을 주장한 사내였다.

"당연히 그걸 끌고 100미터를 걸을 수 있고말고." 손턴은 태연히 대꾸했다.

"그래?" 매튜슨은 주위 사람들이 들을 수 있게 천천히 또박또박 말했다. "그럼, 난 1천 달러를 걸겠어. 벽이 그걸 해내지 못한다는 데 말이야. 자, 여기 있어." 그는 볼로냐소시지 크기만 한 사금 자루를 카운터 위에 털썩 올려놓았다.

아무도 말을 할 수 없었다. 손턴은 자신의 허세에 대한 (만일 그것이 허세라면) 도전을 받고 있었다. 그는 순간 뜨거운 피가 얼굴로 확 올라오는 것 같았다. 우쭐해서 말을 잘못했던 것이다. 벽이 500킬로그램을 움직일 수 있는지 그도 알지 못했다. 0.5톤이 아닌가! 엄청난 무게에 그는 기가 죽었다. 벽이 힘이 세다는 것을 의심해 본 적은 없었지만, 손턴은 지금까지 그 사실을 증명해야 할 처지에 놓인 적이 없었다. 주위 사람들이 조용히 그를 바라보며 대답을 기다렸다. 게다가 그에게는 1천 달러라는 거액도 없었다. 한스나 피트도 마찬가지였다.

"지금 밖에 25킬로그램짜리 밀가루 포대 스무 개를 실은 썰매가 있어. 그러니 썰매 문제는 걱정 말라고." 매튜슨은 거칠게 단도직입적으로 말했다.

손턴은 대답하지 않았다. 무슨 말을 해야 할지 몰랐다. 그는 멍한 시선으로 어딘가에서 실마리를 다시 찾으려는 듯 사람들의 얼굴을 훑어보았다. 옛 동료였고 금광 왕인 짐 오브라이언의 얼굴이 그의 시선 속으로 들어왔다. 이것은 그가 꿈도 꿔 보지 않은 일을 하도록 실마리를 주었다.

"내게 1천 달러 빌려 줄 수 있어?" 손턴은 거의 속삭이듯이 물었다.

"물론이지." 오브라이언은 불룩한 사금 자루를 매튜슨의 자루 옆에 털썩 올려놓았다. "하지만 난 말이야, 저 개가 그런 일을 해낼 수 있다고는 믿지 않아."

엘도라도에 사는 모든 사람이 이 시합을 구경하려고 거리로 쏟아져 나왔다. 탁자가 텅텅 비었으며 딜러와 도박꾼들은 내기 결과를 보려고, 또 상대방보다 더 우세한 비율로 이기려고 나왔다. 몇백 명이 털옷과 장갑으로 무장하고 적당한 거리를 둔 채 썰매를 둘러쌌다. 밀가루 500킬로그램을 실은 매튜슨의 썰매는 두 시간가량 대기한 상태였다. 지독한 추위(영하 60도였다)에 썰매 날은 단단히 다져진 눈에 딱 달라붙어 있었다. 벽이 썰매를 움직이지 못한다는 쪽으로 사람들이 두 배나 몰렸다. '썰매를 움직인다'라는 말에 대해 해석이 분분했다. 오브라이언은 썰매 날을 떼어 내는 것은 손턴의 특권이고 벽은 다만 멈춰 있는 썰매를 '움직인다'라고 해석했고, 매튜슨은 얼어붙은 썰매 날을 떼어 내는 것까지 그 말에 포함해야 한다고 고집했다. 그 광경을 지켜보던 사람들 대부분은 매튜슨의 편을 들었고 내기가 벽에게 불리한 쪽으로 기울자 반대편은 세 배가 되었다. 아무도 벽에게 돈을 걸려고 하지 않았다. 아무도 벽이 그런 일을 해낼 것이라고 믿지 않았기 때문이다. 손턴은 의심하면서도 내기에 말려들고 말았다. 지금 썰매를 눈앞에서 구체적으로 보고, 그 앞에 웅크리고 있는 개 열 마리를 보고 있노라니 도저히 불가능한 일에 말려들었다는 느낌이 들었다. 매튜슨은 환성을 지르며 들떠 있었다.

"삼 대 일이야!" 매튜슨이 선언했다. "난 말이야, 당신에게 이 비율로 1천 달러를 더 걸고 싶어. 어때, 손턴?"

손턴의 얼굴에는 불안감이 짙어졌지만 곧이어 불굴의 투지가 불끈 솟구쳤다. 불리한 상황 앞에서도 기죽지 않는 불굴의 투지는 어떤 실패도 용납하지 않았고 싸움에 대한 요구 말고는 아무것에도 귀 기울이지 않았다. 그는 한스와 피트를 가까이 불렀다. 그들의 주머니는 얄팍했다. 다 긁어 봐야 세 사람이 모두 합쳐 2백 달러였다. 재물 운이 따르지 않을 때라 그것이 그들의 전 재산이었다. 그러나 그들은 매튜슨의 6백 달러를 상대로 그 돈을 주저 없이 걸었다.

 개 열 마리가 가죽끈을 벗었고 대신 그 자리에 벅이 들어 선 다음 끈으로 썰매와 연결되었다. 주변 사람들의 흥분이 벅에게도 전달되었고 그는 어떻게 해서든 주인을 위해 큰일을 해야만 한다고 느꼈다. 벅의 멋진 몸을 보자 감탄하며 웅성거리는 소리가 커졌다. 그는 완벽한 상태였다. 군살은 1그램도 없었고 70킬로그램의 몸무게는 투지와 힘으로 뭉쳐 있었다. 온몸의 털이 비단처럼 반들거렸다. 목 아래부터 두 어깨까지 덮인 긴 털은 그대로 있는데도 반쯤 일어선 것처럼 보였고 움직일 때마다 곤두서는 것 같아 보였다. 넘치는 힘이 털 하나하나에 생기를 불어넣어 움직이는 것 같았다. 넓은 가슴과 묵직한 앞발은 가죽 밑에서 근육이 단단하게 뭉쳐져 있는 몸의 다른 부분들과 알맞게 조화를 이루었다. 사람들이 벅의 근육을 만져보고 단단한 쇳덩어리 같다고 말하자 내기 비율은 이 대 일로 내려갔다.

 "어이, 잠깐만 기다려! 기다려!" 최근에 벼락부자가 된 금광 왕 스쿠컴 벤치 가문의 한 사내가 더듬거리며 말했다. "당, 당신에게 8백 달러를 주고 저 개를 사고 싶네. 지금 저대로, 시합에 들어가기 전에."

 손턴은 고개를 젓고 벅의 곁으로 다가갔다.

 "개에게 가까이 가는 건 벌칙이야." 매튜슨이 반대했다. "제 뜻대로 하게 하라고, 공간을 넉넉히 주란 말이야."

 군중은 조용해졌다. 이 대 일이라고 떠드는 도박꾼들의 공허한 소리만 들렸다. 벅이 굉장한 개라는 건 모두들 인정했지만 25킬로그램짜리 밀가루 포대 스무 개라는 것이 실제로 보니 대단한 무게여서 쉽사리 지갑을 열기는 어려웠다.

 손턴은 벅의 곁에 무릎을 꿇었다. 그는 두 손으로 벅의 머리를 잡고 벅의 뺨에 자신의 뺨을 갖다 댔다. 그는 여느 때처럼 벅을 장난스럽게 흔들거나 또는 사랑의 욕을 부드럽게 소곤대지 않았다. 대신 벅의 귀에 대고 낮게 말했다. "벅, 네가 나를 사랑하는 만큼, 네가 나를 사랑하는 만큼만." 손턴은 이렇게 속삭였다. 벅은 흥분을 억누르면서 낑낑거렸다.

 군중은 호기심에 차서 지켜보았다. 점점 더 신기함을 더해 갔다. 마치 마법이라도 건 것 같았다. 손턴이 일어서자 벅은 그의 장갑 낀 손을 입에 물고 이빨로 지그시 깨물었다가 마지못해 천천히 놓아줬다. 그것은 말이 아니라 사랑으로 하는 대답이었다. 손턴은 뒤로 넉넉히 물러났다.

"자, 지금이야, 벽." 손턴이 외쳤다.

벅은 끈을 팽팽하게 당겼다가 몇 센티미터쯤 느슨하게 풀었다. 그것이 그가 배운 방식이었다.

"오른쪽으로!" 손턴의 목소리가 긴장된 고요 속에서 날카롭게 울려 퍼졌다.

벅은 오른쪽으로 몸을 흔들면서 70킬로그램의 몸무게로 느슨한 끈을 당기다가 갑자기 낚아채는 식으로 동작을 멈췄다. 그러자 짐이 꿈틀했고 날 아래에서 얼음이 갈라지는 소리가 들렸다.

"왼쪽으로!" 손턴이 명령했다.

벅은 이번에는 왼쪽으로 똑같이 움직였다. 얼음이 갈라지는 소리가 깨지는 소리로 바뀌면서 썰매가 중심축에서 빙그르 돌았고 왼쪽으로 몇 센티미터 삐끗거리면서 미끄러졌다. 썰매가 얼음판에서 떨어져 나왔다. 사람들은 자신도 모르는 사이에 숨을 죽이고 그 광경을 지켜보았다.

"자, 이제 끌어!"

권총이 발사되듯이 손턴의 명령이 날카롭게 울렸다. 벅은 앞으로 몸을 힘껏 당겨 삐걱삐걱거리는 끈을 팽팽하게 유지하면서 나아갔다. 앞으로 체중을 실어 몸 전체가 한 덩어리로 단단히 뭉친 가운데, 윤기 나는 털 아래 근육들이 살아 있는 물체들처럼 불끈불끈 솟구치고 꿈틀거렸다. 커다란 가슴이 땅에 거의 닿은 채 벅은 머리를 앞으로 숙이고 다리를 미친 듯이 움직여 단단히 다져진 눈 위에 나란히 발톱 자국을 냈다. 썰매가 흔들리고 덜커덩거리면서 앞으로 조금 나아갔다. 벅의 한쪽 다리가 미끄러지자 누군가의 신음 소리가 크게 들렸다. 썰매는 휘청거리면서 빠르게 앞으로 나아가기 시작했다. 다시는 멈춰 버릴 것 같지 않은 기세로 1센티미터, 2센티미터 그리고 4센티미터⋯⋯. 차츰 흔들림이 줄어들었다. 벅은 그 기세를 잘 포착했고 썰매는 탄력이 붙어 앞으로 고르게 나아가기 시작했다.

사람들은 그제야 막혔던 숨을 다시 쉬었다. 그들은 자신들이 그동안 숨을 멈췄다는 사실을 깨닫지 못하고 있었다. 손턴은 용기를 북돋우는 짧은 말을 벅에게 던지면서 썰매 뒤를 따라갔다. 거리가 측정됐고 벅이 100미터를 표시한 장작더미 가까이에 이르자 환호성이 점점 커지기 시작했다. 썰매가 마침내 장작더미를 지나 명령 소리에 멈춰 서자 환호성은 함성으로 변했다. 모든 사람이, 매튜슨까지도 달려갔다. 모자와 장갑들이 공중으로 솟구쳤다. 사람들은 상대방이 누구든 상관없이 서로 악수했고, 무슨 말인지 알아들을 수 없는 말들을 주고받으며 흥분에 들떴다.

하지만 손턴만은 벅의 곁에 조용히 무릎을 꿇었다. 그리고 자신과 벅의 머리를 맞대고 벅의 몸을 앞뒤로 흔들었다. 허둥댔던 사람들은 손턴이 벅에게 정감 어린 사랑의 욕설을 내뱉는 것을 들었을 것이다. 그는 아주 오랫동안 격렬하고 부드럽게 애무하듯이 욕설을 했다.

"하느님, 마, 맙소사! 하느님, 마, 맙소사!" 금광 왕 스쿠컴 벤치가 더듬거렸다. "그, 그놈에게 처, 천 달러를 주겠어, 응? 아니, 1천2백 달러."

손턴은 일어섰다. 그의 눈은 젖어 있었다. 눈물이 그의 뺨을 타고 흘렀다. 그는 벼락부자 스쿠컴 벤치에게 말했다. "절대 안 팔아. 그러니 썩 꺼져 버려. 이게 당신에게 베풀 수 있는 가장 좋은 말이야, 알겠어?"

벅은 이빨 사이에 손턴의 손을 넣고 지그시 깨물었고 손턴은 벅을 앞뒤로 흔들었다. 둘의 사랑에 감동받은 듯 주위 사람들은 존경을 표시하며 뒤로 물러났고 다시는 둘을 방해하지 않으려고 조심했다.

제7장
부르는 소리

벅이 불과 5분 만에 1천6백 달러를 손턴에게 벌어 준 덕분에, 손턴은 그동안 진 빚을 다 갚고 동료들과 함께 늘 가고 싶었던 동부로 갈 수 있게 되었다. 전설적인 광산이 있는 그곳은 그 지역만큼 오래된 역사를 간직하고 있었다. 많은 사람이 그곳을 찾아 떠났으나 발견한 사람은 거의 없었고 갔다가 돌아오지 못한 사람도 꽤 있었다. 그 광산은 비극으로 물들었고 그만큼 수수께끼로 덮여 있었다. 최초의 개척자에 대해 아는 사람은 아무도 없었다. 가장 오래된 전설은 알려지기도 전에 끊어지고 말았다. 거기에는 옛날부터 다 쓰러져 가는 오두막이 한 채 있다고 한다. 죽어 가는 사람들의 증언에 따르면 그 오두막은 실제로 있고 그것이 광산으로 가는 길을 알려주는 표지이며 그곳에서 발견되는 금은 지금까지 북부에서 발견된 어떤 금보다 품질이 우수하다는 것이었다.

그러나 그 오두막을 차지한 사람은 아무도 없었고 이미 죽은 사람은 말이 없었다. 손턴과 피트와 한스, 벅과 여섯 마리의 개들은 지금까지 인간과 개들이 개척하는 데 실패한 미지의 길을 따라 동부로 향했다. 그들은 유콘 강을 따라 위로 100킬로미터를 달리다가 왼쪽으로 돌아 스튜어트 강으로 들어섰다. 그리고는 메이오 강과 매케스톤 강을 지나 스튜어트 강이 개울이 된 곳까지 가서 대륙의 등뼈에 해당하는 높은 봉우리들 사이를 누비며 지나갔다.

손턴은 인간에게도 자연에게도 많은 것을 요구하지 않는 남자였다. 그는 황야를 두려워하지 않았다. 그는 한 줌의 소금과 권총만 있으면 미지의 땅에도 과감하게 뛰어들었고 어디든 즐거운 곳이라면 그곳에 있는 동안은 톡톡히 즐겼다. 인디언처럼 서둘지 않고 그날 여행에서 사냥한 것으로 저녁을 즐겼다. 만일 아무것도 잡지 못하면 조만간 사냥감을 만날 거라고 굳게 믿으면서 여행을 계속했다. 그랬기에 동부로 향하는 여행에서 식사 메뉴라고는 직접 잡은 고기뿐이었고 썰매의 짐은 탄약과 도구들뿐이었으며 일정표는 끝없는 미래 위에 그려졌다.

사냥하고 물고기를 잡으며 정해진 기한도 없이 낯선 고장을 헤매는 것은 큰 기쁨이었다. 몇 주일은 날마다 계속 여행했다가 또 몇 주일은 이곳저곳에서 야영했다. 개들은 뛰어놀고 사람들은 얼어붙은 부식토와 자갈에 불을 지펴 그 열기로 구멍을 뚫고, 거기에서 나온 흙을 사금 고르는 선광(選鑛) 접시에서 걸러냈다. 어떤 때는 배를 쫄쫄 굶고 어떤 때는 환호성을 지르며 포식했는데 순전히 사냥감이 많은가, 또 사냥 운이 좋은가에 따른 결과였다. 여름이 오자 그들은 짐을 꾸려서 뗏목을 타고 산을 끼고 있는 푸른 호수들을 건넌 뒤, 곁에 있는 숲에서 베어 낸 나무를 깎아 긴 보트를 만들었다. 그들은 그 보트를 타고 이름 모를 강들을 따라 내려가기도 하고 올라가기도 했다.

몇 달 동안 그들은 구획도 없는 광활한 지역을 꾸불꾸불 뒤로 갔다가 앞으로 갔다가 하면서 아무도 없는 곳, 만일 잊힌 오두막 이야기가 사실이라면 누군가가 갔을 만한 땅에서 헤맸다. 그들은 여름날 때아닌 눈보라 속에서 분수령을 넘었고 수목한계선과 만년설 사이의 헐벗은 산에서 백야를 겪으며 추위에 떨다가 모기와 파리 떼가 앵앵거리는 여름 계곡으로 내려갔다. 그리고 빙하의 그늘 속에서 남부에서나 자랑하는 푹 익은 딸기와 고운 꽃을 땄다. 가을이 되자 음산한 호수 지역을 뚫고 들어갔다. 그 지역은 슬프고 고요했다. 예전엔 야생 조류들이 있었지만 지금은 어떤 생명도, 뭔가가 살아 있다는 흔적도 없는 곳이었다. 그저 싸늘한 바람만 불었고 쉴 만한 거처에는 물이 얼어 있었으며 외로운 해변에는 우울한 잔물결이 일었다.

이듬해 겨울도 그들은, 지금은 흔적조차 지워졌지만 전에는 사람들이 지나다녔던 길들을 찾아 헤맸다. 한번은 먼 옛날에 만들어진 길이기는 하나 분명 누군가가 뚫고 지나간 길에 도착했다. 잊힌 오두막이 아주 가까워진 것 같았다. 그러나 길이 어디에서 시작하고 어디에서 끝나는지 알 수 없었으며 누가, 왜 그 길을 만들었는지 신비에 싸여 있었다. 또 한 번은 세월의 때가 묻어 다 부서져 가는 사냥꾼의 오두막을 발견했는데 손턴이 먼지가 수북한 낡은 담요 밑에서 부싯돌로 불을 붙이는 화승총을 찾았다. 개척 초기 북서부의 허드슨베이 회사에서 만든 총으로, 인기가 한창 좋았을 때는 수달 가죽을 판판하게 펴서 총의 키만큼 쌓아야 맞바꿀 수 있는 것이었다. 그리고 그게 다였다. 그 옛날, 오두막을 짓고 모피 사이에 총을 둔 사내에 대해서는 아무런 단서도 찾을 수 없었다.

다시 봄이 왔다. 마침내 그들이 방황 끝에 발견한 것은, 찾아 헤매고 있던 잊힌 오두막이 아니라 넓은 계곡 안의 얕은 사금 개울이었다. 선광 접시를 물속에서 흔들어 불순물을 걸러 내면 접시 바닥에 노란 버터처럼 금이 고였다. 그들은 그곳에 짐을 풀었다. 그들은 매일같이 일하면서 깨끗한 사금과 금덩이로 몇천 달러를 벌었다. 금은 25킬로그램들이 사슴 가죽 자루에 담겨 가문비나무로 만든 오두막 옆에 장작 쌓이듯이 쌓였다. 그들은 거인들처럼 일했고 보물이 쌓여 가면서 하루하루가 꿈처럼 빠르게 지나갔다.

손턴이 잡은 사냥감을 실어 나르는 일 말고는 개들이 할 일이 없었기에 벅은 불 옆에서 긴 시간을 생각에 잠겨 보냈다. 특별히 해야 할 일이 거의 없어서 그런지 다리가 짧고 털이 많은 남자의 모습이 벅을 더 자주 사로잡았다. 벅은 불 옆에서 눈을 껌벅거리며 자신이 기억하는 다른 세상에서 그와 함께 이곳저곳을 헤맸다.

그 세상에서 가장 두드러진 감정은 공포였다. 머리를 무릎 사이에 묻고 두 손을 위로 들어 올려 마주 잡은 채 불 옆에서 잠든 털북숭이 사내를 벅은 지켜보았다. 사내는 불안하게 잠이 들었다가 여러 번 깜짝깜짝 놀라 벌떡 일어났고 두려워하며 어둠 속을 응시하다가 불 위에 장작개비를 던져 넣었다. 둘은 해변을 같이 걸었는데 그는 연방 조개를 주우며 어딘가에 도사리고 있는 위험을 찾아내는 듯이 두 눈을 두리번거렸고, 다리는 위험이 닥치면 바람같이 달아날 태세였다. 벅은 사내의 뒤를 졸졸 따라다니며 숲 속을 소리 없이 걸었다. 둘은 똑같이 사방을 경계하면서 귀를 쫑긋하며 계속 움직였고 코를 벌렁거렸다. 그도 벅만큼이나 예민하게 듣고 냄새를 맡았다. 나무 위로 뛰어올라 땅에서만큼 빠르게 움직였다. 두 팔로 나뭇가지에서 나뭇가지 사이를 그네 타듯 옮겨 다녔는데 두 팔로 나뭇가지를 잡았다가 놓았다가 했고 어떤 때는 한 번도 떨어지거나 나뭇가지를 놓치는 법 없이 3미터나 되는 거리를 옮겨 다녔다. 그에게는 나뭇가지 사이도 땅 위의 집처럼 편안해 보였다. 그는 나무 위에 잠자리를 만들었는데 벅에게는 그가 꼭 잡고 잠든 나무 아래에서 밤을 새운 기억들이 있었다.
  털북숭이 사내에 대한 기억과 아주 비슷한 것이 있었으니 바로 숲 속 깊은 곳에서 여전히 들리는 부름이었다. 그 소리를 들은 벅은 커다란 불안과 이상한 욕망으로 가득 찼다. 그 소리는 벅에게 뭐라고 표현하기 힘든 달콤함과 기쁨을 주었다. 정확히 알 수 없었지만 그 소리를 듣고 있으면 야생에 대한 동경과 충동을 느꼈다. 때로 그는 그 소리를 찾아 숲 속으로 들어가기도 했다. 마치 잡을 수 있는 물건이라도 되는 듯 벅은 기분이 내키면 부드럽게 또는 저항하듯이 짖으면서 그 소리를 찾아 헤맸다. 벅은 서늘한 나무 이끼 속이나 긴 풀이 자라는 검은 흙 속에 코를 처박아 보기도 하고 진한 흙냄새에 기뻐하며 흥흥거리기도 했다. 어떤 때는 곰팡이가 잔뜩 핀 나무 뒤에 몇 시간씩 숨죽인 채 웅크리고 앉아 눈과 귀를 활짝 열고 주변에서 움직이고 소리나는 모든 것을 지켜보았다. 그는 그렇게 숨어 있다가도 알 수 없는 그 부름을 잔뜩 놀라게 하고 싶기도 했다. 그러나 그는 자신이 왜 그런 짓들을 하는지 알지 못했다. 그저 그렇게 할 수밖에 없었고 어떤 설명도 할 수 없었다.
  저항하기 힘든 충동이 벅을 사로잡았다. 그는 캠프 안에 누워 한낮의 열기 속에서 나른하게 졸다가도 갑자기 머리를 번쩍 들고 귀를 쫑긋 세우고 뭔가를 주의 깊게 듣다가 벌떡 일어나 밖으로 달려나갔다. 그러고는 몇 시간씩 숲 속 오솔길이나 검은 잡초들이 덤불을 이룬 공터를 달렸다. 그는 물기 없는 수로를 따라 내려가는 게 좋았고, 살그머니 기어가서 새들이 나무 속에서 어떻게 사는지 몰래 훔쳐보는 것을 즐겼다. 어떤 때는 온종일 덤불에 누워 새들이 날개를 파득거리고 꼬리를 활짝 펴는 것을 지켜보았다. 그러나 여름철 한밤중의 흐릿한 어스름 속에서 숲이 나지막하게 속삭이고 웅얼거리는 걸 들으며 달리는 것을 특히 좋아했다. 그럴 때면 벅은 인간들이 책을 읽듯이 흔적과 소리들을 읽었고, 깨어 있을 때나 잠들었을 때 그를 부르는 신비한 그 무언가의 의미를 찾으려 했다.
  어느 날 밤, 벅이 잠에서 깨어나 벌떡 일어났다. 눈은 놀라움과 열망으로 타올랐고 코는 냄새를 맡으려고 벌렁거렸으며 갈기는 물결치면서 일어섰다가도 수그러들었다. 숲에서 부름이 들렸다(아니, 부름은 여러 곡조의 복합적 소리였지만 그건 그중 한 마디였다). 길게 늘어지는 울음소리는 전과 달리 분명했는데 에스키모개의 울음과 비슷하면서도 달랐다. 그에게는 어딘지 친숙한 소리였다. 그는 캠프를 뛰쳐나와 고요한 숲 속을 빠르게 달렸다. 전에 들어서 그런지 울음소리가 가까이 들려 걸음을 늦추고 살금살금 다가가자 나무들 사이로 공터가 나왔다. 몰래 들여다보니 거기에서 길고 마른 회색 늑대 한 마리가 엉덩이를 땅에 대고 코를 하늘로 쳐들고 있었다.

벅은 아무 소리도 내지 않았는데 늑대는 어떤 낌새를 알아챈 듯 울음을 멈추고 바싹 긴장했다. 벅은 반쯤 웅크려 몸집을 줄이고 꼬리를 빳빳이 세우면서 한 발 한 발 어느 때보다 더 조심스럽게 공터로 기어나갔다. 그는 동작 하나하나에 위협을 담으면서 동시에 친근감을 과시하려고 애썼다. 그것은 서로가 먹잇감인 야생 짐승들끼리 만났을 때 맺는 일촉즉발의 휴전 협정 같은 것이었다. 그러나 늑대는 벅을 보자마자 달아났다. 벅은 날쌔게 펄쩍 뛰어 꼭 잡고 말겠다는 듯이 늑대를 뒤쫓았다. 그는 여기저기 흩어진 나무로 딱 가로막힌 개울 바닥으로 늑대를 몰고 갔다. 그곳은 막다른 길이었다. 그러자 늑대는 예전에 조나 에스키모개들이 막다른 골목에 몰렸을 때 흔히 그러듯이 뒷발을 축으로 휙 돌더니 이빨을 빠르게 딱딱 부딪치고 으르렁대며 털을 곤두세웠다.

벅은 공격하지 않고 친근한 태도로 주변을 빙빙 돌며 포위했다. 그러나 늑대는 의심과 두려움에 가득 차 있었다. 벅의 몸무게가 자신의 세 배나 됐고 자신의 머리는 기껏해야 벅의 어깨에 닿았기 때문이다. 늑대는 여기저기 살피는 척하더니 어느 틈에 도망쳤고 다시 추격이 시작되었다. 늑대가 궁지에 몰리고 벅이 그를 잡을 듯하면서도 놓치며 추격은 반복되었다. 늑대는 벅의 머리가 자신의 옆구리와 나란히 될 정도까지 달리다가 막다른 길에 몰리면 몸을 휙 돌려 으르렁대고 다시 틈이 나면 도망쳤다.

그래도 마지막에는 벅의 끈기가 보답을 받았다. 벅이 자신을 해칠 마음이 없다는 것을 알아챈 늑대가 그에게 다가와 코를 흥흥거렸다. 그리고 나서 그들은 친해졌고, 사나운 짐승들 자신들의 사나움을 감추기라도 하듯 반쯤 수줍게 어울렸다. 늑대는 잠시 벅과 어울리다가 어딘가 갈 곳이 있다는 것을 나타내며 맘 편히 껑충껑충 달리기 시작했다. 그는 벅에게 함께 가자는 뜻을 분명히 했고 둘은 어둑한 황혼을 뚫고 나란히 개울 쪽으로 곧장 올라갔다. 그들은 개울물이 흘러나오는 협곡을 향해 달렸고 드디어 그 물이 솟구쳐 나오는 황량한 분수령을 가로질렀다.

그들은 협곡 반대쪽 비탈에서 평평한 지역으로 내려갔다. 그곳에는 광활한 숲과 많은 개울들이 있었다. 둘은 숲을 가로질러 몇 시간을 달렸고 그사이 해가 높이 떴으며 날은 따스해졌다. 벅은 벅찬 행복에 휩싸였다. 그는 마침내 자신이 숲의 형제와 부름이 들려오는 곳을 향해 나란히 달려가고 있으며 부름에 응하고 있음을 느꼈다. 태곳적 기억들이 빠르게 몰려왔고 전에도 그에 반응했듯이 현실이 된 그들의 그림자에 반응했다. 그는 희미하게 기억하는 다른 세상에서 이렇게 한 적이 있었다. 그리고 지금 바로 그렇게 하고 있었다. 광활한 하늘을 머리에 이고, 한 번도 밟지 않은 흙을 밟으며 자유롭게 광야를 달렸다.

둘은 흐르는 개울에 목을 축이고 잠시 멈췄다. 바로 그때 존 손턴이 떠올랐다. 벅은 그 자리에 맥없이 주저앉았다. 늑대는 부름이 분명히 들려오는 곳을 향해 출발했다가 다시 돌아와 코를 흥흥거리며 어서 가자고 벅의 기운을 북돋웠다. 그러나 벅은 몸을 돌려 천천히 돌아가는 길로 향했다. 야생의 형제는 벅 옆에 붙어 거의 한 시간 동안 킹킹대며 따라왔다. 그러고는 주저앉아 코를 허공에 대고 길게 울었다. 슬픈 울음이었다. 그래도 벅은 계속 걸었고 울음소리는 차츰 희미해져 결국 아예 들리지 않았다.

벅이 캠프로 돌아왔을 때 존 손턴은 저녁을 먹고 있었다. 벅은 끓어오르는 사랑에 그에게 뛰어올라 그를 넘어뜨리고 기어올라서 그의 얼굴을 핥고 손을 깨물었다. 존 손턴이 '어릿광대 놀이'라고 이름 붙인 놀이로, 손턴은 벅을 잡고 앞뒤로 흔들면서 사랑의 욕설을 퍼부었다.

이틀 밤낮을 벅은 결코 캠프를 떠나지 않았고 손턴의 곁을 한 번도 벗어나지 않았다. 그는 주인이 일할 때도 따라갔고 식사할 때도 지켜봤으며 밤에는 잠자리에 드는 것을, 아침에는 잠자리에서 나오는 것을 바라봤다. 그러나 이틀 뒤에 숲으로부터 자신을 부르는 소리가 전보다 더 절실하게 들려왔다. 벅은 다시 마음이 심란해졌다. 황야에서 만난 형제, 분수령 너머의 따사로운 대지, 드넓은 숲을 나란히 달리던 기억들이 그를 떠나지 않고 줄곧 사로잡았다. 그는 다시 한 번 숲 속으로 들어가 헤맸으나 더 이상 황야의 형제를 찾을 수 없었다. 긴 밤을 새우며 귀를 기울여도 슬프고 긴 울음소리는 들리지 않았다.

벅은 캠프 밖에서 자게 되었고, 때로는 며칠씩 밖에서 지냈다. 한번은 물줄기를 거슬러 올라가 분수령을 지나서 목재와 개울들이 흩어져 있는 넓은 땅에 들어섰다. 그는 그곳에서 일주일 동안 야생의 형제가 남긴 흔적을 찾아 헛되이 헤맸다. 동물을 잡아 끼니를 때웠고 결코 지칠 것 같지 않은 가벼운 걸음으로 오랫동안 돌아다녔다. 그는 바다에 합류하는 넓은 개울 속에서 연어를 잡았고 그 개울 옆에서는 커다랗고 검은 곰을 죽였다. 그 곰은 물고기를 잡다가 모기에 물려 눈이 안 보이게 되자 분노에 차 숲 속을 마구 돌아다니며 무시무시하게 변해 있었다. 그렇다 해도 그것은 힘든 싸움이었고 벅의 내부에 잠재해 있던 마지막 남은 잔인성까지 일깨웠다. 이틀이 지난 뒤 다시 현장에 와 본 그는 곰의 잔해에 오소리 열두 마리 정도가 달려들어 다투는 것을 봤다. 그는 오소리들을 지푸라기처럼 혹 날려 버렸다. 마지막까지 버틴 오소리 두 마리는 곰의 잔해를 사이좋게 뜯어먹을 수 있었다.

피에 대한 갈망이 점점 강해졌다. 그는 누구의 도움도 받지 않고 오로지 자신의 힘과 수완으로 살아 있는 동물들을 잡아먹고 사는 맹수였다. 오직 강한 자만이 살아남는 적의에 찬 세상에서 용감하게 살아남는 살육자였다. 이 모든 것 덕분에 그는 자신감이 넘쳤으며 그것이 몸에도 그대로 나타났다. 자신감은 움직임 하나하나에서 풍겼고 근육 하나를 움직일 때도 나타났으며 행동을 통해서도 뚜렷이 의사를 표시했고 세상 어느 것보다 더 매끄럽게 윤기 도는 털에도 그 영광이 드러났다. 만일 주둥이와 두 눈 위에 갈색 털이 섞여 있지 않았다면, 가슴 한복판에 점점이 흰 털들이 죽 이어져 있지 않았다면 그는 아마도 커다란 늑대, 그중에서도 가장 큰 늑대로 오해받을 수도 있었을 것이다. 벅은 세인트버나드종 아버지에게서 몸집과 무게를 물려받았고 셰퍼드종 어머니에게서 그에 걸맞은 자태를 물려받았다. 그의 주둥이는 늑대의 것보다 크기만 컸을 뿐 영락없이 기다란 늑대 주둥이였고 넓은 머리통도 마찬가지였다.

벅의 노련한 수완 또한 늑대 그대로이며 야생 그대로였다. 그의 지능은 셰퍼드와 세인트버나드 그대로였다. 그리고 이 모든 것에다 그는 가장 격렬한 현장 수업들을 통해 쌓은 경험을 더했다. 황야를 배회하는 그 어떤 짐승보다 더 엄청난 힘이 그에게 있었다. 날고기를 직접 잡아먹는 포식 동물로서의 그는 삶의 정점에서 활짝 피어난 꽃이었고 정력과 활력이 넘쳤다. 손턴이 애무하는 듯한 손길로 벅의 등을 쓰다듬어 내려가면 손이 닿을 때마다 털 하나하나가 잠재된 전기를 방출하면서 타닥 갈라지는 소리가 났다. 머리와 몸, 신경조직, 섬유질을 비롯한 모든 부분이 매우 정교하게 구성되어 있었고, 각 부분은 서로 완벽한 균형과 조화를 이루었다. 어떤 광경이나 소리나 사건들이 행동을 요구하면 번개처럼 즉시 반응했다. 에스키모개들이 방어하거나 공격할 때만큼 빠르게, 아니 그보다 두 배로 더 빠르게 벅은 튀어오를 수 있었다. 그는 다른 개들이 움직임을 보고 소리를 듣는 것보다 더 짧은 시간 안에 보고 들었다. 그는 동시에 감지하고 판단하고 반응했다. 물론 감지하고 판단하고 반응하는 것은 연속적으로 이루어지지만 그 간격이 너무도 짧아서 거의 동시에 일어나는 것처럼 보였다. 그의 근육은 활력으로 넘쳐흘렀고 강철로 만든 용수철처럼 타다닥 날카롭게 튀어올랐다. 기쁨과 자유로움으로 가득 찬 생명력이 찬란한 홍수처럼 온몸에 흐르다 드디어 폭발하고 순수한 황홀감 속에 산산이 흩어져 세상 속으로 풍요롭게 넘쳐흘렀다.

"지금까지 살면서 저런 개는 처음 봤어." 언젠가 동료들이 캠프를 걸어 나가는 벅을 바라보고 있을 때 손턴이 말했다.

"신이 저 개를 만들고 나서 그 거푸집이 터져 없어졌을걸." 피트가 말했다.

"정말이야! 나도 그렇게 생각해." 한스도 거들었다.

그들은 벅이 캠프를 걸어 나가는 것을 바라보았다. 그러나 그들은 벅이 숲의 비밀 속으로 들어섰을 때 그에게 일어난 즉각적이고 무서운 변모는 보지 못했다. 그는 더 이상 걷지 않았다. 그는 한순간에 야생동물이 되어 나무 그림자들 사이에서 나타났다 휙 사라졌고, 스치는 그림자처럼 고양이 발처럼 살금살금 돌아다녔다. 그는 모든 은신처를 어떻게 이용하는지 알았고 뱀처럼 배로 기어가다가 펄쩍 뛰어 한순간에 공격하는 법을 알았다. 그는 둥지에 들어 있는 새를 잡을 수도 있고 잠든 토끼를 죽일 수도 있으며 나무로 펄쩍 날아 앉기 직전의 작은 얼룩다람쥐를 공중에서 덥석 입에 물 수도 있었다. 얼음이 녹기만 하면 연못 속에 있는 어떤 물고기도 그의 먹이였고 댐을 수선하는 어떤 비버도 그에게서 빠져나가지 못했다. 그는 악의가 있어서가 아니라 먹기 위해서 그것을 죽였다. 그는 자신이 스스로 잡은 것을 먹고 싶었다. 그래서 그의 행동에는 그의 성미가 숨어 있었다. 그는 거의 다 잡은 다람쥐를 놓아주고 그 다람쥐가 공포에 떨며 나무 꼭대기로 도망치는 것을 훔쳐보며 좋아했다.

그해 가을이 다가오자 사슴들이 눈에 띄게 늘어났다. 그 사슴들은 겨울을 나기 위해 완만하고 낮은 계곡 쪽으로 천천히 내려가고 있었다. 벅은 이미 반쯤 자란 길 잃은 새끼를 끌고 온 적이 있었다. 그러나 그는 좀 더 크고 강한 먹이와 부딪치기를 열망했다. 어느 날 그는 개울 상류의 분수령에서 그런 먹이와 부딪쳤다. 스무 마리의 사슴 떼가 목재와 강줄기가 흩어져 있는 땅으로 건너왔다. 대장은 커다란 수사슴이었다. 그 수사슴은 성질이 사납고 키가 180센티미터가 넘는, 그야말로 벅이 바라고 바라던 무서운 적이었다. 그놈은 열네 갈래로 갈라져 손바닥처럼 쫙 펼쳐진 사슴뿔을 앞뒤로 흔들었는데 양 끝 사이의 간격이 250센티미터나 되었다. 작은 눈은 사악하고 독한 열기로 이글거렸고 벅을 보자 분노로 포효했다.

수사슴의 옆구리에는 깃털 달린 화살 끝이 삐죽 솟아 나와 있었는데 그걸로 그놈이 얼마나 독종인지 알 수 있었다. 태곳적에 사냥하던 시절부터 잠재되어 있었던 본능에 따라 벅은 수사슴을 무리에서 떼어 놓으려고 했다. 물론 그리 쉬운 일은 아니었다. 벅은 커다란 뿔에 다치지 않으며 한번 밟히면 목숨이 송두리째 날아가 버릴 힘세고 평평한 발굽으로부터 간신히 비켜나는 범위에서 짖어대고 얼쩡거렸다. 하얀 송곳니가 계속 위협하는데 모른 척 등 돌릴 수 없었는지 놈은 발작적인 분노로 몸을 떨었다. 그 순간 놈이 벅에게 달려들었고 벅은 슬쩍 꽁무니를 빼며 도망치지 못하는 척 그놈을 유인했다. 그러나 이렇게 해서 놈을 무리에서 떼어 놓으면 젊은 사슴 두세 마리가 벅을 공격했고 그때 그 상처 입은 수사슴은 무리로 돌아갔다.

모든 야생동물에게는 생명 그 자체처럼 완고하고 지칠 줄 모르는 끈질긴 인내심이 있다. 그것 때문에 거미는 거미집 속에서 몇 시간씩 숨죽이고, 뱀은 몇 시간씩 똬리를 틀며, 표범은 지칠 줄 모르고 숨어 있는 것이다. 이 인내심은 바로 야생동물이 살아 있는 먹이를 사냥할 때 도드라지게 나타난다. 사슴 떼 옆에 달라붙는 벅에게도 그 인내심이 나타났다. 행진을 방해하고 젊은 수사슴들의 신경을 돋우며 반쯤 자란 어린 새끼들을 돌보는 어미 사슴을 걱정하게 만들고 상처받은 수사슴을 풀 길 없는 분노로 몰아붙였다. 이런 일들이 반나절 동안 계속되었다. 벅은 사방에서 공격하고 현란하게 위협하면서 무리를 둘러쌌으며 수사슴이 무리 속으로 돌아가자마자 다시 떨어뜨려

놓는 사냥꾼보다 약한 사냥감의 인내심을 지치게 만드는 등 다양한 전략을 펼쳤다.

날이 저물고 해가 북서쪽으로 기울자(다시 날이 짧아져서 가을밤은 여섯 시간이나 늘어났다) 젊은 수사슴들은 공격받는 우두머리를 돕기 위해 돌아서기를 점점 더 망설이기 시작했다. 겨울이 닥쳐왔기 때문에 그들은 낮은 지역으로 서둘러 가야 했고 그들의 진행을 방해하는 이 끈질긴 방해꾼을 따돌릴 수는 없을 듯 보였다. 게다가 공격받는 대상은 무리 전체도 아니고 젊은 사슴들도 아니었다. 자신들의 삶과 무관한 단 한 마리만 내주면 됐다. 결국 그들은 통행세를 내야 했다.

황혼이 지자 늙은 수사슴은 머리를 숙이고 동지들을 바라보았다. 그가 알아 온 암컷들, 그의 핏줄을 이어받은 어린 새끼들, 그가 다스려 온 젊은 사슴들 모두가 사라져 가는 빛 속으로 비틀거리며 빠르게 가고 있었다. 그는 그들을 따라갈 수 없었다. 코앞에는 그를 놓아주지 않는 무자비한 송곳니의 도살자가 날뛰고 있었다. 수사슴 무게가 0.5톤보다 150킬로그램은 더 나갔다. 그는 오랜 세월 싸움과 투쟁으로 가득 찬 격렬한 삶을 살았다. 그런데 지금 머리가 자신의 무릎관절에도 못 미치는 동물의 이빨 앞에서 죽음을 맞으려 하고 있었다.

그때부터 밤낮으로 벅은 자신의 먹이 곁을 결코 떠나지 않았다. 한순간의 휴식도 주지 않았고 나무 잎사귀든, 자작나무와 버드나무의 어린 순이든 아무것도 뜯어 먹지 못하게 만들었다. 천천히 흘러가는 실개천을 건널 때에도 타오르는 갈증을 누그러뜨릴 기회조차 주지 않았다. 가끔 그 먹이는 한동안 필사적으로 도망치기도 했다. 그럴 때면 벅은 그를 그냥 내버려 두어 먹이가 하는 짓을 용인해 주겠다는 듯 껑충껑충 가볍게 바짝 뒤쫓았다. 그러다 그가 조용히 멈추면 엎드려 있다가 그가 먹거나 마시려 들면 사납게 공격했다.

커다란 뿔은 점차 아래로 수그러들어 처졌고 비틀거리는 걸음에 점점 더 힘이 빠졌다. 그가 코를 아래로 늘어뜨리고 낙담한 귀를 힘없이 떨어뜨린 채 서 있는 시간이 늘어난 반면 벅은 더 많은 시간 동안 물을 마시고 휴식을 취할 수 있었다. 벅이 빨간 혀를 날름거리고 헐떡이면서 커다란 수사슴을 지켜보고 있을 때 그 순간 사물의 표면에 어떤 변화가 나타나는 것을 감지했다. 그는 이 땅에서 새로운 움직임을 느낄 수 있었다. 이 땅에 사슴이 오는 것을 감지했듯이 다른 생명이 오는 것을 감지했다. 숲과 냇물과 공기가 새로운 존재들 속에서 고동쳤다. 새로운 존재는 모습이나 소리나 냄새가 아니라 어떤 다른 것, 좀 더 미묘한 감각으로 그에게 다가왔다. 그는 아무것도 듣지 못했고 아무것도 보지 못했지만 어딘가 달라졌다는 것을 깨달았다. 이 땅에서 이상한 일이 일어나고 있었다. 벅은 이 일만 끝내면 그것을 조사해 보리라 작정했다.

넷째 날이 끝나갈 무렵 마침내 벅은 커다란 수사슴을 쓰러뜨렸다. 그는 밤낮으로 죽은 놈 옆에서 오로지 먹고 자고 또다시 먹고 자는데에만 전념했다. 그렇게 휴식을 취하고 원기를 회복해 강해진 다음 벅은 캠프와 손턴을 향해 출발했다. 벅은 크고 편안한 발걸음으로 몇 시간을 달렸다. 한 번도 길을 헷갈리지 않았고 인간과 나침반을 비웃듯이 낯선 지역을 정확히 똑바로 달려갔다.

벅은 그 땅에 가까워질수록 무슨 일이 일어났다는 확신이 점점 더 들었다. 여름 내내 그 땅에서 살았던 생명체와는 다른 생명체가 퍼져 나가고 있었다. 벅은 더 이상 그것이 미묘하고 신비한 일이 아니라는 것을 알았다. 그에 대해 새들이 이야기했고 다람쥐는 재잘거렸고 미풍은 속삭였다. 그는 몇 번이나 멈춰서 신선한 아침 공기를 크게 들이마시며 하나의 전언을 읽고 더 빨리 달렸다. 그는 어떤 재난이 아직 일어나지 않았다 해도 곧 닥칠 거라는 것을 감지했다. 마지막 분수령을 넘어 캠프로 접어드는 계곡에 이르자 그는 훨씬 더 조심스럽게 다가가기 시작했다.

벅은 5킬로미터쯤 떨어진 곳에서 새로 생긴 길의 흔적을 보고 목덜미의 털이 물결치며 곤두서는 걸 느꼈다. 그 길은 캠프와 존 손턴에게로 곧장 이어져 있었다. 벅은 발소리를 죽이고 온 신경을 팽팽히 곤두세우며 서둘러 다가갔다. 아직 결론에는 이르지 못했지만 여러 정황을 통해 무슨 일이 일어났다는 것을 민감하게 느꼈다. 그의 코는 그가 쫓고 있는 동물들이 여러 통로를 통해 들어왔다는 것을 알려 줬다. 그는 숲이 이상하리만치 조용하다고 느꼈다. 새들은 다른 곳으로 날아갔다. 다람쥐들은 숨어 버렸다. 보이는 것이라곤 커다란 잿빛 생물 하나뿐이었는데 그것은 죽은 잿빛 나뭇가지에 납작하게 달라붙어서 언뜻 나무의 일부인 것처럼, 나무에 붙은 혹처럼 보였다.

벅은 모호한 흔적을 따라서 살금살금 기어가다가 갑자기 결정적인 단서를 잡았다는 듯 코를 옆으로 홱 돌렸다. 그는 새로운 냄새를 따라 수풀 속으로 들어갔고 거기에서 니그를 발견했다. 니그는 옆으로 쓰러져 있었는데 여기까지 몸을 질질 끌고 오다가 죽은 게 분명했다. 양 옆구리를 뚫은 화살의 촉과 깃털이 삐죽 나와 있었다.

100미터쯤 더 가니 언젠가 손턴이 도슨에서 사 왔던 썰매 끄는 개 한 마리가 눈에 띄었다. 그 개가 길 위에서 죽어 가며 고통으로 몸부림친 흔적이 또렷했다. 벅은 멈추지 않고 그 개를 지나쳤다. 캠프에서 여러 사람이 부르는 단조로운 노랫소리가 높아졌다 낮아졌다 하면서 희미하게 들려왔다. 그는 공터 가장자리를 향해 배를 깔고 살금살금 기어 나가다가 땅에 엎어져 있는 한스를 발견했다. 한스의 몸은 고슴도치처럼 여기저기 삐져나온 화살의 깃털들로 덮여 있었다. 거의 동시에 벅은 전나무 가지로 덮인 숙소가 있던 자리를 기웃거리다가 목덜미와 어깨의 털이 한꺼번에 솟아오르는 광경을 보았다. 타오르는 분노가 그의 온몸을 뚫고 솟구쳤다. 그는 자신이 으르렁대는지도 의식하지 못한 채 폭풍처럼 사납게 으르렁댔다. 일생에 처음이자 마지막으로 그의 감정이 이성과 책략을 누르고 폭발했다. 그가 이성을 잃은 것은 순전히 손턴에 대한 사랑 때문이었다.

허물어진 전나무 숙소 주변에서 춤추다가 사나운 울음소리를 들은 이해츠 족은 전에 한 번도 본 적 없는 모습의 동물이 돌진해 오는 것을 보았다. 벅이었다. 펄펄 끓는 분노로 이글거리며 극도로 흥분해 모든 것을 쓸어버리기 위해 그들을 향해 돌진했다. 벅이 제일 가까이에 있는 사내(이해츠 족 추장)에게 달려들어 그의 목을 찢자 커다랗게 벌어진 상처에서 피가 샘물처럼 울컥울컥 솟아올랐다. 벅은 그 사내에게 눈길 한 번 던지지 않고 곧장 그 다음 사람에게 달려들어 목을 찢었다. 벅을 말릴 자는 아무도 없었다. 벅은 그들 한가운데로 뛰어들어 찢고 물고 부쉈는데 어찌나 빠르고 무시무시하던지 그들이 퍼붓는 어떤 화살도 다 피해버렸다. 벅의 행동은 엄청나게 빠른 반면 인디언들은 서로 모여 엉켜 있어서 결국 자기들에게 화살을 쏘아대고 맞는 셈이었다. 젊은 사냥꾼이 공중에서 날뛰는 벅을 향해 창을 던졌지만 그 창은 다른 사냥꾼의 가슴을 관통해 등을 뚫었다. 이해츠 족은 공포에 사로잡혔고 두려움에 질려 숲으로 달아났다. 그들은 도망치면서 드디어 악마가 나타났다고 소리쳤다.

벅은 정말로 악마였다. 분노에 가득 찬 그는 나무 사이로 빠져나가며 도망치는 그들을 뒤쫓아 사슴처럼 질질 끌고 다녔다. 그날은 이해츠 족에게 재앙의 날이 되었다. 그들은 사방으로 멀리 흩어졌다가 일주일이 지나서야 더 낮은 계곡 아래에 마지막 생존자들이 모여 죽은 자들을 헤아려 볼 수 있었다. 추적에 신물이 난 벅은 폐허가 된 캠프로 돌아갔다. 벅은 맨 처음 위기에 직면했던 듯한 피트의 시체를 담요 안에서 발견했다. 손턴이 필사적으로 저항한 흔적이 땅 위에 생생했고 벅은 깊은 연못가에 이르기까지 흔적 하나하나를 놓치지 않고 읽을 수 있었다. 앞발과 머리를 물속에 담근 채 연못가에 죽어 있는 것은 마지막까지 충성스러웠던 스키트였다. 선광 접시 때문에 연못이 흐려지고 색깔이 변해 금들이 어디에 잠겼는지, 손턴이 어디에 잠겨 있는지 보이지 않았다. 벅은 물속으로 들어가 손턴의 흔적을 추적했으나 그 흔적은 이어지지 않고 중간에 끊겨 버렸다.

온종일 연못가에서 생각에 잠겨 있던 벅은 캠프 주변에서 마음을 못 잡고 서성였다. 죽음은 동작이 멈추는 것, 떠나 버리는 것, 생물의 목숨을 앗아가는 것이라는 걸 벅은 알았다. 손턴도 죽었다는 것을 알았다. 그것은 그에게 커다란 공허감을 주었다. 그 공허감은 배고픔과 비슷했으나 벅은 아프고 또 아팠다. 어떤 음식으로도 채울 수 없는 아픔이었다. 때로 걸음을 멈추고 이해츠 족의 시체를 바라보면 그때만큼은 그 아픔을 잊을 수 있었다. 그리고 자신을 자랑스럽게 여겼으며 지금까지 겪었던 것 가운데 이 경험을 가장 자랑스럽게 느꼈다. 그는 가장 고귀한 사냥감인 인간을 죽였다. 그것도 몽둥이와 송곳니가 지배하는 법칙에 따라 죽였다. 그는 호기심에 가득 차서 죽은 몸들에 코를 대고 냄새를 맡았다. 이렇게 쉽게 죽을 수 있다니. 에스키모개들을 죽일 때보다 훨씬 더 쉬웠다. 몽둥이와 창과 화살이 없다면 인간은 결코 그의 맞수가 될 수 없었다. 이제부터 인간이 손에 창과 화살과 몽둥이를 들고 있지 않을 때에는 전혀 그들을 두려워할 필요가 없었다.

밤이 찾아오자 보름달이 나뭇가지들 너머 하늘 높이 떠올랐다. 사방은 달빛을 받아 점차 유령처럼 푸르스름한 빛으로 물들었다. 밤이 찾아오자 벅은 연못가에 앉아 침울하게 손턴의 죽음을 애도했다. 그때 숲 속에서 이해츠 족과는 다른 어떤 생물이 부스럭거리는 소리가 얼핏 들렸고 그는 귀를 쫑긋했다. 그는 일어서서 긴장한 채 귀를 기울이고 코로 냄새를 맡았다. 멀리서 날카롭게 짖는 소리가 희미하게 공중으로 퍼져 나갔고 곧이어 아까와 비슷한 날카로운 울음소리가 일제히 들렸다. 조금 있으니 소리가 더 가까워지고 커졌다. 이번에도 벽은 그 소리가 기억 속에서 끈질기게 들려왔던 다른 세상의 부름이라는 것을 알았다. 그는 공터 한가운데로 걸어가 좀 더 주의 깊게 그 소리를 들었다. 바로 그 부름, 여러 곡조가 합쳐진 부름이었고 어느 때보다 더 유혹적이고도 절실하게 울려 퍼졌다. 벽은 처음으로 부름에 복종할 준비가 되었다. 손턴이 죽었기 때문이다. 그를 묶어 놓았던 마지막 끈이 끊어진 것이다. 인간 그리고 인간의 어떤 요구도 그를 더 이상 묶어 놓지 못했다.

이해츠 족은 고기를 얻기 위해 이주하는 사슴 떼를 옆에서 공격해 사냥한다. 늑대 무리는 그들처럼 살아 있는 고기를 사냥하면서 강과 숲을 지나 마침내 벽이 있는 계곡으로 침입해 왔다. 달빛으로 하얗게 물든 공터를 향해 그들은 은빛 홍수처럼 몰려들어왔다. 공터 한가운데에서 벽이 동상처럼 꼼짝도 하지 않고 그들을 기다리며 서 있었다. 커다란 몸집으로 꼼짝도 않고 서 있는 벽에게 그들은 경외감을 느꼈으나 곧 가장 대담한 놈이 먼저 벽에게 덤벼들었다. 벽은 번개처럼 그놈을 한 방에 날려 목을 부러뜨려 놓았다. 그러고는 전처럼 다시 꼼짝도 하지 않고 서 있었는데, 맞은 놈은 뒤에서 고통스러워하며 데굴데굴 굴렀다. 이어서 세 마리가 연속으로 벽에게 달려들었고 한 놈씩 차례로 목이나 어깨를 찢긴 채 피를 흘리며 나가떨어졌다.

이것으로 늑대 무리 전체를 한꺼번에 교란하기에는 충분했다. 그들은 먹이를 쓰러뜨리려는 열망에 가득 차 서로 가로막고 방향을 잃어 무더기로 우왕좌왕했다. 벽은 놀랄 만큼 빠르고 민첩했으며 단연 우월했다. 뒷발로 빙그르 돌면서 물고 뜯고 이곳저곳에서 신출귀몰하게 나타났다. 이쪽 끝에서 저쪽 끝까지 어찌나 빠르게 휙휙 돌며 막아 내는지 어디에나 동시에 존재하는 것 같았다. 뒤에서 공격당하지 않기 위해 뒤로 물러난 그는 연못을 지나 개울가로 간 다음 높은 자갈 둑을 등지고 섰다. 인간들이 광산을 개발하면서 만든 둑이었는데 벽은 그 안으로 곧바로 들어섰다. 삼면이 둑으로 막혀 움푹 들어간 곳이어서 그는 오직 앞만 방어하면 되었다.

벽은 그 요새를 완벽히 잘 방어했다. 30분쯤 지나자 패배한 늑대들이 뒤로 물러났다. 축 늘어진 혀를 앞으로 길게 빼물고 달빛 속에서 하얀 송곳니를 더욱 하얗고 잔인하게 반짝이면서, 어떤 늑대는 머리를 들고 귀를 앞으로 내밀고 엎드리는가 하면 어떤 늑대는 서서 그를 지켜보았고 어떤 늑대는 연못을 할짝할짝 핥았다. 그때 몸이 가늘고 긴 잿빛 늑대 한 마리가 친근한 태도로 조심스럽게 앞으로 걸어 나왔다. 벅은 그가 바로 얼마 전에 밤낮으로 함께 달렸던 야생의 형제임을 알아보았다. 그는 부드럽게 킹킹 울었고 벅도 부드럽게 킹킹거리며 서로 코를 맞댔다.

그때 전투에서 상처를 많이 입은 수척한 늙은 늑대가 앞으로 나왔다. 벅은 으레 그렇듯이 으름장을 놓으며 입술을 비틀어 올리려다가 곧 그와 함께 냄새를 맡았다. 그러자 늙은 늑대는 앉아서 달을 향해 코를 높이 쳐들고 길게 울었고 이어서 다른 늑대들도 그를 따라 앉아서 울었다. 이제 그 부름은 틀림없는 엄연한 사실로 벅에게 다가왔다. 그도 역시 앉아서 길게 울었다. 그 울음이 끝나자 벅은 요새에서 나왔고 늑대들은 그를 둘러싸고 반은 친근하게 반은 사나운 태도로 냄새를 맡았다. 우두머리들은 무리가 따라 짖도록 유도하며 숲 속으로 달려갔다. 늑대들은 입을 모아 짖으면서 뒤를 따랐다. 벅은 그들과 함께 짖으면서 야생의 형제와 나란히 달렸다.

이제 벅의 이야기는 이쯤에서 끝내는 것이 좋겠다. 몇 해 지나지 않아 이해츠 족은 잿빛 늑대들 사이에 변화가 일어난 것을 주목하게 되었다. 머리와 주둥이에 갈색 반점이 있고 가슴 한가운데로 하얀 털이 길게 난 늑대들이 새롭게 생겨난 것이다. 그러나 이보다 더 주목할 만한 것은 늑대 무리 중 맨 앞에서 달리는 '유령개'에 관한 이야기였다. 그들은 그 유령개를 두려워했다. 그놈은 이해츠 족보다 훨씬 더 교활해서 엄청나게 추운 겨울에도 캠프에서 음식을 훔치고 덫에서 음식물을 강탈했으며 개를 죽였다. 가장 용감한 사냥꾼들조차 그놈 앞에서는 오금을 펴지 못했다.

아니, 이야기는 이것만이 아니다. 캠프로 돌아오지 못한 사냥꾼들이 있는가 하면 잔인하게 목이 찢겨서 죽은 동료가 있는데 그 주변 눈 위에 보통 늑대보다 훨씬 더 큰 늑대 발자국이 남아 있었다고 말하는 사냥꾼들도 있었다. 매년 가을, 이해츠 족은 이주하는 사슴 무리를 뒤쫓았는데 그들이 가지 않는 계곡이 딱 한 군데 있었다. 그 악마가 왜 하필이면 그 계곡을 선택했는지에 관한 이야기를 들은 모닥불 옆의 여자들은 슬퍼할 것이다.

해마다 여름이면 한 방문자가 그 계곡을 찾는데 이해츠 족은 그 사실을 모른다. 그놈은 찬란하게 빛나는 털로 뒤덮인 커다란 늑대로 다른 늑대들과 비슷하면서도 어딘지 다르다. 그는 홀로 환한 숲을 건너 나무들 사이에 있는 공터로 내려간다. 썩은 사슴 가죽 자루들에서는 누런 물줄기가 흘러나와 땅에 스며들어 가고, 그 주위에 기다랗고 무성히 자란 풀들은 그 누런 색깔이 보이지 않게 태양으로부터 가린다. 그는 여기에서 잠깐 뭔가 생각하다가 떠나기 전에 한 번, 아주 길고 슬프게 운다.

그러나 그가 언제나 혼자인 것은 아니다. 긴 겨울밤이 오고 늑대들이 낮은 계곡으로 먹이를 찾아 내려올 때면 그가 무리의 맨 앞에서 달리는 것을 볼 수 있다. 창백한 달빛과 희미하게 반짝이는 오로라를 뚫고 동료들보다 훨씬 더 높이 펄쩍펄쩍 뛰면서 그들 무리의 노래인 원시 세계의 노래를 부를 때면 그의 커다란 목이 울리는 것을 볼 수 있다.

White Fang
하얀 엄니

제1부

1
먹이를 찾아서

　얼어붙은 개울 양쪽 가장자리로 거무죽죽한 가문비나무 숲이 낯을 잔뜩 찌푸리고 서 있다. 바람이 휘몰아치면서 나무들이 걸치고 있던 하얀 서리 외투를 벗겨버리는 바람에 그들은 옅어져 가는 빛 속에서 으스스할 만큼 시커먼 그림자를 드리우며 서로에게 기대고 있는 듯이 보였다. 아득한 침묵이 온 세상을 지배했다. 대지는 몹시 황량했으며 생명체는 물론 어떠한 움직임도 없었다. 을씨년스럽고 추위에 질린 대지의 영혼은 이제 슬픔마저 느끼지 못하는 듯했다. 어딘지 모르게 웃음기가 느껴졌지만 그것은 어떠한 슬픔보다도 두려운 웃음이었다. 마치 스핑크스의 미소처럼 음울한 데다 차디찬 서리처럼 절대적인 냉엄함을 띠고 있었다. 삶의 허무함과 삶의 노력을 끊임없이 비웃었으며, 오만하기로는 인간에게 물려줄 수 없는 지혜와도 같았다. 야만스럽고 냉혹한 북쪽 나라의 황야가 바로 그러했다.
　그러나 대담하게도 이 땅에 발을 들여놓은 생명이 있었다. 늑대처럼 보이는 한 무리의 개들이 얼어붙은 개울을 힘들게 내려왔다. 개들의 거친 털끝에는 서리가 엉겨 있었다. 그들의 입에서 내뱉은 숨이 물보라처럼 허공으로 날리는 순간 공중에서 얼고 털에 달라붙어 서리 알갱이로 변하기 때문이다. 개들에게는 가죽으로 된 굴레가 채워져 있었으며 가죽끈으로 썰매와 이어져 있었지만 썰매에는 날이 붙어 있지 않았다. 단단한 자작나무 껍질로 만든 썰매는 바닥 전체가 눈 위에 닿도록 되어 있었다. 썰매 코끝은 두루마리처럼 말려 있어 파도처럼 밀려오는 부드러운 눈을 헤치고 밑으로 내리까는 역할을 했다. 썰매 위에는 좁고 긴 궤짝이 단단하게 매여 있었다. 그 밖에도 이불과 도끼, 커피포트와 프라이팬 등이 올려져 있었다. 그러나 썰매 위의 대부분을 차지하는 것은 폭이 좁고 기다란 궤짝이었다.

개들 앞에서 폭이 넓은 장화를 신은 남자가 힘겹게 걸음을 옮겼다. 썰매 뒤에서도 남자 하나가 따라가고 있었다. 썰매에 실린 궤짝 속에는 이제 고생할 필요가 없어진 세 번째 남자가 있었다. 그는 북쪽 나라의 황야에 무참히 정복당하고 쓰러져서 다시는 움직일 수도 발버둥칠 수도 없어진 남자였다. 황야는 습성상 움직이는 것을 좋아하지 않는다. 그러나 생명은 움직이니까 위법이다. 그래서 황야는 움직이는 것이 있으면 파괴하려 언제나 호시탐탐 노린다. 물을 얼려 바다로 흘러들어가는 것을 막는다. 나무 속에 흐르는 수액을 쫓아내고 나무들의 강인한 속줄기까지 얼려버린다. 황야의 가장 잔인하고 무서운 점은 인간을 짓밟고 무너뜨려 복종하게 만드는 것이다. 살아 있는 것 중에 인간만이 가장 활발하게 움직이며, '모든 움직임은 멈춘다는 결과에 다다를 수밖에 없다'는 선고에 늘 이의를 제기하기 때문이다.

그러나 아직 죽지 않은 두 남자가 아무런 두려움도 없이 꺾이지 않겠다는 의지로 썰매의 앞뒤에서 부지런히 걸음을 옮기고 있었다. 두 사람은 모피와 부드럽게 무두질한 가죽으로 온몸을 감쌌다. 그들이 내쉰 숨이 꽁꽁 얼어붙어 눈썹과 볼과 입술을 뒤덮고 있어 얼굴을 제대로 알아볼 수 없었다. 이 때문에 두 사람은 유령 가면극에 등장해 유령의 장례를 치르고 있는 요괴 세계의 장의사처럼 보였다. 그러나 두 사람은 그런 꼴을 겪으면서도 황량함과 비웃음과 침묵의 나라를 끝끝내 뚫고 나가고자 하는 인간이었다. 거대한 모험에 정신이 팔려 고향을 멀리 떠나 낯선 땅에서 허공의 나락처럼 생기 없는 세상의 힘과 맞서 싸우고 있는 보잘것없는 모험가였다.

두 사람은 몸을 움직이기 위해 그저 숨만 내쉴 뿐 말 한마디 없이 걸음을 재촉했다. 주변은 온통 정적에 잠겨 있었으며, 정적은 실체를 지닌 듯 두 사람을 거세게 짓눌렀다. 마치 심해의 강한 수압이 잠수부의 온몸을 짓누르는 것과 같은 느낌을 주었다. 끝없는 광대함과 자신의 힘으로는 어찌할 도리가 없는 신의 명령과도 같은 무게로 두 사람을 짓밟았다. 그리고 포도즙을 만들듯이 그들 자신을 마음속 가장 깊은 곳으로 몰아넣고 짓이겨 인간의 영혼 속에 있는 거짓된 정열과 환희, 지나친 자만심을 짜내버렸다. 이에 두 사람은 위대한 자연의 힘이 걷잡을 수 없이 서로 얽히고설키는 소용돌이 속에서 서툴고 교활한 지혜를 지닌 채 돌아다녀봤자 자신들은 어차피 한계가 있는 극히 작은 티끌에 불과하다는 것을 깨달았다.

한 시간이 흐르고 다시 한 시간이 지났다. 태양이 모습을 보이지 않는 짧은 낮의 창백한 빛은 이제 옅어지기 시작했다. 그때 멀리서 희미한 외침이 고요한 공기를 타고 들려왔다. 그 외침은 갑자기 높아지더니 절정에 이르자 계속해서 팽팽하게 떨리다가 서서히 사라져갔다. 구슬픈 야성과 애달픈 갈망의 울림을 띠지 않았더라면 길을 잃고 헤매는 영혼의 울부짖음이라 느꼈을지도 모른다. 앞서 가던 남자가 고개를 돌리자 뒤에 있던 남자와 눈이 마주쳤다. 둘은 기다란 궤짝을 사이에 두고 서로 고개를 끄덕였다.

또다시 외침이 들려왔다. 그 소리는 바늘처럼 날카롭게 정적을 꿰뚫었다. 두 사람은 외침이 들리는 곳이 어딘지 확인했다. 이제 막 지나온 설원과 가까웠다. 이어서 마치 대답이라도 하듯 세 번째 외침이 두 번째 외침보다 왼쪽으로 살짝 치우친 곳에서 들렸다.

"저놈들이 지금 우릴 쫓아오고 있는데, 빌." 앞에 선 남자가 말했다.

쉬어 버린 그의 목소리는 공허하게 울려 퍼졌다. 소리를 쥐어짜서 말하고 있는 듯했다. 동료가 대답했다.

"먹이가 없어서 그래. 요 며칠 토끼 발자국 하나 못 봤는걸."

그 뒤 두 사람은 아무 말도 하지 않았다. 뒤에서 무언가가 끊임없이 따라오는 소리가 들려와서 예민하게 귀를 기울일 뿐이었다.

어둠이 내리자 냇가에 있는 가문비나무 수풀 속으로 개들을 몰아넣고 캠프를 쳤다. 관을 모닥불 옆에 놓고 의자와 식탁으로 삼았다. 썰매개들은 모닥불 너머에 모여서 서로 으르렁대거나 다툼을 벌이기도 했지만 어둠 속으로 나아가 돌아다니려는 모습은 조금도 보이지 않았다.

"놈들이 이제는 아주 대놓고 우리 가까이에 자리 잡은 것 같아, 헨리." 빌이 말했다.

헨리는 몸을 수그려 모닥불 위에서 펄펄 끓는 커피포트에 눈뭉치를 넣어 가라앉히고는 고개를 끄덕였다. 하지만 관 위에 걸터앉아 식사를 시작하기 전까지는 아무 말도 하지 않았다.

"녀석들은 자기들이 어디 있어야 안전한지 알고 있는 거야. 먹히기 전에 얼른 먹어 버려야겠다고 생각하나봐. 정말 영리하다니까, 개들은."

빌은 고개를 흔들었다. "아니, 그건 모르지."

헨리는 의아하다는 듯이 빌을 바라보았다. "자네 입에서 개가 영리하지 않다는 말이 나올 줄이야."

"헨리." 빌은 입안에 든 콩을 으적으적 씹으면서 동료를 불렀다. "내가 먹이를 줬을 때, 이 녀석들이 날뛴다는 걸 느꼈나?"

"평소보다 더 심했지." 헨리는 딱 잘라 말했다.

"개가 몇 마리나 있지, 헨리?"

"여섯 마리일세."

"그런데 말이야, 헨리……." 빌은 자신의 말이 더 의미심장하게 들리게끔 잠시 뜸을 들였다. "자네 말대로야, 헨리. 개는 여섯 마리 있지. 그래서 난 자루에서 물고기를 여섯 마리 꺼냈다네. 그리고 한 마리씩 줬고. 그런데 헨리. 물고기가 하나 모자라는 게 아니겠나?"

"잘못 세었겠지."

"개는 여섯 마리일세." 빌은 냉정하게 되풀이했다. "그래서 물고기를 여섯 마리 꺼냈던 거고. 하지만 원 이어(개 이름)는 물고기를 먹지 못했네. 그래서 자루에서 다시 물고기를 꺼내 원 이어에게 먹였다니까."

"개는 여섯 마리야." 헨리가 되풀이했다.

빌은 이야기를 이어나갔다. "이보게 헨리. 내가 하고 싶은 말은 물고기를 먹은 녀석들이 모두 개라는 게 아니라 그 녀석들이 모두 일곱 마리라는 거야."

헨리는 식사를 멈추고 모닥불 너머로 개들이 몇 마리인지 대강 세어보았다.

"정확히 여섯 마리지 않나."

"마지막 한 마리는 눈밭을 가로질러 도망쳤어." 빌은 냉정하게 딱 잘라 말했다. "어쨌거나 난 한 마리 더 봤다고."

헨리는 딱하다는 눈길로 빌을 쳐다보며 말했다. "이 여행이 끝나면 난 아마 춤이라도 출 걸세."

"그게 무슨 소리인가?" 빌이 물었다.

"이 짐이 자네 신경에 거슬리는 거야. 그래서 자네한테 헛것이 보이기 시작한 거지."

"나도 그런 게 아닐까 생각했어." 빌은 진지하게 말했다. "그래서 놈이 눈밭을 가로질러 도망가는 걸 보고 바로 눈 위를 조사했네. 그랬더니 발자국이 찍혀 있더라고. 다음엔 개들이 몇 마리인지 세어 보았는데 여전히 여섯 마리였어. 발자국이라면 아직도 눈에 찍혀 있을 텐데. 보고 싶지 않은가? 내 보여주지."

헨리는 대답하지 않았다. 가만히 먹기만 했다. 식사를 끝내자 마지막으로 커피 한 잔을 들었다. 그리고 손등으로 입을 닦고 나서 말했다.

"그럼 자네는, 그놈이……"

어둠 속 어디에선가 매우 길고 뼈에 사무치는 듯한 구슬픈 외침이 들려와 말을 가로막았다. 그는 입을 다물고 그 소리에 귀를 기울였지만 외침이 들려오는 쪽으로 손을 흔들더니 말을 맺었다. "저놈들 가운데 한 마리라 생각하는 건가?"

빌은 고개를 끄덕였다. "나는 단박에 그렇지 않을까 생각했어. 개들이 저토록 소란 피는 모습 하며, 자네가 이 소란을 눈치챘을 정도니 말일세."

계속해서 들려오는 외침과 그에 답하는 외침 때문에 고요하기만 하던 세상은 정신병원처럼 바뀌었다. 사방에서 소리가 들렸다. 개들은 겁에 질려 한데 무리지어 있었다. 불 근처에 너무 가까이 뭉쳐 있는 바람에 열을 받아 털이 그을렸다. 빌은 장작을 더 넣고 나서 담뱃대에 불을 붙였다.

"자넨 조금 나약해진 거 같군." 헨리가 말했다.

"헨리……." 빌은 담배를 빨면서 생각에 잠겨 있다가 다시 말을 꺼냈다. "이 사람이 자네나 나보다 훨씬 더 행복할 것 같군, 헨리."

빌은 자신들이 걸터앉아 있는 상자로 엄지를 내밀어 세 번째 남자를 가리켰다.

"우리가 죽었을 때, 누군가 우리 시체 위에 개들이 건드릴 수 없도록 돌이라도 쌓아준다면 자네도 나도 다행일 텐데 말일세, 헨리."

"하지만 우리는 이 사람처럼 돌봐주는 사람도 없거니와 돈도 없고 아무것도 없다고 할 수 있지." 헨리가 대답했다. "우리에겐 장거리 장례를 부탁할 여유 따윈 도저히 부릴 수도 없으니 말이야."

"이 사람 생각이 내 머릿속에서 떠나지 않는다네. 고향에 있었더라면 경(卿)이네 뭐네 불리면서 밥이나 잠자리 따위 걱정하지 않았을 텐데. 어째서 신조차 버린 이런 땅끝까지 오게 된 건지. 정말이지 이해가 안 되네."

"집에 있기만 했다면 늙어서 말라비틀어질 때까지 살아 있었을지도 모르는데." 헨리도 맞장구쳤다.

빌은 무슨 말을 하려다가 마음을 바꿨다. 대신 사방에서 자신들을 짓누르는 듯한 어둠의 벽에 대고 손가락질을 했다. 새카맣다 싶을 만큼 어두웠기 때문에 무언가의 모습 같은 건 전혀 보이지 않았지만 달아오른 석탄처럼 번뜩번뜩 빛나고 있는 한 쌍의 눈만큼은 똑똑히 보였다. 헨리는 고갯짓으로 한 쌍의 눈을, 그리고 또 한 쌍의 눈을 가리켰다. 번뜩이는 눈으로 만들어진 원이 캠프 주위로 바짝 다가와 있는 것이다. 그 안에 있는 한 쌍의 눈이 이따금씩 어디론가 움직이거나 안 보이는가 싶다가도 어느새 다시 나타나고는 했다.

개들의 불안은 점점 커져만 갔다. 갑자기 두려움이 해일처럼 몰려왔는지 불 근처로 앞다투어 도망와서는 두 사람 발치에 움츠려 설설 기었다. 서로 자리를 다투다가 개 한 마리가 그만 모닥불 가장자리로 나자빠지고 말았다. 캠프 주변은 온통 털이 타는 냄새로 가득 찼으며 개는 아픔과 두려움에 비명을 질러댔다. 이 소동 때문에 눈으로 만들어진 원은 잠시 어수선하게 움직이며 조금 멀어졌지만 개들이 조용해지자 다시 자리를 잡았다.

"총알이 끝을 보이는 날 우리의 운도 끝을 보겠군, 헨리."

빌은 담배를 다 피우고 저녁식사 전에 눈 위에 깔아두었던 가문비나무 가지에 모피와 이불을 펼쳐 잠자리를 만드는 헨리를 도와주었다. 헨리는 투덜거리며 모카신(북아메리카 원주민이 신던 가죽 신발)의 끈을 풀기 시작했다.

"총알이 몇 발이나 남았지?" 헨리가 물었다.

"세 발이야. 삼백 발이면 좋을 텐데. 그럼 저놈들에게 뜨거운 맛을 보여줄 수 있는데 말이야, 빌어먹을 놈들!"

빌은 화가 치민다는 듯 번뜩번뜩 빛나는 눈 쪽으로 주먹을 휘둘렀다. 그리고 불 앞에 놓은 모카신이 타지 않도록 안전하게 받치기 위한 작업을 시작했다.

"이 추위도 한풀 꺾였으면 좋겠어." 빌은 말을 이었다. "영하 50도로 내려간 지 벌써 2주일이나 지났으니 말이야. 이런 여행 따위 하지 않았다면 얼마나 좋을까, 헨리. 난 이 여행의 모든 게 다 맘에 들지 않아 기분이 개운치가 않네. 이 여행이 이미 끝났고 지금쯤 포트 맥거리(인디언들과의 교역 시장)에서 난롯가에 앉아 자네와 카드놀이를 하고 있다면 참 좋을 텐데. 그게 내 소원이네."

헨리는 투덜대며 잠자리로 파고들었다. 그리고 꾸벅꾸벅 졸자 빌의 목소리가 그를 깨웠다.

"이보게, 헨리. 개들 사이로 들어와서 물고기를 집어간 놈 말이야. 어째서 개들이 그놈을 덮치지 않았을까? 난 그게 신경 쓰여."

"자넨 걱정이 너무 많아, 빌." 헨리는 졸음에 취해 대답했다. "전에는 그러지 않았는데 말이야. 자, 그만 잠이나 자게. 아침이 되면 정신이 확 들 거야. 자넨 지금 속이 쓰려서 신경이 곤두서 있는 것뿐이라고."

두 사람은 이불 한 장을 뒤집어쓰고 마치 무거운 무언가에게 눌리기라도 한 듯이 숨을 내쉬며 잠이 들었다. 모닥불 빛이 약해지자 캠프 주변을 둘러싸고 있던 번뜩이는 눈으로 만들어진 원이 좀 더 바짝 다가왔다. 개들은 겁에 질려 뭉쳐 있었다. 가끔씩 한 쌍의 눈이 접근할 때마다 위협이라도 하듯 으르렁거렸다. 높아지는 아우성에 빌이 일어났다. 그는 헨리의 잠을 방해하지 않으려 살며시 잠자리에서 빠져나와 모닥불에 장작을 더 넣었다. 모닥불이 새빨갛게 타오르자 눈으로 만들어진 원이 한참 뒤로 물러났다. 빌은 떼지어 있는 개들을 흘끗 훑어보았다. 그리고 눈을 비비며 다시 한 번 빈틈없이 살펴보았다. 그 뒤 빌은 이불 속으로 파고들었다.

"헨리." 빌이 말했다. "이봐, 헨리."

헨리는 잠에서 깨어나 불평을 늘어놨지만 "이번엔 또 뭔가?" 물었다.

"별일은 아니지만 말이야. 또 개가 일곱 마리야. 제대로 세었네."

헨리는 빌의 말을 알아들었다는 듯이 중얼거렸지만 그것은 그가 잠에 빠지면서 코 고는 소리로 바뀌었다.

아침이 되자 헨리는 먼저 일어나 빌을 잠자리에서 끌어냈다. 6시인데도 동이 트려면 아직도 3시간이나 남아 있었다. 헨리는 어둠 속에서 아침식사 준비를 시작했다. 빌도 이불을 말고 나서 썰매에 개들을 연결할 준비를 했다.

"이봐, 헨리. 개들이 몇 마리라고 했지?" 갑자기 빌이 물었다.

"여섯 마리일세."

"말도 안 돼." 빌은 큰 소리로 우쭐대며 말했다.

"아직도 일곱 마리 있다는 건가?" 헨리가 되물었다.

"아니, 다섯 마리라네. 한 마리가 없어졌어."

"젠장!" 헨리는 분노에 고함을 치며 요리를 팽개치고 달려와 개들의 수를 세어보았다.

"자네가 말한 대로야, 빌. 패티가 없어졌어."

"그 녀석, 갑자기 달려나가더니 눈 깜짝하는 사이에 사라지더군. 연기에 가려서 잘 보이진 않았지만 말이야."

"전혀 가망이 없군." 헨리는 마치 판결을 내리듯이 말했다. "그놈들은 먹이를 먹을 때 산 채로 집어 삼키듯이 먹는단 말일세. 패티 녀석, 분명 그놈들 목구멍으로 넘어갈 때 컹컹 짖었을 거야. 빌어먹을 놈들 같으니라고."

"그 녀석은 본디 멍청하지 않았나." 빌이 말했다.

"하지만 아무리 멍청하다 해도 이렇게 도망가 자살할 만큼 멍청하지는 않아." 헨리는 탐정 같은 눈으로 남아 있는 개들을 살펴보며 한 마리 한 마리 눈에 띄는 특징들을 파악했다.

"남아 있는 녀석들은 절대 그러진 않겠지."

"몽둥이로 두들겨 팬다고 해도 불 근처에서 내쫓을 수는 없을 걸세." 빌도 맞장구쳤다. "전부터 패티에겐 어딘가 이상한 구석이 있는 것 같기는 했어."

빌의 말은 북쪽 나라의 들판에서 비명에 간 개의 묘비명이 되었다. 이는 다른 많은 개들이나 인간의 묘비명보다 보잘것없지는 않았다.

2
암늑대

아침식사를 마치자 두 사람은 얼마 되지 않는 야영도구를 썰매에 묶은 뒤 따닥따닥 소리를 내며 타고 있는 모닥불로부터 등을 돌려 썰매를 타고서 어둠 속으로 나아갔다. 그 순간 사납지만 어딘가 구슬픈 외침이 어둠과 추위를 꿰뚫고 누군가를 부르자 그쪽에서도 대답하기 시작했다. 그리고 대화와도 같았던 외침이 멈췄다. 9시에 날이 밝아왔다. 정오에는 남쪽 하늘이 붉은 장밋빛으로 물들어 한낮의 태양과 북쪽 나라 사이에 있는 지평선을 비췄다. 그러나 그 장밋빛은 벌써 바래기 시작했다. 낮의 회색빛은 3시까지 계속 남아 있었지만 그 빛도 3시가 되자 빠르게 옅어졌다. 그리고 극지의 밤이 커튼처럼 고요한 침묵에 잠긴 대지에 드리워졌다.

점점 어둠이 다가오자 썰매를 뒤쫓아 오는 외침이 썰매의 양쪽과 뒤쪽으로 바짝 다가왔다. 힘겹게 썰매를 끌고 있던 개들 바로 앞까지 공포가 파도처럼 몇 번이고 몰려왔다. 그 때문에 잠깐이기는 했으나 개들은 겁에 질려 어찌할 바를 몰라 했다.

두려움이 어느 정도 가라앉았을 무렵, 빌은 헨리와 둘이서 개들을 썰매에 가죽끈으로 다시 연결하며 말했다.

"저놈들이 다른 데서 사냥감을 발견해서 우리를 좀 내버려 두고 그쪽으로 갔으면 좋겠는데 말이야."

"정말이지 소름이 끼칠 만큼 신경을 긁어대는군." 헨리가 맞장구쳤다.

그 뒤 두 사람은 캠프 준비를 마칠 때까지 아무 말도 하지 않았다.

헨리가 몸을 수그려 부글부글 콩을 조리고 있던 냄비에 얼음을 집어넣었다. 그때 무언가 때리는 소리와 빌의 비명 소리, 고통에 가득 찬 날카로운 외침이 개들 사이에서 들려와 헨리는 움찔했다. 그는 벌떡 일어섰다. 흐릿하게 윤곽만 보이는 무언가가 눈 덮인 벌판을 가로질러 어둠이 깔린 은신처로 사라져 가는 것이 언뜻 보였다. 그는 빌을 바라보았다. 한 손에 굵은 몽둥이를 쥐고, 다른 한 손에 말린 연어의 꼬리와 몸통의 일부를 들고 개들 사이에 서 있는 빌은 의기양양한 것 같기도 하고 주눅이 든 것 같기도 했다.

"그놈이 반쪽을 떼어 갔어." 빌이 말했다. "하지만 나도 한방 먹여줬지. 그놈 비명 소리 들었나?"

"어떻게 생긴 놈이었어?" 헨리가 물었다.

"나도 정확하게 보지는 못했네. 하지만 다리는 네 개에, 입은 하나, 털이 나 있었지. 왠지 개처럼 생겼더군."

"분명 누군가가 길렀던 늑대일 걸세."

"어쨌든 개들에게 먹이를 줄 때 와서 몰래 받아먹으려는 걸 보면 이런 일에 꽤 익숙한 놈이야."

그날 밤, 저녁식사를 끝낸 뒤 그들이 기다란 궤짝에 걸터앉아 담배를 빨고 있으려니 번뜩번뜩 빛나는 눈으로 이루어진 원이 전보다 훨씬 가까이 와 있었다.

"저놈들이 무스(추운 지방에 사는 사슴) 무리든 뭐든 사냥해서 우리를 내버려 두고 그쪽으로 가주면 좋겠는데 말이야." 빌이 말했다.

헨리도 뭐라고 중얼거렸지만 그의 말투로 보아 진심으로 맞장구치는 것 같지 않았다. 두 사람은 15분쯤 말없이 앉아 있었는데 헨리는 불만 물끄러미 바라보았다.

"지금쯤 맥거리에 도착했다면 얼마나 좋을까." 빌이 다시 말하기 시작했다.

"말도 안 되는 일을 바라지도 말고, 우는소리도 좀 하지 말게." 헨리가 화를 내며 소리쳤다. "자네는 지금 속이 쓰린 거야. 그래서 나약해진 걸세. 소다라도 한 숟갈 먹게나. 그럼 기분도 가라앉아서 아무리 자네처럼 대단한 성격이라도 좀 더 재밌는 친구가 되겠지."

다음 날 아침이 오고 헨리는 계속해서 욕설을 퍼붓고 있는 빌의 흥분된 목소리에 일어났다. 한쪽 팔꿈치를 괴며 쳐다보자 빌은 장작을 더 넣은 모닥불 근처의 개들 사이에 서서 분노로 얼굴을 일그러트리고 두 손을 들어 개들을 호되게 꾸짖고 있었다.

"이봐." 헨리가 말을 걸었다. "이번엔 또 뭔 일인가?"

"프로그가 없어졌어." 빌이 대답했다.

"설마."

"정말이야."

헨리는 이불 속에서 빠져나와 개들이 있는 곳으로 얼른 뛰어왔다. 조심스레 개들을 세어 보더니 빌과 함께 개를 또 한 마리 빼앗아간 황야의 힘을 저주했다.

"프로그는 가장 힘이 센 개였는데." 빌이 말했다.

"게다가 멍청하지도 않았어." 헨리가 덧붙였다.

음울한 아침식사가 끝나고 남아 있는 네 마리의 개를 썰매에 매었다. 그날도 전날과 전혀 다를 게 없었다. 두 사람은 말 한마디 섞지 않고 얼어붙은 대지를 똑바로 가로질렀다. 모습을 감추며 뒤에 따라붙는 추적자들의 외침 말고 황야의 정적을 깨는 것은 아무것도 없었다. 오후가 지나고 밤이 찾아오자 추적자들은 여느 때처럼 쫓아왔으며 소리도 점점 가까워졌다. 두 사람은 개들이 난리를 피우고 겁에 질려 당황하며 가죽끈을 헝클어트려 놓는 바람에 더더욱 우울해졌다.

"이렇게 해두면 멍청한 네 녀석들이라도 어쩔 수 없겠지." 그날 밤 빌은 일을 마치고 허리를 펴면서 만족스러워했다.

헨리는 요리하던 손을 멈추고 보러 갔다. 개들을 완전히 묶어 놓았을 뿐만 아니라 인디언들의 방식에 따라 막대기를 사용해 묶은 것이다. 먼저 개들 목에 가죽끈을 묶고 개들이 끈에 이빨을 댈 수 없도록 4, 5피트 되는 굵은 막대를 감아 놓았다. 그리고 막대 끝을 땅에 박아 놓은 말뚝에 끈으로 단단하게 묶어 놓았다. 이렇게 해놓으면 개들은 자신의 막대기에 감겨 있는 끈을 물어뜯을 수 없게 되는 데다 막대기가 방해되기 때문에 그 끝에 묶여 있는 끈도 물어뜯을 수 없게 되는 것이다.

헨리는 감탄하듯이 고개를 끄덕였다.

"원 이어를 잡아 놓으려면 이 방법밖에 없겠군." 헨리가 말했다. "녀석은 눈 깜짝하는 사이에 나이프처럼 깔끔하게 끈을 물어뜯어 놓으니까 말이야. 이번에는 아침이 와도 모두 무사하겠지."

"암, 그렇고말고. 내기해도 좋아." 빌은 확신을 갖고 말했다. "한 마리라도 없어진다면 난 커피를 끊겠어."

헨리는 잠자리에 들면서 자신들을 둘러싸고 번뜩번뜩 빛나는 원을 가리키며 말했다. "저놈들은 우리가 총알이 없는 것을 알고 있어. 두 발 정도 박아 넣을 수만 있다면 저놈들도 조금은 얌전해질 텐데. 날이 갈수록 점점 다가오고 있으니 말이야. 모닥불 사이로 잘 보게. 저것 봐! 저놈 보여?"

모닥불 구석에서 어슴푸레한 무언가가 움직이는 것을 바라보면서 두 사람은 잠시 그것을 즐겼다. 어둠 속에서 빛나고 있는 한 쌍의 눈을 계속 뚫어져라 바라보니 그 짐승의 모습이 점점 드러나기 시작했다. 가끔씩 움직이는 것조차 보였다.

개들 사이에서 들려오는 소리가 두 사람의 주의를 끌었다. 원 이어는 이상하리만치 애절하게 콧소리를 내며 막대기 길이만큼 어둠 속으로 거침없이 뛰쳐나가다가 이내 단념하고 또다시 뛰쳐나가기 위해 아득아득 소리를 내며 봉을 갉고 있었다.

"저거 봐봐, 빌." 헨리가 속삭였다.

개처럼 생긴 짐승 한 마리가 미끄러지듯이 비스듬히 움직이면서 모닥불의 밝은 빛 속으로 살며시 들어왔다. 그 움직임에는 경계와 대담함이 뒤섞여 있었으며 개들에게 눈길을 주면서도 인간에게 조심스레 주의를 기울이고 있었다. 원 이어는 침입자 쪽으로 막대기를 있는 힘껏 잡아당기며 코를 열심히 킁킁거렸다.

"원 이어는 멍청해서 그런지 별로 무서워하지도 않는 것 같군." 빌은 낮은 목소리로 말했다.

"저놈은 암늑대야." 헨리가 다시 속삭였다. "패티와 프로그가 없어진 이유를 알겠어. 저놈이 늑대들의 미끼인 거야. 저놈이 개들을 유인해내면 모든 늑대들이 덮쳐서 잡아먹어버리는 거지."

모닥불이 타닥타닥 소리를 냈다. 통나무 하나가 큰 소리를 내며 튀어 올랐다. 그 소리에 이상한 짐승이 어둠 속으로 물러났다.

"암만해도 이상하군, 헨리." 빌이 말했다.

"뭐가?"

"아까 내가 몽둥이로 두들겨 팬 게 바로 저놈인 것 같아."

"분명 그럴 걸세." 헨리가 말했다.

"게다가 이것만은 확실히 말할 수 있는데." 빌이 말을 이었다. "짐승인데 모닥불에 익숙하다니 너무 상식 밖의 일이라 수상쩍어."

"인간에게 다가가 본 적이 없는 늑대들이라면 알 수 없는 것까지 알고 있으니 말이야." 헨리가 동의했다. "개들에게 먹이를 주는 시간에 맞춰 오는 법을 완벽하게 아는 걸 보면 경험이 많을 거야."

"그래, 맞아. 빌란 할아범 집의 개가 언젠가 늑대들과 도망간 적이 있었지." 빌은 그때의 일을 생각해내고는 큰 소리로 말했다. "왜 잊고 있었을까. 내가 리틀 스틱에 있는 무스 목장에서 늑대 무리와 함께 있는 녀석을 처치했는데 빌란 할아범은 그걸 보더니 마치 갓난아기처럼 울더군. 그 녀석이 모습을 안 보인 지 3년이나 된다고 말하면서 말이야. 그동안 계속 늑대들과 함께 있었던 거지."

"그럼 그 개가 늑대로 변했다는 말인가, 빌. 저 늑대도 본디 개였고 인간에게 수도 없이 먹이를 받아먹던 녀석이라는 건가?"

"그래. 저 늑대개 자식, 기회만 되면 고깃덩이로 만들어주겠어." 빌은 딱 잘라 말했다. "더 이상 개들을 빼앗길 수는 없으니 말이야."

"하지만 총알은 세 발밖에 없다고." 헨리는 반대했다.

"저놈이 완벽한 사정거리 안으로 들어올 때까지 기다릴 걸세." 빌이 말했다.

다음 날 아침이 되자 헨리는 장작을 넣어 불을 더 지피고 빌의 코 고는 소리를 반주 삼아 아침식사 준비를 했다.

"너무나 곤하게 자고 있기에 지금까지 깨울 마음이 들지 않았네." 헨리는 아침식사 준비가 다 되자 빌을 끌어내면서 말했다.

빌은 잠에 취한 채 아침을 먹기 시작했다. 컵이 텅 비어 있다는 것을 깨닫고는 커피포트를 집으려 했다. 그러나 커피포트는 맞은편에 있는 헨리 옆에 있어 손이 닿지 않았다.

"이봐, 헨리. 자네 뭐 잊어버린 거 없나?" 빌은 나지막한 목소리로 헨리를 나무랐다.

헨리는 매우 조심스럽게 주변을 둘러보고는 고개를 저었다. 빌은 텅 빈 컵을 내밀었다.

"이제 자네에게 커피를 줄 수 없다네." 헨리가 말했다.

"커피가 다 떨어진 건가?" 빌이 걱정스럽게 물었다.

"아닐세."

"아니면 커피가 위에 안 좋다고 생각해서 그러는 건가?"

"아니."

빌의 얼굴이 분노로 달아올랐다.

"그렇다면 도대체 왜 마실 수 없다는 거야?"

"스팽커가 없어졌어." 헨리가 대답했다.

빌은 잇따른 불운에 완전히 포기라도 한 것처럼 천천히 고개를 돌리더니 앉아서 개들의 수를 세어 보았다.

"어쩌다 이렇게 됐지?" 그는 감정이 담기지 않은 목소리로 되물었다.

헨리는 어깨를 으쓱했다. "모르겠네. 원 이어가 끈을 물어뜯어서 풀어줬다면 이야기가 다르지만. 이런 재주는 혼자서 부릴 수 없으니 말이야."

"저 빌어먹을 놈." 빌은 가슴속에서 끓어오르는 분노를 털끝만큼도 내비치지 않으며 천천히 차분하게 말했다. "자기 끈을 물어뜯어서 빠져나올 수 없을 것 같으니까 스팽커의 끈을 물어뜯어서 풀어줬군."

"어쨌거나 스팽커는 끝났어. 지금쯤이면 소화도 다 돼서 스무 마리나 되는 늑대들 배 속에 한 자리 차지하고 신나게 관광이라도 하고 있겠군." 이 말은 헨리가 이번에 없어진 개에게 바친 묘비명이었다. "자, 커피나 마시라고, 빌."

하지만 빌은 고개를 저었다.

"자, 마시게." 헨리는 커피포트를 들어 올리며 말했다.

빌은 컵을 옆으로 밀어냈다. "마신다면 무서운 벌을 받을 거야. 한 마리라도 없어지면 커피를 끊겠다고 말했으니 난 마시지 않겠어."

"이 커피는 정말 맛있다니까." 헨리는 마치 악마의 유혹처럼 말했다.

하지만 빌은 고집을 부렸다. 중얼중얼 원 이어의 잘못을 저주하면서 저주와 함께 음료가 빠진 음식을 삼켰다.

"오늘 밤에는 서로 닿지 않게 매어야겠어." 빌이 출발할 때 말했다.

전날 캠프를 친 곳에서 백 야드 정도 되는 지점을 지날 때, 앞에서 걷고 있던 헨리의 장화에 무언가가 부딪쳤다. 헨리는 몸을 수그려 그것을 주웠다. 어두워서 잘 보이지는 않았지만, 만진 것만으로도 무엇인지 알 수 있었다. 그는 그것을 뒤로 내던졌다. 그러자 썰매에 맞고 튕겨나가 빌의 장화 위로 떨어졌다.

"아마 자네 일에 필요할지도 몰라." 헨리가 말했다.

빌은 아! 소리를 질렀다. 그것은 스팽커를 묶어두었던 막대기로 스팽커의 유품이나 다름없는 물건이었다.

"스팽커를 굴레째 먹어치웠군." 빌이 말했다.

"이 막대기도 호루라기처럼 깨끗하게 핥아 먹었어. 양쪽 끝의 끈도 먹어치웠고. 이놈들 몹시 굶주린 모양이야, 헨리. 이 여행이 끝나기도 전에 자네나 나나 이놈들의 먹잇감이 될지도 몰라."

헨리는 거만하게 웃었다. "이렇게 늑대들에게 쫓겨 다닌 적은 한 번도 없지만, 이보다 더 심한 꼴을 겪고도 무사히 헤치고 나갔다고. 성가신 놈들이긴 해도 이런 짐승들에게 우리가 당하기야 하겠냐 이 말이야, 안 그런가, 빌."

"그건 모를 일이지. 모를 일이야." 빌은 불안한 듯 중얼거렸다.

"맥거리에 도착하면 자네도 잘 알게 될 거야."

"내게는 그리 희망이 보이지 않아." 빌이 말했다.

"자네 낯빛이 안 좋군. 그야말로 큰 문제일세." 헨리는 멋대로 진단을 내렸다. "그럴 때는 퀴닌 (기나나무 껍질에서 얻은 알칼로이드 성분. 말라리아 치료나 해열제 따위로 쓰임)을 마셔야지. 맥거리에 도착하면 바로 약을 만들도록 하세."

빌은 헨리의 처방에 중얼중얼 불만을 터트렸지만 이내 입을 다물어 버렸다. 그날도 전날과 다를 게 없었다. 9시에 빛이 쏟아지기 시작했다. 정오에 이르러 보이지 않는 태양이 남쪽 지평선을 붉게 물들였다. 그 빛도 얼마 안 있어 오후의 싸늘한 회색빛으로 바뀌고 3시면 캄캄한 어둠 속으로 사라져갈 것이다.

태양이 얼굴을 드러내려 부질없이 애쓰고 있었다. 그때 빌이 썰매의 짐을 묶는 밧줄 밑에서 슬그머니 총을 꺼내며 말했다.

"자네는 계속 가게, 헨리. 상황이 어떻게 돌아가는지 보고 올 테니까."

"썰매 근처에서 벗어나지 않는 편이 좋을 걸세." 헨리는 반대했다. "총알이 세 발밖에 없는 데다 무슨 일이 벌어질지 모르니까."

"이제 와서 웬 우는소리인가?" 빌은 의기양양하게 말했다.

헨리는 대답하지 않았다. 혼자서 터덜터덜 걷기 시작했다. 그래도 가끔씩 빌이 모습을 감춘 잿빛 황야를 걱정스럽다는 듯 뒤돌아보고는 했다. 한 시간 뒤에 썰매 때문에 멀리 돌아가야만 했던 것을 빌이 지름길로 따라잡았다.

"저놈들은 넓게 흩어져 달리고 있어. 우리 뒤를 쫓으면서 동시에 다른 사냥감을 찾고 있네. 놈들은 우리를 독 안에 든 쥐라 생각하는 게 틀림없어. 덮칠 때를 잘 알고 있어서 그때만 노리고 있는 것뿐일세. 그때까지는 가까이 있는 아무 먹이나 반찬 삼아 집어먹고 있자는 속셈인 거지."

"자넨 진심으로 저놈들이 우릴 독 안에 든 쥐라 여긴다 생각하나?" 헨리는 날카롭게 항의했다.

빌은 헨리의 말에 귀도 기울이지 않았다. "저놈들 몇 마리를 발견했는데 바짝 야위어 있었어. 패티와 프로그와 스팽커 말고는 몇 주 간 한 입도 못 먹은 모양이야. 게다가 저렇게 잔뜩 몰려 있으니 먹이가 모두에게 고루 돌아가지 못했을 것이 뻔해. 그만큼 비쩍 말라 있었어. 갈비뼈가 빨래판처럼 우둘투둘 튀어나온 데다 뱃가죽이 등짝에 붙어 있었네. 저놈들은 분명 죽을 지경일 거야. 지금 미치기 일보 직전일 테니 조심해야 해."

몇 분 뒤, 썰매 뒤에서 걷고 있던 헨리가 낮게 휘파람을 불어 경고를 보냈다. 빌은 뒤돌아보더니 소리 없이 개들을 세웠다. 이제 막 지나온 뒤쪽 커브 길로 발소리를 숨기며 성큼 달려오고 있는 털북숭이 짐승의 모습이 뚜렷하게 보였다. 코로 냄새를 쫓으며 어딘가 독특한 느낌이 드는 가벼운 걸음걸이로 미끄러지듯 한달음에 오고 있었다. 두 사람이 멈춰 있었기 때문에 그 짐승도 멈춰 서서는 고개를 쳐들고 냄새를 맡으며 두 사람을 탐색하듯이 코를 실룩거리면서 찬찬히 바라보았다.

"저건 암늑대야." 빌이 말했다.

개들이 눈 위에 엎드려 있어서 빌은 그 곁을 지나쳐 썰매 쪽에서 헨리와 합류했다. 그리고 요 며칠간 계속 쫓아와 개를 반이나 잡아먹어 버린 이상한 짐승을 바라보았다.

그 짐승은 마치 탐색이라도 하듯 빤히 쳐다보았지만 이내 두세 걸음 바짝 다가왔다. 몇 번인가 그러더니 결국 두 사람으로부터 겨우 백 야드밖에 안 되는 곳까지 다가왔다. 그리고 가문비나무 수풀 근처에서 고개를 들고 멈춰 서서 눈과 코로 자신을 바라보는 인간들의 차림새를 관찰했다. 개들이 곧잘 그러하다시피 무언가를 바라는 듯 기묘하게 바라보았다. 하지만 개들이 품고 있는 애정 같은 것은 전혀 없었다. 그 기대는 그들의 엄니와도 같은 잔인함과 서리 같은 냉혹함과 굶주림에서 비롯된 것이었다.

커다란 늑대였다. 몹시 야위어서 그렇지 그들 가운데에서는 가장 큰 몸집이라는 것이 확연히 드러나 보였다.

"어깨높이만 해도 2피트 반은 너끈하겠군." 헨리가 말했다. "몸길이도 5피트 가까이 될 거야."

"늑대치고는 털빛이 조금 특이한데." 빌이 늑대의 털에 대해 평을 내렸다. "빨간 털의 늑대를 보는 건 처음이야. 거의 계피색으로 보이는데."

그렇게 선명한 계피색이 아니었다. 털은 순종 늑대의 털이었다. 주로 눈에 띄는 색깔은 회색이었다. 하지만 왠지 모르게 불그스름한 것 같기도 했다. 그 불그스름한 색은 나타났다 사라졌다 하면서 두 사람을 혼란 속에 빠트렸다. 마치 눈이 착각이라도 한 듯이 아까까지는 회색으로, 그것도 선명한 회색으로 보이는가 싶더니 이번에는 흔히 볼 수 없는 희미한 붉은색이 아른아른 나타나고는 했다.

"아무리 봐도 몸집 크고 튼튼한 썰매개로밖에 안 보이는데. 저놈이 꼬리를 흔들어댄다고 해도 신기하지는 않겠어."

빌은 그렇게 말하고 "야, 이 멍멍아!" 소리 질렀다. "이리 와봐, 네 이름을 모르겠다고."

"눈썹 하나 까딱하지 않는군." 헨리는 웃으며 말했다.

빌은 험악하게 주먹을 휘두르더니 큰 소리로 외쳤다. 그러나 그 짐승은 조금도 두려움을 보이지 않았다. 두 사람이 알아챌 수 있었던 변화라고는 오로지 경계심이 더해졌다는 것뿐이었다. 굶주림에서 오는 무자비한 탐욕으로 가득 찬 눈길로 여전히 두 사람을 쏘아보았다. 굶주린 그 짐승에게 두 사람은 먹이였다. 할 수만 있다면 덤벼들어 먹어치우고 싶을 것이다.

"이봐, 헨리." 빌은 저도 모르게 목소리를 낮추어 속삭였다. "총알은 세 발밖에 없지만 완벽한 사정거리 안일세. 빗나갈 리가 없어. 저놈은 개를 세 마리나 날치기해 갔으니 두 번 다시 그런 짓 못하도록 만들어야. 안 그런가?"

헨리는 고개를 끄덕였다. 빌은 썰매에 단단히 묶어 두었던 총을 슬그머니 빼냈다. 그리고 총으로 놈의 어깨를 맞히려 했지만 쏴보지도 못한 채 사냥은 끝나버렸다. 그 순간 암늑대가 길가로 재빨리 물러나 가문비나무 수풀 속으로 숨어버렸기 때문이다.

두 사람은 얼굴을 마주 보았다. 헨리는 이렇게 될 줄 알았다는 듯이 길게 휘파람을 불었다.

"처음부터 이럴 줄 알았어." 빌은 총을 집어넣으며 큰 소리로 자신을 꾸짖었다. "개들에게 먹이를 주는 시간에 비집고 들어올 수 있는 늑대니까 총이 있다는 것도 당연히 알고 있었을 거야. 하지만 헨리. 한마디로 말하면 저 짐승 때문에 우리가 고생이란 고생은 다 하고 있잖나. 저놈만 없었다면 우리는 지금쯤 개들을 세 마리가 아니라 여섯 마리 다 데리고 있었을 걸세. 헨리, 분명히 말하는데 난 저놈을 해치우고야 말겠네. 물론 탁 트인 데에서 쏘기엔 저놈이 너무 영리하긴 하지. 하지만 난 저놈을 쓰러뜨리고야 말겠네. 게릴라 병 빌 님의 이름을 걸고 확실하게 처리해주겠어."

"너무 멀리 가서 길이나 헤매지 말게." 헨리가 주의를 줬다. "저놈들이 한꺼번에 덤벼들었다고 생각해 보게나. 세 발이라 해봤자 지옥에서 찬송가 세 번 부르는 만큼의 가치밖에 없다고. 저놈들은 잔뜩 굶주려 있으니 덮치기만 하면 자넬 잡아먹지 않고서는 못 배길 걸세, 빌."

그날 밤은 일찍 캠프를 쳤다. 개 세 마리로는 썰매를 여섯 마리만큼 오랜 시간 동안 빨리 끌 수 없기 때문이다. 개들은 피곤한 기색이 역력했다. 두 사람은 일찍 잠자리에 들었다. 빌은 먼저 서로의 끈을 물어뜯지 못할 거리에 개들을 묶어놨는지 보고 난 다음에야 잠자리에 들었다.

늑대들은 점점 대담해졌다. 그 때문에 두 사람은 몇 번씩이나 잠에서 깨어나야만 했다. 늑대들이 바로 앞까지 다가오는 탓에 개들이 겁에 질려 미친 듯이 날뛰었기 때문이다. 이 위험한 약탈자들과 거리를 벌리고 안전을 지키기 위해서는 이따금 모닥불에 장작을 더 던져 넣을 필요가 있었다.

"옛날에 상어가 배 뒤를 쫓아오더라는 뱃사람 이야기를 들은 적이 있는데." 빌이 장작을 더 지피고 이불 속으로 다시 파고들면서 말했다. "정말이지 저 늑대들은 육지의 상어야. 저놈들은 자신들이 해야 할 일을 우리보다 더 잘 알고 있어. 저놈들이 우리를 쫓아오는 건 자신들의 건강을 위해서가 아냐. 우리를 먹어 치우기 위해서지. 분명 잡아먹을 생각인 거야, 헨리."

"자네 말을 듣자니 우린 벌써 반은 잡아먹힌 것 같군." 헨리는 날카롭게 말했다. "말을 입 밖으로 내뱉은 것만으로도 반은 진걸세. 자넨 벌써 반은 잡아먹힌 거나 다름없어."

"저놈들은 자네나 나보다 강한 인간이라도 해치웠을 거야." 빌이 말했다.

"제발 좀 그만 징징거리게. 정말 피곤해 죽겠네."

헨리는 화를 내며 옆으로 몸을 뒤척였다. 하지만 뜻밖에도 빌은 성질을 내는 듯한 모습을 보이지 않았다. 평소의 빌과 달랐다. 빌은 조금이라도 거슬리는 소리를 들으면 바로 화를 내고는 했기 때문이다. 헨리는 잠들기 전까지 긴 시간 동안 눈을 깜박거리며 졸면서 속으로 그에 대해 생각했다. '빌은 분명 매우 우울해하고 있어. 내일은 기운을 좀 북돋아 줘야겠군.'

3
굶주림을 외치다

그날은 처음으로 좋은 예감이 들었다. 밤사이 개들이 없어지지 않았기 때문에 둘은 아주 밝은 기분으로 침묵과 어둠과 추위 속을 힘차게 달려 나아갔다. 빌은 전날 밤에 자신이 느꼈던 불길한 예감을 잊어버린 것처럼 보였다. 낮쯤에 매우 험한 길로 접어들어 썰매가 나자빠졌을 때조차, 마치 술에 취한 듯 개들과 장난쳤다.

그러나 넘어진 썰매를 일으키기란 매우 어려운 일이었다. 썰매가 거꾸로 뒤집어져 나무둥치와 커다란 바위 사이에 빠지는 바람에 썰매를 빼내 다시 세우기 위해서는 개들의 굴레를 풀 수밖에 없었다. 두 사람이 몸을 수그려 썰매를 일으키려 하고 있는데 살며시 빠져나가려고 하는 원 이어의 모습이 헨리의 눈에 비쳤다.

"이리 와, 원 이어!" 헨리는 썰매를 세우다가 소리 지르며 개들 쪽을 돌아보았다.

그러나 원 이어는 굴레를 질질 끈 채 뛰쳐나가 눈 덮인 벌판을 가로질렀다. 이제 막 지나쳐온 길에서 암늑대가 그를 기다리고 있었다. 원 이어는 암늑대에게 다가가더니 갑자기 주의를 기울이기 시작했다. 조심스레 발걸음을 늦추고는 점잔을 빼며 다가가더니 이내 멈춰 섰다. 그리고 수상쩍다는 듯 신중하게 암늑대를 바라보았다. 그러나 왠지 넋을 잃고 황홀하게 쳐다보는 것 같기도 했다. 암늑대는 미소 짓고 있는 듯이 보였다. 이빨을 보이는 것은 위협하기 위해서가 아니라 기분을 맞추기 위해서인 것 같았다. 암늑대는 두세 걸음 장난치듯 다가오더니 멈춰 섰다. 원 이어도 암늑대에게 다가갔다. 하지만 여전히 꼬리와 귀를 꼿꼿이 세우고 머리를 높이 쳐든 채 조심스레 경계를 늦추지 않았다.

원 이어는 암늑대의 냄새를 맡으려고 했다. 하지만 암늑대는 부끄러워하며 놀리기라도 하듯 뒷걸음쳤다. 원 이어가 앞으로 나오는 만큼 암늑대는 뒤로 물러났다. 인간과 함께 있는 안전지대로부터 원 이어를 한 발짝 한 발짝 유인해내고 있는 것이다. 한순간 어렴풋하기는 하지만 경계심이 머릿속을 빠르게 스치고 지나갔는지 원 이어는 고개를 돌려 뒤집어진 썰매와 동료들,

자신을 부르고 있는 두 남자를 바라보았다.

하지만 머릿속에서 무슨 생각을 떠올리고 있던지 간에, 암늑대 앞에서는 안개처럼 흩어졌다. 암늑대는 가까이 다가와 아주 잠깐 냄새를 맡더니 원 이어가 앞으로 나오기도 전에 수줍어하면서 빠르게 후퇴를 거듭하기 시작했다.

한편 빌은 총이 있다는 것을 생각해냈다. 하지만 총은 뒤집어진 썰매 밑에 깔려 있었다. 헨리의 도움을 얻어 썰매를 일으켰을 때에는 원 이어와 암늑대가 너무 가까이 붙어 있었으며 한 발 쏴버리려 해도 너무 멀었다.

원 이어가 자신의 실수를 알아챘을 때에는 모든 것이 이미 늦어버렸다. 어찌된 일인지 원 이어는 뒤돌아 두 사람에게로 달려오기 시작했다. 그러나 야윌 대로 야윈 회색 늑대 열 몇 마리가 눈 덮인 벌판을 가로질러 똑바로 돌진해 오더니 원 이어의 퇴로를 가로막았다. 그 순간 암늑대에게서 수줍게 장난치는 듯하던 모습이 사라졌다. 한번 으르렁거리고는 원 이어에게 달려들었다. 원 이어는 어깨로 암늑대를 들이받았다. 퇴로는 이미 끊겼지만 멀리 돌아서라도 썰매에 다다르고 싶다는 마음 하나로 방향을 바꾸었다. 추적에 동참하는 늑대들의 수는 시간이 지날수록 불어났다. 암늑대도 제 나름대로 원 이어의 뒤를 계속 쫓았다.

"어디 가나?" 헨리가 갑자기 빌의 팔에 손을 대며 물었다.

빌은 그 손을 뿌리쳤다. "난 이제 참을 수 없어. 무슨 수를 써서라도 이 이상 저놈들에게 개를 털리고 싶지 않단 말일세."

빌은 총을 들고 길가를 따라 나 있는 수풀 속으로 뛰어들었다. 빌의 의도는 불을 보듯 뻔했다. 원 이어는 지금 썰매를 중심으로 원을 그리며 멀리 돌아오고 있으므로 원 이어가 늑대들에게 잡히기 전에 원의 한 부분에 돌파구를 만들어주려고 하는 것이다. 총도 있겠다 대낮이니 늑대들을 겁주고 개를 구할 수 있을지도 모른다.

"이봐, 빌!" 뒤에서 헨리가 불렀다. "조심하게! 무리는 하지 말고!"

헨리는 썰매에 걸터앉아 지켜보았다. 그것 말고는 어찌할 도리가 없었기 때문이다. 빌은 이미 모습을 감췄다. 덤불이나 드문드문 심어져 있는 가문비나무 숲 사이로 원 이어가 어른거렸다. 헨리는 승산이 없다고 생각했다. 아무리 위기를 알아챘다고는 하나 원 이어는 원 바깥쪽에서 달리고 있는데 늑대들은 그 안쪽에서 달리고 있기 때문이다. 원 이어가 안쪽에서 돌고 있는 추적자들을 앞질러서 그들의 앞을 돌파해 썰매에 돌아올 것 같지는 않았다.

저마다의 진로가 갑자기 어느 한 지점으로 뭉쳐졌다. 나무들이나 수풀에 가려져서 헨리에게는 보이지 않았지만 눈 위 어딘가에서 늑대 무리가 원 이어와 빌과 서로 마주치리라는 것을 알았다. 하지만 모든 것은 헨리의 예상보다도 훨씬 빨리, 생각지도 못할 만큼 빨리 일어났다. 총성이 한 발, 연달아 두 발 들렸다. 이제 빌의 총알은 다 떨어졌다. 곧바로 으르렁거리는 소리와 짖는 소리로 큰 소란이 벌어졌다. 헨리는 원 이어가 아픔과 두려움에 비명을 지르는 것을 똑똑히 알아들을 수 있었다. 그리고 동물을 쓰러트렸다는 뜻으로 늑대들이 울부짖는 소리도 들렸다. 모두 끝이었다. 으르렁거리는 소리가 그쳤다. 짖는 소리도 사라졌다. 정적이 또다시 황량한 대지에 내려앉았다.

헨리는 오랫동안 썰매에 걸터앉아 있었다. 무슨 일이 벌어졌는지는 가서 볼 필요도 없었다. 그 일이라면 눈앞에서 벌어진 것처럼 확실히 알 수 있었다. 그는 갑자기 일어나 썰매 짐 밧줄 밑에서 도끼를 꺼내들었다. 그러나 그 자리에 다시 눌러앉아 전보다 더 긴 시간 동안 생각에 잠겨 있었다. 남아 있는 개 두 마리는 헨리의 발치에 웅크리고 앉아 부들부들 떨고 있었다.

이윽고 헨리는 몸에서 기운이 싹 빠져나간 것처럼 맥없이 일어나더니 썰매에 개들을 연결하기 시작했다. 그는 밧줄을 어깨에 걸치고 개들과 함께 썰매를 끌었다. 그러나 멀리 가지는 못했다. 어둠이 이날 처음으로 자신의 모습을 드러내자 그는 서둘러 캠프를 치고 장작을 잔뜩 준비했다. 그 뒤 개들에게 먹이를 주고 자신의 저녁을 마련해 먹고 나서는 모닥불 바로 옆에 잠자리를 폈다.

하지만 헨리는 느긋하게 잠들 수 없었다. 눈을 감기 전에 위험하다고 느낄 만큼 늑대들이 바로 코앞까지 다가왔기 때문이다. 이제는 눈을 부릅뜨지 않아도 놈들의 모습이 똑똑히 보였다. 헨리와 모닥불을 둘러싸고 작은 원을 만들어 누워 있거나 앉아 있는가 하면, 배를 깐 채 앞으로 기어 오기도 하고 살금살금 앞으로 나오거나 물러나는 모습을 모닥불 빛으로 뚜렷하게 볼 수 있었다. 심지어 눈 속 군데군데에서 개처럼 몸을 둥글게 말고 자는 늑대들도 있었다. 그러나 이젠 그런 잠조차 헨리는 참아야만 했다.

헨리는 계속해서 모닥불을 새빨갛게 태웠다. 자신의 살과 늑대들의 굶주린 엄니 사이를 갈라놓고 있는 것은 불밖에 없기 때문이다. 개 두 마리는 헨리 양쪽에 찰싹 달라붙어서 울부짖거나 코를 킁킁거렸다. 가끔씩 늑대가 한 마리라도 괜스레 다가오면, 죽을힘을 다해 으르렁거렸다. 개들이 으르렁거리면 원을 이루고 있던 늑대들이 술렁이며 어떻게 하나 보자는 듯이 앞으로 밀고 나왔다. 그 때문에 으르렁거리는 소리와 맹렬하게 짖는 소리가 어우러졌다. 그러다 늑대들은 원으로 돌아가 여기저기로 흩어져서 자다 만 선잠을 다시 청하기 시작했다.

그러나 포위망은 끊임없이 좁혀졌다. 여기서 한 마리, 저기서 한 마리 배를 깔고 조금씩 조금씩 다가오더니 마침내 한 번 뛰면 바로 덤벼들 수 있을 만큼 원이 좁아졌다. 헨리는 모닥불 속에서 타고 있는 장작 하나를 집어 늑대 무리 속으로 던져 넣었다. 노리는 곳에 정확히 던져서 앞뒤 안 가리고 덤벼드는 짐승들에게 화상을 입히자 예상대로 늑대 무리는 뒤로 물러나며 분노로 짖어대거나 두려움에 으르렁거렸다.

아침이 되자 헨리는 잠이 모자라 피로에 지쳐 퀭한 모습으로 눈동자만 뒤룩뒤룩 굴렸다. 그는 어둠 속에서 아침 식사를 차렸다. 9시가 되어 늑대 무리가 멀어지자 밤새 짜두었던 계획을 실행하기 시작했다. 먼저 어린 나무를 몇 그루 잘라 나무둥치보다 조금 높은 곳에 선반처럼 묶어놓았다. 그리고 나서 개의 힘을 빌려 썰매 줄로 관을 선반 위에 들어 올렸다.

"저놈들은 빌을 잡아먹었고 조만간 나를 잡아먹을지도 모르지만 자네만큼은 절대 잡아먹을 수 없을 걸세, 젊은이." 헨리는 나무로 만들어진 묘지에 묻힌 고인에게 말을 걸었다.

다시 황야를 여행하기 시작했다. 한결 가벼워진 썰매를 여기저기 부딪치게 하면서도 개들은 기뻐하며 달렸다. 포트 맥거리에 도착하기만 하면 안전하다는 것을 개들도 잘 알았기 때문이다. 늑대들은 이제 대놓고 뒤쫓아 오기 시작했다. 붉은 혀를 축 늘어트리고 양쪽으로 늘어서서는 차분하지만 빠른 발걸음으로 썰매 뒤를 쫓아왔다. 움직일 때마다 비쩍 마른 옆구리에서 갈비뼈가 파도처럼 움직였다. 너무나도 야위었기 때문에 뼈대에 근육을 대신해 가죽을 씌우고 실로 얼기설기 꿰어놓은 것으로밖에 보이지 않았다. 헨리에게는 늑대들이 이렇게나 말랐는데도 눈 속에 빠지지 않고 서 있는 것이 신기하기까지 했다.

어두워질 때까지 여행을 계속할 수는 없었다. 정오가 되자 태양이 남쪽 지평선을 붉게 물들였을 뿐만 아니라, 그 위에 엷은 황금빛 테두리를 남겼다. 해가 돌아오면서 날이 점점 길어지고 있다는 신호였다. 그러나 자신을 격려해주는 듯한 빛이 사라지자 바로 캠프를 치기 시작했다. 흐릿한 햇빛과 음울한 황혼은 앞으로 몇 시간이나 계속 될까. 헨리는 그 틈을 타 엄청나게 많은 장작을 팼다.

밤과 함께 공포가 찾아왔다. 굶주린 늑대들은 점점 대담해졌을 뿐만 아니라 잠기운이 헨리를 짓눌렀다. 헨리는 무릎 사이에 도끼를 집어넣고 이불을 어깨에 걸치면서 모닥불 옆에 웅크리고 앉아 개들을 자신의 양 옆으로 바짝 끌어당겼다. 그러나 저도 모르게 졸고 말았다. 눈을 뜨자 늑대 무리 사이에서도 가장 몸집이 큰 회색 늑대 한 마리가 12피트도 채 떨어지지 않은 바로 코앞까지 다가와 있었다. 헨리가 빤히 쳐다보고 있는데도 그 짐승은 게으른 개처럼 느긋하게 기지개를 켜고 크게 하품을 하면서 마치 헨리는 자신들의 차지이며 그저 잠시 미루고 있을 뿐, 머지않아 그를 잡아먹겠다는 듯한 눈으로 쳐다보았다.

그런 확신은 모든 늑대들에게 퍼져 있었다. 무리에 있는 늑대는 셀 수 있는 것만으로도 스무 마리는 넘어 보였으며 그 가운데에는 굶주림에 찬 눈으로 힐끔힐끔 쳐다보는 놈이 있는가 하면, 눈 속에서 얌전히 잠들어 있는 놈도 있었다. 헨리는 음식을 늘어놓은 식탁 주위에 모여서 먹어도 된다는 어머니의 말이 떨어지기만을 기다리는 아이들을 떠올렸다. 그리고 지금은 자신이 식탁 위에 있는 음식이었다! 언제 어떤 식으로든 그 식사가 시작될 것이라는 의심을 품었다.

헨리는 지금까지 자신의 몸이 얼마나 가치 있는 것인지 느껴본 적 없었지만 모닥불에 거듭 장작을 넣으면서 그제야 그에 대해 깨달았다. 움직이는 근육을 바라보면서 손가락의 정교한 구조에도 흥미를 느꼈다. 모닥불 빛 속에서 손가락을 하나씩 천천히 구부리다가 한 번에 쫙 펴거나 갑자기 주먹을 꽉 쥐었다. 손톱의 형태도 관찰해 보면서 손끝을 세게 찌르거나 살짝 찌르고는 신경의 감각을 가늠해 보았다. 이에 정신이 팔린 헨리는 갑자기 아름답고 매끄러우며 섬세하게 움직이는 신비한 자신의 육체에 애착이 가기 시작했다. 그리고 기다린다는 듯이 다가오는 늑대들의 원을 두려움에 흘긋 바라보았다. 헨리는 느닷없이 한 대 얻어맞은 듯한 느낌이 들었다. 탄성이 절로 나오는 몸도, 생기가 넘치는 살도, 이제는 탐욕스러운 짐승들이 원하는 고기에 지나지 않기 때문이다. 지금껏 자신이 엘크나 토끼를 잡아먹고 살아가는 데 필요한 영양소를 얻었듯이, 이번에는 늑대들이 자신을 굶주린 엄니로 갈기갈기 찢어발기고 그들이 살아가는 데 필요한 영양소를 얻어내고 말 것이다.

반은 악몽과도 같은 선잠에서 빠져나오자 붉은 털의 암늑대가 눈앞에 있었다. 6피트도 채 떨어지지 않은 눈 위에 앉아 탐욕스럽게 헨리를 바라보고 있었다. 두 마리의 개가 헨리의 발치에서 코를 킁킁거리거나 으르렁거렸지만 암늑대는 거들떠보지도 않았다. 인간만을 빤히 쳐다보았다. 헨리도 잠시 암늑대를 바라보았다. 암늑대는 위협하는 듯한 모습을 조금도 보이지 않았다. 그저 무언가를 간절히 원한다는 듯이 헨리를 보고 있을 뿐이었다. 그러나 헨리는 그 기대에 찬 눈빛이 지독한 굶주림에서 나왔다는 것을 잘 알고 있었다. 자신은 그곳에 있는 것만으로도 암늑대의 식욕을 자극하는 먹잇감인 것이다. 암늑대는 입을 벌리며 침을 흘리고는 앞으로 다가올 즐거움을 생각하며 주둥이를 핥았다.

두려움에서 비롯된 떨림이 온몸을 내달렸다. 헨리는 타는 장작을 집어 냅다 던지려 했다. 그러나 뻗은 손이 무기에 닿기도 전에 암늑대는 안전한 곳으로 재빨리 물러섰다. 그래서 헨리는 암늑대가 사람들이 무언가를 집어던지는 것에 익숙하다는 사실을 깨달았다. 암늑대는 홱 물러나서 허연 엄니를 뿌리까지 드러내며 으르렁거렸다. 기대는 사라지고 그 대신 자리 잡은 육식동물의 악의에 헨리는 오싹함을 느꼈다. 그는 불쏘시개를 잡고 있는 손을 흘끗 바라보며 그것을 쥐고 있는 손가락이 우아함마저 느껴질 만큼 정교하다는 사실을 깨달았다. 모든 손가락이 울퉁불퉁한 나무 표면을 따라 거친 나무를 착 휘감고 있었으며 그중 불타고 있는 부분과 새끼손가락이 너무 가깝다는 것을 민감하게 알아채고는 화상이라도 입을 것 같은 뜨거운 부분에서 다른 손가락들이 감겨 있는 차가운 부분으로 조금씩 조금씩 저절로 물러섰다. 그리고 그 순간 암늑대의 허연 이빨이 민감하고 섬세한 손가락을 갈기갈기 찢는 환상을 본 듯한 느낌이 들었다. 헨리는 자신의 몸을 안전하게 지킬 수 없을 듯 위험이 닥친 지금만큼 자신의 몸에 애착을 가져본 적이 없었다.

밤새도록 불붙은 장작으로 굶주린 늑대들을 계속 물리쳤다. 그러다 저도 모르게 졸았지만 개들이 코를 킁킁거리는 소리와 으르렁거리는 소리에 잠에서 깼다. 아침이 왔다. 그러나 햇빛이 쏟아지는데도 늑대들은 흩어지려 하지 않았다. 이런 경우는 처음이었다. 늑대들이 물러서기를 기다렸지만 소용없었다. 그들은 헨리와 모닥불을 둘러싼 채, 건방지게도 그 자리에 계속 남아 있었다. 이 때문에 아침 햇빛과 함께 솟아난 그의 용기는 흔들리고 말았다.

처음에는 자포자기하고 다시 여행을 떠나려고도 해봤다. 그러나 모닥불의 보호를 벗어난 바로 그 순간, 무리에서 가장 용감한 늑대가 그에게 덤벼들었다. 그러나 물어뜯기에는 조금 모자랐다. 잽싸게 물러서자마자 늑대의 입이 허벅지에서 채 6인치도 안 되는 곳을 덥석 물었다. 그러자 다른 늑대들까지 들고 일어나서 파도처럼 몰려들었다. 헨리는 모닥불로부터 아주 멀리 떨어진 곳으로 놈들을 내쫓아버리기 위해 불쏘시개를 좌우로 마구 던져야만 했다.

이제는 한낮이 되어도 모닥불을 떠나 장작을 패러 갈 수 없게 되었다. 20피트만큼 떨어진 곳에 크고 오래된 가문비나무가 한 그루 우뚝 솟아 있었다. 그는 나무 쪽으로 모닥불을 끌고 가는 데 반나절이나 걸렸다. 그러면서 언제라도 늑대들에게 던질 수 있도록 불타는 장작 여섯 개를 준비해둬야 했다. 나무에 다다르자 헨리는 주변 숲을 살펴보고 가장 장작을 많이 팰 수 있는 쪽으로 나무를 쓰러뜨렸다.

그날 밤도 전날 밤과 다를 것이 없었다. 그러나 잠이 쏟아져 그를 짓눌렀다. 이제는 개들이 으르렁거리는 소리마저 헨리를 잠에서 깨어나게 해주지는 못했다. 게다가 개들이 한시도 쉬지 않고 으르렁거리는지라 헨리의 감각은 무뎌지고 잠들어버려 더 이상 소리의 높낮이나 그 강약을 깨달을 수 없게 되었다. 헨리는 갑자기 눈을 떴다. 암늑대가 1야드에도 미치지 않는 곳에 서 있었다. 너무나 가까이 있었으므로 차마 쫓아낼 수 없어서 그 대신 으르렁거리느라 열려 있는 늑대의 입에 무심코 장작을 쑤셔 넣었다. 암늑대는 고통에 비명을 지르며 허겁지겁 달아났다. 그는 살과 털이 불에 타 눌어붙는 냄새에 통쾌하다 생각하며, 20피트 떨어진 곳에서 화가 나 으르렁거리며 머리를 흔드는 암늑대를 바라보았다.

헨리는 졸기 전에 불붙은 나무옹이를 오른손에 쥐고 끈으로 묶었다. 그 덕분에 몇 분 동안 눈을 감고 있어도 불에 살이 델 만큼 뜨거워서 눈을 뜰 수 있었다. 몇 시간 동안 이 방법을 사용해 잠을 쫓았다. 그리고 눈을 뜰 때마다 불쏘시개를 냅다 던져 늑대들을 내쫓으면서 모닥불에 장작을 더 던져 넣고 다른 손으로 나무옹이를 움켜쥔 다음에 다시 묶었다. 모든 일이 그런대로 잘 돌아갔다. 하지만 손에 나무옹이를 제대로 묶지 못하는 실수를 저지르고야 말았다. 헨리가 눈을 감자마자 결국 나무옹이가 손에서 떨어졌다.

헨리는 꿈을 꾸었다. 포트 맥거리에 있는 것 같았다. 그는 따뜻하고 안락한 포트 맥거리에서 모피 중개상과 카드놀이를 하고 있었다. 그런데 늑대들이 교역 시장을 포위한 듯했다. 그들은 문이란 문은 모두 차지하고 울부짖었다. 그와 중개인은 가끔씩 게임에서 손을 떼고 귀를 기울이면서 부질없이 쳐들어오려 애쓰는 늑대들을 비웃었다. 그러나 꿈이란 정말로 기묘한 것이다. 갑자기 무언가 부서지는 소리가 들리는 게 아닌가. 문이 마치 폭발이라도 한 것처럼 열린 것이다. 교역 시장의 커다란 거실로 늑대들이 홍수처럼 몰려오는 것이 보였다. 놈들은 곧바로 그와 중개상을 노리고 달려왔다. 문이 열리면서 늑대들이 울부짖는 요란한 소리가 터무니없이 커졌다. 그 소리는 헨리를 괴롭혔다. 그런데 꿈이 무엇인지 모를 다른 것 속으로 빨려 들어갔다. 그 동안에도 늑대들이 울부짖는 소리가 끈질기게 헨리를 쫓아왔다.

헨리가 눈을 뜨니 늑대들은 꿈속만이 아니라 현실에서도 짖어대고 있었다. 으르렁거리는 소리와 짖어대는 소리가 무시무시하기까지 했다. 늑대들이 헨리 주위를 둘러싸고 그대로 달려들었다. 그는 저도 모르게 모닥불로 뛰어들었다. 그때 늑대들이 날카로운 이빨로 그의 다리 살을 찢는 느낌이 들었다. 그리고 불싸움이 시작되었다. 헨리는 두툼한 장갑으로 잠시나마 손을 감싸고 숯불을 주워 사방으로 마구 던지자 모닥불은 마치 폭발하는 화산처럼 보였다.

그러나 이 싸움은 오래가지 않았다. 얼굴은 불에 데여 물집이 잡히고 눈썹과 속눈썹은 불타 내려앉아 버렸으며 발도 뜨거워 더 이상 참을 수 없었다. 헨리는 두 손에 불붙은 나무를 들고 모닥불 가장자리로 뛰쳐나갔다. 늑대들은 웬만큼 물러나 있었다. 주변에는 온통 숯불이 떨어져 있었고 눈은 지글지글 녹고 있었다. 물러가는 늑대들이 계속해서 난폭하게 뛰어오르거나 콧김을 내뿜으며 으르렁댔다. 헨리는 그놈들이 숯불을 밟았다는 것을 알아챘다.

헨리는 가장 가까이 있는 놈에게 불쏘시개를 내던지면서 연기가 나는 장갑을 눈 속으로 처넣고 발을 식히기 위해 눈을 짓밟았다. 남아 있던 개 두 마리는 이미 사라지고 없었다. 며칠 전의 패티를 시작으로 한 기나긴 식사 코스 가운데 하나가 된 것이다. 아마 며칠 안으로 그가 마지막을 장식할지도 모른다.

"네놈들 따위에게 내가 먹힐 것 같냐!" 헨리는 굶주린 짐승들에게 거칠게 주먹을 휘두르며 소리쳤다. 헨리의 목소리가 울려 퍼지자 늑대들은 술렁이며 모두 으르렁거렸고 오직 암늑대만이 미끄러지듯 눈 위를 가로지르며 다가와 굶주림에 먹이를 탐내는 듯한 눈으로 헨리를 바라보았다.

헨리는 새로이 생각해낸 것을 실행에 옮기기 시작했다. 그는 모닥불을 커다란 원 모양으로 펼쳤다. 그리고 원 안에 쭈그리고 앉았다. 눈이 녹아내렸으므로 바닥에 이부자리를 깔았다. 헨리가 불꽃 안에 있는 피난처로 모습을 감추자 늑대들은 그가 어떻게 됐는지 보려고 모닥불 가까이에서 신기한 듯 기웃거렸다. 지금까지는 모닥불 근처에 접근하지도 못했지만 이제는 아주 개처럼 모닥불 곁에 둥그렇게 둘러앉아 이 희한한 온기를 쐬며 눈을 깜박이거나 하품을 하는가 하면 야윈 몸을 쭉 펴기도 했다. 암늑대는 앉아서 코끝을 쳐들고 별을 보며 울부짖기 시작했다. 그러자 한 마리, 또 한 마리 이어서 암늑대를 따르더니 결국에는 모두가 앉아서 코를 쳐들고 하늘을 보며 굶주림에 울부짖었다.

새벽이 오고 차츰 날이 밝았다. 모닥불 불꽃은 활기를 잃었다. 장작이 다 떨어졌기 때문에 좀 더 손에 넣어야만 했다. 인간은 불꽃으로 만들어진 원에서 나오려 했지만 늑대들이 파도처럼 밀려와 헨리를 맞이할 뿐이었다. 불쏘시개를 내던져도 옆구리로 덤벼들려고만 하며 더 이상 뒤로 물러서지 않았다. 어떻게든 내쫓으려고 애를 써보았지만 소용이 없었다. 결국 헨리가 나가는 것을 포기하고 비틀비틀 불 안 쪽으로 돌아오자 늑대 하나가 덤벼들었다. 그러나 헨리를 놓치고 네 발로 숯불을 밟았다. 그놈은 뜨거움에 비명을 지르고 으르렁거리며 허둥지둥 눈 속으로 기어가 발을 식혔다.

인간은 이부자리 위에 쭈그리고 앉았다. 몸이 앞으로 숙여졌다. 어깨를 축 늘어뜨리고 머리를 무릎 위에 얹어 놓은 그의 모습은 모든 걸 포기했다고 광고하는 것처럼 보였다. 그는 가끔씩 고개를 들어 올리고 점점 사위어가는 모닥불에 눈길을 주었다. 불꽃과 숯불로 만들어진 원이 군데군데 끊어지면서 구멍이 생겼다. 구멍은 남아 있는 불을 잡아먹으면서 점점 몸집을 불려가고 있었다.

"언제 잡아먹든 이제 네놈들 손에 달려 있구나." 헨리가 중얼거렸다. "어쨌든 난 좀 자야겠어."

처음 눈을 떴을 때는 구멍이 뚫린 원 안에 있는 헨리 바로 앞에서 암늑대가 그를 바라보고 있었다.

또다시 눈을 떴을 때는 시간이 한참 지난 것 같았지만 사실은 그렇지 않다. 괴이한 변화가 일어났다. 참으로 이상하기 짝이 없는 변화에 충격을 받아 잠이 싹 달아나 버렸다. 무슨 일이 벌어진 것이다. 처음에는 영문을 알 수 없었다. 그러나 곧 늑대들이 사라졌다는 것을 깨달았다. 그리고 늑대들이 코앞까지 닥쳐왔었음을 보여주는 발자국만이 눈 위에 어지러이 찍혀 있었다. 잠이 다시 살그머니 다가와 그를 감싸안았다. 머리가 무릎 위로 막 떨어지려고 하는 순간, 갑자기 그는 잠에서 깼다.

인간이 외치는 소리와 썰매가 흔들리는 소리, 가죽끈이 삐걱거리는 소리와 몸에 잔뜩 힘을 준 개들이 코를 킁킁거리는 소리가 들렸다. 썰매 네 대는 얼어붙은 강 위에서 나무들 사이를 지나 헨리의 캠프로 다가왔다. 이윽고 여섯 남자들이 거의 꺼져가는 불 한가운데에서 쭈그리고 앉아 있는 헨리를 에워쌌다. 그들은 남자를 흔들거나 툭툭 치면서 정신을 차리게 하려 했다. 그러나 헨리는 마치 술에 취한 듯 한 눈으로 그들을 바라보며 나른한 목소리로 두서없이 중얼댔다.

"빨간 암늑대가…… 개들에게 밥 줄 때 와서…… 처음에 개 먹이를 먹고…… 그리고 개들을 먹더니…… 그 다음에 빌도 먹었어……."

"알프레드 경은 어디 계신가?" 한 남자가 그를 거칠게 흔들며 귀에 대고 소리쳤다.

헨리는 느릿느릿 고개를 저었다. "아니, 그 사람은 안 먹었어…… 요 앞 캠프 친 곳에 있는 나무 위에다 올려놨거든."

"돌아가신 건가?" 그 남자가 소리쳤다.

"음, 관 속에 있어." 헨리는 말했다. 그리고 어깨를 흔들며 계속 물어대는 남자의 손을 신경질적으로 쳐냈다. "이봐, 날 좀 내버려 둬…… 너무 피곤해서 파김치가 된 것 같으니까…… 그럼 모두들 잘 자."

헨리는 눈을 깜박이더니 이내 굳게 감았다. 턱이 가슴으로 늘어졌다. 사람들이 그를 이불 위에 눕히는 동안에도, 그의 코 고는 소리는 얼어붙은 공기를 타고 울려 퍼졌다.

그러나 또 다른 소리가 들려왔다. 멀리서 들리는 그 소리는 아득하고 희미하기는 했지만 지금 막 놓쳐버린 인간 대신 다른 먹잇감을 쫓기 시작한 굶주린 늑대 무리의 외침이라는 것을 알 수 있었다.

제2부

1
엄니가 벌이는 전투

 인간의 목소리와 썰매개들이 코를 킁킁거리는 소리를 맨 먼저 들은 것은 암늑대였다. 죽어가는 불꽃으로 이루어진 원 안에 몰려 모든 것을 포기한 인간에게서 가장 빠르게 물러나 도망간 것 또한 암늑대였다. 다른 늑대들은 모처럼 몰아넣은 사냥감을 포기하기 싫은지 잠시 우물쭈물했지만 인간들의 소리를 확인하자 암늑대의 뒤를 쫓아 달아났다.
 덩치 큰 회색 늑대가 암늑대 바로 뒤를 쫓아 무리의 가장 앞에서 달렸다. 이 늑대는 여러 우두머리 가운데 한 마리로 지금 모든 늑대들을 지휘하는 것도 이 늑대였다. 으르렁거리며 젊은 늑대들에게 경고하거나 건방지게도 자신보다 앞서서 달리려고 하는 늑대가 있으면 날카로운 엄니로 물리쳤다. 우두머리는 눈 덮인 벌판을 천천히 달리는 암늑대를 발견하고는 발걸음을 재촉해 달려나갔다.
 암늑대는 잠깐 멈춰 섰다. 그리고 본디 자기 자리라도 되는 듯 회색 늑대 옆에서 그를 비롯한 다른 늑대들과 걸음을 맞춰 나란히 달렸다. 우두머리는 암늑대가 뛰어올라 자신의 앞을 치고 나오는 일이 있어도 으르렁거리거나 이빨을 드러내지 않았다. 그러기는커녕 암늑대에게 잘 보이려 하는 듯 보였다. 하지만 잘 보이고자 하는 마음이 너무 앞선 나머지 옆으로 찰싹 달라붙어 달리려고 하는 것이 영 마음에 들지 않았다. 우두머리가 바짝 다가오려 할 때면 암늑대는 으르렁거리거나 이빨을 드러냈다. 심지어는 느닷없이 달려들어 물기조차 했다. 그런데도 우두머리는 화를 내기는커녕 언제나 옆으로 물러설 뿐이었다. 그리고 겸연쩍다는 듯 몇 차례 뛰어올라 앞으로 나아가서는 단정한 자세로 달렸다. 그 태도와 행동거지는 마치 마음에 드는 아가씨를 꾀려는 시골 젊은이를 쏙 빼닮아 있었다.

　무리를 지휘하는 우두머리에게는 암늑대라는 단 하나의 고민밖에 없지만 암늑대에게는 우두머리 말고도 골칫거리가 또 있었다. 수많은 싸움에서 얻은 흉터가 눈에 띄는 야위고 늙은 회색 늑대가 언제나 암늑대 오른쪽에서 달렸던 것이다. 눈이 한 짝밖에 없는데 그것도 왼쪽 눈이었다. 어째서 오른쪽에서만 달리는가에 대해선 이것으로 설명이 되리라. 하여간 이 늙은 늑대 또한 암늑대를 밀어붙이듯 바짝 다가오기 때문에 그의 상처투성이인 주둥이가 그녀의 몸, 어깨, 목덜미에 자꾸 닿는 것만 같았다. 암늑대는 왼쪽에서 달리는 늑대에게 하듯이 이빨로 그의 구애를 거절했다. 둘 다 한꺼번에 구애할 때는 암늑대를 마구 밀어붙이고 난리도 아니기 때문에 잽싸게 양쪽을 물어뜯어 이 끈질긴 구혼자들을 물리쳐야만 했다. 그럴 때면 우두머리와 늙은 늑대는 서로에게 이빨을 번뜩이며 위협하듯 으르렁거렸다. 싸움의 불씨는 언제나 도사리고 있었다. 하지만 지금은 구혼이라든가 다른 문제로 으르렁거릴 때가 아니었다. 굶주림이 무리를 지배하고 있기 때문이다.

　늙은 늑대는 암늑대가 날카로운 이빨로 청혼을 거절할 때마다, 잽싸게 방향을 바꿔 피했다. 그런데 그때마다 보이지 않는 오른쪽에서 달리는 세 살배기 젊은 늑대와 어깨를 부딪쳤다. 이제 어른 늑대 몫을 너끈히 하고도 남게 생긴 덩치 큰 늑대였다. 모두들 굶주려 쇠약해져 있었지만 이 젊은 늑대는 다른 늑대들보다 체력이나 기력이 있었다. 그런데도 늙은 애꾸눈 늑대의 어깨와 자신의 코끝이 나란히 서는 위치에서 달려야만 했다. 자주 그러지는 않았지만 대담하게 늙은 늑대와 나란히 달리려 했다가 으르렁거리는 소리와 함께 덥석 물려 또다시 어깨 언저리까지 쫓겨나고는 했다. 때로는 발걸음을 슬금슬금 늦추고 늙은 우두머리와 암늑대 사이에 조심스레 끼어들려 할 때도 있었다. 물론 그랬다간 두세 배로 혼났다. 암늑대가 불쾌하다는 듯이 으르렁거리면 늙은 우두머리가 세 살배기 늑대에게 덤벼들었다. 때로는 암늑대도 함께 덤벼들었고 심지어 왼쪽에 있는 젊은 우두머리까지 덤벼들 때도 있었다.

　잔인한 세 늑대의 이빨이 계속해서 공격하면 세 살배기 젊은 늑대는 엉덩방아를 찧으며 다급하게 멈춰 섰다. 그리고 앞다리로 힘껏 버티고 서서는 으르렁거리며 목덜미의 털을 곤두세웠다. 한참 달리고 있는 무리 앞에서 이런 난리가 벌어지면 뒤쪽에서도 난리가 나기 마련이다. 뒤에서 따라오는 늑대들이 젊은 늑대에게 연달아 부딪치고는 분풀이로 젊은 늑대의 뒷다리나 옆구리를 물었다. 늑대들은 굶주린 데다 인내심이 바닥을 치고 있었기에 세 살배기 젊은 늑대는 화를 자초하는 것이나 다름없었다. 그러나 젊은이 특유의 끝없는 신념으로 쉴 새 없이 갖은 꾀를 부렸다. 그러나 죄다 실패할 뿐 세 살배기 젊은 늑대에게 좋은 일이라고는 하나도 없었다.

먹잇감만 생기면 당장 짝짓기와 투쟁이 벌어질 테고 무리도 흩어질 것이다. 그러나 지금은 모두 먹이를 구하는데 온 힘을 쏟아부었다. 그들은 오랫동안 굶주렸기 때문에 야위어 있었다. 달리는 속도도 여느 때보다 훨씬 느렸다. 뒤쪽에서는 너무 어리거나 나이 먹은 약한 늑대들이 다리를 절룩이며 달리고 있었다. 앞쪽에는 가장 힘센 늑대들이 있다. 그러나 힘센 늑대건 약한 늑대건 여느 때와 같은 모습을 한 늑대는 한 마리도 없었다. 마치 뼈다귀가 늑대 가죽을 뒤집어쓰고 달리는 것 같았다. 그런데도 발을 절룩이는 늑대들을 빼면 이 짐승들은 마치 피로라는 것을 모른다는 듯 날쌔게 움직였다. 혈관이 불거진 근육은 끊임없이 솟구치는 힘을 과시하기라도 하듯 힘차게 움츠러들다 펴졌다. 이런 근육의 움직임은 마치 강철로 만든 용수철처럼 영원할 것만 같았다.

늑대들은 그날 몇 마일이고 계속 달렸다. 밤에도 쉬지 않고 달렸다. 그다음 날도 계속 달렸다. 온 세상이 얼어붙어 마치 죽음과도 같은 정적에 잠긴 대지를 달렸다. 생명의 미미한 움직임 하나 느낄 수 없는 광대하고 스산한 황야를 가로질러 달리는 것은 늑대들뿐이었다. 오직 늑대들만이 살아서 달렸다. 그리고 계속해서 살아남기 위해 먹어 치울 다른 생명을 탐욕스럽게 찾아 헤맸다.

낮은 분수령을 넘어 십여 개의 작은 강줄기를 돌아다닌 끝에야 비로소 늑대들의 고생이 빛을 발했다. 기나긴 추적 끝에 처음으로 커다란 수컷 엘크를 만난 것이다. 그것은 살아 있는 싱싱한 먹이였다. 게다가 신기한 불과 타오르는 무기로 자신을 보호하고 있지도 않았다. 보기 흉한 발굽과 손바닥처럼 펼쳐져 있는 뿔은 그들도 잘 알고 있는 것이었다. 늑대들은 평소 때의 인내심과 조심성을 던져 버렸다. 짧은 싸움이었지만 매우 격렬했다. 늑대들은 사방에서 엘크를 덮쳤다. 그러나 엘크는 커다란 발굽을 휘두르며 늑대들을 찢어발기거나, 노련하게 머리뼈를 때려 부쉈다. 또한 거대한 뿔로 짓뭉개어 뼈를 부러트렸다. 발버둥을 치면서도 늑대들을 눈 속에 내리깔고 짓밟았다. 그러나 엘크의 운명은 처음부터 정해져 있었다. 잔혹하게도 암늑대에게 목을 물려 털썩 쓰러진 그 순간, 모든 늑대들이 엘크를 덮치고 물어뜯기 시작했다. 급소를 당한 것이 아니어서 아직 발버둥 칠 힘이 남아 있었지만 무심하게도 산 채로 게걸스레 먹히고 말았다.

이 고깃덩이는 800파운드는 충분히 넘어서 모든 늑대들이 배불리 먹고 남았다. 40마리쯤 있는 늑대들은 저마다 20파운드는 넘게 먹었다. 늑대들이 굶주림을 견뎌온 시간은 몹시 길었지만, 먹어 치우는 시간은 터무니없이 짧았다. 굶주린 늑대들과 마주친 이 훌륭한 생물은 채 두세 시간도 안 돼서 고작 몇 개의 뼈다귀로 변해 여기저기 나뒹굴었다.

배불리 먹고 난 늑대들은 모자란 잠과 휴식을 만끽했다. 그러나 배가 불러 혈기왕성해진 젊은 수늑대들은 서로 으르렁거리며 싸움을 벌였다. 며칠 뒤 무리가 흩어질 때까지 싸움은 계속 이어졌다. 굶주림이 물러난 것이다. 그들이 다다른 토지에는 사냥감이 많았지만 아직까지는 여전히 무리를 지어 전보다 조심스럽게 사냥을 했다. 그리고 그리 많지 않은 엘크 무리에서 새끼를 밴 암컷이나 몸이 둔한 늙은 수컷을 잡아먹었다.

이 풍요로운 대지에서 무리는 반으로 나뉘어 저마다 제 갈 길을 갔다. 암늑대와 왼쪽에 있는 젊은 우두머리, 그리고 오른쪽에 있는 늙은 애꾸눈 우두머리는 반으로 줄어든 무리를 이끌고 매켄지 강을 따라 내려가다가 강을 건너 동쪽 호수를 향했다. 하루하루 지날수록 무리도 줄어들었다. 수컷과 암컷 두 마리씩 떨어져나갔다. 때로는 경쟁자의 날카로운 이빨에 당해 달랑 수컷 한 마리만 떠나갈 때도 있었다. 결국 마지막으로 남은 것은 암늑대와 젊은 우두머리와 애꾸눈, 야심에 찬 세 살배기 늑대, 이렇게 네 마리뿐이었다.

그러는 동안 암늑대는 점점 사나워졌다. 구혼자 세 마리의 몸에는 암늑대의 이빨 자국이 찍혀 있었다. 그러나 이들은 결코 암늑대의 이빨을 저지하거나 앙갚음하지 않았다. 아무리 심하게 물어 뜯겨도 몸을 돌려 꼬리를 흔들고, 아무렇지 않다는 듯 점잔 빼는 걸음걸이로 암늑대의 화를 가라앉히려 애를 썼다. 그러나 암늑대에게는 상냥해도 경쟁자에게는 잔인했다. 세 살배기 늑대는 사나운 것도 모자라 지나치게 야심을 키웠다. 늙은 애꾸눈 늑대의 보이지 않는 눈 쪽 귀를 물어뜯어 갈기갈기 찢어놓고는 했다. 늙은 회색 늑대는 한 쪽밖에 보이지 않았지만 지금까지 살아오면서 쌓은 경험에서 얻은 지혜로 세 살배기 늑대와 맞섰다. 잃어버린 한쪽 눈과 상처로 가득한 콧등은 그가 어떤 경험을 거쳐 왔는가를 나타내는 증거였다. 거듭된 전투 끝에 살아남은 만큼 자신이 해야 할 일이 닥치면 단 한 순간도 망설이지 않았다.

싸움은 공평하게 시작했으나 공평하게 끝나지는 않았다. 이 싸움의 끝에 무엇이 기다리고 있을지는 아무도 예측할 수 없었다. 먼저 제삼자인 젊은 우두머리 늑대가 늙은 늑대와 힘을 합해 야심찬 세 살배기 늑대를 죽이려 들었다. 그들은 지금까지 동료였던 젊은 늑대를 무자비하게 공격했다. 함께 먹이를 찾아 달리던 나날들, 함께 사냥감을 쓰러트렸던 일, 함께 견뎌야만 했던 굶주림. 이 모두가 과거의 일이 되어버렸다. 지금 눈앞에 놓인 문제는 짝짓기라는, 굶주림보다도 더욱 가차 없으며 더더욱 잔혹한 일이었다.

한편 모든 일의 원인인 암늑대는 그들이 목숨을 거는 동안 엉덩이를 붙이고 앉아 만족스럽다는 듯이 지켜보았다. 심지어는 기뻐 보이기까지 했다. 이 날은 그녀를 위한 날이었다. 이런 일이 몇 번씩이나 있는 것은 아니었기 때문이다. 수컷들은 목덜미 털을 곤두세우며 경쟁자의 이빨이 덮쳐들 때마다 자신의 이빨로 맞받아쳤다. 틈이 보인다 싶으면 재빨리 파고들어 그의 살을 갈기갈기 찢어발겼다. 모든 것은 그녀를 손에 넣기 위해서였다.

마침내 세 살배기 늑대는 짝짓기 때문에 목숨을 잃었다. 그의 첫 번째이자 마지막 모험은 막을 내렸다. 살아남은 경쟁자 두 마리는 야심찬 모험가의 사체를 사이에 두고 서 있었다. 그리고 눈 위에 앉아 미소 짓고 있는 암늑대를 바라보았다. 그러나 늙은 우두머리가 싸움은 물론 연애에 대해서도 훨씬 영리했다. 젊은 우두머리는 어깨의 상처를 핥으려 머리를 굽혔다. 목이 훤히 드러났다. 늙은 늑대는 애꾸눈으로 기회를 포착했다. 번개처럼 순식간에 돌격해 엄니를 박아 넣었다. 그리고 우물처럼 깊게 찢어 놓았다. 엄니가 살을 파고들어 그 속에 있는 핏줄까지 다다랐다. 늙은 늑대는 목적을 달성하자 재빨리 물러났다.

젊은 우두머리는 섬뜩할 만큼 으르렁거렸지만 사이사이 기침 소리가 섞여 있었다. 늙은 늑대가 입힌 상처에서 피가 흘러 쿨럭거리면서도 적에게 덤벼들어 싸웠다. 그러나 흘러내리는 피와 함께 생명도 흘러나오는지 다리부터 힘이 빠졌다. 초점이 흐려져 눈부신 태양은 점점 그 빛을 잃었다. 더 싸울 수 있는데도 젊은 우두머리의 이빨은 점점 적에게서 멀어져만 갔다.

암늑대는 계속 미소 짓고 있었다. 이 싸움에 왠지 모를 희열마저 느끼고 있었다. 비극적이기는 하나 이것이 황야의 연애 방식이었다. 그러나 이 비극은 오직 죽은 자만이 차지하는 것이었다. 살아남은 자에게는 비극이 아닌 사랑의 실현과 획득이 있었다.

젊은 우두머리가 눈 위에 쓰러져 더 이상 움직이지 않게 되자 애꾸눈은 천천히 암늑대 곁으로 다가왔다. 이겨서 살아남기는 했으나 마냥 기뻐할 수만은 없었다. 어차피 이번에도 퇴짜 맞으리라 생각했기 때문이다. 하지만 놀라운 일이 벌어졌다. 암늑대는 화도 내지 않았거니와 이빨을 드러내지도 않았다. 처음으로 애꾸눈을 다정하게 맞이한 것이다. 애꾸눈의 냄새를 맡으면서 마치 강아지처럼 들떠 이리저리 뛰며 장난치기도 했다. 늙은 늑대조차 나잇값도 못하고 강아지처럼 행동했는데 그 모습이 살짝 얼간이 같아 보였다.

자신이 죽인 경쟁자나 눈 위에 붉은 피로 쓰인 슬픈 사랑 이야기는 이미 잊은 지 오래였다. 잠시 멈춰 서서 굳어진 상처를 핥았을 때 잠깐 떠올랐을 뿐이었다. 그러자 반쯤 뒤틀린 주둥이에서 으르렁거리는 소리가 새어나왔으며 본능적으로 목덜미와 어깨의 털이 곤두섰다. 지금 당장에라도 덤벼들 것처럼 허리를 반은 숙이고 힘차게 달려들기 위해 눈 속에 발톱을 실룩실룩 움직이며 파 넣었다. 그러나 자신의 뒤를 쫓아오라는 듯 숲 속을 수줍게 뛰어다니는 암늑대 뒤를 따라 뛰어오른 순간 좀 전의 치열한 전투는 머릿속에서 사라졌다.

그 뒤 두 마리는 서로의 눈만 봐도 알 수 있는 절친한 친구처럼 나란히 달렸다. 며칠이 지나도 둘은 떨어지지 않았다. 함께 먹이를 사냥해 죽이고는 먹어 치웠다. 하지만 시간이 지날수록 암늑대는 좀처럼 불안을 떨치지 못했다. 무언가를 찾고 있는데 그것이 발견되지 않는 모양이었다. 쓰러진 나무 밑에 난 구멍 같은 곳에 마음이 끌리는 듯했다. 또 바위에 생긴 눈 쌓인 틈새나, 툭 튀어나온 언덕의 동굴 따위를 찾으면, 그 안에서 오랫동안 냄새를 맡으며 돌아다녔다. 늙은 애꾸눈은 그런 것에 전혀 관심도 없었지만, 그저 얌전히 암늑대를 따라다녔다. 살펴보는데 시간이 걸릴 것 같다 싶으면 암늑대가 다른 곳으로 가려할 때까지 드러누워 기다렸다.

둘은 같은 곳에 계속 머무르지 않았다. 벌판을 가로지르며 여행을 계속하다 다시 매켄지 강으로 되돌아갔다. 그리고 천천히 하류 쪽으로 내려와서 작은 물줄기를 따라 돌아다니며 사냥했지만 그 뒤 반드시 원줄기로 돌아왔다. 때로는 다른 늑대와 만났는데 대개 부부였다. 하지만 마치 소 닭 보듯 동족을 만났다고 기뻐하지 않았으며 같이 다니려고 하지도 않았다. 외톨이 늑대와도 몇 번인가 맞닥트렸다. 그런 늑대는 대개 수컷이었으며 뻔뻔하게도 애꾸눈과 암늑대의 동료가 되길 원했다. 그럴 때면 애꾸눈은 화를 냈고 암늑대도 애꾸눈과 더불어 털을 곤두세우며 엄니를 드러냈다. 잠시 단꿈을 꾸었던 외톨이 늑대는 꼬리를 말고 움츠리며 물러나 또다시 고독한 여행을 계속해야만 했다.

어느 달 밝은 밤, 둘은 고요한 숲 속을 달렸다. 그런데 애꾸눈이 갑자기 멈춰 섰다. 고개를 들어 꼬리를 꼿꼿이 세우고 콧구멍을 벌려 개처럼 한 발을 들고 있었다. 그리고 공기를 타고 흘러드는 냄새를 맡았다. 하지만 도대체 정체를 알 수 없었다. 애꾸눈은 공기를 타고 흘러드는 냄새를 계속 맡으면서 이것이 무엇인지 알기 위해 애를 썼다. 암늑대는 코를 살짝 움찔거린 것만으로도 이 냄새가 무엇인지 알아챘기 때문에 애꾸눈을 안심시키고자 냉큼 달려나갔다. 애꾸눈은 아직 의심이 풀리지는 않았지만 뒤를 쫓아갔다. 그러나 공기가 전해주는 경고를 좀 더 조심스레 알아보기 위해 가끔씩 멈춰 서곤 했다.

암늑대는 숲 속에 있는 공터 가장자리로 조심스레 기어갔다. 그리고 잠시 혼자 서 있었다. 애꾸눈은 신경을 곤두세우고 모든 털에서 끝없는 의심을 내뿜으며 암늑대 곁으로 다가갔다. 둘은 나란히 서서 눈을 부릅뜨고 귀를 기울이며 냄새를 맡았다.

그리고 개들이 으르렁거리며 싸우는 소리와 남자들의 쉰 고함 소리, 아이들을 꾸짖는 여자들의 날카로운 소리, 아이들의 새된 울음소리가 들렸다. 둘에게는 거대한 천막을 빼면 움직이는 인간의 몸에 가려진 모닥불 불꽃과 고요한 공기 속에서 느릿느릿 피어오르는 연기 말고 아무것도 보이지 않았다. 그러나 보이지 않는 대신 인디언 캠프에서는 여러 냄새가 풍겨왔다. 애꾸눈으로선 도저히 이해할 수 없는 내용이었지만 암늑대는 그 내용을 자세히 알고 있었다.

암늑대는 이상하게 흥분해서 킁킁 냄새를 맡으며 점점 더 기뻐했다. 그러나 늙은 애꾸눈은 의심이 풀리지 않았다. 자꾸 불안해져서 도망가려고 했다. 암늑대는 고개를 돌려 애꾸눈을 안심시키려는 듯 콧등으로 그의 목을 문질렀다. 그리고 다시 오두막을 바라보는 암늑대의 얼굴에는 무언가를 간절히 원하는 듯한 표정이 떠올라 있었다. 그것은 굶주림에서 오는 바람이 아니었다. 모닥불로 달려나가 개들과 다투거나 비틀비틀 걷고 있는 인간의 발을 피하며 돌아다니고 싶다는 욕망에 온몸을 떨었다.

  애꾸눈은 그 옆에서 어슬렁거리며 조바심을 내고 있었다. 한편 언제나 느끼던 불안이 그녀를 덮쳤다. 자신이 찾고 있는 것을 빨리 발견해야 한다는 생각이 머리를 스쳤기 때문이다. 그래서 몸을 돌려 얼른 숲 속으로 달려 나갔다. 애꾸눈은 그제야 안심하고 안전한 숲 속으로 숨을 때까지 암늑대 바로 앞에서 달렸다.

  그림자처럼 소리 없이 달빛 속을 나아가자 주로 동물들이 지나다니는 좁은 길로 나왔다. 둘의 코는 눈 속에서 찍힌 지 얼마 안 된 발자국을 찾아냈다. 애꾸눈이 조심스럽게 앞으로 나가고 암늑대가 그 뒤를 쫓았다. 발바닥을 넓게 쭉 벌리고 뛰기 때문에 눈을 밟을 때 마치 벨벳을 밟는 것 같았다. 애꾸눈은 새하얀 눈 속에서 뽀얀 무언가가 살그머니 움직이는 것을 포착했다. 여태까지의 미끄러지는 듯한 걸음걸이도 겉보기와는 달리 매우 빠른 편이지만 이때의 달음박질에 비하면 아무것도 아니었다. 방금 발견한 뽀얀 것이 눈 앞에서 뛰고 있었다.

  두 늑대는 양쪽에 어린 가문비나무 수풀이 자라난 오솔길을 달렸다. 나무들 사이로 오솔길의 출구가 보였다. 그곳을 지나자 달빛이 쏟아지는 공터로 이어져 있었다. 늙은 애꾸눈은 도망가는 뽀얀 것을 서둘러 쫓았다. 한 번 뛸 때마다 그것과의 사이를 크게 좁혔다. 그리고 마침내 따라잡았다. 이제 한 번만 뛰면 먹이에게 흉악한 이빨을 박아 넣을 수 있었다. 그러나 딱 한 발짝을 남겨두고 모든 것이 물거품이 되었다. 먹이가 똑바로 하늘 높이 날아올랐기 때문이다. 지금까지 죽을힘을 다해 뛰어오르거나 달음박질치던 눈덧신토끼가 애꾸눈 머리 위에서 이상야릇한 춤을 추고 두 번 다시 땅으로 돌아오지 않았다(토끼가 덫에 걸린 것이다).

  애꾸눈은 갑작스러운 사태에 너무 놀라 콧김을 내뿜으며 허둥지둥 물러났다. 눈 위에서 몸을 움츠리고 으르렁거리며 정체를 알 수 없는 그 무서운 것을 계속 위협했다. 그러나 암늑대는 아무렇지 않게 애꾸눈 옆을 지나쳐 앞으로 나왔다. 그리고 잠시 상황을 지켜보더니 춤추고 있던 토끼에게 달려들었다. 높이 뛰어올랐지만 토끼에 닿지 않았다. 이빨이 철컥 금속과도 같은 소리를 내며 허공을 물었다. 암늑대는 다시 한 번, 그리고 또 한 번 뛰어올랐다. 움츠리고 있던 애꾸눈은 시간이 지날수록 긴장을 풀고 드러누워 암늑대를 지켜보았다. 그러나 연달아 세 번이나 실패하자 암늑대는 화가 머리 끝까지 났다. 그것을 본 애꾸눈이 몸에 힘을 주더니 갑자기 뛰어올라 토끼를 물고 지상으로 끌어내렸다. 그러나 그와 함께 딱딱거리는 수상한 소리가 들렸다. 깜짝 놀라 그쪽을 보자 어린 가문비나무가 머리 위로 내려와 자신을 때리려고 하는 것이 아닌가. 애꾸눈은 물고 있던 토끼를 얼른 놓고 재빨리 물러서 이상한 위험에서부터 벗어났다. 너무나 화가 나고 놀라서 그는 이빨을 드러내고 으르렁거리며 털을 하나하나 곤두세웠다. 그러자 어린 나무는 자신의 유연한 몸을 똑바로 폈다. 그리고 토끼는 다시 공중에서 춤을 추기 시작했다.

암늑대는 화가 나서 애꾸눈의 어깨를 물어 젖히며 그를 나무랐다. 애꾸눈은 암늑대가 왜 화가 났는지 영문도 모른 채 그저 간이 콩알만 해졌다. 암늑대의 분노에 너무 놀란 나머지 자신도 모르게 암늑대의 콧등 옆을 사납게 물어뜯었다. 암늑대는 애꾸눈이 이까짓 잔소리에 화를 낼 줄은 꿈에도 생각지 못했다. 암늑대는 화가 치밀어 올라 으르렁거리며 애꾸눈에게 달려들었다. 그 순간 애꾸눈은 자신이 무슨 짓을 했는지 깨달았기 때문에 암늑대를 달래려고 했다. 그러나 그녀는 자신에게 화를 낸 죗값을 톡톡히 받아내려 했으므로, 결국 그는 달래기를 완전히 포기했다. 고개를 돌리고 빙글빙글 돌면서 얌전히 어깨에 암늑대의 분노에 찬 이빨로 벌을 받았다.

한편 토끼는 머리 위에서 계속 춤을 추고 있었다. 암늑대는 눈 위에 앉았다. 애꾸눈은 신기한 어린 나무보다도 그녀가 훨씬 무서워서 다시 토끼에게 달려들었다. 물론 토끼를 물고 뛰어내려오면서도 어린 나무에서 눈을 떼지 않았다. 방금 전처럼 어린 나무는 애꾸눈 뒤를 쫓아 땅까지 내려왔다. 애꾸눈은 지금이라도 당장 자신을 후려칠 것만 같은 어린 나무 밑에 조그맣게 움츠리고 털을 곤두세웠지만 토끼는 끝까지 물고 늘어졌다. 그러나 아픔은 느

꺼지지 않았다. 어린 나무는 머리 위에 구부러진 채 가만히 있었다. 그러나 애꾸눈이 움직이면 어린 나무도 움직였기 때문에 이를 악문 채 계속 으르렁거리기만 했다. 하지만 그가 계속 가만히 있으면 어린 나무도 가만히 있으니 자신이 움직이지 않는 한 맞을 걱정은 하지 않아도 되리라 생각했다.

궁지에 몰린 애꾸눈을 구해준 것은 암늑대였다. 암늑대는 애꾸눈에게서 토끼를 받아 챘다. 어린 나무가 머리 위에서 요동치며 위협하고 있는데도 아무렇지 않게 토끼의 머리를 물어 뜯어냈다. 그 순간 어린 나무가 튀어 올랐지만, 그 뒤로 그들을 위험하게 할 만한 일은 벌어지지 않았다. 어린 나무는 그저 자연의 법칙에 따라 곧게 서 있을 뿐이었다. 그래서 암늑대와 애꾸눈은 신기한 어린 나무가 잡아다준 먹이를 사이좋게 먹어 치웠다.

그 밖에도 동물들이 지나다니는 길이나 오솔길마다 토끼가 공중에 매달려서 춤을 추고 있어서 늑대 부부는 그것을 샅샅이 뒤지며 돌아다녔다. 암늑대가 안내하고 늙은 애꾸눈은 그 뒤를 쫓아다녔다. 그리고 암늑대가 어떻게 하는지 주의 깊게 바라보며 덫에서 먹이를 훔치는 법을 배웠다. 이 지식은 나중에 애꾸눈에게 큰 도움이 되었다.

2
늑대 굴

암늑대와 애꾸눈은 인디언들의 오두막 주변을 이틀이나 서성거렸다. 애꾸눈은 걱정이 되어 안절부절못했지만 암늑대는 오두막에 정신이 팔려 떠날 생각을 하지 않았다. 그러나 어느 날 아침, 가까이에서 총소리가 들렸다. 공기를 세차게 찢어발길 기세로 총알 한 발이 날아와 애꾸눈 머리에서 고작 몇 피트밖에 떨어지지 않은 나무둥치에 박혔다. 더 이상 우물쭈물하고 있을 때가 아니었다. 둘은 서둘러 자리를 박차고 도망가 위기에서 겨우 벗어났다.

그리고 며칠 동안 여행을 했으나 멀리 가지는 못했다. 암늑대는 지금까지 찾아 헤매던 것을 하루빨리 발견해야만 했다. 몸이 무거워져 느릿느릿 달릴 수밖에 없었다. 한번은 토끼를 뒤쫓아 간 적이 있었는데 여느 때라면 손쉽게 잡았을 텐데 중간에 포기해 버렸다. 그리고 녹초가 된 듯 드러누워 쉬었다.

애꾸눈은 암늑대 옆으로 다가가 위로하듯이 콧등으로 부드럽게 목덜미를 문질렀다. 그러나 암늑대가 갑자기 사납게 달려들었기 때문에 애꾸눈은 그녀의 화풀이를 피하려다 볼썽사납게 뒤로 벌렁 나자빠졌다. 이렇듯 암늑대는 갈수록 성질이 급해졌다. 그러나 애꾸눈은 그럴수록 더욱더 암늑대의 성질을 받아주며 세심하게 챙겨주었다.

얼마 안 가서 암늑대는 오랫동안 찾아다니던 것을 발견했다. 그것은 어느 작은 물줄기를 몇 마일 거슬러 올라간 곳에 있었다. 그 물줄기는 여름이 되면 매켄지 강으로 흘러들었지만 아직 수면은 물론 바위투성이인 바닥까지 꽁꽁 얼어붙어 있었다. 발원지에서 강어귀까지 단단하게 굳어 마치 하얀 길처럼 변했다. 암늑대가 애꾸눈보다 한참 뒤처져서 피곤에 지친 듯 터덜터덜 걷고 있을 때, 점토질의 언덕과 맞닥뜨렸다. 그래서 그 언덕으로 살금살금 걸어가 보았더니 지금까지 찾아 헤매던 것이 바로 그곳에 있었다. 기운 넘치는 봄바람과 눈이 녹아 흘러내리는 물이 만들어낸 언덕 한 부분의 틈새가 시간이 흐르면서 작은 동굴로 변한 것이었다.

암늑대는 동굴 입구에 멈춰 서서 조심스레 언덕을 올려다보았다. 그리고 포근한 느낌을 주는 풍경을 지나 언덕 밑을 따라 가파른 곳으로 달려나가더니 몸을 틀어 다른 쪽으로 달려갔다. 그리고 다시 돌아와서는 좁은 입구를 지나 안으로 들어갔다. 3피트는 더 기어가야만 했다. 그러나 지나갈수록 양쪽의 벽이 넓어지고 천장도 높아지더니 지름이 6피트에 가까운 작고 둥근 공간이 나왔다. 천장에 머리가 닿을락 말락 했지만 습하지 않고 아늑했다. 동굴 안을 신중하게 살펴보는 동안, 애꾸눈이 돌아와 입구에 서서 느긋하게 지켜보고 있었다. 암늑대는 고개를 숙여 그러모은 네 발 근처에 코끝을 문대더니 그곳을 중심으로 네댓 번 빙글빙글 돌았다. 그러고 나서 녹초가 된 듯 신음에 가까운 한숨을 토해내고는 입구를 향해 몸을 둥글게 말고 누워 살며시 다리를 뻗었다. 애꾸눈은 호기심에 사로잡혀 귀를 쫑긋 세우며 암늑대를 향해 미소 지었다. 미소 너머로 쏟아져 내리는 밝은 빛에 살랑살랑 흔들리고 있는 애꾸눈의 복슬복슬한 꼬리가 보였다. 암늑대는 입을 열어 천천히 혀를 내밀었다. 그리고 뾰족한 귀를 머리에 착 누이고 문질러대듯이 움직이고 있었다. 그 태도를 보아하니 그녀는 매우 만족하는 듯했다.

애꾸눈은 배가 고팠지만 입구에 누워서 잤다. 그러나 계속해서 자다 깼다.

가끔씩 눈을 뜨고 귀를 쫑긋 세우면서 4월의 태양이 번쩍이며 쏟아지는 눈 덮인 벌판에 주의를 기울였기 때문이다. 끄덕끄덕 졸고 있을 때조차 문득 눈에는 보이지 않지만 졸졸졸 물이 흐르는 희미한 소리를 들을 때면 잠에서 퍼뜩 깨어나 열심히 귀를 기울였다. 태양이 힘을 되찾자 잠에서 깨어난 북쪽 나라가 애꾸눈을 부르고 있었다. 생명이 움직이기 시작했다. 공기 속에서 봄이 느껴졌다. 눈 밑에서는 생명이 움트고 있었다. 나무들 속에서는 수액이 차오르고 있으며 겨울 내내 계속 되었던 서리의 괴롭힘을 이겨낸 꽃망울이 방긋이 피어오르는 것을 느낄 수 있었다.

애꾸눈은 걱정스럽다는 듯이 암늑대를 바라보았지만 암늑대는 일어나려고 하지 않았다. 바깥을 보자 대여섯 마리의 눈새들이 애꾸눈의 시야를 가로지르며 푸드덕 날아갔다. 애꾸눈은 눈을 떴는가 싶더니 자리를 잡고 또다시 졸기 시작했다. 날카롭고 높지만 희미한 노랫소리가 귀로 숨어들어 왔다. 애꾸눈은 졸린 듯이 앞발로 코를 한두 번 문지르더니 잠에서 깨어났다. 큰 모기 한 마리가 코앞에서 붕붕거리고 있었다. 겨우내 건조한 통나무 침대에서 추위에 떨며 겨울잠을 자고 있었지만, 힘을 되찾은 태양이 이제 막 그를 깨운 참이었다. 그리고 애꾸눈은 배가 너무나 고파 바깥이 부르는 소리를 더 이상 무시할 수 없었다.

애꾸눈은 암늑대에게 기어가 일어나라 재촉했다. 그러나 힘없이 그르렁거리는 소리를 들었을 뿐이었다. 결국 혼자서 밝은 햇빛 속으로 나아갔지만 눈이 녹아 땅이 질척질척해져 사냥하기가 여간 어려운 게 아니었다. 그래서 녹아내리지 않은 강바닥을 타고 올라가기 시작했다. 그곳은 나무 그림자에 가려져 있기 때문에 아직도 꽁꽁 얼어붙어 있었다. 애꾸눈은 8시간이나 밖을 쏘다니다 결국 해가 저물어서야 돌아왔는데 나가기 전보다 훨씬 배가 고팠다. 먹이를 발견하기는 했는데 잡지 못했기 때문이다. 거의 녹아내린 눈을 밟아 빠지는 바람에 눈덧신토끼는 아무렇지 않게 스쳐지나가 버렸기 때문이다.

애꾸눈은 낯선 낌새를 느끼고 갑자기 동굴 입구에서 멈춰 섰다. 어디선가 들은 적이 있는 가냘픈 소리가 안에서 들려왔기 때문이다. 암늑대가 내는 소리가 아니었지만 왠지 모르게 낯설지가 않았다. 그래서 배를 땅에 붙이고 조심스레 기어 들어갔다. 그러자 암늑대가 으르렁거리며 경고하기에 더 이상 앞으로 다가가지는 않았다. 하지만 전혀 불안하지 않았다. 그저 암늑대와는 달리 가냘프고 훌쩍거리며 울고 있는 듯한 그 소리에 흥미를 느낄 뿐이었다.

암늑대가 안절부절못하며 마치 나가라는 듯 으르렁거리기에 애꾸눈은 입구 쪽에서 몸을 둥글게 말고 잠이 들었다. 아침이 되어 동굴 안이 어슴푸레 밝아지자 애꾸눈은 또다시 왠지 모르게 낯설지 않은 이 소리가 도대체 어디서 들리는 것인지 찾기 시작했다. 암늑대는 으르렁거리며 경고를 보냈지만 어제와는 사뭇 다른 느낌이었다. 마치 샘을 내고 있는 것 같았다. 그래서 애꾸눈은 더 이상 다가가지 않도록 조심했다. 하지만 애꾸눈이 있는 자리에서도 소리가 나는 곳을 볼 수 있었다. 연약하며 미덥지 못한 무언가가 다섯 마리 있었다. 조그맣고 이상하게 생긴 그것들은 아직 눈도 제대로 못 뜬 채 암늑대의 배와 발 사이에서 꼬물거리며 작게 끙끙거리고 있었다. 애꾸눈은 깜짝 놀랐다. 물론 싸움을 헤치며 살아남았던 기나긴 세월 동안 이런 일을 겪는 것이 처음은 아니었다. 몇 번이나 있었던 일이다. 하지만 애꾸눈은 언제나 새삼스레 감탄할 따름이었다.

암늑대는 걱정스레 애꾸눈을 바라보며 가끔씩 낮은 소리로 으르렁거렸다. 애꾸눈이 너무 가까이 다가왔다 싶으면 큰 소리로 짖기도 했다. 물론 암늑대가 여태까지 겪었던 일 가운데 지금 걱정하는 일이 벌어졌던 적은 없었다. 그러나 모든 어미 늑대 속에 자리 잡고 있는 본능에는 갓 태어난 연약한 새끼를 탐욕스레 먹어 치우는 아비 늑대의 모습이 어른거렸다. 크나큰 두려움이 그녀 안에 자리 잡고서 아비인 애꾸눈이 가까이 다가와 자신의 어린 새끼들을 보고 싶어 해도 그것을 막았다.

하지만 조금의 위험도 없었다. 애꾸눈에게서 어떤 강렬한 본능이 밀려왔기 때문이다. 그것은 선조 아비 늑대로부터 대대로 물려받은 본능 가운데 하나였다. 애꾸눈은 그것에 대해 의문을 품지도 않았거니와 고민하지도 않았다. 본디 그것은 아비라는 존재 안에 갖춰져 있는 것이다. 그래서 애꾸눈이 본능에 따라 새로 태어난 가족들을 남겨 두고 그들이 먹을 고기를 찾아 나선 것은 매우 자연스러운 일이라 할 수 있다.

늑대 동굴에서 5, 6마일 떨어진 곳에서 물줄기가 두 갈래로 나누어져 똑바로 산속으로 흐르고 있었다. 애꾸눈이 왼쪽 물줄기를 거슬러 올라갔다가 새로운 발자국을 발견했다. 냄새를 맡아보니 찍힌 지 얼마 되지 않은 것이었다. 재빨리 웅크리고 그것이 죽 이어지는 방향을 노려보며 생각하다 오른쪽 물줄기로 돌아갔다. 그 발자국이 자신의 발자국보다 훨씬 더 컸기 때문이다. 따라가 봤자 별 소득이 없으리라는 느낌이 들었다.

그리고 애꾸눈은 오른쪽 물줄기를 거슬러 올라간 지 얼마 안 되는 지점에서 예민한 귀로 무언가 쏘는 소리를 빠르게 잡아냈다. 그는 몸을 숨기고 소리가 나는 쪽으로 살금살금 다가갔다. 그곳에 있는 것은 바늘두더지였다. 나무를 타고 올라가 나무껍질을 쏘면서 이빨을 갈고 있었던 것이다. 애꾸눈은 다시 조심스레 다가갔지만 그리 큰 기대는 품지 않았다. 이런 북쪽 나라에서 바늘두더지를 만났던 적은 없었지만 이와 비슷한 동물을 잘 알고 있었기 때문이다.

지금까지 살아왔던 나날들 가운데 바늘두더지가 배고픔을 채워줬던 적은 한 번도 없었다. 그러나 운이라든가 기회라 불리는 무언가가 있다는 것을 옛날부터 알고 있었다. 그래서 애꾸눈은 한 발짝씩 다가갔다. 왜 그런지는 모르지만 살아 있는 것을 상대할 때는 늘 예상치 못한 일이 벌어졌기 때문이었다. 이번에도 어떤 일이 벌어질지 모른다.

바늘두더지는 공처럼 몸을 둥글게 말고 날카로운 가시를 사방으로 뻗치며 공격에 대비했다. 애꾸눈은 어렸을 적에 한 번 언뜻 보기엔 둔하게 생긴 가시 공을 본 적이 있었다. 그러나 그때는 그것에 코를 바짝 대고 냄새를 맡은 바람에 갑자기 꼬리가 얼굴을 후려쳤었다.

콧등에 바늘 하나가 깊숙이 파고드는 바람에 그것이 빠지기 전에 몇 주 동안은 불에 데기라도 한 듯이 아팠다. 그래서 이번에는 안전한 거리에서 웅크린 채 천천히 배를 깔고 기어갔다. 그리고 조용히 기다렸다. 무슨 일이 벌어질지 짐작도 할 수 없었다. 바늘두더지가 갑자기 몸을 쭉 뻗칠지도 모른다. 만약 그렇다면 가시의 보호를 받지 않는 부드러운 배에 어떻게든 발톱을 처박고 찢어발길 수 있을 것이다.

30분이나 기다린 끝에 애꾸눈은 일어섰다. 그리고 움직이지 않는 공에게 부아가 치민다는 듯 으르렁거리고는 냉큼 달려나갔다. 전에도 가끔 바늘두더지가 몸을 쭉 뻗는 것을 기다렸던 적이 있었다. 그런 바보 같은 짓거리를 계속하면서 더는 시간을 헛되이 보내고 싶지 않았다. 애꾸눈은 오른쪽 물줄기를 계속 거슬러 올라갔다. 시간은 점점 지나고 있지만 이렇다 할 수확은 없었다.

 이제 막 눈을 뜬 애꾸눈의 부성애는 그를 거침없이 몰아붙였다. 무슨 수를 써서라도 먹이를 찾아야만 했다. 그리고 오후가 되어 우연히 들꿩을 발견했다. 수풀에서 빠져나온 순간 생각지도 못하게 코앞에서 고작 1피트도 채 떨어지지 않은 통나무에 앉아 있었던 이 멍청한 놈과 얼굴을 마주치게 된 것이다. 늑대와 새는 서로를 빤히 쳐다보았다. 그리고 새는 퍼뜩 정신을 차린 듯 날아오르려 했지만 애꾸눈이 앞발로 들꿩을 후려쳐 땅바닥에 내동댕이쳤다. 그러자 새가 다시 날아오르려고 날갯짓을 하며 눈 속으로 달아났다. 애꾸눈은 달려들어 부드러운 살과 물렁한 뼈에 날카로운 이빨을 깊숙이 박아 넣었다. 애꾸눈은 본능적으로 먹으려 했지만 이내 자신이 왜 먹이를 잡으려 하는지 생각해내고는 식사를 멈췄다. 그리고 들꿩을 물고 아까 왔던 길을 돌아 동굴을 향했다.

 또 다른 먹이는 없을까 주의를 기울이며 벨벳을 밟는 것처럼 눈 위를 소리 없이 달렸다. 물줄기가 두 갈래로 나누어진 곳에서 1마일만큼 거슬러 올라가자 이른 아침에 봤던 커다란 발자국을 발견했다. 그 발자국은 아침이 지나서 찍힌 바로 그것이었는데 자신이 가는 길로 이어져 있었다. 애꾸눈은 물줄기가 굽어지는 곳으로 발자국을 따라가며 그 주인과 만날 각오를 다졌다.

 물줄기가 급하게 굽어진 곳에 날카롭게 솟아난 바위가 있었다. 애꾸눈이 그 근처에서 살며시 머리를 내밀자, 그의 예민한 눈에 무언가가 비쳤다. 애꾸눈은 얼른 웅크렸다. 그의 눈에 비친 것은 발자국의 주인으로 보이는 커다란 암스라소니였다. 스라소니는 이날 애꾸눈이 그랬던 것처럼 몸을 똘똘 말고 그 자세로 얼어버린 가시 공 앞에서 웅크리고 있었다. 애꾸눈은 기어서 멀리 돌아갔다. 그 모습은 아까 전의 미끄러지듯 달리는 그림자에서 그림자의 유령으로 변한 것만 같았다. 그는 소리 없이 바람을 등지고 멀리 돌아서 움직이지 않고 가만히 있는 두 마리의 동물 쪽으로 기어갔다.

 애꾸눈은 먼저 들꿩을 옆에 두고 배를 깔고 기어가면서 낮은 가문비나무 수풀의 바늘 같은 잎 사이로 살아남으려고 죽은 듯 기다리고 있는 바늘두더지와 스라소니의 목숨을 건 게임을 눈앞에서 지켜보았다. 묘한 게임이었다. 한쪽에게 있어 사는 길이란 상대를 먹는 것이며 다른 한쪽에 있어서 사는 길이란 상대에게 먹히지 않는 것이다. 한편 수풀 속에서 몸을 숨기고 있는 애꾼눈 또한 이 게임의 참가자였다. 그의 역할은 자신과 가족의 목숨 줄인 고기를 얻을 수 있는 기이하고 이상한 기회를 기다리는 것이었다.

30분이 흐르고 또 한 시간이 지났다. 하지만 아무 일도 일어나지 않았다. 가시 공은 움직이기는 했지만 거의 돌이나 다름없었으며 스라소니는 얼어붙은 대리석이 된 것처럼 보였다. 그리고 늙은 애꾼눈은 아예 죽은 것만 같았다. 그러나 세 마리의 동물은 머리가 지끈지끈 할 만큼 긴장하고 있었다. 석화라도 된 듯 보이는 지금보다 더더욱 민감해질 일은 앞으로도 그렇게 많지 않으리라.

애꾼눈은 살짝 몸을 약간 움직이고 다시 집중해서 들여다보았다. 무슨 일인가가 벌어지려 했다. 바늘두더지는 적이 가버렸다고 생각했는지 마침내 아무도 침범할 수 없는 갑옷으로 만들어진 몸을 조심스럽게 펴려고 했다. 몸서리가 쳐질 만큼 두려운 위험이 더 이상 느껴지지 않았기 때문이다. 천천히 너무나도 천천히 가시 공은 쭉 펴지더니 길쭉해졌다. 지켜보고 있던 애꾼눈은 성찬과도 같은 싱싱한 고기에 저도 모르게 침이 흐르고 입가가 축축해지는 것을 느꼈다.

바늘두더지는 한참 몸을 펴다가 적이 아직도 자기 앞에 있다는 사실을 알아차렸다. 그러나 스라소니는 그 틈을 놓치지 않고 덮쳤다. 단단하게 휘어진 맹수의 발톱이 바늘두더지의 부드러운 뱃가죽을 찢어 놓을 기세로 파고들었다. 바늘두더지가 완전히 몸을 쭉 펴고 있었다면, 또는 스라소니의 공격하는 것을 늦게 봤더라면, 스라소니의 발은 무사했을지도 모른다. 그러나 발톱이 파고들기 전에 바늘두더지가 꼬리를 냅다 휘둘렀다. 스라소니 앞발에 날카로운 가시가 박혔다.

스라소니의 공격과 바늘두더지의 반격, 느닷없이 다쳐서 놀란 스라소니의 외침, 고통에 떠는 바늘두더지의 비명, 모든 상황이 한꺼번에 벌어졌다. 애꾼눈은 흥분해서 몸을 반쯤 일으켰다. 귀를 쫑긋 세우고 꼬리는 뒤로 뻗친 채 떨고 있었다. 스라소니는 저도 모르게 육식동물의 포악한 본능에 따라 자신을 아프게 한 것에게 사납게 달려들었다. 바늘두더지는 울며불며 찢어진 몸을 어떻게 해서든 둥글게 말아 스라소니를 막으려 했다. 바늘두더지는 또다시 꼬리를 휘둘렀다. 또다시 가시에 찔린 스라소니는 너무나도 아파 비명을 질렀다. 그리고 뒷걸음질 치면서 재채기를 했다. 기괴하게 생긴 가시방석처럼 코에 가시가 몇 개나 박혀 있었다. 화상이라도 입은 듯 아픈 코에서 가시를 빼내려 코를 문지르거나 눈 속에 처박기도 하고 나뭇가지에 비벼대기도 했다. 그동안 아프고 놀라서 정신없이 여기저기 날뛰었다.

스라소니는 끊임없이 재채기를 하며 짧은 꼬리를 마치 채찍처럼 거칠게 휘둘렀다. 그러나 우스꽝스럽게 날뛰다가 멈추더니 이내 얌전해졌다. 애꾸눈은 숨죽여 지켜보았다. 스라소니는 계속 얌전히 있다가 느닷없이 펄쩍 뛰어오르더니 소름끼치는 비명을 내질렀다. 애꾸눈은 깜짝 놀라 저도 모르게 등 털을 곤두세웠다. 스라소니는 한 번 뛸 때마다 소리를 지르며 오솔길을 따라 강 위쪽으로 달려나갔다.

스라소니가 지르는 비명 소리가 점점 멀어지더니 마침내 들리지 않게 되었다. 애꾸눈은 그제야 수풀에서 나왔다. 눈 위에는 온통 바늘두더지의 가시가 박혀 있기에 조심스레 걸어나왔다. 바늘두더지는 애꾸눈이 가까이 오자 미친 듯이 날뛰었고 비명을 지르면서 긴 이빨을 딱딱 부딪쳤다. 그리고 있는 힘을 다해 몸을 둥글게 말려고 했지만, 아까처럼 완전한 공 모양은 되지 않았다. 근육이 반이나 찢어졌기 때문에 잘 말아지지도 않았거니와 피도 폭포수처럼 흘러내리고 있었다.

애꾸눈은 피가 스며든 눈을 한입 퍼서 물고 맛보더니 꿀꺽 삼켰다. 피가 마치 향신료처럼 식욕을 돋웠다. 그러나 지금까지 쌓아왔던 경험을 바탕으로 경계를 게을리하지 않았다. 애꾸눈은 누워서 기다렸다. 한편 바늘두더지는 이를 갈면서 흐느껴 울었다. 때로는 몸이 잘려 나가기라도 한 것처럼 고통으로 가득 찬 비명을 질렀다. 이윽고 팽팽하게 서 있던 바늘두더지의 가시가 점점 수그러들더니 크게 떨렸다. 그리고 갑자기 떨림이 멈췄다. 마지막으로 자신 앞에 놓인 운명에 반항이라도 하듯 긴 이빨을 부딪쳤다. 모든 가시가 수그러들고 몸이 축 늘어졌다. 그리고 바늘두더지는 두 번 다시 움직이지 않았다.

애꾸눈은 겁에 질려 굳어버린 앞발을 억지로 움직여서 바늘두더지의 몸을 뒤집고 쫙 펼쳤다. 분명히 죽은 것이다. 애꾸눈은 잠시 바늘두더지를 열심히 살펴봤다. 그리고 가시투성이인 등짝을 피해 조심스레 바늘두더지를 물었다. 그리고 들어 올리기도 하고 질질 끌기도 하면서 물줄기를 거슬러 내려가기 시작했다. 그러다 문득 자신이 두고 온 들꿩이 생각나 바늘두더지를 내려놓고 들쥐가 있는 곳으로 되돌아갔다. 애꾸눈은 한 순간도 망설이지 않고 재빨리 들쥐를 먹어치웠다. 자신이 해야 할 일을 잘 알고 있었기 때문이다. 그러고 나서 바늘두더지가 있는 곳으로 돌아와 그것을 들어 올렸다.

  애꾸눈이 하루 내내 사냥한 먹잇감을 동굴 안으로 끌고 들어왔다. 암늑대는 그것을 살펴보더니 애꾸눈의 목덜미를 핥았다. 하지만 바로 으르렁거리며 새끼들 옆에서 떨어지라며 경고를 보냈다. 그런데 암늑대는 전처럼 사납게 으르렁거리지는 않았다. 위협하고 있다기보다 오히려 변명하는 것 같았다. 암늑대가 본능적으로 새끼들의 아비에게 품고 있던 두려움은 점차 사라지고 있었다. 애꾸눈이 추악한 욕망에 못 이겨 암늑대가 이 세상에 낳은 어린 생명들을 게걸스레 먹어 치우지 않고 아비 늑대의 임무를 훌륭히 다하고 있기 때문이다.

3
회색 새끼늑대

  그 새끼늑대는 다른 새끼들과는 달랐다. 다른 새끼들의 털은 어미인 암늑대를 닮아 불그스름한 색을 띠고 있었다. 그러나 그 새끼늑대만은 아비 늑대를 닮았다. 한배에서 태어난 새끼들 가운데 회색 새끼늑대는 오로지 한 마리뿐이었다. 그는 순수한 늑대의 피를 이어받았다. 그리고 한 군데 말고는 신체적으로도 애꾸눈을 쏙 빼닮았다. 그 차이란 기껏해야 아비 늑대에게는 눈이 한 짝밖에 없고, 회색 새끼늑대에게는 눈이 두 짝 모두 다 있다는 것이다.

  회색 새끼늑대는 눈을 뜬 지 얼마 되지도 않았지만 모든 것이 선명하게 보였다. 눈을 감고 있는 동안에도 계속 만지거나 맛보거나 냄새를 맡아서 형제 두 마리와 자매 두 마리에 대해서도 잘 알고 있었다. 회색 새끼늑대는 연약하고 꼴사나운 모습으로 형제자매들과 장난치거나 치고받고 싸웠다. 흥분하면 작은 목구멍이 떨리면서 귀에 거슬리는 이상한 소리를 냈다. 눈을 뜨기 전에 만지거나 맛을 보거나 냄새를 맡아서 어미 늑대를 알아볼 수 있었다. 어미는 마치 따뜻함과 움직이는 먹이와 애정이 솟아나는 샘과도 같았다. 어미 늑대는 부드럽고 상냥한 혀를 가지고 있었다. 그걸로 몸을 여기저기 핥아주면 마음이 편안해져 어미 늑대 몸에 기대어 저도 모르게 꾸벅꾸벅 잠들어 버리고는 했다.

태어나서 한 달 동안은 거의 잠으로 하루를 보냈다. 그러나 이제 눈을 완전히 떴으며 눈 뜨고 있는 시간 또한 길어지자 자신이 사는 세상에 대해 잘 알 수 있었다. 세상은 어둑어둑했다. 그러나 여기 말고 다른 세상이 있다는 걸 몰랐기 때문에 이곳이 어둑어둑하다는 것도 느끼지 못했다. 이곳은 어스름이 지배하는 세상이며 다른 빛에 익숙해질 필요도 없었다. 새끼늑대가 있는 세상은 매우 작았다. 굴 안은 벽으로 구분되어 있었기 때문이다. 그러나 바깥에 있는 거대한 세상에 대해서 아무것도 모르기에 자신이 있는 곳이 좁다고 해서 괴롭지는 않았다.

회색 새끼늑대는 자신이 있는 세상의 한쪽 벽이 그냥 벽과 다르다는 것을 예전부터 알고 있었다. 그것은 동굴의 입구이며 빛의 근원이었다. 새끼늑대는 자신만의 생각이나 의지를 가지기 전부터 그곳이 자신의 주위에 있는 벽과는 다르다는 것을 알고 있었다. 눈을 뜨기 전부터 빛의 매력에 사로잡혔다. 그곳에서 흘러들어오는 빛이 굳게 닫쳐 있던 눈꺼풀에 부딪치면 눈과 시신경이 조그마한 불꽃처럼 따뜻한 느낌의 색으로 물들고 아름답게 반짝였다. 그럴 때면 가슴이 두근거렸다. 몸과 그 속에 있는 신경들 그리고 몸 자체이며 회색 새끼늑대라는 존재가 빛을 원했다. 마치 식물의 화학작용이 자기 자신을 햇빛이 있는 곳으로 몰아붙이는 것처럼 새끼늑대의 몸도 자기 자신을 빛이 있는 동굴 입구로 몰아붙였다.

회색 새끼늑대는 처음으로 자신이 의식해서 생활을 하기 전부터 늘 동굴 입구로 기어갔다. 그것은 다른 새끼늑대들도 마찬가지였다. 어두운 구석에서 기어다니는 새끼늑대는 한 마리도 없었다. 빛이 식물에게 그러듯 새끼늑대들을 유혹하는 것이다. 새끼늑대들을 몸속에서 일어나는 생명의 화학작용에는 빛이 필요했다. 새끼늑대들은 작은 인형처럼 움직이며 포도나무 넝쿨처럼 무조건 몸이 원하는 대로 빛을 향해 기어갔다. 개성이 발달하고 충동과 욕망을 스스로 의식하게 되자 빛의 매력은 점점 더 커져만 갔다. 새끼늑대들은 하루 내내 빛이 있는 방향으로 아장아장 기어갔다. 하지만 다다르기도 전에 어미 늑대가 쫓아내는 바람에 제자리로 돌아오곤 했다.

회색 새끼늑대는 어미 늑대에게 부드럽게 어르는 혀와 다른, 또 하나의 특징이 있다는 것을 알게 되었다. 끈질기게 빛이 있는 방향으로 기어가면 뾰족한 코로 찔러서 혼을 냈으며 앞발로 밀어 넘어뜨리고는 데굴데굴 굴렸다. 그래서 회색 새끼늑대는 아픔이라는 것을 알게 되었으며 나아가 아픔을 피할 수 있는 방법을 배웠다. 첫 번째로는 위험한 상황에 빠지지 않는 것이다. 두 번째로는 만약 위험한 상황이 닥치면 몸을 숨기거나 그곳에서 벗어나는 것이다. 이는 새끼늑대가 자신만의 의식으로 경험을 살려 행동한 것의 첫 결과였다. 그 전에는 본능적으로 빛을 향해 기어간 것처럼 본능적으로 위험한 상황에서 물러났다. 그 뒤로부터 새끼늑대는 무언가가 자신을 아프게 한다고 생각하면 그것을 멀리하게 되었다. 아프다는 것이 무엇인지 이해했기 때문이다.

회색 새끼늑대는 사나웠다. 다른 새끼들도 마찬가지였다. 육식동물이니 당연한 이야기다. 생명을 죽여 그들의 살을 먹는 종족이다. 아비 늑대와 어미 늑대는 평생 고기를 먹으며 살아왔다. 연약했던 새끼늑대가 처음으로 먹었던 흘러내리는 먹이는 어미 늑대가 먹은 고기가 몸속에서 변한 것이다. 그리고 태어나서 한 달이 지나 눈을 뜨고 난 지 일주일밖에 안 되었는데도 그들은 벌써 고기를 먹기 시작했다. 물론 암늑대가 젖으로 다 키울 수 없을 만큼 몸집이 커져 계속 자라는 다섯 마리 새끼늑대들을 위해 반은 씹어서 뱉어낸 고기지만 말이다.

회색 새끼늑대는 함께 태어난 새끼늑대들 가운데 가장 사나웠다. 으르렁거리는 소리는 새끼늑대들 가운데 가장 컸고 귀에 거슬렸다. 새끼늑대가 내는 꼴같잖은 화라도 다른 새끼늑대들이 화내는 것에 비하면 훨씬 무시무시했다. 앞발로 다른 새끼늑대들을 굴리는 장난도, 다른 새끼늑대들의 귀를 물어 털을 뜯거나 잡아당기고는 입을 꾹 다문 채 으르렁거리는 것도 가장 빨리 배웠다. 새끼늑대들이 입구에 가까이 가는 것을 막아내는 어미 늑대를 가장 애먹이는 것도 회색 새끼늑대였다.

회색 새끼늑대에게 빛의 매력은 하루하루 커져만 갔다. 틈만 나면 입구 쪽으로 소소한 모험을 떠났다가 그때마다 어미 늑대에게 쫓겨나 제자리로 돌아왔다. 그곳이 동굴 입구라는 것을 몰랐다. 입구에 대해서 아는 것이 없었다. 입구를 통해 이곳저곳으로 갈 수 있다는 사실도 몰랐다. 여기 말고는 아는 곳이 없었기 때문에 다른 곳으로 가는 길을 알 리가 없었다. 그래서 동굴 입구를 빛으로 된 벽이라 생각했다. 바깥에서 살아가는 존재에게 태양이라는 빛이 있듯이 동굴 안에서 살아가는 새끼늑대에게는 입구라는 빛이 있었다. 그리고 촛불이 나방을 끌어들이는 것처럼 그 빛은 새끼늑대를 끌어들였다. 그래서 틈만 나면 입구로 나아가려 애를 썼다. 몸속에서 빠르게 퍼져 가는 생명이 새끼늑대를 빛으로 된 벽으로 끊임없이 몰아붙이고 있는 것이다. 또한 몸속의 생명은 그것이 바깥으로 나갈 수 있는 단 하나의 출구이며 운명이 그를 출구로 이끌 것이라는 사실을 알았다. 그러나 새끼늑대 자체는 그에 대해 아는 것이 없었다. 바깥에도 다른 세상이 있다는 것을 몰랐다.

이 빛으로 된 벽에는 신기한 게 하나 있었다. 그것은 바로 아비 늑대(새끼늑대는 이미 아비 늑대를 이 세상에 사는 또 하나의 식구로서 인식했다. 왜냐하면 빛과 가까운 곳에서 잠자며 고기를 가져다 주는 데다 어미 늑대와 닮았기 때문이다)였다. 아비 늑대에게는 건너편의 하얀 벽으로 들어가서는 사라져 버리는 특징이 있었다. 회색 새끼늑대는 도저히 이해할 수 없었다. 어미 늑대는 결코 그 벽에 가까이 다가가지 못하게 했기 때문이다. 그러나 다른 벽에 가까이 가면 부드러운 코끝이 딱딱한 것에 부딪쳤다. 그것이 아픔이다. 그런 아픔을 네댓 번 겪고 난 뒤로는 그 벽에 가까이 가지 않기로 했다. 그는 대수롭지 않게 젖과 반은 씹힌 고기가 어미 늑대의 특징인 것처럼 벽 속으로 사라져 가는 것이 아비 늑대의 특징이라고만 생각했다.

사실 회색 새끼늑대의 머리는 생각, 적어도 인간이라면 당연한 사고(思考)를 할 수 있도록 만들어지지 않았다. 인간처럼 머리가 잘 돌아가지 않았다. 그러나 새끼늑대가 내리는 판단은 마치 인간이 내리는 것처럼 날카롭고 정확했다. 이유와 목적을 따지지 않고 사물을 있는 그대로 받아들였기 때문이다. 사실 분류하는 행위였다. 어째서 그런 일이 벌어지는 것인가에 대한 이유 따윈 아무래도 좋았다. 어떻게 일이 벌어지는가? 그 의문만으로도 충분했다. 그래서 안쪽 벽에 코를 네댓 번 부딪치자 자신은 벽을 통과할 수 없다는 판단을 내렸다. 그리고 그 뒤로는 구태여 자신과 아비 늑대와의 차이점을 찾아내려고 애를 쓰지 않았다. 논리학이나 물리학은 새끼늑대의 정신을 구성하는데 전혀 쓸모없는 것이었다.

황야에 있는 모든 생물과 마찬가지로 새끼늑대는 어렸을 때부터 굶주림을 겪었다. 심지어 고기는커녕 어미 늑대의 젖조차 얻어먹지 못하는 날도 있었다. 처음에 새끼늑대들은 흐느껴 울부짖다가도 이내 잠들어 버리고는 했다. 그러나 얼마 지나지 않아 너무 굶은 나머지 정신이 혼미해졌다. 더 이상 사소한 싸움도, 마주 보고 으르렁거리지도 않았다. 또한 하얀 벽으로 모험을 떠나지도 않게 되었다. 새끼늑대들이 계속 잠만 자는 동안 몸속의 생명은 깜박깜박 거리며 사라져 갔다.

애꾸눈은 죽을힘을 다해 먹이를 구하러 돌아다녔다. 자는 것도 잊은 채 웬만하면 가지 않은 먼 곳까지 나아갔다. 굴속에는 비참함과 쓸쓸함만이 감돌았다. 또한 어미 늑대도 새끼늑대들을 거의 내팽개치다시피 먹이를 찾아 나섰다. 새끼늑대들이 태어난 지 얼마 되지 않았을 무렵, 인디언들의 오두막이 있는 곳까지 가서 덫에 걸린 토끼를 몇 번인가 훔쳤다. 그러나 눈이 녹아 개울이 흐르기 시작하자 인디언들의 오두막이 어디론가 사라졌다. 애꾸눈은 더 이상 토끼를 훔칠 수 없게 되어 버렸다.

회색 새끼늑대가 다시 하얀 벽에 흥미를 가지기 시작할 때쯤에 식구들이 많이 사라졌다는 것을 깨달았다. 남아 있는 것이라고는 여동생 한 마리뿐이었다. 다른 새끼늑대들은 모두 없어졌다. 회색 새끼늑대는 힘이 점점 세졌지만 이제 혼자 놀아야 한다는 것도 깨달았다. 여동생은 이제 머리는커녕 몸 하나 까딱하지 못했기 때문이다. 자신의 작은 몸은 지금 먹고 있는 고기로 통통하게 살이 오르는데 여동생에게는 고기가 너무 늦게 도착했던 것이다. 여동생은 끊임없이 잠에 빠져들었다. 가죽으로 둘러싸인 볼품없는 해골 속에서 생명의 불꽃이 깜박이더니 점차 기운을 잃었고 이내 꺼져 버렸다.

그리고 하얀 벽에 나타났다가 사라지고는 어느샌가 입구에 누워 잠을 청하는 아비 늑대의 모습을 더 이상 볼 수 없었다. 전처럼 그리 힘들지 않았던 두 번째 굶주림이 끝날 무렵에 벌어진 일이었다. 암늑대는 애꾸눈이 이제 돌아오지 않는 이유를 알았지만, 자신이 보고 온 것을 회색 새끼늑대에게 가르쳐줄 도리가 없었다. 암늑대는 스라소니가 살고 있는 왼쪽 물줄기를 거슬러 올라가 지난날 고기를 찾아다닐 때 찍힌 애꾸눈의 발자국을 더듬어갔다. 그리고 애꾸눈을 발견했다. 아니, 발자국이 끊긴 곳에 애꾸눈의 잔해를 발견했던 것이다. 그곳에는 사투가 벌어진 흔적과 스라소니가 애꾸눈을 동굴로 끌고 간 흔적이 여기저기 남아 있었다. 암늑대는 도망가기 전 스라소니 굴을 발견했다. 그러나 안에서 스라소니의 기척이 느껴졌기 때문에 무모하게 쳐들어가지는 않았다.

그 뒤로부터 암늑대는 사냥을 나가도 왼쪽 물줄기로는 가까이 가지 않았다. 스라소니 동굴에는 새끼 스라소니가 몇 마리 있었다. 게다가 스라소니는 포악하고 성질이 사나우며 무서운 투사임을 잘 알고 있었기 때문이다. 물론 아무리 입에서 침을 튀기며 털을 곤두세우는 스라소니라 해도 대여섯 마리가 한꺼번에 덤벼든다면 몰아붙일 수도 있을 것이다. 그러나 혼자서 덤벼든다면 어려우리라. 게다가 스라소니가 굶주렸으며 새끼 스라소니들이 있을 때에는 더더욱 조심해야만 했다.

그러나 아무리 거친 야생 속에서도 모성에는 변함이 없었다. 모성애란 황야 안이건 밖이건 언제나 강한 보호본능을 지니고 있다. 암늑대가 회색 새끼 늑대를 위해 위험을 무릅쓰고 왼쪽 물줄기에 있는 바위에 난 동굴과 스라소니의 분노에 맞서 싸울 날이 오리라.

4
세상의 벽

시간이 흐르고 어미 늑대는 먼 곳으로 사냥을 가게 되었다. 그동안 새끼늑대는 혼자 입구로 다가가선 안 된다는 법칙을 잘 지키고 있었다. 어미 늑대가 코와 앞발로 몇 번씩이나 새끼늑대 마음속 깊이 새겨 넣어서 그런 것만은 아니었다. 새끼늑대 안에서 공포에 대한 본능이 점점 더 커졌기 때문이다. 물론 좁은 동굴 속에서 무서운 것과 만난 적은 한 번도 없었다. 그러나 공포가 새끼늑대 안에 있었다. 이는 몇천 몇백만이라는 수많은 생명을 통해 아득한 선조로부터 물려받은 것이다. 또한 애꾸눈과 암늑대가 물려준 유산 가운데 하나였다. 애꾸눈과 암늑대도 몇 세대를 거쳐 차례로 물려받은 것이었다. 공포! 그것은 어떤 동물이라도 벗어날 수 없으며 또한 어떤 먹이와도 맞바꿀 수 없는 황야의 유산이다.

그러므로 회색 새끼늑대는 공포가 어떤 것인지는 알았지만, 공포가 왜 만들어지는지는 몰랐다. 그래서 자신의 삶에 가해지는 제한 가운데 하나로 받아들였다. 삶에 굴레를 씌우는 무언가가 있다는 것을 이미 느끼고 있었기 때문이다. 새끼늑대는 굶주림이 무엇인지 알았다. 그리고 굶주림을 채우지 못할 때면 그것은 언제나 자신의 목을 졸랐다. 동굴 벽이라는 딱딱한 장해물이나 어미 늑대가 코로 아프게 찔렀던 일, 앞발에 맞아 쓰러졌던 일, 몇 번씩이나 찾아온 채워지지 않는 굶주림. 세상에는 새끼늑대 마음대로 되는 것이 하나도 없었다. 그래서 삶에는 통제와 구속이 따른다는 것을 마음속 깊이 새겨 넣었다. 통제와 구속이란 법칙의 또 다른 이름이었다. 아프지 않고 맘 편히 살고 싶다면 법칙을 따라야만 했다.

새끼늑대는 그 문제를 인간처럼 이리저리 생각하지는 않았다. 그저 아픈 것과 아프지 않은 것을 나눴을 뿐이다. 분류가 끝난 뒤에는 맘 편히 지내기 위해 자신을 아프게 하는 통제와 구속과는 가까이 하지 않으려 애썼다.

어미 늑대가 정한 법칙과 자신이 모르는 무언가, 즉 공포의 법칙에 따라 새끼늑대는 동굴 입구에서 멀리 떨어져 있었다. 그래서 동굴 입구를 여전히 하얀 벽이라고만 생각했다. 어미 늑대가 없을 때에는 잠들었으며 만약 잠에서 깨어나더라도 얌전히 있었다. 그동안 목구멍을 간질이는 콧소리를 내지 않으려 애를 썼다.

한번은 잠에서 깨어나 누워 있었는데 하얀 벽 속에서 이상한 소리가 들렸다. 오소리가 밖에 서서 자신이 낸 용기에 몸을 떨며 조심스레 동굴 안 냄새를 맡고 있었던 것이다. 그러나 새끼늑대는 오소리에 대해 아무것도 몰랐다. 그저 한 번도 본 적이 없는 저 생물이 이상하게 코를 킁킁거리고 있다 생각했을 뿐이다. 그는 자신이 모르는 무서운 것이다. 모른다는 것은 공포를 일으키는 중요한 원인 가운데 하나이다.

회색 새끼늑대는 등 털을 곤두세웠다. 그러나 소리는 내지 않았다. 킁킁 냄새를 맡고 있는 저놈에게 털을 곤두세워 대항해야만 한다는 것을 어떻게 알았을까? 그것은 새끼늑대가 터득한 지식에서 나온 게 아니라 새끼늑대 속에 자리 잡고 있는 공포에서 나오는 것이었다. 그러나 공포에는 그를 피해 숨고자 하는 본능도 같이 따라오기 마련이었다. 새끼늑대는 너무나 무서워 미칠 것만 같았다. 마치 얼어붙기라도 한 듯 소리 없이 납작 엎드렸다. 그리고 쥐 죽은 듯 뻣뻣하게 굳어 있었다. 어미 늑대가 돌아와 오소리 냄새를 맡고는 으르렁거리며 굴속으로 뛰어들어왔다. 그리고 새끼늑대를 핥고 코를 들이대면서 극성스럽게 애정을 나타냈다. 그제야 새끼늑대는 자기가 무언가 엄청난 위기에서 벗어났음을 깨달았다.

그러나 새끼늑대 안에서는 다양한 힘이 살아 움직이고 있었다. 그 가운데 가장 활발하게 움직이는 것은 성장하고자 하는 힘이었다. 본능과 법칙은 새끼늑대에게 복종을 바랐지만 성장은 복종하지 않기를 바랐다. 어미 늑대와 공포는 빛으로 된 하얀 벽과 새끼늑대를 멀리 떼어 놓으려 했다. 그러나 삶이란 곧 성장한다는 것이며 운명은 생명이 언제나 빛을 향해 나아가도록 이끌었다. 어느 누구도 새끼늑대 안에서 넘실거리는 생명의 밀물을 막을 수 없었다. 그것은 고기를 한 입씩 삼킬 때마다, 숨을 한 번씩 들이켤 때마다 차올랐다. 그리고 마침내 생명의 밀물은 새끼늑대가 앞으로 힘차게 나아갈 수 있도록 공포와 복종을 쓸어내 버렸다. 새끼늑대는 네 발에 힘을 잔뜩 주고 입구로 비틀비틀 기어나갔다.

그 벽은 전에 부딪쳤던 다른 벽과는 달리 새끼늑대가 다가가면 갈수록 물러나는 것 같았다. 시험 삼아 작고 부드러운 코를 쭉 내밀어 보아도 전처럼 딱딱한 게 느껴지지 않았다. 그 벽은 빛처럼 안으로 들어갈 수 있으며 들어가면 모양이 바뀌는 것으로 만들어졌다고 생각했다. 새끼늑대 눈에는 정해진 모습을 하고 있는 것처럼 보였기 때문이다. 그래서 벽이라 생각했던 그 속으로 들어갔다. 벽을 이루고 있는 무언가가 새끼늑대에게 쏟아져 내렸다.

새끼늑대는 당황해서 어찌할 바를 몰랐다. 딱딱하리라 생각했던 것 속을 비틀비틀 걷고 있었다. 게다가 빛은 점점 밝아졌다. 공포는 돌아가기를 원했지만 성장은 그를 앞으로 나아가도록 내몰았다. 문득 정신을 차리자 새끼늑대는 동굴 입구에 와 있었다. 동굴 안에 있을 때는 벽이라 생각했던 것이 갑자기 눈에 다 들어오지도 않을 만큼 멀리 있었다. 빛은 눈이 아플 정도로 밝았다. 눈앞이 어질어질했다. 또 자신이 있는 공간이 동굴 안에 비해 터무니없이 커다랬으므로 어지러웠다. 그러나 눈은 자연스럽게 바깥의 빛에 익숙해졌으며 멀리 있는 여러 사물도 초점이 맞춰졌다. 처음에는 보이지 않았던 벽도 어느샌가 다시 보였지만 입이 딱 벌어질 만큼 멀리 있는 데다 겉모습도 달랐다. 그리고 지금 새끼늑대 주변에 있는 벽은 여러 가지 색을 띠고 있었다. 물줄기 변두리를 따라 우거져 있는 나무, 그 나무들 건너편에 솟아 있는 산, 산 위에 펼쳐져 있는 하늘, 갖가지 색채들로 넘쳐났다.

새끼늑대는 크나큰 두려움에 사로잡혔다. 자신이 모르는 무서운 것들이 잔뜩 보이기 때문이다. 새끼늑대는 동굴 입구 앞에 웅크리고 앉아 바깥세상을 뚫어지게 쳐다보았다. 너무나 무서웠다. 바깥세상에 있는 것들은 한 번도 본 적이 없었기에 적이나 마찬가지이다. 등 털은 꼿꼿이 세우고 입은 사납게 으르렁거리며 위협하려는 듯 실룩실룩 죄어들었다. 자신은 보잘것없는 데다 처음 보는 것들이 다 무서웠다. 그래서 자신의 두려움을 감추기 위해 오히려 바깥세상에 도전하고 위협하려 애를 썼다.

그러나 아무 일도 벌어지지 않았다. 심지어 노려보고 있는 사이에 점점 호기심마저 생겨 으르렁거리는 것도 잊었다. 또한 두려움도 잊었다. 공포는 성장 때문에 쫓겨나고, 성장은 호기심이라는 가면을 썼다. 새끼늑대는 먼저 가까이 있는 것에게 관심을 기울이기 시작했다. 햇빛을 받아 반짝반짝 빛나고 있는 물줄기와 언덕 기슭에 서 있는 시든 소나무, 그리고 비탈길 자체에도 흥미를 느꼈다. 비탈길은 새끼늑대가 웅크리고 있는 동굴 입구 바로 2피트 아랫부분에서 시작해 밑으로 죽 기울어져 있었다.

그런데 회색 새끼늑대는 지금까지 평평한 곳에서 살았기 때문에 떨어져서 다쳐본 적이 없었다. 떨어진다는 게 어떤 것인지도 몰랐다. 그래서 뒷발을 동굴 입구에 디딘 채 과감하게 공중에 앞발을 내딛었다. 그 순간 머리부터 거꾸로 떨어져 땅에 코를 쾅 박았다. 새끼늑대는 낑낑 울어댔다. 그러나 비탈길을 굴러 내려가기 시작하자 너무나 공포에 질린 나머지 어찌할 바를 몰랐다. 드디어 자신이 모르는 무언가에게 잡히고 만 것이다. 거칠게 새끼늑대를 잡아챈 다음에 무엇인지는 모르지만 무서운 상처를 주려고 하는 것이다. 이번에는 성장이 공포에 쫓겨, 새끼늑대는 깜짝 놀란 강아지처럼 낑낑 울었다.

자신이 모르는 무언가가 왠지 모를 무서운 상처를 주고 있었다. 새끼늑대는 끊임없이 비명을 지르며 낑낑 울어댔다. 그것은 자신이 모르는 무언가가 근처에 숨어 있는 동안, 공포로 얼어붙어 웅크리고 있을 때와는 전혀 달랐다. 이제 자신이 모르는 무언가에 꽉 붙잡혀 버린 것이다. 입 다물고 있어도 아무런 도움이 되지 않았다. 공포뿐만이 아니라 놀라움도 새끼늑대의 마음을 꽉 움켜쥐고는 흔들어놓고 있었다.

그러나 비탈이 점점 낮아졌으며 산기슭은 풀로 덮여 있었다. 새끼늑대가 굴러 내리는 속도도 점점 느려지다 간신히 멈춰 섰다. 새끼늑대는 마지막으로 아픔과 괴로움에 찬 비명을 질러댔다. 그리고 오랫동안 코를 킁킁거리며 울었다. 그러고 나서 너무나도 마땅하다는 듯이 몸 여기저기에 묻어 있는 더러운 흙먼지를 핥아 없앴다.

그 뒤 새끼늑대는 자리를 잡고 처음으로 화성에 도착한 지구인처럼 주변을 둘러보았다. 새끼늑대는 세상의 벽을 뚫고 나온 것이다. 자신이 모르는 무언가가 새끼늑대를 붙들고 있던 손을 놓았다. 그래서 더 이상 아프지도 않았다. 하지만 처음으로 화성에 도착한 인간도 새끼늑대만큼 불안에 떨지는 않았으리라. 예비지식도 없고, 이런 일이 있으리라는 경고도 없이 새끼늑대는 새로운 세상의 탐험가가 되었다.

자신이 모르는 무서운 무언가가 손을 놓아서 그들은 언제나 자신을 깜짝 놀라게 하려 한다는 것을 잊어버렸다. 그저 주변에 있는 모든 것에 호기심을 느낄 뿐이었다. 그래서 발밑에 난 풀이나 바로 건너편에 있는 크랜베리, 숲 속 공터 가장자리에 서 있는 마른 소나무 둥치를 조심스레 바라보았다. 다람쥐 한 마리가 나무뿌리 근처에서 돌아다니다가 갑자기 이쪽으로 달려오는 바람에 깜짝 놀랐다. 새끼늑대는 웅크리며 으르렁거렸다. 그러나 다람쥐도 만만치 않게 놀란 모양이다. 잽싸게 나무로 뛰어올라가 안전한 곳에서 괘씸하다는 듯이 이죽거렸다.

덕분에 새끼늑대에게도 용기가 솟아올랐다. 다람쥐 다음에 만난 딱따구리에게도 놀랐지만 점점 자신에 차올라 앞으로 나아갔다. 심지어 어치가 건방지게 뽕뽕 뛰면서 다가왔을 때도 앞발로 장난까지 쳤다. 그러나 어치가 날카로운 부리로 코끝을 찌르는 바람에 새끼늑대는 수그리고 낑낑 울었다. 그 울음소리가 꽤 소름끼치는 것이어서 어치도 자신의 안전을 위해 날아갔다.

그러나 새끼늑대는 바깥세상에 있는 여러 가지 사물들에 대해 하나하나 배우고 있었다. 정신없는 상황이지만 저도 모르게 사물을 분류하고 있었다. 살아 있는 것과 살아 있지 않은 것이었다. 그리고 살아 있는 것은 경계해야만 했다. 살아 있지 않은 것은 언제나 같은 곳에 머물러 있었지만 살아 있는 것은 움직이며 돌아다니기 때문에 어떤 일을 저지를지 몰랐다. 살아 있는 것에 대해 예상할 수 있는 것은 예기치 못한 사건밖에 없다. 그래서 이에 대비해야만 했다.

새끼늑대는 꼴사나운 모습으로 돌아다녔다. 부러진 가지나 여러 가지 많은 것들과 부딪쳤다. 저 멀리 있다고 생각했던 작은 가지가 눈 깜짝할 사이에 코를 후려치거나 옆구리를 할퀴기도 했다. 땅바닥은 울퉁불퉁하고 가끔씩 나무뿌리에 걸려 넘어져 코를 찧기도 했다. 다리를 덜 벌려서 발을 몇 번씩이나 부딪쳤다. 그리고 작은 돌멩이나 자갈들을 밟으면 발밑에서 자꾸만 굴러서 걷기가 불편했다. 돌을 밟고 나서는 살아 있지 않은 것이라도 자신이 살던 동굴처럼 늘 멈춰 있지 않다는 사실을 알았다. 또한 살아 있지 않은 것은 작은 쪽이 큰 쪽보다 쓰러지거나 구르기 쉽다는 것도 깨달았다. 새끼늑대는 곤란한 일을 겪을 때마다 많은 것을 배워 나갔다. 오랜 시간 걸으면 걸을수록 자세가 바로 잡혔다. 어떤 일이 닥칠 때마다 그에 잘 적응했다. 새끼늑대는 자신의 근육이 얼마나 움직일 수 있는지 가늠했으며 자신의 체력의 한계를 알게 되었다. 또한 사물과 사물 사이의 거리나 자신과 사물 간의 거리를 재는 법도 배웠다.

  새끼늑대는 처음 사냥하는 것치고는 행운이 따랐다. 알 리가 없지만 어쨌거나 살아 있는 것의 살을 먹이로 삼는 존재로 태어난 새끼늑대는 처음 바깥 세상에 발자국을 남긴 날, 동굴 입구 앞에서 우연히 먹이와 만나게 된다. 허둥대며 걷다가 우연히 교묘하게 감춰져 있던 들꿩 둥지 안으로 떨어진 것이다. 새끼늑대는 그저 쓰러진 소나무 둥치를 넘어가려고 했을 뿐이었지만 운이 나쁘게도 발치의 나무껍질이 썩어서 문드러졌다. 새끼늑대는 절망에 비명을 지르면서 소나무 둥치 옆구리에서 거꾸로 떨어졌다. 나뭇잎과 작은 가지 사이를 뚫고 떨어졌더니 수풀 한 가운데에 있는 새끼들꿩 일곱 마리가 떨어지는 새끼늑대를 받았다.

  새끼늑대는 시끄럽게 떠들어대는 새끼들꿩들을 보고 깜짝 놀랐다. 그러나 그들이 자신보다 훨씬 작다는 사실을 알아채고는 바로 대담해졌다. 새끼들이 정신없이 움직였다. 그 가운데 한 마리를 앞발로 툭 건들자 소스라치게 놀랐다. 그 모습이 너무 재미있어서 냄새를 맡고 입에 물었다. 새끼들꿩이 발버둥 치면서 혀를 간질였다. 그러자 갑자기 배가 고프다는 생각이 들어 입을 꾹 다물어 버렸다. 물렁물렁한 뼈가 오도독오도독 소리를 내며 부서지고 따뜻한 피가 입 안으로 흘러들어 오는 게 맛이 일품이었다. 어미 늑대가 가지고 온 것과 마찬가지로 새끼들꿩도 고기이다. 게다가 살아 있어서 싱싱한 만큼 훨씬 더 맛있었다. 결국 새끼늑대는 모든 새끼들꿩을 한꺼번에 먹어 치우고 말았다. 그리고 어미 늑대처럼 주둥이를 핥고는 수풀에서 기어 나왔다.

그 순간 회오리바람 같은 날갯짓이 새끼늑대를 덮쳤다. 분노로 가득 찬 날개 세례에 당황해 눈앞이 캄캄해졌다. 새끼늑대는 앞발 사이에 머리를 숨기고 울며불며 소리 질렀다. 공격은 점점 더 사나워졌다. 어미 들꿩은 머리끝까지 화가 났다. 새끼늑대도 점점 화가 나기 시작했다. 으르렁거리며 일어나 어미 들꿩을 앞발로 후려쳤다. 그리고 다리에 힘을 주고 서서 날개에 달려들어 조그마한 이빨을 박아 넣었다. 그러고는 날개털을 뽑아내거나 죽 잡아당겼다. 어미 들꿩도 이에 맞서 물리지 않은 날개로 소나기처럼 공격을 퍼부어댔다. 이날 새끼늑대는 처음으로 살아 있는 것과 싸웠다. 새끼늑대는 기세등등해졌다. 자신이 모르는 무언가 따위는 어느샌가 싹 다 잊었다. 이젠 아무것도 두렵지 않았다. 자신에게 달려드는 생물과 싸워 그것을 찢어놓으려 했다. 게다가 적은 싱싱한 고기이다. 그러자 적을 죽이고 싶다는 욕망에 사로잡혔다. 방금 전 작은 생물을 해치웠으니 이번에는 큰 생물을 해치워 보고 싶었다. 새끼늑대는 연달아 터지는 사건에 정신이 없었지만 한편으로는 즐겁기도 했다. 어찌나 즐거운지 자신이 지금 어떤 기분인지도 모를 지경이었다. 지금까지 맛 본 적 없는 크고 새로운 경험에 피가 끓어올라 날아갈 듯 기뻤다.

새끼늑대는 날개를 입에 문 채 가만히 있었다. 이빨 사이로 으르렁거리는 소리가 새어 나왔다. 들꿩은 새끼늑대를 수풀 속에서 끌어냈다. 그러다 다시 수풀 속으로 끌어들이려 했지만 이번에는 새끼늑대가 들꿩을 수풀에서 공터로 끌어냈다. 그동안 들꿩은 꺅꺅 소리 지르며 물리지 않은 날개로 새끼늑대를 계속 때렸다. 날개털이 눈처럼 흩날렸다. 새끼늑대는 화가 머리끝까지 솟구쳤다. 그 모습은 꽤 섬뜩했다. 늑대 안에 흐르는 모든 투쟁 본능이 끌어올라 넘치고 있었다. 이 투쟁 본능이야말로 '살아 있다'는 것이지만 새끼늑대는 그에 대해서 아무것도 몰랐다. 그저 자신이 어째서 이 세상에 있는가에 대한 그만의 고유한 의미를 실감하고 있을 뿐이었다. 회색 새끼늑대는 다른 생명을 해치고 그들의 살을 먹도록 만들어진 것이다. 자신은 엄연히 존재하고 있으며 자신이 살아가는 것보다 다른 생명이 살아가는 것이 중요할 리 없었다. 그래서 생명은 자신의 타고난 본능에 최대한 따를 때야말로 비로소 최고의 삶을 산다고 할 수 있었다.

시간이 지나자 들꿩은 몸부림을 멈췄다. 그러나 새끼늑대는 계속 날개를 물고 놓지 않았다. 둘 다 땅바닥에 몸을 붙인 채 서로를 쳐다보았다. 새끼늑대는 들꿩을 위협하기 위해 사납게 으르렁거리려 했다. 그러나 들꿩은 아까 전에 겪었던 모험 때문에 살갗이 벗겨진 새끼늑대의 코를 망설임 없이 찔러 버렸다. 새끼늑대는 바짝 웅크렸지만 날개를 절대 놓지 않았다. 들꿩은 몇 번이고 계속 코를 찔러댔다. 새끼늑대는 더더욱 웅크리며 코를 킁킁거리기 시작했다. 날개를 입에 문 채 뒤로 물러서자 들꿩은 자신이 끌려 다니고 있다는 사실도 잊은 채 도망가려 했다. 그리고 부리로 상처 난 코를 사정없이 찔렀다. 그 덕에 새끼늑대 안에서 타오르고 있던 투지의 불이 사그라지고 말았다. 부끄럽게도 새끼늑대는 사냥감을 놓아버리고 뒤돌아 재빨리 공터를 가로질러 도망쳐 버렸다.

새끼늑대는 공터 맞은편에 있는 수풀 구석에 누워 쉬었다. 혀는 축 처졌으며 가슴이 방망이질 치듯 두근거렸다. 게다가 아직도 코가 아파서 눈물까지 났다. 그때 갑자기 무언가 무서운 것이 눈앞으로 바짝 다가온 듯한 느낌에 휩싸였다. 자신이 모르는 무언가가 돌진해 온 것이다. 새끼늑대는 지금까지 느껴본 공포가 한꺼번에 밀려오는 듯한 느낌을 받았다. 그래서 본능적으로 수풀 속으로 숨었다. 그 순간 한 줄기 바람이 새끼늑대를 덮쳤다. 그리고 커다란 날개를 가진 무언가가 음산한 그림자를 드리우며 소리 없이 스쳐지나갔다. 하늘에서 내려온 매 한 마리가 새끼늑대를 잡으려다 간발의 차이로 놓친 것이다.

새끼늑대가 수풀 속에서 웅크리고 움찔거리며 주위를 엿보는 동안 공포는 가라앉았다. 그때 공터 맞은편에 있던 들꿩이 난장판이 된 둥지에서 날개를 퍼덕이며 나왔다. 새끼를 잃은 어미 들꿩은 하늘에 있는 날개 달린 화살과도 같은 매에게 주의를 기울이지 않았다. 그러나 새끼늑대는 보았다. 매가 머리서부터 거꾸로 날아 내려오면서 땅바닥을 아슬아슬하게 스치는 광경을. 그 순간 들꿩 몸에 발톱이 콱 박혀 고통과 놀라움으로 가득한 비명이 들리는가 싶더니 매는 어느새 하늘 드높이 날고 있었다. 이 일은 새끼늑대에게 경고이고 교훈이었다.

새끼늑대가 수풀 속에서 나온 것은 그로부터 한참 뒤였다. 새끼늑대는 바깥세상에 대해 여러 가지를 배웠다. 살아 있는 것은 고기이며 먹을 수 있다는 것. 그러나 상대가 크다면 이쪽이 먼저 다칠 수도 있었다. 그래서 새끼들 꿩처럼 작은 것은 먹어도 괜찮지만 어미 새처럼 큰 것에는 손대지 않는 편이 좋다는 사실도 배웠다. 하지만 그렇게 생각하면서도 이제 막 움튼 야심은 새끼늑대 가슴속을 콕콕 찔렀다. 어미 들꿩과 다시 한 번 싸워보고 싶다는 은밀한 욕망을 느꼈다. 그러나 매가 채 가버리고 말았다. 아마 어미 들꿩은 얼마든지 또 있을 것이다. 새끼늑대는 다른 어미 들꿩을 찾아봐야겠다고 생각했다.

새끼늑대는 낮게 기울어진 언덕에서 내려와 물줄기 쪽으로 나왔다. 물을 본 것은 처음이었다. 매끈해 보이는 표면은 발을 디디기 더없이 좋을 것 같았다. 그래서 새끼늑대는 용기를 내어 물을 밟았다. 그러자 갑자기 두려움이 덮쳐왔다. 새끼늑대는 울면서 자신이 모르는 무언가의 품에 덥석 안겼다. 그것은 차가웠다. 새끼늑대는 헐떡거리며 가쁘게 숨을 몰아쉬었다. 그러나 본디 숨을 쉬면 공기가 들어와야 하는데, 지금은 물만이 폐 속으로 밀려들었다. 숨이 턱턱 막히고 죽음이란 게 이렇게 괴로운 것일까 생각했다. 새끼늑대는 자신이 죽을 것이라 생각했다. 죽음에 대해 의식해 본 적은 한 번도 없었지만 황야의 모든 동물들처럼 죽음에 대한 본능을 지니고 있었다. 새끼늑대에게 죽음이란 가장 커다란 고통이었다. 자신이 모르는 무언가의 정체이자 그것을 모두 합친 것이었다. 죽음이란 그가 상상조차 할 수 없는 재앙이다. 그러나 그런 줄도 모르고 죽음을 가장 두려워했다.

새끼늑대는 물 위로 떠올라 입을 벌려 상쾌한 공기를 들이마셨다. 다시 가라앉지는 않았다. 마치 예전부터 익힌 습관인 듯 네 발로 물을 가르며 헤엄치기 시작했다. 가까운 물가와는 1야드밖에 떨어져 있지 않았다. 그러나 떠올랐을 때는 그곳을 등지고 있었기에 가장 먼저 눈에 띤 건너편 물가로 서둘러 헤엄치기 시작했다. 물살은 느렸지만 웅덩이 쪽은 20피트나 되었다.

헤엄쳐 건너는 동안 물살 때문에 자꾸 떠내려가다가 마침내 웅덩이 끝에서 작은 급류에 휘말리고 말았다. 헤엄치려고 해도 헤엄칠 수 없었다. 마치 지금까지는 상냥했던 물이 갑자기 화를 내기 시작한 것만 같았다. 새끼늑대는 가라앉다가 떠오르다가 뒤집어져 빙글빙글 돌다가 바위에 부딪치면서 끊임없이 급류에 휘말렸다. 새끼늑대는 그가 비명을 지른 만큼 얼마나 바위에 부딪쳤는지 알 수 있을 만큼 계속 비명을 질렀다.
급류 아래는 또 다른 웅덩이가 있었다. 새끼늑대는 그곳에서 작은 소용돌이에 휘말려 조용히 물가로 떠내려가 살며시 모래 위에 닿았다. 새끼늑대는 얼이 빠진 것처럼 물속에서 기어 나와 누웠다. 바깥세상에 대해 또 하나 배운 것이다. 물은 살아 있지 않았다. 하지만 움직였다. 게다가 땅처럼 딱딱하게 보이면서도 전혀 딱딱하지 않았다. 새끼늑대는 겉모습만 보고 판단해서는 안 된다는 결론을 내렸다. 미지의 것에 대한 새끼늑대의 공포는 유전자에 새겨진 불신이었지만 이런저런 경험을 하면서 더 강해지게 되었다. 그 뒤로는 항상 겉모습에 불신을 가졌다. 사물의 실체를 모른 채로는 그것을 믿을 수 없게 되었기 때문이다.
그리고 운명은 새끼늑대가 이날 또 다른 모험을 겪도록 이끌었다. 그 전에 새끼늑대는 이 세상에 어미라는 존재가 있음을 떠올렸다. 그러자 자신은 이 세상에 있는 다른 어떤 존재보다도 어미를 원한다는 생각이 들었다. 오늘 겪은 모험 탓에 몸뿐만 아니라 머리까지 피곤했기 때문이다. 태어나서 오늘만큼 수많은 생각을 해본 적이 없었다. 게다가 너무나 졸렸다. 그래서 새끼늑대는 자신이 사는 동굴과 어미를 찾아 나섰지만 갑자기 외로움과 막막함이 몰려와 그를 짓눌렀다.
수풀 속을 기어가고 있을 때, 위협하는 듯한 날카로운 외침이 들렸다. 새끼늑대는 노랗게 번뜩이는 무언가를 보았다. 족제비가 새끼늑대 앞을 지나 재빨리 달아나고 있었다. 하지만 그것은 너무나 작았기 때문에 전혀 무섭지 않았다. 그리고 발 앞에 겨우 4, 5인치밖에 안 되는 조그만 생물이 있는 것을 보았다. 새끼늑대처럼 어미 말을 안 듣고 모험에 나선 새끼족제비였다. 새끼족제비는 뒷걸음질 치려고 했다. 새끼늑대는 앞발로 그것을 뒤집었다. 그러자 새끼족제비가 킹킹거렸는데 그 소리가 묘하게 귀에 거슬렸다. 그러자 노랗게 번뜩이는 것이 다시 눈앞을 스쳤다. 위협하는 듯한 외침도 들렸다. 그 순간 목덜미가 타들어가 듯 아팠다. 새끼늑대는 자신의 살을 파고드는 어미 족제비의 날카로운 이빨을 느꼈다.
깽깽 비명을 지르며 꽁무니를 빼자 어미 족제비가 새끼족제비 쪽으로 뛰어내렸다. 그리고 새끼족제비를 물고 가까운 수풀 속으로 사라졌다. 목덜미도 물론 아팠지만 그보다 마음이 훨씬 더 아팠다. 새끼늑대는 주저앉아 청승

맞게 코를 킁킁거렸다. 보잘것없는 족제비 주제에 매우 난폭했기 때문이다. 그러나 족제비가 크기와 몸무게에 어울리지 않게 황야에서 가장 포악하며 끈질긴데다 무서운 살육자라는 것을 새끼늑대는 아직 몰랐다. 그러나 이 경험은 곧 새끼늑대의 지식이 되었다.

새끼늑대가 코를 킁킁거리고 있을 때, 또다시 족제비가 나타났다. 이제 새끼가 안전하기 때문에 족제비는 바로 달려들지 않았다. 오히려 아까보다도 더 조심스레 다가왔다. 새끼늑대는 이참에 뱀처럼 비쩍 마른 몸과 머리를 꼿꼿이 세우고 살기를 내뿜는 뱀 같은 어미 족제비의 모습을 자세히 볼 수 있었다. 족제비가 위협하듯이 날카롭게 소리쳤다. 새끼늑대는 저도 모르게 등털을 곤두세우고 경고하듯이 으르렁거렸다. 족제비는 한 발 한 발 앞으로 다가왔다. 그리고 쏜살같이 뛰어들었다. 족제비의 움직임은 아직 뜬 지 얼마 되지도 않은 새끼늑대의 눈으로는 좇을 수도 없을 만큼 빨랐다. 순간 마르고 노란 몸이 새끼늑대의 시야에서 사라졌다. 그리고 족제비는 새끼늑대의 목에 달려들어 털과 살가죽에 깊숙이 이빨을 박아 넣었다.

처음에는 새끼늑대도 으르렁거리며 맞서 싸우려고 했다. 그러나 새끼늑대는 아직 어렸고 이날 처음 바깥세상에 나왔을 뿐이다. 으르렁거림이 점차 낑낑 우는 소리와 이 싸움에서 벗어나기 위한 몸부림으로 바뀌었다. 그러나 족제비는 힘을 빼려고 하지 않았다. 계속해서 물고 늘어지는 족제비 이빨이 새끼늑대의 생명이 담긴 피가 부글부글 거품을 일으키는 핏줄에 닿았다. 족제비는 피를 빠는 짐승인데다가 살아 있는 동물의 목에서 직접 빨아 먹는 것을 좋아했다.

조금만 더 늦었더라면 회색 새끼늑대는 죽었을지도 모른다. 그리고 새끼늑대에 대해서 쓸 얘기가 없어졌을지도 모른다. 그러나 그때 어미 늑대가 수풀 사이를 지나 부랴부랴 뛰어왔다. 족제비는 새끼늑대를 놓고 재빨리 어미 늑대에게 달려들었지만 쓰러트리지는 못했다. 그래서 이번에는 주둥이로 달려들었다. 그러자 어미 늑대는 마치 채찍과도 같은 소리를 내며 머리를 흔들고 족제비를 뿌리쳤다. 그리고 족제비를 하늘 높이 던져 올렸다. 마르고 노란 몸이 땅으로 떨어지기 전에 입으로 받아냈다. 족제비는 자신을 으득으득 씹어대는 이빨 사이에서 죽음을 깨달았다.

새끼늑대는 이미 알고 있던 것과는 또 다른 어미 늑대의 사랑에 대해 알게 되었다. 새끼늑대를 찾은 어미 늑대의 기쁨은 어미 늑대를 본 새끼늑대의 기쁨보다 훨씬 더 큰 것 같았다. 주둥이를 밀어붙이고 새끼늑대를 부드럽게 쓰다듬으며 족제비의 이빨 자국이 난 상처를 핥아주었다. 그리고 피를 빠는 이 짐승을 둘이서 나누어 먹고 나서 동굴로 돌아가 잠이 들었다.

5
먹이의 법칙

 새끼늑대는 눈이 휘둥그레질 만큼 빠르게 자라났다. 이틀 동안 쉬다가 또다시 과감하게 동굴을 나섰다. 이번에는 지난 모험 때 어미 늑대와 함께 먹은 족제비의 새끼를 발견했다. 결국 새끼족제비도 어미와 같은 운명을 맞게 되었다. 그리고 이 소소한 여행에서는 미아가 되지 않았다. 피곤해지면 동굴로 돌아와 잠이 들었다. 그러다 잠에서 깨면 날마다 밖으로 나갔으며 시간이 지날수록 점점 먼 곳까지 돌아다닐 수 있게 되었다.
 새끼늑대는 자신의 장점과 단점을 정확히 파악하게 되자 대담하게도 행동해도 될 때와 조심해야만 할 때를 구분할 수 있게 되었다. 가끔 자신의 힘을 믿고 거만해져서 사소한 분노나 욕심 때문에 앞뒤 생각 않고 달려들 때도 있었지만 언제나 조심하는 편이 낫다는 것도 배웠다.
 새끼늑대는 무리와 떨어져 있는 들꿩을 발견할 때면 분노에 찬 작은 악마로 변했다. 마른 소나무 위에서 처음 만났던 다람쥐의 수다를 듣고는 늘 사납게 으르렁거렸다. 하지만 무엇보다도 새끼늑대의 화를 돋우는 것은 다름 아닌 어치였다. 왜냐하면 어치와 처음 마주치자마자 코를 찔렸던 그 사건을 잊을 수 없었기 때문이다.
 물론 어치를 봐도 기분 나쁘지 않을 때도 있지만 그것은 흔히 다른 육식동물이 주변에서 어슬렁거리고 있어서 위험에 처했다고 느낄 때뿐이었다. 매도 잊을 수 없었다. 날고 있는 매의 그림자를 보면 반드시 가까운 수풀 속으로 파고 들어갔다. 그러나 새끼늑대는 더 이상 가랑이를 벌리며 엉거주춤 걷지 않았다. 어느샌가 어미 늑대와 똑같은 모습으로 걷고 있었다. 전혀 힘들이지 않고 마치 마법처럼 소리 없이 미끄러지듯 걸을 수 있게 된 것이다.

그러나 고기와 관련된 행운은 처음처럼 잘 따르지 않았다. 새끼들꿩 일곱 마리와 새끼족제비 한 마리가 전부였다. 무언가를 죽이고 싶다는 욕망은 날이 갈수록 부풀었다. 골치 아플 만큼 수다를 떨며 새끼늑대가 가까이 왔다는 것을 언제나 황야의 동물들에게 알리는 다람쥐에게도 바득바득 이를 갈았다. 그러나 새가 하늘을 날 수 있듯이 다람쥐는 나무로 올라갈 수 있었다. 그래서 다람쥐가 나무에서 내려왔을 때 발견하지 못하도록 숨어서 다가가는 수밖에 없었다.

새끼늑대는 어미 늑대에게 크나큰 존경심을 품고 있었다. 어미 늑대는 사냥도 잘 하는 데다 새끼늑대의 고기도 꼬박꼬박 챙겨주기 때문이다. 게다가 어미 늑대는 그 어떤 것과 마주쳐도 두려워하는 일이 없었다. 어미 늑대의 용기가 경험과 지식에서 나왔다는 것을 새끼늑대는 전혀 몰랐다. 그저 어미 늑대가 강하다는 인상만 받았을 뿐이다. 어미 늑대는 힘의 상징이었다. 새끼늑대가 자라면 자랄수록 앞발도 점점 엄해졌다. 그리고 그때마다 어미의 힘을 느꼈다. 한편 어미 늑대는 코로 찌르며 나무라지 않고 엄니를 사용해 혼내기 시작했다. 그 때문에 새끼늑대는 더더욱 어미 늑대를 존경하게 되었다. 어미 늑대는 복종을 강요했으며 새끼늑대가 커지면 커질수록 성질이 급해졌다.

굶주림이 또다시 찾아왔다. 새끼늑대는 전보다 굶주림이란 것이 얼마나 괴로운지를 생생하게 느낄 수 있었다. 어미 늑대는 고기를 찾아 돌아다녔으며 몸은 점점 여위어 갔다. 웬만하면 동굴 속에서 잠자지 않고 먹잇감을 추적하며 하루를 보냈다. 그러나 시간은 허무하게 지나갈 뿐이었다. 굶주렸던 기간이 그리 길지는 않았지만 한참 배를 곯을 때는 견디기 힘들었다. 더는 어미 늑대에게서 젖을 얻어먹을 수 없었으며 혼자서는 고기 한 점도 먹을 수 없었다.

전에는 반쯤 재미 삼아 사냥했지만 이번에는 아무리 진지하게 사냥해도 아무것도 잡지 못했다. 그러나 사냥에 실패했다고 해도 새끼늑대는 계속 자랐다. 새끼늑대는 예전보다 더 주의를 기울여 다람쥐의 습성을 살펴보았으며 더더욱 교묘하게 숨어 다가가서 다람쥐를 덮칠 수 있도록 노력했다. 또한 숲쥐가 굴로 숨어들어가는 것을 발견하고는 숲쥐를 굴에서 끄집어내려 하기도 했다. 어치나 딱따구리의 습성에 대해서도 많은 것을 배웠다. 그리고 더는 매의 그림자를 봐도 수풀 속으로 도망가 웅크리지 않게 되었다. 새끼늑대는 힘도 세지고 영리해졌으며 자신감에 넘쳤다. 그렇지 않으면 살아남을 수 없었기 때문이다. 새끼늑대는 마치 하늘에서 내려와 보라는 듯이 매 눈에 띄는 곳에 떡하니 앉아 매에게 도전했다. 하늘을 날며 떠돌고 있는 것이 고깃덩이임을 알았기 때문이다. 그러나 매는 내려와서도 새끼늑대와 싸우지 않았다. 새끼늑대는 실망과 굶주림에 지친 나머지 수풀 속으로 기어들어가 흐느껴 울었다.

굶주림이 끝났다. 어미 늑대가 고기를 가져다줬기 때문이다. 그것은 한 번도 본 적 없는 고기였다. 지금까지 가져다준 어떤 고기와도 달랐다. 그것은 새끼늑대만큼 크지는 않았지만 새끼늑대처럼 어느 정도 자란 새끼 스라소니였다. 그 고깃덩이는 모두 새끼늑대 차지였다. 어미 늑대는 다른 곳에서 허기를 채우고 왔던 것이다. 그러나 새끼늑대는 어미가 지금 자신이 먹고 있는 새끼 스라소니를 뺀 나머지를 모두 먹어치웠다는 사실을 몰랐다. 하물며 어미 늑대가 절대적인 위기에 빠졌다는 것 따위를 알 턱이 없었다. 새끼늑대가 알고 있는 것은 그저 벨벳과 같은 털을 지닌 새끼 스라소니가 고깃덩이라는 사실뿐이었다. 새끼늑대는 고기를 한 입씩 먹을 때마다 점점 기분이 좋아졌다.

배가 부르자 몸이 나른해졌다. 새끼늑대는 동굴 안에서 어미 늑대 배에 기대 잠을 자려했다. 그러나 어미 늑대가 으르렁거렸기 때문에 잠에서 깨어났다. 새끼늑대는 어미 늑대가 이렇게 섬뜩할 만큼 으르렁거리는 것은 처음이었다. 그것은 어미 늑대가 지금까지 살아오면서 낸 울부짖음 가운데 가장 무시무시한 것이었다. 거기에는 이유가 있었다. 스라소니 동굴에서 한바탕 난리를 친 이상 무사히 넘어갈 리가 없다는 것을 어미 늑대는 누구보다도 잘 알고 있었기 때문이다. 새끼늑대는 번쩍이는 오후의 햇빛을 받으며 동굴 입구에 웅크리고 있는 어미 스라소니를 보았다. 본능이 외칠 필요도 없이 그 순간 등 털이 술렁거리며 공포에 휩쓸렸다. 그것도 모자라 침입자가 으르렁거리며 분노에 타올라 내는 거친 쇳소리를 듣는 것만으로도 공포에 휩싸이기에 충분했다.

새끼늑대는 몸속에서 울려 퍼지는 생명의 경고음을 듣고 일어나 어미 늑대 옆에서 용기를 내어 짖었다. 그러나 어미 늑대가 밀어내는 바람에 창피하게도 뒤로 쫓겨났다. 입구가 낮았기 때문에 스라소니는 뛰어들 수 없었다. 그래서 어미 늑대는 기어들어오는 스라소니에게 달려들어 덮쳤다. 새끼늑대에게는 둘이 어떻게 싸우는지 잘 보이지 않았다. 무시무시하게 으르렁거리는 소리와 침이 흩날리는 소리, 그리고 쇳소리만이 들렸다. 두 마리 짐승은 여기저기 굴러다니면서 맞붙어 싸웠다. 스라소니는 이빨로 공격하거나 발톱으로 할퀴었지만 어미 늑대는 오로지 이빨로 공격할 뿐이었다.

순간 새끼늑대가 뛰어들어 스라소니의 뒷발을 물고 늘어졌다. 그리고 물고 늘어진 채 사납게 으르렁거렸다. 새끼늑대는 몰랐지만 자기 몸을 바쳐 스라소니 다리를 잡고 늘어진 덕분에 어미 늑대가 크게 다치지 않고 넘어갈 수 있었다. 싸움의 상황이 바뀌었다. 새끼늑대는 스라소니와 어미 늑대 밑에 깔리면서 물고 늘어졌던 스라소니를 놓치게 되었다. 그 순간 두 마리의 어미 동물은 떨어졌다. 그러나 또다시 둘이 부딪치기 전에 스라소니가 큰 앞발로 새끼늑대를 냅다 후려쳤다. 그러자 어깨살이 찢어져서 뼛속까지 훤히 보였다. 그것도 모자라 벽에 내동댕이쳐졌다. 그렇지 않아도 소란스러운 이 상황에 고통과 놀라움으로 가득 찬 새끼늑대의 날카롭고 드높은 울음소리가 더해졌다. 그러나 새끼늑대가 울 만큼 울고 나서도 싸움은 여전히 계속되고 있었다. 새끼늑대는 눈물을 다 쏟아내자 또다시 용기가 솟아오르는 것을 느꼈다. 그래서 또다시 달려들어 스라소니의 뒷발을 물고 늘어졌다. 이빨 사이에서 거칠게 으르렁거리는 소리가 새어나왔다.

결국 스라소니는 죽었다. 그러나 어미 늑대도 많이 다쳐서 축 늘어졌다. 처음에는 새끼늑대를 위로하며 다친 어깨를 핥아주기도 했다. 그러나 피를 너무 많이 흘렸기 때문에 힘을 잃고 하루 내내 죽은 스라소니 옆에 누운 채 꼼짝도 하지 못했다. 내뱉는 숨도 가냘프기 그지없었다. 너무나도 아프다는 듯이 물을 먹으러 갈 때 말고는 일주일 동안이나 한 번도 동굴 밖으로 나가지 않았다. 그러나 상처가 거의 나았을 무렵 스라소니를 게걸스럽게 먹어 치웠다. 그리고 어미 늑대의 몸 상태는 많이 좋아져서 다시 사냥하러 나갈 수 있게 되었다.

새끼늑대는 어깨가 잘 움직여지지 않았고 너무나 아팠다. 발도 질질 끌 만큼 많이 다쳤다. 하지만 세상이 전혀 다르게 보였다. 스라소니와 싸우기 전까지 느끼지 못했던 용기를 느끼고는 전보다 훨씬 자신감에 차 바깥세상을 활보했다. 이제까지 만나보았던 것 가운데 가장 포악한 스라소니와 맞서 싸웠으며 그 살에 이빨을 박아 넣고도 살아남았기 때문이다. 그래서 새끼늑대는 처음에는 조금 우쭐해져서 전보다도 더 대담하게 행동했다. 작은 것은 이제 무섭지 않았다. 두려움도 거의 사라졌다. 그러나 자신이 모르는 무언가는 여전히 모습을 감춘 채 신비와 공포로 새끼늑대를 계속 위협했다.

새끼늑대는 어미 늑대를 따라 사냥을 나가게 되었다. 그리고 어미가 사냥하는 것을 몇 번이고 보면서 자신도 그 사냥을 돕게 되었다. 그리고 어렴풋하기는 하지만 자신만의 방식으로 먹이의 법칙을 알았다. 살아 있는 것은 자신과 같은 종류와 다른 하나, 이렇게 두 가지가 있었다. 자신과 같은 종류에는 자기와 어미 늑대가 포함되어 있었다. 다른 하나에는 움직이는 모든 것들이 포함되어 있었다. 그러나 그것은 더더욱 나눌 수 있었다. 일부는 자신과 같은 종류가 죽여서 먹어 치우는 것이었다. 이 일부는 생명을 죽이지 않는 것과 몸집은 작지만 생명을 죽이는 것으로 나뉘었다. 그리고 또 하나는 자신과 같은 종류를 죽여서 먹거나 자신의 동류가 죽여서 먹는 것이었다. 이 분류에서 또 다른 법칙이 생겼다. 생명이 노리고 있는 것은 고기였다. 말하자면 생명 자체가 고깃덩이였다. 그래서 생명은 생명을 먹으며 살아가는 것이다. '잡아먹느냐 잡아먹히느냐'라는 법칙이다. 하지만 이 법칙을 확실한 표현으로 체계화하거나 도덕적인 의미를 두지는 않았다. 심지어 이 법칙에 대해 생각조차 해본 적 없었다. 그런데도 새끼늑대는 이 법칙에 따라 살아가고 있었다.

새끼늑대는 자신의 주변에 있는 모든 것들이 이 법칙에 따라 움직이는 걸 보았다. 새끼늑대는 새끼들꿩을 먹었다. 매는 어미 들꿩을 먹었다. 그것도 모자라 자기까지 먹으려 했다. 반대로 새끼늑대가 강해지고 나서는 매를 먹으려 했다. 새끼 스라소니도 먹었다. 어미 늑대가 스라소니를 죽이고 먹지 않았더라면 반대로 스라소니가 자신을 먹었을지도 모른다. 모든 것은 그렇게 돌아가고 있었다. 그래서 새끼늑대 주변에 있는 모든 생물은 이 법칙에 따라 살고 있으며 새끼늑대 자신도 이 법칙의 한 부분인 것이다. 새끼늑대는 육식동물이다. 먹을 수 있는 것은 살아 있는 것의 살덩이밖에 없었다. 새끼늑대 앞을 지나쳐 급히 도망가거나 공중으로 날아오르는 것들, 나무에 오르거나 땅속으로 숨는 것들, 정면으로 싸움을 걸거나 오히려 자신을 쫓아오는 이 모든 것들은 자신의 먹잇감이다.

만약 새끼늑대가 인간과 같은 사고방식을 한다면 생명을 식탐이라 부르고, 수많은 식탐이 세상을 어슬렁거리며 돌아다니고 있다 할 것이다. 그들은 쫓거나 쫓기거나 사냥하거나 사냥을 당하거나 먹거나 먹히는 행위를 반복하며 세상을 떠돌고 있다. 그 때문에 세상은 폭력이 난무하며 질서를 잃고 엉망진창이 되어 버렸다. 그러나 식탐이 벌이는 폭식과 살육 때문에 생긴 혼란은 그저 자비도 계획도 목적도 없는 우연의 산물이라 말할 것이다.

그러나 새끼늑대는 인간처럼 이러니저러니 생각하지 않았다. 넓은 시야로 사물을 보지 않았다. 그저 한결같았기에 한 번에 하나의 생각이나 하나의 욕망밖에 품지 않았다. 새끼늑대에게는 먹이의 법칙 말고도 배워서 따라야 할 작은 법칙이 수없이 있었다. 세상은 놀랄 만한 것으로 가득 차 있었기 때문이다. 새끼늑대 안에서 소용돌이치는 생명과 근육의 활동은 한없는 행복이었다. 먹이를 몰아넣을 때면 너무나 신나고 가슴이 설레었다. 그리고 화를 내거나 싸울 때면 희열마저 느꼈다. 공포 그 자체나 자신이 모르는 것에 대해 느끼는 신비 또한 새끼늑대가 살아가는 데에 흥미를 더하고 있었다.

그러면 마음이 편안해지고 만족스러워졌다. 배가 부르다는 것과 햇볕이 내리쬐는 곳에서 느긋하게 꾸벅꾸벅 조는 것은 살아가면서 느끼는 정열과 고생에 대한 충분한 보수였다. 한편 정열과 고생은 그 자체가 삶에 대한 보수였다.

이는 산다는 증거이며 산다는 것은 계속해서 살아가려할 때 가장 행복한 것이다. 그래서 새끼늑대는 자신과 맞서 싸우려 하는 환경을 탓하지 않았다. 새끼늑대는 건강하고 행복했으며 자기 자신을 매우 자랑스럽게 여겼다.

제3부

1
불을 만드는 것

　새끼늑대는 갑자기 무언가와 부딪쳤다. 그것은 주의를 기울이지 않은 탓에 일어난 실수였다. 새끼늑대는 동굴을 나와 물줄기로 물을 마시러 내려갔다. 몸이 천근만근 무거운데다 너무 졸려서 알아차리지 못한 것일 수도 있다. 밤새 먹이를 쫓다가 이제 막 잠에서 깼기 때문이다. 그리고 웅덩이로 가는 길은 너무나 익숙해 주의를 덜 기울였을 수도 있다. 가끔 이 길로 다니기는 했지만 여태껏 아무 일도 벌어진 적이 없었기 때문이다.
　새끼늑대는 마른 소나무 옆을 지나 공터를 가로질러 숲 속으로 달려들었다. 그 순간 무언가가 보이고 냄새가 났다. 새끼늑대 앞에 지금까지 본 적도 없는 생물 다섯 마리가 엉덩이를 깔고 가만히 앉아 있었다. 새끼늑대는 그때 처음으로 인간을 봤다. 다섯 남자는 새끼늑대를 봤는데도 갑자기 일어서지도 않았거니와 이빨을 드러내고 으르렁거리지도 않았다. 음산하게도 몸 하나 꿈쩍 않고 소리 없이 앉아 있었다.
　새끼늑대도 움직이지 않았다. 타고난 본능은 그에게 계속 도망가라 했지만 난생처음 그에 거스르는 다른 본능이 밀려왔다. 크나큰 두려움과 존경심에 휩싸였다. 자신이 작고 보잘것없다는 생각에 몸을 움직일 수 없었다. 그들에게는 새끼늑대 따윈 감히 범접할 수도 없는 지배력과 힘이 있었기 때문이다.
　지금까지 한 번도 인간을 본 적이 없었으나 인간에 대한 본능은 있었다. 어렴풋하지만 인간은 황야의 동물들과 싸워 살아남아 그들 위에 선 동물이라 느꼈다. 자신의 눈뿐만이 아니라 새끼늑대 안에 살아 있는 선조의 눈으로 인간을 본 것이다. 어느 추운 겨울날, 수많은 캠프의 모닥불을 둘러싸고 안전한 어둠 속이나 수풀 속에서 두 발로 걸으며 모든 생물들을 지배하는 이상한 동물을 엿보았던 선조의 눈으로 말이다. 몇 세기에 걸친 투쟁과 몇 세대를 걸쳐 쌓은 경험에서 태어난 공포와 존경심이 새끼늑대를 억눌렀다. 그것은 아직 꼬맹이에 지나지 않은 새끼늑대를 칭칭 얽어매었다. 새끼늑대가 다 자랐더라면 아마 도망갔을 것이다. 그러나 새끼늑대는 공포로 온몸이 굳어 그저 웅크리고 있었다. 선조 늑대들과 동족들은 처음으로 모닥불 근처에 앉아 추위를 피하던 날, 스스로 인간에게 복종을 맹세했다. 새끼늑대도 반은 인간에게 복종했다.

한 인디언이 일어서서 새끼늑대에게 다가와 그 위로 몸을 숙였다. 새끼늑대는 땅에 납작 엎드렸다. 자신이 모르는 무언가가 드디어 살과 피로 몸을 감싸고 앞에 나타나더니 손을 뻗어 자신을 잡으려고 하는 것이다. 자기도 모르게 털을 곤두세우고 입을 비틀자 조그마한 엄니가 드러났다. 머리 위로 점점 내려오던 손이 마치 운명처럼 멈춰 섰다. 그리고 그 남자가 웃으며 말했다.

"와밤 와비스카 이프 핏 타(이거 봐봐! 하얀 엄니야!)."

다른 인디언들이 큰 소리로 웃으며 새끼늑대를 집어 올리려 다가섰다. 손이 점점 다가오는 사이 새끼늑대 안에서는 서로 다른 본능끼리 부딪치며 미쳐 날뛰었다. 항복할 것인가 싸울 것인가 두 가지의 큰 충동에 휩쓸린 것이다. 결국 새끼늑대는 두 충동에 다 따라 이도 저도 아닌 태도를 보였다. 손이 다가와 거의 닿을락 말락 할 때만 해도 모든 것을 포기한 듯 얌전히 있었다. 그러다 싸웠다. 이빨을 번뜩이더니 손을 물고 늘어졌다. 그 순간 새끼늑대는 옆머리를 한 대 얻어맞고 축 늘어졌다. 불타오르던 투지가 순식간에 사그라졌다. 그리고 강아지 같은 성질과 복종하고자 하는 본능이 그 자리를 대신했다. 새끼늑대는 뒷다리로 앉아 낑낑 울었다. 그러나 손을 물린 남자는 여전히 화를 냈다. 이번에는 다른 쪽을 얻어맞았다. 그리고 새끼늑대는 다시 일어서서 아까보다 큰 소리로 낑낑 울었다.

인디언 네 명은 더 큰 소리로 웃어댔다. 물린 남자까지 웃었다. 새끼늑대는 두렵고 아파서 울고 있는데 그들은 새끼늑대를 둘러싸고 웃고 있었다. 인디언들이 한참 웃고 있는 동안 새끼늑대는 어떤 소리를 들었다. 인디언들도 들었다. 새끼늑대는 그것이 무슨 소리인지 알고 있었다. 그래서 오히려 슬픔보다도 승리감에 젖어 마지막으로 길게 울부짖었다. 그 누구와 싸워도 결국에는 적을 죽이고 포악하며 어떤 것에도 두려워하는 일 없이 맞서 싸우는 어미 늑대가 오기만 기다렸다. 어미 늑대는 달려오면서 계속 으르렁거렸다. 새끼늑대의 울음소리를 듣고는 구하려고 돌진해 오고 있었다.

어미 늑대는 인간들 사이로 뛰어들었다. 새끼를 지키기 위해 적과 맞서 싸우려고 하는 어미의 모습은 그리 아름답지만은 않았다. 그러나 새끼늑대에게는 자신을 지키기 위해 분노에 타오르고 있는 어미 늑대의 모습이 매우 아름다웠다. 그래서 너무나 기뻐 살짝 울고는 달려들어온 어미 늑대를 맞이했다. 한편 인간들은 서둘러 몇 발짝 물러났다. 어미 늑대는 새끼늑대 앞을 막아서며 털을 곤두세웠다. 그리고 목구멍 안쪽을 울려 으르렁거리며 인간들을 노려보았다. 인간들을 위협하기 위해 얼굴을 일그러트렸다. 코끝에서 눈까지 주름이 가득 졌다. 적의에 가득 찬 모습과 으르렁거림은 정말이지 섬뜩하기 짝이 없었다.

그때 한 인간이 외쳤다. "키치!" 그것은 놀라움에 찬 외침이었다. 그 소리에 어미 늑대가 겁을 먹는 것 같았다. "키치!" 그 남자는 또 소리쳤다. 이번에는 엄격함과 위엄이 느껴졌다.

그러자 새끼늑대는 어미 늑대가, 두려움을 모르는 어미 늑대가 배를 땅에 대고 기어가서는 움츠러들어 킁킁 소리를 내며 꼬리를 흔드는 등 평화의 신호를 보내는 것을 보았다. 상황이 도대체 어떻게 돌아가는지 알 수 없었다. 간이 콩알만 해졌다. 다시금 인간에 대한 공포와 존경심이 몰려왔다. 자신의 본능은 틀리지 않았다. 어미 늑대는 인간에게 항복함으로써 그것을 증명해냈다.

소리 지른 남자가 어미 늑대 쪽으로 다가왔다. 그리고 어미 늑대는 인간이 자신의 머리에 손을 올려놓아도 그저 기어들며 움츠러든 채 다가갈 뿐이었다. 물어뜯지도 않았고 그럴 낌새조차 보이지 않았다. 다른 남자들도 다가와 어미 늑대를 둘러싸고 만지거나 쓰다듬었지만 어미 늑대는 화조차 내지 않았다. 인간들은 매우 흥분해서 큰 소리로 한 마디씩 덧붙였다. 새끼늑대는 때때로 털을 곤두세웠지만 되도록 복종하려 애를 쓰며 어미 늑대 옆에서 웅크렸다. 그리고 마음속으로 인간들이 내는 소리는 위험한 것이 아니라 생각했다.

"별로 신기한 일도 아닐세." 한 인디언이 말했다. "키치의 어미는 개지만 아비가 늑대라네. 이 녀석의 어미가 번식기에 들어갔을 때 내 형제가 사흘 밤이나 숲 속에 묶어놓은 채로 내버려뒀다는군. 그래서 키치의 아비는 늑대인걸세."

"이 녀석이 도망간 지 1년이 되어 가는군, 그레이 비버." 다른 인디언이 말했다.

"어쩔 수 없었다네, 새먼 텅. 그때는 기근이어서 개에게 줄 고기 따윈 없었으니 말일세." 그레이 비버가 대답했다.

"그럼 이 녀석은 늑대와 함께 살았다, 이 말이군." 세 번째 인디언이 말했다.

"아무래도 그런 듯하네, 쓰리 이글스. 이 꼬맹이가 그 증거지." 그레이 비버는 새끼늑대에게 손을 얹으며 말했다.

인간의 손이 닿자 새끼늑대는 살짝 으르렁거렸다. 그러자 마치 때리기라도 하려는 것처럼 손이 위로 올라갔다. 그래서 새끼늑대는 엄니를 감추고 바짝 웅크리면서 얌전히 있었다. 그러자 손이 다시 돌아와서 귀 뒤를 간질이거나 등을 여기저기 쓰다듬었다.

"이 녀석이 그 증거라네." 그레이 비버는 말을 이었다. "지금 상황을 봤을 때 이 녀석의 어미는 키치일세. 하지만 아비는 늑대인 거지. 그래서 이 녀석은 전혀 개답지 않고 늑대를 쏙 빼닮은 거야. 이 녀석은 새하얀 엄니를 가졌으니 '화이트 팽'이라는 이름을 지어주자고. 그게 좋겠어. 그리고 이 녀석은 내 개일세. 키치는 내 형제의 개였는데 형제는 죽었으니까 말이야. 그렇지 않나?"

인디언들에게 이름을 받은 새끼늑대는 엎드린 채 그들을 지켜보았다. 잠깐 인간들은 입에서 입으로 계속 소리를 냈다. 그리고 그레이 비버는 목에 걸린 칼집에서 나이프를 빼내고 수풀 속으로 들어가더니 가느다란 나무토막을 잘랐다. 화이트 팽은 그를 바라보았다. 그레이 비버는 나무토막 양쪽 끝에 조각을 새기고 그 조각에 가죽끈을 연결했다. 그리고 끈의 한쪽 끝을 키치 목에 둘둘 말아 묶었다. 그리고 키치를 작은 소나무 쪽으로 데리고 가더니 다른 한쪽을 소나무에 묶었다.

화이트 팽은 어미 늑대 뒤를 따라가 그 옆에서 잤다. 새먼 텅이 손을 뻗더니 화이트 팽을 뒤집었다. 키치는 걱정스럽게 보고 있었다. 화이트 팽은 또다시 공포가 밀려오는 것을 느꼈다. 으르렁거리는 소리를 안 낼 수는 없었지만 물어뜯으려고 하지는 않았다. 그는 손가락을 오므렸다 피면서 장난치듯이 배를 간질이거나 화이트 팽을 이리 굴리고 저리 굴렸다. 발은 위로 뻗친 채 배를 드러내놓고 굴러다니는 그 모습은 꼴사납고 흉하기 그지없었다. 게다가 그 자세로는 몸에 힘을 줄 수 없었기에 화이트 팽은 마음속 깊은 곳에서 거부감을 느꼈다. 그러고 있다가는 자신을 지킬 수 없었기 때문이다. 그렇게 있다가는 인간이 자신에게 위해를 끼치려 할 때 벗어날 수 없음을 알고 있었다. 네 다리가 높이 들려 있는데 어떻게 달아날 수 있으랴? 하지만 복종하기 위해 밀려오는 공포를 억누르고 그저 조용히 으르렁거렸다. 그것만은 억누를 수 없었다. 또한 인간도 화를 내며 머리를 때리지 않았다. 게다가 신기하게도 인간의 손이 자신을 간질이며 움직일 때면 굉장히 기분이 좋았다. 그래서 화이트 팽은 구를 때면 으르렁거리지 않았다. 손가락이 귀가 붙어 있는 곳을 누르거나 톡톡 건들면 기분이 좋아졌다. 새면 텅이 자기를 간질이거나 긁고 나더니 그대로 휙 내버려두고 가버렸을 때, 화이트 팽의 공포심은 완전히 사라져 있었다. 화이트 팽은 그 뒤로도 인간과 어울리면서 몇 번이고 무서운 꼴을 당했지만 결국 그것은 두려움 없이 인간과 친해질 수 있는 하나의 증표가 되었다.

잠시 뒤 화이트 팽은 점점 가까워지고 있는 이상한 소리를 들었다. 화이트 팽은 그것이 무슨 소리인지 재빨리 알아차렸다. 바로 인간들의 소리였다. 얼마 지나지 않아 나머지 인간들이 줄줄이 나타났다. 남자는 물론 여자나 어린이도 잔뜩 있었다. 무려 40명이나 있었다. 그리고 모두들 야영용 장비나 용구를 지고 있었다. 개들도 잔뜩 있었다. 한참 자라나는 강아지를 빼고는 무거운 듯이 모두 야영용구를 짊어지고 있었다. 등에 2, 30파운드가 넘는 용구 주머니를 지고 그 끝을 배 밑에 단단히 묶고 있었다.

화이트 팽은 여태까지 개를 본 적은 없었지만 첫눈에 저들은 자신과 동족이라고 생각했다. 단지 어딘가 다를 뿐이라고 느꼈다. 새끼늑대와 어미 늑대를 발견했을 때의 개들의 모습은 늑대와 거의 다르지 않았다. 무섭게 쳐들어왔다. 화이트 팽은 우르르 몰려오는 개들에게 털을 곤두세우고 으르렁거리며 물어뜯으려고 했다. 그러나 자신을 쓰러트리고 밟아 물어뜯는 개들의 날카로운 이빨을 느꼈다. 화이트 팽도 자신을 깔아뭉개는 배나 발에 달려들어 마구 물어뜯었다. 큰 소동이 벌어졌다. 키치가 자신을 위해 싸우며 으르렁거리는 소리를 들었다. 인간들이 외치는 소리나 몽둥이로 몸을 때리는 소리, 개들이 얻어맞고 아파서 지르는 비명도 들었다.

얼마 지나지 않아 화이트 팽은 다시 일어섰다. 인간들이 몽둥이와 돌로 개들을 쫓아내고 자신을 지켜주었기 때문이다. 동족이라고 하기엔 너무나 잔인했던 그들의 이빨에서 자신을 구해주었다. 화이트 팽의 머릿속에 정의라는 추상적인 개념을 생각할 수 있는 능력은 조금도 없었지만 그래도 자신만의 방식으로 인간들의 정의를 느꼈다. 또한 인간은 법칙을 만들며 그 법칙을 실행하고 있음을 깨달았다. 그리고 법칙을 집행할 때 느껴지는 인간의 힘에 감동을 받았다. 인간은 지금까지 마주친 어떤 동물과도 달리 물어뜯지도 않거니와 할퀴지도 않았다. 그러나 죽은 것들을 이용해 자신들의 살아가는 힘을 더욱 강하게 만들었다. 죽은 것들은 인간들이 시키는 대로 움직였다. 몽둥이도 돌도 신기한 동물이 시키면 마치 살아 있는 것처럼 공중을 날아 개들에게 달려들어 상처를 입혔다.

화이트 팽은 그것이 마치 신처럼 이상하며 감히 상상조차 할 수 없는 초자연적인 힘이라 느꼈다. 물론 화이트 팽은 야생에서 태어났으므로 신에 대해 아무것도 몰랐다. 기껏해야 자신이 이해할 수 없는 무언가가 있음을 느꼈을 뿐이었다. 그러나 화이트 팽이 인간에게 느낀 놀라움과 두려움과 존경은 산꼭대기에서 두 손으로 번개를 던지고 있는 천상의 신을 봤을 때의 인간의 감정과 많이 닮아 있었다.

인간들이 개들을 마지막 한 마리까지 내쫓고 나서야 소란은 가라앉았다. 화이트 팽은 자신의 상처를 핥으면서 난생처음 겪은 무리의 잔혹함과 개들과의 첫 싸움에 대해 생각했다. 지금까지 화이트 팽은 애꾸눈과 어미 늑대와 자신 말고 자신과 비슷하게 생긴 동물이 또 있으리라고는 꿈에도 생각해 본 적이 없었다. 자신들만이 다른 생물들과 따로 구분되어 있다고 생각했었기 때문이다. 그러나 여기서 갑자기 자신과 비슷하게 생긴 생물을 잔뜩 발견한 것이다. 그런데 이 동족은 자신을 보자마자 달려들어서 죽이려 해서 화이트 팽은 잠재의식 속의 분노를 느꼈다. 그리고 자기보다 뛰어난 인간들이 해놓은 일이라고 해도 어미 늑대가 막대기에 묶여 있는 것에도 분노를 느꼈다.

함정과 굴레의 낌새를 느꼈기 때문이다. 그렇다고 해서 화이트 팽이 함정이나 굴레에 대해 아는 것은 아니었다. 선조들에게 물려받은 화이트 팽의 본능은 자유롭게 달리며 돌아다니거나 원하는 때 원하는 만큼 잠자기를 바랐다. 그러나 이곳은 그런 본능을 얽어매고 있는 것이다. 어미 늑대는 막대기 하나의 길이 이상으로는 움직일 수 없었고, 그 때문에 자신도 움직일 수 없었다. 아직은 어미 늑대를 의지할 수밖에 없는데 말이다.

화이트 팽은 그 막대기가 싫었다. 인간들이 일어서서 행진할 때도 너무 싫어서 견딜 수 없었다. 보잘것없는 인간이 어미 늑대가 묶여 있는 막대기 한쪽 끝을 잡고서는 마치 포로처럼 끌고 갔기 때문이다. 화이트 팽은 어미의 뒤를 따라 걸어가면서도 이제 막 시작된 모험에 매우 불안을 느끼며 어찌할 바를 몰랐다.

그들은 개울이 흐르는 계곡을 타고 내려가 화이트 팽이 그동안 지나다녔던 곳보다 훨씬 더 밑까지 나아갔다. 마침내 개울이 매켄지 강으로 흘러들어 가는 계곡 변두리에 도착했다. 그들은 그리 눈에 띄지 않는 곳에 긴 막대기를 세우고 그 위에 카누를 묶었다. 생선 건조대도 있었다. 캠프가 세워진 것이다. 화이트 팽은 놀라서 바라보았다. 인간들은 끊임없이 자신들의 우수함을 과시했다. 그리고 날카로운 엄니를 가진 개들을 모두 지배하고 있었다. 지배는 힘의 상징이다. 그러나 새끼늑대가 더더욱 놀랐던 점은 죽은 것을 지배하는, 예를 들면 움직이지 않는 것을 움직이게 한다거나 온갖 사물의 생김새를 바꾸는 것이었다.

특히나 감동한 것은 온갖 사물의 생김새를 바꾸어 놓는 점이었다. 긴 막대기로 골격을 만드는 것이 화이트 팽의 눈길을 끌었다. 막대기나 돌을 멀리까지 던지는 것은 인간이라면 누구나 할 수 있는 일이었다. 그저 그뿐이라면 그리 놀라지도 않았다. 그러나 긴 막대기로 만든 구조물에 천이나 가죽을 덮어 텐트로 바꾸고 그런 것을 몇 개나 만들어냈을 때는 화이트 팽도 간이 콩알만 해졌다. 터무니없이 큰 텐트의 몸집에 감명을 받았다. 그것은 마치 빠르게 쑥쑥 자라나는 괴물처럼 어느샌가 사방에 솟아나 있었다. 눈이 닿는 곳이라면 어디든 세워져 있었다. 화이트 팽은 무서워졌다. 천들이 음산하게 머리 위에서 나부꼈기 때문이다. 산들바람이 그것을 있는 힘껏 흔들 때면 공포에 휩쓸려 웅크려 있었다. 그리고 조심스레 바라보면서 만약 그것이 거꾸로 떨어진다면 얼른 피하기 위해 도망갈 준비를 했다.

그러나 텐트에 대한 공포는 이내 사라졌다. 여자나 아이들이 경계하는 기색도 없이 아무렇지 않게 그 안에 들어갔다 나가는 것을 보았기 때문이다. 심지어 개들도 그 안에 들어가려 했다. 그러나 날카롭고 높게 외치는 소리와 함께 돌이 날아오더니 결국 개들은 쫓겨났다. 잠시 뒤 화이트 팽은 어미 늑대 곁을 떠나 가장 가까이 있는 텐트 벽으로 조심스레 기어 나갔다. 살아가고 배우고 행동함으로써 자신의 경험을 쌓으려는 자연의 섭리에 따랐기 때문이다. 텐트 벽 몇 인치 앞에서는 정말 괴로울 만큼 천천히 그리고 조심스레 기어갔다. 오늘은 정말 별의별 일을 다 겪었다. 그러므로 자신이 모르는 무언가가 아무리 생각조차 미치지 않을 만큼 터무니없는 방법으로 자신 앞에 나타난다 해도 놀라지 않으려 조심하고 또 조심했다. 드디어 코가 텐트에 닿았다. 화이트 팽은 가만히 눈치만 보고 있었다. 아무 일도 일어나지 않았다. 그래서 인간의 냄새가 밴, 이 신기한 천의 냄새를 맡아봤다. 그리고 좀 더 가까이 가서 그 천을 물고 살짝 당겼다. 천 가장자리가 아주 조금 움직였을 뿐 아무 일도 일어나지 않았다. 좀 더 세게 당겨보았다. 그러자 전보다 더 많이 움직였다. 화이트 팽은 그에 흥미를 느끼고 점점 힘을 주며 계속 당겼더니 결국 텐트 전체가 흔들리기 시작했다. 그러자 안에서 여자의 날카로운 외침이 들렸다. 화이트 팽은 서둘러 키치 옆으로 도망갔다. 하지만 그 뒤로 우뚝 서 있는 커다란 텐트가 전혀 무섭지 않았다.

얼마 안 있어 화이트 팽은 어미 늑대 곁을 벗어나 또다시 탐험에 나섰다. 어미 늑대는 목에 달려 있는 나뭇조각이 땅에 박아 넣은 말뚝과 이어져 있었기 때문에 따라갈 수 없었다. 그때 화이트 팽보다 약간 나이 많고 몸집이 큰 강아지 한 마리가 거드름을 피우며 어디 한 번 붙어보자는 듯 천천히 다가왔다. 나중에 인간들이 그를 립립이라 부르는 것을 들었다. 립립은 다른 강아지와 싸워본 적이 있어서 그런지 약간 자기보다 약한 강아지를 괴롭히는 성향이 있었다.

그러나 립립은 자신과 비슷하게 생긴데다 아직은 강아지기 때문에 그리 위험하지는 않을 것이라 생각했다. 그래서 친절하게 대하려고 했다. 그러나 립립은 다리에 힘을 주고 입을 들어 올리며 이빨을 드러냈다. 그래서 화이트 팽도 다리에 힘을 주고 입을 들어 올렸다. 네가 어떻게 하나 보자는 듯이 서로 상대의 주변을 돌면서 털을 곤두세우고 으르렁거렸다. 그것이 몇 분간 계속 되다보니 화이트 팽은 이것이 놀이 가운데 하나라는 착각에 빠져 이 상황을 즐기기 시작했다. 이때 립립이 날쌔게 달려들어 화이트 팽을 물어뜯고는 휙 물러섰다. 그런데 하필이면 스라소니 때문에 아직도 뼛속까지 아픈 어깨를 물리고 말았다. 화이트 팽은 깜짝 놀랐을 뿐만 아니라 너무나 아파서 비명을 질렀다. 그 뒤 분노가 머리끝까지 솟아 립립에게 달려들어 사납게 물어뜯었다. 그러나 립립은 캠프 생활을 할 때마다 다른 강아지들과 싸워본 적이 있었다. 날카롭고 작은 이빨로 서너 번, 그것도 모자라 여섯 번이나 신참을 공격했다. 결국 화이트 팽은 창피함을 무릅쓰고 비명을 지르며 안전한 어미 늑대 품으로 도망갔다. 이 싸움은 앞으로 몇 번이나 싸워야 할 립립과의 첫 번째 싸움이었다. 운명은 둘을 처음부터 적으로 만나게 해서 영원히 함께할 수 없도록 만들었기 때문이다.

키치는 위로하듯이 화이트 팽을 핥고는 자신의 곁에 가만히 있게 하려 애를 썼다. 그러나 화이트 팽의 호기심은 키치도 못 말릴 만큼 왕성했다. 몇 분 뒤 화이트 팽은 새로운 탐구를 위한 모험을 나섰다. 이번에는 인간과 만났다. 그레이 비버였다. 그는 책상다리를 하고 앉아 앞에 나뭇조각과 이끼를 늘어놓고 그것으로 뭔가를 하고 있었다. 화이트 팽은 가까이서 지켜보았다. 그레이 비버가 입으로 소리를 냈지만 그 소리에서 적의를 느끼지 않았기 때문에 화이트 팽은 좀 더 가까이 다가갔다.

여자나 아이들이 그레이 비버에게 나뭇조각이나 나뭇가지를 잔뜩 줬다. 무언가 중요한 일을 하고 있는 것이 분명했다. 화이트 팽은 호기심에 사로잡혀 그레이 비버 무릎에 닿을 만큼 가까이 갔다. 자기 앞에 있는 것이 무서운 인간이라는 사실을 거의 잊어버렸다. 갑자기 그레이 비버 손 밑에 있는 나뭇조각과 이끼에서 안개와 같은 신기한 것이 솟아올랐다. 그러더니 나뭇조각들 사이에서 마치 하늘에 있는 해님 같은 색을 띤 생물이 몸을 비틀거나 구불구불 구부리면서 나타났다. 화이트 팽은 불에 대해 아무것도 몰랐다. 그래서 어렸을 때 동굴 입구에 비치는 빛에 끌렸던 것처럼 이번에는 불꽃에 끌렸다. 화이트 팽은 한 발짝씩 불꽃 쪽으로 나아갔다. 머리 위에서 그레이 비버가 쿡쿡 웃는 소리를 들었지만 적의는 없었다. 화이트 팽은 코를 불꽃에 가까이 대면서 혀를 내밀었다.

그 순간 몸에 전기가 흐르는 듯 찌릿했다. 자신이 모르는 무언가가 나뭇조각과 이끼 사이에 숨어 코를 거칠게 붙잡았던 것이다. 화이트 팽은 깜짝 놀라 정신없이 뒷걸음질하면서 큰 소리로 낑낑 울어댔다. 키치는 그 소리를 듣고 으르렁거리며 자신이 묶여 있는 막대기 길이만큼 뛰쳐나왔다. 그러나 그 이상은 갈 수 없었으므로 섬뜩할 만큼 미쳐 날뛰었다. 그레이 비버는 큰 소리로 웃으며 허벅지를 치고는 캠프 안에 있는 사람들에게 방금 일어난 일에 대해 이야기했다. 모든 사람이 큰 소리를 내며 웃었다. 그와 반대로 인간들 사이에 앉아 낑낑 울고 있는 화이트 팽의 작은 모습은 가엾고 비참하기 짝이 없었다.

화이트 팽은 지금까지 이렇게 심하게 다쳐본 적이 없었다. 그레이 비버의 손이 키워낸 태양과 같은 색을 띤 생물 때문에 코와 혀를 데인 것이다. 화이트 팽은 끊임없이 울었지만 울부짖을 때마다 인간들은 웃었다. 혀로 코를 핥아서 아픔을 없애려고 했지만 혀도 데었다. 다친 곳이 서로 닿아서 두 배로 아팠다. 그 사실에 절망해 더 크게 울었다.

그러자 창피하다는 생각이 몰려들었다. 화이트 팽은 인간들의 웃음에서 무언가를 느꼈다. 동물들이 어떤 식으로 웃음을 아는가, 또는 비웃는지를 아는가에 대해서 인간들은 모를 테지만 어쨌거나 화이트 팽은 인간들이 자신을 비웃는다는 것을 깨달았다. 그 때문에 너무나 수치스러웠다. 몸을 돌려 불에 덴 상처가 아닌 자신의 마음을 찔러 아프게 하는 비웃음으로부터 도망쳤다. 그리고 막대기 끝에서 미친 듯이 날뛰고 있는 키치에게 도망갔다. 키치, 온 세상이 화이트 팽을 비웃는다 하더라도 그녀만은 그를 비웃지 않는 유일한 존재였다.

날이 저물고 밤이 찾아왔다. 화이트 팽은 어미 늑대 옆에 누워 있었다. 아직도 코와 혀가 얼얼했지만 화이트 팽에게는 그보다 더 큰 고민이 있었다. 향수병에 걸린 것이다. 물줄기와 언덕 밑에 있는 조용하고 차분한 동굴이 그리워 마음이 텅 빈 것만 같았다. 자신을 둘러싼 세상에 다른 존재들이 너무나 많이 불어났기 때문이다. 남자, 여자, 아이들 같은 인간이 잔뜩 있었고 모두 온종일 부산을 떨거나 짜증을 부리고 있었다. 게다가 개까지 있어서 그들은 하루 내내 싸우거나 으르렁거리고 소란을 떨면서 주변을 어지럽게 하고 있었다. 지금까지 화이트 팽은 그저 평온하고 고요하게 살아왔지만 이제 그런 시절은 사라졌다. 여기에서는 공기조차도 생기를 띠고 요동치고 있는 것이다. 술렁이며 끊임없이 웅성거렸다. 크거나 작거나 높거나 낮은 온갖 소리가 끊임없이 신경과 감각을 긁어대는 바람에 마음이 놓이지 않아 언제나 신경을 곤두세우고 있었다. 지금이라도 당장 무슨 일이 벌어질 것만 같은 예감에 시달렸다.

화이트 팽은 인간들이 텐트 안으로 들어갔다 나오거나 텐트 주변에서 왔다 갔다 하는 것을 지켜보았다. 화이트 팽은 인간이 자신들의 신을 보는 것과 어렴풋이 닮은 눈빛으로 눈앞의 인간들을 지켜보았다. 인간은 뛰어난 생물이며 사실 신이나 다름없었다. 그는 둔한 머리로 신이 인간에게 있어서 그런 존재이듯 인간은 화이트 팽에게 있어서 기적을 행하는 존재라고 생각했다. 인간은 모든 동물을 지배하며 자신이 모르는 모든 것과 믿기지 않는 힘을 가지고 있었다. 살아 있는 것과 죽은 것의 위대한 왕이며 움직이는 것은 복종하게 만들고 죽은 것에게는 힘을 주었다. 게다가 태양과 같은 색을 띤 생명을 죽은 이끼와 나무에서 키워냈다. 인간은 불을 만든다! 즉 신이다!

2
굴레

화이트 팽은 하루하루 여러 가지 경험을 하며 충실한 나날을 보냈다. 키치가 막대기에 묶여 있는 사이에 캠프 안을 돌아다니면서 이것저것 살펴보거나 배웠다. 그리고 재빨리 인간의 습성에 대해 잔뜩 배웠다. 그러나 뭘 좀 알게 되었다고 해서 인간들을 무시하고자 하는 생각은 들지 않았다. 인간에 대해 알면 알수록 그들은 자신들의 우수함을 과시하며 이윽고 신기한 힘을 발휘했다. 그것만으로도 신과 같다고 느끼기에는 충분했다.

인간들은 신들의 제단이 파괴되고 붕괴되는 것을 보고 슬픔을 느끼지만, 인간들의 발치에서 웅크리게 된 늑대들이나 야생 개들은 결코 그런 슬픔을 느낀 적이 없었다. 그들에게 인간의 신은 눈에도 보이지 않지만 추측할 수 없는 현실이라는 옷을 두르지 않은 환상의 안개 같았고, 마치 떠돌아다니는 망령과도 같았다. 그들은 인간이 갈망하는 선과 힘의 상징이며 영혼의 왕국에 있는 자아가 모습을 감추고 나타난 것과도 같은 존재이다. 인간과는 달리 모닥불로 모여든 늑대들이나 야생의 개들은 닿으면 단단하고 싱싱한 살을 지닌 존재를 자신들의 신으로 받아들였다. 대지에 발을 디디고 살아남고자 하는 자신의 목적을 달성하기 위한 기회를 원하고 있다. 그래서 신들의 모습을 조각으로 새기거나 제단을 만들면서 신을 믿기 위해 애를 쓸 필요가 없었다. 이처럼 모습을 드러내 그들 앞에 서 있는 신을 거부해 보려 노력해본다 한들 벗어날 수도 없을 테니까. 왜냐하면 인간은 화를 내다가 친절을 베풀기도 했지만 언제나 안에 거대한 힘을 감추었으며 몽둥이를 손에 들고 뒷발로 서 있기 때문이다. 신이자 신비이며 힘의 상징인 인간들 또한 다른 고기들과 마찬가지로 발톱으로 찢어발기면 피가 흐르고 자신들의 먹잇감인 살로 뒤덮여 있다.

화이트 팽도 그렇게 생각했다. 인간은 틀림없이 신이며 그들에게서는 벗어날 수 없었다. 인간들이 이름을 부르면 어미가 바로 충성을 다하는 것처럼 화이트 팽도 충성을 다하기 시작했다. 그것을 인간들만의 분명한 특권이라 인정하고 길을 양보했다. 인간들이 걸을 때에는 방해하지 않으려 했다. 그들이 부르면 그쪽으로 갔다. 인간들이 위협할 때면 몸이 굳어 꼼짝 못했다. 다른 곳으로 가라고 명령할 때는 얼른 그 자리를 떠났다. 인간들의 요구에는 자신들이 원하는 것을 끝내 받아들이게 하는 힘이 있었기 때문이다. 그것은 무언가를 아프게 하는 힘이었다. 예를 들면 손으로 때리거나 몽둥이, 날아오는 돌이나 찌릿찌릿 아픈 채찍이었다.

인간이 모든 개들의 주인인 것처럼 화이트 팽의 주인 또한 인간이었다. 그래서 인간이 명령하는 대로만 움직여야 했다. 화이트 팽의 몸을 찢던 밟던 또는 살살 다루던 모든 것은 인간 마음대로였다. 이 교훈은 머지않아 화이트 팽 마음속에 깊이 새겨졌다. 그러나 화이트 팽을 뿌리 깊게 지배하고 있는 본능은 아무리 애를 써도 교훈을 받아들이려 하지 않아 매우 고통스러웠다. 그래서 교훈에 대해 알게 되는 것은 싫었지만 한편으로는 저도 모르게 그것을 즐겁게 배우고 있었다. 다른 존재의 손에 자신의 운명을 맡기고 계속 살아나가야만 한다는 의무를 남에게 떠넘긴 것이다. 왜냐하면 혼자 서 있는 것보다 다른 것에 기대는 편이 훨씬 쉽기 때문이다. 교훈 속에는 대가도 있는 법이다.

그러나 하루 만에 몸도 마음도 인간에게 맡긴다는 것이 쉬운 일은 아니었다. 야생이 물려준 본능과 황야의 기억을 바로 버릴 수는 없었다. 그래서 숲 변두리에 숨어 까마득히 먼 곳에서 자신을 부르고 있는 무언가의 소리에 계속해서 귀를 기울이는 날도 있었다. 그때마다 기분이 나빠지고 불안을 느끼며 캠프로 돌아왔다. 그리고 키치 옆에서 애석한 마음에 살며시 콧소리를 내며 쿵쿵 울고는 진지하게 묻고 싶다는 듯 혀로 키치의 얼굴을 여기저기 핥았다.

화이트 팽은 캠프의 관습을 순식간에 터득했다. 그리고 먹으라며 화이트 팽에게 고기나 물고기를 던질 때면 나이 많은 개들이 힘을 앞세워 고기를 뺏어 먹으려 한다는 불공평한 행동과 그렇게까지 해서 고기를 더 먹으려는 그들의 탐욕스러움을 알게 되었다. 화이트 팽을 가장 공평하게 대하는 것은 남자들이며 가장 잔혹하게 대하는 것은 아이들이었다. 그리고 여자들은 남자들이나 아이들보다 훨씬 고기 조각이나 뼈를 많이 던져주면서 가장 친절하게 대해준다는 것도 알게 되었다. 아직은 한참 자라나는 강아지들과 있는 어미 개에게 장난을 걸다가 두세 번 심한 꼴을 당했다. 그 뒤로 어미 개는 건들지 않고 될 수 있는 한 멀리 떨어지는 게 나으며 만약 자기에게 다가오는 것을 봤다면 피하는 게 좋다는 것도 알게 되었다.

그러나 화이트 팽이 캠프 안에서 생활하는데 있어 가장 골칫거리는 립립이었다. 몸집도 크고 나이도 많은데다 힘도 센 립립이 이번에는 화이트 팽을 괴롭히기로 마음을 먹었기 때문이다. 화이트 팽은 정정당당히 싸웠지만 수준이 달랐다. 적이 너무나도 컸다. 립립은 마치 악몽과도 같았다. 용기를 내어 어미 늑대 곁을 떠나 있을 때면 언제나 약한 강아지를 괴롭히는 못된 성질을 못 이겨 나타나서는 뒤를 쫓아오거나 으르렁거리면서 괴롭혔다. 그리고 언제나 인간들이 가까이 없을 때만 노리고 달려들어 아프게 하기 일쑤였다. 둘이 붙었다 하면 언제나 립립이 이겼기 때문에 그는 싸우는 것을 아주 좋아했다. 그것은 립립에게는 삶의 기쁨이지만 화이트 팽에게는 삶의 고통이었다.

하지만 계속되는 싸움에도 화이트 팽은 겁을 먹지 않았다. 언제나 화이트 팽만 다치고 질뿐이었지만 정신마저 지지는 않았다. 그러나 화이트 팽의 성격에 나쁜 영향을 끼치고 있었다. 성질이 나빠지고 까다로워졌다. 타고난 성격이 워낙 사나운데다 립립이 끊임없이 괴롭히다 보니 결국에는 난폭해진 것이다. 친절하며 장난을 좋아하는 새끼늑대다운 모습은 전혀 찾아볼 수 없었다. 캠프 안에 있는 다른 강아지들과 같이 장난치거나 뛰어다닌 적이 한 번도 없었다. 립립이 가만두지 않았기 때문이다. 화이트 팽이 강아지들 가까이에 나타났다 하면 립립이 뛰어들어 괴롭히거나 위협하고는 싸움을 걸어 내쫓기 일쑤였다.

이런 립립의 태도 때문에 결국 화이트 팽에게서 새끼늑대다운 모습은 거의 사라져버렸다. 화이트 팽은 어른스러워졌다. 놀이를 통해 장난기와 호기심을 채울 수 없었기 때문이다. 그러나 이와는 반대로 머리의 움직임은 점점 활발해졌으며 교활해졌다. 빈둥거리면서도 머릿속에서는 열심히 갖은 꾀를 생각해냈다. 식사 때마다 자신이 받을 고기나 물고기를 누군가에게 빼앗기면 영리한 도둑으로 변했다. 자신도 먹이를 먹어야만 했기에 그랬던 것뿐이지만 그 결과는 여자들을 고민하게 만들었다. 교활해진 화이트 팽은 캠프 주변을 슬금슬금 돌아다니며 어디서 무슨 일이 벌어지는지 파악하고는 그에 맞춰 생각하는 법을 배웠다. 또 자기를 괴롭히는 강아지들을 피하는 방법과 대책을 세우는 법도 배웠다.

강아지들이 괴롭히기 시작한 지 얼마 지나지 않았을 무렵, 화이트 팽은 교활한 수를 써서 한판 승부를 펼치고 처음으로 복수의 통쾌함을 맛보았다. 키치가 늑대들과 함께 있었을 때 캠프에서 개들을 유인해내 죽인 것과 살짝 비슷한 방법으로 립립을 키치의 복수심에 불타는 엄마로 끌어들인 것이다. 화이트 팽은 립립 앞에서 얼른 도망치지 않고 그저 다가왔다 멀어지면서 텐트 사이를 요리조리 돌아다녔다. 그는 발이 빠르기 때문에 자신과 똑같은 몸집을 한 어떤 개보다도 더 빨리 달릴 수 있었으며 물론 립립보다도 빨랐다. 하지만 온 힘을 다해 뛰지는 않았다. 립립이 언제라도 자신을 잡을락 말락 하는 위치에서 달렸다.

립립은 계속해서 눈앞에서 알짱거리는 화이트 팽과 그를 쫓아다니는 것에 흥분한 나머지 조심하는 것도 잊고 있었다. 문득 자신이 지금 어디서 달리고 있는지 알아챘지만 다 소용없는 짓이었다. 전속력으로 텐트를 도는 바람에 힘을 주체 못하고 막대기 앞에서 자고 있는 키치 몸에 쏜살같이 처박혔다. 립립은 간이 콩알만 해져 캥캥 짖었지만 키치는 이미 벌을 내리기 위해 엄니를 드러냈다. 키치가 묶여 있었음에도 립립은 그녀에게서 쉽게 벗어날 수 없었다. 키치는 립립이 도망가지 못하도록 다리를 차 넘어뜨리고 계속해서 이빨로 립립을 물거나 살을 찢어 놓았다.

립립은 겨우 키치에게서 벗어나 엉금엉금 일어섰지만 몸도 마음 상처를 입었다. 털은 부스스해진데다 포도송이 마냥 뭉쳐 군데군데 튀어나와 있었다. 립립은 일어선 곳에서 입을 벌리고 강아지답게 길고 구슬픈 소리로 울었다. 하지만 화이트 팽은 립립이 울도록 가만히 내버려두지도 않았다. 울고 있을 때 그대로 돌진해 와서는 다리에 이빨을 깊게 박아 넣은 것이다. 립립은 더 이상 싸우고자 하는 마음이 들지 않았기 때문에 수치도 잊고 도망쳤다. 그러나 언제나 자신이 괴롭혔던 피해자가 이번엔 가해자로 변해서 자신이 있던 텐트로 돌아갈 때까지 계속 괴롭혔다. 다행히도 텐트에 도착하자 여자들이 나서서 분노에 찬 작은 악마로 변신한 화이트 팽에게 일제히 돌을 던져 겨우 내쫓았다.

어느 날 그레이 비버는 마침내 키치를 묶고 있는 줄을 풀었다. 이제는 키치가 도망치지 않으리라 판단했기 때문이다. 화이트 팽은 어미 늑대가 자유로워지자 너무 기뻤다. 기쁜 듯 어미 뒤를 쫓아다니며 캠프 주변을 걸었다. 어미 늑대 곁에 있는 한 립립은 더 이상 다가오지 않았다. 립립은 화이트 팽이 털을 곤두세우고 다리에 힘을 주며 약 올릴 때조차 보고도 못 본 척했다. 립립도 바보는 아니었던 것이다. 복수하고 싶었지만 화이트 팽이 혼자 있을 때까지 기다리기로 했다.

키치와 화이트 팽은 그날 느지막이 캠프 가까이에 있는 숲 변두리에서 헤매고 있었다. 화이트 팽은 어미 늑대를 한 발 한 발 이끌고 있었다. 그러나 어미 늑대가 멈춰 섰다. 화이트 팽은 어미를 이끌고 좀 더 멀리 가려 했다. 자신을 부르는 물줄기와 늑대 동굴, 조용한 숲에서 어미 늑대와 함께 있었으면 했다. 화이트 팽은 서너 발 먼저 달려 나갔다가 멈춰 서서 어미 늑대를 돌아보았다. 그러나 어미 늑대는 움직이지 않았다. 화이트 팽은 마치 애원이라도 하듯 코를 킁킁거리며 장난스럽게 잡초 속을 들어갔다가 나왔다가 어미 늑대 쪽으로 다시 돌아와 어미의 얼굴을 핥고는 또 달려나갔다. 그래도 어미 늑대는 움직이지 않았다. 화이트 팽은 멈춰 서서 어미 늑대를 바라보았다. 자신이 얼마나 동굴 생각에 여념이 없으며 동굴로 돌아가기를 간절히 원하는지 온몸으로 표현했다. 그러나 캠프를 돌아보는 어미 늑대의 모습에 새끼늑대의 열망은 점점 사그라졌다.

무언가가 숲 너머에서 화이트 팽을 불렀다. 어미 늑대도 그것을 들었다. 그러나 어미 늑대는 그 소리보다 좀 더 큰 소리를 들었다. 모든 야생 동물 가운데 늑대와 그들의 동족인 야생 개만이 답할 수 있는 모닥불과 인간의 소리를 들었던 것이다.

키치는 몸을 돌려 천천히 캠프 쪽으로 걷기 시작했다. 몸을 얽어매는 막대기의 힘보다 캠프의 힘이 훨씬 강했던 것이다. 신들은 눈에는 보이지 않는 신비한 힘으로 어미 늑대를 붙들어 매고 놓으려 하지를 않았다. 화이트 팽은 자작나무 그림자가 드리운 곳에 앉아 살짝 울었다. 공기를 가득 메운 짙은 소나무 냄새나 희미한 숲 냄새에 지금처럼 굴레가 없었던 시절의 자유로운 삶이 그리워졌다. 그러나 화이트 팽은 아직 한참 자라는 새끼늑대라 인간이나 황야가 부르는 소리보다도 어미 늑대에게 훨씬 마음이 끌렸다. 태어나고 나서부터 지금까지 어미 늑대만을 의지하며 살아왔기 때문이다. 독립할 시기는 아직 멀었다. 화이트 팽은 일어서서 냉큼 달려나갔다. 그러나 가끔씩 멈춰 서서 흐느껴 울며 지금도 숲 속에서 울려 퍼지고 있는 야성의 부름에 귀를 기울였다.

황야에서 어미와 새끼가 같이 사는 날은 짧지만 인간들이 살고 있는 곳에서는 그보다도 훨씬 짧을 수도 있었다. 화이트 팽도 그랬다. 그레이 비버는 쓰리 이글스에게 빚을 졌다. 그런데 쓰리 이글스가 매켄지 강을 거슬러 올라가 그레이트 슬레이브 호수로 여행을 가게 되었다. 그래서 심홍색 천 한 조각과 곰 가죽 한 장, 총알 삼십 발과 키치를 빚 대신 받아가기로 했다. 화이트 팽은 어미 늑대가 쓰리 이글스의 카누에 타는 것을 보고 아무 생각 없이 따라가려고 했다. 그러나 쓰리 이글스는 화이트 팽을 한 대 때리더니 육지로 호되게 내동댕이쳤다. 그리고 카누는 물가를 떠났다. 화이트 팽은 강으로 뛰어들어 헤엄치며 그 뒤를 쫓았다. 그레이 비버가 날카롭고 높은 소리로 돌아오라고 외쳤지만 귀도 기울이지 않았다. 신으로 받드는 인간마저도 화이트 팽은 무시했다. 어미 늑대와 떨어진다는 것이 그만큼 무서웠다.

그러나 신들은 그들이 반항하는 것에 그리 익숙하지 않았다. 그레이 비버는 무섭게 화를 내며 카누를 타고 쫓아갔다. 화이트 팽을 따라잡자 손을 뻗어 목덜미를 붙잡고 물에서 끌어올렸다. 그러나 바로 카누에 내려놓지 않았다. 한 손으로 목덜미를 잡고 다른 한 손으로 화이트 팽을 때리기 시작했다. 그 손에 망설임이란 찾아볼 수 없었다. 맞을 때마다 살을 에는 듯 아팠다. 게다가 셀 수 없을 만큼 많이 맞았다.

여기저기 연달아 얻어맞으면서 화이트 팽은 기괴하게 생긴 추처럼 앞뒤로 흔들렸다. 오만 감정이 파도처럼 그를 휩쓸고 지나갔다. 처음에는 놀랐다. 그리고 갑자기 두려움을 느꼈다. 맞을 때마다 비명을 질러댔다. 그러나 공포는 순식간에 분노로 바뀌었다. 본성이 드러난 것이다. 화이트 팽은 화내고 있는 신 앞에서 주제넘게 이빨을 드러내고 으르렁거렸다. 그러나 그것은 신을 더 화나게 했을 뿐이었다. 그레이 비버는 더 빠르고 세게 화이트 팽을 때렸다. 온몸이 점점 욱신거리기 시작했다.

그레이 비버는 계속 때리고 화이트 팽은 계속 으르렁거렸다. 그러나 언제까지 그러고만 있을 수는 없었다. 누군가는 포기해야만 했다. 그리고 마침내 화이트 팽이 항복했다. 또다시 공포가 파도처럼 밀려왔다. 처음으로 인간에게 길들여지고 있었기 때문이다. 가끔씩 날라 오는 나뭇조각이나 돌은 이에 비하면 쓰다듬는 것과 같았다. 화이트 팽은 감정을 주체 못하고 울며불며 난리치기 시작했다. 아까까지만 해도 맞을 때마다 비명을 질렀지만 이윽고 공포는 두려움과 놀라움으로 바뀌고 어느샌가 때리는 간격과는 상관없이 계속 울어댔다.

드디어 그레이 비버가 손을 뗐다. 화이트 팽은 흐늘흐늘 매달린 채 계속 울었다. 주인은 그것으로 만족한 모양인지 화이트 팽을 배 바닥 쪽으로 거칠게 집어 던졌다. 그동안에도 카누는 하류로 떠내려가고 있었다. 그레이 비버는 노를 집어 올렸다. 그러나 화이트 팽의 몸이 거치적거렸기 때문에 화를 내며 발로 차버렸다. 그 순간 화이트 팽의 본성이 또다시 번뜩였다. 화이트 팽은 갑자기 사슴 가죽으로 만든 신발을 신은 발에 이빨을 박아 넣었다.

그리고 이번에 때리는 것에 비하면 아까 때렸던 건 그리 대단한 것도 아니었다. 그레이 비버는 무섭게 화를 냈다. 화이트 팽도 기절하기 일보 직전까지 갔다. 이번에는 손뿐만 아니라 딱딱한 나무로 만든 노로 두들겨 맞았던 것이다. 그레이 비버가 화이트 팽을 또다시 배 바닥에 내팽개쳤을 때에는 화이트 팽의 조그마한 몸 여기저기 안 쑤시는 곳이 없었다. 그레이 비버는 이번엔 뚜렷한 목적을 가지고 화이트 팽을 걷어찼다. 화이트 팽은 두 번 다시 발에 달려들지 않았다. 굴레에게서 교훈을 또 하나 얻은 것이다. 어떤 사정이 있건 간에 자신을 지배하고 군림하는 신을 물어뜯는 대담한 짓을 결코 해서는 안 된다는 것이다. 군주이며 지배자인 인간들의 몸은 신성하기 때문에 자신과 같은 짐승의 이빨로 더럽혀서는 안 된다. 그것은 화이트 팽이 지을 수 있는 가장 큰 죄로 너그러이 봐 줄 수도 못 본 척 넘어갈 수도 없는 범죄 가운데 하나였다.

카누가 물가에 닿았어도 화이트 팽은 누운 채 계속 움직이지 않고 코만 킁킁거리며 그레이 비버의 판결만 기다리고 있었다. 그레이 비버는 화이트 팽을 상륙시킨다는 판결을 내리고 화이트 팽을 물가로 내던졌다. 옆구리를 연달아 얻어맞았기 때문에 또다시 아팠다. 몸을 떨며 비틀비틀 일어서서는 계속 킁킁 울었다. 높은 곳에서 처음부터 이 상황을 보고 있던 립립이 쏜살같이 쳐들어와 화이트 팽을 쓰러트리고 물어뜯었다. 화이트 팽은 몸도 마음도 매우 약해져 있었으므로 자신을 지킬 수 없었다. 그레이 비버가 립립을 거칠게 걷어차 12피트나 떨어진 건너편에다 처박아주지 않았다면 끔찍한 꼴을 겪을 뻔했다. 인간은 정의이다. 화이트 팽은 비참한 꼴을 당하면서도 살짝 감동해서 인간에게 고마워했다. 그리고 비실비실 걸으면서도 그레이 비버의 뒤를 얌전히 뒤쫓아 텐트 마을로 돌아갔다. 신들은 벌할 권리를 가지고 있지만, 신들에게 지배당하는 열등한 동물에게는 신들을 벌할 권리가 없다는 것을 배웠다.

그날 밤 모두가 자고 있을 때 화이트 팽은 어미 늑대를 떠올리고는 어미 늑대를 그리며 울었다. 너무나 큰 소리로 울었는지 그레이 비버가 잠에서 깼고 결국 얻어맞고야 말았다. 그 뒤로 신들이 주변에 있을 때면 남몰래 숨어서 울었다. 그러나 때로는 혼자서 숲 변두리를 헤매며 슬픔을 흘려보내고는 했다. 콧소리와 울음소리를 크게 내면서 슬픔이 가라앉을 때까지 울었다.

지금이라면 동굴이나 물줄기의 기억을 더듬어 황야로 돌아갈 수 있었다. 그러나 어미 늑대의 기억이 화이트 팽을 사로잡았다. 인간들이 사냥을 나가서 다시 돌아오듯이 어미 늑대도 분명 언젠가는 마을로 돌아올 것이다. 화이트 팽은 굴레를 받아들이고 어미 늑대를 기다렸다.

그러나 모든 것이 화이트 팽을 불행하게 하는 굴레인 것은 아니었다. 재밌는 일은 많이 있었다. 계속 무슨 일이 생겼다. 신들이 계속해서 신기한 일을 벌이기 때문에, 화이트 팽은 언제나 호기심에 사로 잡혀 인간들이 무엇을 하는지 바라보고 있었다. 거기에 더해 그레이 비버에게 맞춰 살아가는 방법도 터득했다. 그레이 비버는 화이트 팽에게 철저한 복종을 강요했다. 그 대신 잘 따르기만 한다면 안 맞아도 되는 것은 물론 어떻게 해서든지 살아나갈 수 있었다.

그뿐만 아니라 그레이 비버는 가끔씩 직접 고기 한 조각을 던져줄 때가 있었다. 그리고 그것을 먹고 있는 동안 다른 개들을 막아주었다. 그런 고기 조각은 여자들에게서 받는 고기 조각 12개보다도 훨씬 가치가 있었다. 그레이 비버는 결코 화이트 팽을 귀여워하거나 쓰다듬지는 않았다. 그러나 화이트 팽에게 어떤 식으로든 영향을 미쳤다. 손의 무게로 그랬는지 정의로 그랬는지, 아니면 단순히 그 힘으로 그랬는지는 아무도 모를 일이다. 어쨌거나 화이트 팽과 무뚝뚝한 주군 사이에 어떤 유대 관계가 만들어졌다.

화이트 팽이 모르는 무언가가 막대기나 돌의 힘, 폭력으로 알아챌 수도 없을 만큼 교묘하게 목을 점점 졸라매고 있었다. 처음으로 인간의 모닥불에 가까이 온 늑대 안의 본능은 어떤 모습으로든 변화할 수 있는 것이다. 그 성질이 지금 화이트 팽의 몸속에서 변하고 있었다. 캠프 생활은 비참함으로 가득 차 있었지만 화이트 팽은 저도 모르게 끊임없이 그것을 따르게 되었다. 그러나 화이트 팽은 그 사실을 느끼지 못했다. 그저 키치를 잃은 슬픔과 키치가 돌아오지 않을까 하는 기대, 자유로웠던 어린 시절에 대한 굶주림과도 같은 동경만을 느낄 뿐이었다.

3
외톨이

화이트 팽은 립립과 만나면 그때마다 우울했고 그 탓에 타고난 성질보다 더 심술궂어졌으며 난폭해졌다. 본디 늑대란 잔인함을 어느 정도 타고나기는 하지만 화이트 팽은 립립 때문에 더욱 잔인해졌다. 인간들은 화이트 팽을 떠올릴 때면 심술궂다는 생각부터 했다. 캠프 안에서 어지러운 소동이, 이를테면 싸움이 난다거나 누군가 으르렁거린다거나 여자가 고기 조각을 도둑맞았다며 야단법석을 떠는 날에는 분명 그 뒤에는 화이트 팽이 있을 것이라 여겼다. 모든 말썽들을 화이트 팽이 벌인 것으로 여겼기 때문이다. 그러나 인간들은 화이트 팽이 도대체 왜 그러는지, 그 이유를 알려고 하지 않고 결과만을 보았다. 결과는 늘 좋지 않았기에 화이트 팽은 좀도둑이니 골칫덩어리니 문제아 취급을 받았다. 화난 여자들은 화이트 팽에게 대놓고 '너는 밥만 축내는 늑대니까 분명 비참하게 죽을 것'이라 욕을 퍼부어댔다.

화이트 팽은 언제 어디서 갑자기 돌 같은 것이 날아와도 피할 수 있도록 자세를 취하며 경계를 늦추지 않고 계속 바라보았다. 그는 어느샌가 수많은 캠프 사이에서 외톨이가 되어 있었다. 강아지들은 한 마리도 남김없이 립립 편이었다. 화이트 팽과 그들 사이에는 단 하나 결정적인 차이점이 있기 때문이다. 아마 그들은 황야에서 태어난 화이트 팽에게서 야성의 냄새를 맡고는 길들여진 개들이 늑대에게 품는 적의를 본능적으로 느꼈던 것이다. 어찌 되었건 강아지들은 립립과 한패가 되어 화이트 팽을 괴롭혔다. 그렇게 한번 싸우고 나면 강아지들은 트집을 잡아 또 싸우고는 했다. 모두 화이트 팽의 사나운 이빨에 당했기 때문이다. 화이트 팽은 자기가 당한 것 그 이상으로 복수해서 겨우 자존심을 지켰다. 일대일이라면 거의 꿀리는 일이 없었다. 그러나 그들은 절대 일대일로 싸우려 하지 않았다. 먼저 일대일로 싸움이 시작되면 그것을 신호로 캠프 안에 있는 강아지들이 모조리 화이트 팽에게 달려들었다.

무리지어 괴롭히는 이들에게서 화이트 팽은 중요한 것을 두 가지 배웠다. 무리와 싸울 때 몸을 지키는 방법과 개 한 마리에게 짧은 시간에 가장 큰 상처를 주려면 어떻게 해야 하는지에 대해서다. 적들이 몰려 있을 때는 언제나 그들 가운데에 있어야 했다. 그리고 땅에서 발을 떼지 않게 다리에 힘을 꽉 줘야 했다. 그래서 그것을 열심히 터득했다. 그리고 마치 고양이처럼 언제나 발을 땅에 붙일 수 있게 되었다. 어른 개들이 무거운 몸을 이끌고 화이트 팽에게 달려들면 나뒹굴거나 옆으로 쓰러질 수밖에 없었지만 되도록이면 어떤 때라도 발과 만물의 어머니인 대지가 떨어지지 않도록 다리에 힘을 꽉 주면서 절대 쓰러지지 않고 버텼다.

개들은 언제나 싸우기 전에 으르렁거리거나 털을 곤두세우던지 아니면 강한 척하며 다리에 힘을 주는 준비 운동을 했다. 그러나 화이트 팽은 이런 운동은 하지 않는 게 낫다는 것을 배웠다. 우물쭈물하다간 강아지들이 모두 덮쳐들기 때문이다. 얼른 그들을 해치우고 물러나야만 했다. 그래서 화이트 팽은 경고 없이 행동하기로 했다. 적이 싸울 준비를 마치기 전에 순식간에 달려들어 물어뜯었다. 눈 깜짝할 사이에 큰 상처를 주는 법을 터득했다. 그리고 기습 공격이 얼마나 좋은지도 깨달았다. 뭐가 어떻게 돌아가는지도 모른 채 멍하니 있는 사이 어깨를 물어뜯기거나 귀가 리본처럼 갈기갈기 찢어진 개들은 반쯤 진 것이나 다름없었다.

게다가 기습해서 상대를 쓰러트리는 것은 자신도 놀랄 만큼 쉬운 일이었다. 그리고 마땅히 그렇게 해놓아야 한다는 듯이 쓰러진 개들의 목 뒤 쪽 부드러운 부분, 급소를 물었다. 화이트 팽은 급소를 알고 있었다. 그것은 늑대라는 사냥꾼 종족이 자손에게 전해준 지식이었다. 그래서 화이트 팽은 먼저 혼자 있는 강아지를 발견하면 기습 공격을 해서 뒤집어 놓고는 달려들어 부드러운 목을 물어뜯었다.

아직 한참 자라는 시기이기 때문에 목을 노렸다고 해서 목숨을 위협할 만큼 화이트 팽의 턱은 크지도 강하지도 않았다. 그러나 캠프 주변에서는 목에 화이트 팽의 이빨 자국이 찍혀 있는 강아지들이 잔뜩 있었다. 그런데 어느 날 화이트 팽은 숲 변두리에서 적이 한 마리 있는 것을 발견하고 그를 붙잡았다. 몇 번이고 쓰러트린 다음 목을 공격해 핏줄을 물어뜯었더니 결국 숨을 거두고 말았다. 그날 밤 대소동이 벌어졌다. 이 과정을 보고 있던 인간들이 죽은 개 주인에게 알렸기 때문이다. 그리고 여자들은 화이트 팽에게 도둑맞았던 고기를 생각해냈다. 사람들의 높은 원성이 그레이 비버를 둘러쌌다. 그러나 그레이 비버는 텐트 안에 피고를 넣고 그대로 문을 닫아버렸다. 그리고 동료들이 소리를 높여 주장하는 복수를 기각했다.

인간도 개도 화이트 팽을 싫어했다. 화이트 팽은 한참 자라나는 시기이지만 한 순간도 안심하고 지낼 수 없었다. 모든 인간들의 손과 개들의 이빨이 그를 노렸기 때문이다. 동족들은 으르렁거렸으며 신들은 화이트 팽을 저주하고 돌을 던졌다. 그래서 늘 긴장하며 살았다. 신경을 곤두세우고, 방심하지 않고 언제라도 공격할 수 있도록 준비했다. 누가 공격할까 조심하면서 갑자기 생각지도 못한 곳에서 날아오는 돌 같은 것도 빈틈없이 살폈다. 그리고 갑자기 이빨을 번뜩이며 달려들거나 으르렁거리며 위협하면 재빨리 냉정하게 물러설 수 있도록 조심했다.

화이트 팽은 캠프 안에 있는 다른 강아지나 어른 개들보다도 무섭게 으르렁거렸다. 경계하거나 위협하기 위해 으르렁거렸으므로 언제 으르렁거려야 할지 기준이 필요했다. 화이트 팽은 으르렁거리는 법과 으르렁거려야 할 때를 알게 되었다. 그가 으르렁거릴 때면 악의와 적의 그리고 소름마저 느껴졌다. 혀를 붉은 뱀처럼 축 내밀고서는 갑자기 물러서 귀를 바짝 눕혔다. 눈은 증오로 가득했으며 입을 비틀고는 엄니를 보이며 침을 질질 흘렸다. 그 모습을 보면 화이트 팽을 공격하려고 해도 모두들 기가 팍 죽었다. 생각을 읽혔다 해도 적이 한 순간이라도 망설이면 그 틈을 놓치지 않고 다음에 어떻게 할지 생각해 실천에 옮겼다. 그러나 적이 너무 망설이는 바람에 오히려 공격을 멈춰버리는 일도 더러 있었다. 그 덕분에 어른 개들 앞에서 명예를 지키며 물러난 적도 여러 번 있었다.

아직 한참 자라는 강아지 무리에서 따돌림을 당하는 화이트 팽은 난폭한 수단과 이상하리만치 우수한 능력으로 자신을 괴롭히는 강아지들에게 그 대가를 치르게 했다. 강아지들은 화이트 팽과 같이 달리려 하지 않는 대신에 무리에서 나와 혼자 달릴 수도 없는 기묘한 상태에 빠지고 말았다.

왜냐하면 화이트 팽이 가만 나두지 않았기 때문이다. 화이트 팽의 게릴라 전법이나 잠복 때문에 강아지들은 혼자서 달리는 것을 무서워했다. 립립은 다르지만 다른 강아지들은 자신들이 만들어낸 무시무시한 적과 맞서 싸우기 위해 한데 뭉쳐서 서로를 보호해야만 했다. 강아지가 댐에 혼자 서 있다는 것은 죽음을 뜻했다. 또 강아지가 아픔과 두려움으로 캬캬 울며 캠프 안에 있는 인간들을 깨우면 그것은 새끼늑대의 기습 공격에서 겨우 도망쳤다는 뜻이었다.

그러나 강아지들이 서로 한데 모여 있어야만 한다는 것을 깨달았음에도 화이트 팽은 복수를 멈추지 않았다. 강아지가 혼자 있을 때를 노려 공격했다. 또한 강아지들도 한데 뭉쳐 있을 때 화이트 팽을 공격했다. 화이트 팽을 볼 때마다 달려들었지만 달리기가 빠른 덕분에 상처 입지 않고 끝까지 도망칠 수 있었다. 그러나 정말로 운이 나쁜 것은 화이트 팽을 쫓을 때 동료를 앞질러 달려오는 강아지였다. 화이트 팽은 갑자기 뒤돌아 앞에서 달리고 있는 추격자에게 달려들어 다른 강아지들이 도착하기 전에 그를 갈기갈기 찢어놓는 법을 터득했기 때문이다. 그런 일은 실제로도 가끔 일어났다. 강아지들은 일제히 쫓기 시작하면 결국 쫓아다니는 자체에 흥분을 주체 못하고 이성을 잃는 일이 많았지만 화이트 팽은 결코 이성을 잃지 않았다. 달리면서도 힐끔힐끔 뒤를 돌아보고는 언제 어떤 때라도 몸을 돌려서 이성을 잃고 동료를 앞질러 달려오는 강아지에게 달려들 준비를 했다.

강아지들은 언제나 놀지 못해 안달이었다. 위급한 상황에서도 실전 못지않게 놀고는 했다. 그래서 강아지들은 주로 화이트 팽 사냥을 하면서 놀았다. 물론 한시도 방심할 수 없는데다 그것도 모자라 목숨을 걸어야 하지만 말이다. 그러나 화이트 팽은 발이 빠르기 때문에 어딜 가던 무섭지 않았다. 어미 늑대가 돌아오기만을 허무하게 기다리는 나날 속에서 무시무시한 기세로 쫓아오는 강아지들을 가까이 있는 숲으로 몇 번씩이나 끌어들였다. 개들은 늘 화이트 팽을 놓쳤다. 그러면 야단법석을 떨며 스스로 자신들이 있는 장소를 알려주는 것이나 다름없는 행동을 했다. 한편 화이트 팽은 아비 늑대나 어미 늑대가 그랬듯 움직이는 그림자와도 같이 묵묵히 나무들 사이를 달렸다. 게다가 화이트 팽은 개들보다 훨씬 더 황야와 가깝기 때문에 그들보다 황야의 신비와 전법을 잘 알고 있었다. 먼저 흐르고 있는 물속에 발을 담가 발자국을 지우고 난 다음, 가까이에 있는 수풀 속에서 조용히 누워 있었다. 그러면 방심한 개들은 그 주변에서 큰 소란을 피우고는 했다.

화이트 팽은 동족과 인간에게 미움을 받으며 그들이 끊임없이 싸움을 걸어도 결코 꺾이지 않고, 스스로도 끊임없이 싸움을 걸었다. 화이트 팽은 점점 자라났지만 어딘가 모난 데가 있었다. 그의 성격은 배려와 애정이라는 꽃이 피는 토양이 될 수 없었다. 그래서 화이트 팽은 배려나 애정 따위는 눈곱만큼도 가지고 있지 않았다. 강한 자에게 복종하며 약한 자를 괴롭히라는 것밖에 배우지 못했다. 그레이 비버는 신이며 강했다. 그래서 화이트 팽은 그에게 복종했다. 그러나 자신보다 어리고 작은 개는 약했다. 그래서 화이트 팽은 그들을 죽였다. 싸움에 관한 본능만이 점점 커져갔다. 끊임없이 달려드는 상처와 죽음의 위험과 맞서기 위해 다른 생명을 잡아먹는 본능과 자신을 보호하려는 본능만이 이상하리만치 커졌다. 다른 개들보다 민첩하게 움직였다. 달리기도 빠르고 교활해졌으며 힘도 세졌다. 그리고 점점 더 잔인하고 난폭해졌으며 머리도 잘 돌아갔다. 화이트 팽은 무슨 수를 써서라도 이를 모두 몸에 익혀야만 했다. 그렇지 않으면 자신의 몸을 지킬 수 없었으며 자신이 걸린 적의 포위망을 뚫고 빠져나갈 수 없었기 때문이다.

4
신들의 냄새

  가을이 돌아왔다. 해는 점점 짧아지고 대기 속에 살을 에는 듯한 서리가 떠다니기 시작했다. 그 무렵 화이트 팽은 자유로워질 수 있는 기회를 얻었다. 요 며칠 동안 마을은 계속 소란스러웠다. 여름을 났던 캠프를 정리하고 가재도구를 모아 가을 사냥에 나갈 채비를 했던 것이다. 그동안 화이트 팽은 진지한 눈빛으로 지켜보았다. 텐트가 무너지고 물가에 있는 카누에 짐들이 쌓여갈 때쯤 인간들이 뭘 하는지 알게 되었다. 벌써 떠나는 카누가 있는가 하면, 하류로 내려가 보이지 않게 된 카누도 몇 개 있었다.
  화이트 팽은 곰곰이 생각한 끝에 이곳에 남기로 했다. 기회만 엿보다 살짝 캠프를 빠져나와 숲으로 갔다. 살얼음이 깔리기 시작한 물줄기에 발을 담가 발자국을 지웠다. 그리고 수풀 한가운데에 깊숙이 파고들어 상황을 지켜보았다. 선잠을 자는 동안 몇 시간이나 지났다. 화이트 팽은 문득 자신의 이름을 부르는 그레이 비버의 목소리에 잠이 깼다. 다른 목소리도 들렸다. 그레이 비버의 아내와 아들인 미사도 같이 찾고 있었다.
  화이트 팽은 두려움에 몸을 떨었다. 숨어 있는 곳에서 기어 나가고 싶다는 충동에 사로잡혔지만 가까스로 그것을 물리쳤다. 그리고 시간이 조금 지나자 소리는 사라졌다. 잠시 뒤 화이트 팽은 수풀 속에서 기어 나왔다. 그리고 자신의 계획이 성공했다는 것을 알고 이를 즐겼다. 어둠이 내려왔지만 나무들 사이를 돌아다니며 오랜만에 찾아온 자유를 마음껏 만끽했다. 그런데 갑자기 외로워졌다. 그 자리에 주저앉아 고요한 숲 속에 귀를 기울이며 곰곰이 생각하다가 이내 당황했다. 무언가 움직이는 것도 없거니와 소리 내는 것도 없어서 으스스하기 이를 데 없었기 때문이다. 모습을 드러내지 않아 눈으로는 볼 수 없는 위험이 숨어 있는 듯한 느낌마저 들었다. 우뚝 서 있는 커다란 나무나 검은 그림자가 수많은 위험을 숨기고 있지는 않은지 멍하니 의심했다.
  갑자기 추워졌다. 그러나 무언가에 다가가 기대려고 해도 텐트처럼 따뜻한 곳은 없었다. 발이 시려서 두 앞발을 차례대로 들었다 놨다. 복슬복슬한 꼬리를 굽혀 발을 감싸려 했다. 그 순간 화이트 팽은 환상을 보았다. 그리 이상한 일은 아니었다. 마음의 눈에 지난 추억들이 연달아 찍은 사진처럼 지나갔을 뿐이었다. 캠프나 텐트, 모닥불 빛이 보였다. 여자들이 내는 날카롭고 드높은 소리나 남자들이 내는 무뚝뚝하고 낮은 소리, 개들이 으르렁거리는 소리가 들렸다. 배고플 때 던져주었던 고기나 물고기들도 떠올랐다. 그러나 여기에는 고기가 없었다. 먹지도 못할 오싹한 침묵 말고는 아무것도 없었다.

줄곧 굴레에 매여 인간에게 모든 것을 맡긴 채 살아왔기 때문에 화이트 팽은 약해졌다. 혼자서 살아가는 법을 잊어버린 것이다. 사방에서는 밤이 입을 떠억 벌리고 있을 뿐이었다. 캠프의 소음과 소란, 여러 가지 자극을 받으며 지내와서 감각은 둔해졌다. 어찌할 도리가 없었다. 아무것도 보이지 않거니와 아무것도 들리지 않았다. 그래도 화이트 팽은 쥐 죽은 듯 잠들어 있는 자연의 고요함과 평온함을 깨뜨리는 것이 있으면 잡으려고 신경을 곤두세웠다. 그러나 미동조차 없는 자연과 무언가 무서운 것이 눈앞에 다가오고 있는 듯한 느낌에 벌벌 떨었다.

화이트 팽은 간이 콩알만 해졌다. 잘 보이지는 않았지만 매우 커다란 무언가가 시야를 가로질러 달려들었기 때문이다. 그것은 구름 가면을 벗어던진 달이 만들어내는 나무의 그림자였다. 그림자라는 것을 알자 화이트 팽은 안심이 되어 조용히 킁킁 울었다. 그러나 어딘가에 숨어 있는 위험이 눈치챌까 두려워 울음소리도 억눌렀다.

밤의 차디찬 공기에 웅크리고 있던 나무가 큰 소리를 냈다. 게다가 그 소리는 바로 머리 위에서 났다. 화이트 팽은 오싹해져서 비명을 질렀다. 무섭고 놀라서 마을로 미친 듯이 도망갔다. 인간과 같이 있으면서 그들의 보호를 받고자 하는 욕망이 화이트 팽을 짓눌렀기 때문이다. 콧구멍 안에서는 캠프에서 솟아나는 연기 냄새가 감돌았다. 귓구멍 안에서는 캠프에서 들려오는 온갖 소음이 울려 퍼졌다. 화이트 팽은 숲을 달려나가 쏟아져 내리는 달빛에 그림자도 어둠도 없어진 공터로 나왔다. 마을이 어디론가 가버렸다는 사실을 잊은 것이다.

화이트 팽은 미친 듯이 달리다가 어느 순간 딱 멈춰 섰다. 더 이상 도망갈 곳이 없었기 때문이다. 화이트 팽은 쓸쓸히 황량한 캠프 안을 살금살금 걸으면서 잔뜩 쌓인 잡동사니나 신들이 버리고 간 누더기와 쓰레기 냄새를 맡으며 돌아다녔다. 여자들이 화를 내며 화이트 팽에게 돌을 우르르 내던져 준다면 얼마나 기쁠까. 그레이 비버가 화를 내며 자신을 늘씬하게 두들겨 패준다면 얼마나 기쁠까. 화이트 팽은 킵킵이나 으르렁거리는 겁쟁이 강아지들도 기뻐하며 맞이하리라.

화이트 팽은 그레이 비버의 텐트가 세워졌었던 곳으로 돌아와 텐트가 있었던 자리 한가운데에 앉았다. 그리고 코를 달로 쳐들었다. 목구멍이 강렬하게 떨리고 입이 저절로 벌어졌다. 그는 너무나 외롭고 두려워서 키치를 그리며 슬픔에 잠겼다. 지난날 겪었던 모든 슬픔과 고뇌 그리고 아픔과 위험에서 오는 불안, 이 모든 것에 마음이 아파 울음이 끓어올랐다. 길고도 구슬픈 소리가 목구멍을 가득 메웠다. 화이트 팽은 처음으로 울부짖었다.

날이 밝자 두려움은 사라졌지만 외로움은 더해졌다. 어제까지만 해도 인간들이나 개들이 잔뜩 있었던 만큼, 헐벗은 대지에 외로움이 더욱 커지기만 했다. 결심하는데 그리 오랜 시간이 걸리지 않았다. 화이트 팽은 숲 속으로 뛰어 들어가더니 물줄기를 따라 내려가기 시작했다. 그리고 온종일 쉬지 않고 달렸다. 영원히 멈추지 않을 것만 같았다. 강철과도 같은 몸은 피로를 거들떠보지 않았다. 피로가 몰려와도 선조들에게 물려받은 인내심이 피곤하다 호소하는 몸을 채찍질해 제멋대로 앞으로 나아가게 했다. 강이 험준한 언덕에 닿아 굽어지는 곳에서 화이트 팽은 언덕 뒤에 있는 높은 산에 올랐다. 작은 물줄기가 본줄기로 흘러드는 곳에 왔을 때는 얕은 개울을 찾아 건너든가 그냥 헤엄쳐서 건넜다. 가끔 살얼음이 깔리기 시작한 물가를 걷다가 몇 번이고 구멍 속 얼음장같이 차가운 물에 빠져 정신없이 발버둥 쳤다. 신들이 강을 떠나 내륙으로 들어갔을지도 모르기 때문에 온종일 신들의 냄새에 주의를 기울이며 걸었다.

화이트 팽은 다른 개들보다 훨씬 영리했다. 그러나 아직 매켄지 강 건너편까지 신경 쓸 만큼 영리하지는 않았다. 만약 신들이 건너편 강가로 가면 어쩌지 하는 것은 생각조차 하지 못했다. 시간이 흘러 좀 더 세상을 보고 좀 더 나이를 먹어 들길이나 강에 대해 좀 더 알게 될 수 있을 만큼 영리해진다면 인간들이 건너편 강가로 갈 수도 있음을 깨달았을지도 모른다. 그러나 그렇게까지 영리해지려면 아직은 한참 더 자라야만 했다. 지금은 그저 막무가내로 달리고 있을 뿐이었다. 매켄지 강 건너편에는 눈길조차 주지 않았다.

화이트 팽은 밤새 달렸다. 그림자가 드리워 어두운 곳에서 잘못 하다가 사고나 장해물에 부딪쳐 고생을 좀 하긴 했지만 결코 꺾이지 않았다. 아무리 강철과 같은 육체라 해도 다음 날 낮까지 합해 30시간이나 계속 달리니 슬슬 힘이 빠지기 시작했다. 오로지 인내심만으로 달렸다. 벌써 40시간이나 아무것도 먹지 않았기 때문에 몸은 쇠약해졌다. 몇 번씩이나 얼음과 같은 물에 빠진 일도 참아냈다. 몸을 질질 끌면서 물에서 나왔기 때문에 깔끔했던 털이 흙투성이가 되었다. 넓은 발바닥은 어느새 찢어져 피가 흘렀다. 이제는 비틀거리며 걸었다. 시간이 지나면서 점점 심해졌다. 게다가 엎친 데 덮친 격으로 하늘빛이 어둑어둑해지더니 눈이 내리기 시작했다. 지금 내리고 있는 눈은 차갑고 축축한데다 질척질척 달라붙기 쉬운 눈이라서 밟으면 주르르 미끄러졌다. 게다가 지나가야 할 숲이나 들의 얼굴과 울퉁불퉁한 땅바닥도 가려버렸기 때문에 발걸음을 옮기기가 여간 곤란한 게 아니었다.

그레이 비버는 그날 밤 매켄지 건너편 강가에서 캠프를 치려고 했다. 이제부터는 건너편 강가에서 사냥할 예정이었기 때문이다. 그러나 이제 막 어두워지려 할 때쯤 아내인 클루 쿠치가 이쪽 강가로 물을 마시러 내려왔던 엘크를 발견했다. 그 엘크가 물을 마시러 내려오지 않았다면, 미사가 눈 때문에 카누가 나아갈 방향을 잘못 정하지 않았다면, 그리고 클루 쿠치가 엘크를 발견하지 않았다면, 또 그레이 비버가 운 좋게 그 엘크를 총으로 쏘지 않았더라면 그 뒤에 벌어질 일은 모두 달라졌으리라. 그레이 비버는 이쪽 강가에서 캠프를 하지 않았을 테고 화이트 팽도 이곳을 지나쳐 앞으로 계속 가다가 죽던지 혹은 또다시 황야에 있는 동족들과 함께 늑대로서 일생을 마쳤을 지도 모른다.

밤이 찾아왔다. 눈은 더욱 심하게 내리쳤다. 화이트 팽은 발을 삐끗하거나 비틀거리면서도 계속 걸었다. 문득 살짝 코를 킁킁거렸더니 눈 속에서 새로운 발자국을 발견했다. 찍힌 지 얼마 되지 않은 발자국이었으므로 그것이 누구 것인지 금세 알 수 있었다. 그래서 열심히 코를 킁킁거리며 발자국을 쫓아 강가에서 나무들 사이를 샅샅이 뒤졌다. 캠프의 소음이 들려왔다. 그리고 모닥불과 요리를 하는 클루 쿠치, 양반 다리를 하고 비곗덩어리를 우물우물

씹고 있는 그레이 비버가 보였다. 캠프에는 싱싱한 고기가 있는 것이다! 화이트 팽은 맞을 것을 각오했다. 그래서 몸을 웅크리고 언제 날벼락이 떨어질지 불안해하면서 살짝 털을 곤두세우고 나아갔다. 자신을 기다리는 매질이 싫었고 무서웠다. 그러나 기분 좋은 모닥불이나 신들의 보호, 개들과의 사귐 또한 자신을 기다린다는 것을 알고 있었다. 마지막은 적과의 사귐이기는 하지만 이도 엄연히 누군가와 맺는 관계의 형태 가운데 하나이며 무리 생활에 대한 환상을 만족시켜 주는 것이기도 했다.

화이트 팽은 두려워하며 웅크리고는 모닥불 빛으로 기어 나갔다. 그레이 비버는 그를 발견하고는 기름덩어리를 씹다가 멈췄다. 화이트 팽은 너무나 두려워서 웅크리고는 자신을 낮추며 복종하겠다는 뜻으로 비굴하게 배를 깔면서 슬금슬금 기어 다가갔다. 그리고 곧장 그레이 비버에게 기어갔지만 1인치 나아갈 때마다 점점 발을 옮길 수 없었으며 괴롭기 그지없었다. 그러나 결국에는 주인의 발치에 엎드렸다. 스스로 몸도 마음도 주인의 손에 던진 것이다. 인간의 모닥불 근처에 앉아 지배받기 위해 찾아온 것이다. 화이트 팽은 몸을 부들부들 떨면서 날벼락이 떨어지기를 기다렸다. 머리 위에서 손이 움직였다. 맞을 것을 각오하며 저도 모르게 몸을 움츠렸다. 그러나 손은 내려오지 않았다. 화이트 팽은 살짝 위를 훔쳐보았다. 그레이 비버가 비곗덩어리를 뚝 자르더니 절반을 주는 것이 아닌가! 화이트 팽은 처음에는 살짝 의심스럽다는 듯이 조심스레 비곗덩어리의 냄새를 맡았지만 배고픔을 이기지 못하고 이내 고기에 달려들어 먹기 시작했다. 그레이 비버는 좀 더 고기를 가져오도록 말하고 화이트 팽이 고기를 먹는 동안 다른 개들을 막아주었다. 그 뒤 화이트 팽은 감사와 기쁨에 잠겨 포근하고 따뜻한 모닥불을 바라보면서 눈을 깜박이거나 꾸벅꾸벅 졸았다. 내일은 황량한 삼림지대에서 외로이 헤매지 않고 인간의 캠프 안에서 신들만을 의지하며 그 손에 몸을 맡기고 있으리라 굳게 믿으면서.

5

계약

12월이 훌쩍 지나가자 그레이 비버는 여행을 떠나 매켄지 강을 거슬러 올라갔다. 미사와 클루 쿠치도 함께 떠났다. 그레이 비버가 직접 모는 썰매는 물건과 교환하거나 빌린 개들이 끌었다. 미사가 모는 작은 썰매는 강아지들이 끌었다. 소꿉놀이처럼 보였지만 미사는 매우 만족했다. 이제 어른들의 세계에 첫발을 내딛은 것이라 생각했기 때문이다. 미사가 개들을 다루는 법이나 훈련법을 터득하는 동안 강아지들은 점점 굴레에 익숙해졌다. 게다가 작은 썰매라 해도 용구와 식량을 200파운드 가까이 실을 수 있었기에 꽤 도움이 되었다.

화이트 팽은 캠프의 개들이 굴레를 차고 열심히 일하는 것을 본 적이 있었으므로 처음 굴레가 채워졌을 때도 그리 불쾌하게 여기지는 않았다. 목에는 이끼로 만든 개목걸이가 채워졌으며 가슴과 등을 감싼 가죽끈 하나에 줄 두 개로 이어졌다. 거기에 썰매를 끌 수 있게 긴 줄이 연결되어 있었다.

강아지 일곱 마리가 한 조가 되어 썰매를 끌었다. 화이트 팽은 태어난 지 고작 8개월밖에 지나지 않았지만 다른 강아지들은 생후 9개월부터 10개월 된 강아지로 화이트 팽보다 빨리 태어난 셈이었다. 강아지들은 모두 줄 하나로 썰매와 이어져 있었다. 줄 길이는 저마다 달랐다. 적어도 개의 몸통 길이만큼 달랐다. 그 줄은 전부 썰매 코끝에 있는 고리와 이어져 있었다. 이 썰매는 자작나무 껍질로 만들어진 터보건(바닥이 편평하고 긴,
목재로 만든 가벼운 썰매)으로 날이 붙어 있지 않았다. 눈 속을 헤치며 나아갈 수 있도록 썰매 코끝은 말아 뒤집어 있었다. 이 구조 덕분에 썰매와 짐 무게가 눈 표면에 고루 분산되었다. 눈이 마치 수정 가루처럼 매우 부드러웠다. 짐의 무게를 될 수 있으면 넓게 분산시키는 썰매 구조에 따라 줄 끝에 이어져 있는 개들은 썰매 코끝에서 부채꼴 모양으로 늘어서서 달렸다. 덕분에 뒤에 있는 개들은 앞에 있는 개들의 발자취를 밟는 일이 없었다.

거기에 더해 부채꼴 대형에는 또 다른 장점이 있었다. 줄의 길이가 달라서 개들은 자기 앞을 달리는 개를 공격할 수 없었다. 혈기를 주체 못하고 다른 개를 공격하려고 하는 개는 자기보다 짧은 줄과 이어져 있는 개들을 쫓아가는 것 말고는 다른 방법이 없었다. 그렇게 되면 공격하려는 개와 마주 보게 되지만 이는 썰매를 모는 인간의 채찍과도 마주 보게 되는 것이다. 그러나 그 가운데 가장 특이한 점은 앞에 있는 개를 공격하려면 썰매를 빨리 끌어야만 한다는 것이다. 하지만 썰매를 빨리 끌면 끌수록 공격당하는 개는 빨리 도망갈 수 있었다. 그래서 뒤에 있는 개는 결코 앞에 있는 개를 따라잡을 수 없었다. 뒤에 있는 개가 빨리 달리면 달릴수록 앞에 있는 개도 빨리 달릴 수 있었다. 그만큼 모든 개들이 빠르게 달릴 수 있는 것이다. 결국 썰매도 빨리 달릴 수 있었다. 인간은 이런 교활한 수를 써서 직접 나서지 않아도 동물들을 확실히 지배할 수 있었다.

미사는 아버지를 닮아 노련한 지혜를 지녔다. 예전에 립립이 화이트 팽을 괴롭히는 것을 보아도 그때는 립립이 남의 개였기 때문에 가끔씩 돌을 던지는 것 말고는 어찌할 도리가 없었다. 그러나 지금은 립립이 자기 개가 되었기 때문에 화이트 팽을 괴롭혔던 것에 복수하기 위해 립립을 가장 긴 줄에 묶었다. 그래서 립립은 썰매를 끄는 개들의 우두머리가 되었다. 언뜻 봤을 때 그것은 명예로운 일이다. 그러나 실제로는 명예도 뭣도 아니었다. 립립은 골목대장도 무리의 우두머리도 아닌 미움과 괴롭힘의 대상이 된 것이다.

왜냐하면 립립이 가장 긴 줄에 매여 달리기 때문이다. 다른 개들은 언제나 자신들로부터 도망가는 립립을 보았다. 게다가 보이는 것이라고는 복슬복슬한 꼬리와 도망가는 뒷다리뿐이었다. 곤두선 목의 털이나 번뜩이는 엄니처럼 사납지도 무섭지도 않았다. 오히려 사납다거나 무섭다는 말과는 거리가 먼 모습이었다. 게다가 강아지들 처지에서는 립립이 도망가는 것을 볼 때마다 쫓아가고 싶어지며 립립이 자신들로부터 도망가는 것이라는 느낌이 들었다.

강아지들은 썰매가 출발하는 순간부터 립립을 온종일 쫓아다녔다. 처음에 립립은 강아지들이 자신의 위엄을 잊지는 않을까 해서 화를 내며 자신을 쫓아오는 강아지들에게 달려들려고 했다. 그러나 그때마다 미사가 30피트나 되는 순록의 내장으로 만든 채찍으로 거칠게 얼굴을 후려쳤으므로 어쩔 수 없이 몸을 돌려 앞으로 나아갈 수밖에 없었다. 강아지들과 맞서 싸울 수는 있어도 채찍과 맞서 싸울 수는 없었던 것이다. 그래서 옆구리에 동료의 이빨이 닿지 않게 언제나 긴 줄을 팽팽하게 해서 달리는 것 말고는 다른 방법이 없었다.

그러나 이 인디언의 마음속 깊은 곳에서는 이보다 더 교활한 계책이 숨어 있었다. 다른 강아지들을 자극해 건드려 그들의 우두머리를 더더욱 쫓게 하기 위해 다른 강아지들보다 립립에게 훨씬 친절하게 대했다. 미사의 행동은 다른 강아지들의 질투와 증오를 돋웠다. 그는 보란 듯이 립립에게만 고기를 주었다. 강아지들은 미친 듯이 화를 내었다. 미사에게 보호를 받으며 립립이 고기를 먹는 동안, 채찍이 닿지 않는 곳에서 미쳐 날뛰었다. 고기가 떨어졌을 때는 립립만을 데리고 나가 고기를 주는 척했다.

화이트 팽은 열심히 일했다. 신들을 의지하기 전에는 다른 개들보다 훨씬 넓은 세상을 보며 자라왔기에 신들의 의지를 거스른다는 것이 얼마나 쓸모없는 짓인지 잘 알았던 것이다. 게다가 떼로 몰려오는 개들에게 호되게 시달린 나머지 개들은 시시하고 인간은 훌륭하다 생각했다. 그래서 동족에게 의지한다는 것을 배우지 않았다. 게다가 어미 늑대에 대한 기억도 거의 사라져 버렸다. 이제 화이트 팽이란 존재를 나타내는 단 하나의 표현 방법은 스스로 주인이라 인정한 신에게 충성을 다하는 길밖에 없었다. 그러므로 화이트 팽은 열심히 일하며 법칙에 대해 배웠고 복종했다. 화이트 팽은 다른 개들과 달리 스스로 나서 충실하게 일했다. 그것은 늑대나 야생의 개들이 길들여졌을 때 나타나는 특징이지만 화이트 팽에게는 그 특징이 이상하리만치 잘 나타났다.

화이트 팽은 개들과의 관계에서 싸움과 증오심밖에 느끼지 않았다. 결코 개들과 어울리지 않았다. 오로지 싸우는 법만 알고 있을 뿐이다. 립립이 무리의 우두머리였을 때 다른 개들이 자신을 물거나 살을 찢어 난 상처들을 백배로 되갚아주었다. 그러나 이제 립립은 골목대장이 아니었다. 가장 긴 줄 끝에 묶인 채 동료들로부터 도망치고 있었다. 그 뒤 썰매가 춤추듯 따라온다는 점에서 골목대장 같아 보이기는 하지만 캠프 안에서 미사나 그레이 비버, 클루 쿠치 곁을 떠나지 않았다. 신들에게서 벗어날 용기가 나질 않았기 때문이다. 지금은 다른 강아지들의 엄마가 모두 자신을 노리고 있었다. 립립은 화이트 팽이 느낀 괴로움을 하나도 남김없이 맛보게 되었다.

립립이 우두머리 자리에서 물러났으니 화이트 팽은 마음만 먹는다면 무리의 우두머리가 될 수 있었다. 그러나 그는 너무 까칠하고 고독했기에 우두머리에는 어울리지 않았다. 그저 동료를 해치울 뿐이었다. 그러지 않을 때에는 무시했다. 개들은 화이트 팽이 오면 길을 비켰다. 아무리 용감한 개라도 화이트 팽의 고기를 훔치려 들지는 않았다. 반대로 화이트 팽에게 빼앗기지나 않을까 걱정하며 급하게 먹이를 먹었다. 화이트 팽은 '약한 자는 억압하고 강한 자에게는 복종하라'는 법칙을 잘 터득하고 있었다. 그래서 자신에게 온 고기는 될 수 있는 한 빨리 먹었다. 화이트 팽보다 늦게 먹는 개는 그날 운이 없다고 할 수 있었다! 으르렁거리는 소리와 함께 이빨이 번뜩이고 그날의 희생자가 불행의 별자리 밑에서 태어난 자신의 운명을 저주하며 울고 있는 사이 화이트 팽은 그의 고기를 먹어 치웠다.

가끔씩 어떤 강아지가 참지 못하고 반항도 해보았지만 바로 꺾이기 십상이었다. 화이트 팽은 원하던 원치 않던 끊임없이 단련되었다. 때때로 개 무리 속에 들어가 싸우기도 했다. 그러나 싸움은 금방 끝났다. 매우 재빠르기 때문에 어떻게 손댈 방법이 없었던 것이다. 싸움이 언제 시작되었는지도 모르게 어느새 화이트 팽에게 물려 피를 흘렸으며 거의 싸움을 시작하자마자 당하기 일쑤였다.

화이트 팽은 신들의 썰매를 움직이는 법칙처럼 엄한 법칙을 개들에게 강요했다. 개들에게 자유를 허락지 않았다. 자신을 존경하기만 끊임없이 강요했다. 물론 강아지들 사이에서 무슨 일이 벌어지던 화이트 팽과는 상관없는 일이었다. 그러나 자신에게 집적대면 가만두지 않았다. 또한 자신이 무리 안에서 걷고 싶어지면 강아지들에게 길을 비키게 했다. 그리고 이는 자신이 언제나 개들을 지배하고 있다는 사실을 나타내는 것이라 여겼으며 이를 만약 그들이 이를 인정하지 않을 때면 참을 수 없었다. 다리에 힘을 주거나 입을 들어 올리고 털을 곤두세우는 기색이 조금이라도 보인다 싶으면 바로 달려들었다. 그리고 순식간에 무자비하고 잔혹한 방법으로 그들이 틀렸음을 뼈저리게 느끼게 해주었다.

화이트 팽은 무시무시한 폭군이었다. 그의 지배는 단단한 강철과도 같이 엄격했다. 약한 자를 무자비하게 억압했다. 새끼늑대 시절, 어미 늑대와 단둘이서 고독하게 살았지만 그래도 지지 않고 황야의 잔혹한 환경에서 살아남기 위해 무자비한 싸움을 거듭해 온 것은 결코 쓸모없는 일이 아니었다. 또 자신보다 강한 자의 근처를 지나갈 때는 살짝 발소리를 죽여 걷는 법을 터득한 것도 결코 헛된 일이 아니었다. 화이트 팽은 약한 자를 괴롭히고 강한 자를 존경했다. 그래서 그레이 비버와 같이 기나긴 여행을 하고 있을 때 만난, 한 번도 본 적 없는 인간들의 캠프에 있는 어른 개들 사이를 지나갈 때는 조심스레 걸었다.

몇 개월이나 지났다. 그래도 그레이 비버는 여행을 계속했다. 화이트 팽은 오랜 시간 들길을 걸으며 꾸준히 썰매를 끌었기 때문에 더욱더 힘이 세졌다. 정신적으로도 성숙해진 듯했다. 자신이 사는 세상에 대해 완벽하게 알게 되었다. 그러나 화이트 팽의 관점은 냉정하고 현실적이었다. 화이트 팽이 지금까지 보아왔던 세상은 잔인하며 혹독했다. 따뜻함이라는 것이 없었다. 쓰다듬던지 애정과도 같은 밝고 아름다운 마음 따위는 존재하지 않는 세상이었다.

화이트 팽은 그레이 비버에게 애정을 품고 있지 않았다. 그레이 비버는 신이었지만 야만스럽기 짝이 없었다. 다만 그의 지배력에 대해서는 기꺼이 인정했다. 그렇지 않았다면 황야에서 돌아와서까지 충성을 다 하지는 않았을 테니까. 화이트 팽의 본성에는 누구도 들여다본 적이 없는 깊은 구석이 있었다. 그레이 비버가 한 마디라도 좋으니 친절하게 말을 건네며 부드럽게 쓰다듬어 주었다면 본성의 깊은 구석을 더듬어 찾아냈을지도 모른다. 그러나 그레이 비버는 쓰다듬지도 않거니와 친절한 말을 건네지도 않았다. 그것은 그레이 비버의 방식이 아니었기 때문이다. 그래서 잔인하게 지배했다. 그레이 비버에게 정의를 지킨다는 것은 몽둥이를 든다는 말이며, 죄를 벌한다는 것은 때리면서 아프게 한다는 말이다. 또한 칭찬한다는 것은 무언가를 준다던지 친절하게 대하는 것이 아닌 때리지 않는다는 말이다.

그래서 화이트 팽은 인간의 손으로 천국을 경험할 수도 있다는 사실을 전혀 몰랐다. 게다가 인간의 손을 좋아하지 않았다. 언제나 손을 의심했다. 인간의 손은 때때로 고기를 주지만 그보다도 상처를 주는 날이 더 많았기 때문이다. 그래서 손에는 가까이 가지 않아야만 했다. 그들의 손은 돌을 던지고 몽둥이나 채찍을 휘두르면서 화이트 팽을 때리거나 두들겨 팼다. 그뿐만이 아니라 인간의 손은 자신을 만지기만 하면 교묘하게 꼬집거나 비트는 바람에 매우 아팠다. 처음 가 본 마을에서 아이들의 손과 만났을 때 아이들의 손마저 잔혹하며 자신을 아프게 한다는 사실을 알았다. 비틀비틀 걷는 어린아이들이 끔찍하게도 자신의 눈을 쑤시려 한 적도 있었다. 이런 일을 겪다 보니 모든 아이들을 의심하게 되었다. 아이들 앞에서도 느긋하게 있을 수 없었다. 그래서 아이들이 불길한 손으로 다가오면 일어서고는 했다.

그레이트 슬레이브 호수 근처에 있는 어느 마을에서 있었던 일이다. 화이트 팽은 인간의 손이 자신에게 끼치는 위험에 분노했다. 그러다 신들 가운데 하나라도 물었다간 용서받지 못하리라는 그레이 비버에게서 배운 법칙에 대해 다시금 생각하게 하는 일이 벌어졌다. 그 마을에서 다른 마을에 있는 모든 개들과 마찬가지로 화이트 팽은 먹이를 찾아 나섰다. 그리고 한 남자아이가 얼어붙은 엘크 고기를 도끼로 썰고 있는 것을 보았다. 그런데 그 고기 쪼가리가 눈 속으로 흩어졌다. 화이트 팽은 한참 먹이를 찾으러 다니고 있었으므로 옳거니 하면서 고기 쪼가리를 주워 먹기 시작했다. 그런데 그것을 본 남자아이가 도끼를 놓고 커다란 몽둥이를 드는 게 아닌가. 화이트 팽은 잽싸게 물러나서 자신을 후려치려 하는 몽둥이를 아슬아슬하게 피했다. 남자아이가 화이트 팽을 쫓아왔다. 그러나 그가 살던 마을이 아니어서 그런지 두 텐트 사이로 도망갔으나 어느새 높다란 둑 구석으로 몰리게 되었다.

 도망갈 수 없었다. 달아날 수 있는 단 하나의 길은 두 텐트 사이였지만 그곳은 이미 남자아이가 지키고 있었다. 남자아이는 몰아넣은 사냥감을 때리기 위해 몽둥이를 들고 슬금슬금 다가왔다. 화이트 팽은 발끈했다. 털을 곤두세우고 으르렁거리며 남자아이와 맞섰다. 그가 자신의 정의를 짓밟았기 때문이다. 화이트 팽은 먹이를 찾을 때의 법칙을 알고 있었다. 얼어붙은 고기 쪼가리 같은 필요 없는 부위는 모두, 그것을 발견한 개의 몫이다. 화이트 팽은 나쁜 일을 하지도 않았을 뿐더러 법칙을 어긴 적도 없었다. 그런데 이 남자아이는 자신을 때리려고 하는 것이다. 화이트 팽은 자신이 무슨 일을 저질렀다는 사실을 간신히 깨달았다. 그저 분노가 파도처럼 몰려왔을 뿐이다. 게다가 눈 깜짝할 사이에 처리해 버렸기 때문에 남자아이마저도 자신이 당했는지 눈치채지 못할 정도였다. 그가 느낀 것이라고는 자신이 어떻게 굴렀는지, 어쨌든 눈 위에 나자빠지면서 몽둥이를 쥐고 있던 손을 화이트 팽이 물었다는 사실뿐이었다.

 그러나 화이트 팽은 자신이 신들의 법칙을 어겼다는 사실을 알고 있었다. 신들 가운데 하나라도 그의 신성한 살에 이빨을 세웠으니 날벼락이 떨어질 것을 각오했다. 화이트 팽이 문 남자아이와 그의 가족이 찾아와서 복수를 원하자 그레이 비버의 곁으로 도망가 발치에 웅크리며 보호를 요청했다. 그들은 복수하지 못하고 그대로 돌아갔다. 그레이 비버가 감싸주었기 때문이다. 미사와 클루 쿠치도 감싸주었다. 화이트 팽은 그들이 화내며 말싸움하는 것을 지켜보면서 자신이 한 일이 정당하다 인정받았다는 사실을 깨달았다. 그리고 신들에게도 종류가 있음을 알았다. 자신이 모시는 신들과 아닌 신들이 있는데 두 신들 사이에는 차이점이 하나 있었다. 옳은 일이든 그른 일이든 모두 자신의 신들을 따라야만 했다. 다른 신들이 그른 일을 하라 강요해도 따를 필요가 없는 것이다. 그것에 이빨을 드러내며 화내는 것은 자신만의 권리였다. 또한 그것이 신들 사이의 법칙이다.

그로부터 하루가 채 지나지 않은 사이 화이트 팽은 그 법칙에 대해서 좀 더 배우게 되었다. 미사는 숲에서 홀로 장작을 모으다가 아까 화이트 팽에게 물렸던 남자아이와 만났다. 다른 남자아이들도 그와 같이 있었다. 험한 말이 오고갔다. 그러더니 모두 미사에게 달려들었다. 미사는 위험에 빠졌다. 사방에서 주먹이 비처럼 쏟아졌다. 화이트 팽은 처음에는 바라보기만 했다. 그것은 신들 사이에서 벌어진 일이지 자신과는 관계가 없었기 때문이다. 하지만 곧 미사는 자신이 모시는 신들 가운데 하나인데다가 그런 그를 지금 다른 아이들이 괴롭히고 있다는 사실을 깨달았다. 하지만 그것은 결코 의무감에서 나온 행동은 아니었다. 그저 분노에 사로잡혀 그들이 싸우고 있는 한 가운데에 달려들었다. 5분 뒤 남자아이들은 이리저리 도망쳤으며 많은 아이들이 눈 위에 피를 흘렸다. 그것은 화이트 팽의 엄마가 놀지 않았다는 증거였다. 캠프로 돌아가서 미사가 이날 생겼던 일을 이야기하자 그레이 비버는 화이트 팽에게 고기를 주라고 말했다. 그것도 가득. 화이트 팽은 배가 잔뜩 불러 모닥불 옆에서 꾸벅꾸벅 졸면서 법칙이 옳다는 것을 알았다.

자신의 생각과 경험이 맞아떨어진 날부터 화이트 팽은 재산의 법칙과 재산을 지키는 의무에 대해서 알게 되었다. 자신이 모시는 신들의 몸을 지키는 일과 그들이 가진 물건을 지키는 일은 거의 다를 바가 없기에 함께했던 것이다. 이 세상 모두를 적으로 돌린다고 해도, 예컨대 다른 신들을 물어뜯어야만 한다 해도 자신이 모시는 신들의 물건을 지켜야만 했다. 그것은 사실 신을 모독하는 것일 뿐만 아니라 위험천만한 일이다. 신들은 전능하기 때문에 개들은 그들과 맞서 싸울 수 없었다. 그러나 화이트 팽은 다른 신들과 맞서 싸우는 것을 배웠으므로 매우 호전적이었으며 겁도 없었다. 의무감이 두려움을 이긴 것이다. 훔치는 신들은 그레이 비버의 재산에는 손대지 않는 편이 좋다는 것을 알게 되었다.

화이트 팽은 이와 관련한 다른 사실 하나를 재빨리 배웠다. 재산을 훔치려 하는 신은 거의 겁쟁이였으므로 경계하기 위해 내는 소리를 들으면 백이면 백 다들 도망가 버린다는 것이다. 또 경계하는 소리를 내면 얼마 안 있어 그레이 비버가 자신을 돕기 위해 온다는 것도 알았다. 도둑이 도망가는 이유는 자신이 무서워서가 아니라 그레이 비버가 무서워서라는 것도 알게 되었다. 화이트 팽은 경고한답시고 짖지 않았다. 곧바로 침입자에게 달려들었으며 할 수만 있다면 이빨을 세우기도 했다. 까칠하고 고독하며 다른 개들과 어울리지 않았기에 지배자의 재산을 지키는 일에는 안성맞춤이었다. 그레이 비버도 그런 식으로 화이트 팽을 독려하며 훈련을 시켰다. 그 결과 화이트 팽은 더욱 난폭하고 누구에게도 꺾이지 않게 되었으며 결국 외톨이가 되었다.

몇 개월이 지났다. 그동안 인간과 개 사이에 맺어진 계약은 점점 강해졌다. 그것은 황야에서 온 첫 늑대가 인간과 맺은 오래된 계약이었다. 그리고 그에 따라 같은 일을 한 모든 늑대나 야생 개들처럼 화이트 팽도 인간과 그 계약을 맺었다. 조건은 간단했다. 피와 살을 갖춘 신이 가진 물건과 자신의 자유를 맞바꾼 것이다. 그 대신 화이트 팽은 신에게서 먹이와 모닥불과 그리고 보호를 받았다. 그리고 신의 재산과 몸을 지키고 신을 위해 일하며 신에게 복종했다.

신을 모시려면 봉사해야만 했다. 화이트 팽은 의무감과 두려움 그리고 놀라움 때문에 봉사하기는 했지만 결코 애정 때문에 봉사하지는 않았다. 사랑이 무엇인지도 몰랐다. 사랑에 대한 경험을 해본 적이 없기 때문이다. 키치의 기억도 점점 멀어졌다. 게다가 인간에게 몸과 마음을 맡길 때 황야와 동족을 버렸다. 그뿐만 아니라 계약을 맺기 위한 조건은 키치와 다시 마주치더라도 신을 버리고 어미 늑대를 따라가서는 안 된다는 것이었다. 화이트 팽에게 인간에 대한 충성이란 자유를 향한 갈망이나 자신의 동족을 향한 애정보다 훨씬 더 커다란 법칙이라는 생각이 들었다.

6
굶주림

그해 봄이 가까워지고 나서야 그레이 비버는 기나긴 여행을 끝냈다. 4월에는 마을에 썰매를 들여놓고 미사에게 화이트 팽의 굴레를 벗기게 했다. 화이트 팽은 한 살이 되었다. 어른 개처럼 모든 일을 다 해내기에는 아직 이르지만 마을에서는 강아지들 가운데 립립 다음으로 나이가 많았다. 아비 늑대와 키치에게서 덩치와 힘을 이어받아서 그런지 어른 개들과 나란히 서도 뒤지지 않았다. 그러나 몸은 탄탄하지 않았고 아직 빈약했으며 호리호리했다. 화이트 팽의 근육은 다부지다기보다는 그저 혈관이 불거졌다는 인상만 받았다. 털색은 순종 늑대에게서 볼 수 있는 회색이어서 어딜 보나 순종 늑대였다. 키치가 4분의 1만큼 물려준 개의 피는 화이트 팽의 성질에 영향을 끼쳤을지 몰라도 몸에는 아무런 영향도 끼치지 않았던 것이다.

  화이트 팽은 마을 안을 돌아다니며 그레이 비버와 기나긴 여행을 떠나기 전부터 알고 있었던 여러 신들을 다시 보자 마음이 편안해졌다. 그리고 개들도 있었다. 강아지들은 자신과 같이 커졌지만 어른 개들은 화이트 팽이 기억하는 만큼 크지도 무섭게 보이지도 않았다. 그래서 전처럼 볼 때마다 깜짝깜짝 놀라지도 않았으며 느긋하고 맘 편히 마을 안을 돌아다녔다. 이런 경험은 난생처음이었다.

  이 마을에 바시크라는 하얀 털이 군데군데 나 있는 늙은 개가 있다. 그가 한창 젊었을 때는 이빨을 드러내는 것만으로도 화이트 팽은 다리를 움츠리고 몸을 웅크리기 일쑤였다. 그럴 때면 자신의 비참함을 뼈저리게 느끼고는 했다. 그러나 지금은 바시크처럼 늙은 개들을 보며 자신이 얼마나 변하고 자랐는지 느낄 수 있었다. 바시크가 늙으면서 점점 약해지는 동안, 화이트 팽은 자라면서 점점 강해졌던 것이다.

  화이트 팽은 개들의 세계와 자신과의 관계가 변했다는 사실을 깨달았다. 갓 잡은 엘크를 부위별로 나눌 때의 일이었다. 그때 화이트 팽은 꽤 살이 붙어 있는 발굽과 정강이뼈의 일부를 물었다. 그리고 개들끼리 무스 고기를 두고 싸우는 아수라장을 벗어나 수풀 그림자에 가려져 잘 보이지 않는 곳에서 자신이 집어온 고깃덩이를 먹고 있었다. 그런데 갑자기 바시크가 달려들었다. 화이트 팽은 깜짝 놀라 이 강도를 두 번 물어뜯고는 저 멀리 홱 물러섰다. 바시크는 화이트 팽의 무모하고도 날쌘 공격에 놀랐다. 여전히 피가 뚝뚝 흐르는 신선한 정강이뼈를 사이에 두고 우두커니 서서 얼빠진 것처럼 화이트 팽을 바라보았다.

바시크는 이제 자신이 늙고, 예전에 자신이 괴롭혔던 개들이 날이 갈수록 점점 강해지고 있음을 알고 있었다. 씁쓸하기는 하나 어쩔 수 없이 그것을 참아 견디고 점점 힘이 세지는 어린것들과 맞서 싸우기 위해 낼 수 있는 지혜는 다 짜내야만 했다. 옛날 같았으면 자기만 잘났다고 분노에 미쳐 날뛰며 화이트 팽에게 달려들었을지도 모른다. 그러나 지금은 점점 힘이 약해졌기 때문에 차마 그럴 수 없었다. 바시크는 털을 곤두세우며 오싹해질 만큼 무서운 표정을 짓고는 정강이뼈를 사이에 두고 화이트 팽을 노려보았다. 그러자 화이트 팽은 예전에 느꼈던 두려움과 존경심을 다시 떠올렸다. 기가 죽어 몸을 웅크리며 자존심도 버리고 도망갈 궁리만 하는 것처럼 보였다.

그러나 바시크는 여기서 실수를 저질렀다. 소름이 돋을 만큼 무섭게 노려보는 것만으로 만족했었더라면 모든 일이 잘 됐을 것이다. 화이트 팽은 도망가기 일보 직전이었기에 가만히 있었다면 고기를 내버려 둔 채 물러났을 것이다. 그러나 바시크는 기다리지 못했다. 자신이 이겼다고 생각하고 고기 쪽으로 다가갔다. 그리고 완전히 마음을 놓고 고기 냄새를 맡기 위해 머리를 굽혔다. 그걸 본 화이트 팽은 털을 살짝 곤두세웠다. 이때만 해도 바시크가 상황을 역전시키기에는 늦지 않았었다. 고기를 가로막고 머리를 들어 무서운 얼굴만 했더라면 결국 화이트 팽은 살금살금 뒷걸음질하며 도망갔을 것이다. 그러나 신선한 고기 냄새가 진하게 콧구멍을 간질이는 바람에 식탐을 못 이기고 한 입 베어 물고야 말았다.

화이트 팽은 참을 수 없었다. 요 몇 개월 동안 그는 다른 강아지들을 지배해왔기 때문에 자신의 고기가 다른 누군가에게 먹히는 꼴을 멍청하게 바라만 보아야 한다고 생각하니 도저히 참을 수 없었다. 화이트 팽은 평소에 하던 대로 어떠한 경고도 없이 갑자기 달려들었다. 첫 공격에 바시크의 귀는 리본처럼 찢어졌다. 바시크는 화이트 팽의 기습 공격에 간이 콩알만 해졌다. 하지만 갑자기 아까보다 더 괴로운 일이 일어났다. 화이트 팽이 자신의 다리를 걷어 차 넘어트린 데다 목까지 물어버린 것이다. 일어나려고 발버둥 치는 동안에도 이 어린것은 두 번씩이나 자신의 어깨에 이빨을 세게 박아 넣었다. 무척이나 재빨라서 당황스러울 정도였다. 바시크는 분노에 타올라 화이트 팽에게 덤벼들려고 했지만 허공을 물뿐 소용없는 일이었다. 그 뒤 화이트 팽이 코를 찢어놓았기 때문에 바시크는 비틀거리며 고기에서 물러났다.

상황은 역전되었다. 이제는 화이트 팽이 털을 곤두세우며 분노에 타올라 위협했다. 한편 바시크는 조금 떨어진 곳에 서서 물러날 준비를 했다. 번개와도 같은 어린것과 닥치는 대로 싸워볼 마음은 들지 않았다. 슬프게도 자신이 늙었다는 사실을 뼈저리게 느꼈기 때문이다. 자신의 위엄을 지키려 애를 쓰는 바시크의 모습은 자못 영웅과도 같아 보이기까지 했다. 고기 따위는 하잘것없으며 생각해 볼 가치도 없다는 듯 아무렇지 않게 어린 개와 정강이뼈를 뒤로하고 느긋하게 걸었다. 그리고 적의 눈에 띠지 않는 곳에 갈 때까지 피가 흐르는 상처를 핥으려 하지도 않았다.

이런 일이 벌어지고 난 뒤 화이트 팽은 늘 자신감에 넘쳤으며 자부심도 커졌다. 어른 개들 사이를 걸을 때도 예전만큼 발소리를 죽이지 않았고 태도도 예전만큼 얌전하지 않았다. 그렇다고 해서 일부러 말썽을 일으키려고 걷는 것은 아니었다. 오히려 그럴 생각은 전혀 없었다. 그저 자기를 방해하지 말라는 것을 다른 개들이 이해해 주기 바랄 뿐이다. 화이트 팽도 다른 개들을 괴롭히지 않고 오로지 자신의 길을 갈 뿐이며 또 어떤 개에게도 길을 비키지 않았다. 그게 다였다. 다른 강아지들과 자신과 함께 썰매를 끌었던 강아지들도 그렇듯, 화이트 팽은 자신을 업신여기고 무시하는 것을 끔찍하게 싫어했다. 강아지들은 여전히 어른 개들을 방해하지 않도록 길을 비켰으며 고기를 내놓으라는 억지스러운 요구도 들어주었다. 그러나 화이트 팽은 고독하고 까칠했으며 같이 어울리기 어려웠고 좀처럼 자신의 주변을 돌아보지도 않았다. 무시무시할 만큼 무뚝뚝한 얼굴로 있는 것도 모자라 마음마저도 다른 개들과 멀리 떨어져 있는 것이다. 이에 당황한 어른 개들은 다른 어른 개를 대하듯 화이트 팽을 대했다. 화이트 팽은 가만히 내버려두는 게 가장 좋다는 사실을 곧 깨달았기 때문이다. 그래서 겁도 없이 화이트 팽과 맞서지는 않았지만 그 대신 먼저 친구를 하자며 손을 내밀지도 않았다. 가만히 내버려두기만 한다면 화이트 팽은 나서서 자신들을 건드리지 않았기 때문이다. 개들은 두세 번 충돌 끝에 그렇게 하는 것보다 더 좋은 방법은 없다는 사실을 깨달았다.

그리고 한여름에 화이트 팽은 씁쓸한 일을 겪었다. 사냥꾼들이 엘크 사냥을 나간 동안 마을 변두리에 새로운 텐트가 하나 세워져 있기에 여느 때처럼 발소리를 죽이고 살펴보러 가니 정말 우연하게도 그곳에서 키치와 만났다.

화이트 팽은 멈춰 서서 키치를 바라보았다. 어렴풋하기는 하지만 분명히 키치를 기억했다. 그러나 키치는 그렇지 않았다. 이빨을 드러내고 으르렁거리며 화이트 팽을 위협했다. 그것이 또 옛날에 봤던 그 모습 그대로였기 때문에 더욱더 또렷하게 기억해냈다. 잊고 있었던 새끼늑대 시절이나 그리운 으르렁거리는 소리와 함께 생각나는 수많은 일들이 갑자기 한꺼번에 떠올랐다. 신들을 알기 전에는 키치야말로 자신을 둘러싼 세상의 중심이었다. 그때의 그리운 감정이 파도처럼 밀려왔다. 그래서 기뻐하며 키치에게 빠르게 뛰어갔다. 그러나 키치는 날카로운 엄니로 뼈에 닿을 만큼 볼을 깊게 물었다. 화이트 팽은 영문을 알 수 없었다. 어찌할 바를 몰라 뒷걸음질만 쳤다.

그러나 그것은 키치의 잘못이 아니었다. 암늑대의 머리는 1년도 전에 낳은 자신의 새끼를 기억하도록 만들어져 있지 않았다. 그래서 화이트 팽을 기억하지 않았다. 화이트 팽은 그저 본 적도 없고 알지도 못하는 동물이며 침입자였다. 지금 키치와 새로운 새끼들이 같이 있는 것만으로도 그녀는 화이트 팽의 침입에 대해 화낼 자격이 있는 것이다.

강아지 한 마리가 화이트 팽에게 비틀비틀 기어왔다. 둘은 외형제(外兄弟)인 것이다. 그러나 서로 그런 사실을 몰랐다. 화이트 팽은 신기하다는 듯이 강아지의 냄새를 맡았다. 그러자 키치가 돌진해 와서 또다시 얼굴에 깊게 상처를 냈다. 화이트 팽은 더 멀리 물러났다. 죽은 사람이 다시 살아 돌아온 듯 떠오른 그리운 기억과 친밀함은 점점 희미해지더니 무덤 속으로 사라졌다. 키치는 강아지를 핥다가도 화이트 팽을 노려보며 으르렁거렸다. 자신에게 키치는 아무런 가치도 없었다. 화이트 팽은 이미 어미 늑대 없이도 잘 살아나갈 수 있는 법을 터득한 것이다. 어미 늑대 따위 없어도 아무렇지 않았다. 키치 안에 화이트 팽이 들어갈 빈자리가 없어진 것처럼 자연스럽게 화이트 팽의 마음속에도 키치가 들어갈 빈자리가 없어졌다.

키치가 왜 자기를 잊었는지를 이상하게 여기며 어찌할 바를 모르고 얼이 빠진 듯 서 있자 키치가 세 번째 공격을 해왔다. 이제 완전히 내쫓아 버리려고 하는 것이다. 화이트 팽은 키치가 쫓아내는 대로 멀리 도망갔다. 키치는 암컷이며 수컷은 암컷과 싸워서는 안 된다는 동족의 법칙 때문이다. 그러나 화이트 팽은 법칙에 대해 아무것도 몰랐다. 자신이 생각한 끝에 결론을 내려 본 적도, 세상을 경험해 보고 결론을 내려본 적도 없었기 때문이다. 그저 밤마다 달이나 별을 바라보며 울부짖거나 죽음과 자신이 모르는 무언가에 대한 공포 같은 본능의 충동이라는 비밀스러운 감각을 알고 있을 뿐이었다.

그리고 몇 개월이 지났다. 화이트 팽은 힘이 세져서 몸도 점점 무거워지고 탄탄해졌다. 한편 화이트 팽의 기질은 유전과 환경에 따라 변화했다. 유전은 생명의 원료로 마치 점토와도 같다고 할 수 있다. 여러 가지 모습으로 변할 수 있는 다양한 가능성을 갖고 있다. 환경은 그 점토를 만져서 저마다의 독특한 모습을 만들어내는 역할을 했다. 그래서 만약 화이트 팽이 인간의 모닥불 근처에 오지 않았더라면 황야는 그를 진정한 늑대로 만들어냈을 것이다. 그러나 신들이 있는 곳은 황야와는 다른 환경이라서 화이트 팽은 그저 좀 늑대다운 구석이 있는 개로 변한 것이다. 개도 아니고 늑대도 아니게 되었다.

화이트 팽의 기질은 마치 점토처럼 환경의 압력과 본성에 따라 그만의 독특한 모습으로 만들어진 것이다. 어찌할 도리가 없었다. 화이트 팽은 더더욱 까칠해졌고 다른 개들과 어울리는 것을 싫어했으며 결국에는 고독하고 난폭해졌다. 그래서 개들은 화이트 팽과 싸우는 것보다는 일을 벌이지 않는 편이 낫다는 것을 점점 더 잘 알게 되었다. 또 그레이 비버는 하루하루 지날 때마다 화이트 팽을 귀히 여기게 되었다.

언뜻 봤을 때는 모든 능력이 고루 발달한 것처럼 보였지만 한 결점이 끊임없이 머리를 따라다니며 괴롭혔다. 그것은 바로 누군가가 비웃으면 도저히 참을 수 없다는 점이다. 인간의 비웃음이 미웠다. 인간들이 자신과 아무 관계가 없는, 무언가 다른 것을 재미있어 하며 웃는 것은 아무래도 좋았다. 그러나 자신을 바라보며 비웃을 때면 발끈해서 분노에 떨었다. 침착하고 당당하며 음울한 화이트 팽이 누가 한번 비웃었다 하면 우스꽝스러울 만큼 미친 듯이 날뛰었다. 몇 시간 동안은 분노에 휩싸인 악마처럼 굴었다. 이때 화이트 팽과 싸우게 되는 개는 정말 운이 나쁘다고 할 수 있다. 그러나 법칙을 잘 알았기에 그레이 비버에게 화풀이한다는 멍청한 짓은 하지 않았다. 그레이 비버의 뒤에는 몽둥이와 신성함이 있기 때문이다. 그러나 개들 뒤에는 공터 말고는 아무것도 없었다. 그래서 개들은 비웃음을 듣고 이성을 잃은 화이트 팽을 보면 공터로 도망쳐 버리고는 했다.

화이트 팽이 태어난 지 삼 년쯤 지났을 무렵, 매켄지의 인디언들에게 혹독한 기근이 찾아왔다. 여름이 와도 물고기가 잡히지 않았다. 겨울이 와도 여느 때처럼 순록이 길을 지나가지 않았다. 엘크의 수도 줄어들었으며 토끼는 거의 모습을 감추는 바람에 그들을 사냥하며 살아가는 육식동물은 씨가 말랐다. 평소처럼 먹잇감이 손에 들어오지 않았으므로 굶주림을 못 이기고 서로를 공격해서 죽였다. 강한 자만이 살아남았다. 화이트 팽의 신들 또한 사냥하며 살아가는 동물이었다. 늙은이나 약한 자는 굶주림에 죽어 나갔다. 마을 안에서는 울음소리가 그치지 않았다. 여자나 아이들은 허무하게 사냥감을 쫓으며 숲 속을 헤매고 있는 바짝 말라 눈이 퀭해진 사냥꾼들에게 남아 있는 음식을 조금이라도 나누어 주기 위해 자신들은 아무것도 먹지 않고 참았다.

신들은 극한 상황에 치달으면 부드럽게 무두질한 사슴 가죽 신발이나 장갑마저 먹었다. 한편 개들에게는 등의 굴레를 풀어서 먹였다. 채찍마저도 먹어치웠다. 개들은 서로를 죽여서 먹었으며 신들도 개를 먹었다. 그들이 처음으로 먹은 것은 약한 개나 쓸모없는 개였다. 살아남아 있는 개는 그것을 보고 깨달았다. 가장 용기 있고 영리한 개 몇 마리는 생지옥으로 변한 신들의 모닥불을 버리고 숲 속으로 도망쳤지만 끝내 숲에서 굶어 죽던가 늑대에게 잡아먹혔다.

재앙이 닥치자 화이트 팽도 몰래 숲 속으로 도망쳤다. 화이트 팽은 다른 개들보다도 훨씬 숲 속 생활에 익숙했다. 새끼늑대 시절 훈련이 화이트 팽을 안내해주었기 때문이다. 특히 모습을 감추고 작은 생물에게 다가가는 것이 전보다 훨씬 능숙해졌다. 몇 시간이나 숨어서 조심스러운 다람쥐의 이런저런 움직임을 눈으로 쫓았다. 지금도 자신을 괴롭히는 굶주림도 꾹 참으며 가만히 기다렸다. 결국 다람쥐가 땅으로 내려왔다. 그래도 화이트 팽은 서두르지 않고 기다렸다. 다람쥐가 나무로 도망쳐 올라가기 전에 처치할 수 있다는 확신이 설 때까지 기다렸다. 그제야 처음으로 마치 회색 총알처럼 믿을 수 없을 만큼 빠르게 숨어 있던 장소에서 퍼뜩 뛰어나왔기 때문에 결코 목표를 놓치는 일은 없었다. 심지어 본디 재빠르게 도망치는 다람쥐마저도 그렇게까지 빨리 도망치지는 못했다.

다람쥐는 잘 잡았지만 다람쥐만 먹고 살다간 굶주림을 채울 수 없었다. 다람쥐가 그리 많지 않았기 때문이다. 그래서 좀 더 작은 것이라도 찾아서 샅샅이 뒤져야만 했다. 가끔씩 굶주림을 견디기 어려울 때면 땅속에서 숲쥐를 파내는 것도, 자신처럼 굶주려 몇 배나 난폭해진 족제비와 싸우는 것도 마다하지 않았다.

굶주림이 절정에 치달았을 무렵, 화이트 팽은 신들의 모닥불로 슬그머니 되돌아왔다. 그러나 모닥불 주변에 가지는 않았다. 자신을 찾을 수 없도록 숲 속에 숨어서 가끔씩 사냥감이 덫에 걸렸을 때 그것을 훔쳤다. 심지어 그레이 비버가 숲 속을 비틀거리며 어슬렁어슬렁 걷고 있을 때를 틈타 그레이 비버가 쳐놓은 덫에 걸린 토끼를 훔쳐 먹기도 했다.

어느 날 화이트 팽은 너무 굶주린 나머지 관절에서 삐거덕거리는 소리가 나는 게 아닌가 싶을 만큼 매우 수척해진 젊은 늑대와 만났다. 굶지만 않았더라면 그와 함께 황야의 형제들 곁으로 돌아가 결국 그 무리의 동료가 되었을지도 모른다. 그러나 굶주림을 못 이겨 끝내 젊은 늑대를 죽이고는 먹어 치웠다.

화이트 팽은 마치 행운을 타고난 것만 같았다. 먹잇감이 많이 줄어들면 누가 건네주기라도 하듯이 먹이를 발견했다. 또한 자신이 많이 지쳐 있을 때는 다행스럽게도 자신보다 큰 육식동물과 만나지 않았다. 그래서 그런지 굶주린 늑대 무리가 죽을힘을 다해 화이트 팽을 쫓아왔을 때도 그는 이틀 전에 스라소니 한 마리를 먹어치웠던 뒤였기 때문에 기운을 차리고 있었다. 늑대들은 멈출 생각도 안 하고 잔혹하게 추격해 왔지만 다행히도 그들보다 영양 상태가 훨씬 좋았던 덕분에 결국 그들을 따돌릴 수 있었다. 그뿐만 아니라 멀리 돌아서 본디 있었던 곳으로 되돌아와 방금 벌어졌던 추격전 때문에 피곤에 지쳐 있던 늑대 한 마리를 잡아먹기까지 했다.

그 뒤 화이트 팽은 그곳을 떠나 기나긴 여행 끝에 자신이 태어났던 계곡으로 돌아왔다. 그런데 그곳에서 또다시 우연히 키치를 만났다. 키치는 옛날 습관이 또 도졌는지 굶주림 때문에 자신을 챙겨주지 않는 신들의 모닥불에서 벗어나 비밀기지로 돌아와 새끼를 낳았던 것이다. 그러나 화이트 팽이 우연히 마주쳤을 때 남아 있는 새끼라고는 한 마리밖에 없었다. 그 한 마리도 오래 살 운명은 아니었다. 이렇게 굶주림이 계속되는 시기에는 어린 생명들이 살아남을 수 있는 확률이란 거의 없는 것이나 다름없었다.

키치는 크게 자란 아들을 보아도 어떠한 애정 표현도 하지 않았다. 그러나 화이트 팽은 전혀 개의치 않았다. 신경 쓰지 않고 뒤를 돌아 냉큼 물줄기를 거슬러 올라가기 시작했다. 물길이 두 갈래로 갈라진 곳에서 왼쪽으로 돌았다. 거기서 한참 전에 어미 늑대와 둘이서 싸웠던 스라소니의 동굴을 발견했다. 그리고 텅 빈 그 동굴에서 느긋하게 하루를 보냈다.

굶주림이 거의 끝나가는 초여름 어느 날, 숲으로 도망쳐 가까스로 살아남은 립립과 만났다. 전혀 생각지도 못한 만남이었다. 화이트 팽과 립립은 서로 반대 방향에서 출발해 높은 언덕 기슭을 따라 달려온 것이다. 바위 모퉁이를 돈 순간 얼굴과 얼굴이 마주쳤다. 둘은 깜짝 놀라 멈춰 서서는 서로를 수상쩍다는 듯 바라보았다.

화이트 팽은 몸 상태가 아주 좋았다. 사냥감이 많아서 일주일 동안은 배터지도록 먹었기 때문이다. 심지어 마지막에 죽였던 사냥감을 끝까지 먹는 게 질릴 정도였다. 그러나 립립을 보자 화이트 팽의 털이 곤두섰다. 그것은 예전에 립립이 화이트 팽을 따돌리고 괴롭혔던 기억이 남아 몸이 저절로 반응하는 것뿐이다. 그래서 화이트 팽이 예전에 립립만 보면 털을 곤두세우고 으르렁거렸던 것처럼 지금도 저도 모르게 털을 곤두세우고 으르렁거렸다. 그리고 한 치의 여유도 주지 않았다. 모든 것은 재빠르고 철저하게 끝났다. 립립은 도망치려 했지만 화이트 팽이 몸통 박치기로 고꾸라트리는 바람에 배를 훤히 드러내며 넘어졌다. 화이트 팽은 앙상해진 립립의 목에 이빨을 세웠다. 립립은 죽음에서 벗어나고자 몸부림쳤다. 그동안 화이트 팽은 다리에 힘을 주고 조심스레 그 주변을 돌며 립립을 지켜보았다. 그리고 길을 따라 언덕 기슭을 타고 냉큼 달리기 시작했다.

그 뒤로부터 얼마 지나지 않아 화이트 팽은 숲 변두리에 왔다. 숲 변두리에 있는 좁은 공터가 매켄지 강까지 언덕처럼 쭉 이어져 있었다. 전에 왔을 때는 공터에 아무것도 없었으며 그저 허허벌판이었다. 그런데 지금은 한 마을이 세워져 있었다. 화이트 팽은 나무 사이에 숨어서 조심스레 상황이 어떻게 돌아가는지 지켜보았다. 보이는 것도 소리도 냄새도 모두 자신이 알고 있는 것뿐이었다. 예전에 살던 마을이 새로운 땅으로 옮겨온 것이다. 그러나 보이는 것도 소리도 냄새도 자신이 도망쳐 나왔을 때 마지막으로 보거나 듣거나 냄새 맡았던 것과는 전혀 달랐다. 이제 흐느껴 우는 소리도 들리지 않았다. 만족감에 찬 소리가 그를 맞이했다. 여자가 화를 내는 소리는 들렸지만 그것은 배가 잔뜩 부르기에 나오는 소리였다. 물고기 냄새가 공기를 가득 채우고 있었다. 음식이 있는 것이다. 굶주림은 끝난 것이다. 화이트 팽은 뻔뻔스럽게 숲에서 나와 냉큼 캠프 안으로 뛰어들어가더니 곧장 그레이 비버의 텐트로 달려갔다. 그레이 비버는 없었지만 클루 쿠치가 환호성을 지르고 화이트 팽을 맞이하면서 갓 잡은 물고기를 모두 내주었다. 화이트 팽은 누워서 그레이 비버가 돌아오기만을 기다렸다.

제4부

1
동족의 적

　아무리 희미하다고는 하나 화이트 팽의 본성에는 동족과 친하게 지낼 수 있는 가능성이 어느 정도 있었다. 그러나 그 가능성은 썰매를 끄는 개들의 우두머리가 되었을 때 돌이킬 수 없을 만큼 부서지고 말았다. 왜냐하면 개들이 화이트 팽을 미워했기 때문이다. 미사가 화이트 팽에게만 넉넉하게 고기를 주면서 개들은 미사가 화이트 팽만 귀여워한다고 생각했고, 또 실제로도 그랬기 때문에 더욱 화이트 팽을 미워했다. 언제나 자신들 앞에서 도망치기 때문에도 미워했다. 흔들흔들하며 끊임없이 달아나는 복슬복슬한 꼬리를 보는 개들의 눈은 늘 질투심에 불타올랐다.
　화이트 팽도 개라면 치를 떨 만큼 미워했다. 썰매를 끄는 개들의 우두머리가 된다는 것은 결코 유쾌한 일이 아니었다. 3년 동안 다른 개들을 휘두르고 다스려 왔는데 이제는 그들이 짖어대는 소리를 뒤로하고 도망가야만 했으니 말이다. 그 사실이 그를 참을 수 없을 만큼 힘들게 했다. 그러나 참고 견뎌야만 했다. 거부하면 죽음뿐이었다. 그러나 화이트 팽 안에 있는 생명은 죽는 것을 원치 않았다. 미사가 나아가라고 명령을 내리는 순간은 곧 썰매를 끄는 개들이 마음을 합쳐 온 힘을 다해 소리치고 화이트 팽을 노리며 뛰쳐나오는 순간이었다.
　화이트 팽은 도저히 막을 수 없었다. 개들과 맞서 싸우려 하면 미사가 채찍으로 얼굴을 후려쳐 마치 번개를 맞은 듯이 아프기 때문이었다. 도망가는 것 말고는 방법이 없었다. 꼬리와 엉덩이만으로는 짖어대는 개들과 맞서 싸울 수 없었기 때문이다. 그런 것들은 개들의 무자비한 엄니에 맞서 싸울 무기로 삼기에는 쓸모가 없었다. 그래서 화이트 팽은 도망쳤다. 발을 뗄 때마다 자신의 본능과 자부심을 거스르며 계속 뛰었다.

본능의 충동을 거스르면 반드시 반작용이 일어나기 마련이다. 이러한 반작용은 마치 몸 안에서 바깥으로 자라나도록 되어 있는 털이 억지로 방향을 바꾸어 몸 안쪽으로 자라나는 것처럼 괴롭고 지겨웠다. 화이트 팽이 그러했다. 생명의 충동은 뒤에서 소리치고 있는 개에게 달려들기를 원했지만 신들은 그렇게 하는 것을 원치 않았기 때문이다. 신들의 뜻 뒤에는 순록의 내장으로 만든 30피트 길이의 채찍이 있어서 채찍질로 화이트 팽에게 자신들의 바람을 밀어붙였다. 그래서 화이트 팽은 남몰래 괴로워했으며 증오와 악의만이 타고난 난폭함과 누구에게도 꺾이지 않는 강인한 정신과 함께 커져 갔다.

만약 동족의 적이 된 동물이 있다고 한다면 그것은 바로 화이트 팽이었다. 화이트 팽은 자비를 바라지는 않았지만 그렇다고 해서 베풀지도 않았다. 개들의 이빨은 화이트 팽에게 끊임없이 크고 작은 상처를 주었지만 자신도 개들에게 끊임없이 이빨자국을 찍어주었다. 썰매를 끄는 개들의 우두머리는 캠프가 세워지고 개들이 풀려날 때면 거의 신들 가까이에 다가가 보호를 청하기 마련이었지만 화이트 팽은 다른 우두머리 개와는 달리 보호를 청한다는 것 자체를 경멸했다. 대담하게 캠프 주변을 돌아다녔고 밤이 되면 낮에 겪었던 괴로움을 그대로 되갚아 주었다. 화이트 팽이 썰매를 끄는 개들의 우두머리가 되기 전에는 화이트 팽이 지나갈 때마다 개들이 길을 비켜주었다. 그러나 지금은 사정이 달랐다. 개들은 온종일 화이트 팽을 쫓았던 것에 흥분해서 도망가는 화이트 팽의 모습이 끊임없이 떠올라 내내 즐기던 지배감에 오히려 지배당해 길을 비키려 들지 않았다. 그래서 화이트 팽이 개들 사이에 나타나면 언제나 작은 다툼이 벌어졌다. 그가 가는 곳마다 으르렁거리는 소리와 물어뜯는 소리, 그리고 짖는 소리가 들렸다. 그래서 화이트 팽이 들이마시는 공기에는 증오와 악의만이 가득 차 있었으며 그 안에 있는 증오와 악의는 더더욱 쌓여가기만 할 뿐이었다.

미사가 큰 소리로 개들에게 멈추라고 명령을 내리자 화이트 팽은 그에 따랐다. 그 때문에 처음에는 개들 사이에서 말썽이 일어났다. 개들이 모두 다같이 미운 우두머리 개에게 달려들려고 했기 때문이었다. 그러나 화이트 팽 뒤에는 미사가 커다란 채찍을 휙휙 울리고 있었다. 그래서 개들은 명령을 듣고 멈췄을 때는 화이트 팽에게 달려들지 않는 편이 좋다는 사실을 깨달았다. 그러나 화이트 팽이 명령 없이 멈췄을 때는 망설임 없이 달려들었거니와 할 수만 있다면 죽여 버리려 했다. 화이트 팽은 몇 번이나 험한 꼴을 겪고 나서 명령 없이는 절대 멈춰 서지 않았다. 그는 재빨리 깨달은 것이다. 자신의 생명을 위협하는 지나치리만큼 혹독한 환경에서 살아남으려면 무엇이든 빠르게 깨우쳐야만 했다.

그러나 개들은 캠프에서 화이트 팽을 건들면 안 된다는 교훈을 도저히 깨달을 수 없었다. 날이면 날마다 싸움을 걸고 소란을 피우며 화이트 팽 뒤를 쫓아다니느라 전날 밤의 교훈을 잊어버린 것이다. 그리고 그날 밤 또다시 깨닫기는 했지만 금세 잊어버렸다. 게다가 개들의 증오에는 뿌리 깊은 무언가가 있었다. 개들은 화이트 팽과 자신들이 다르다는 것을 잘 알고 있었다. 다르다는 것은 그것만으로도 적이었다. 개들이라 해도 길들여진 늑대이기는 하나 몇 세대에 걸쳐 길들여진 탓에 야성이 거의 사라졌다. 그래서 개들에게 황야란 자신들이 모르는 것, 두려움을 가져다주는 것, 언제나 자신들을 위협하며 싸움을 걸어오는 것일 뿐이었다. 그런데 화이트 팽의 겉모습이나 행동 그리고 욕망에는 황야가 들러붙어 있었다. 화이트 팽은 황야의 상징이며 화신인 것이다. 그래서 개들은 숲 그림자나 모닥불 너머 어둠 속에 숨어 있는 파괴의 힘으로부터 자신들을 보호하기 위해 화이트 팽에게 이빨을 드러냈다.

그러나 개들도 하나의 교훈을 배웠다. 바로 다같이 뭉쳐 있어야 한다는 것이었다. 어떤 개라도 화이트 팽을 몹시 무서워해서 혼자서는 맞서 싸울 수 없었기 때문이다. 개들은 떼지어 다니며 화이트 팽과 맞서 싸웠다. 그렇게 하지 않으면 밤마다 한 마리씩 계속 죽어나갔을 것이다. 그래서 화이트 팽은 개들을 죽일 기회를 잡지 못했다. 개들의 다리를 후려쳐서 굴렸다고 해도 마지막으로 목에 이빨을 박아 넣으려 하면 다른 개들이 나타나 덤벼들기 때문이었다. 뭔가 싸울 것 같다 싶은 분위기를 느끼면 모든 개들이 한데 뭉쳐 화이트 팽에게 정면으로 맞섰다. 물론 동료들끼리 싸울 때도 있지만 화이트 팽과 싸우게 되면 동료들끼리 벌였던 싸움 따위는 깨끗이 잊어버렸다.

하지만 그래 봤자 개들은 화이트 팽을 죽일 수 없었다. 매우 날쌔고 무서운데다 영리하기까지 해서 도저히 당해낼 수 없었기 때문이다. 화이트 팽도 몸을 맘대로 움직일 수 없는 곳에는 가까이 가지 않았으며 만약 그런 곳에 있다가 포위될 듯하면 언제나 물러났다. 개들은 화이트 팽의 다리를 후려치려고도 해봤지만 그들 안에서 그런 재주를 부릴 수 있는 개는 한 마리도 없었다. 화이트 팽의 발은 산다는 것에 대한 집착처럼 대지와 딱 달라붙어 있었다. 사실 끝없는 개들과의 싸움에서 생명과 다리는 같은 뜻이나 마찬가지였다. 화이트 팽은 누구보다도 그 사실을 잘 알고 있었다.

화이트 팽은 동족의 적이 되었다. 개들도 본디 길들여진 늑대였지만 인간의 모닥불과 힘이 그들을 보호했기 때문에 야성은 사라지고 약해졌다. 화이트 팽은 무자비하고 집념이 강했다. 화이트 팽의 바탕인 점토의 틀이 그러했기 때문이다. 화이트 팽은 모든 개들에게 차례차례 복수했다. 그 방식이 어찌나 잔혹한지 그레이 비버마저 자신이 난폭하며 야만스럽다는 사실을 잊고 화이트 팽의 난폭함에 간이 콩알만 해질 정도였다. 이런 짐승과 만난 적은 처음이라며 소리 높여 말했다. 바깥 마을의 인디언들도 화이트 팽이 죽인 개들의 이야기를 들으면 마찬가지로 그렇게 딱 잘라 말했다.

화이트 팽이 얼마 안 있어 다섯 살이 될 무렵에 그레이 비버는 또다시 화이트 팽을 데리고 기나긴 여행에 나섰다. 매켄지 강을 따라 로키 산맥을 넘고 포큐파인 강을 거슬러 내려와 유콘 강으로 가는 길에 지나친 수많은 마을에서 화이트 팽이 일으킨 대학살은 사람들의 기억 속에 오랫동안 남게 되었다. 화이트 팽은 동족에게 복수하는 것을 더할 나위 없이 즐겼다. 그들은 평범하며 의심할 줄을 모르는 개들이었다. 그래서 화이트 팽이 경고도 없이 날쌔고 호쾌하게 공격해도 이렇다 할 준비를 하지 않았다. 화이트 팽이 번갯불과도 같은 도살자라는 사실을 몰랐다. 털을 곤두세우고 다리에 힘을 주며 싸움을 거는 동안 화이트 팽은 거추장스러운 준비 운동을 빼버리고 강철로 만든 스프링처럼 생각을 바로 실천에 옮겼다. 그리고 상대가 자신에게 무슨 일이 일어났는지도 모른 채 그저 기습의 아픔에 발버둥치고 있는 동안 목을 물어뜯어 죽였다.

화이트 팽은 싸움의 고수가 되었다. 자신의 힘을 가장 잘 이용할 줄 알았다. 결코 힘을 쓸모 없는 곳에 쓰지 않았다. 그래서 절대 맞붙어 싸우지 않았다. 무척이나 날쌨기 때문에 맞붙어 싸울 필요도 없었다. 어쩌다 실수로 목표를 놓치는 일이 생기면 재빨리 물러났다. 늑대는 몸을 맞대고 싸우는 것을 싫어하기 마련이지만 그렇다고 해도 화이트 팽은 이상하리만치 몸을 부딪쳐 싸우는 것을 싫어했다. 적의 몸과 오랜 시간 맞닿아 있는 것을 참을 수 없었다. 접촉에는 위험이 따르기 쉽기 때문이다. 그것이 화이트 팽을 미치게 했다. 살아 있는 것과 맞붙지 않도록 떨어져서 누구에게도 기대지 않으며 자신의 다리로 똑바로 서고 몸을 자유롭게 움직일 수 있어야만 했다. 화이트 팽이 이런 이유는 그에게 아직 야성이 남아 있기 때문이다. 이런 감정은 새끼늑대 시절부터 세상에게 미움받으며 살아왔기 때문에 더더욱 강해졌다. 살과 살이 맞붙는 그 순간에 위험이 숨어 있었다. 그것은 함정이다. 영원히 함정인 것이다. 살과 살이 맞붙는다는 것에 대한 두려움은 화이트 팽의 생명 깊숙한 곳에 깊이 숨어 있었으며 화이트 팽 안에 짜 넣어져 있었다.

결국 화이트 팽과 처음 만난 개들은 화이트 팽을 전혀 이길 수 없었다. 화이트 팽은 교묘하게 적의 엄니를 피했다. 그렇게 적을 처치하든가 잘 안 될 때는 바로 물러났다. 적이 자신의 몸을 건드리도록 내버려 두지 않았다. 물론 예외는 있었다. 개 몇 마리가 갑자기 달려들어 미처 도망가지 못한 사이에 심한 꼴을 겪었던 적이 몇 번 있었다. 때로는 적 한 마리가 지독한 상처를 준 적도 있었다. 그러나 그런 것은 어쩌다 우연히 있는 일이었다. 화이트 팽은 실력 있는 투사가 되었기에 거의 다치는 일 없이 잘 싸웠다.

화이트 팽의 또 다른 장점은 시간과 거리를 정확히 판단하는 능력이 있다는 점이다. 그렇다고 해서 의식적으로 판단을 내리는 것은 아니었다. 그런 것에 대해서는 생각도 하지 않았다. 모든 것은 저도 모르게 일어나는 일이었다. 눈은 정확하게 사물을 보았으며 신경은 그 모습을 정확하게 뇌에 전달했다. 몸의 각 부분을 보통 개들보다 훨씬 잘 조절할 수 있었다. 그리고 화이트 팽의 몸은 다른 개들보다 훨씬 원활하며 착실하게 움직였다. 신경과 지능과 근육이 서로 잘 협력하며 일한다는 말이다. 눈이 어떤 동작을 뇌에 전달하면 뇌는 저도 모르게 동작을 제대로 펼치기 위해 필요한 공간과 동작을 끝까지 해내기 위해 필요한 시간을 가늠했다. 그래서 적이 달려드는 것과 이빨을 박아 넣으려는 것을 피하면서 그 틈을 노려 오히려 적을 공격할 수 있었다. 다른 개들에 비해 몸과 뇌의 구조가 훨씬 잘 되어 있었다. 그게 그리 대단한 것은 아니다. 그저 자연은 다른 동물들보다 화이트 팽에게 아낌없이 그리고 쓸데없이 많은 것을 줬을 뿐이니까.

화이트 팽이 유콘 교역시장에 도착한 것은 여름이었다. 그레이 비버는 지난해 겨울 동안 매켄지 강과 유콘 강 사이에 있는 거대한 산맥을 가로질렀으며 봄에는 로키 산맥에서 서쪽으로 뻗어 있는 골짜기에서 사냥을 했다. 그리고 포큐파인 강의 얼음이 녹고 나서는 카누를 만들어 물줄기가 북극권 바로 밑에서 유콘 강으로 흘러들어가는 곳까지 내려갔다. 그곳에는 허드슨 베이 회사의 교역시장이 서 있었다. 인디언들도 잔뜩 있었으며 식량도 풍부했다. 게다가 전례를 찾아볼 수 없을 만큼 활기를 띠고 있었다. 왜냐하면 1898년 여름에 수천 명의 사람들이 금광을 찾기 위해 유콘 강을 거슬러 올라와 도슨이나 클론다이크 강으로 몰려왔기 때문이다. 많은 사람이 여기까지 오는데 1년이나 허비했는데도 목적지까지 가는 데는 아직도 수백 마일이나 더 남았다. 적어도 5천 마일이나 여행한 사람도 있었으며 심지어 지구 반대편에서 온 사람도 있었다.

그레이 비버는 이곳에 자리를 잡았다. 금광 열풍이 속삭이며 그의 귀를 끌었기 때문에 모피 짐짝 몇 개와 내장으로 만든 두꺼운 장갑과 사슴 가죽으로 만든 신발을 한 짐 가득 가져왔던 것이다. 힘들이지 않고 크게 벌 수 있으리라는 희망이 없었다면 과감하게 이런 긴 여행에 나서지는 않았을 것이다. 하지만 그레이 비버가 기대한 돈벌이는 실제 벌이에 비하면 아무것도 아니었다. 예전에는 아무리 꿈을 꿔보아도 백 퍼센트를 넘게 벌었던 적이 없었지만, 이번에는 천 퍼센트나 벌어들였다. 인디언들이 다 그렇듯 상품을 파는 동안 여름이 다 지나고 겨울이 오더라도 천천히 그리고 신중하게 물건을 팔기 위해 자리를 잡았다.

화이트 팽은 유콘 교역시장에서 난생처음 백인을 보았다. 백인은 지금까지 알고 있었던 인디언들과는 다른 생물이며 한 단계 더 높은 신들이었다. 백인들은 인디언들보다 더욱더 뛰어난 힘을 가지고 있다는 느낌을 강하게 받았다. 신의 위치란 그가 가진 힘에 달려 있기 때문이다. 화이트 팽은 그에 대해 논리적으로 생각하지도 않았거니와 하얀 신들이 더 힘이 세니 어쩌니 예민하게 생각하지도 않았다. 그것은 단순한 느낌이었다. 그러나 매우 강한 느낌이었다. 새끼늑대 시절 인간이 세웠던 위에서 덮쳐누르는 듯한 커다란 텐트를 힘의 상징이라 느꼈던 것처럼 이번에는 튼튼한 통나무로 지어진 집이나 거대한 교역시장이 화이트 팽의 마음을 짓눌렀다. 여기에 힘이 있는 것이다. 하얀 신들은 강하다. 신들은 존재를 지배하는 힘을 갖고 있지만 지금까지 알고 지낸 신들보다 하얀 신들은 힘을 더 많이 지니고 있었다. 예전에는 그레이 비버가 가장 강한 신이었다. 그러나 그레이 비버조차 하얀 가죽을 둘러쓴 신들 사이에 있으면 마치 어린 신과도 같았다.

말할 것도 없이 화이트 팽은 그저 느꼈을 뿐이었다. 의식한 것은 아니었다. 동물은 생각으로 행동하기보다 느낌으로 행동하는 편이 더 많았다. 화이트 팽의 행동도 백인은 더 높은 계급의 신들이라는 느낌에서 나온 것이다. 먼저 화이트 팽은 하얀 신들을 무척이나 의심했다. 하얀 신들이 뭔가 자신이 모르는 무서운 것을 가지고 있는지, 또한 뭔가 자신이 모르는 상처를 줄지 판단이 서지 않았기 때문이다. 화이트 팽은 하얀 신들을 뚫어져라 쳐다보았지만 그렇다고 하얀 신들이 자신을 뚫어져라 보는 것은 두려워했다. 그래서 처음 몇 시간은 살금살금 걸어다니며 안전한 거리에서 하얀 신들을 지켜보았다. 그리고 하얀 신들이 가까이에 있는 개에게 어떠한 위해도 끼치지 않는다는 것을 확신하고 나서야 아주 조금 가까이 다가갔다.

이번에는 화이트 팽이 하얀 신들의 호기심을 건드렸다. 늑대와 같은 모습이 곧잘 하얀 신들의 눈길을 사로잡았던 것이다. 하얀 신들은 서로 화이트 팽에게 손가락질을 해댔다. 이 동작 때문에 화이트 팽은 하얀 신들을 경계했다. 신들이 다가오면 이빨을 드러내며 물러섰다. 그래서 아무도 화이트 팽에게 손을 댈 수 없었지만 차라리 손대지 않는 편이 나을 것이다.

얼마 안 있어 화이트 팽은 이런 신들은 열두 명도 안 되는 아주 적은 숫자만이 이곳에서 살고 있음을 알게 되었다. 이삼일마다 거대한 힘의 또 다른 상징인 증기선이 강가에 도착해서 몇 시간 동안 멈추어 있었다. 그 증기선에서 백인들이 내려왔지만 머지않아 또 그 증기선을 타고 사라졌다. 이런 백인들은 셀 수 없을 만큼 많이 있다고 생각했다. 처음 하루 이틀 동안 화이트 팽은 지금까지 보아왔던 인디언들보다 더 많은 백인들을 보았다. 며칠이 지나도 백인들은 역시 계속해서 강을 거슬러 올라와서는 잠시 들렀다가 다시 강을 거슬러 내려가 보이지 않게 되었다.

하얀 신들은 대단했지만 하얀 신들과 같이 있는 개들은 그리 대단하지 않았다. 화이트 팽은 주인들과 같이 올라온 개들과 어울려 보고 나서 그 사실을 알게 되었다. 모습이나 크기는 저마다 달랐다. 어떤 개는 지나칠 만큼 다리가 짧고 어떤 개는 다리가 말도 안 되게 길었다. 그리고 부드러운 털 대신 거친 털이 자라 있거나 그것도 아주 조금밖에 자라지 않은 개도 몇 마리인가 있었다. 싸우는 법을 알고 있는 개는 전혀 없었다.

  동족의 적으로서 그런 개들과 싸우는 것은 화이트 팽의 본능이었다. 그래서 싸웠지만 곧 상대를 매우 업신여기게 되었다. 약하고 힘도 없는 주제에 무턱대고 큰소리만 쳐대기 때문이다. 그리고 화이트 팽이라면 빈틈없이 능숙하게 해낼 수 있는 것이라도 아주 애를 쓰느라고 꼴사납게 발버둥을 쳤다. 게다가 큰 소리로 짖으면서 달려들기까지 했다. 화이트 팽은 구석으로 물러났다. 개들은 화이트 팽이 어디로 갔는지 짐작조차 할 수 없었다. 그 순간 화이트 팽은 상대의 어깨를 쳐서 쓰러트리고 여느 때처럼 목을 공격해 들어갔다.

  때때로 공격이 성공하고 나면 기다리던 인디언의 개들이 달려들어 화이트 팽에게 당해 진흙탕 속에서 나뒹굴고 있는 개들을 갈기갈기 찢어놓고는 했다. 화이트 팽은 영리했다. 그 개를 죽이면 신들이 화를 낸다는 것을 예전부터 잘 알고 있었다. 백인도 다르지 않았다. 그래서 백인의 개를 쓰러트리고 목덜미를 크게 찢어놓고 나서는 그걸로 만족하고 뒤로 물러나 인디언의 개들이 가차 없이 뒤처리를 해도 내버려 두었다. 그제야 백인이 화를 내며 달려나와서는 개들에게 심한 벌을 내렸지만 화이트 팽은 벌을 받지 않았다. 살짝 멀리 떨어진 곳에 서서 돌이나 몽둥이나 도끼, 그것 말고 여러 가지 무기로 동료들이 두들겨 맞는 것을 가만히 바라만 보았다. 화이트 팽은 정말이지 영리했다.

  다른 개들도 나름 영리해졌지만 화이트 팽도 그들과 같이 영리해졌다. 증기선이 강가에 도착하면 재미있는 놀이를 할 수 있다는 것을 깨달았다. 처음에 백인들은 개들이 두세 마리 죽어나가자 자신들의 개를 배로 내몰고 난 뒤 범죄자들에게 잔인하게 복수했다. 눈앞에서 자신의 개가 갈기갈기 찢기는 것을 본 한 백인은 권총을 빼내더니 순식간에 여섯 발이나 쐈다. 개들은 여섯 마리나 죽거나 거의 죽기 일보직전까지 갔다. 그것은 또 다른 힘의 상징이었으며 화이트 팽의 뇌리에 깊이 새겨졌다.

  화이트 팽은 눈앞에서 벌어지는 모든 일을 재밌어하며 보고만 있었다. 동족을 사랑하지 않았고 약삭빠르게도 자신은 이미 벗어났기 때문이다. 처음에는 그저 기분전환 삼아 백인의 개를 죽였다. 그러나 시간이 조금 지나자 그것이 자신의 일이 되었다. 딱히 해야만 할 일이 없었기 때문이다. 그레이 비버는 장사나 돈벌이로 바빴다. 그래서 화이트 팽은 악동들이라 소문난 인디언 개 패거리와 작당해서 뱃짐을 놓아두는 곳에 어슬렁거리며 증기선을 기다렸다. 증기선이 도착하자마자 장난질을 시작했다. 그리고 몇 분 뒤 백인들의 놀라움이 가라앉을 무렵에는 악동들은 저 멀리 도망가 있었다. 그리고 다음 증기선이 올 때까지 장난질을 잠시 멈추었다.

그러나 화이트 팽은 그들과 한패라고 할 수 없었다. 그들과 어울리지 않았고, 늘 혼자 떨어져 있었기 때문이다. 게다가 악동들에게는 두려움의 대상마저 되었다. 그러나 같이 일하기는 했다. 악동들이 기다리는 동안 한 번도 본 적 없는 개에게 싸움을 걸고 나서 그 개를 쓰러트리면 악동들이 몰려 뒤처리를 했다. 그때 화이트 팽은 이미 물러나 있었으므로 사실 화가 난 신들의 벌을 악동들만 받는 것이나 마찬가지였다.

개들에게 싸움을 거는 것은 그리 어렵지 않았다. 한 번도 본 적 없는 개가 뭍으로 내려올 때, 자신의 모습을 드러내는 것만으로 충분했다. 개들은 화이트 팽을 본 순간 돌진해왔다. 그것은 본능이었다. 개들은 불 근처에 웅크렸을 때 자신들의 본능을 고치면서 태어난 곳임에도 배신하여 버리고 온 황야에 대한 공포를 배웠다. 그러나 화이트 팽은 원시 시대의 불 주변에 깔린 어둠 속에서 어슬렁거리며 모습을 감추고 언제나 두렵게 자신들을 위협하는 황야의 동물이었다. 개들의 황야에 대한 공포는 세대를 거치면서 본성에 새겨졌다. 몇 세기 동안 황야는 공포와 파괴의 상징이었다. 그동안 개들은 언제나 황야의 동물을 죽여도 좋다는 허가증을 주인들로부터 받아왔다. 그리고 황야의 존재를 죽이면서 자기 자신과 자신들을 동지로 대해주는 신들을 지켜왔던 것이다.

그래서 남쪽 나라에서 이곳으로 처음 온 개들이 발판을 건너 유콘 강가에 내린 순간 화이트 팽을 봤다면 그들은 무슨 수를 써서라도 덤벼들어 죽여 버리고 싶다는 압도적인 충동에 휩쓸리는 경험을 했다. 아무리 도시에서 자란 개라고 해도 황야에 대한 본능적 공포를 가졌기 때문이다. 눈앞에 서 있는 늑대와 같은 동물을 밝은 빛과 눈으로 봤기 때문만은 아니었다. 선조의 눈으로도 보고 있었다. 그리고 선조들에게 물려받은 기억으로 화이트 팽이 늑대라는 사실을 알았으며 옛날의 숙적을 떠올린 것이다.
 이러한 이유들 때문에 화이트 팽은 하루하루를 즐겁게 보냈다. 한 번도 본 적 없는 개들이 자신을 보고 돌진해 오면 올수록 화이트 팽은 점점 더 행복해졌다. 그러나 개들에게는 이보다 더 불행한 일은 또 없었다. 개들은 화이트 팽을 먹어치워도 된다고 생각했으며 화이트 팽도 또한 개를 먹어도 된다고 생각했던 것이다.
 쓸쓸한 동굴 속에서 처음으로 햇빛을 보았던 일, 처음으로 들꿩이나 족제비, 그리고 스라소니와 싸웠던 일, 또한 립립이나 다른 강아지들 모두에게 따돌림을 당하며 괴로운 새끼늑대 시절을 지낸 일은 결코 헛된 것이 아니었다. 이런 일이 없었더라면 화이트 팽은 좀 더 다른 모습으로 자랐을지도 모른다. 립립이 없었다면 새끼늑대 시절을 강아지들과 함께 지내면서 좀 더 개답게 자라고 개를 좋아하게 되었을지도 모른다. 또한 그레이 비버가 사랑과 애정이라는 낚싯줄을 드리울 수 있었더라면 화이트 팽의 깊은 본성을 헤아려서 그가 지니고 있는 상냥한 기질을 밖으로 끌어냈을지도 모른다. 그러나 현실은 그렇지 않았다. 화이트 팽의 원료가 되는 점토는 까칠하고 고독하며 비정하고 난폭해서 모든 것을 적으로 돌리도록 만들어 버렸기 때문이다.

2
미치광이 신

 유콘 교역시장에 살고 있는 백인은 아주 적었다. 이 백인들은 이곳에서 긴 세월을 보냈다. 그들은 자신을 사워 도우(산성반죽, 알래스카에서는 선임이라는 뜻)라 불렀다. 그리고 그 별명에 크나큰 자부심을 갖고 자신들을 다른 자들과 구분했다. 따라서 이 땅에 새로 찾아온 사람들을 업신여겼다. 증기선에서 뭍으로 내려오는 사람들은 다 신참이었다. 사워 도우는 신참들을 치차코(사워 도우의 반대말로 신참, 신출내기)라 불렀으며 그들은 그 별명을 들을 때면 언제나 기가 죽었다. 치차코는 빵가루로 빵을 만들었다. 이 차이는 치차코와 사워 도우를 불쾌하게 만들었다. 그러나 사실 사워 도우는 빵가루를 갖고 있지 않았으므로 시큼한 가루 반죽으로 빵을 만들었던 것이다.
 그것은 심각한 문제가 아니었다. 교역장 사람들은 신참을 경멸하고 그들이 나쁜 일을 겪는 것을 보며 재미있어 했다. 특히 화이트 팽과 악동들이 신참의 개들을 도살하는 것을 보면서 즐겼다. 그래서 증기선이 도착하면 반드시 강가에 나와서 그들의 장난질을 구경했다. 그들은 인디언의 개들과 같은 기대를 품고 증기선이 오기만을 기다렸다. 그리고 얼마 안 있어 화이트 팽이 벌이는 난폭하고 교묘한 놀이를 즐기게 되었다.

이들 가운데 특히나 이 놀이를 즐기는 남자가 있었다. 이 남자는 증기선의 첫 기적이 울리면 얼른 달려나왔다. 마지막 싸움이 끝나고 화이트 팽과 악동들이 뿔뿔이 흩어지면 무척이나 아쉽다는 표정을 지으며 느릿느릿 시장으로 돌아갔다. 때로는 남쪽 나라에서 온 나약한 개들이 이 패거리의 엄니에 쓰러져 숨이 끊어질 때 비명을 지르면 그 남자는 가만있지 못하고 뛰어오르거나 환희에 찬 소리를 내고는 했다. 그리고 언제나 날카로운 눈빛으로 화이트 팽을 탐내듯이 보고 있었다.

교역장 사람들은 그 남자를 '뷰티'라 불렀다. 이름을 알고 있는 사람은 없었다. 이 나라에서는 뷰티 스미스라는 이름으로 통했다. 별명하고는 정반대로 정말 대단한 추남이었다. 신께서는 이 남자에겐 인색했던 것이다. 먼저 이 남자는 키가 작았다. 빈약한 몸통 위에 그보다도 더 빈약한 머리가 얹혀 있었다. 머리끝은 바늘 끝에 비길 수 있었다. 사실 동료들로부터 뷰티라는 별명을 얻기 전인 어린 시절에는 바늘 머리라 불렸다.

뒤통수는 정수리에서 목덜미까지 기울어져 있었다. 앞머리도 왕창 깎아서 낮고 넓디넓은 이마로 이어졌다. 신은 자신이 너무 인색했나 후회라도 했는지 이마를 시작으로 이목구비를 시원스럽게 펼쳐놓았다. 눈은 컸으며 눈과 눈 사이에 눈이 두 개는 들어갈 만큼 벌어져 있었다. 그리고 다른 곳에 비해 얼굴이 터무니없이 컸다. 신은 필요한 공간이라는 것을 알리기 위해서였는지 터무니없이 커다랗고 툭 튀어나온 턱도 주었다. 넓고 무겁게 밖으로 툭 튀어나왔을 뿐만 아니라 가슴에 얹을 수 있게 밑으로 드리워져 있었다. 아마 연약한 목이 피곤해져서 이 커다란 짐을 제대로 다 받칠 수 없을까봐 이렇게 만든 것이리라.

이 턱은 마치 대단한 결심이라도 하는 듯한 인상을 주었다. 그러나 무언가가 부족했다. 아마 그것은 너무 지나쳤기 때문이리라. 너무 컸던 것이다. 어쨌든 턱이 주는 인상은 빛 좋은 개살구나 다름없었다. 뷰티 스미스는 아무에게나 굽실거리는 겁쟁이에 울보로 널리 알려져 있었다. 뷰티 스미스의 인상에 대해서 마무리하자면 이빨이 크고 누런데다 다른 이보다 훨씬 큰 송곳니 두 개가 얇은 입술 사이로 삐져나와 마치 엄니처럼 살짝 보였다. 눈은 신이 물감을 다 썼는지 어떻게든 튜브에서 찌꺼기를 짜 모아 칠한 것처럼 누렇고 탁했다. 머리카락도 마찬가지였다. 고르지 않고 듬성듬성 나 있었으며 탁하고 더러운 노란색 털이 생각지도 못한 곳에서 송이나 덤불처럼 머리에서 뻗쳐 있거나 얼굴에 나 있었는데 그 모습이 마치 바람에 휘날리는 밀짚 같았다.

한마디로 뷰티 스미스는 괴물이었지만 자기 탓은 하지 않았다. 그에게는 책임이 없었다. 그의 원료인 점토가 만드는 과정에서 그런 모습이 되어버렸을 뿐이다. 그는 교역장에 있는 사람들을 위해 요리나 설거지 같은 고된 일을 하고 있었다. 하지만 사람들은 그를 업신여기지 않았다. 오히려 인간답게 아량을 베풀며 너그러이 대했다. 인간은 볼품없이 만들어진 창조물에게 관대하기 마련이다. 그러나 사람들은 그를 두려워하기도 했다. 겁쟁이를 화나게 했다가 비겁하게 뒤통수를 맞거나 커피에 독을 타지는 않을까 겁을 먹었던 것이다. 그러나 누군가는 요리해야만 했다. 다른 결점이 있다고는 하나 어쨌든 뷰티 스미스는 요리할 수 있었다.

이 남자는 화이트 팽을 본 뒤 화이트 팽의 난폭하고 용감한 행동이 마음에 들었는지 그를 손에 넣고 싶어했다. 그는 처음부터 화이트 팽을 길들이려고 했다. 화이트 팽은 처음엔 무시했다. 그러나 시간이 지나 그가 점점 더 끈질기게 달라붙자 털을 곤두세우고 이빨을 드러내며 뒷걸음질 쳤다. 이 남자가 싫었다. 나쁜 느낌밖에 들지 않았기 때문이다. 이 남자 안에 있는 악을 느꼈기에 그가 손을 내밀어도, 부드럽게 말을 걸어도 두려워했다. 그래서 이 남자를 미워했다.

단순한 동물에게는 선과 악이 간단하게 이해가 된다. 편안함과 만족을 주며 아픔마저 없애는 모든 것은 선이다. 그래서 선을 사랑했다. 불쾌함과 위협과 위해를 끌고 오는 모든 것은 악이다. 그래서 악을 미워했다. 화이트 팽은 뷰티 스미스에게서 악을 느꼈다. 괴이하게 비틀어진 몸과 비뚤어진 마음에서는 독기를 머금은 늪에서 피어오르는 안개처럼 뷰티 스미스 안에 있는 해로운 무언가가 뿜어져 나오고 있었다. 물론 추측한 것은 아니지만 오감뿐만 아니라 자신도 알지 못하는 육감으로도 이 남자는 악의 징조이며 해악을 낳는다는 느낌을 받았다. 그래서 뷰티 스미스는 나쁘기 때문에 미워하는 편이 낫다고 생각했다.

뷰티 스미스가 처음 그레이 비버를 찾아왔을 때, 화이트 팽은 텐트 안에 있었다. 모습을 보지는 않았지만 멀리서 희미한 발소리가 들린 것만으로도 누가 왔는지 알 수 있었으므로 털을 곤두세우기 시작했다. 편히 누워 있었던 그는 재빨리 일어서서 그 남자가 들어오자마자 순종 늑대답게 살며시 텐트 구석으로 물러났다. 물론 인간들이 무슨 이야기를 하는지는 몰라도 그 남자와 그레이 비버가 서로 이야기하는 것만은 알 수 있었다. 그 남자가 자신 쪽으로 손가락질하는 순간, 50피트나 떨어진 곳에 있었는데도 그 손이 자신의 머리 위로 떨어져 내려오는 것만 같은 느낌에 화이트 팽은 으르렁거렸다. 그러자 그 남자는 웃었다. 화이트 팽은 고개를 돌려 남자를 쳐다보면서 땅에서 기는 것처럼 미끄러지듯 텐트를 빠져나와 살금살금 숲 속으로 도망가 숨어 버렸다.

그레이 비버는 개를 팔라는 뷰티 스미스의 제안을 거절했다. 장사로 부자가 된데다 지금 당장은 아무것도 필요하지 않았기 때문이다. 게다가 화이트 팽은 귀중한 동물이었다. 지금까지 길렀던 썰매개 가운데 가장 힘이 세며 가장 훌륭한 우두머리 개였다. 게다가 매켄지 강과 유콘 강 근처에서 이만큼 훌륭한 개는 한 마리도 없었다. 화이트 팽은 싸움을 잘했으며 인간이 모기를 죽이듯 아무렇지 않게 다른 개들을 죽였다. 그 말을 듣자 뷰티 스미스는 눈을 반짝이며 탐내듯이 혀로 얇은 입술을 핥았다. 그러나 그레이 비버는 아무리 돈을 더 얹어준다 해도 화이트 팽은 팔지 않겠다고 말했다.

그러나 뷰티 스미스는 인디언들의 습성을 잘 알고 있었다. 그래서 때때로 그레이 비버의 텐트를 방문했다. 그때마다 외투 속에는 언제나 검은 병을 하나 숨겨놓았다. 위스키의 힘 가운데 하나는 갈증을 느끼게 하는 것이다. 그레이 비버는 그 갈증에 홀렸다. 뜨거운 목구멍과 화끈거리는 위는 타오르는 듯한 그 액체를 점점 더 많이 요구하기 시작했다. 한편 뇌는 익숙하지 않은 자극물 때문에 비뚤어져 그것을 손에 넣기 위해서는 어떤 수단이라도 마다하지 않게 되었다. 모피나 장갑, 사슴 가죽으로 만든 신을 팔아 벌어들인 돈은 줄어들기 시작했다. 줄어드는 속도는 점점 빨라졌으며 돈주머니가 가난해지면 해질수록 그레이 비버는 성질이 급해졌다.

결국 돈도 상품도 좋은 기분도 모두 없어졌다. 갈증만이 남았다. 그것은 터무니없이 큰 재산으로 술기운이 섞이지 않은 숨을 들이쉴 때마다 갈증은 점점 커져만 갔다. 이참에 뷰티 스미스는 화이트 팽을 팔지 않겠냐고 또다시 말을 꺼냈다. 그리고 이번에는 돈이 아닌 위스키로 치르겠다고 했다. 그레이 비버는 여느 때보다도 더 열심히 귀를 기울였다.

"당신이 잡을 수 있다면, 데리고 가도 좋네." 마지막으로 그레이 비버는 말했다.

뷰티 스미스는 위스키 병을 건넸다. 그러나 뷰티 스미스는 이틀이 지나자 그레이 비버에게 말했다. "이봐, 개 좀 잡아주게."

어느 날 밤, 화이트 팽은 몰래 텐트 안으로 들어가 만족스러움에 한숨을 쉬며 앉았다. 신경 쓰이게 하던 하얀 신이 오지 않았기 때문이다. 요 며칠 동안 하얀 신은 무슨 수를 써서라도 자신을 손에 넣으려고 안달을 했기 때문에 화이트 팽은 텐트에 가지 않으려 했다. 그러나 뭔가 좋지 않은 일이 벌어지리라는 것만은 눈치채고 있었다. 그래서 그의 손이 닿을 수 없는 곳에 있는 게 가장 좋았다.

그러나 막 누우려했더니 그레이 비버가 비틀거리며 다가와 목에 끈을 묶었다. 그리고 한 손으로 끈 끝을 쥔 채 화이트 팽 옆에 앉았다. 다른 한 손에는 병을 들고 있었으며 그것을 때때로 얼굴 위에서 거꾸로 들더니 꿀꺽꿀꺽 소리를 냈다.

1시간쯤 지나자 땅을 밟는 소리가 울렸다. 누군가가 다가오고 있던 것이다. 화이트 팽은 그것을 듣고 발소리의 주인이 누군지 알아챘기 때문에 털을 곤두세웠다. 그러나 그레이 비버는 그저 바보같이 고개를 끄덕거리고 있었다. 화이트 팽은 주인 손에서 가죽끈을 살짝 빼내려 했다. 그러나 그레이 비버는 눈을 뜨고 축 처져 있던 손가락에 힘을 주었다.

뷰티 스미스는 성큼성큼 텐트 안에 들어와 화이트 팽 옆에 멈춰 섰다. 화이트 팽은 무서운 것에게 낮은 소리로 으르렁거리며 손의 움직임을 뚫어져라 보고 있었다. 한 손이 뻗쳐와 머리 위로 내려오기 시작했다. 낮게 으르렁거리는 소리는 거칠고 사나워졌다. 손이 계속 슬금슬금 내려오고 있었다. 화이트 팽은 그 밑에서 웅크린 채 적의를 담아 그것을 노려보았다. 숨은 점점 가빠졌으며 으르렁거리는 소리는 점점 짧아졌다. 그리고 그것이 절정에 달한 순간 엄니가 뱀처럼 덮쳐들었다. 그러나 손은 재빨리 물러나고 이빨은 날카로운 소리를 내며 허공을 물었다. 뷰티 스미스는 깜짝 놀라더니 화를 냈다. 그레이 비버는 화이트 팽의 옆얼굴을 때렸다. 화이트 팽은 얌전해져서 땅에 착 웅크렸다.

화이트 팽은 인간들의 태도 하나하나를 의심스럽다는 듯한 눈길로 좇았다. 뷰티 스미스는 밖으로 나가더니 바로 튼튼한 몽둥이를 들고 돌아왔고 그레이 비버가 가죽끈 끝을 건넸다. 뷰티 스미스는 걷기 시작했다. 그러나 가죽끈이 팽팽해졌다. 화이트 팽이 반항한 것이다. 그래서 그레이 비버는 화이트 팽을 왼쪽 오른쪽 연달아 때리고 그를 일으켜 세워서 뷰티 스미스를 따라가게 했다. 화이트 팽은 그것에는 따랐지만 곧바로 자신을 끌어당기려고 하는 외부인에게 달려들었다. 뷰티 스미스는 물러나지 않았다. 오히려 그것을 기다렸다. 몽둥이를 거칠게 휘두르며 화이트 팽이 달려드는 것을 막고 땅바닥에 내동댕이쳤다. 그레이 비버는 웃으면서 그렇게 하면 된다고 말하는 듯 고개를 끄덕였다. 뷰티 스미스는 또다시 가죽끈을 잡아당기자 화이트 팽은 비틀거리며 걷기 시작했다.

화이트 팽은 두 번 다시 덤벼들지 않았다. 한 번 맞은 것만으로 이 하얀 신도 몽둥이를 쓸 수 있다는 사실을 잘 알았기 때문이다. 게다가 벗어날 수 없는 것과 싸울 만큼 바보도 아니었다. 그래서 꼬리를 가랑이 사이에 끼고 침울하게 뷰티 스미스의 뒤를 쫓아갔지만 여전히 알아들을 수 없을 만큼 낮은 소리로 으르렁거렸다. 뷰티 스미스는 주변을 조심스레 살피며 언제라도 때릴 수 있게 몽둥이를 내리칠 준비를 했다.

시장에 도착한 뷰티 스미스는 화이트 팽을 단단히 묶어놓고 나서야 잠자리에 들었다. 화이트 팽은 얌전히 있었다. 그러나 1시간 정도 지나자 가죽끈에 이빨을 대더니 10초 뒤에는 자유를 되찾았다. 그는 이빨로 눈 깜짝할 사이에 끈을 잘랐다. 물어서 끊을 필요 따위는 전혀 없었다. 가죽끈은 칼로 자른 듯 깨끗하고 비스듬하게 잘려 있었다. 화이트 팽은 시장을 올려다보고는 털을 곤두세우며 으르렁거렸다. 그리고 몸을 돌려 그레이 비버의 텐트로 돌아갔다. 바깥의 무서운 신에게 충성을 다 해야만 할 의무가 없었기 때문이다. 그레이 비버에게 몸을 바쳤으니 자신은 아직 그레이 비버의 것이라고만 생각했다.

그러나 전과 같은 일이 반복되었다. 차이는 있었다. 그레이 비버는 화이트 팽을 또다시 가죽끈으로 묶더니 아침이 되자 뷰티 스미스에게 건넸다. 그러나 전과는 달랐다. 뷰티 스미스가 때렸던 것이다. 화이트 팽은 묶여 있었기 때문에 덧없이 으르렁거리기만 할 뿐 벌을 참고 견디는 것 말고는 별수 없었다. 몽둥이나 채찍으로 맞았다. 이렇게 심하게 맞은 건 태어나서 처음 있는 일이었다. 새끼늑대 시절에 그레이 비버가 심하게 두들겨 패기는 했어도 이에 비하면 관대한 것이었다.

뷰티 스미스는 이를 재미있어 했다. 때린다는 것이 즐겁기 짝이 없었다. 그는 속 시원하다는 듯 희생자를 바라보았다. 채찍이나 몽둥이를 휘두르고 화이트 팽이 아픔과 절망을 느끼며 비명을 지르거나 울부짖으면서 으르렁거리는 소리를 귀담아 들을 때면 그의 흐릿한 눈동자는 촛불처럼 일렁였다. 두말할 것 없이 뷰티 스미스의 잔인함은 겁쟁이의 잔인함이다. 인간이 때리거나 화를 낼 때는 그저 굽실거리며 코를 훌쩍이는 대신 자신보다 약한 동물에게 분풀이하는 것이다. 모든 생명과 마찬가지로 뷰티 스미스는 힘을 좋아했다. 인간과 인간 사이의 관계에서 자신의 힘을 휘두를 수 없었기에 자신보다 약한 동물을 공격하면서 스스로를 드러냈다. 그러나 본인이 이렇게 태어나고 싶어서 태어난 것은 아니었으므로 이 책임이 뷰티 스미스에게 있다고 할 수는 없었다. 뷰티 스미스는 뒤틀린 몸과 야수의 지능을 지닌 채 이 세상에 태어났다. 그리고 그것은 그의 원료가 되는 점토의 본질이기도 했다. 세상은 그의 점토를 친절이라는 틀에 넣고 만들지는 않았던 것이다.

화이트 팽은 자신이 어째서 매를 맞는지 알고 있었다. 그레이 비버가 자신의 목에 가죽끈을 묶고 그 끝을 뷰티 스미스의 손에 건넸을 때부터 뷰티 스미스를 따라가는 것이 화이트 팽이 모시는 신의 뜻이라는 사실을 알고 있었다. 또한 뷰티 스미스가 시장 밖에 매어놓았을 때는 자신이 거기에 머무르는 것이 뷰티 스미스의 뜻이라는 사실도 알고 있었다. 그런데도 두 신의 뜻을 따르지 않았기 때문에 벌을 받게 된 것이다. 화이트 팽은 예전에 개들의 주인이 바뀌는 것과 도망간 개가 자신이 매를 맞는 것처럼 두들겨 맞는 것도 보고 있었다. 영리하다고는 하나 화이트 팽의 본성 속에는 아직도 지능보다 더 거대한 힘들이 있었다. 그 힘 가운데 하나는 충성이었다. 그레이 비버를 사랑하지는 않았지만 자신의 뜻과 분노를 거스르면서까지 그레이 비버에게 충성을 다했다. 어찌할 도리가 없었다. 이 충성은 화이트 팽을 만든 점토의 성질 가운데 하나다. 이는 특히 화이트 팽과 그의 동족이 많이 가지고 있는 성질이며 그와 그의 동족을 다른 종족과 구분하는 성질이기도 했다. 이러한 성질이 있기에 늑대와 야생 개는 황야에서 벗어나 인간의 반려가 될 수 있었던 것이다.

뷰티 스미스는 화이트 팽을 때리고 나서 또다시 시장으로 끌고 갔다. 그리고 이번에는 화이트 팽을 막대기에다 묶어 놨다. 신을 버리는 것이 그리 쉬운 일이 아니지만 화이트 팽은 특히 그랬다. 그레이 비버는 그만의 특별한 신이었으므로 그 뜻을 거스르면서까지 그레이 비버에게 매달렸으며 그레이 비버를 버리려 하지 않았다. 아무리 그레이 비버가 화이트 팽을 배신하고 버린다 해도 그것이 화이트 팽에게 끼치는 영향은 아무것도 없었다. 장난으로 몸과 마음을 그레이 비버에게 바친 것이 아니었다. 아무리 화이트 팽 쪽에는 조건이 붙어 있지 않다 하더라도 유대를 그리 쉽게 끊을 수는 없었다.

그래서 화이트 팽은 밤이 되어 시장 사람들이 모두 잠들고 조용해지자 자신을 억누르고 있는 막대기에 이빨을 갖다 댔다. 막대기는 비쩍 말라 있었고 목 바로 가까이 매져 있어서 쉽게 이빨을 댈 수는 없었다. 결국 억지로 목 근육을 비틀어 이빨을 대는 데에는 성공했다. 그러나 겨우 물기만 했을 뿐이었다. 그리고 몇 시간이나 참고 계속 움직인 끝에 마침내 막대기를 잘라냈다. 개가 했다고는 믿기지 않을 만한 짓이었다. 전에도 이런 일을 해낸 개는 한 마리도 없었다. 그것을 화이트 팽은 해냈다. 그리고 목에 막대기 끄트머리를 늘어뜨린 채, 아침 일찍 시장에서 도망쳤다.

화이트 팽은 영리했다. 그러나 영리하기만 했다면 두 번이나 배신한 그레이 비버에게 돌아가지는 않았을 것이다. 그레이 비버에 대한 충성심이 있었기 때문에 돌아갔다. 하지만 그레이 비버는 세 번이나 화이트 팽을 배신했다. 그레이 비버가 화이트 팽 목에 또다시 가죽끈을 맨 것이다. 그리고 뷰티 스미스가 또다시 화이트 팽을 받으러 왔다. 게다가 이번에는 전보다 더 심하게 얻어맞았다.

백인이 채찍을 휘두르는 동안 그레이 비버는 멍하니 보고만 있었다. 전혀 도와주지 않았다. 이제는 자신의 개가 아니었기 때문이다. 뷰티 스미스가 한껏 때렸을 때쯤에 화이트 팽의 꼴은 정말 말이 아니었다. 남쪽 나라에서 온 허약한 개였다면 이 형벌로 틀림없이 죽었을 테지만 화이트 팽은 죽지 않았다. 삶이란 가혹하다는 것을 배웠으며 그만큼 화이트 팽 자신도 그 가혹함에 견딜 수 있도록 만들어져 있었기 때문이다. 대단한 생명력을 지니고 있었으며 생명에 대한 집착도 아주 강했다. 그러나 몸 상태는 썩 좋지 않았다. 처음에는 발을 질질 끌며 걸어다니는 것조차 할 수 없었기 때문에 뷰티 스미스는 30분이나 기다려야만 했다. 그리고 화이트 팽은 앞이 잘 안 보이는 상태에서 뷰티 스미스를 따라 시장으로 갔다.

이번에는 화이트 팽을 쇠사슬로 묶어놨기 때문에 이빨도 아무 소용없었다. 쇠사슬을 고정시키기 위해 통나무에 박아 넣은 꺾쇠를 잡아 빼려고 갑자기 달려나가 보았지만 소용없었다. 모든 돈을 다 날린 그레이 비버는 며칠 뒤 술이 깨자 포큐파인 강을 거슬러 올라가 매켄지 강으로 기나긴 여행을 떠났다. 반쯤 미쳐서 짐승처럼 변한 인간을 주인으로 모시게 된 화이트 팽만이 유콘 강 변두리에 남았다. 그러나 인간의 광기라는 것에 대해 개가 무엇을 알겠는가? 아무리 무섭다고는 하나 뷰티 스미스 역시 신이다. 좋게 말해 봤자 미쳐버린 신이기는 했지만, 어쨌거나 화이트 팽은 광기에 대해서 아무것도 몰랐다. 그저 새로운 주인 뜻에 따라 그의 나쁜 생각이나 변덕대로 행동해야만 한다는 것을 알고 있을 뿐이었다.

3
증오의 지배

미쳐버린 신을 모시게 되면서 화이트 팽은 악마가 되었다. 뷰티 스미스는 화이트 팽을 시장 뒤편에 있는 우리에 쇠사슬로 묶어놓고 쓸데없는 고문으로 그를 못살게 굴거나 화나게 해서 결국 미치게 만들었다. 이 남자는 화이트 팽이 웃음에 민감하다는 사실을 발견하고는 비참할 만큼 속이고 난 뒤 반드시 웃었다. 그의 웃음소리는 귀에 거슬렸으며 따뜻함이라고는 손톱만큼도 느낄 수 없었다. 그러면서 이 신은 비웃듯이 화이트 팽에게 손가락질을 해댔다. 그럴 때면 화이트 팽은 이성을 잃었다. 분노에 휩싸여 뷰티 스미스보다도 더 미쳐 날뛰었다.

옛날의 화이트 팽은 난폭하기는 했으나 동족의 적에 지나지 않았다. 그런데 지금은 모든 것의 적이 되었다. 게다가 전보다 훨씬 난폭해졌다. 지독한 고문을 받았기 때문에 희미하게 남아 있는 이성도 반짝임을 잃고 누구나 가릴 것 없이 마구 미워했다. 자신을 묶고 있는 쇠사슬을 미워하고, 우리의 좁은 창살 사이로 엿보는 인간들을 미워하며, 거기에 더해 인간을 따라와서 몸 하나 꿈쩍할 수 없는 자신에게 짖어대는 개들을 미워했다. 심지어 자신을 가둬두고 있는 우리의 널빤지마저 미워했다. 그리고 그 무엇보다도 뷰티 스미스를 가장 미워했다.

그러나 뷰티 스미스는 자신의 목적을 위해 화이트 팽에게 이런저런 짓을 했다. 어느 날 수많은 사람이 우리 주변에 모여들었다. 뷰티 스미스는 몽둥이를 들고 우리 속으로 들어와 화이트 팽 목에서 쇠사슬을 풀었다. 화이트 팽은 풀려난 뒤 주인이 나가자마자 우리 안에서 사납게 돌아다니며 밖에 있는 인간에게 덤벼들려 했다. 무시무시한 모습이지만 굉장하기도 했다. 몸길이는 5피트를 충분히 넘었으며 어깨높이도 2피트 반은 되었다. 그리고 같은 크기의 늑대보다도 훨씬 무거웠다. 90파운드나 나갔다. 그것은 어미 늑대에게서 개의 피를 물려받았기 때문이지만 지방은 물론 군살 1온스도 없었다. 모든 부위가 근육과 뼈와 힘줄로 이루어졌으며 그것은 투사의 조건을 가장 완벽하게 갖춘 몸이다.

우리 문이 또다시 열렸다. 화이트 팽은 멈춰 섰다. 무언가 이상한 일이 벌어지려 했기 때문이다. 화이트 팽은 계속 기다렸다. 문은 아까보다 더 활짝 열렸다. 그리고 사람들이 큰 개들을 밀어 넣더니 그 뒤에서 문을 쾅하고 닫았다. 그들은 마스티프라는 개인데 화이트 팽은 한 번도 이런 개들을 본 적이 없었다. 그러나 침입자의 거대한 몸이나 사나운 상판대기를 보고도 움츠러들지는 않았다. 눈앞에 있는 것은 나무나 철 따위가 아닌 자신의 증오를 터뜨릴 수 있는 것들이다. 화이트 팽은 이빨을 번뜩이며 달려들어 마스티프의 목 한쪽을 찢었다. 마스티프는 머리를 흔들며 사납게 짖고는 화이트 팽에게 달려들었다. 그러나 화이트 팽은 자유자재로 몸을 놀리면서 적을 피했다. 그리고 또다시 달려들어 엄니로 깊게 이빨 자국을 내고는 재빨리 물러나 적의 복수에서 벗어났다.

밖에 있는 인간들은 큰 소리로 외치거나 환호성을 질렀다. 한편 뷰티 스미스는 화이트 팽이 상대를 물어 찢거나 엉망진창으로 만드는 것을 바라보면서 환희에 젖어 히죽거렸다. 처음부터 마스티프에게는 승산이 없었다. 몸이 너무 무거워서 동작이 둔했기 때문이다. 결국 뷰티 스미스가 몽둥이로 화이트 팽을 내쫓는 동안 마스티프의 주인이 그를 끌어냈다. 그리고 마스티프의 주인이 판돈을 주자 뷰티 스미스 손 안에서 금이 짤랑짤랑 소리를 냈다.

  화이트 팽은 우리 주변에 사람들이 몰려오는 것을 간절히 기다리게 되었다. 그것은 싸운다는 것을 의미했으며 이는 자신이 살아 있다는 것을 보여주기 위해 화이트 팽이 할 수 있는 단 하나의 방법이기 때문이다. 주인이 하도 괴롭히는 바람에 증오만이 점점 부풀어 올랐지만 화이트 팽은 계속 우리 안에 갇혀 있었기에 가끔씩 주인이 다른 개들과 맞서 싸우게 해주는 것 말고는 증오를 풀 방법이 없었던 것이다. 뷰티 스미스는 화이트 팽이 싸우는 족족 이겼기 때문에 꽤 강할 것이라 판단했다. 그래서 어느 날 개 세 마리를 한 마리씩 연달아 덤벼들게 했다. 황야에서 갓 잡아온 거의 다 자란 늑대를 우리 문으로 집어넣은 날도 있었다. 그리고 어떤 때는 개 두 마리를 한꺼번에 들였다. 화이트 팽은 이렇게 괴로운 싸움을 해본 적이 없었다. 결국 두 마리 다 죽이기는 했지만 자신도 반죽음되었다.

  그해 가을 첫눈이 내리고 강으로 얼음이 흘러내리자 뷰티 스미스는 화이트 팽과 증기선을 타고 유콘 강을 거슬러 올라가 도슨으로 갔다. 이제 화이트 팽은 북쪽 지방에서 이름을 떨치게 되었다. '싸우는 늑대'라는 별명이 멀리까지 두루 퍼졌기 때문에 증기선 갑판에 놓인 우리 주변에는 색다른 것을 좋아하는 사람들이 끊임없이 몰려들었다. 화이트 팽은 우리 안에서 거칠게 돌아다니며 으르렁거리거나 조용히 누운 채 차디찬 증오가 담긴 눈빛으로 계속해서 바깥을 바라보았다. 어째서 인간을 미워하면 안 되는 걸까? 화이트 팽은 결코 그런 의문에 대해 생각해 본 적은 없었다. 그저 미워한다는 것만을 알고 있었다. 그리고 미워하는 것에만 정신이 팔려 있었다. 이 때문에 화이트 팽의 생활은 지옥으로 변했다. 화이트 팽은 인간 때문에 엄중하게 갇혀 살면서 그것을 그저 참고만 있는 야수가 되지는 않았다. 그러나 현실에서는 그런 취급을 받았다. 사람들은 화이트 팽을 보고 창살 사이로 막대기를 처넣어 으르렁거리게 만들고는 비웃었다.

  그를 둘러싼 환경이 이렇다 보니 화이트 팽의 원료인 점토는 신이 계획한 것보다 훨씬 난폭해졌다. 그런데도 신은 화이트 팽에게 어떤 상황에서도 적응할 수 있는 능력을 주었다. 다른 동물이라면 죽거나 살아갈 의지를 꺾어버리는 상황에서도 이에 순응해 살아갔으며 용기를 잃지 않았다. 대악마의 고문관인 뷰티 스미스라면 화이트 팽의 용기를 꺾을 수 있을지도 모르지만, 아직 그가 성공할 가능성은 없어 보였다.

만약 뷰티 스미스 몸속에 악마가 살고 있다고 한다면 화이트 팽 몸속에도 또 다른 악마가 살고 있었다. 그리고 악마들은 서로에게 끊임없이 분노를 터트렸다. 예전에 화이트 팽은 몽둥이를 가진 사람에게는 웅크려서 복종해야 한다는 자기 나름의 지혜를 가지고 있었지만 이쯤 되자 그 지혜도 사라졌다. 뷰티 스미스를 본 것만으로도 그에 정신이 팔려 분노에 휩싸였다. 뷰티 스미스가 다가와 몽둥이로 두들겨 패도 엄니를 드러내며 으르렁거리거나 짖었다. 결코 울부짖지 않았다. 아무리 심하게 얻어맞아도 반드시 으르렁거리기만 했다. 뷰티 스미스가 포기하고 물러서면 뒤에서 도전하듯이 으르렁거리거나 창살에 달려들어 증오에 차 큰 소리로 짖어댔다.

증기선이 도슨에 도착하자 화이트 팽은 상륙했다. 그러나 여전히 우리 안에 갇혀 있는 채 보고 싶어하는 사람들에게 둘러싸여 구경거리로 살았다. 화이트 팽은 '싸우는 늑대'라는 구경거리가 되었고 사람들은 사금으로 50센트씩 쳐서 지급하고 그를 구경했다. 화이트 팽에게는 전혀 쉴 틈이 없었다. 자려고 누우면 날카로운 막대기로 자신을 찌르는 바람에 일어설 수밖에 없었다. 구경꾼들을 입장 요금만큼 만족시키기 위해서였다. 게다가 구경거리를 재밌게 만들기 위해 온종일 화이트 팽의 화를 돋웠다. 그러나 이보다 더 나쁜 것은 화이트 팽의 일상을 둘러싼 환경이다. 사람들은 화이트 팽을 가장 난폭한 야수라 여겼다. 사람들의 이런 생각은 우리의 창살을 넘어 화이트 팽에게까지 닿았다. 인간들이 내뱉는 모든 말이나 조심스러운 행동 하나하나가 자신을 무섭고 난폭한 것이라 생각한다는 느낌을 들게 했다. 그것은 난폭이라는 이름의 불꽃에 장작을 잔뜩 지핀 것이나 다름없었다. 결과는 오직 하나였다. 화이트 팽의 난폭함은 더더욱 심해졌다. 화이트 팽의 원료인 점토의 적응력은 환경의 압력이 만들어낸 또 다른 틀이라고 할 수 있다.

화이트 팽은 구경거리가 되었을 뿐만 아니라 싸우는 것을 전문으로 하는 짐승이기도 했다. 투견 준비가 다 되면 언제라도 우리 안에서 나와 마을에서 몇 마일 떨어진 숲 속으로 끌려갔다. 게다가 그 나라에 있는 기마경찰대의 간섭을 피하기 위해 거의 한밤중에 끌려갔다. 그 뒤 몇 시간이 지나 날이 밝기 시작하면 구경꾼이나 화이트 팽과 싸울 개가 도착했다. 이렇게 화이트 팽은 모든 종류, 모든 크기의 개와 싸웠다. 그곳은 미개한 땅이었고 인간은 잔혹했다. 그래서 누군가가 거의 죽을 때까지 싸움이 이어지고는 했다.

화이트 팽이 계속 싸우고 있으니 죽은 것은 두말할 필요 없이 상대 개였다. 화이트 팽은 결코 지지 않았다. 립립이나 강아지들 무리 모두를 상대하며 싸웠던 어린 시절의 훈련이 매우 도움이 되었다. 발은 끈질기게 대지에 붙였다. 어떤 개도 화이트 팽의 발을 땅에서 떼놓을 수 없었다. 정면이나 갑자기 방향을 바꿔 돌진해 가서 어깨로 적을 쓰러트리는 것은 늑대 특유의 교묘한 기술이었다. 적이 된 매켄지의 사냥개나 썰매견이나 래브라도 모두 화이트 팽에게 그 방법을 사용해 보았지만 실패했다. 화이트 팽은 땅에서 발을 뗀 적이 없었다. 사람들은 그에 대해 서로 이야기를 나누고는 '이번에야말로' 싸움을 조금은 기대해 보았지만 화이트 팽은 언제나 사람들을 실망에 빠트렸다.

화이트 팽은 마치 번갯불처럼 날쌔게 움직였다. 때문에 적들보다 훨씬 유리했다. 개들이 아무리 많이 싸워봤다 해도 화이트 팽처럼 날쌔게 움직이는 개와 만난 적은 한 번도 없었을 테니까. 또한 화이트 팽의 재빠른 공격도 생각해 두어야만 했다. 개들은 습관적으로 으르렁거리거나 털을 곤두세우며 짖으면서 준비 운동을 하고는 했다. 그래서 아직 싸움이 시작도 안 되었으며 놀라움이 가라앉지도 않은 상태에서 쓰러져 당하기 일쑤였다. 그런 일이 꽤 자주 일어났기 때문에 결국 상대 개의 준비 운동이 끝나고 싸울 준비를 다 하거나 나아가 처음으로 공격할 때까지 화이트 팽을 억눌러 놓는 것이 관례가 되었다.

그러나 화이트 팽에게 유리한 최대의 장점은 뭐니 뭐니 해도 그의 경험이었다. 화이트 팽은 자신과 싸웠던 어느 개들보다도 싸움에 대해서 잘 알고 있었다. 그들보다 더 많이 싸워봤기 때문에 여러 가지 기술이나 방법도 더 많이 알고 있었으며 화이트 팽만이 쓸 수 있는 기술도 많았다. 그 기술들은 이제 거의 고칠 여지가 없을 만큼 훌륭했다.

시간이 흐르면서 싸우는 횟수는 점점 줄어들었다. 사람들이 화이트 팽과 대등하게 싸울 동물을 찾지 못했기 때문이다. 이제는 늑대와 싸우게 하는 것 말고는 방법이 없었다. 그래서 일부러 인디언들에게 덫으로 늑대를 붙잡아 달라 부탁했다. 화이트 팽과 늑대의 싸움은 군중들을 확실하게 끌어들였다. 한번은 다 자란 암 스라소니를 잡아온 적도 있었다. 그때만은 화이트 팽도 목숨을 걸고 싸웠다. 스라소니의 민첩함이나 사나움은 화이트 팽에 조금도 뒤처지지 않았다. 게다가 화이트 팽은 엄니만으로 싸우는데 스라소니는 엄니는 물론 날카로운 발톱이 달린 발까지 사용해 싸웠기 때문이다.

그러나 스라소니와 싸우고 나자 화이트 팽의 싸움도 끝나게 되었다. 이제 화이트 팽과 싸우게 할 동물이 없었으며, 적어도 맞붙어 싸울 만한 동물이 없을 것이라 생각했기 때문이다. 그래서 봄이 올 때까지 화이트 팽은 그저 구경거리가 되었다. 그런데 봄이 되자 팀 키난이라는 카드 도박꾼이 이 땅으로 찾아왔다. 그 남자는 불도그를 데리고 있었다. 그것은 클론다이크 강에 발을 들여놓은 첫 불도그였다. 이 개는 화이트 팽과 맞붙게 될 운명이었다. 그들이 싸우기 전 일주일 동안 마을은 온통 불도그와 화이트 팽이 싸우면 누가 이길 것인지 예상해 보는 화제로 들끓었다.

4
들러붙는 죽음의 신

뷰티 스미스는 화이트 팽의 목 사슬을 풀고 뒤로 물러났다.
이번만은 화이트 팽도 바로 덤벼들지 않았다. 꼿꼿이 귀를 세우고 경계하며 자기 앞에 서 있는 신기한 개를 희한하다는 듯 바라보았다. 이렇게 생긴 개는 한 번도 본 적이 없었기 때문이다. 팀 키난은 "자, 해치워 봐" 하며 불도그를 앞으로 떠밀었다. 작고 땅딸막한 데다 못생긴 그 동물은 투기장 한가운데로 비틀비틀 나아갔다. 그리고 멈춰 서서 화이트 팽에게 눈을 깜박였다.
군중들이 외쳤다. "덤벼들어, 체로키. 처치해라, 체로키. 그딴 자식, 먹어 버려!"
그러나 체로키는 싸우고 싶어하지 않는 듯했다. 오히려 소리 지르고 있는 놈들 쪽으로 얼굴을 돌리고 눈을 깜박이면서 짧은 꼬리를 부드럽게 흔들었다. 그러나 겁을 먹은 것은 아니었다. 그저 게으를 뿐이었다. 게다가 자신과 눈앞에 있는 개가 억지로 싸워야 한다는 사실을 모르는 듯했다. 화이트 팽은 이런 개와 싸워본 적이 없었기 때문에, 진짜 개를 데려오기만 바랐다.

팀 키난은 투기장으로 들어가 체로키 위에 웅크렸다. 두 손으로 살며시 양 어깨의 털 방향과는 반대로 쓰다듬고는 살짝 밀어냈다. 그 행동에는 여러 암시가 포함되어 있었다. 화를 내게 만드는 효과도 있었다. 체로키 목에서 매우 낮지만 으르렁거리는 소리가 들렸다. 으르렁거리는 소리와 손의 움직임은 박자가 서로 딱딱 맞아떨어졌다. 손이 체로키를 앞으로 세게 밀면 밀수록 목구멍 속에서 들리는 으르렁거림도 그와 같이 커졌지만 이내 낮아졌다. 그러나 다시 밀기 시작하자 또다시 으르렁거리는 소리가 들렸다. 체로키를 미는 손이 멈출 때마다 박자도 강해졌다가 약해졌다. 그리고 갑자기 손이 멈추자 으르렁거리는 소리가 높아지기 시작했다.

그것은 화이트 팽에게도 영향을 미쳤다. 목에서 어깨에 걸쳐 나 있는 털이 곤두서기 시작했다. 팀 키난은 체로키를 마지막으로 한 번 밀어내고 나서 뒤로 물러났다. 체로키는 팀 키난이 더는 밀지 않자 이번에는 자발적으로 활처럼 굽어진 발을 이용해 앞으로 나아갔다. 그 순간 화이트 팽이 덤벼들었다. 앗! 사람들이 놀라는 탄성이 들렸다. 화이트 팽이 개라기보다 고양이처럼 움직이며 멀리서 뛰어들었던 것이다. 그리고 마찬가지로 고양이처럼 빠르게 적을 엄니로 물고 나서 재빨리 뒤로 물러섰다.

불도그의 굵은 목에 난 찢어진 상처 때문에 한쪽 귀 뒤에서 피가 흘러나오고 있었다. 그러나 이렇다 할 반응도 보이지 않았으며 으르렁거리는 소리조차 내지 않았다. 화이트 팽 쪽으로 몸을 돌리더니 뒤를 쫓기 시작했다. 한쪽의 민첩함과 다른 한쪽의 착실함이라는 두 구경거리에 군중들은 열광하며 두 파로 나뉘어졌다. 사람들은 새로이 도박을 하거나 판돈을 늘리기도 했다. 그리고 화이트 팽은 두 번, 세 번 뛰어 들어가 적을 물고는 상대에게 털끝 하나 건드리지 못하게 하겠다는 듯 물러섰다. 그러나 기묘한 적은 여전히 화이트 팽을 쫓아왔다. 그리 서두르지도 않았으며 그렇다고 해서 느러터지지도 않았지만 마치 사무라도 보듯 차분하고 단호하게 다가왔다. 불도그가 이러는 데에 이유가 있었다. 어느 누구에게도 방해받지 않고 무슨 수를 써서라도 자신의 목적을 이루고자 착실히 움직이는 것이다.

불도그의 모든 태도, 모든 움직임에는 그의 의지가 새겨져 있었다. 화이트 팽은 그것에 홀렸다. 이런 개와 만난 적은 처음이었다. 털이 살을 보호하고 있지 않았던 것이다. 부드러웠으며 물면 바로 피가 흘러내렸다. 예전에는 다른 개를 물어뜯을 때마다 두꺼운 털이 얽히는 바람에 매우 거추장스러웠다. 그러나 지금은 물어뜯을 때마다 아무렇지도 않게 엄니를 부드러운 살에 박아 넣을 수 있었다. 게다가 적은 그것을 막아낼 수 없는 것처럼 보였다. 또 한 가지 당혹스러운 점은 적이 지금까지 싸웠던 개들처럼 비명 하나 지르지 않는다는 것이다. 짖거나 끙끙거리지 않고 그저 잠자코 공격을 받고만 있었다. 그러나 쫓아다니는 것을 절대 포기하지 않았다.

체로키가 느릿느릿 움직이는 것이 아니었다. 꽤 날쌔게 방향을 바꾸거나 몸을 돌릴 수는 있었으나 그곳에 반드시 화이트 팽이 있다고 장담할 수는 없었다. 이에 체로키도 당황했다. 맞붙을 수 없는 상대와 싸워본 적이 없기 때문이다. 개들은 보통 적과 맞붙어서 싸우고 싶어 하기 마련인데, 이 개는 뛰어 돌아다니면서 여기저기로 몸을 피하고 언제나 일정한 거리를 유지했다. 게다가 자신에게 달려들어 물어뜯는다 해도 그대로 물고 늘어지는 것이 아니라 바로 놓고 물러나 버렸다.

하지만 화이트 팽은 적의 목 밑에 있는 부드러운 살을 물어뜯을 수 없었다. 불도그는 매우 땅딸막할 뿐만 아니라 적들이 목을 물어뜯을 수 없도록 커다란 턱이 굳게 지키기 때문이다. 화이트 팽은 뛰어들어오다가 다시 물러섰다. 생채기 하나 없었다. 그러나 체로키의 상처는 점점 늘어만 가고 있었다. 목 양쪽이나 머리가 찢어지는 것과 같은 깊은 상처를 입었다. 피가 철철 흘렀지만 체로키는 피에 신경 쓰는 듯한 모습을 조금도 보이지 않고 꾸준히 쫓아다녔다. 딱 한 번 조금 허둥거리며 멈춰서기는 했지만 이내 관중들에게 눈을 깜박거리고는 짧은 꼬리를 흔들면서 싸울 뜻이 있다는 것을 알렸다.

그 순간 화이트 팽이 달려들어 잘린 한쪽 귀의 남은 부분을 물어 찢고는 물러섰다. 체로키는 살짝 화를 내면서 또다시 쫓아다니기 시작했다. 화이트 팽이 빙글빙글 돌고 있을 때 옆에 붙어서 그의 목을 확실히 물어뜯어내고 목숨을 끊고자 안간힘을 썼다. 그러나 불도그는 간발의 차이로 목표를 놓쳤다. 화이트 팽이 갑자기 반대쪽으로 물러나 위기를 모면했기 때문이다. 그의 움직임을 칭찬하는 우렁찬 외침이 들렸다.

시간은 흘러갔다. 화이트 팽은 황급히 몸을 돌리거나 피하고 달려들거나 홱 물러나면서 끊임없이 불도그에게 상처를 주었다. 그러나 불도그 또한 언젠가 적을 공격할 수 있으리라는 단호한 확신을 품고 꾸준하게 적을 쫓았다. 아무리 시간이 흐른다 해도 적을 물어뜯어 싸움에서 승리를 얻고자 하는 자신의 목적을 이루려 한 것이다. 그때까지는 적이 어떤 벌을 내린다 해도 별 수 없었다. 두 귀는 너덜너덜해지고 목과 어깨에 난 상처가 스무 개나 되었으며 주둥이마저 물어뜯겨 피가 흘렀다. 예상하는 것은 물론 막을 수도 없는 적의 공격 때문에 생긴 상처이다.

화이트 팽은 때때로 체로키의 다리를 후려쳐 굴리려고 했지만 불행하게도 키 차이가 너무 많이 났다. 체로키는 아주 땅딸막해서 땅바닥에 착 달라붙었다. 그런데도 화이트 팽은 계속해서 그 기술만 썼다. 그리고 몸을 피해 거꾸로 돌았을 바로 그때, 기회가 왔다는 생각이 들었다. 자신보다 느리게 돌면서 고개를 돌리는 체로키의 모습이 눈에 들어왔기 때문이다. 어깨가 훤히 드러났다. 화이트 팽은 그곳을 덮쳤다. 그러나 화이트 팽의 어깨는 불도그의 어깨보다 높은 곳에 있을 뿐만 아니라 있는 힘껏 달려드는 바람에 힘을 주체 못하고 적의 몸 위를 타고 넘어가 버렸다. 사람들은 처음으로 싸우는 중인데도 발이 땅에서 떨어진 화이트 팽의 모습을 보았다. 몸이 반은 공중을 돌았다. 공중에서 고양이처럼 몸을 비틀어 발을 땅에 대려 하지 않았다면 떨어지면서 배를 휑하니 드러낼 뻔했다. 그러나 몸을 비틀었어도 옆구리를 심하게 부딪쳤다. 어떻게든 재빨리 일어섰지만 그 순간 체로키가 화이트 팽의 목을 물고 늘어졌다.

그러나 체로키는 목보다 훨씬 아래쪽, 거의 가슴에 가깝다고 할 수 있는 부분을 물어뜯었다. 그곳은 물고 늘어질 만한 부위는 아니었다. 그러나 체로키는 놓지 않았다. 화이트 팽은 마구 날뛰며 돌아다니고 몸을 흔들어 불도그를 떨쳐내려고 했다. 자꾸만 자신에게 달라붙고 끌어당기는 무거운 적 때문에 눈이 뒤집힐 만큼 화가 났다. 움직임이 둔해지고 생각하는 대로 움직여지지 않았다. 마치 덫과도 같았다. 화이트 팽의 모든 본능이 분노에 휩싸여 그에 반항했다. 광기에 찬 반항이었다. 몇 분간은 손도 쓸 수 없을 만큼 미칠 것만 같았다. 원초적 생명이 폭주하기 시작했다. 육체를 살리고자 하는 욕망이 몸속에서 흘러넘쳤다. 육체에 대한 생명의 애정만이 화이트 팽을 지배했다. 마치 뇌가 없는 것처럼 이성은 완전히 사라졌다. 살아서 어떠한 위험이라도 무릅쓰며 계속 움직이고 싶다는 육체의 맹목적인 열망이 이성을 때려부순 것이다. 움직인다는 것은 육체가 살아 있다는 사실을 나타내기 때문이다.

화이트 팽은 목으로 50파운드의 짐을 질질 끌면서 빙글빙글 돌거나 방향을 바꾸고 거꾸로 돌거나 걸으며 그를 뿌리치려 했다. 불도그는 그저 물고 늘어지고만 있을 뿐, 거의 아무것도 하지 않았다. 매우 드물기는 하나 어떻게든 발을 땅에 대고 사납게 화이트 팽에게 덤벼들 때도 가끔씩 있었지만 아주 잠시뿐이었다. 그 뒤로는 또다시 발을 뗀 채 질질 끌려다니며 화이트 팽이 광기에 차 빙글빙글 도는 것에 맞춰 같이 돌고 있었다. 그러나 체로키는 본능과 하나가 되어 가고 있었다. 물고 늘어지는 것이 옳다는 것을 알고 물고 늘어졌다. 살짝 오싹해질 만큼 더없이 즐거워졌다. 그때는 눈을 감고 적에게 몸을 맡기며 자신을 이리 내팽개치던 저리 내팽개치던 신경도 쓰지 않았다. 상처 따위는 아무것도 아니기 때문이다. 물고 늘어지는 것만이 중요했다. 그래서 끝까지 물고 늘어졌다.

화이트 팽은 완전히 힘이 빠졌을 때만 쉬었다. 뭘 어떻게 할 수 없을 뿐더러 무슨 일이 벌어졌는지조차 알 수 없었다. 지금까지 겪어왔던 싸움에서 이런 일이 일어난 적은 한 번도 없었다. 지금까지 싸움 상대와는 이렇게 싸우지 않았다. 물어뜯고 나서 물러서고 물어뜯고 나서 물러서는 것만 반복했다. 화이트 팽은 구석에 거의 쓰러져서 가쁘게 헐떡였다. 체로키는 화이트 팽을 물고 늘어진 채 밀어붙인 다음 완전히 쓰러트리려 했다. 화이트 팽은 그에 저항했다. 주둥이의 힘이 약간 빠지면서 물어뜯는 부분을 바꾸는가 싶더니 다시 물고 잘근잘근 씹는 것을 느꼈다. 그리고 위치를 바꿔서 물어뜯을 때마다 점점 목으로 다가오고 있었다. 물고 늘어지다가도 기회가 올 때마다 점점 나아가면서 급소로 깊게 파고드는 것이 불도그의 방식이다. 그래서 불도그에게 더없이 좋은 기회란 화이트 팽이 가만히 움직이지 않을 때였다. 체로키는 화이트 팽이 발버둥 칠 때면 물고 늘어진 채 가만히 있었다.

화이트 팽의 이빨은 고작 체로키 몸통의 한 부분인 부풀어 오른 목 등에밖에 닿지 않았다. 그래서 목과 어깨가 붙어 있는 끝부분을 물어뜯었다. 그러나 화이트 팽은 잘근잘근 무는 법을 몰랐거니와 그의 주둥이는 그렇게 할 수 있도록 만들어지지도 않았다. 그저 잠깐잠깐 발작이라도 일으킨 듯 엄니로 물어 찢을 뿐이었다. 그것도 머지않아 불도그가 위치를 바꾸어 물어서 화이트 팽은 더 이상 물어뜯을 수 없게 되었다. 불도그는 어찌어찌 화이트 팽의 배가 훤히 드러나도록 뒤집고 난 뒤 목을 물고 늘어진 채 그 위에 올라탔다. 화이트 팽은 마치 고양이처럼 하체를 활 모양으로 굽히고 자신의 몸 위에 올라탄 적의 배에 발톱을 세워 할퀴며 긴 발톱자국을 내기 시작했다. 체로키가 물고 늘어진 채 재빨리 몸을 돌려 화이트 팽의 몸과 자신의 몸이 직각이 되게 놓지 않았더라면 내장이 줄줄 새어나왔을지도 모른다.

물고 늘어진 주둥이에게서 벗어날 방법이 없었다. 마치 악운 자체인 것처럼 무자비했다. 주둥이는 급소를 따라 서서히 올라오면서 계속 물었다. 화이트 팽을 죽음의 문턱에서 구하는 것은 축 늘어진 목 가죽과 그것을 덮고 있는 부드러운 털뿐이었다. 늘어진 가죽은 체로키의 입 안을 커다란 두루마리처럼 막았으며 부드럽고 두터운 털은 이빨을 막았기 때문이었다. 그러나 기회가 찾아올 때마다 체로키는 한 입 또 한 입 늘어진 가죽과 털을 잘근잘근 씹어댔다. 체로키의 행동은 점점 화이트 팽의 목을 졸랐다. 화이트 팽의 호흡은 자꾸만 가빠졌다.

이제 싸움은 끝난 것처럼 보였다. 체로키에게 건 사람들은 크게 기뻐하며 판돈을 더 얹고 또다시 내기를 신청했다. 이와는 반대로 화이트 팽에게 건 사람들은 축 처져 이제 10 대 1, 20 대 1로 떨어진 내기조차 받지 않았다. 그래도 50 대 1로 건 터무니없는 남자가 하나 있었으니 바로 뷰티 스미스였다. 그는 투기장 안에 한 발을 내딛고 화이트 팽에게 손가락질을 하며 업신여기듯이 웃기 시작했다. 그러자 뷰티 스미스가 원하는 대로 효과가 나타났다. 화이트 팽은 분노로 피가 머리끝까지 올라서 있는 힘을 짜내며 일어섰다. 그리고 목으로 50파운드나 되는 적을 질질 끌고 버둥거리면서 투기장 안을 돌아다녔다. 그러나 분노는 곧 두려움과 당황스러움으로 바뀌었다. 원초적 본능이 다시 온몸을 지배하고 이성은 살고자 하는 육체의 의지에 못 이겨 사라져 버렸다. 화이트 팽은 비틀거리며 쓰러지다가도 다시 일어서기 위해 빙글빙글 돌거나 뒤로 돌아갔다. 때로는 뒷발로 선 채 적을 들어 올리려고 하면서 달라붙어 있는 죽음의 신을 뿌리치려 몸부림쳤다. 그러나 소용없었다.

드디어 화이트 팽은 힘이 다해 비틀거리며 뒤로 쓰러졌다. 체로키는 그 즉시 주둥이를 다른 곳으로 옮기고 더 깊게 물어뜯었다. 그리고 털에 싸인 가죽을 잘근잘근 물면서 더욱 화이트 팽의 목을 졸라댔다. 승자를 칭찬하는 외침이 들렸다. "체로키!" "체로키!" 많은 사람이 소리쳤다. 체로키는 짧은 꼬리를 힘차게 흔들며 그에 답했다. 그러나 쏟아지는 칭찬도 체로키의 정신을 다른 곳으로 쏠리게 하지는 못했다. 꼬리와 커다란 주둥이 사이에는 공감관계가 없기 때문이다. 꼬리를 흔들고 있어도 주둥이는 화이트 팽의 목을 세게 물어뜯었다.

그때 구경꾼들은 바깥에 신경이 쏠렸다. 딸랑딸랑 종소리가 울렸기 때문이다. 썰매꾼들이 외치는 소리도 들렸다. 뷰티 스미스 말고는 너 나 할 것 없이 불안한 표정이었다. 경찰이 온 것은 아닌지 두려웠던 것이다. 하지만 그들은 두 남자가 개썰매를 몰며 길을 따라 밑으로 내려가지 않고 이쪽으로 올라오는 것을 보았다. 아무래도 금광을 찾기 위해 개울을 따라 내려온 것이리라. 그들은 사람이 몰려 있는 것을 보고 왜들 이리도 흥분했는지 이유를 알고자 개들을 멈추고 구경꾼 쪽으로 다가왔다. 썰매꾼은 콧수염을 기르고 있었다. 그러나 다른 남자는 키가 크고 젊었으며 깔끔하게 수염을 밀었다. 그들의 피부는 두근거리는 피와 서리를 머금은 차가운 공기를 뚫고 달려왔기 때문에 장밋빛으로 물들어 있었다.

화이트 팽은 사실상 몸부림치는 것을 멈췄다. 때때로 발작이라도 일으킨 듯 반항했지만 모두 다 헛수고로 끝났다. 안 그래도 숨을 조금밖에 들이켤 수 없는데 이빨도 가차 없이 목을 졸라대는 바람에 그마저도 할 수 없게 되었다. 아무리 모피 갑옷을 입고 있다 해도 처음 물어뜯긴 곳이 가슴팍이라 해도 될 만큼 밑 부분이 아니었다면 목의 핏줄은 이미 절단이 났으리라. 무는 위치를 위로 옮기는 데에도 시간이 많이 걸렸다. 턱을 움직이려 해도 털과 늘어진 가죽이 그를 방해했기 때문이다.

그동안 뷰티 스미스 안에서 나락과도 같은 짐승의 본능이 솟아나 아무리 잘 봐준다고 해도 그리 멀쩡하다고 할 수 없는 정신을 정복하기 시작했다. 화이트 팽의 눈이 멍한 것을 보자 싸움에 진 것을 알았다. 그는 뛰쳐나가더니 화이트 팽에게 달려들어 차마 눈뜨고 볼 수 없을 만큼 발로 차기 시작했다. 관중들 사이에서 쉬쉬거리거나 항의하는 소리가 들렸지만 그뿐이었다. 주변 사람들이 나서서 막으려고 하는데도 뷰티 스미스는 화이트 팽을 계속 걷어차고 있었다. 그 순간 사람들이 술렁이기 시작했다. 아까 온 키 크고 젊은 남자가 인사도 예의도 없이 어깨로 사람들을 이리저리 밀치면서 군중들 사이를 빠져나가려 하고 있었다. 그 남자가 투기장 안으로 쳐들어왔을 때, 뷰티 스미스는 또다시 화이트 팽을 발로 차려 했다. 몸의 중심이 모두 한 발에 쏠려 있었기 때문에 간신히 균형을 잡고 서 있을 뿐이다. 그 순간 새로 온 사람의 주먹이 뷰티 스미스의 얼굴에 제대로 꽂혔다. 뷰티 스미스의 다른 한쪽 발마저 땅에서 떨어지고 눈 바닥에 뒤로 넘어졌을 때, 몸 전체가 공중에 떠 있는 것처럼 보였다. 새로 온 사람은 고개를 돌리며 군중들을 바라보았다.

"이 비겁한 자식들!" 그는 소리쳤다. "네놈들은 짐승이야!"

그는 진심으로 화내고 있었다. 그의 회색 눈동자는 군중들을 바라볼 때마다 금속처럼 그리고 강철처럼 번뜩였다. 뷰티 스미스는 일어서서 코를 훌쩍이고는 몸을 오들오들 떨며 다가왔다. 새로 나타난 남자는 이자가 왜 이러는지 알 수 없었다. 상대가 비열한 겁쟁이라는 사실을 몰랐기 때문이다. 자신에게 복수하러 오는 것이라고 생각했다. 그래서 "이 개만도 못한 놈 같으니라고!" 소리치며 뷰티 스미스의 얼굴을 또다시 한 대 치는 바람에 뒤로 벌렁 나자빠졌다. 뷰티 스미스는 자신에게 가장 안전한 장소가 눈 위라고 굳게 믿었는지 쓰러진 곳에서 누운 채 일어나려고 하지 않았다.

"이봐, 매트. 좀 도와줘." 새로 온 사람은 함께 투기장 안으로 들어온 썰매꾼에게 말했다.

둘은 개 앞에 웅크렸다. 매트는 화이트 팽을 잡고 체로키가 주둥이의 힘을 뺐을 때 떼어 놓기 위한 준비를 했다. 젊은 남자는 불도그의 턱을 두 손으로 잡고 힘주어 벌리려 했다. 그러나 소용이 없었다. 이쪽으로 당겨도 보고 저쪽으로 당겨도 보고 비틀어 봐도 소용이 없었다. 한숨을 쉴 때마다 "빌어먹을 놈들!" 소리쳤다.

관중들은 법석을 떨기 시작했다. 모처럼 찾아온 구경거리를 엉망진창으로 만든 남자에게 항의하는 사람도 나타났다. 그러나 새로 나타난 남자가 고개를 들고 노려보자 입을 다물어 버렸다.

"천벌받을 개자식들!" 결국 남자는 분통을 터트리며 또다시 일을 시작했다.

"소용없어요, 스콧 나리. 그래서는 열 수 없다고요." 결국 매트가 말을 꺼냈다.

둘은 잠시 멈추고 서로 뒤엉켜 있는 개들을 바라보았다.

"피가 많이 나지는 않네요." 매트가 말했다. "이빨이 아직 완전하게 박히지는 않았어요."

"하지만 곧 그렇게 될걸." 스콧이 말했다. "어라! 봤어? 물은 데를 바꿔서 다시 물잖아."

젊은 남자는 점점 더 조바심을 내며 화이트 팽에게 신경을 썼다. 그러면서 체로키의 머리를 몇 번이나 세게 때렸다. 그러나 체로키의 주둥이는 화이트 팽에게서 떨어지지 않았다. 체로키는 왜 때리는지는 알지만 자신은 옳으며, 그저 물고 늘어져야 한다는 자신의 의무를 다하고 있을 뿐이라고 말하듯 짧은 꼬리를 흔들었다.

"누가 좀 도와주지 않겠나?" 스콧은 온 힘을 다해 군중들에게 소리쳤다.

그러나 도와주려는 사람은 아무도 없었다. 오히려 야유하는 것처럼 함성을 지르고 농담이라도 하듯 충고했다.

"지렛대를 가져와야겠네요." 매트가 조언했다.

스콧은 허리의 권총집에 손을 대고 권총을 꺼내 불도그의 주둥이 사이에 총구를 껴 넣으려 했다. 계속해서 세게 밀어 넣자 악문 이빨 사이로 강철이 삐걱거리는 소리가 들렸다. 둘은 무릎을 꿇고 개 앞에 웅크렸다. 팀 키난이 한달음에 투기장 안으로 들어왔다. 스콧 옆에 멈춰 서서 그의 어깨에 손을 대고 음산한 목소리로 말했다.

"이빨을 부러트리지 말라고, 외부인 양반."

"그럼 목이라도 부러트려 줄까?" 스콧은 총구를 억지로 밀어 넣으면서 말했다.

"내가 이빨을 부러트리지 말라고 했지." 도박꾼은 아까보다도 더욱 음산한 목소리로 다시 말했다.

위협하기 위해 말한 건지도 모르지만 아무런 효과도 없었다. 스콧은 멈추려고 하지 않았다. 싸늘하게 올려다보며 물었다.

"자네 개인가?"

도박꾼이 투덜댔다.

"그럼 이리 와서 이 녀석 입 좀 벌려주게."

"하지만 말이야 외부인 양반." 상대가 짜증을 내면서도 천천히 말했다. "말해두지만 이 녀석은 내가 이렇게 만든 게 아니라서 어떻게 해야 할지 모르겠는데."

"그럼 방해하지 말고 비켜. 난 지금 일하고 있으니까." 스콧이 말했다.

팀 키난은 옆에 계속 서 있었지만, 스콧은 누군가가 옆에 있든 말든 신경도 쓰지 않았다. 총구를 간신히 주둥이 옆으로 밀어 넣고 이번에는 그 반대쪽에까지 밀어 넣으려 했다. 밀어 넣는데 성공하자 권총을 지렛대 삼아 살며시 그리고 조금씩 주둥이를 비틀어 벌렸다. 한편 매트는 그때마다 갈기갈기 찢어진 화이트 팽의 목을 조금씩 빼냈다.

"개 받을 준비나 하라고." 스콧은 체로키 주인에게 냉정하게 명령했다.

도박꾼은 얌전히 수그리고 체로키를 꽉 붙들었다.

"지금이야!" 스콧은 마지막으로 체로키의 주둥이를 비틀어 열면서 경고했다.

불도그는 화이트 팽에게서 떨어지자 힘을 주체 못하고 날뛰었다.

"저쪽으로 데리고 가시지." 스콧이 명령했다. 그러자 팀 키난은 체로키를 질질 끌며 군중들 사이로 돌아갔다.

화이트 팽은 서너 번 일어나려고 했지만 소용이 없었다. 어쩌다 한 번 일어서긴 했지만 발을 심하게 다쳤기 때문에 몸을 제대로 가눌 수조차 없었다. 점점 힘이 빠져 또다시 눈 위로 쓰러졌다. 반쯤 감겨진 눈에는 모든 것이 흐릿하게 보였다. 벌어진 주둥이 사이로 혀가 축 늘어져 있었다. 아무리 봐도 목을 졸라 죽인 개로밖에 보이지 않았다. 매트는 조심스레 화이트 팽을 살펴보았다.

"거의 녹초나 다름없네요." 그가 말했다. "하지만 숨은 겨우 쉬고 있어요."

아까부터 일어서 있던 뷰티 스미스가 화이트 팽을 보러 가까이 왔다.

"좋은 썰매개는 가격이 얼마 정도 나가나, 매트." 스콧이 물어봤다.

아직도 화이트 팽 앞에 무릎 꿇고 웅크리고 있던 썰매꾼은 살짝 머리를 갸웃했다.

"3백 달러쯤 할걸요." 그가 대답했다.

"그럼, 이 녀석처럼 여기저기 다친 개는 얼마 정도 하지?"

"반값이죠, 뭐." 썰매꾼은 그렇게 판단했다.

스콧은 뷰티 스미스 쪽을 돌아보았다.

"들었는가, 짐승 씨? 네놈 개는 내가 받아가겠어. 그 대신 150달러를 주지."

그는 지갑을 열더니 지폐를 센 다음 꺼냈다.

뷰티 스미스는 두 손을 뒤로 하고 스콧이 꺼낸 돈에는 손도 대려 하지 않았다.

"난 안 팔 겁니다." 그가 말했다.

"아니, 팔게 될 거야." 스콧은 딱 잘라 말했다. "왜냐하면 내가 사는 거니까. 이거 봐, 돈은 준다고. 그러니까 이 개는 내 개야."

뷰티 스미스는 두 손을 뒤로한 채 뒷걸음질했다.

스콧은 주먹을 치켜들면서 뛰쳐나왔다. 뷰티 스미스는 얻어맞을 것을 각오하고 그대로 웅크렸다.

"이놈에 대한 권리는 분명 저한테 있단 말입니다." 그는 콧소리를 내며 말했다.

"이제 네놈에게 이 개를 가질 권리는 없다고." 스콧이 말했다. "자, 돈을 받을 텐가, 아니면 한 대 더 맞을 텐가."

"알겠습니다요." 뷰티 스미스는 무서워서 어찌할 바를 몰라하며 말했다. "돈은 받겠습니다. 하지만 난 억울해요. 그 개는 황금알을 낳는 거위란 말입니다. 이렇게 빼앗길 수는 없어요. 인간에게는 권리라는 게 있지 않습니까."

"자네 말이 맞아." 스콧은 돈을 건네며 말했다. "인간에게는 권리라는 게 있지. 하지만 네놈은 인간이 아니라 짐승이지."

"내가 도슨에 돌아가기만 한다면 당신을 고소할 거야." 뷰티 스미스는 위협했다.

"그래? 도슨에 돌아가서 어디 한 번 그렇게 떠들어 보시지. 그때는 네놈을 마을에서 내쫓아버릴 테니까. 알겠어?"

뷰티 스미스는 투덜거렸다.

"알겠냐고." 갑자기 스콧이 거칠게 소리쳤다.

"예이." 뷰티 스미스는 꿍얼거리며 꽁무니를 뺐다.

"예이, 뿐인가."

"예이, 나리." 뷰티 스미스는 신음을 흘렸다.

"조심하라고! 그 녀석은 물려고 하니까!" 누군가가 그렇게 소리치자 상스러운 웃음소리가 들렸다.

스콧은 뷰티 스미스에게 등을 돌려 화이트 팽을 치료하고 있는 썰매꾼을 도와주러 갔다.

몇몇 사람은 이미 돌아갔지만 다른 사람들은 군데군데 모여 일이 어떻게 돌아가는지 바라보면서 이야기를 나누었다. 팀 키난은 그 가운데 한 무리에 끼어들었다.

"저 바보는 누구야?" 그가 물었다.

"위든 스콧이야." 누군가가 대답했다.

"저 위든 스콧이라는 작자는 대체 뭐하는 놈인데?" 도박꾼이 다시 물었다.

"으음, 실력 있는 광산 기사 가운데 하나일세. 높으신 양반들하고도 관계가 있다는데. 귀찮은 일에 휘말리고 싶지 않으면 저 녀석을 피하는 편이 좋다고들 하네. 관리들과도 잘 지낸다니 말이야. 특히 금광 감독관하고 친하다더군."

"대단한 녀석일 거라고는 생각했는데." 도박꾼이 말했다. "그래서 처음부터 녀석에게서 손을 뗐던 거고."

5
불굴의 의지

"희망이 없어." 위든 스콧이 털어놓았다.

그는 오두막 계단에 걸터앉아 썰매꾼을 빤히 쳐다보았다. 썰매꾼도 절망적이라는 듯 어깨를 으쓱했다.

두 사람 앞에 있는 화이트 팽은 쇠사슬을 있는 힘껏 당기며 털을 곤두세우고 난폭하게 으르렁거리면서 썰매개들에게 덤벼들려 하고 있었다. 썰매개들은 매트가 몽둥이로 실컷 설교를 늘어놨기 때문에 화이트 팽을 내버려두는 편이 좋다는 것을 배웠다. 그래서 조금 멀찍이 엎드려 화이트 팽이 있다는 것 따위는 잊어버린 척하고 있었다.

"본디 늑대였으니까 길들일 수 없는 거야." 위든 스콧이 말했다.

"그건 아닌 것 같은데요." 매트는 반대했다. "나리는 그리 말씀하시지만 저 녀석한테는 개다운 점이 꽤 있는 거 같아요. 그래요, 바로 이거다 싶은 점이 딱 하나 있습니다만."

썰매꾼은 살짝 말을 끊고 무스하이드 산을 보며 자신만만하게 끄덕였다.

"이봐, 알고 있으면 뜸 들이지 말고 알려줘." 스콧은 매트가 말하기를 적당히 기다리다가 힘주어 말했다. "얼른 말하라고. 어떤 점인데."

썰매꾼은 엄지손가락을 뒤로 젖혀 화이트 팽을 가리켰다.

"늑대든 개든 그놈이 그놈이긴 합니다만 이 녀석은 벌써 길들여졌다고요."

"설마 그럴 리가 있나!"

"정말이에요. 굴레에 길들여져 있습니다요. 잘 보세요. 가슴팍에 굴레 자국이 찍혀 있는 거 보이십니까?"

"자네 말이 맞네, 매트. 그럼 이 녀석은 뷰티 스미스 손에 넘어가기 전엔 썰매개였다는 거군."

"그러니까 또다시 썰매개를 하지 말란 법도 없지요."

"자넨 도대체 무슨 생각을 하는 건가?" 스콧은 진지하게 물어보았다. 그러나 곧 희망을 버렸다. 그는 고개를 흔들며 말하기 시작했다. "저 녀석을 산 지 벌써 이주일이 넘었네만 전혀 달라진 게 없지 않나."

"그에게 기회를 주는 겁니다." 매트는 자신의 생각을 꺼냈다. "잠시 내버려 두고."

스콧은 믿지 못하겠다는 듯 매트를 다시 봤다.

매트는 이야기를 계속 했다. "아, 물론 나리가 노력해 보셨다는 것은 잘 압니다요. 하지만 나리는 몽둥이를 들고 계시지 않았잖습니까."

"그럼 자네가 한번 해보게나."

썰매꾼은 몽둥이를 쥐고 쇠사슬에 묶여 있는 개에게 다가갔다. 화이트 팽은 우리 속에 넣어진 사자가 맹수 조련사의 채찍을 보고 있는 듯한 눈빛으로 몽둥이를 지켜보았다.

"이거 보세요, 몽둥이에서 눈을 떼지 않는다고요." 매트가 말했다. "좋은 조짐입니다. 이 녀석은 바보가 아니에요. 몽둥이를 들고 있는 한 덤벼들지는 않을 겁니다. 완전히 정신이 나가지는 않았어요."

 인간의 손이 목으로 다가오자 화이트 팽은 털을 곤두세우고 으르렁거리며 웅크렸다. 그러나 다가오는 손을 지켜보면서도 다른 한 손에 쥐어져 있는 몽둥이가 움직이는 것도 놓치지 않고 뚫어져라 쳐다보았다. 마치 위협이라도 하듯 머리 위에 늘어져 있었기 때문이다. 매트는 목에서 쇠사슬을 풀어주고 물러섰다.

 화이트 팽은 자신이 자유로워졌다는 사실을 믿을 수 없었다. 뷰티 스미스를 주인으로 모셨던 몇 개월 동안 다른 개들과 싸우기 위해 풀려났던 것 말고는 한순간도 자유로웠던 적이 없었기 때문이다. 게다가 싸움이 끝나고 나서도 늘 뷰티 스미스가 괴롭혔다.

 화이트 팽은 어떻게 생각하면 좋을지 몰랐다. 아마 신들이 자신에게 새로 못된 장난을 치는 것이라 생각했다. 화이트 팽은 누가 언제 공격을 하더라도 막을 수 있도록 준비하고 천천히 조심스레 걸음을 옮기기 시작했다. 어찌하면 좋을지 몰랐다. 이런 일이 벌어진 적은 한 번도 없었기 때문이다. 화이트 팽은 조심하고 또 조심하면서 오두막 구석으로 걸어갔다. 그러나 아무 일도 일어나지 않았다. 화이트 팽은 완전히 당황해 버렸다. 그래서 또다시 제자리로 돌아가 두 사람에게서 12피트만큼 떨어진 곳에 멈춰 서서 둘을 빤히 바라보았다.

 "도망치진 않겠지?" 새로운 주인이 물었다.

 매트는 어깨를 으쓱했다. "도박이죠 뭐. 끝까지 지켜보는 것 말고는 어찌할 도리가 없으니까요."

 "가엾기도 하지." 스콧은 불쌍하다는 생각이 들었는지 그렇게 중얼거렸다. "이 녀석에겐 지금 인간의 애정이 필요해." 그는 그렇게 덧붙이며 오두막 안으로 들어갔다.

 그리고 고기 한 조각을 가지고 나오더니 화이트 팽에게 던져줬다. 화이트 팽은 재빨리 뒤로 물러나 멀리서 의심스럽다는 듯 고기를 바라보았다.

 "어허, 메이저!" 매트가 외치며 주의를 줬지만 소용이 없었다.

 메이저가 고기로 뛰어들었다. 그리고 주둥이를 고기에 가까이 댄 순간 화이트 팽이 덤벼들었다. 메이저는 나뒹굴었다. 매트가 달려들었지만 화이트 팽이 그보다 더 빨랐다. 메이저는 비틀비틀 일어섰으나 목에서 뿜어져 나오는 피가 눈을 시뻘겋게 물들이며 점점 퍼지고 있었다.

"안됐지만 당할 만했어." 스콧은 기침을 하며 말했다.

이때 매트의 발은 화이트 팽을 차올리려 공중에 떠 있었다. 매트가 발을 떼는 것과 엄니가 번뜩이는 것, 그리고 날카롭고 높은 외침이 거의 한꺼번에 일어났다. 화이트 팽은 사납게 으르렁거리면서 몇 야드 뒷걸음질 쳤다. 한편 매트는 웅크리며 자신의 다리를 살펴보았다.

"멋지게 당했네요." 매트는 찢어진 바지와 속옷 그리고 점점 퍼져가는 핏자국을 가리키면서 말했다.

"그러니까 절망적이라고 말했잖아, 매트." 스콧은 실망한 듯한 목소리로 말했다. "나도 이러고 싶지는 않지만 가끔씩 이럴 수밖에 없다고 생각은 했어. 하지만 드디어 때가 온 거야. 어쩔 도리가 없다고."

스콧은 그렇게 말하며 내키지 않다는 듯한 모습으로 권총을 꺼내고 탄창을 열어 총알이 있는지 없는지 살펴보았다.

"잠시만요, 스콧 나리. 이 녀석은 지옥에서 이제 막 탈출한 개라고요. 곧바로 하얗게 빛나는 천사처럼 변할 수는 없어요. 이놈에게 기회를 주세요."

"메이저를 봐봐." 스콧이 말했다.

썰매꾼은 상처 입은 개를 바라보았다. 메이저는 자신의 피를 뒤집어쓴 채 눈 속에 쓰러져 마지막 숨을 몰아쉬고 있었다.

"당할 만하다고 나리께서 말씀하지 않으셨습니까. 저 녀석은 화이트 팽의 고기를 뺏으려다 당한 거라고요. 처음부터 이렇게 될 줄 알았던 일이에요. 저라면 자신의 고기를 빼앗겨도 싸우지 않는 개 따윈 절대 거들떠보지도 않을 겁니다."

"하지만 자기를 돌아보는 게 좋을걸, 매트. 개는 그렇다고 쳐도 이제 어떻게 해야 할지 정해야 해."

"저야 당연한 보복이죠." 매트가 끈질기게 우겨댔다. "어쨌든지 간에 저는 저 녀석을 차서 날리려고 하지 않았습니까? 나리가 화이트 팽은 해야 할 일을 했다고 하신다면 저에게도 걷어찰 권리는 없는 겁니다."

"죽이는 게 오히려 자비를 베푸는 걸 수도 있어." 스콧이 주장했다. "길들일 수 있을 리가 없다니까."

"하지만 말입니다, 스콧 나리. 이 가여운 악마가 어떻게 변해갈지 기회를 주시라고요. 아직 그런 기회가 온 적이 없었을 테니까요. 지옥에서 이제 막 빠져나와서 자유로워진 적은 이번이 처음일 겁니다. 공평하게 기회를 주세요. 만약 나리 기대에 어긋난다면 제 손으로 죽여 드리죠. 어떠세요."

"하느님도 내가 이 녀석을 죽이거나 죽는 걸 바란 적이 없다는 사실을 잘 아실 거야." 스콧은 권총을 집어넣으며 말했다. "일단 내버려두고 애정을 갖고 돌보면서 어떻게 될지 한번 보자고. 이봐, 얼른 해보자니까."

스콧은 화이트 팽 옆으로 다가가 부드럽고 온화한 목소리로 말을 걸었다.

"몽둥이를 들고 있는 게 좋아요." 매트가 주의를 주었다.

스콧은 고개를 저었다. 그리고 화이트 팽이 자신을 믿을 수 있게 하기 위해 말을 이어나갔다.

화이트 팽은 의심했다. 무언가가 다가오는 것을 느꼈다. 자신은 이 신이 소유한 개를 죽였을 뿐만 아니라 동료인 신까지 문 것이다. 무서운 벌 말고 달리 무엇을 기대할 수 있을까? 그러나 화이트 팽은 그에 꺾이지 않고 맞섰다. 털을 곤두세우고 이빨을 드러내며 빈틈없이 주의를 기울였다. 그리고 온 몸으로 경계하고 어떤 일이 일어나도 대처할 수 있게 준비했다. 신은 몽둥이를 가지고 있지 않았다. 그래서 아주 가까이 올 때까지 참았다. 신의 손이 뻗어와 머리 위로 내려왔다. 화이트 팽은 긴장하면서 손 밑에 웅크렸다. 배신이나 알 수 없는 위험이 다가오고 있었기 때문이다. 화이트 팽은 신들의 손에 대해 잘 알고 있었다. 이미 증명이 끝난 지배력이나 상처를 주는 교활함을 알고 있었다. 게다가 본디 자신을 만지는 것을 좋아하지 않았다. 그래서 위협하듯이 으르렁거리며 좀 더 몸을 낮춰 웅크렸지만 손은 계속 내려오고 있었다. 화이트 팽은 그 손을 물어뜯고 싶지 않았다. 그래서 그 위험을 참고 있었지만, 본능이 파도처럼 몰려와 생명에 대한 그칠 줄 모르는 열망이 그를 지배했다.

위든 스콧은 화이트 팽이 물고 늘어져도 물어뜯으려 해도 괜찮으며 그것을 피할 수 있으리라 믿었다. 화이트 팽이 이상하리만치 날쌔다는 것을 몰랐기 때문이다. 화이트 팽은 똬리를 틀고 있는 뱀처럼 빠르고 정확하게 물어뜯었다.

스콧은 깜짝 놀라 날카로운 비명을 지르며 물린 손을 다른 한 손으로 억눌렀다. 매트는 큰 소리로 외치며 스콧 옆으로 뛰쳐나왔다. 화이트 팽은 웅크린 채 뒤로 물러섰지만 털은 곤두세우고 엄니를 드러내며 눈은 적의로 불타 올랐다. 이번에야말로 뷰티 스미스가 때린 것보다 더 지독하게 맞을 각오를 했다.

"이봐! 지금 뭐하는 거야?" 갑자기 스콧이 소리를 질렀다.

매트가 오두막 안으로 달려 들어가더니 총을 가지고 나왔기 때문이다.

"아무것도 아닙니다." 매트는 관심도 없다는 듯 일부러 침착하게 말했다. "자신이 한 약속을 지키려고 하는 것뿐입니다. 그때가 온다면 제가 하겠다고 말했잖습니까. 이 녀석이 죽을 때가 왔다고 생각해서 말입니다."

"안 돼!"

"아니요, 전 할 겁니다. 보세요."

매트가 물렸을 때 화이트 팽의 목숨을 빌었듯이, 이번에는 위든 스콧이 화이트 팽의 목숨을 빌 차례였다.

"자네는 저 녀석에게 기회를 달라고 말하지 않았나. 그래, 주라고. 우리는 이제 막 시작했을 뿐이잖아. 시작하자마자 바로 관둘 수는 없어. 이번에는 우리가 당해도 할 말이 없는 거야. 게다가…… 어, 저 녀석 좀 봐봐."

화이트 팽은 오두막 근처에 있는 두 사람과 40피트나 떨어진 곳에서 스콧이 아닌 썰매꾼에게 피조차 얼어붙을 것만 같은 적의를 담아 으르렁거렸다.

"이런, 저는 영원히 저주받게 생겼군요!"

"저 녀석이 얼마나 영리한지 봐봐!" 스콧은 기침을 하며 말을 계속 했다. "저 녀석은 인간과 마찬가지로 총에 대해서 알고 있는 거야. 저 녀석에게는 지능이 있는 거야. 저 지능을 봐서도 기회를 줘야지. 그러니까 총을 내려놓으라고."

"네, 그렇게 하죠." 매트는 동의하며 총을 산더미처럼 쌓인 장작에 기대놓았다.

"어, 저 녀석 좀 보세요!" 매트가 외쳤다.

그 순간 화이트 팽이 조용해지고 으르렁거리는 것을 멈추었기 때문이다.

"이 녀석은 잘 살펴볼 가치가 있겠는데요. 보세요!"

매트는 총에 손을 뻗었다. 그 순간 화이트 팽이 으르렁거리기 시작했다. 매트가 총에서 멀리 떨어지자 화이트 팽은 들어 올렸던 입을 닫고 이빨을 감추었다.

"이번에는 장난 좀 쳐볼까요."

매트는 그렇게 말하더니 총을 손에 쥐고 천천히 위로 들어올렸다. 화이트 팽은 총이 움직이는 것과 함께 으르렁거리기 시작했다. 그리고 총이 점점 어깨에 다가갈수록 으르렁거리는 소리도 점점 커졌다. 그리고 총이 목표를 노리기 직전 옆으로 튀어서 오두막 구석으로 숨었다. 매트는 화이트 팽이 물러난 뒤 눈 쪽을 계속 바라보면서 멈춰 서 있었다.

썰매꾼이 무겁게 총을 내리고는 몸을 돌려 고용주에게 눈길을 주었다.

"저도 찬성입니다. 스콧 나리. 저런 영리한 개는 죽일 수 없을 것 같네요."

6
사랑하는 주인

위든 스콧이 가까이 오는 것을 보자 화이트 팽은 아무리 벌을 줘도 꺾이지 않겠다는 뜻을 나타내기라도 하듯 털을 곤두세우고 으르렁거렸다. 화이트 팽이 물어뜯는 바람에 피가 흐르는 것을 막기 위해 석고 붕대를 감은 지 꼬박 하루가 지났다. 화이트 팽은 과거에 겪었던 경험에 따라 시간이 한참 지난 뒤에도 벌을 받을 수 있다는 것을 알고 있었다. 그래서 그들이 지금 벌을 내리려고 하는 것은 아닌지 두려워했다. 어떻게 벌을 내리지 않을 리가 있겠나? 자신은 신들을 모독하는 죄를 지었다. 그것도 하얀 피부를 지닌 뛰어난 신의 신성한 살에 이빨을 세운 것이다. 신들과 어울릴 때는 반드시 무언가 무서운 것이 기다렸다.

신은 몇 피트 떨어진 곳에 걸터앉아 있었다. 어떠한 위험도 눈에 띠지 않았다. 신들이 벌을 줄 때는 언제나 서 있었기 때문이다. 그런데 이 신은 몽둥이도 채찍도 총도 갖고 있지 않을 뿐더러 화이트 팽 자신은 자유의 몸이었다. 쇠사슬에도 막대기에도 묶여 있지 않았던 것이다. 신이 일어서는 사이에 안전한 곳으로 도망갈 수도 있었다. 그래서 화이트 팽은 그때까지는 가만히 보고 있자고 생각했다.

신은 소리 없이 움직이지도 않았다. 화이트 팽의 짖는 소리도 점점 낮아지면서 으르렁거리는 소리로 바뀌어 목구멍 속으로 들어가더니 이내 멈췄다.

그러자 신이 말하기 시작했다. 하지만 그의 첫 목소리로 화이트 팽의 목에 난 털은 곤두섰으며 으르렁거리는 소리가 목구멍에서 용솟음쳤다. 그러나 신은 무엇 하나 적의가 있는 행동은 하지 않았다. 그는 조용히 이야기를 계속 했다. 화이트 팽은 잠깐 신의 목소리에 맞춰 낮게 으르렁거렸다. 그러자 으르렁거리는 소리와 말하는 소리의 박자가 딱 맞아떨어졌다. 신은 끊임없이 말을 이어갔다. 화이트 팽은 지금까지 이런 말투를 들어본 적이 없었다. 그의 말투는 온화하고 위로하는 듯했으며 왠지 화이트 팽의 마음을 어루만지는 듯한 부드러움을 띠고 있었다. 화이트 팽은 콕콕 찌르는 듯한 본능이 경고함에도 어느새 이 신을 믿기 시작했다. 지금까지 인간과의 관계에서 이런 감정을 느껴본 적이 없었지만 지금은 믿기지 않을 만큼 안전할 것이라는 생각이 들었다.

긴 시간이 지난 뒤 신은 일어서더니 오두막으로 들어갔다. 그리고 그가 다시 나오자 화이트 팽은 불안한 듯이 뚫어지게 쳐다보았다. 그러나 채찍도 몽둥이도 다른 무기도 갖고 있지 않았다. 다치지 않은 손을 등 뒤로 하고 있었는데, 손에는 아무것도 없었다. 신은 방금 전에 앉아 있었던 몇 피트 떨어진 곳에 다시 자리를 잡고 작은 고기 조각을 건넸다. 화이트 팽은 귀를 쫑긋 세우고 수상쩍다는 듯 고기 조각을 살펴보면서 고기 조각과 신을 한꺼번에 바라보았다. 모든 행동을 경계하고 몸에 힘을 모으면서 적의가 느껴지는 그 순간 재빨리 물러날 수 있도록 준비했다.

그러나 벌은 또 나중에 받게 되었다. 신은 고기 한 조각을 코 가까이 내밀었을 뿐이었다. 그 고기는 아무 이상이 없는 것처럼 보였다. 그래도 화이트 팽은 의심했다. 신이 유혹이라도 하듯 고기를 살며시 내밀고 먹으라며 부추겼지만 화이트 팽은 고기에 손대지 않았다. 신은 정말 똑똑하기 때문이다. 얼핏 봤을 때는 전혀 해로워 보이지 않는 고기 한 조각 뒤에 엄청난 배신이 숨어 있지 않으리라 누가 장담할 수 있을까. 과거의 경험을 살펴보면 특히 인디언 여자들과 어울릴 때면 불행하게도 가끔씩 고기에 벌이 따라오고는 했다.

결국 신은 화이트 팽 다리 가까이의 눈 위에 고기를 던졌다. 화이트 팽은 조심스레 냄새를 맡았지만 고기에는 눈길도 주지 않았다. 냄새를 맡으면서도 계속해서 신에게 눈길을 주고 있었다. 아무 일도 일어나지 않았다. 화이트 팽은 고기를 입에 넣고 삼켰다. 그래도 여전히 아무 일도 없었다. 신은 또 다른 고기 조각을 건넸다. 화이트 팽은 이번에도 그것을 손에서 받아먹으려 하지 않았다. 신은 또 던져주었다. 이런 일이 몇 번이고 몇 번이고 반복되었다. 그러나 신은 고기를 던지려 하지 않고 손에 든 채 거듭 부추겼다.

고기는 맛있었다. 게다가 화이트 팽은 배가 고팠다. 그래서 이상하리만치 조심스레 그리고 조금씩 손으로 다가갔다. 결국 신의 손에서 고기를 받아먹자고 결심했다. 그러나 결코 신에게서 눈을 떼지 않았다. 머리를 앞으로 쭉 내밀고 귀를 뒤로 착 눕히면서 저도 모르게 목의 털을 곤두세웠다. 그와 함께 목구멍 속에서 으르렁거리는 소리가 낮게 울렸다. 마치 자신을 놀리면 가만두지 않겠다며 경고하는 듯했다. 화이트 팽은 고기를 먹었지만 아무 일도 없었다. 한 조각 또 한 조각, 주는 대로 고기를 먹었지만 아무 일도 일어나지 않았다. 벌을 또 나중에 받게 된 것이다.

화이트 팽은 주둥이를 핥고 나서도 상황을 지켜보았다. 그러나 신은 계속해서 이야기를 했다. 그 목소리 속에는 화이트 팽이 한 번도 들어본 적이 없는 다정함이 깃들여 있었다. 몸속에서 지금까지 느껴보지 못했던 감정이 눈을 뜨는 것을 느꼈다. 그리고 이상하게도 기분이 좋다는 것을 깨달았다. 마치 자신 안에 있는 빈자리와 필요로 했던 무언가가 채워진 것처럼. 그러나 이때 본능이 또다시 신호를 보내고 과거의 경험이 경고음을 울렸다. 신들은 교활하기 때문에 자신들의 목적을 이루기 위해 생각지도 못할 수단을 쓰기 때문이다.

아아, 생각한 대로였다! 드디어 찾아왔다. 교묘하게 아픔을 주는 신의 손이 뻗어와 머리 위로 내려왔다. 그러나 신은 이야기를 계속하고 있다. 그의 목소리는 온화하며 마음을 달래주는 듯했다. 손은 자신을 위협하고 있었는데도 소리는 자신에게 믿음을 심어주었다. 소리는 자신을 안심시키는데도 손은 불신감을 심어주었다. 화이트 팽 속에서 감정과 충동이 싸우며 미쳐 날뛰고 있었다. 서로를 제어하기 위해 몸속에서 싸우는 전혀 다른 두 힘을 여느 때라면 느끼지 않았던 망설임으로 다스리려고 하니 마치 몸이 조각조각 폭발이라도 할 것처럼 끔찍한 느낌이 들었다.

화이트 팽은 타협했다. 털을 곤두세우고 귀를 머리에 착 붙인 채 으르렁거렸다. 그러나 물어뜯지도 않거니와 달려들지도 않았다. 손이 내려왔다. 점점 내려왔다. 그리고 곤두서 있는 털끝에 닿았다. 화이트 팽은 손 밑에서 웅크렸다. 그러자 손도 같이 내려오더니 점점 가까이 왔다. 화이트 팽은 움츠리고 거의 부들부들 떨면서 가까스로 자신을 억눌렀다. 자신을 만지며 본능을 거스르게 하는 그 손은 고문과도 같았다. 인간의 손은 지금까지 겪었던 모든 재난을 단 하루도 잊어버릴 수 없도록 만들었다. 그러나 그것은 이번에 모시게 된 신의 뜻이기 때문에 화이트 팽은 그에 따르려고 노력했다.

손이 올라갔다 내려오면서 가볍게 치거나 쓰다듬었다. 그리고 그것이 계속 반복되었다. 손이 올라갈 때마다 그 밑에서 털이 곤두섰다. 그리고 손이 내려올 때마다 귀가 머리에 착 붙었으며 으르렁거리는 소리만이 목구멍에서 허무하게 솟구쳤다. 화이트 팽은 으르렁거리며 끊임없이 경고했다. 조금이라도 위해를 끼친다면 보복할 준비가 되어 있음을 으르렁거리는 소리로 알렸다. 신에게 다른 꿍꿍이속이 없을 것이라 장담할 수 없었기 때문이다. 온화하게 믿음을 주는 목소리가 분노의 고함 소리로 바뀔 수도 있으며, 부드럽게 쓰다듬고 있는 손이 악마처럼 자신을 붙잡아 형벌을 가할지도 모르는 것이다.

그러나 신은 다정하게 이야기를 계속했다. 손은 여전히 올라가거나 내려오고 있었는데, 적의는 없었다. 화이트 팽은 두 가지 감정을 경험했다. 본능에게 손이란 불쾌한 것이었다. 자신을 억누르고 자유를 원하는 의지에 반항하기 때문이다. 그러나 몸에게는 전혀 불쾌한 것이 아니었다. 그와는 반대로 오히려 기분이 좋았다. 가볍게 두드리다가 서서히 그리고 조심스럽게 귀가 붙은 부분을 간질이는 움직임으로 바뀌었다. 이 때문에 몸의 쾌감이 본능의 불쾌함을 살짝 이기기까지 했다. 그러나 화이트 팽은 괴로움과 즐거움이 번갈아가며 자신을 흔들어 놓을 때마다 예측할 수 없는 재난에 대비하고 경계하며 계속 두려워했다.

"이런, 이거 참 대단하네요!"

소매를 걷어붙이고 설거지로 더러워진 물이 담긴 냄비를 치우러 오두막에서 나온 매트는 위든 스콧이 화이트 팽의 머리를 건드리는 것을 보고는 냄비 뚜껑을 열려고 하던 손을 멈추며 말했다.

그의 목소리가 고요함을 깨는 순간 화이트 팽은 재빨리 물러서서 매트를 보고 거칠게 으르렁거렸다.

매트는 불만과 슬픔에 가득 찬 눈길로 그를 바라보았다.

"괜찮으시다면 제가 한 말씀 올려도 되겠습니까, 스콧 나리. 당신에게는 바보 같은 점이 열일곱 가지나 있는데요. 그것도 하나하나가 다른 데다가 모두 다 엄청나다고요."

위든 스콧은 어깨를 으쓱하고는 미소를 지으며 일어서서 화이트 팽에게 가까이 다가갔다. 그리고 달래듯이 이야기를 걸었지만 이번에는 길게 이야기하지 않았다. 천천히 손을 뻗어 화이트 팽의 머리 위에 올리고는 다시 쓰다듬기 시작했다. 화이트 팽은 그것을 가만히 참으면서 자신을 만지고 있는 인간이 아닌 입구에 서 있는 인간을 수상쩍다는 눈길로 바라보았다.

"나리는 정말 일류 광산 기사일지도 모릅니다만. 아니, 물론 그렇고말고요, 네. 하지만 말입니다. 제가 어렸을 때 서커스단에 들어갈 기회를 놓쳤던 것이 한이 되네요." 썰매꾼은 거드름을 피우며 의견을 내뱉었다.

화이트 팽은 그 소리를 듣고 으르렁거렸지만 이번에는 자신을 만지며 어르고 있는 손 밑에서 물러서지 않고 신이 머리에서 목덜미에 걸쳐서 쓰다듬는 대로 가만히 있었다.

대단원의 막이 올랐다. 과거의 생활과 증오의 지배가 끝나려고 하는 것이다. 새롭고 신기하게만 느껴졌던 평온한 생활이 동트려 하고 있었다. 그러기 위해서 위튼 스콧은 수많은 생각을 해야만 했으며 한없이 참아야 할 필요가 있었다. 또한 화이트 팽에게는 다름 아닌 혁명이 필요했다. 본능과 이성의 거센 충동을 무시하고 경험을 거스르며 나아가 삶 그 자체를 속여야만 하는 것이다.

화이트 팽이 지금까지 겪어왔던 삶에서는 이번에 막 알게 된 것을 실천할 틈이 없었을 뿐만 아니라 모든 생활은 이번에 몸을 맡긴 생활과는 정반대였다. 다시 말하면 스스로 황야에서 나와 그레이 비버를 지배자로 모실 때 얻은 적응 능력보다도 더 큰 능력이 필요했다. 그때는 아직 어린 새끼늑대였으며 그의 틀은 물렀기 때문에 환경이라는 엄지손가락이 언제라도 틀을 다르게 만들 수 있었다. 그러나 지금은 사정이 달랐다. 환경이라는 엄지손가락은 틀을 완벽하게 만들어 버렸다. 흉악하고 무자비하며 차가운데다 귀여운 구석이라곤 하나도 없는 '싸우는 늑대'라는 틀이 단단하게 굳어져 버린 것이다. 틀을 바꾸는 것은 삶을 거스르는 것이나 마찬가지이다. 왜냐하면 화이트 팽은 어렸을 때 가지고 있던 적응 능력을 이제는 가지고 있지 않았기 때문이다. 화이트 팽이라는 이름의 천은 질기고 엉클어졌다. 날실과 씨실은 화이트 팽을 뻣뻣한 느낌이 드는 거친 천처럼 만들었다. 또한 마음의 겉모습은 강철처럼 변했으며 모든 본능과 원칙은 완성된 법칙과 경계심과 혐오감 그리고 욕망으로 이루어졌다.

환경이라는 엄지손가락은 화이트 팽이 새로운 생활에 다시 적응하려고 하자 그를 누르거나 찔러서 딱딱하게 굳어 버린 틀을 부드럽게 하더니 좀 더 괜찮은 모습으로 다시 만들었다. 그야말로 위든 스콧은 진정한 엄지손가락이라 할 수 있다. 화이트 팽의 본성 깊은 구석까지 들어와 약해지고 몹시 지쳐버린 생명 안에 숨어 있던 여러 힘을 상냥하게 어루만졌던 것이다. 그 가운데 하나가 바로 애정이었다. 그리고 애정은 위든 스콧과 지내면서 화이트 팽을 가장 감동시켰던 감정인 '사랑'으로 바뀌었다.

그러나 이 애정이 하루아침에 나타난 것은 아니었다. '좋아하는' 감정이 서서히 커져간 것이다. 화이트 팽은 풀려 있었지만 도망가지 않았다. 새로운 신을 좋아하게 되었기 때문이다. 게다가 이번 생활은 두말할 것도 없이 뷰티 스미스의 우리 속에서 살던 생활보다 훨씬 더 좋았으며 화이트 팽에게는 또 다른 누군가를 신으로 모실 필요도 있었다. 화이트 팽의 본성은 인간이 자신을 지배해주기를 바랐던 것이다. 인간을 의지하게 되면서 찍힌 각인은 맞을 것을 알면서도 맞기 위해 황야를 등지고 그레이 비버의 발치로 기어 다가갔던 어린 시절부터 이미 찍힌 것이다. 또한 굶주림이 끝나고 그레이 비버의 마을에서 다시 물고기를 잡을 수 있게 되어 황야에서 돌아오자 그 각인은 지울 수 없을 만큼 깊게 찍혔다.

그래서 화이트 팽에게는 신이 필요했으며 뷰티 스미스보다는 위든 스콧이 좋았기 때문에 결국 남았다. 충성의 증거로 주인의 재산을 지키기로 했다. 화이트 팽은 썰매개들이 잠들어 있는 동안 오두막 주변을 돌아다녔으며 이 때문에 처음 밤에 찾아오는 손님은 위든 스콧이 구하러 나올 때까지 몽둥이를 휘두르며 화이트 팽과 싸워야만 했다. 그러나 화이트 팽은 곧 도둑과 정직한 인간 사이에 차이점이 있다는 것을 배우게 되었다. 걸음걸이나 태도의 진짜 의미를 구별하는 법을 깨달은 것이다. 발소리가 크며 곧장 오두막 입구로 걸어오는 인간은 그냥 내버려 두었다. 그러나 문을 열고 주인이 맞이하러

나올 때까지는 경계를 늦추지 않았다. 또한 돌아서 다닌다거나 조심스레 엿보거나 몰래 숨어 들어갈 수 있는 곳을 찾으려 하는 인간은 즉시 화이트 팽의 판결을 받고는 품위고 뭐고 허둥대며 서둘러 도망가야 했다.

위든 스콧은 화이트 팽이 저지른 죄, 그렇다기보다는 오히려 인간이 화이트 팽에게 저지른 죄를 갚기 시작했다. 이는 도리와 양심의 문제였다. 화이트 팽을 학대한 것은 인간이 화이트 팽에게 진 빚이기 때문에 갚아야만 한다고 느꼈기 때문이다. 스콧의 방식이 아니기는 하나 이 '싸우는 늑대'에게만은 특별히 친절을 베풀었다. 날마다 화이트 팽을 쓰다듬어 주었다. 그것도 오랜 시간을 들여 말이다.

처음에는 의심과 적의를 가지고 있던 화이트 팽도 이내 위든 스콧이 쓰다듬는 것을 좋아하기 시작했다. 그러나 아무리 해도 사라지지 않는 것이 하나 있었다. 바로 으르렁거리는 것이다. 위든 스콧이 쓰다듬기 시작할 때부터 끝날 때까지 계속 으르렁거렸다. 그러나 그가 으르렁거리는 소리에 새로운 음색이 섞이기 시작했다. 다른 사람들은 이 음색을 알아들을 수 없었다. 그들에게 화이트 팽의 으르렁거림은 신경을 건드리고 피를 얼어붙게 만드는 원시 시대의 야성을 나타내는 것이었다. 그러나 화이트 팽의 목구멍은 새끼늑대 시절 동굴 안에서 처음으로 분노에 차 귀에 거슬리는 조그마한 소리를 내고 그 뒤 몇 년 동안 사나운 소리만을 내왔기 때문에 거칠어졌다. 그래서 지금 자신이 느끼고 있는 상냥함을 목구멍으로 나타내보려고 해도 부드러운 소리를 낼 수 없었다. 그래도 위든 스콧의 귀와 동정심은 거친 소리가 거의 사라진 새로운 음색을 민감하게 알아듣고 있었다. 그 음색은 거의 알아듣지도 못할 만큼 낮고 희미했지만 위든 스콧은 알아들을 수 있었다.

시간이 지나면서 '좋아해요'는 '사랑해요'로 빠르게 변해갔다. 화이트 팽 자신도 이에 대해 알아차렸다. 그렇다고 해서 사랑이 무엇인지 의식해서 알지는 않았다. 화이트 팽 마음 안에 빈자리가 나타났다. 마치 배가 고플 때처럼 괴롭고 무언가를 원했기 때문에 화이트 팽은 그것을 메우려고 애를 썼다. 빈자리가 나타나면 아프고 불안했다. 그것은 이번에 모시는 신이 만져줄 때만 누그러졌다. 그럴 때면 기쁘고 즐거웠다. 강렬하고 가슴이 설레는 듯한 만족을 느꼈다. 그러나 신에게서 떨어지면 아픔과 불안이 다시 돌아왔다. 텅 빈 듯한 느낌이 나타나 그 공허함에 짓눌렸으며 빈자리를 채우고자 하는 열망이 그를 끊임없이 갉아먹었던 것이다.
　화이트 팽은 자신을 찾아가는 과정에 있었다. 나이도 많이 먹은 데다 그의 모습도 난폭함이라는 틀로 만들어졌는데도 그의 본성은 아직도 변화를 겪고 있는 것이다. 화이트 팽 안에서 이상한 감정과 지금까지 느껴보지 못했던 충동이 싹트기 시작했다. 그가 따라왔던 낡은 관습은 변하고 있었다. 예전에는 편안함과 아픔이 없어지는 것을 좋아했으며 불쾌함과 아픔을 싫어했다. 그래서 그에 따라 자신이 어떻게 해야 할지 조절하고는 했다. 그러나 지금은 달랐다. 그 이유는 자신 안에 있는 새로운 감정이 신을 위해 때때로 불쾌함과 아픔을 감수하고자 했기 때문이다. 그래서 아침 일찍 먹이를 찾아 어슬렁거리며 돌아다니거나 안전한 구석에 엎드려 자는 대신에 을씨년스러운 오두막 계단에서 신의 얼굴이 보이기만을 몇 시간이고 기다렸다. 또한 밤이 되어 신이 돌아오면 주인의 인사말을 듣고 그에게 만져달라고 하기 위해 눈 속에 파놓은 아늑한 잠자리를 뒤로했다. 게다가 신과 함께 있으며 쓰다듬어 달라고 하거나 마을에 같이 데려가 달라고 하기 위해서 고기마저 버리는 날도 있었다.
　'사랑해요'가 '좋아해요'를 대신하려고 하는 것이다. 신의 애정은 어느 누구도 지금까지 한 번도 다다른 적이 없는 화이트 팽의 마음속 깊은 곳에 내려진 닻과도 같았다. 그러자 이에 반응해 화이트 팽의 마음속 깊은 곳에서 새로운 무언가, 즉 사랑이 나왔다. 화이트 팽은 주인이 자신에게 준 것을 그대로 되돌려준 것이다. 주인은 진정한 신이며 사랑의 신이자 따뜻해지도록 빛을 내려주는 신이다. 그 속에서 화이트 팽의 본성은 햇빛의 손길을 받은 꽃처럼 활짝 피어났다.
　그러나 화이트 팽은 감정을 내비치지 않았다. 나이를 너무 많이 먹었으며 틀도 매우 딱딱하게 굳어서 새로운 방법으로 자신의 감정을 잘 드러내 보일 수 없었다. 그는 너무나도 냉정하게 그리고 강하게 고독을 끝까지 지켜왔다. 또한 무척이나 기나긴 시간을 소리 없이, 관심도 없이 무뚝뚝하게 지내왔다. 지금까지 짖어본 적이 단 한 번도 없었다. 이제 와서 신이 다가올 때 짖으면서 환영할 수 있을 리 없었다. 그래서 자신의 애정을 표현하기 위해 한 번도 바보 같거나 엉뚱하게 군 적이 없었다. 신을 맞이하러 달려나가는 것조차 하지 않았다. 거리를 두고 기다렸다. 그러나 늘 서 있는 곳에서 언제까지나 기다렸다. 그의 애정은 숭배의 성질을 띠고 있었다. 벙어리처럼 소리 없이 가만히 숭배했다. 그저 신을 뚫어져라 보고만 있거나 신의 모든 움직임을 끊임없이 눈으로 좇으면서 자신의 애정을 나타냈다. 또한 가끔씩 신이 자신을 보고 말을 걸 때 자신의 감정을 드러낸 적도 있었으나 그 모습은 참으로 어색하기 짝이 없었다. 자신의 모습을 보이려는 애정과 애정을 드러내려 하지 않는 몸이 싸움을 벌였기 때문이다.

화이트 팽은 새로운 생활 방식에 자신만의 여러 방식을 맞추는 법을 배웠다. 주인을 모시는 다른 개들을 가만 내버려 두어야만 한다는 것을 가슴에 새겼다. 하지만 지배하고자 하는 본능이 여전히 자신의 주장을 펼치며 다른 개들을 때려눕히고 그들이 자신의 우월함과 지도력을 인정하게 만들었다. 모든 것이 끝나자 개들은 거의 다투지 않았다. 개들은 화이트 팽이 오고 가며 걸어다닐 때마다 길을 양보했으며 그가 자신의 뜻을 밀어붙이면 그에 따랐기 때문이다.

마찬가지로 화이트 팽은 매트를 주인의 소유물 가운데 하나로서 너그럽게 대하게 되었다. 주인이 직접 먹이를 주는 날은 매우 드물었다. 먹이는 매트가 주었다. 그것이 매트의 일이었기 때문이다. 그러나 화이트 팽은 자신이 먹고 있는 것이 주인이 주는 먹이이며 주인은 다른 사람을 시켜서 자신에게 먹이를 준다는 사실을 알고 있었다. 매트는 화이트 팽에게 굴레를 씌우고 다른 개들과 함께 썰매를 끌게 하려 했지만 실패하고 말았다. 위든 스콧이 굴레를 씌우고 일을 시킬 때까지 매트의 말을 듣지 않았기 때문이다. 화이트 팽은 그제야 매트가 주인을 따르는 다른 개들을 몰면서 일을 시키는 것과 마찬가지로 자신을 몰면서 일을 시키는 것이 주인의 뜻이라는 사실을 알았다.

클론다이크의 썰매는 매켄지의 터보건과는 달리 밑에 날이 달려 있었다. 게다가 개를 모는 법도 달랐다. 개를 부채꼴 대형으로 묶지 않았다. 세로줄 하나로 늘어놓고 두 개의 가죽끈으로 끌게 했다. 이곳 클론다이크에서 썰매를 끄는 개들의 우두머리는 진정한 우두머리 개였다. 가장 강하고 영리한 개가 썰매를 끄는 개들의 우두머리가 되는 것이다. 팀에 있는 개들은 우두머리 개에게 복종했으며 그를 두려워했다. 화이트 팽이 빠른 시간에 그 자리에 오르는 것은 마땅한 일이었다. 매트는 실컷 애를 먹고 골치 아픈 꼴을 겪고 나서야 깨달았지만 화이트 팽은 우두머리 개가 아니면 만족하지 않았다. 화이트 팽은 스스로 그 자리를 고른 것이다. 매트는 실제로 시험해 보고 나서야 화이트 팽의 판단이 옳았음을 힘주어 말했다. 그러나 화이트 팽은 낮 동안 썰매를 끌며 일했다고 해서, 밤에 주인의 재산을 지키는 일을 그만두지는 않았다. 여태까지와 마찬가지로 온종일 빈틈없고 충실하게 일했다. 그래서 가장 귀중한 개였다.

"솔직히 말하면 겨우 그 돈으로 이 개를 사들인 나리는 정말 현명해요. 뷰티 스미스의 면상에 한 대 날린 것도 모자라 완벽하게 빼앗았으니까요." 어느 날 매트가 말했다.

위든 스콧의 회색 눈동자에 그날의 분노가 다시 번뜩였다. "그 짐승만도 못한 놈!" 그는 거칠게 투덜댔다.

봄도 거의 끝 무렵에 들어서자 화이트 팽에게 매우 곤란한 일이 생겼다. 아무런 예고도 없이 사랑하는 주인이 사라졌기 때문이다. 물론 조짐은 있었지만 화이트 팽은 그런 것에 익숙하지 않았기 때문에 짐을 꾸린다는 것의 의미를 몰랐던 것이다. 주인이 없어지기 전에 짐을 싸고 있었다는 사실을 나중에 가서야 떠올렸다. 그러나 그때는 무엇 하나 수상하게 여기지 않았다. 그래서 그날 밤도 주인이 돌아오기만을 기다렸다. 한밤이 되자 몸을 에는 듯한 바람이 불어왔기 때문에 오두막 뒤로 가서 찬바람을 피했다. 그리고 그곳에서 반쯤 졸기는 했지만 그리운 발소리가 언제나 들릴까 귀를 기울이고 있었다. 그리고 새벽 2시가 되자 너무나 걱정이 든 나머지 밖에 있는 차디찬 계단으로 나가 그곳에서 웅크리고 기다렸다.

그러나 주인은 돌아오지 않았다. 아침이 되자 문이 열리고 매트가 밖으로 나왔다. 화이트 팽은 깊은 생각에 잠긴 듯 매트를 빤히 올려다보았다. 자신이 알고 싶은 것을 가르쳐달라고 할 만할 공통된 언어가 없었기 때문이다. 며칠 동안 날이 밝고 저물었지만 주인은 돌아오지 않았다. 화이트 팽은 여태까지 한 번도 병에 걸려본 적이 없었으나 결국 병에 걸리고야 말았다. 그것도 지독한 병이었다. 너무나 심했기 때문에 매트는 결국 화이트 팽을 오두막 안으로 데리고 들어와야만 했다. 또한 고용주에게 편지를 쓸 때 화이트 팽에 관한 이야기도 덧붙여 넣었다.

위든 스콧은 서클 시에서 이 편지를 읽자 다음과 같은 문장과 마주쳤다.

'그 늑대 놈은 일을 하지 않습니다. 먹이를 먹지도 않습니다. 완전히 기운을 잃었습니다. 다른 개들에게 늘 당하고만 삽니다. 나리에 대해서 알고 싶어 합니다만, 알려줄 방법을 모르겠습니다. 아마 죽을 테지요.'

매트가 쓴 그대로였다. 화이트 팽은 먹이도 먹지 않았으며 기운을 잃고 다른 개들에게도 당하고만 있었다. 오두막 안에 있는 난로 근처 바닥에서 잠든 채 먹이에게도, 매트에게도, 삶조차도 흥미를 느끼지 않았다. 매트는 상냥하게 말을 걸거나 소리를 쳐보기도 했지만 결과는 늘 같았다. 멍한 눈으로 바라보다가도 곧바로 얼굴을 또다시 앞발 위에 올려놓을 뿐이었다.

어느 날 밤, 매트는 중얼대면서 책을 읽고 있자 화이트 팽이 낮고 구슬픈 소리를 내기 시작했다. 화이트 팽은 일어서서 입구를 바라보며 귀를 세우고 열심히 무슨 소리인가를 듣고 있었다. 잠시 뒤 매트도 발소리를 들었다. 문이 열리고 위든 스콧이 들어왔다. 두 남자는 악수했다. 그리고 나서 스콧은 방 안을 둘러보았다.

"늑대는 어디 있나?" 그가 물었다.

그때 아까까지만 해도 난로 근처에서 엎드려 있었던 화이트 팽이 서 있는 것을 보았다. 화이트 팽은 다른 개들처럼 달려들지는 않았다. 선 채로 계속 바라보면서 기다렸다.

"우와, 미치겠네! 저거 보세요. 꼬리를 흔들고 있어요!" 매트가 소리쳤다.

위든 스콧은 화이트 팽을 부르면서 성큼성큼 걸어 들어와 방을 반이나 가로질렀다. 화이트 팽은 한달음에 달려들지는 않았지만 재빨리 다가왔다. 부끄러움을 느낀 것이다. 그러나 가까이 다가가는 화이트 팽의 눈은 이상한 감정을 띠고 있었다. 무언가 잘 전할 수 없는 커다란 감정이 눈에서 솟아오르면서 빛처럼 반짝이기 시작했다.

"나리가 집을 비우고 나서 이 녀석이 이런 눈초리로 저를 본 적은 한 번도 없었어요." 매트가 말했다.

위든 스콧은 듣지 않았다. 몸을 수그려 화이트 팽과 얼굴을 맞대고 그를 쓰다듬었다. 귀가 붙어 있는 부분을 간질이거나 목에서 어깨에 걸쳐 쓰다듬거나 손끝으로 부드럽게 등을 두들겼다. 화이트 팽은 그에 답해 으르렁거렸지만 그 속에는 낮고 부드러운 음색이 여느 때보다 뚜렷했다.

그뿐만이 아니었다. 그의 몸속으로 파도처럼 밀려오는 크나큰 애정을 나타내려고 몸부림쳤지만 드디어 그것을 나타내는 새로운 방법을 찾아냈다. 화이트 팽은 얼마나 기뻤을까. 갑자기 머리를 앞으로 내밀더니 주인의 몸과 팔 사이로 파고 들어왔다. 주인의 몸에 머리가 가려져 보이는 것이라고는 귀밖에 없었다. 이제는 으르렁거리지도 않았다. 그저 주인에게 바짝 다가가서 머리를 밀어 넣고 있을 뿐이었다.

두 사람은 얼굴을 마주 보았다. 스콧의 눈은 빛났다.

"맙소사!" 매트의 목소리에는 경외심이 담겨져 있었다.

잠시 뒤 매트가 정신을 차리고 말했다. "제가 늘 이 늑대는 개라고 말씀드리지 않았습니까, 이거 보세요!"

사랑하는 주인이 돌아오자 화이트 팽의 병은 순식간에 나았다. 화이트 팽은 꼬박 이틀을 오두막 안에서 지내다가 힘차게 밖으로 달려나갔다. 썰매개들은 화이트 팽이 용맹하다는 사실을 잊고 있었다. 병으로 허약해졌던 마지막 모습만 기억했다. 그래서 화이트 팽이 오두막에서 나오는 것을 보더니 곧바로 달려들었다.

"한바탕 날뛰고 와." 입구에 서서 바라보던 매트가 즐겁다는 듯이 말했다. "뜨거운 맛을 보여줘, 늑대야! 뜨거운 맛을 보여주라고! 한 번 크게!"

매트가 북돋아 줄 필요는 없었다. 사랑하는 주인이 돌아온 것만으로도 충분했다. 누구에게도 꺾이지 않는 훌륭한 생명이 몸속에서 또다시 흘러넘쳤다. 그는 싸우는 것을 즐겼다. 말로는 나타낼 수 없었던 자신의 여러 가지 감정을 싸우면서 드러냈다. 그래서 이 싸움의 결과는 오직 하나밖에 없었다. 화이트 팽은 개들을 무찔렀고 개들은 이에 치욕스러움을 느끼며 여기저기로 흩어졌다. 그러나 어두워지자 한 마리 또 한 마리 슬그머니 돌아와서는 얌전히 자신을 낮추고 화이트 팽에게 충성의 뜻을 나타냈다.

주인에게 몸을 바짝 갖다 붙이는 법을 터득하자 화이트 팽은 때때로 그렇게 하고는 했다. 그것은 마지막 표현이었다. 이보다 더 한 일은 할 수 없었다. 화이트 팽이 지금까지 가장 주의를 기울였던 것은 머리였다. 언제나 누군가 머리를 만지는 게 싫었다. 몸속에 있는 야성과 상처와 덫에 대한 두려움이 살과 살이 맞닿는 것을 피하고자 공황 상태에 빠질 만큼의 충동을 일으키기 때문이다. 본능은 머리를 자유롭게 움직일 수 있게 해야 한다는 명령을 내렸다. 그러나 사랑하는 주인에게 몸을 가까이 대는 것은 자신을 절망적이고 무력하게 만드는 행위이기도 했다. 이는 주인에게 자신을 절대 맡기며 무조건 복종하겠다는 표현이다. '당신에게 몸을 맡깁니다. 마음대로 하세요' 말하는 것이나 다름없었다.

스콧이 돌아오고 나서 얼마 지나지 않은 어느 날 밤, 스콧과 매트는 자기 전에 크리비지(카드 게임의 일종)를 하고 있었다. "15의 2, 15의 4, 합해서 6." 매트가 점수를 계산하고 있을 때 밖에서 누군가가 비명을 지르는 소리와 으르렁거리는 소리가 들렸다. 두 사람은 얼굴을 마주 보면서 얼른 일어섰다.

"늑대 녀석, 누군가를 잡은 모양입니다요." 매트가 말했다.

두려움과 괴로움에 찬 거친 고함 소리가 들렸다. 두 사람은 서둘렀다.

"불을 갖고 와!" 스콧은 밖으로 뛰쳐나가며 소리쳤다.

매트가 램프를 들고 뒤를 쫓았다. 한 남자가 눈 위에 나자빠져 있는 모습이 램프 빛으로 보였다. 두 팔을 얼굴과 목에 두르고 있었다. 화이트 팽의 이빨을 막으려고 한 것이다. 사실 그 수밖에 없었다. 화이트 팽은 화내면서 사납게 그의 급소를 덮쳤다. 어깨에서 손목에 걸쳐 외투 소매와 푸른 플란넬 셔츠, 심지어 속옷마저 누더기처럼 찢어져 버렸다. 게다가 화이트 팽이 팔을 심하게 물어뜯었는지 피가 흘러내렸다. 둘이 처음으로 남자를 보았을 때의 상태가 이러했다. 그 뒤 위든 스콧은 화이트 팽의 목을 잡아끌어 그 남자와 떼놓았다. 화이트 팽은 발버둥 치며 으르렁거렸지만 더 이상 물고 늘어지려 하지는 않았다. 주인이 호되게 나무라자 바로 조용해졌다.

매트는 그를 도와서 일으켰다. 남자는 일어나면서 얼굴에 두르고 있던 팔을 내렸다. 그러자 뷰티 스미스의 짐승과도 같은 얼굴이 드러났다. 매트는 타오르는 불을 잡은 사람처럼 허둥지둥 상대를 놓았다. 뷰티 스미스는 램프 빛에 눈을 깜박이며 주변을 둘러보았다. 그리고 화이트 팽을 보자 두려움의 빛이 얼굴에 떠올랐다.

그 순간 매트는 눈 위에 떨어진 두 개의 물건을 발견했다. 그래서 그것에 램프를 가까이 대고 고용주에게 발끝으로 가리켰다. 바로 강철로 만들어진 쇠사슬과 튼튼한 몽둥이였다.

위든 스콧은 그것을 보고 고개를 끄덕였다. 한마디도 하지 않았다. 썰매꾼은 뷰티 스미스의 어깨에 손을 걸치고 앞으로 돌려세웠다. 어떠한 말도 필요 없었다. 뷰티 스미스는 걸어 나갔다.

한편 사랑하는 주인은 화이트 팽을 쓰다듬으면서 말을 걸었다.

"너를 훔치려고 한 거니, 응? 그래서 너는 그렇게 하도록 내버려두지 않으려 한 거구나! 그럼그럼, 저 녀석은 착각한 거야, 그렇지?"

"저 자식은 17명의 악마를 거느리고 있다고 착각한 게 분명해요." 썰매꾼은 숨죽여 웃었다.

화이트 팽은 아직 흥분해서 털을 곤두세우고 계속 으르렁거렸지만 털은 점차 수그러들었다. 그리고 희미했던 낮고 부드러운 음색은 목구멍 속에서 점차 높아졌다.

제5부

1
기나긴 여행

 낌새가 이상했다. 확실한 증거는 없었지만 재난이 닥쳐오고 있음을 느꼈다. 어렴풋하기는 하나 무언가가 변하려 하고 있었다. 화이트 팽은 신들에게서 어째서 그런 것인지는 몰랐지만 무슨 일이 다가오고 있다는 느낌을 받았다. 신들은 본인들의 의지와는 달리 오두막 계단에 달라붙어 있는 늑대개에게 자신들도 알아채지 못할 만큼 미묘하게 그들의 의도를 흘리고 있었기 때문이다. 늑대개는 오두막으로 올라가는 계단에 웅크리고 있었을 뿐, 결코 오두막 안에 들어가지 않았지만 신들의 머릿속에서 일어나는 일들을 알고 있었다.
 "저 걸 들어보세요, 얼른요!" 어느 날 밤, 저녁을 먹고 있을 때 썰매꾼이 외쳤다.
 위든 스콧은 귀를 기울였다. 그 순간 숨죽여 우는 것처럼 낮고 걱정스러운 듯한 콧소리가 문 너머에서 들렸다. 그리고 코를 훌쩍이는 듯한 기나긴 콧소리로 바뀌었다. 자신의 신이 아직 안에 있으며 아무 말도 없이 혼자서 여행을 떠나지 않았다는 사실에 안심하는 것이다.
 "늑대 녀석, 나리에 대해서 눈치챈 게 분명해요." 썰매꾼이 말했다.
 위든 스콧은 거의 애원하는 듯한 눈으로 상대를 바라보았지만 그와는 정반대로 말했다.
 "늑대를 캘리포니아에 데려가서 나보고 뭘 어찌하라는 건가?" 스콧은 되물었다.
 "그건 제가 할 말입니다." 매트는 대답했다. "늑대를 캘리포니아로 데려가서 뭘 어찌하실 생각이십니까?"

그러나 위든 스콧은 그 말을 이해할 수 없었다. 대답이 조금 애매모호하지 않나 생각했기 때문이다.

"저 녀석에게 걸리면 백인의 개 따위는 눈뜨고 볼 수도 없을 만큼 끔찍한 꼴을 당하겠지." 스콧이 말을 이었다. "다른 개를 보는 족족 죽일 거야. 손해배상으로 내가 파산하지 않아도 당국에서 저 녀석을 끌고 가서 전기 사형을 시킬 테지."

"저 녀석은 개백정이니까요." 매트가 말했다.

위든 스콧은 꺼림칙하다는 듯 상대를 보았다.

"그것만은 안 되지." 스콧은 딱 잘라 말했다.

"그것만은 안 되죠." 매트도 맞장구쳤다. "그렇다면 저 녀석을 돌볼 사람을 따로 고용하는 게 어떻습니까?"

스콧의 불만이 누그러졌다. 그리고 선선히 받아들였다. 그 뒤 침묵이 찾아오자 문 쪽에서 반쯤 흐느껴 우는 듯한 낮고 처량한 소리가 들렸다. 그리고 물어보고 싶다는 듯이 길게 코를 킁킁거리는 소리로 바뀌었다.

"저 녀석은 분명 나리를 무척이나 걱정하고 있습니다요." 매트가 말했다.

스콧은 갑자기 발끈해서 매트를 바라보며 눈을 번뜩였다. "이봐, 조용히 좀 해! 난 내 진심은 물론, 어떻게 하면 가장 좋을지에 대해서도 잘 알고 있으니까!"

"물론 그러시겠죠. 하지만……."

"하지만, 뭐?" 스콧이 물어뜯을 것 같은 기세로 다그쳤다.

"하지만……." 썰매꾼은 침착하게 말을 꺼냈지만 그의 의도와는 달리 금세 마음이 바뀌어 화가 치밀어 올랐다.

"왜 이러세요, 이런 일로 울컥할 필요는 없잖아요. 나리의 태도를 보면 누구나 나리가 아직도 망설이고 있다 생각할걸요."

위든 스콧은 잠깐 곰곰이 생각에 잠겼다가 좀 더 나직한 목소리로 말했다.

"자네 말이 맞아, 매트. 나도 내 마음을 잘 모르겠어. 그 점이 문제란 말이야."

그리고 잠깐 입을 다물었다가 다시 말을 꺼냈다. "이봐, 잠깐만. 내가 저 녀석을 데려가는 것은 정말 바보 같은 일이겠지."

"그렇죠." 매트는 대답했다. 고용주는 분명 불만을 느낀 듯했다.

썰매꾼은 아무렇지 않게 말을 이었다.

"그런데 나리께서 떠나시라는 것을 저 녀석이 어떻게 알았는지 모르겠네요."

"나도 잘 모르겠어, 매트." 스콧은 서글프게 고개를 저으며 말했다.

그로부터 얼마 지나지 않은 어느 날, 화이트 팽은 열려 있는 문틈으로 사랑하는 주인이 바닥에 놓은 운명의 여행 가방에 여러 물건을 가득 채워 넣고 있는 것을 보았다. 게다가 아직 사람들이 들락날락하고 있기 때문에 그때까지만 해도 평온했던 오두막의 분위기는 이상한 동요와 불안으로 어지러워졌다. 그야말로 분명한 증거였다. 화이트 팽은 진작에 눈치채고 있었다. 그리고 지금 그것을 확실하게 깨달았다. 자신이 모시고 있는 신은 새로이 여행을 떠날 준비를 하고 있는 것이다. 지난번에도 데려가 주지 않았으니 이번에도 분명 남겨질 게 뻔했다.

그날 밤 화이트 팽은 목소리를 끌어올려 길게 울부짖었다. 새끼늑대 시절에 황야에서 도망쳐 마을로 돌아오니 그레이 비버의 텐트가 있었다는 증거로 산더미 같은 잡동사니가 남아 있는 것 말고는 마을이 흔적도 남기지 않고 사라져 버렸을 때 울부짖었던 것처럼 이번에도 주둥이를 차디찬 별로 추켜올리며 자신의 불행을 호소했다.

오두막 안에서는 두 남자가 잠자리에 막 들었을 뿐이었다.

"저 녀석 또 먹이를 안 먹을 겁니다." 매트가 침대 안에서 말했다.

침대 속에서 투덜거리는 위든 스콧의 목소리와 함께 이불이 들썩였다.

"지난번에 나리께서 나가셨을 때 그리도 침울해했으니 이번에 저 녀석이 죽는다 해도 전 놀라지 않을 겁니다."

건너편 침대에서 조바심 난다는 듯 이불이 들썩였다.

"입 좀 다물게!" 스콧의 외침이 어둠을 꿰뚫었다. "자네의 푸념은 여자보다 심하네그려."

"그럴지도 모르죠." 썰매꾼이 말했다. 위든 스콧은 썰매꾼이 숨죽여 웃었는지 어쨌는지 확실히 알 수 없었다.

다음 날이 되자 화이트 팽의 얼굴에 걱정과 불안의 기색이 더욱 뚜렷해졌다. 주인이 오두막을 나설 때면 반드시 뒤를 쫓았으며 오두막 안으로 들어갈 때도 계단에서 떨어지지 않다. 문을 통해 때때로 바닥에 있는 짐들을 힐끔

힐끔 쳐다보았다. 여행 가방이 커다란 범포 가방 두 개와 상자 하나와 같이 놓여 있었다. 매트가 주인의 이불과 여행용 모피 무릎덮개를 작은 방수 천에 감쌌다. 화이트 팽은 그 작업을 지켜보면서 처량하게 코를 킁킁거렸다.

잠시 뒤 인디언 두 명이 찾아왔다. 화이트 팽은 침구와 여행 가방을 지고 있는 매트가 어깨에 짐을 멘 인디언 두 명을 이끌고 언덕을 내려가는 것을 보았다. 그러나 화이트 팽은 그들을 쫓아가지 않았다. 주인이 아직 오두막 안에 있었기 때문이다. 잠시 뒤 매트가 돌아왔다. 주인이 입구로 오더니 화이트 팽을 오두막 안으로 불러들였다.

"불쌍한 녀석." 스콧은 상냥하게 말하며 화이트 팽의 귀를 간질이고는 등짝을 살며시 두들겼다. "나는 기나긴 여행을 떠날 거란다. 네가 따라올 수도 없는 저 멀리로 말이야. 자, 마지막으로 안녕이라고 한 번 짖어주렴."

그러나 화이트 팽은 짖지 않았다. 그 대신 간절한 마음에 무언가를 살피는 듯한 눈으로 올려다본 다음 몸을 가까이 갖다 대고 주인의 몸과 팔 사이에 머리를 보이지 않을 만큼 깊이 밀어 넣었다.

"기적이 울리고 있습니다요." 매트가 소리 질렀다. 유콘 강에서 증기선의 잠긴 듯한 기적 소리가 들렸다. "자, 얼른 끝내세요. 현관문은 반드시 잠그시고요. 저는 뒷문으로 나갈 테니까요. 자, 나가세요!"

두 개의 문이 한꺼번에 닫혔다. 위든 스콧은 매트가 돌아서 앞으로 오는 것을 기다렸다. 안에서 흐느껴 우는 듯한 애처로운 콧소리가 들렸다. 그 뒤 길고 깊게 숨을 들이쉬는 듯한 콧소리로 바뀌었다.

"잘 보살펴주게나, 매트." 언덕을 내려가면서 스콧은 말했다. "저 녀석이 어떻게 지내는지도 알려주고."

"알겠습니다." 썰매꾼이 대답했다. "저것 좀 들어보세요!"

두 사람은 멈춰 섰다. 화이트 팽은 주인이 죽었을 때의 개처럼 울부짖고 있었다. 비통함이 느껴지는 울음소리로 그의 외침은 가슴이 찢어지기라도 할 것처럼 솟구치더니 점차 가라앉으며 슬픔에 떨리는 소리로 바뀌었다. 그러나 또다시 비통한 음색으로 변해 마치 폭발할 것만 같은 기세로 솟구쳤다.

'오로라 호'는 이번 해를 맞아 처음 바깥으로 나가는 증기선이다. 갑판에는 졸부가 된 모험가들이나 금광을 찾는데 실패한 탐색가들이 콩나물시루처럼 꽉 들어차 있었다. 그들은 하나같이 처음에는 내륙으로 들어가고 싶어 하던 때처럼 이번에는 육지 바깥으로 나가고 싶은 마음에 들떠 있었다. 스콧은 발판 가까이에서 뭍으로 돌아가려고 하는 매트와 악수했다. 그러나 스콧의 손을 쥔 매트의 손에서 점점 힘이 빠져나갔다. 그는 스콧의 뒤에 눈길을 준 채 무언가를 뚫어져라 쳐다보았다. 스콧은 뒤를 돌아보았다. 몇 피트 떨어진 곳에 화이트 팽이 앉아서 걱정스러운 듯 지켜보고 있었다.

썰매꾼은 경이로움에 낮은 소리로 욕설을 내뱉었다. 스콧은 그저 놀랍다는 듯 바라보고 있을 뿐이었다.

"현관문은 잠그셨습니까?" 매트는 캐물었다.

스콧은 고개를 끄덕이며 물었다. "뒷문은 어쨌나?"

"틀림없이 잠갔습니다만." 매트는 힘주어 말했다.

화이트 팽은 상대의 비위를 맞추려고 하는 것처럼 귀를 바짝 눕혔다. 그러나 계속 앉은 채 가까이 오려고 하지 않았다.

"제가 데리고 가겠습니다."

매트가 두 발짝 화이트 팽에게 다가갔다. 그러나 화이트 팽은 슬그머니 도망쳤다. 썰매꾼이 그를 쫓아갔다. 화이트 팽은 인간들의 다리 사이로 빠져나갔다. 수그리거나 돌고 몸을 구부리면서 미끄러지듯 갑판에서 달리며 자신을 잡으려고 애를 쓰는 상대를 교묘하게 피했다.

그러나 사랑하는 주인이 말을 꺼내자 화이트 팽은 금방 얌전히 다가왔다.

"몇 개월이나 먹이를 준 제 손에는 가까이 오려고 하지를 않네요." 썰매꾼은 분노를 참지 못하고 투덜댔다. "나리께서 먹이를 준 적은 이 녀석이 오고 나서 며칠밖에 안 되지 않습니까. 이 녀석이 나리께서 주인이라는 것을 어떻게 아는지를 모르겠습니다요."

스콧은 화이트 팽을 쓰다듬고 있다가 갑자기 화이트 팽 가까이에 몸을 구부리고 난 지 얼마 되지 않은 콧등의 베인 상처와 눈 사이에 난 깊은 상처를 가리켰다.

매트도 수그리고 화이트 팽의 배를 쓰다듬었다.

"창문을 완전히 잊고 있었네요. 배 밑이 온통 베인 자국투성이에요. 분명히 창문을 뚫고 나왔을 겁니다. 빌어먹을 놈 같으니라고!"

그러나 위든 스콧은 매트의 말을 듣고 있지 않았다. 순식간에 모든 생각을 마쳤다. '오로라 호'의 기적이 울리며 출발한다는 마지막 신호를 보냈다. 사

하얀 엄니 269

람들은 황급히 발판을 건너 물가에 내렸다. 매트는 자신의 목에 두른 손수건을 풀어 화이트 팽의 목에 감기 시작했다.

"잘 있게 매트. 이 늑대에 대해서 자네가 편지를 쓸 필요가 없을 것 같아. 난……."

"뭐라고요!" 매트는 깜짝 놀라 외쳤다. "설마, 나리……."

"자네가 생각한 대로일세. 이봐, 자네 손수건이야. 이 녀석에 대해서는 내가 편지로 알릴게."

매트는 발판 중간에 멈춰 서서 소리쳤다.

"그 녀석은 저쪽 날씨를 견딜 수 없을 겁니다. 더워지면 털을 깎아주세요!"

발판이 올라갔다. '오로라 호'는 흔들흔들 움직이며 물가를 떠났다. 위든 스콧은 손을 흔들며 작별 인사를 했다. 그리고 다시 옆에 서 있는 화이트 팽 옆에 수그렸다.

"자, 짖어봐. 이봐, 짖으라니까." 그가 말했다. 그러자 바로 응답하는 화이트 팽의 머리를 가볍게 두들기며 바짝 눕힌 귀를 쓰다듬었다.

2
남쪽 나라

샌프란시스코에 도착한 화이트 팽은 증기선에서 뭍으로 올라갔다. 간담이 서늘해졌다. 화이트 팽은 마음속 깊은 곳에서 추리하는 과정이나 의식의 움직임이 미치지 않는 힘과 신성함을 연결시켜 생각하고는 했었다. 그러나 샌프란시스코의 진흙투성이 도로를 걷는 지금만큼 백인이 대단한 신으로 보인 적은 한 번도 없었다. 여태까지 봐왔던 통나무 오두막 대신 빌딩이 솟아나 있었다. 길거리는 위험한 물건들로 가득했다. 사륜마차, 이륜마차, 자동차 그리고 커다란 짐차를 열심히 끌고 있는 말, 그리고 거리 한복판에서 쇳소리를 질러대는 커다란 케이블카나 전차가 북쪽 나라의 숲에서 만난 스라소니처럼 위협이라도 하듯 거칠게 외쳤다.

이런 것들은 모두 힘의 상징이었다. 그 뒤에는 인간이 있으며 그들은 이런 것들을 운영하며 제어했다. 그리고 옛날에 화이트 팽이 그랬듯이 인간들도 사물을 지배함으로서 자기를 나타내고 있는 것이다. 이곳에 있는 것들은 거대하고 멋졌다. 화이트 팽은 놀라움과 존경심을 느꼈다. 공포가 덮쳐왔다. 새끼늑대 시절에 처음으로 황야에서 그레이 비버의 마을로 왔을 때 자신을 작고 시시한 존재라고 느꼈던 것과 마찬가지로 다 자라서 자부심을 느낄 만큼의 힘을 가지고 있는 지금 또한 자신이 너무나 작고 보잘것없다고 느끼게 되었다. 게다가 신들도 잔뜩 있었다. 신들이 떼지어 몰려 있었기 때문에 눈앞이 캄캄해졌다. 우레와도 같은 거리의 소리에 고막이 세차게 찢어질 것 같았다. 여러 사물들이 끊임없이 거세게 몰려들어와 그를 당황스럽게 만들었다. 지금만큼 사랑하는 주인을 의지했던 적은 여태까지 단 한 번도 없었다. 주인의 뒤를 바짝 쫓으면서 무슨 일이 있어도 주인을 놓치지 않으려 애를 썼다.

그러나 화이트 팽에게 가위라도 눌릴 것만 같은 도시의 환영보다 더 무서운 것은 없었다. 이날의 경험은 마치 악몽처럼 비현실적이고 끔찍했으며 지금보다 훨씬 시간이 흐른 뒤에도 꿈속까지 따라와 떠나지를 않았다. 주인은 화이트 팽을 짐차 안에 넣고 짐이나 여행 가방이 산처럼 쌓여 있는 구석에 사슬로 묶었다. 그곳은 땅딸막하고 다부진 몸집을 한 신이 지배하고 있었다. 그리고 시끄러운 소리와 함께 짐이나 상자를 던지고 안으로 끌고 들어오면서 차곡차곡 쌓여 있는 짐 위로 올리거나 밖에서 기다리는 신들에게 부서트리기라도 할 것 같은 기세로 거세게 내던지기도 했다.

주인은 화이트 팽을 짐들로 가득 찬 지옥 속에 버렸다. 적어도 화이트 팽은 버렸다고 생각했다. 그러나 그의 옆에 범포로 된 주인의 옷가방이 있다는 것을 냄새로 알았기 때문에 주인의 짐을 지키기 시작했다.

"슬슬 오실 때라고 생각했어요." 한 시간 뒤 위든 스콧이 입구에 나타나자 화물차의 신이 신음하는 듯한 목소리로 말했다. "저 개는 스콧 씨 짐에 손가락 하나 대지 못하게 하더군요."

화이트 팽은 차에서 나왔다. 그리고 너무 놀랐다. 악몽의 도시가 사라졌기 때문이다. 화이트 팽이 화물차 안에 들어갔을 때는 온 주변에 도시가 보였기 때문에 그는 이 화물차를 집에 있는 방이라 생각했다. 그런데 그 방 안에 들어가 있는 사이에 도시가 없어진 것이다. 도시의 소음은 이제 귀에 울려 퍼지지 않았다. 눈앞에는 햇빛이 흐르고 있으며 고요하고 느긋한 시골이 미소 짓고 있었다. 그러나 화이트 팽이 이 변화에 놀란 것은 잠시뿐이었다. 지금까지 신들이 해왔던 말로는 설명할 수 없는 모든 일이나 힘의 표현을 받아들인 것처럼 이번 일도 받아들였다. 그것이 신들의 방식이니 말이다.

마차 한 대가 기다렸다. 한 남자와 한 여자가 주인에게 가까이 다가왔다. 여자가 두 팔을 내밀더니 주인의 목에 둘렀다. 이는 적대행위다! 그 순간 위든 스콧은 자신의 목에 둘려져 있던 팔을 풀고 떨어져 화이트 팽에게 다가갔다. 분노의 악마로 변해 짖고 있었기 때문이다.

"괜찮아요, 어머니." 스콧이 화이트 팽을 꽉 붙잡고 타이르면서 말했다. "이 녀석은 어머니가 저를 다치게 하지 않을까 생각해서 가만히 있을 수 없었던 거예요. 이제 괜찮아요. 얼른 배울 테니까."

"그럼 그때까지는 그 개가 주변에 없을 때만 내 자식을 귀여워해야 한다는 거구나." 그녀는 그렇게 말하면서 웃었지만 너무나도 놀란 나머지 얼굴이 새파랗게 질려 있었으며 어딘가 힘이 없었다.

"이 녀석은 금방 배울 거예요. 여기서 바로 가르쳐줘야겠어요." 스콧이 말했다.

그는 온화하게 말하면서 화이트 팽을 진정시키고 나자 이번에는 엄한 목소리로 말했다.

"앉아, 화이트 팽! 앉아!"

그것은 주인이 가르쳐준 말 가운데 하나였기 때문에 화이트 팽은 못마땅하다는 듯한 얼굴로 마지못해 앉았다.

"자, 어머니."

스콧은 어머니를 보며 두 팔을 벌렸다. 그러나 화이트 팽에게서 시선을 떼지 않았다.

"앉아!" 그는 경고했다. "앉아 있어!"

화이트 팽은 반쯤 웅크리고 있다가 조용히 털을 곤두세우며 일어서려고 했지만 주인의 목소리를 듣자 또다시 앉아 적대행위가 반복되는 것을 지켜보았다. 그러나 뒤를 이어 처음 보는 남자 신이 주인을 안아도 나쁜 일은 찾아오지 않았다. 그 뒤 옷가방을 마차 안으로 들이자 한 번도 본 적이 없는 신들과 사랑하는 주인이 올라탔다. 화이트 팽은 마차를 따라 달리면서 자신의 뒤에도 경계를 늦추지 않고 달리는 말에게 '네 녀석들이 빨리 달리는 동안 신들에게 나쁜 일이 일어나지 않도록 내가 지켜보고 있다'는 듯이 털을 곤두세우며 경고를 보내기도 했다.

15분 뒤 마차는 돌문을 지나, 가지를 아치처럼 얽어놓은 호두나무 사이에 있는 길로 들어섰다. 호두나무 양쪽에 있는 잔디밭은 아름드리 가지를 뻗친 우람찬 떡갈나무까지 광활하고 길게 펼쳐져 있었다. 햇볕에 타 황금색으로 변한 마른 풀밭과 싱싱한 초록빛을 띤 잔디밭이 서로를 돋보이게 하고 있었다. 건너편에는 황갈색을 띤 언덕과 높은 곳에 자리 잡은 목초지가 있었다. 또한 골짜기에 보이는 벌판 맨 앞에는 낮게 불거져 나온 언덕이 있으며 언덕 위 잔디밭에서는 베란다가 깊숙이 들어가 있고 창문이 많은 집이 이러한 풍경을 내려다보았다.

그러나 화이트 팽은 이를 모두 둘러볼 기회를 조금밖에 얻지 못했다. 마차가 저택 안으로 거의 들어서자 뾰족한 주둥이의 양치기 개가 정의에 불타 분노로 눈을 번뜩이며 덤벼들었기 때문이다. 양치기 개는 화이트 팽과 주인 사이를 가로막고 섰다. 화이트 팽은 으르렁거리는 것으로 경고하지도 않고 그저 털을 곤두세운 채 소리 없이 덤벼들려 했다. 그러나 이 공격은 하지 못했다. 꼴사납게 갑자기 다리에 힘을 주면서 여전히 달려들려고 하는 몸을 세우기 위해 거의 엉덩방아를 찧듯이 주저앉았다. 공격하려 하긴 했지만 무슨 수를 써서라도 부딪치는 것만은 피해야 했다. 상대는 암컷이기 때문이다. 동족의 법칙이 그들 사이를 벽처럼 가로막았던 것이다. 그녀를 공격하기 위해서는 본능을 거슬러야만 했다.

그러나 양치기 개는 그렇지 않았다. 암컷이기 때문에 그런 본능을 지니고 있지도 않았다. 오히려 양치기 개이기 때문에 황야나 특히 늑대에 대한 본능적인 공포에 이상하리만치 사로잡혀 있었다. 이 개의 관점에서 보면 화이트 팽은 늑대이다. 이제는 너무나도 흐릿해진 먼 옛날 인간들이 처음으로 양을 길들이고 나서 자신의 선조들이 양 떼를 지키기 시작한 때부터 늑대들은 그들이 지키는 양을 잡아먹기 위해 대대로 약탈해 왔던 것이다. 그래서 화이트 팽이 달려드는 것을 포기하고 충돌을 피하기 위해 버티고 있는데도 아랑곳하지 않고 덤벼들었다. 화이트 팽은 어깨에 파고드는 상대의 이빨을 느끼고는 저도 모르게 으르렁거렸지만 그녀에게 상처를 주려고 하지는 않았다. 멋쩍은 듯이 다리에 힘을 주고 뒤로 물러나 상대를 피해 가려고 했다. 그리고 요리조리 피하거나 몸을 굽혀 돌았지만 모두 헛수고로 끝났다. 그녀는 그때마다 화이트 팽이 가고자 하는 길 앞만을 가로막고 섰다.
"이리 온, 콜리!" 마차 안에서 처음 보는 남자가 큰 소리로 외쳤다.
위든 스콧이 웃었다.
"상관없어요, 아버지. 좋은 훈련이 되겠는데요. 화이트 팽은 많은 것을 배워야 되거든요. 지금 당장 시작하는 게 좋겠네요. 저 녀석은 괜찮아요. 곧 익숙해질 테니까요."

마차가 계속 달렸는데도 콜리는 여전히 화이트 팽이 가야할 길을 가로막았다. 화이트 팽은 마차가 다니는 길에서 벗어나 잔디밭을 가로질러 원을 그리며 그녀를 앞지르려고 했다. 그러나 콜리는 두 줄로 된 이빨을 번뜩이며 안쪽으로 들어와 작은 원을 그리면서 화이트 팽의 앞을 가로막았다. 그래서 이번에는 거꾸로 돌아 마찻길을 가로질러 다른 잔디밭으로 나왔지만 역시 콜리가 가로막았다.

마차가 주인을 데려가고 있었다. 나무들 사이로 사라지는 마차를 흘낏 보았다. 절박한 상황이었다. 화이트 팽은 다시 한 번 돌아서 가보려 했다. 그러자 콜리도 빠르게 달려 뒤를 쫓아왔.

화이트 팽은 갑자기 몸을 돌려 그녀를 보았다. 그것은 본디 싸우는 방식이었다. 화이트 팽은 어깨로 콜리의 어깨를 제대로 쳤다. 콜리는 넘어진 것도 모자라 너무나도 빨리 달려온 나머지 옆으로 나동그라졌다. 그리고 제자리에 멈춰 서기 위해 몸부림을 치며 자갈에 발톱을 박아 넣었다. 또한 상처받은 자존심에 분노하며 귀가 째질 듯 소리를 질러댔다.

화이트 팽도 우물쭈물하고 있지만은 않았다. 방해꾼이 사라진 것이다. 자신이 바란 대로였다. 콜리는 멈추지 않고 더욱더 소리를 지르면서 바짝 뒤따라 왔다. 이제 길은 앞으로 쭉 뻗어 있었다. 막상 달리게 되자 화이트 팽은 자신의 달리기 비법을 전수해도 되겠다 싶을 만큼 빨랐다. 콜리는 지나칠 만큼 흥분하며 미친 듯이 달려왔다. 한 발 한 발에 온 힘을 다하는 그 모습만 봐도 그녀가 지금 이상하리만치 몸을 혹사시키고 있음을 알 수 있었다. 그러나 화이트 팽은 미끄러지듯 조용하게 콜리와 계속 간격을 넓혔으며 유령처럼 힘들이지 않고 매끄럽게 땅을 박차며 나아갔다.

집 주위를 한 바퀴 돌아 차고 쪽으로 가자 마차와 마주쳤다. 멈춰 있는 마차에서 주인이 내리려고 할 때였다. 화이트 팽은 아직 온 힘을 다해 달리고 있었지만 갑자기 누군가가 옆구리 쪽으로 공격해 오려 한다는 것을 알아챘다. 사슴 사냥개인 디어하운드가 달려든 것이다. 화이트 팽은 자신을 공격하려는 적과 마주 보려 했다. 그러나 화이트 팽은 너무나도 빠르게 달렸고 사냥개는 무척이나 가까이 다가와 있었다. 그는 화이트 팽의 옆구리로 달려들어 부딪혔다. 힘을 주체 못하고 계속 달렸는데 거기에 생각지도 못한 일이 벌어졌기 때문에 화이트 팽은 땅바닥에 내동댕이쳐져 거침없이 나뒹굴었다. 일어섰을 때의 그 모습은 악귀 자체였다. 화이트 팽은 일어서서 귀를 빳빳이 눕히고, 주둥이를 비틀며 코에 주름을 넣고는 엄니로 사냥개의 부드러운 목덜미를 제대로 물어뜯지 못해 그저 맞물고 있었다.

 주인이 달려오고 있었지만 너무 멀었다. 사냥개의 목숨을 구한 것은 콜리였다. 화이트 팽이 달려들어 마지막으로 공격하기 전, 마치 당장에라도 덤벼들 것처럼 뛰어오른 바로 그 순간에 콜리가 도착했다. 콜리는 꼴사납게 자갈 속에서 구른 것은 둘째 치더라도 화이트 팽이 자신의 허를 찌르고 앞서 나갔다는 이유로 마치 거대한 회오리바람이 덮치는 것 같은 기세로 나타났다. 상처받은 자존심과 불타오르는 정의, 황야에서 온 도둑에 대한 본능적인 증오로 생긴 회오리바람이었다. 콜리는 화이트 팽의 옆구리 한가운데로 달려들어 그대로 부딪쳤다. 이 때문에 화이트 팽은 또다시 땅에서 발이 떨어져 나뒹굴었다.

 그 순간, 주인이 도착해서 한 손으로 화이트 팽을 잡았다. 한편 그의 아버지는 개들을 불렀다.

 "북쪽에서 온 가엾은 외톨이 늑대에게는 아까울 만큼 따뜻한 환영인사네요." 주인이 말하면서 화이트 팽을 쓰다듬자 그는 얌전해졌다. "이 녀석이 땅에서 발을 뗀 적은 여태까지 딱 한 번밖에 없었는데, 이곳에서는 30초 동안 두 번이나 굴렀으니 말이에요."

 마차가 물러가고 한 번도 본 적이 없는 다른 신들이 집 안에서 나타났다. 그 신들 가운데 몇 명은 가만히 떨어져 있기도 했지만 두 여자는 주인의 목에 팔을 두르고 적대행위를 했다. 그러나 화이트 팽은 이런 행위에도 너그러움을 보이기 시작했다. 위험한 일이 닥쳐올 것 같은 느낌이 들지도 않은데다 신들이 일으키는 소음도 전혀 위협적이지 않았기 때문이다. 신들이 화이트 팽에게 다가가려 하자 화이트 팽은 다가오지 말라는 듯 으르렁거리며 경고했다. 주인도 주의를 주었다. 한편 화이트 팽은 주인의 다리에 가까이 다가가 머리를 쓰다듬는 주인의 손길을 느끼며 안심했다.

사냥개는 "딕, 자고 있어, 얼른!" 하는 명령을 받자 계단을 올라가 베란다 구석에 누웠지만 뚱한 얼굴로 침입자를 감시하면서 계속 으르렁거렸다. 여신 가운데 하나가 콜리를 데리고 목에 팔을 두른 채 쓰다듬었다. 그러나 콜리는 불안해서 어찌할 바를 몰라 신경질적으로 콧소리만 내고 있었다. 늑대가 이곳에 있어도 된다고 허락을 받았다는 것에 모욕감을 느꼈으며 신들이 잘못한 것이라 확신했기 때문이다.

신들은 모두 계단을 올라 집 안으로 들어갔다. 화이트 팽은 주인의 바로 뒤를 쫓아갔다. 딕이 베란다 위에서 으르렁거렸다. 화이트 팽도 계단에서 딕을 보면서 털을 곤두세우고 으르렁거렸다.

"콜리는 안으로 들이고 저 둘은 밖에서 맘대로 싸우게 해." 스콧의 아버지가 말했다. "승부가 나면 사이도 좋아지겠지."

"그랬다가 화이트 팽은 우정을 보여주기 위해, 장례식의 상주가 돼야 할 걸요." 주인이 웃으며 말했다.

스콧의 아버지는 믿지 못하겠다는 듯이 먼저 화이트 팽을 보더니 다음에는 딕을 보고 마지막으로 아들에게 눈을 돌렸다.

"설마……?"

위든은 고개를 끄덕였다. "정말이에요. 딕은 1분도 안 돼서 죽을 거예요. 길어봤자 2분이겠지요."

위든은 화이트 팽을 바라보았다. "자, 늑대야 너도 오려무나. 너야말로 안에 들어가 있어야 하니까."

화이트 팽은 꼬리를 꼿꼿이 세우고 다리에 힘을 주면서 딕이 옆구리로 달려들까 그에게서 눈을 떼지 않았다. 동시에 집 안에서 자신이 모르는 무언가가 사납게 덤벼들 수도 있기 때문에 그 대비를 했다. 그러나 안에 들어가서 주변을 조심스레 둘러보았지만 아무리 찾아보아도 무서운 것은 덤벼들지 않았다. 화이트 팽은 만족스러움에 콧소리를 내며 주인의 발치에 누웠지만 이곳에서 벌어지는 모든 것을 주의 깊게 살펴보았다. 그리고 분명 함정과도 같은 이 집 지붕 밑에 숨어 있을 무서운 것과 목숨 걸고 싸우기 위해 언제라도 달려들 수 있도록 준비를 했다.

3
신의 영토

화이트 팽은 어떤 일에라도 쉽게 적응할 수 있도록 태어났을 뿐만 아니라 수없이 여행해 왔기 때문에 적응의 의미와 그에 필요한 것을 알고 있었다. 그래서 화이트 팽은 스콧 판사의 저택인 시에라 비스타에도 곧 익숙해지기 시작했다. 개들하고도 심각한 싸움을 벌이지는 않았다. 그들은 화이트 팽보다 남쪽 나라에 사는 신들의 방식을 더 잘 알고 있으며 개들이 볼 때는 화이트 팽이 신들을 따라 집 안으로 들어갈 수 있는 자격을 얻었기 때문이기도 하다. 전에는 없었던 일이지만 신들은 늑대인 화이트 팽이 있는 것을 허락했다. 신들의 소유물인 개들은 신들의 허락을 인정하는 것 말고는 방도가 없었다.

딕은 처음 몇 번인가는 험한 절차를 거쳐야만 했다. 그 뒤로는 화이트 팽을 이 저택의 새로운 부속물로 얌전히 받아들였다. 딕의 생각대로만 되었다면 둘은 좋은 친구가 되었을 것이다. 그러나 화이트 팽은 친구를 사귀는 게 싫었다. 다른 개에게 바라는 점이 있다면 그저 자신을 혼자 가만히 내버려두는 것이다. 태어나서 줄곧 동족과 거리를 두고 지냈기 때문에 여전히 혼자 있고 싶었다. 딕의 제안은 성가시기 짝이 없어 화이트 팽은 으르렁거리며 딕을 멀리했다. 북쪽 나라에 있었을 때, 주인의 개를 가만히 내버려두어야 한다는 것에 대해 배웠기 때문에 지금도 그것을 잊지 않았다. 그러나 화이트 팽은 혼자만의 생활을 요구하며 딕을 철저히 무시했기 때문에 성격 좋은 딕도 결국 포기하고 말았다. 그리고 마구간 가까이에 말뚝만큼도 화이트 팽에게 관심을 보이지 않았다.

그러나 콜리는 그렇지 않았다. 신들의 명령이 있었기에 화이트 팽을 인정하기는 했지만 그렇다고 해서 그것이 화이트 팽을 얌전히 내버려 두어야만 한다는 이유가 되지 않았기 때문이다. 콜리 속에는 화이트 팽과 그의 동족이 자신의 선조에게 저지른 수많은 범죄의 기억이 짜 넣어져 있었다. 양들의 우리를 어지럽혔던 일을 하루나 한 세대만에 잊을 수 있을 리 없었다. 이런저런 이유가 모이고 뭉쳐서 콜리를 몰아붙이고 찌르며 앙갚음을 하게 만들었다. 이곳에 화이트 팽이 있어도 된다고 한 신들에게 반항하면서까지 상대에게 달려들 수는 없지만 이런저런 사소한 방법으로 상대의 삶을 비참하게 만드는 것까지 멈출 수는 없었다. 둘은 아득히 먼 옛날부터 적이었기 때문이다. 콜리는 자신만이라도 상대에게 그 사실을 뼈저리게 느끼도록 해주려 했다.

그래서 콜리는 화이트 팽을 괴롭히기 위해 자신이 암컷이라는 사실을 이용했다. 화이트 팽의 본능은 콜리에 대한 공격을 용서하지 않았지만, 콜리의 집요함은 화이트 팽의 무시를 용서하지 않았다. 콜리가 달려들면 화이트 팽은 부드러운 털이 보호하는 어깨를 그녀의 날카로운 이빨 쪽으로 돌리고 다리에 힘을 주면서 씩씩하게 걸어 나아갔다. 조금 심하다 싶을 만큼 계속 덤벼들면 어쩔 수 없이 빙글빙글 돌며 어깨를 내주고 고개를 돌리면서 얼굴과 눈에 지겹지만 참자고 생각하는 듯한 기색이 떠오르고는 했다. 그러나 때로는 콜리가 엉덩이를 덥석 물어버리는 바람에 위엄이고 뭐고 황급히 도망치는 날도 있었다. 그러나 웬만하면 진지함을 지켜내는 그 모습은 자못 엄숙해 보이기까지 했다. 그리고 할 수 있는 한 콜리를 무시했으며 무엇보다 그녀를 피하려고 했다. 다가오는 콜리를 보거나 그녀의 발소리가 들려오면 일어나서 어디론가 사라졌다.

그 밖에도 화이트 팽은 배워야 할 것이 많았다. 북쪽 나라의 생활은 복잡한 시에라 비스타의 생활에 비하면 단순하기 짝이 없었다. 먼저 화이트 팽은 주인의 가족을 기억해야 했다. 어떤 면에서는 웬만큼 준비는 되어 있었다. 미사나 클루 쿠치가 그레이 비버에게 딸려 있으면서 음식과 모닥불과 잠자리를 받았던 것처럼 이곳 시에라 비스타에서도 집에 있는 가족들은 모두 사랑하는 주인에게 딸려 있었다.

그러나 이것에도 여러 차이점이 있었다. 시에라 비스타는 그레이 비버의 텐트보다 훨씬 크고 넓었기 때문이다. 특별히 의식해야만 하는 인간이 잔뜩 있었다. 먼저 스콧 판사와 그의 부인, 그리고 주인의 여동생인 베스와 메리, 주인의 부인인 앨리스, 다음으로 주인의 아이들인 네 살 위든과 여섯 살 모드가 있다. 그러나 누구도 화이트 팽에게 이 모든 사람들에 대해 가르쳐 줄 방법을 모르는 데다 화이트 팽도 핏줄이나 가족 관계에 대해서 전혀 아는 것이 없었으며 이해할 수 있는 능력도 갖고 있지 않았다. 하지만 곧 모두가 주인에게 딸려 있다는 것을 깨달았다. 그래서 기회가 있을 때마다 주의 깊게 그들의 행동이나 말투, 목소리의 억양을 살펴보고 그 사람이 주인과 얼마만큼 친밀한지 또한 주인에게서 얼마만큼 애정을 받고 있는지도 서서히 알게 되었다. 화이트 팽은 확실한 기준에 따라 그에 맞게 사람들을 대했다. 주인에게 가치 있는 것은 화이트 팽에게도 가치 있는 것이며 주인이 애정을 가지고 대하는 것을 소중히 여기고 빈틈없이 지켰다.

두 아이들이 그랬다. 지금까지 화이트 팽은 아이들을 싫어했다. 아이들의 손을 미워하고 두려워했다. 인디언 마을에 있었을 때 배웠던 아이들의 괴롭힘이나 잔혹함에 대한 교훈은 그리 단순하지 않았기 때문이다. 그래서 처음 위든과 모드가 가까이 다가왔을 때는 으르렁거리며 경고를 보내고 악의를 담아 노려보았다. 하지만 주인에게 맞으면서 호되게 혼났기 때문에 어쩔 수 없이 아이들이 쓰다듬는 대로 가만히 있기는 했지만 그들의 작은 손 밑에서 여전히 으르렁거렸다. 물론 그 소리에서 낮고 노래하는 듯한 음색이 느껴지지는 않았다. 나중에 화이트 팽은 이 남자아이와 여자아이가 주인에게는 매우 가치가 있다는 사실을 알아챘다. 그 뒤로부터 주인은 아이들이 화이트 팽을 만지려고 할 때마다 화이트 팽에게 날카롭게 소리치거나 때릴 필요가 없게 되었다.

그러나 화이트 팽은 결코 넘쳐흐르는 듯한 애정을 베풀지 않았다. 그는 언짢았지만 주인 아이들의 뜻에 따라 얌전히 몸을 맡기고 괴로운 수술과도 같은 장난을 참고 있었다. 그러다 도저히 견딜 수 없다 싶으면 망설임 없이 일어나 어디론가 가버렸다. 그런데 시간이 지나면 지날수록 아이들을 좋아하는 마음이 자라나기 시작했다. 하지만 그 감정을 드러내지 않았다. 화이트 팽은 아이들에게 가까이 가지는 않았다. 그러나 아이들을 보면 일어나 사라지기보다 그들이 찾아오기만을 기다렸다. 게다가 나중에는 아이들이 다가오는 것을 보면 그의 눈에 기쁜 듯한 빛이 어리다가도 아이들이 화이트 팽을 내버려두고 다른 놀이를 하러 가버리면 몹시 아쉬워하는 듯한 눈빛으로 그들을 바라본다는 것을 사람들은 알아차렸다.

이런 일들은 모두 화이트 팽의 성장에 관한 문제이며 시간이 걸렸다. 화이트 팽이 아이들 다음으로 관심을 보인 것은 스콧 판사였다. 추측에 지나지 않으나 거기에는 두 가지 이유가 있었다. 첫 번째로 판사는 분명 주인의 소중한 소유물이며 두 번째로 판사는 감정을 밖으로 드러내지 않기 때문이다. 화이트 팽은 판사가 넓은 베란다에서 신문을 읽고 있을 때 그의 발치에 엎드려 있는 것을 좋아했다. 판사는 때때로 호의가 담긴 눈길을 주거나 말을 던지고는 했다. 판사의 이런 행동은 화이트 팽 자체와 화이트 팽이 그곳에 있다는 것을 인정한다는 증거이기에 전혀 성가시지 않았다. 그러나 그것도 주인이 주위에 없을 때뿐이다. 주인이 모습을 드러내면 화이트 팽에게 주인 말고 다른 모든 존재는 사라졌다.

화이트 팽은 가족 모두에게 자신을 만지거나 친절을 베푸는 것을 허락했다. 그러나 결코 주인에게 주는 것과 똑같은 것을 주지는 않았다. 사람들은 화이트 팽을 아무리 쓰다듬어도 그의 목구멍에서 낮고 사랑스러운 음색이 나오게 하지는 못했다. 또한 아무리 애를 써보아도 화이트 팽이 머리를 비벼대게 할 수는 없었다. 화이트 팽은 주인 말고 다른 사람에게 포기와 복종 그리고 순수한 믿음의 표현을 드러내는 일이 없었다. 사실 화이트 팽에게 시에라 비스타에 사는 가족이란 주인의 소유물 그 이상 그 이하도 아니었기 때문이다.

게다가 화이트 팽은 재빨리 가족과 집의 하인들을 구별할 수 있게 되었다. 하인들은 화이트 팽을 무서워했지만 화이트 팽은 그들을 공격하지 않았다. 왜냐하면 하인들도 가족들처럼 주인에게 딸려 있는 것이라 여겼기 때문이다. 하인들과 화이트 팽 사이에는 중립이 자리 잡고 있었다. 하인들은 클론다이크에서 매트가 그랬던 것처럼 주인을 위해 요리하거나 접시를 닦거나 다른 여러 일들을 했다. 말하자면 그들은 가정의 소유물이었다.

화이트 팽이 배워야만 하는 일은 오히려 집 밖에 잔뜩 있었다. 주인의 영토는 넓고 복잡했으며 개울이나 울타리 같은 것으로 여기저기 나누어져 있었다. 주인의 영토는 시골길까지였다. 신들의 영토 밖에는 다른 신들과 같이 쓰는 길과 거리가 있었다. 그리고 다른 울타리 안쪽은 저마다 다른 신들의 영토였다. 그리고 수많은 법칙이 있어 모든 것을 제어했으며 그에 따라 행동해야만 했다. 그러나 화이트 팽은 신들의 말을 몰랐기 때문에 경험을 쌓는 것 말고는 터득할 방법이 없었다. 그래서 어떤 법칙을 어기기 전까지는 자신의 타고난 충동에 따랐다. 그것을 두세 번 반복하고 나면 그 법칙에 대해 배운 뒤 그에 따랐다.

그러나 화이트 팽을 가르치는 방법 가운데 가장 효과가 있는 것은 주인 손으로 때리거나 소리 내어 꾸짖는 것이다. 왜냐하면 화이트 팽은 주인을 무척이나 사랑했기에 주인이 때리는 것은 그레이 비버나 뷰티 스미스가 때리는 것보다 훨씬 더 커다란 아픔을 화이트 팽에게 주었기 때문이다. 예전에 모셨던 신들은 그저 육체에 상처를 줄 뿐이었다. 육체 안에 숨어 있는 정신은 훌륭하게도 여전히 그에 저항하며 분노했다. 그러나 지금 주인은 언제나 가볍게 때렸다. 그런데도 너무나 아팠다. 이는 주인이 화를 내고 있다는 증거이기 때문에 화이트 팽의 정신은 풀이 죽었다.

사실 웬만해서는 때리는 일이 없었다. 주인의 목소리만으로 충분했다. 목소리를 듣는 것만으로도 화이트 팽은 자신이 올바르게 행동했는지 않은지를 알 수 있었다. 그리고 그에 따라 행동을 조절하고 가다듬었다. 주인의 목소리는 새로운 땅과 새로운 생활의 관습을 보기 쉽게 나타내어 그것을 배우고 나아갈 수 있게 하는 나침반과도 같았다.

북쪽 나라에서 사람이 길들인 동물은 개뿐이었다. 다른 동물은 모두 황야에 살고 있어서 너무 무서운 동물 말고는 개들이 먹을 수 있었다. 북쪽 나라에 있는 동안에는 화이트 팽도 살아 있는 먹이를 찾아다니면서 잡아먹고는 했다. 그래서 남쪽 나라는 사정이 다르다는 것을 몰랐다. 그러나 그 사실을 산타클라라 계곡에 살게 된 지 얼마 지나지 않아 배우게 되었다. 아침 일찍 집 주변에서 어슬렁어슬렁 걷고 있을 때 닭장에서 빠져나온 닭과 마주쳤다. 화이트 팽에게는 태어나면서부터 그것을 먹어야 한다는 충동이 있었다. 두 발짝 뛰어들어 이빨이 번뜩이고 겁에 질린 비명이 일어났을 때 이미 화이트 팽은 모험심에 불탔던 닭을 채가고 있었다. 그 닭은 농장에서 기르는 것이라 그런지 통통하고 부드러웠다. 화이트 팽은 주둥이를 핥으면서 멋진 만찬이라 생각했다.

그날 느지막이 화이트 팽은 마구간 근처에서 헤매는 닭과 만났다. 그때 마부가 닭을 구하러 왔다. 그는 화이트 팽의 본성을 몰랐기 때문에 마차용의 가벼운 채찍을 무기로 가지고 있을 뿐이었다. 남자가 먼저 채찍을 휘두르자 화이트 팽은 닭을 넘겼다. 몽둥이였다면 화이트 팽을 막을 수 있었을지도 모르지만 채찍은 전혀 도움이 되지 않았다. 물러서지 않고 기다리다 두 번째로 남자가 채찍을 휘두를 때에 맞춰 앞으로 달려들었다. 목을 물어뜯으려 하자 마부는 "도와줘!" 소리치며 뒤로 휘청거렸다. 그는 채찍을 떨어뜨리고 두 팔로 목을 감쌌다. 그 결과 팔꿈치 밑의 뼈가 드러날 만큼 물어뜯겼다.

남자는 너무 놀랐다. 화이트 팽의 난폭함보다도 오히려 그 침묵에 마부의 간이 서늘해졌다. 그래서 살이 찢어져 피가 흐르는 팔로 목과 얼굴을 막으면서 헛간으로 물러나려 했다. 이 순간 콜리가 나타나지 않았더라면 그는 정말 험한 꼴을 봤을 것이다. 콜리는 딕의 목숨을 구했던 것처럼 마부의 목숨도 구했다. 콜리는 분노로 미친 듯이 날뛰며 화이트 팽에게 달려들었다. 그녀가 옳았다. 콜리는 눈치 없는 신들보다 화이트 팽에 대해 훨씬 잘 알고 있었다. 자신의 의심은 틀리지 않았던 것이다. 대대로 약탈해 왔던 자가 지금 이곳에서 옛날에 하던 대로 또다시 나쁜 짓을 하려고 하는 것이다.

마부는 마구간 안으로 도망쳤다. 한편 화이트 팽은 콜리의 심술궂은 이빨에서 벗어났다. 그렇다기보다 그녀의 이빨에 어깨를 내주고 빙글빙글 돌고 있었다. 콜리는 꽤 오랫동안 벌을 준 뒤에도 여느 때처럼 그만두지 않았다. 그러기는커녕 그녀의 흥분과 분노는 점점 커질 뿐이어서 결국 화이트 팽은 체면이고 뭐고 내팽개치고 그녀 앞을 가로질러 벌판으로 숨넘어가도록 도망갔다.

"저 녀석은 닭을 내버려 두어야 된다는 걸 배워야 해요." 주인이 말했다. "하지만 현장을 덮치지 않으면 가르쳐줄 수도 없겠네요."

이틀 뒤 범행이 일어났다. 주인이 예상하던 것보다 훨씬 규모가 컸다. 화이트 팽은 닭장과 닭들의 습성을 잘 관찰해두었던 것이다. 밤이 되어 닭들이 둥지로 들어가자 화이트 팽은 쌓아놓은 지 얼마 되지 않은 목재 위에 올라갔다. 그곳에서 닭장 지붕으로 건너뛰어서 대들보를 넘어 땅바닥으로 뛰어내렸다. 그 뒤 닭장 속으로 들어가 닭들을 도살하기 시작했다.

아침이 되자 베란다로 나온 주인은 마부가 한 줄로 눕혀둔 백색레그혼 암탉 50마리를 보게 되었다. 주인은 처음에는 깜짝 놀라 살며시 휘파람을 불다 결국에는 탄성마저 질렀다. 그의 눈이 화이트 팽을 맞이했다. 그러나 부끄러워하거나 죄책감을 느끼는 듯한 낌새는 없었다. 칭찬받을 만한 가치가 있는 공을 세운 것처럼 자랑스러워했다. 죄를 지었다는 인식이 전혀 없는 듯했다. 주인은 입술을 굳게 다물고 내키지는 않지만 해야 할 일을 하기 시작했다. 먼저 죄의식이 없는 범인에게 엄격하게 말했다. 그의 목소리에는 신다운 분노가 가득 담겨 있었다. 또한 화이트 팽을 억누르고 그의 코를 죽은 암탉에 들이대면서 소리가 날 만큼 세게 때렸다.

화이트 팽은 두 번 다시 닭장을 습격하지 않았다. 그것은 법칙을 위반하는 일이라는 사실을 알았기 때문이다. 그리고 주인은 화이트 팽을 닭장 안으로 데리고 들어갔다. 화이트 팽에게는 태어나면서부터 살아 있는 먹이가 자신의 주변이나 코앞에서 얼쩡거리는 것을 보면 그것에게 덤벼들고자 하는 충동을 가지고 있었다. 화이트 팽은 그 충동에 따랐지만 그럴 때마다 주인의 목소리가 그를 가로막았다. 주인과 화이트 팽은 닭장 안에서 30분이나 계속 있었다. 때때로 화이트 팽에게 충동이 밀려와 그것에 빠질 때마다 주인의 목소리가 그를 막았다. 이 법칙에 대해 알게 되자 암탉의 영토를 떠날 때쯤에는 암탉들을 무시할 수 있게 되었다.

"닭 도살은 절대 고칠 수 없을 거야." 점심을 먹고 있을 때 아들이 화이트 팽에게 무엇을 가르쳤는지 말하자 스콧 판사는 그리 말하며 슬픈 듯 고개를 저었다. "한 번 그런 버릇이 들고, 피 맛을 본 이상……."

그러나 위든 스콧은 아버지의 의견에 동의하지 않았다.

"이러면 어떨까요?" 그는 마지막으로 도전했다. "날이 저물 때까지 화이트 팽을 닭들과 함께 가둬놓아 보죠."

"하지만 닭들도 생각해줘야지." 판사는 반대했다.

"그러면." 아들은 말을 이었다. "저 녀석이 닭을 죽일 때마다 금화로 1달러씩 아버지께 드리죠."

"하지만 아버지도 벌금을 내야 해요." 베스가 끼어들었다.

베스의 동생도 그에 찬성했으므로 식탁 주변에서 찬성을 외치는 합창 소리가 들렸다. 스콧 판사도 그에 동의하고 고개를 끄덕였다.

"좋고말고." 위든 스콧은 곰곰이 생각했다. "그리고 만약 날이 저물었을 때 화이트 팽이 한 마리도 죽이지 않았다면 말이죠. 저 녀석이 닭장 안에서 보냈던 시간의 10분의 1이 지날 때마다 화이트 팽에게 법정에 앉아서 판결을 내릴 때처럼 엄숙하고 진지하게 '화이트 팽, 자네는 내가 생각했던 것보다 훨씬 영리하구먼' 이렇게 말씀해주셔야 해요."

가족들은 엿보기 좋은 곳에 숨어서 화이트 팽이 어떻게 할지 지켜보았다.

그러나 그것은 실패로 끝났다. 주인이 닭장을 잠그고 어디론가 가버리자 화이트 팽은 누워서 잠이 들어 버린 것이다. 딱 한 번 일어나기는 했지만 물을 마시러 물통 쪽으로 갔을 뿐이었다. 화이트 팽은 닭들을 조용하게 무시했다. 그에게 닭들이란 없는 것이나 다름없었다. 4시가 되자 높이 뛰어올라 닭장 지붕으로 가더니 밖으로 뛰어내렸다. 그리고 느긋하게 집으로 걸어갔다. 법칙을 완벽하게 터득한 것이다. 결국 스콧 판사는 재미있어 하는 가족을 앞에 두고 베란다 위에서 화이트 팽을 마주 보며 천천히 그리고 엄숙하게 16번이나 말했다. '화이트 팽 자네는 내가 생각했던 것보다 훨씬 영리하구먼'이라고.

그러나 복잡한 법칙에 혼란에 빠져 망신을 당하는 날도 자주 있었다. 다른 신들의 닭도 건드리면 안 된다는 것을 배워야만 했다. 또한 고양이나 토끼, 칠면조도 마찬가지였다. 사실 법칙을 어느 정도밖에 몰랐던 때에는 모든 생물을 내버려 두어야 한다 믿고 있었다. 그래서 집 뒤에 있는 풀밭에서 메추라기가 바로 코앞에서 날갯짓을 해도 상처 하나 주지 않았다. 갈망과 욕망에 떨면서 몸에 힘을 주고 본능을 억누르며 가만히 있었다. 그리고 신들의 의지에 따랐다.

그런데 어느 날 뒤에 있는 풀밭에서 다리가 긴 산토끼를 쫓아다니는 딕을 보았다. 주인도 보고 있으면서 막지 않았다. 그러기는커녕 같이 쫓으라고 재촉했다. 그래서 화이트 팽은 산토끼는 거리낌 없이 잡아도 된다는 것을 배웠다. 그리고 마침내 법칙을 완벽하게 터득했다. 자신과 인간이 길들인 동물들끼리 싸워서는 안 된다. 사이가 좋지 않은 때라도 중립만은 지켜야 했다. 그러나 그 밖의 다람쥐나 메추라기나 솜꼬리토끼는 인간에게 충성을 바치지 않는 야생동물이었다. 그래서 어떤 개라도 잡아먹을 수 있었다. 신들은 자신들이 길들인 동물만을 지키며 그들 간의 지나친 싸움은 허락하지 않았다. 그리고 신들은 그들의 삶과 죽음마저 틀어쥐고 자신들의 권력을 잃지 않으려 했다.

산타클라라 계곡에서 보내는 생활은 북쪽 나라에서 단순하게 살아왔던 뒤여서 그런지 까다롭기 이를 데가 없었다. 복잡한 문명 안에서 살아가기 위해서는 무엇보다도 자신을 억누르고 다스릴 필요가 있었다. 때로는 바람에 나부끼는 하루살이의 날개가 된 듯 때로는 단단한 강철이 된 듯 섬세하게 균형을 맞춰야 했다. 화이트 팽은 저마다 다른 모습을 지니고 있는 수천 가지의 생명과 만나야 했다. 마차 뒤를 쫓아 마을을 나가 새너제이에 갔을 때나 마차가 멈춰 있는 동안 마을에서 빈둥대고 있을 때가 그러했다. 생명이 강물처럼 깊고 넓게 변화하여 그를 스치고 흐르면서 계속해서 그의 감각과 부딪쳤다. 그리고 화이트 팽에게 한없이 자신을 다스리고 주변과 어울릴 것을 요구하기 때문에 언제나 타고난 충동을 억지로 잡아 누르고 있어야만 했다.

정육점에는 눈길이 닿는 곳마다 고기가 늘어져 있었다. 그러나 그 고기를 건들면 안 되었다. 주인이 방문하는 집에 고양이가 있어도 반드시 내버려 두어야만 했다. 가는 곳마다 개가 으르렁거렸지만 공격하면 안 되었다. 수많은 사람들로 붐비는 길거리에서 화이트 팽은 사람들의 시선을 한껏 끌며 주목을 받았다. 사람들은 멈춰 서서 화이트 팽을 바라보고는 그에게 손가락질을 해대며 힐끔거리거나 말을 건넸으며 최악의 경우는 쓰다듬기까지 했다. 모르는 손이 자신을 만질 때 생기는 위험에도 견뎌야만 했다. 하지만 참을 수 있게 되었다. 그뿐만 아니라 난처해하거나 부끄러워하지도 않게 되었다. 한번도 본 적이 없는 수많은 신들의 시선도 당당하게 받아들였다. 상대가 저자세로 나오면 화이트 팽도 저자세로 나왔다. 그러나 어찌 된 일인지 그들과 친밀한 관계가 되지는 않았다. 그런 인간들은 화이트 팽의 머리를 쓰다듬고 나면 자신들의 용감한 행동에 만족해 기분이 좋아져서 그냥 가버리기 때문이다.

모든 것이 다 즐거운 일은 아니었다. 마차 뒤를 쫓아 새너제이 마을 변두리에서 달리면 언제나 소년들이 자신에게 돌을 던졌다. 그러나 주인의 허락 없이 아이들을 쫓아가서 쓰러트리면 안 된다는 것을 알고 있었다. 이곳에서는 자기보호 본능을 억눌러야만 했기에 결국은 그렇게 했다. 화이트 팽은 이미 길들여져서 문명사회의 일원이라는 자격이 있기 때문이다.

그렇다고는 해도 화이트 팽은 그 계약에 진심으로 만족한 것은 아니었다. 물론 정의라던가 공평한 대우 같은 심오한 사상을 갖고 있지 않았다. 그러나 화이트 팽의 생명 속에는 분명 공평함에 대한 감각이 살아 숨쉬고 있었으며 그 감각은 돌을 던지는 아이들과 맞서 자기보호를 허락하지 않는다는 불공평함에 분개하고 있었다. 화이트 팽은 자신과 신들이 맺은 계약에 들어간 '신들은 자신을 돌보고 보호해야 한다'는 맹세를 그들이 잊고 있다고 여겼다. 그러나 어느 날 주인이 채찍을 들고 마차에서 내리더니 돌을 던지는 소년들을 후려쳤다. 그 뒤로 아이들은 두 번 다시 돌을 던지지 않게 되었으며 화이트 팽은 주인을 이해하고 그에 만족했다.

화이트 팽은 같은 성질을 띤 또 다른 사건과 부딪쳤다. 마을로 갈 때 지나치게 되는 네거리에 술집이 있었는데, 개 세 마리가 그 근처에서 어슬렁거리며 지나갈 때마다 화이트 팽에게 달려들고는 했다. 주인은 화이트 팽이 싸울 때 쓰는 치명적인 기술을 알고 있었기에 절대로 싸우면 안 된다는 법칙을 계속해서 화이트 팽의 마음에 새겨 넣으려 했다. 그 때문에 법칙에 대해 잘 배우기는 했지만 이 법칙은 네거리에 있는 술집 근처를 지날 때마다 화이트 팽을 힘들게 했다. 화이트 팽은 개 세 마리가 달려들 때마다 으르렁거리면서 그들과 거리를 두려 했다. 그러나 개들은 계속 뒤를 쫓아와서는 날카롭게 짖거나 싸움을 걸면서 무례하게 굴었다. 잠깐은 참고 견뎠다. 술집에 있는 인간들도 화이트 팽에게 덤벼들라는 둥 개들을 부추기고는 했다. 그러던 어느 날은 대놓고 개들에게 화이트 팽을 공격하라는 명령을 내렸다. 주인은 마차를 세웠다.

"해치워!" 주인이 화이트 팽에게 말했다.

화이트 팽은 믿을 수 없었다. 주인을 보고 나서 개들을 바라보았다. 그리고 뒤를 돌며 괜찮으냐고 물어보듯 열심히 주인을 바라보았다.

주인은 고개를 끄덕였다. "해치워 버려, 화이트 팽! 엉망진창으로 만들어 버리라고."

화이트 팽은 망설이지 않았다. 몸을 돌려 소리 없이 적들 사이로 뛰어들었다. 개들도 화이트 팽과 맞섰다. 무시무시하게 짖어대는 소리와 으르렁거리는 소리와 함께 이빨을 맞부딪히고 몸부림을 치며 싸웠다. 길에 있는 먼지가 자욱하게 일어나 그들이 싸우는 모습을 가렸다. 그러나 몇 분 뒤 개 두 마리는 쓰레기 더미 속에서 괴로워하며 나뒹굴었고 남은 한 마리는 죽을힘을 다해 도망쳤다. 도랑을 넘고 울타리를 지나 벌판을 가로지르며 달아났다. 화이트 팽은 늑대와 같은 방식과 속도로 소리 없이 순식간에 미끄러지듯 쫓아가 밭 한 가운데에서 상대를 쓰러트리고는 죽여 버렸다.

화이트 팽이 개 세 마리를 죽인 이 사건 때문에 화이트 팽과 개들 간의 커다란 소동은 막을 내렸다. 계곡 안에 소문이 나돌아 사람들은 자신들의 개가

'싸우는 늑대'에게 집적대지 않도록 주의를 기울이게 되었다.

4
동족의 부름

달이 차고 기울면서 몇 개월이나 지났다. 남쪽 나라에는 먹이가 풍부했으며 딱히 할 일도 없었다. 화이트 팽의 몸에는 살이 올랐으며 순조롭고 행복하게 살았다. 남쪽 나라의 지리뿐만 아니라 이곳에서 보내는 생활에도 완전히 익숙해졌다. 마치 햇빛과도 같은 인간의 친절함을 쬐면서 비옥한 토양에 심어진 꽃처럼 건강하게 잘 자랐다.

그러나 여전히 다른 개들과는 어딘가 다른 구석이 남아 있었다. 다른 생활을 모르는 개들보다야 법칙에 대해 잘 알았기에 더욱 꼼꼼하게 법칙을 지키기는 했으나 숨어 있던 야성이 자신의 모습을 언뜻 내비칠 때가 있었다. 사람들은 화이트 팽 속에 아직 야성이 남아 있는 늑대가 그저 얌전히 잠들어 있을 뿐이라고 여겼다.

화이트 팽은 결코 다른 개들과 사이좋게 지내지 않았다. 이제까지 고독하게 살아왔기 때문에 앞으로도 동족에게 관심을 보이지 않은 채 계속 그렇게 살아가려 했다.

립립과 강아지들 무리의 괴롭힘을 받았던 새끼늑대 시절과 뷰티 스미스 밑에서 싸워 왔던 시절 사이에 개에 대한 미움이 뿌리 깊게 박혔기 때문이다. 그래서 화이트 팽은 삶의 자연스러운 과정에서 벗어나 동족에게서 도망쳐 인간에게 매달리게 되었던 것이다.

게다가 남쪽 나라의 개들은 모두 의심의 눈초리로 화이트 팽을 바라보았다. 개들은 화이트 팽을 보면 본능적인 공포에 눈을 떴으며 어디 한 번 덤벼보라는 듯 짖거나 으르렁대면서 증오를 드러내고 화이트 팽을 맞이했다. 한편 화이트 팽은 그들에게 이빨을 쓸 필요가 없다는 것을 알고 있었다. 엄니를 드러내고 주둥이를 비트는 것만으로도 늘 효과가 있었다. 개들이 짖으면서 달려들다가도 화이트 팽의 모습에 엉덩방아를 찧지 않은 적은 좀처럼 없었다.

그러나 화이트 팽의 생활 속에서도 골칫덩이가 하나 있었으니 바로 콜리다. 콜리는 단 한 순간도 편안하게 내버려 두지 않았다. 화이트 팽처럼 기꺼이 법칙을 따르려 하지 않았던 것이다. 주인이 아무리 화이트 팽과 그녀를 친구로 만들려고 애를 태워도 모두 무시해 버렸다. 화이트 팽의 귀에서는 언제나 콜리의 날카롭고 신경질적인 으르렁거림이 울려 퍼졌다. 콜리는 화이트 팽이 닭을 죽였던 그 사건을 결코 용서하지 않았을 뿐만 아니라 그가 하고자 하는 모든 것은 나쁜 일이라 굳게 믿었다. 화이트 팽이 무언가를 하려고 하기 전부터 잘못된 점을 찾아냈으며 그에 따라 대했다. 그래서 화이트 팽에게 콜리는 전염병과도 같았다. 마구간이나 사냥개들 주변에 있으면 마치 경찰처럼 뒤를 쫓아왔다. 호기심에 비둘기나 닭을 훑어보려고 해도 바로 큰 소리를 내며 분노하고 벌을 내리려 했다. 그래서 화이트 팽은 엎드린 다음 머리를 앞발 위에 올리고 때때로 잠든 척하며 콜리를 무시했다. 이러면 콜리는 어안이 벙벙해져 이내 조용해지기 때문이다.

콜리를 빼면 다른 일은 모두 순조로웠다. 자신을 다스려 차분하게 만드는 법을 터득했으며 무엇보다 법칙에 대해 잘 알았기 때문이다. 화이트 팽에게는 침착함과 고요함 그리고 냉정한 관대함이 몸에 배어 있었다. 게다가 이제는 적의로 가득 찬 주위 환경 속에서 살고 있지도 않았다. 자신의 주변 어디에서도 위험이나 상처 그리고 죽음이 숨어 있지 않았다. 언제나 두려울 만큼 위협하며 다가오는 자신이 모르는 무언가도 어느새 사라져 버렸다. 온화하고 편안한 생활이었다. 화이트 팽의 삶은 원활하게 흘러가고 있었으며 그렇다고 해서 무서운 것이나 적이 숨어 있지는 않았다.

화이트 팽은 눈이 내리지 않는다는 것을 알아차리고는 이를 매우 섭섭해했다. 만약 이에 대해 생각이라는 것을 해본다면 '여름이 너무 긴데' 이렇게 생각했을 것이다. 하지만 의식의 밑바닥에서 그저 막연히 눈이 내리지 않는 것을 쓸쓸하다고 느낄 뿐이었다. 특히 한여름의 뜨거운 태양에 괴로움을 느낄 때면 차가운 북쪽 나라를 어렴풋이 그리워했다. 그리운 나머지 무엇이 자신을 이리 만드는지도 모른 채 불안해하며 안절부절못했다.

화이트 팽은 결코 감정을 바깥으로 드러내는 일이 없었다. 몸을 가까이 대거나 애정이 담긴 부드러운 음색을 내는 것 말고는 자신의 사랑을 드러내는 법을 몰랐기 때문이다. 하지만 화이트 팽은 자신의 사랑을 표현해낼 수 있는 세 번째 방법을 발견하게 된다. 여태까지 화이트 팽은 신들의 웃음에는 늘

민감했다. 그들의 웃음은 화이트 팽을 광기로 몰아넣었으며 분노에 길길이 날뛰게 만들었다. 그러나 사랑하는 주인이 자기를 보고 웃어도 화낼 마음이 들지 않았다. 상냥한 목소리로 온화하게 놀리듯이 웃으면 어찌할 바를 모르게 되었다. 해묵은 분노가 날카롭게 찌르듯 솟아나 애정에 저항해보려고 애를 썼지만 화를 낼 수 없었다. 그래서 무언가라도 해보려고 했다. 처음에는 점잖게 굴었지만 주인은 더 웃었다. 다음에는 더욱 점잔을 부렸지만 주인은 전보다 더더욱 웃을 뿐이었다. 결국 화이트 팽의 체면 따위는 주인이 웃어넘기고야 말았다. 그러자 화이트 팽의 턱이 살짝 벌어지고 입이 조금 열리더니 익살보다는 애정이 느껴지는 우스꽝스러운 표정이 떠올랐다. 화이트 팽은 웃는 법을 터득한 것이다.

게다가 주인과 뛰노는 법을 터득했기 때문에 화이트 팽은 거꾸로 뒤집히거나 굴려지면서 주인이 수없이 벌이는 거친 장난의 희생양이 되고는 했다. 그에 앙갚음하기 위해 화난 척 털을 곤두세워 사납게 으르렁거리는 소리와 함께 이빨을 부딪치며 울리는 그 모습은 지금이라도 당장 뛰어들 것처럼 보였다. 그러나 결코 이성을 잃는 일은 없었다. 언제나 허공을 물 뿐이었다. 화이트 팽은 주인과 뛰놀다가 주인이 치거나 때리면 허공을 물고 으르렁거리며 계속 날뛰다가 느닷없이 몇 피트 떨어진 곳에 서서는 서로를 노려보기도 했다. 그러다가 갑자기 태풍이 치는 바다에 태양이 떠오르는 것처럼 서로 웃기 시작했다. 그리고 마지막으로 주인의 팔이 화이트 팽의 목과 어깨를 감싸안으면 화이트 팽은 부드럽게 으르렁거리는 소리로 사랑의 노래를 불렀다.

그러나 주인 말고는 누구 하나 화이트 팽과 장난친 일이 없었다. 화이트 팽이 허락하지 않았기 때문이다. 자신을 존중해주기를 원했기에 누군가가 자신에게 장난을 치려고 하면 으르렁거리고 목의 털을 곤두세우며 경고를 보냈다. 주인에게 그러한 권리를 주었다고 해서 다른 개들처럼 여기저기서 애교를 보이며 모두의 즐거움을 위해 놀이 상대가 되어야 할 이유는 없었다. 화이트 팽은 주인만을 한결같이 사랑하기에 자신과 자신의 애정을 결코 헐값에 넘기려 하지 않았다.

화이트 팽이 생활하는 데에 가장 중요한 임무 가운데 하나는 말을 타고 자주 외출하는 주인을 수행하는 것이었다. 북쪽 나라에 있었을 때는 열심히 썰매를 끌며 자신의 충성을 나타냈지만 남쪽 나라에는 썰매가 없는데다 개들도 자신의 등에 짐을 짊어지지 않았다. 그래서 화이트 팽은 말과 함께 달린다는 새로운 방법으로 주인에게 충성을 다했다. 화이트 팽은 아무리 힘든 날이라도 지친 적이 없었다. 늑대와 같은 걸음걸이로 피로를 모르는 듯 힘들이지 않고 매끄럽게 달렸기 때문에 50마일이나 달린 뒤라 해도 여전히 말 앞에 서서 가뿐함을 자랑했다.

화이트 팽이 또 다른 방법으로 감정을 드러낸 것은 말 타기와 관련이 있다. 그것은 주목할 만한 표현으로 살면서 오직 두 번밖에 없었다. 첫 번째는 기운 넘치는 서러브레드에게 주인이 올라탄 채 문을 열고 닫는 법을 가르칠 때 벌어졌다. 주인은 올라탄 채 문을 닫기 위해 몇 번이나 말을 문에 가까이 가게 하려 했지만, 말은 그때마다 점점 겁을 먹고 뒷걸음치며 뛰어올랐다. 자꾸만 신경을 곤두세우며 흥분했다. 말이 뒷발로 서자 주인은 말을 다그치며 앞발을 땅에 내려놓으려 했다. 그랬더니 이번에는 뒷발로 발길질을 하려고 했다. 화이트 팽은 그 모습을 바라보고 있으려니 걱정만 늘어 가만히 있을 수 없었다. 그래서 말 앞으로 뛰쳐나가 경고하듯이 무시무시하게 짖어댔다.

그 뒤에도 화이트 팽은 짖어보려 했고 주인도 이를 북돋아주었지만 성공한 건 오직 한 번뿐이었다. 그것도 주인이 없을 때였다. 목장을 가로지르며 달리고 있을 때 토끼가 말의 발치에 갑자기 나타나는 바람에 주인이 말에서 떨어져 한쪽 다리가 부러지고야 말았다. 화이트 팽은 화를 내며 죄를 지은 말의 목에 달려들려고 했지만 주인의 목소리가 그를 멈춰 세웠다.

"집으로! 집으로 가!" 주인은 자신의 상처를 확인하고서 그렇게 명령했다.

화이트 팽은 주인을 내버려둔 채 가고 싶지 않았다. 주인은 쪽지라도 쓸까 생각해 주머니를 뒤졌지만 연필도 종이도 없었다. 그래서 화이트 팽에게 집으로 돌아가도록 또다시 명령을 내렸다.

화이트 팽은 깊은 생각에 잠긴 듯 주인을 유심히 바라보다가 달려나갔다. 하지만 곧바로 돌아오더니 조용히 코를 킁킁거렸다. 주인은 상냥하게 그러나 진지하게 말했다. 화이트 팽은 귀를 세우고 애처로울 만큼 열심히 들었다.

"내 말대로 해, 이 녀석아. 너는 집으로 가야 해." 주인이 말을 이었다. "집에 가서 내게 무슨 일이 일어났는지 그대로 전해. 돌아가, 늑대야. 집으로 돌아가!"

화이트 팽은 '집'이 무슨 뜻인지 알고 있었지만 주인의 나머지 말뜻을 알아듣지 못했다. 하지만 자신이 집에 돌아갔으면 하는 것이 주인의 뜻임을 깨달았다. 결국 마지못해 몸을 돌려 달리기 시작했으나 결심이 서지 않았기 때문에 이내 멈춰 서서 어깨 너머로 뒤를 바라보았다.

"집으로 가!" 매섭게 외치며 명령했다. 화이트 팽은 주인의 명령에 따랐다.

화이트 팽이 집에 도착했을 때 가족들은 베란다에 나와 시원한 오후의 바람을 만끽하고 있었다. 화이트 팽은 먼지를 뒤집어쓰고 헐떡이며 가족들 사이로 들어왔다.

"위든이 돌아왔나 보네." 위든의 어머니가 말했다.

아이들은 즐겁게 떠들며 화이트 팽을 맞이하러 달려나왔다. 화이트 팽은 아이들을 피해 베란다로 나아갔지만 흔들의자와 난간 사이에 몰렸다. 그래서 으르렁거리며 빠져나오려고 했다. 아이들의 어머니가 걱정스럽다는 듯이 그쪽으로 눈길을 주었다.

"솔직히 말하면 저 개가 아이들 곁에 있을 때는 신경 쓰여서 어쩔 줄을 모르겠어요." 그녀는 말했다. "어느 날 갑자기 아이들에게 달려들지는 않을까 걱정이에요."

화이트 팽은 구석에서 뛰쳐나와 거칠게 으르렁거리며 아이들을 넘어뜨렸다. 어머니는 아이들을 불러들여 위로하면서 화이트 팽에게 손대지 않도록 주의를 주었다.

"늑대는 늑대야." 스콧 판사가 말했다. "늑대 따윌 믿을까보냐."

"하지만 저 아이는 완전한 늑대도 아니에요." 베스가 지금은 이곳에 없는 오빠를 대신에 끼어들었다.

"너는 위든 말을 곧이곧대로 듣고 말하는 것뿐이야." 판사가 말했다. "위든도 화이트 팽에게 개의 피가 섞였을 것이라 짐작하고 있는 것뿐이란다. 하지만 그 애가 말했듯이 이 문제에 대해서는 아무도 모르는 거야. 저 모습을 보면……."

판사는 그 말을 다 끝낼 수 없었다. 화이트 팽이 앞으로 와서 거칠게 짖어댔기 때문이다.
"어허! 저쪽 가서 자고 있어!" 스콧 판사가 명령을 내렸다.
화이트 팽은 사랑하는 주인의 아내 쪽으로 몸을 돌렸다. 이빨로 그녀의 드레스를 물고 당기자 드레스는 덧없이 찢어졌으며 그녀는 놀라 비명을 질렀다. 화이트 팽은 가족들의 관심을 모으게 되자 짖는 것을 멈추고 머리를 든 채 모두의 얼굴을 보며 서 있었다. 무슨 수를 써서라도 전하고는 싶지만 전해지지 않는 것을 짖어서라도 알리기 위해 몸부림을 치고 애를 쓰며 온몸으로 날뛰는 동안 목구멍은 발작이라도 일으킨 듯 움찔움찔 움직였다.
"미치지 않으면 좋을 텐데." 위든의 어머니가 말했다. "북쪽에서 살던 동물에게는 따뜻한 기후가 안 맞는 게 아닐까 걱정 되서 위든에게 이야기는 해두었는데 말이야."
베스가 말했다. "분명 무언가 말하려고 이러는 거예요."
그 순간 폭발이라도 일으킨 듯 화이트 팽이 맹렬하게 짖어댔다.
"위든에게 무슨 일이 생겼나 봐요." 위든의 아내가 딱 잘라 말했다.
모두 일어섰다. 화이트 팽은 자기를 따라오라고 말하듯 뒤를 돌아보고 나서 계단을 내려갔다. 화이트 팽이 짖어댈 때 사람들이 그 의미를 이해해준 적은 지금까지 살아왔던 나날 가운데 이번이 두 번째이자 마지막이었다.
이 사건이 일어난 뒤 화이트 팽은 시에라 비스타에 사는 사람들의 마음 한 구석에 있는 따스함을 발견하게 되었다. 화이트 팽이 팔을 물어뜯었던 마부조차 화이트 팽이 비록 늑대일지는 모르나 영리한 개라는 것을 인정했다. 스콧 판사만이 여전히 자신의 의견을 굽히지 않고 백과사전이나 여러 박물학 서적들을 인용해 자신의 의견을 증명하려고 하는 바람에 모두의 불만을 샀다.
수많은 나날들이 흘러가고 있었지만 산타클라라 계곡에는 끊임없이 햇빛이 쏟아져 내렸다. 그러나 해가 점점 짧아지고 남쪽 나라에 와서 맞는 두 번째 겨울이 왔을 무렵 화이트 팽은 이상한 점을 발견했다. 콜리의 이빨이 예전같이 날카롭지 않았던 것이다. 콜리는 화이트 팽에게 정말로 상처를 입히는 것은 막기 위해서인지 마치 장난이라도 치듯 부드럽게 물었다. 그래서 화이트 팽은 콜리가 삶의 무거운 짐이었다는 사실을 까맣게 잊어버리고 그녀가 자신의 주위에서 즐겁게 놀고 있으면 진지하게 반응하고는 같이 장난치려 애를 쓰면서 이 이상 없을 우스꽝스러운 모습을 보이기 시작했다.

어느 날 콜리는 화이트 팽을 이끌어 긴 시간 자신의 뒤를 쫓아오게 하더니 뒤에 있는 풀밭을 빠져나가 숲 속으로 데려갔다. 그날 오후 주인은 말을 타고 나갈 예정이었으며 화이트 팽도 그것을 알고 있었다. 말에 안장이 놓을 때 문에서 기다렸기 때문이다. 화이트 팽은 망설였다. 그러나 화이트 팽 안에는 지금까지 배웠던 법칙이나 오늘날의 그를 만들어낸 습관, 주인에게 보내는 사랑이나 살아가고자 하는 의지보다도 좀 더 깊은 무언가가 있었다. 결단을 내리지 못하고 있자 그 순간 콜리가 화이트 팽을 물고는 달려나가더니 이내 사라졌다. 화이트 팽도 몸을 돌려 그 뒤를 쫓아가기 시작했다. 이날 주인은 혼자서 말을 타게 되었다. 숲 속에서는 그 옛날 어미 늑대인 키치와 애꾸눈이 고요한 북쪽 나라의 원시림 속을 달렸던 것처럼 화이트 팽과 콜리가 어깨를 나란히 하고 함께 달렸다.

5
잠든 늑대

요사이 신문은 샌 쿠엔틴 감옥의 대담한 탈옥수 이야기로 떠들썩했다. 탈옥수는 흉악한 남자였다. 자라나는 과정에서 무언가가 잘못되어 버린 것이다. 태어날 때부터 정상적이지 않은 데다가 사회의 손은 그의 틀을 잡는 데에 전혀 도움을 주지 않았다. 그 남자는 사회의 손이라는 것이 얼마나 가혹한지, 그리고 그 손의 움직임이 인간을 어디까지 망가트릴 수 있는지를 보여주는 표본이었다. 그는 검은 머리를 가진 짐승이었다. 매우 끔찍한 짐승이기 때문에 그의 특징을 가장 잘 나타낸 단어가 식인귀라 해도 과언은 아니었다. 샌 쿠엔틴 감옥은 그가 갱생의 여지가 없는 자라는 사실을 증명해냈다. 어떠한 형벌도 그의 정신을 꺾을 수는 없었다. 말없는 미치광이로서 마지막까지 싸우다 죽을지언정 살아서 무릎을 꿇을 수는 없었던 것이다. 그가 맹렬하게 싸우면 싸울수록 사회는 그를 더더욱 가혹하게 다루었다. 결국 그는 점점 난폭해졌다. 짐 홀에게 구속복을 입힌다거나 급식을 끊거나 아니면 채찍이나 몽둥이로 때리는 것은 잘못된 처사였다. 그러나 그는 샌프란시스코에 있는 빈민굴에서 살았던 작고 연약한 어린 시절부터 그런 대우를 받아왔다. 사회의 손안에서 어떤 모습으로라도 변해갈 준비가 되어 있는 부드러운 점토로 이루어졌던 때부터 그래왔다.

짐 홀은 세 번째로 감옥에 들어가 있는 동안 마치 그처럼 지독한 짐승과도 같은 간수를 만나게 되었다. 그 간수는 그를 불공평하게 대했으며 교도소장에게 거짓말해서 그의 신용을 떨어뜨린 다음 그를 괴롭혔다. 두 사람 사이에 있는 차이라 해봤자 간수에게는 열쇠 한 다발과 권총이 있다는 것뿐이었다. 짐 홀에게는 맨손과 이빨밖에 없었기 때문이다. 그러나 어느 날 짐 홀은 그 간수에게 달려들어 마치 자신이 정글의 짐승이라도 된 것처럼 그의 목을 물어뜯었다.

이 일이 있고 나서 짐 홀은 구제할 길이 없는 죄수들이 간다는 감방에서 지내게 되었다. 그는 그곳에서 3년을 보냈다. 그 감방은 바닥도 벽도 지붕도 철로 만들어져 있었다. 그는 그곳에서 한 번도 나간 적이 없었다. 하늘도 태양도 보지 않았다. 한낮에도 어두침침했으며 밤에는 새카만 침묵만이 감돌았다. 그는 철로 만든 무덤에 산 채로 묻힌 것이다. 인간의 얼굴도 보지 않았으며 말을 건 적도 없었다. 간수들이 음식이 밀어 넣을 때면 야수처럼 으르렁댔다. 그는 모든 것을 미워했다. 밤낮없이 온 세상을 향해 자신의 분노를 터트리며 울부짖었다. 새까만 침묵 속에서 몇 개월 동안이나 입도 뻥끗 않고 자신의 혼을 갉아먹었다. 그는 인간이지만 미쳐버린 뇌가 보여주는 환상 속에서 누군가가 횡설수설 대는 것처럼 지독한 공포와도 같은 괴물이기도 했다.

그리고 어느 날 밤 그는 탈옥했다. 간수들은 탈옥이 불가능할 것이라 말했다. 하지만 감방은 텅 비어 있었던 데다 간수의 시체는 반의 반도 남아 있지 않았다. 그 말고도 간수 두 명을 죽여 감방을 지나 바깥에 있는 벽으로 갔다는 흔적을 남겼다. 이때 그는 간수가 소리를 지르지 않도록 손으로 죽였다.

짐은 자신이 죽인 간수들의 무기를 갖고 있었다. 살아 있는 무기 창고가 조직 사회의 힘에 쫓겨 바깥세상에서 도망다니고 있는 것이다. 그의 목에는 거액의 현상금이 걸렸다. 욕심에 눈이 먼 농부들은 엽총을 가지고 사냥에 나섰다. 짐의 피로 빚을 갚을 수도 한 아들을 대학에 보낼 수도 있었기 때문이다. 또한 사회의 정의를 지키고자 하는 시민들이 라이플총을 들고 일어섰다.

경찰견들은 무리 지어 피를 흘리는 짐의 발자국을 쫓았다. 그리고 싸우기 위해 사회에 고용된 동물인 법의 수색견들은 전화나 전보, 특급열차로 짐의 자취를 바짝 쫓았다.

그들은 때때로 짐과 마주쳤지만 그때마다 자신이 영웅이라도 되는 것처럼 맞서 싸우거나 가시가 달린 철조망을 넘어 앞다투어 달아나 아침 식탁에서 신문을 읽는 일반인들에게 즐거움을 주었다. 짐과 우연히 마주치고 나면 사망자나 부상자가 마을로 옮겨졌고 이 때문에 몇 명인가가 빠지게 된 구역은 인간 사냥에 정신이 팔린 사람들로 금방 채워졌다.

그사이 짐 홀이 모습을 감췄다. 경찰견은 사라진 짐의 자취를 찾아 덧없이 돌아다녔다. 내륙에 있는 계곡에서는 무장한 사람들이 죄 없는 목장 노동자들에게 신분을 증명하라고 강요했다. 이처럼 피 묻은 돈을 노리는 욕심쟁이들이 산 중턱 여기저기에서 짐 홀의 사체를 발견했다고 난리였다.

한편 시에라 비스타의 사람들도 신문을 읽었다. 그러나 관심보다는 불안해했다. 여자들은 두려움마저 느꼈다. 스콧 판사는 콧방귀를 뀌며 웃어넘겼지만 그럴 처지가 아니었다. 왜냐하면 판사가 법정에서 보낸 삶의 마지막 날에 그 앞에 서서 선고를 받았던 것은 다름 아닌 짐 홀이었기 때문이다. 짐은 공개법정에서 사람들을 보며 자신에게 유죄 판결을 내린 것에 대한 앙갚음할 날이 언젠가 올 것이라고 공언했다.

이때만큼은 짐 홀이 옳았다. 그는 무죄였음에도 선고를 받았던 것이다. 이런 경우를 도둑과 경찰 용어로 '날조'라고 하는데 짐 홀은 경찰의 날조 때문에 죄를 저지르지 않았는데도 감옥에 가게 되었다. 스콧 판사는 전과 2범이라는 이유로 짐 홀에게 50년 형을 언도했다.

스콧 판사는 아무것도 몰랐다. 증거를 조작하고 위증해서 짓지도 않은 죄명으로 짐 홀을 고발했다는 경찰의 음모에 자신이 휘말려들었다는 사실을. 그러나 짐 홀은 스콧 판사가 아무것도 모른다고 생각하지 않았다. 판사가 다 알면서도 경찰과 손을 잡고 터무니없는 부정을 저질렀다고 믿었다. 짐은 스콧 판사에게서 50년간 산송장이나 다름없이 살라는 판결을 선고받자 자신을 괴롭히는 사회의 모든 것을 미워하며 분노에 못 이겨 일어나 법정 안에서 날뛰다가 결국 푸른 옷을 입은 적(경관) 여섯 명에게 끌려 나갔다. 짐에게 스콧 판사야말로 부정이라는 아치 꼭대기에 있는 이맛돌이었다. 그는 스콧 판사에게 속절없이 분노를 터트리면서 욕설을 퍼붓고는 머지않아 복수하기 위해 다시 찾아오겠다며 협박했다. 그러고 나서 짐은 죽느니만 못한 곳으로 떠났고…… 탈옥한 것이다.

이 모든 것에 대해 화이트 팽은 아무것도 몰랐다. 그리고 이 무렵 화이트 팽과 주인의 아내인 앨리스 사이에는 비밀이 있었다. 밤마다 시에라 비스타의 사람들이 잠자리에 들고 나면 앨리스가 일어나 화이트 팽을 큰 거실에서 자게 한 것이다. 그러나 화이트 팽은 실내에서 기를 수 있는 개가 아니기 때문에 식구들은 화이트 팽이 집 안에서 자는 것을 허락하지 않았다. 그래서 앨리스는 매일 아침 가족들이 일어나기 전에 살그머니 밑에 내려와서 화이트 팽을 밖으로 내보내고는 했다.

그러던 어느 날 밤이었다. 집안사람들은 잠들었지만 화이트 팽은 눈을 뜬 채 가만히 엎드려 있었다. 그리고 조용히 공기의 냄새를 맡다가 낯선 신이 있다는 낌새를 읽어냈다. 귀로는 낯선 신이 움직이는 소리가 들려왔다. 그러나 화이트 팽은 화를 내며 야단법석을 떨지 않았다. 화이트 팽의 방식이 아니었기 때문이다. 낯선 신은 살며시 걷고 있었지만 화이트 팽은 인간처럼 몸에 스치는 옷을 입고 있지 않았기 때문에 그보다 더 살며시 걸었다. 그리고 소리 없이 따라갔다. 그가 황야에 있었을 때에는 매우 겁이 많은 동물들을 사냥하며 살아왔기 때문에 기습이 얼마나 유리한지 잘 알고 있었다.

낯선 신은 커다란 계단 입구에 서서 발걸음을 멈추고 귀를 기울였다. 화이트 팽은 쥐 죽은 듯 몸 하나 까딱하지 않고 그를 지켜보았다. 그 계단을 올라가면 사랑하는 주인과 사랑하는 주인이 가장 소중하게 여기는 소유물이 있는 곳으로 갈 수 있었다. 화이트 팽은 털을 곤두세웠지만 계속 기다렸다. 낯선 신이 한쪽 발을 들어올렸다. 기어이 계단을 오르기 시작한 것이다.

그 순간 화이트 팽이 덤벼들었다. 어떤 경고도 하지도 않았다. 으르렁거리며 자신의 다음 행동을 예고하지도 않았다. 공중으로 뛰어들어 낯선 신의 등에 올라탔다. 앞발로 남자의 어깨에 매달리면서 그의 목덜미에 엄니를 깊게 박아 넣었다. 화이트 팽이 신에게 매달린 채 질질 끌어내리자 그는 뒤로 고꾸라졌다. 둘은 한데 엉켜 바닥에 부딪쳤다. 화이트 팽은 깔끔하게 뛰어내렸지만 상대는 일어서려고 발버둥 쳤기에 다시 한 번 엄니로 공격했다.

시에라 비스타의 사람들이 눈을 떴다. 계단 아래에서 마치 수많은 악마들이 치고받고 싸우는 듯한 소란이 들렸기 때문이다. 권총이 불을 뿜었다. 공포와 고통에 찬 남자의 비명 소리가 들렸다. 그리고 무시무시하게 으르렁거리는 소리와 가구나 유리가 박살나는 소리가 한꺼번에 들렸다.

그러나 소동은 갑자기 일어났을 때와 마찬가지로 갑자기 가라앉았다. 싸움은 3분 이상 계속되지 않았다. 가족들은 겁에 질려 계단 위에서 뭉쳐 있었다. 어두컴컴한 나락과도 같은 바닥에서 거품이 물속에서 올라오는 듯한 꾸르륵거리는 소리가 들렸다. 그것은 거의 바람이 새 쉭쉭거리는 휘파람 같은 소리로 바뀌었다. 그러나 순식간에 작아지더니 이내 그치고 말았다. 그리고 공기를 들이마시기 위해 난폭하게 몸부림치고 있는 동물의 괴로운 헐떡임 말고는 어둠 속에서 아무것도 들리지 않게 되었다.

위든 스콧이 거실의 불을 켜자 계단과 계단 아래에 있는 거실에 빛이 넘쳐났다. 위든과 스콧 판사는 권총을 쥐고 주위를 빈틈없이 살피며 밑으로 내려왔다. 그러나 이제 조심할 필요는 없었다. 화이트 팽이 자신의 임무를 다했기 때문이다. 쓰러져서 부서진 가구 조각들 한가운데에 한 남자가 비스듬하게 옆을 보며 팔로 얼굴을 숨긴 채 쓰러져 있었다. 위든 스콧은 그 옆에 수그리고 그의 손을 치운 다음 남자의 얼굴이 드러나도록 굴렸다. 크게 찢어진 목은 그가 어떻게 죽었는지를 말해주고 있었다.

"짐 홀이다." 스콧 판사가 말했다. 아버지와 아들은 의미심장하게 얼굴을 마주 보았다.

그리고 두 사람은 화이트 팽을 돌아보았다. 화이트 팽 또한 옆에 누워 있었다. 눈은 감고 있었지만 다가와 몸을 수그린 두 사람을 보기 위해 눈꺼풀을 살그머니 들어 올리고 꼬리를 세차게 흔들어 보려 애를 썼지만 소용이 없었다. 희미하게 움직이는 것이 보였을 뿐이었다. 위든 스콧이 화이트 팽을 가볍게 두드리자 그에 답하듯이 목구멍을 울리며 으르렁거렸다. 그러나 그 소리는 약하기 그지없었으며 이내 멈춰버리고 말았다. 눈꺼풀은 내려앉으면서 점점 닫혔고 몸은 축 늘어져 바닥에서 뻗어버렸다.

"가엾기도 하지. 이렇게밖에 할 수 없나 봐요." 주인이 중얼거렸다.

"할 수 있는 것은 다 해보자꾸나." 스콧 판사가 그렇게 말하더니 전화를 걸러 갔다.

"솔직히 말씀드리자면 이 녀석이 살 확률은 천 분의 일밖에 안 됩니다." 1

시간 반이나 화이트 팽의 치료를 하고 나서 의사는 그렇게 말했다.

새벽빛이 창문을 부수고 들어오면서 전등 빛을 어두침침하게 만들었다. 아이들을 뺀 가족 모두가 의사 주변에 모여 진단 결과를 듣고 있었다.

"다리 한쪽이 부러졌어요." 의사는 말을 이어나갔다. "늑골 뼈도 세 개나 부러진 데다 적어도 하나는 폐에 박혔을 겁니다. 몸 안에 피가 거의 남아 있지 않다고 해도 될 만큼 많이 흘렸고요. 아무래도 내상이 심한 모양입니다. 밟힌 게 틀림없어요. 총알이 세 개나 몸을 꿰뚫고 나갔다는 것은 말씀드리지 않아도 아실 겁니다. 사실 천 분의 일밖에 안 된다고 말씀드린 것도 정말 낙관적이라 할 수 있죠. 만 분의 일도 안 될 겁니다."

"만약 살릴 수만 있다면 무엇이든 할 겁니다." 스콧 판사가 외쳤다. "돈이야 얼마가 들던 상관없습니다. 엑스레이든지 뭐든지 간에요. 위든, 샌프란시스코의 니콜스 선생님께 얼른 전보를 치거라. 선생님을 못 믿는다는 것이 아닙니다, 이해해주십시오. 해볼 수 있는 것은 다 해보아야지 않습니까."

의사는 인자하게 미소 지었다. "물론 이해합니다. 이 녀석에게는 모든 것을 해주어도 좋을 만큼의 가치가 있으니까요. 아픈 아이를 간호해주듯이 잘 보살펴주십시오. 아까 말씀드린 체온에 대해서도 잊지 마시길. 10시에 또 찾아뵙겠습니다."

화이트 팽은 의사가 말한 대로 간호를 받았다. 스콧 판사는 간호사를 고용하자 말을 꺼냈지만 딸들은 분개하며 자신들이 간호를 맡겠다고 나섰다. 그리고 화이트 팽은 의사조차 고개를 저었던 만 분의 일이라는 확률을 이겨내고야 말았다.

그러나 의사의 오진을 탓할 수는 없었다. 그가 지금까지 돌보고 치료해 왔던 것은 몇 세대에 걸쳐 보호 속에서 살아왔으며 지금도 여전히 보호 속에 살고 있는 문명사회의 연약한 인간들이었기 때문이다. 그래서 인간은 화이트 팽에 비하면 허약하고 여리며 삶에 대한 집착도 약했다. 그러나 화이트 팽은 약한 자는 일찍 죽고 누구도 자신의 방패막이가 되어주지 않는 황야에서 바로 온 것이다. 아비나 어미 늑대는 물론 선조들에게도 약점이란 없었다. 화이트 팽은 그들에게서 강철과 같은 몸과 거센 생명력을 물려받았다. 그리고 정신적으로도 육체적으로도 모든 면에서 삶에 집착했으며 이는 모든 생물이 옛날에는 갖고 있었던 것이다.

죄수처럼 자유를 빼앗기고 석고 붕대 탓에 움직일 수 없었던 화이트 팽은 몇 주간 생사의 갈림길에 서 있었다. 오랫동안 잠에 빠져 자꾸만 꿈을 꾸었다. 북쪽 나라의 광경이 연극처럼 끊임없이 머릿속에 펼쳐졌다. 과거의 유령들이 나타나 화이트 팽에게 들러붙었다. 화이트 팽은 또다시 키치와 함께 동굴에 있었다. 충성을 다하기 위해 부들부들 떨면서도 그레이 비버의 무릎 근처로 기어 다가가기도 했다. 립립이나 정신없이 울부짖는 강아지 무리에게서 자신의 목숨을 지키기 위해 도망도 쳤다.

또한 굶주림이 계속되었던 몇 개월 동안 정적을 헤치며 싱싱한 먹잇감을 찾아 돌아다녔다. 썰매개들의 우두머리가 되어 달리고 있었을 때, 부채꼴 대형으로 달리던 개들을 한 군데로 모아 좁은 길을 빠져나가기 위해 미사와 그레이 비버가 뒤에서 순록의 내장으로 만든 채찍으로 후려치며 '이랴! 이랴!' 외쳤다. 또 뷰티 스미스와 지낸 날이 떠올랐다. 싸우고 또 싸웠다. 그때마다 화이트 팽은 잠든 채 코를 킁킁거리거나 으르렁거렸다. 곁에서 지켜보는 사람들은 무서운 꿈을 꾼다고 생각했다.

그러나 무엇보다도 화이트 팽을 괴롭히는 악몽은 날카롭게 외치는 커다란 스라소니처럼 쇳소리를 내는 전차라는 괴물이었다. 화이트 팽이 수풀로 가려진 곳에 누워 있을 때 다람쥐가 나무라는 도피처에서 땅으로 내려와 덮치기에는 안성맞춤인 곳까지 오는 것을 보았다. 화이트 팽이 달려들자 다람쥐가 순식간에 전차로 바뀌더니 산처럼 높이 솟아나 날카롭게 쇳소리를 내거나 불을 내뿜으며 무섭게 위협했다. 하늘에서 내려오는 매에게 도전했을 때도 마찬가지였다. 푸른 하늘에서 화이트 팽에게로 곧장 떨어져 내려오는가 싶더니 아니나 다를까 전차로 바뀌었다. 그리고 화이트 팽은 또다시 뷰티 스미스의 우리 안에 있었다. 우리 주위에는 사람들이 모여 있었기 때문에 화이트 팽은 자신이 싸워야 한다는 것을 알았다. 그래서 문을 바라보며 적이 들어오기만을 기다렸다. 그러나 문이 열리고 우리로 들어온 것은 무시무시한 전차였다. 이런 꿈이 몇 번이고 계속되었다. 그때마다 생생하고 크나큰 공포에 사로잡히고는 했다.

그리고 마침내 석고 붕대를 푸는 날이 왔다. 온통 축제 분위기인 시에라 비스타의 저택 안 사람들이 화이트 팽 주변에 몰려들었다. 주인은 귀를 쓰다듬어 주었다. 화이트 팽은 애정을 담아 부드럽게 으르렁거렸다. 주인의 아내가 화이트 팽을 '행운의 늑대'라 부르자 그 이름에 사람들은 우렁찬 박수를 보냈으며 여자들도 모두 화이트 팽을 '행운의 늑대'라 불렀다.

화이트 팽은 몇 번인가 일어서려고 했으나 매우 쇠약해져 있었으므로 바로 쓰러졌다. 너무나도 오랜 시간 잠에 빠져 있었기 때문에 그의 근육은 정교하게 움직이는 법을 잊어버리고 몸에서는 힘이 완전히 빠져나가 버렸다. 화이트 팽은 신들을 위해 해야만 하는 봉사를 게을리한 것처럼 약해진 자신을 조금 부끄럽게 여겼다. 그래서 일어서려고 애를 쓰는 화이트 팽의 모습은 자못 영웅처럼 보이기도 했다. 화이트 팽은 드디어 자신의 힘만으로 일어섰지만 앞뒤로 비틀거렸다.

"행운의 늑대야!" 여자들은 입을 맞추어 말했다.

스콧 판사는 의기양양하게 여자들을 둘러보았다.

"드디어 너희 입에서 그 말이 나왔구나." 판사가 말했다. "내 말이 맞았어. 평범한 개는 그런 일을 할 수 없지. 이 녀석은 늑대야."

"늑대는 늑대여도 행운의 늑대죠." 판사의 아내가 그의 말을 고쳤다.

"그럼, 행운의 늑대고말고." 판사도 이에 고개를 끄덕였다. "이제부터는 나도 그렇게 불러야겠어."

"먼저 걷는 법부터 배워야 할 겁니다." 의사가 말했다. "하지만 이 녀석이라면 지금 당장 시작해도 상관없을 겁니다. 몸에 지장을 주지는 않을 테니까요. 밖으로 내보내 보세요."

화이트 팽은 마치 왕처럼 시에라 비스타의 저택 안 사람들을 거느리고 밖으로 나아갔다. 그러나 매우 쇠약해져 있었기에 잔디밭에 이르자 잠시 엎드려 쉬었다.

그리고 왕의 행진은 다시 시작되었다. 근육을 움직이자 피가 물밀 듯이 흘러 다녔으며 힘이 조금씩 솟아나기 시작했다. 마구간으로 가보니 문 앞에서 콜리가 엎드려 있었다. 그리고 햇볕이 내리쬐는 그녀 주위에는 땅딸막한 강아지 여섯 마리가 놀고 있었다.

화이트 팽은 신기하다는 눈초리로 바라보았다. 그러나 콜리가 경고하듯이 으르렁거렸기 때문에 화이트 팽은 너무 가까이 가지 않도록 주의를 기울였다. 주인이 꼬물꼬물 움직이는 강아지 한 마리를 화이트 팽의 발치로 가게 했다. 화이트 팽은 수상쩍어 하며 털을 곤두세웠지만 주인은 괜찮다고 다독였다. 콜리는 한 여자의 팔에 안긴 채 너무나 걱정스럽게 지켜보았다. 그리고 전혀 괜찮지 않다는 듯이 으르렁거리며 경고했다.

강아지가 화이트 팽 앞으로 기어 나왔다. 화이트 팽은 귀를 세우고 신기하다는 듯이 지켜봤다. 이윽고 두 코가 맞닿았다. 화이트 팽은 주둥이에 닿은 강아지의 작고 따뜻한 혀를 느꼈다. 그러자 저도 모르게 혀를 내밀고 강아지의 얼굴을 핥았다.

신들은 화이트 팽의 행동을 박수와 환호성으로 맞이했다. 화이트 팽은 깜짝 놀라 몸 둘 바를 몰라하며 신들을 보았다. 그리고 화이트 팽은 또다시 피로가 몰려와 그 자리에서 엎드려 귀를 세우고 머리를 기울이며 강아지를 지켜보았다. 다른 강아지들이 콜리가 넌더리를 치는데도 비틀비틀 기어와 자신의 몸 위로 기어 올라가거나 굴러떨어져도 아무렇지 않은 듯 내버려 두었다. 처음에 신들이 화이트 팽을 둘러싸고 손뼉을 쳤을 때는 얼굴에 여느 때처럼 부끄러움과 어색함이 조금 나타나 있었다. 그러나 강아지들이 장난치며 요란하게 싸우는 동안 그런 기분도 사라졌다. 그래서 진득이 눈을 반 쯤 감고 엎드린 채 햇볕 아래에서 꾸벅꾸벅 졸기 시작했다.

잭 런던 명작선

불 지피기
마푸히의 집
삶의 법칙
잃어버린 체면
미다스의 노예들
그림자와 섬광

To Build a Fire
불 지피기

동이 텄을 때 날은 춥고 하늘은 잿빛이었다. 사나이가 유콘 강가의 큰길을 벗어나 흙으로 된 높은 기슭에 올랐을 때는 지독하게 춥고 잿빛 하늘도 더욱 짙었다. 그가 오른 곳은 사람이 잘 다니지 않아 발자국 하나 뚜렷하지 않았다. 울창한 전나무 숲을 뚫고 동쪽으로 길이 나 있었다. 가파른 기슭을 올라왔으므로 사나이는 숨이 찼다. 꼭대기에서 숨을 돌리려고 그는 잠시 걸음을 멈추었다. 그러고는 자신의 행동을 변명이라도 하듯 시계를 들여다보았다. 9시였다.

하늘에는 구름 한 점 없었으나 해는 보이지 않았고 나올 기색도 없었다. 맑은 날씨였지만 사물의 위에는 아침을 어둡게 하는 미묘한 우울함 같은 것이 마치 눈에 보이지 않는 관 덮개처럼 덮여 있었다. 그렇다고 사나이가 걱정을 한 것은 아니었다. 해가 없는 것에 익숙했기 때문이다. 사실 해를 본 지도 며칠이 지났다. 그는 며칠이 더 지나야 사람의 마음을 즐겁게 하는 둥근 해가 그나마 정남쪽 하늘 끝에 잠깐 보이리라는 사실을 알고 있었다. 해는 그렇게 잠깐 보이다가 곧 시야에서 사라질 것이다.

사나이는 자기가 온 길을 힐끗 돌아다보았다. 폭이 1마일이나 되는 유콘 강이 3피트 정도의 얼음 밑으로 흐르고 있었다. 얼음 위에는 얼음 두께 정도의 눈이 쌓여 있었다. 눈은 순백색이었고, 결빙기의 얼음이 엉겨 있는 곳에서는 물결 모양을 이루고 있었다. 북쪽이건 남쪽이건 눈에 보이는 것은 흰색뿐이었으며, 예외라면 머리카락같이 가느다랗고 검은 선이 꼬불꼬불 이어져 있다는 점이었다. 이 선은 전나무로 뒤덮인 섬 부근에서 시작하여 남쪽까지 이어지고, 저 너머 북쪽으로도 이어져서 북쪽 끝에 있는 전나무로 뒤덮인 또 하나의 섬 뒤쪽에서 끝이 났다.

이 머리카락 같은 검은 선은 길이었다. 이 길은 바로 주도로로, 남쪽으로

500마일 가면 칠쿠트 고개를 지나 다이를 거쳐 바다로 이어지고, 북쪽으로 70마일 가면 도슨에, 거기서 1천 마일 정도 더 가면 눌라토에 도달하게 되며, 1천 5백 마일 정도 더 가면 종국에는 베링 해의 세인트 마이클에 이르게 된다.

그렇지만 신비롭게 멀리 뻗어 있는 머리카락같이 가늘어 보이는 길, 해가 없는 하늘, 엄청난 추위, 그 어느 것도 사나이에게는 아무런 느낌을 주지 못했다. 그가 이러한 것들에 익숙하기 때문은 아니었다. 그는 이 땅에서 이른바 치차코라고 불리는 신참이었다. 사실 이번 겨울도 그가 맞는 첫 번째 겨울이었다. 이 사람에게 문제가 있다면 그것은 상상력의 결핍이었다. 그는 세상일에 재빠르고 빈틈이 없었다. 그러나 그저 세상일의 겉에 대해서만 그렇지 그것의 깊은 뜻에 대해서는 아는 게 없었다. 화씨로 마이너스 50도의 온도이니, 물이 어는 온도인 32도에서부터 따지면 영하 80도 정도가 되는 셈이다. 이런 기온을 불편할 정도의 추위로만 받아들였을 뿐, 어떤 한계 내의 열과 추위에서만 살 수 있는 온혈동물로서의 자신의 나약함과 인간 전체의 나약함에 대해서는 생각하지 못했다. 더 나아가 영생불멸이라는 추측의 차원이라든가 우주에서의 인간의 위치 등에 대해서도 생각하지 못했다. 그에게 마이너스 50도라는 기온은 그저 고통스러운 동상을 뜻했다. 또 마이너스 50도란 그것에 대비하여 장갑을 끼고, 귀걸이를 하고, 모카신이라는 따뜻한 신을 신고, 두꺼운 양말을 신는 것을 의미했다. 그런 것이 마이너스 50도였다. 이런 것 말고 그 이상의 것이 있을지도 모른다는 생각은 그에게 도저히 들지 않았다.

몸을 돌려 길을 계속 가다가 그는 얼마나 추운지 알아보기 위해 침을 탁 뱉었다. 침이 날카롭게 파열음을 내면서 즉시 얼어붙었다. 그는 놀랐다. 다시 침을 뱉었다. 채 눈에 떨어지기도 전에 침이 공중에서 얼어붙었다. 마이너스 50도에서는 침이 눈 위에서 얼어붙는다는 사실은 알고 있었다. 그런데 지금은 공중에서 얼어붙는 것이었다. 마이너스 50도 이하임은 분명했지만 정확히 얼마나 추운지는 몰랐다. 그러나 기온은 문제가 아니었다. 그는 헨더슨 수로의 왼쪽 갈래로 가는 길이었다. 그곳에는 동료들이 이미 와 있을 것이다. 그가 우회로를 따라가는 동안 동료들은 인디언 수로 지방으로부터 산을 넘어 그곳에 이미 도착해 있을 것이다. 그가 우회로를 따라가는 까닭은 봄에 유콘 강 안에 있는 섬들에서 통나무 배를 내어서 갈 수 있는지 여부를 알아보기 위해서였다. 6시까지는 도착하리라는 것이 그의 짐작이었다. 물론 약간 어둡기는 하겠지만, 먼저 온 동료들이 불을 지피고 따뜻한 저녁밥을 준비해 놓을 것이다. 점심 얘기를 한다면, 그는 재킷 밑으로 불룩 나온 꾸러미를 손으로 눌러보아야 한다. 점심 꾸러미는 손수건으로 싸서 셔츠 안에 넣어 직접 살에 닿도록 했다. 이렇게 하는 것이 비스킷 빵을 얼지 않게 하는 유일한 방법이었다. 비스킷 빵으로 점심 먹을 생각을 하니 기분이 좋아서 혼자 웃음이 나왔다. 비스킷 빵을 잘라 가른 뒤 베이컨 기름에 푹 적시고 그 안에 큼직한 베이컨 한 조각을 튀겨 넣은 것이 그가 먹을 점심이었다.

그는 큼직한 전나무가 빽빽이 들어서 있는 곳으로 접어들었다. 길이 잘 보이지 않았다. 마지막 눈썰매가 지나간 뒤로 1피트의 눈이 더 왔던 것이다. 썰매 없이 홀가분하게 걸어다니니 기분이 좋았다. 정말로 그가 가지고 있는 것이라곤 손수건에 싼 점심뿐이었다. 그런데 그는 추위에 놀랐다. 장갑 낀 손으로 감각 없는 코와 광대뼈를 연방 문지르면서, 정말 추운 날씨라고 중얼거렸다. 구레나룻이 무성하긴 했으나 그 정도 가지고는 튀어나온 광대뼈와 차가운 대기에 돌출되어 있는 얼얼한 코를 보호할 수는 없었다.

사나이의 뒤에는 그 지방 고유의 에스키모개인 늑대개 한 마리가 따라오고 있었다. 잿빛 털로 뒤덮여 있는 개였다. 사촌격인 야생 늑대와 겉으로나 기질로나 거의 비슷한 종류였다. 개도 이 강추위에는 기가 꺾일 수밖에 없었다. 개는 지금이 길을 나설 때가 아님을 알고 있었다. 인간의 판단보다는 개의 본능이 더 정확했다.

사실을 말하자면 기온은 그저 50도를 밑도는 정도가 아니었다. 60도를 밑돌 때보다 더 추웠고 70도를 밑돌 때보다 더 추웠다. 실제로는 기온이 마이너스 75도였다. 물이 어는 온도가 32도니, 마이너스 75도란 영하 107도인 셈이다. 개가 온도 따위에 대해서 알 리 없다. 아마 인간만큼 분명하게 머릿속으로 강추위를 의식할 수 없을지도 모른다. 그렇지만 이 짐승에게는 본능이란 것이 있었다. 그래서 개는 뚜렷하지는 않지만 위협적인 공포를 느꼈고, 이 공포 때문에 기가 죽은 채 인간의 발뒤꿈치를 살금살금 따라오는 것이다. 또 이 공포 때문에 개는 사나이가 조금이라도 여느 때와 다른 몸짓을 하면 사나이에게 무언가를 묻는 듯한 눈초리를 보냈다. 마치 사나이가 야영을 하거나 어딘가 피할 곳을 찾아 불을 피우기를 기대하는 것 같았다. 개는 불이란 것을 알고 있었고, 지금 불이 필요했다. 아니면 눈 속에 굴을 파고 들어가 바깥 공기를 피해 몸을 웅크리고 있기를 바랐다.

개의 입김이 얼어붙어 털 위에 고운 서리가루처럼 달려 있었다. 얼어붙은 입김 때문에 개의 뺨, 주둥이, 눈썹 부분이 더욱 하얗게 보였다. 사나이의 붉은 턱수염과 콧수염에도 마찬가지로 서리가 내렸다. 그것은 개의 그것보다 더욱 날카로웠다. 이렇듯 얼어붙는 모든 것은 고드름처럼 매달렸고, 고드름은 사나이가 따뜻하고 김이 서린 입김을 내쉴 때마다 점점 길어졌다. 사나이는 담배를 씹고 있었다. 그런데 고드름 끝이 입을 막고 있어서 담배즙을 뱉어도 그대로 턱에 달라붙었다. 그 결과 턱수염은 호박처럼 누렇게 되면서 단단하게 굳었고, 점점 길어졌다. 그가 넘어지기라도 한다면 수염은 유리같이 작은 조각으로 산산이 부서질지도 모른다. 그러나 사나이는 턱수염에 달라붙어 있는 것에 전혀 신경을 쓰지 않았다. 이것은 이 지방에서라면 흡연가가 물어야 할 벌금 같은 것이었기 때문이다. 그는 두 번 정도 이런 갑작스러운 추위에 외출한 적이 있었다. 그런데 그의 기억으로는 그때도 이렇게까지 춥지는 않았다. 당시 식스티 마일이란 곳에 마련되어 있던 알코올 온도계로 기온이 각각 마이너스 50도와 마이너스 55도였다.

그는 굴곡 없이 펼쳐져 있는 숲을 따라 몇 마일을 더 가다가 넓고 평평한 지역을 지났다. 그러고는 가파른 기슭을 따라 작은 수로의 언 바닥으로 내려갔다. 헨더슨 수로였다. 사나이는 이 수로가 물길이 갈라진 곳으로부터 10마일쯤 떨어진 곳임을 알고 있었다. 시계를 보니 10시였다. 한 시간에 4마일을 걷고 있으니 12시 반이면 물길이 갈라지는 곳까지 갈 수 있으리라 예상되었다. 그곳에 가서 점심을 먹으면서 도착을 축하해야겠다고 마음먹었다.

사나이가 수로 바닥을 따라 힘차게 나아가자 개는 사나이의 발뒤꿈치에 다시 바짝 달라붙었다. 개는 기가 죽어 꼬리를 내린 상태였다. 앞서 지나간 썰매가 낸 길이 분명히 보였지만, 썰매를 끄는 개들이 낸 자국 위로 다시 눈이 12인치나 덮여 있었다. 지난 한 달 동안 아무도 이 적막한 수로로 지나가지 않았던 것이다. 사나이는 차분하게 계속 걸었다. 그에게 별다른 생각은 들지 않았다. 특히 지금, 물길이 갈리는 곳에서 점심을 먹고 6시에 동료들과 함께 야영할 수 있으리라는 생각 말고는 아무런 생각도 들지 않았다. 말을 건넬 사람도 없었다. 설령 누가 있었다고 해도 입에 붙은 길쭉한 얼음 조각 때문에 대화할 수 없었다. 그는 단조롭게 담배만 연방 씹었고, 호박색 턱수염은 자꾸자꾸 길어지기만 했다.

날이 이토록 지독하게 추운 것은 난생처음이라는 생각만 자꾸 들었다. 걸어가면서도 그는 장갑 낀 손등으로 광대뼈와 코를 문질렀다. 이따금 손을 바꾸어가며 문지르는 행동을 기계적으로 했다. 그러나 아무리 문질러도 그가 동작을 멈추면 광대뼈는 금방 얼어 감각이 없었다. 그 다음에는 코끝이 무감각해졌다. 뺨이 이미 동상에 걸린 것은 분명했다. 이 사실을 깨달았을 때 버드가 매섭게 추운 날이면 끼고 다니던 가죽 코마개를 준비하지 못한 것이 몹시 후회되었다. 그러나 결국 별 문제는 아니었다. 뺨의 동상 정도가 무슨 대수란 말인가? 약간 아프긴 하지만 그 정도뿐이지 결코 심각한 것은 아니다.

사나이는 마음속으로 아무런 생각도 하지 않고 있었다. 그래도 그의 눈만큼은 날카로웠다. 그 눈으로 그는 강의 변화를 세심히 살펴보았다. 강이 어느 쪽으로 굽었는지, 벌채한 나무가 어디에 쌓여 있는지를 보아 두었던 것이다. 또한 발을 어디다 디뎌야 할지 항상 주의하며 걸었다. 한 번은 강이 굽은 곳을 돌아오다가 갑자기 놀란 말처럼 겁을 집어먹고 자기가 걸어온 곳을 몇 걸음 뒷걸음질한 적도 있었다. 그가 알기로, 수로는 바닥까지 완전히 얼어붙기 때문에 극지방의 겨울 강에는 물 한 방울도 있을 수 없었다.

그런데 또 그가 아는 바로는 여기저기 강 언덕에서 솟아나오는 샘이 있어 거기서 나온 물이 눈 밑으로나 강바닥 얼음 위로 흐른다는 것이다. 아무리 추운 날이라 해도 이 샘들마저 얼게 할 수는 없음을 알고 있었다. 더불어 그런 곳에는 위험이 도사리고 있다는 사실도 함께 알고 있었다. 그 샘들은 함정과 같아서 3인치에서 3피트 정도의 눈 아래 물웅덩이를 숨기고 있었다. 어떤 때는 반 인치 정도의 얼음이 샘에 살짝 덮여 있고, 그 위에 다시 눈이 덮여 있기도 했다. 때로는 물과 살얼음이 번갈아 덮여 있어서, 누군가가 이 얼음에 빠지면 계속해서 얼음이 깨져 어떨 때는 허리께까지 물에 잠기기도 한다.

그가 그처럼 겁을 먹고 뒷걸음질하던 것은 바로 이런 이유 때문이었다. 눈으로 덮여 있던 살얼음이 발 아래쪽에서 깨지는 소리가 들렸던 것이다. 이 정도 추운 날씨에 발이 젖는다는 것은 정말 난처하고도 위험한 일이었다. 적어도 시간을 지체하게 될 것이다. 발길을 멈추고 불을 지핀 뒤 그 불에 양말을 벗어 신과 함께 말려야 하기 때문이다. 그는 똑바로 서서 수로 바닥과 수로 기슭을 잘 살펴보았다. 그러고는 물이 수로 오른쪽에서부터 흘러나온다고 생각했다. 코와 뺨을 비벼대면서 잠시 더 생각하다가 그는 조심스레 걸음을 옮겼다. 또 옮길 때마다 바닥이 괜찮은지 확인하며 강 왼쪽으로 피해 갔다. 일단 위험에서 벗어나자, 담배를 새로 꺼내어 씹으며 시간당 4마일의 속도로 걸음을 옮겼다.

다음 두 시간 동안에 그는 비슷한 함정을 몇 번 만났다. 대개는 보이지 않는 물웅덩이 위에 덮인 눈이 타원형으로 푹 꺼져 있어서 위험한 곳을 쉽게 알 수 있었다. 가까스로 위기를 모면한 적도 한 번 있었다. 정 위험할 것 같아서 먼저 개를 보내 본 적도 있었다. 개는 처음에는 가지 않으려 계속 버티다가 사나이가 힘껏 밀어내자 재빨리 눈 덮인 멀쩡한 바닥을 후딱 건너갔다. 갑자기 얼음이 깨지고 한쪽 다리가 물에 빠지자 다른 쪽 다리로 재빠르게 빠져나왔다. 개의 앞발과 뒷발 모두가 물에 젖고 이내 몸에 묻은 물이 얼어버렸다.

개는 다리에 붙은 얼음을 연신 혀로 핥아 내더니 눈 위에 주저앉아서는 발가락 사이에 생긴 얼음을 입으로 뜯어내기 시작했다. 개에게는 본능적인 일이었다. 발가락에 얼음이 남아 있으면 발이 아프게 될 것이다. 개는 이 사실을 알지는 못했으나 그저 생명의 저 깊은 곳에서 내리는 신비한 급명에 따르고 있을 뿐이다. 개와 달리 사람은 이런 문제를 놓고 판단을 내린 다음에야 알게 되었다고 할 수 있다.

이윽고 사나이는 오른손 장갑을 벗고 얼음 조각 떼는 일을 도와주었다. 그런데 놀라운 일은 손가락이 노출된 지 1분도 안 되어 손가락에 갑자기 감각이 없어진다는 사실이었다. 사나이는 장갑을 서둘러 끼고는 손으로 가슴팍을 세게 내리쳤다.

12시가 되자 날은 하루 중 가장 눈부시게 밝았다. 그럼에도 겨울 해는 저 멀리 남쪽을 운행하고 있기 때문에 수평선이 눈에 들어오지 않았다. 수평선과 헨더슨 수로 사이에 땅이 불거져 나와 있었다. 그런데 지금 사나이는 정오의 맑은 하늘 아래 그림자도 없이 수로 바닥을 걷고 있는 것이다. 1분도 틀리지 않고 정확히 12시가 되자 그는 강이 갈리는 곳에 도착했다. 제때에 도착하여 기뻤다. 이런 식으로 계속 가면 6시까지는 동료들과 틀림없이 만날 수 있으리라.

그는 재킷과 셔츠의 단추를 풀고 나서 점심을 꺼냈다. 점심을 꺼내는 데 15초 정도 걸렸을 뿐인데도 그 짧은 순간에 노출된 손가락들이 얼어 무감각해졌다. 장갑을 끼지 않은 채 손가락을 다리에다 대고 10여 번 내리쳤다. 그러고 나서 점심을 먹으려 눈 덮인 나무 토막에 앉았다. 손가락을 발에 내리쳤을 때 생긴 통증이 순식간에 사라지는 것을 느끼고는 깜짝 놀랐다. 아직 점심용 비스킷빵을 한 입도 먹지 못한 상태였다. 손가락을 계속 친 다음 장갑을 끼우는 사이, 점심을 먹기 위해 다른 한 손의 장갑은 벗었다. 우선 한 입 먹으려 했으나 입 주변에 얼어붙은 얼음 때문에 힘이 들었다. 불을 피워 놓고 몸을 녹일 생각은 아예 하지도 못했다. 사나이는 자신의 어리석음에 스스로 웃음지었다. 웃는 동안에도 밖에 노출된 손가락이 얼얼해 오는 것을 느낄 수 있었다. 그가 나무토막에 앉을 때 처음 발가락에 온 통증도 이미 사라졌다. 발가락에 피가 도는지 아니면 아예 마비되었는지 궁금했다. 신발 안에서 발가락을 움직여 보고서야 마비되었다고 판단했다.

서둘러 장갑을 끼고 일어섰다. 조금 겁이 났다. 그는 쑤시는 듯한 고통이 발에 느껴질 때까지 쿵쿵 발을 굴렀다. 확실히 추운 날씨라고 그는 다시금 생각했다. 설퍼 수로 쪽에서 온 노인이 이 지방에는 수시로 무시무시한 추위가 온다고 말한 바 있는데 그것은 사실이었다. 그런데 당시에 그는 노인을 비웃었다. 아무도 세상일에 대해서 지나치게 확신하지 말아야 한다는 것을 보여 주는 사례이다. 분명한 사실이다. 추웠다. 정말로 추워서 그는 온기가 느껴질 때까지 팔을 두드리고 발을 쿵쿵 구르면서 큰 걸음으로 이리저리 거닐었다. 그러고 나서 성냥을 꺼내 불을 댕기기 시작했다.

지난봄 홍수 때 떠밀려 쌓인 숱한 마른 가지 덤불 속에서 불을 지필 나뭇가지를 찾아냈다. 작은 불씨를 살려서 곧 불꽃이 활활 타오르게 했다. 불꽃이 소리를 내자 그는 자신의 얼굴을 불가에 가까이 하여 얼음을 녹이고 비스킷빵을 먹었다. 이때만은 주변의 추위도 물러선 듯했다. 개는 불에 데지 않을 만큼 떨어졌지만 몸이 따뜻할 만큼의 거리에서 몸을 쭉 뻗으며 만족해했다.

요기하고 나서 사나이는 파이프에 담배를 채워서 편안하게 한 대 피웠다. 그러고 나서 장갑을 끼고 모자에 달린 귀덮개를 귀밑까지 꼭 눌렀다. 그 다음에 물길이 갈리는 곳으로 오르는 수로를 따라갔다.

그때 개는 아쉬웠는지 불을 돌아다보았다. 이 사나이는 추위에 대해 몰랐다. 그의 조상들 모두 분명히 추위, 영하 107도 정도의 굉장한 추위를 알 리 없었다. 그러나 개는 알았다. 그 개의 모든 조상들도 알아서 이 개도 조상으로부터 물려받은 지식을 지니고 있었다. 따라서 이렇게 무섭게 추운 날 돌아다닌다는 것이 좋지 않다는 것을 알고 있었다.

이런 때는 그저 눈 속에 굴을 파고 편안하게 누워서, 이런 추위를 내려보낸 저 바깥쪽 세계인 하늘로부터 드리워진 구름이 걷히기를 기다리는 것이 제일이다. 그러나 개와 사나이 사이에는 어떠한 깊은 교류도 없었다. 개는 사나이의 노예였다. 그동안 개가 사나이로부터 받은 유일한 애무라면 채찍질과 매를 때리기 전 사나이의 목소리뿐이었다.

그는 담배를 씹으며 새로 생겨난 호박색 수염을 계속 움찔거렸다. 다시 내쉰 입김이 어느새 입수염, 윗눈썹, 그리고 속눈썹을 흰 성에로 덮어 버렸다. 헨더슨 수로 왼쪽 길에는 별로 샘이 없는 모양이다. 반 시간 동안 그는 샘이 있을 만한 그 어떤 징후도 보지 못했다.

그는 화가 나서 "빌어먹을" 하고 중얼거렸다. 그는 6시에는 캠프에 도착하여 동료들과 함께 있기를 바랐다. 그러나 불을 지펴서 신발을 불에 말려야 하므로, 그렇게 하자면 한 시간쯤은 늦어질 것 같았다. 이렇게 추운 날씨에는 반드시 치러야 하는 일이란 것쯤은 그도 잘 알고 있었다. 그래서 발길을 돌려 둑으로 올라갔다.

둑 위에는 몇 그루의 작은 전나무 둘레에 홍수 때 쌓인 가문비나무가 덤불로 엉켜 있었다. 대부분이 마른 나뭇가지들이었다. 제법 두꺼운 나무토막과 잔가지들이 있었고 가늘고 마른 묵은 풀도 많았다. 그는 눈 위에 나온 몇 개의 큰 가지를 꺾었다. 그래야만 막 타기 시작한 불꽃이 녹은 눈 때문에 꺼지는 것을 막을 수 있다. 그는 주머니 속에서 자작나무 껍질을 조금 꺼내어 성냥불을 댕겨 불을 피웠다. 이렇게 하는 것이 종이보다는 더 잘 탔다. 받침돌을 놓고 그는 몇 단의 마른 풀과 자잘한 마른 나뭇가지들을 지펴서 약한 불을 돋우었다.

위험을 느끼면서도 그는 천천히 조심스럽게 불을 피웠다. 점점 불꽃이 커지자 그는 좀 더 큰 나뭇가지들을 불 속에 던져 넣었다. 눈 속에 몸을 웅크리고 앉아 덤불 속에 엉켜 있는 작은 가지들을 빼내어 불 속에 넣었다. 실수해서는 안 된다. 마이너스 75도 이하에서 발이 젖었을 때는 단 한 번에 불을 피워야 한다. 만약 발이 젖지 않은 상태에서 불 피우는데 실패했다면 반 마일 정도 달려서 혈액순환을 꾀할 수 있지만, 마이너스 75도에서는 젖고 얼어붙은 발로는 아무리 뛴다 해도 피를 다시 돌릴 수는 없다. 아무리 빨리 달려도 젖은 발은 점점 더 꽁꽁 얼어붙을 것이다.

그는 이 모든 것을 잘 알고 있었다. 설퍼 수로 쪽에서 온 경험 많은 노인이 작년에 그것에 대해 자세히 이야기해 준 적이 있다. 그는 지금 그 가르침에 대해 진심으로 고마움을 느꼈다. 이미 두 발의 감각은 완전히 사라졌다. 불을 피우기 위해 그는 장갑을 빼야 했기 때문에 손가락도 어느새 마비되어 갔다. 한 시간에 4마일 정도 속도로 걸을 때 그의 심장은 피를 몸과 손발 끄트머리까지 힘차게 순환시켰다. 그런데 걸음을 멈추자마자 심장의 고동도 약해졌다. 말하자면 우주 공간의 냉기가 무방비 상태로 있는 지구라는 위성 끄트머리 부분을 내리쳤던 것이다. 그리고 사나이는 마침 그 위성의 끄트머리 부분에 있었기 때문에 냉기가 내리칠 때 따라오는 엄청난 충격을 고스란히 받아들일 수밖에 없었다. 그의 몸에 있는 피는 그 충격으로 말미암아 뒤로 물러났던 것이다. 몸속의 피는 옆에 있는 개처럼 살아 있지만, 또한 그 개처럼 무시무시한 추위 앞에서 자신을 숨기고 보호하려 했다.

그가 1시간에 4마일의 속도로 걸을 때는 그는 피가 싫어하든 좋아하든 상관없이 표면 쪽으로 밀어낼 수 있었다. 그렇지만 이제는 뒤쪽으로 물러나 몸속 깊숙한 곳에 가라앉아 있는 것이다. 손발이 제일 먼저 이 사실을 느끼게 되었다. 그의 손발은 아직 얼어버린 것은 아니지만, 젖은 발은 점점 빠른 속도로 얼어가고 있었다. 노출된 손가락도 역시 점점 빠른 속도로 무감각해져 갔다. 코와 뺨은 벌써 얼었다. 온몸의 피부는 혈색을 잃은 채 얼어가고 있다.

그래도 그의 목숨은 안전했다. 그저 발가락과 코와 뺨 정도가 강추위에 노출되었을 뿐이다. 이제 불이 활활 타기 시작했다. 그는 손가락 굵기 정도의 잔 나뭇가지들을 불에 던져 넣었다. 1분 정도 지난 다음에는 손목 굵기 정도의 나뭇가지들을 불길 위에 얹을 수 있었다. 그는 젖은 신발을 벗어서 그것이 마르는 동안 맨발을 불에 쬘 수 있었다. 물론 처음에는 눈으로 발을 비빈 다음에 불을 쬈다. 불은 잘 탔다. 이제 안전하다.

그는 설퍼 수로 쪽에서 왔던 노인의 충고를 기억하고 미소 지었다. 그 노인은 누구도 마이너스 50도 이하의 기온에서는 클론다이크 지방을 혼자 여행해서는 안 된다는 철칙을 세워 놓았던 것이다. 하지만 그는 사고를 당했는데도 여기 살아 있다. 혼자이지만 목숨을 건진 것이다. 저 노인네들 가운데 적어도 몇몇은 여자 같은 겁쟁이라고 생각했다. 남자라면 겁을 내지 말아야 한다. 그리고 그는 멀쩡했다. 정말 사나이 대장부라면 혼자서도 얼마든지 여행할 수 있어야 한다.

그렇지만 그는 뺨과 코가 금방 얼고 있음을 알고는 놀랐다. 그가 미처 생각지 못했던 것은 그의 손가락이 순간적으로 마비될 수 있다는 점이었다. 정말 손가락이 마비되었다. 그래서 그는 손가락을 움직여 잔 나뭇가지를 잡을 수도 없었다. 손가락은 그의 몸뚱어리와 떨어져 따로 노는 것 같았다. 잔가지를 잡았을 때 자기가 정말 그것을 잡았는지 알 수 없어서 눈으로 직접 보고 확인해야만 했다. 그와 그의 손가락 사이를 이어주는 줄이 꽤 느슨해진 듯했다.

이 모든 것은 별문제가 아니었다. 불은 딱딱 소리를 내며 타고 있었다. 춤추는 듯한 불꽃은 생명을 약속하는 듯했다. 그는 가죽 신발의 끈을 풀기 시작했다. 신발은 얼음으로 덮여 있었고 무릎 절반까지 올라오는 두툼한 독일제 양말은 마치 철판 같았다. 가죽 신발 끈은 대화재에 뒤틀리고 마디진 강철 막대 같았다. 잠깐 그는 마비된 손가락으로 잡아당겨 보고는, 그렇게 하는 것이 소용없다는 사실을 깨닫고 칼집에서 칼을 뺐다.

그러나 그가 신발 끈을 자르기 전에 일이 벌어졌다. 그것은 자신의 잘못 아니면 실수 때문에 생긴 일이었다. 전나무 밑에서 불을 피우지 말았어야 했다. 나무가 없는 빈터에 불을 피웠어야 했던 것이다. 그러나 숲에서 잔가지를 끌어다가 불에다 직접 던지는 일은 훨씬 쉬웠다. 나무 밑에서 불을 피웠는데 그 나무는 그 큰 가지 위에 눈을 이고 있었다. 몇 주일 동안 바람 한 점 불지 않아, 눈이 잔뜩 쌓인 채 그대로였다. 잔가지를 끌어 모을 때마다 진동이 생겨 약간씩 나무가 흔들렸다. 그의 처지에서 본다면 아주 미세한 진동이었지만, 문제를 일으키기에는 충분한 진동이었다. 높이 있는 나뭇가지에서 눈이 쏟아져 내렸다. 눈덩이는 그 아래쪽 나뭇가지에 떨어졌고 그 여파로 거기에 있던 눈도 잇달아 쏟아져 내렸다.

이러한 과정이 계속되면서 나중에는 나무 전체로 퍼지게 되었다. 이윽고 눈사태처럼 커지면서 어떤 예고도 없이 사나이와 불을 덮쳐 버렸다. 불이 꺼지고 말았다. 불이 타던 자리는 떨어진 무질서한 눈으로 덮이고 말았다.

그는 아찔했다. 마치 자신에게 사형 선고가 내려진 것 같았다. 잠깐 앉아서 불이 타던 자리를 물끄러미 바라보았다. 그러자 마음이 가라앉았다. 설퍼수로 쪽에서 온 노인의 말이 맞는지도 모른다. 길동무가 있었더라면 지금처럼 위험에 빠지지는 않았을 것이다. 길동무가 불을 피워 줄 수도 있었을 테니 말이다. 그렇지만 불을 다시 지피는 것은 그 자신의 일이었다.

두 번째도 실패해서는 안 된다. 성공한다 해도 발가락 몇 개는 거의 틀림없이 잃게 될 것이다. 지금쯤 그의 두 발은 못 쓸 정도로 얼었을 테고, 두 번째 불이 준비되는 데에도 상당한 시간이 걸릴 것이다.

이런 생각을 했으나 그렇다고 앉아서 생각만 할 수 없는 노릇이었다. 이런 생각들이 그의 머리를 스쳐 지나가는 동안 그는 내내 바쁘게 움직였다. 불을 피울 자리를 마련했다. 이번에는 믿을 수 없는 나무들이 불을 꺼뜨리지 않도록 빈터에 자리를 마련했다. 그러고는 홍수 때 떠내려와 쌓인 마른 풀과 잔가지들을 긁어모았다. 그는 손가락을 모아 풀과 가지를 끌어올 수는 없었지만 어쨌거나 한 움큼은 모을 수 있었다.

이런 식으로 많은 양의 썩은 가지와 새파란 이끼 조각을 구했다. 이런 것들은 쓸모도 없는 것이었지만 그래도 그 정도를 모으는 것이 그가 할 수 있는 최선이었다. 심지어 불길이 세어지면 나중에 쓰기 위해 꽤 큰 나뭇가지들까지 한 아름 모으는 등 그는 체계적으로 일을 했다. 그가 이런 일을 하는 동안 개는 앉아서 그를 바라보았다. 개의 두 눈에서는 무언가를 바라는 듯한 기색이 엿보였다. 개가 보기에 이 사나이는 불을 제공하는 사람이었지만, 불이 좀처럼 제공되지 않았기 때문이다.

모든 준비가 끝나자, 사나이는 주머니를 뒤져 두 번째로 자작나무 껍질을 찾았다. 자작나무 껍질이 주머니 속에 있다는 것은 알고 있었다. 비록 손가락으로 더듬어 느낄 수는 없었으나, 손으로 더듬자 껍질이 바스락거리는 소리를 냈다. 그러나 아무리 애를 써도 꼭 쥘 수는 없었다. 그의 의식 속에는 자기의 두 발이 순간순간 얼고 있다는 생각이 줄곧 들었다. 이 생각 때문에 놀라 주저앉을 듯했지만, 생각하지 않으려고 노력한 결과 마음의 안정을 찾았다.

치아를 써서 장갑을 끼고 두 팔을 앞뒤로 휘둘렀다. 그리고 두 손으로는 있는 힘을 다해 양 옆구리를 때렸다. 앉으면서 이런 행동을 했고 서서도 했다. 개는 줄곧 눈 위에 앉아 있었다. 개는 늑대의 털 같은 꼬리로 앞발을 따뜻하게 감싸 덮고 있었다. 늑대 같은 뾰족한 귀는 사람을 뚫어지게 쏘아볼 때면 앞쪽으로 쫑긋 내밀었다. 자신은 팔과 손으로 때리면서 흔들고 있는데, 자연의 옷을 따뜻하게 입고 있는 안전한 개를 바라보니 한없는 부러움이 솟았다.

얼마 뒤 그는 두드린 손가락에 감각이 돌아왔음을 어렴풋이 알려주는 최초의 신호를 알아챘다. 처음에는 약간 따끔거리다가 점점 더해져 마침내는 참기 어려울 정도의 쑤시는 통증으로 바뀌었다. 그러나 사나이는 이 통증을 만족스럽게 반겼다. 그는 오른손 장갑을 벗고 자작나무 껍질을 앞으로 가져왔다. 노출된 손가락은 이내 다시 감각을 잃어가고 있었다. 다음으로 그는 황으로 만든 성냥개비를 꺼냈다. 그러나 엄청난 추위 때문에 손가락은 이내 무감각해졌다. 성냥개비 하나를 끄집어 내려다가 오히려 성냥더미 모두가 바닥에 떨어지고 말았다. 성냥을 집으려 했으나 실패했다. 감각을 잃은 손가락으로는 만질 수도 잡을 수도 없었다.

사나이는 매우 조심스러웠다. 얼어오는 발, 코, 뺨 따위 생각은 아예 집어치우고 모든 정신을 성냥에만 기울였다. 촉각 대신 시각을 사용하여 주시했다. 성냥더미 양쪽에 자기 손가락들이 있는 것을 보고 그는 주먹을 불끈 쥐려고 했다. 그러나 손가락 신경이 작용하지 않았기 때문에 손가락이 말을 듣지 않았다. 그는 장갑을 오른손에 끼우고는 장갑 낀 손으로 거칠게 무릎을 쳤다. 양손에 장갑을 끼고, 성냥더미를 무릎 안쪽으로 움켜 넣었다. 그러자 상당한 양의 눈이 따라 올라왔다. 그러나 더 어떻게 잘할 수는 없었다.

좀 더 애를 쓴 다음에야 사나이는 겨우 성냥더미를 장갑 낀 손바닥 끄트머리 쪽에 올려놓을 수 있었다. 이런 식으로 해서 성냥을 입에까지 옮겼다. 입을 억지로 열려고 하자 얼음이 딱딱거리며 깨졌다. 아래턱을 안으로 당겼다.

윗입술을 들어 비키게 하고, 윗니로 성냥더미를 비벼서 성냥 하나를 분리하려고 했다. 성냥 하나를 집는 데 성공했다. 그러나 그 성냥을 무릎 위쪽에 떨어뜨렸다. 이것도 어떤 도움이 되지는 않았다. 집을 수 없었기 때문이다. 방법이 하나 생겼다. 성냥을 치아 사이로 집어서 다리에 대고 그었다. 스무 번을 그어댄 끝에 성냥에 불을 댕길 수 있었다. 불이 붙은 성냥을 이로 물어 자작나무 껍질에 대었다. 그러나 타는 유황에서 나는 연기가 콧구멍을 통해 폐로 들어가자 그는 발작적으로 기침을 하게 되었다. 불붙은 성냥은 눈 속으로 떨어져 꺼지고 말았다.

성냥이 꺼진 뒤 찾아온 절망감을 억지로 참았다. 사나이는 설퍼 수로 쪽에서 살던 노인의 말이 맞다고 생각했다. 노인 말로는 마이너스 50도 이하에서는 적어도 둘이서 길을 떠나야 한다는 것이었다. 그는 두 손을 서로 쳤다. 그러나 별다른 감각을 불러일으키지는 못했다. 갑자기 이로 물어 장갑을 벗고 두 손을 노출시켰다. 양 손바닥 아래 부분을 써서 성냥더미를 잡았다. 두 팔의 근육이 얼지 않았기 때문에 손바닥 아래 부분으로 성냥을 꼭 누를 수 있었다. 성냥더미를 발에 대고 그었다. 70개의 성냥에 동시에 불이 붙었다. 바람이 없어 성냥은 꺼지지 않았다. 숨막히게 하는 성냥 냄새를 피하려고 머리를 한쪽으로 기울였다. 불붙은 성냥더미를 자작나무 껍질에 갖다 대었다. 이 과정에서 손에 감각이 되살아옴을 느꼈다. 그런데 사실 살이 타고 있었던 것이다. 살 타는 냄새를 맡을 수 있었다. 살갗 저 아래에서 살이 타는 것을 느낄 수 있었다. 이 감각은 고통이 되었고 그 고통은 점점 심해졌다. 그래도 그는 성냥불을 나무껍질에 엉거주춤 갖다 대면서 살이 타는 고통을 꾹 참았다. 나무껍질에 불이 쉽게 붙지 않았다. 왜냐하면 타들어가는 자신의 두 손이 중간을 가로막고 대부분의 성냥불을 빼앗았기 때문이었다.

마침내 더는 참을 수 없게 되었다. 그는 양손을 홱 떼어 버렸다. 불타는 성냥은 피시식하며 눈 속으로 떨어졌다. 자작나무 껍질에 불이 붙었다. 마른 풀과 아주 작은 나뭇가지를 불 위에 놓기 시작했다. 두 손바닥 아래 부분으로 들어 올려야 했기 때문에 땔감을 집어서 고를 수 없었다. 잘고 썩은 나뭇조각들이나 새파란 이끼가 나뭇가지에 달라붙어 있을 때는 치아를 사용하여 잘 뜯어낼 수 있었다. 사나이는 조심스럽게 불을 간수했다.

불은 생명을 뜻하기 때문에 꺼지게 하면 안 된다. 몸 표면에 피가 없어 그는 오한이 났다. 그래서 동작이 더욱 둔해졌다. 새파란 이끼 덩어리가 작은 불 바로 위로 떨어졌다. 손가락으로 이끼를 꺼내려고 했다. 그러나 몸이 떨렸기 때문에 이끼에서 빗나갔다. 그 결과 그나마 작은 불 한가운데를 헤집어 놓았다. 타던 풀과 작은 가지가 이리저리 흩어졌다. 다시 이것들을 집어 모으려 했다. 그러나 아무리 애를 써도 나뭇가지들을 다시 모을 가망이 없었다. 그것들은 산산이 흩어졌다. 연기를 피식 내고는 나뭇가지의 불이 모두 꺼졌다. 불을 제공하는 데 실패한 것이다. 주변을 무심히 둘러보다가, 그는 꺼진 불 맞은편의 눈 위에 앉아 있는 개를 보았다. 개는 안절부절못하다가 웅크리고 앉았다. 그리고 앞발을 번갈아 살짝 들어 올리고 그때마다 무언가를 바라는 듯 몸의 무게 중심을 열심히 앞뒤로 움직였다.

개를 보자 문득 야만적인 생각이 들었다. 눈보라를 만났을 때 소를 죽여서는 그 시체 안에 쑤시고 기어들어가 목숨을 구했다는 사람의 이야기가 생각났기 때문이다. 그러니 개를 죽여서 따뜻한 몸 안에 손을 집어넣어 손 감각을 되찾을 수 있을지도 모른다. 그리고 나면 새로 불을 피울 수도 있을 것이다. 자기 쪽으로 오라고 개에게 말했다. 그러나 남자의 목소리에는 개를 겁먹게 하는 이상한 공포가 섞여 있었다. 개는 한 번도 주인의 그런 말투를 들어본 적이 없었다. 개가 보기에 무언가가 잘못되었다. 의심 많은 개의 본성이 위험을 감지한 것이다. 구체적으로 어떤 위험인지는 몰라도, 개의 머릿속에서 주인에 대한 공포심이 어떤 식으로든 일어난 것이다. 사나이의 말소리에 개는 두 귀를 늘어뜨리고는 웅크린 동작과 앞발을 번갈아 드는 동작을 더욱 눈에 띄게 해댔다. 그러나 개는 사람 쪽으로 오려고는 하지 않았다. 사나이는 두 손과 두 무릎을 딛고 개 쪽으로 기어갔다. 이상스러운 자세를 보고 개는 다시 의심이 들었다. 그래 슬그머니 옆 걸음질쳐서 피해 버렸다.

사나이는 잠시 눈 위에 앉아 마음의 평정을 찾으려 했다. 자신의 이로 장갑을 끼고는 일어섰다. 자기가 정말로 서 있는지를 확인하려고 우선 아래를 내려다보았다. 두 발에 감각이 없어서 공중에 떠 있는 느낌이 들었기 때문이다.

사람이 곧바로 서자 이윽고 개는 의심을 풀었다. 사나이가 채찍 소리 비슷하게 명령조로 말하자, 개는 예전처럼 곧바로 그에게로 다가왔다. 개가 손이 닿는 거리까지 다가오자, 사나이는 자제력을 잃었다. 그는 두 팔을 개에게 재빨리 뻗쳤다.
 그러나 두 손으로 물건을 잡을 수 없다는 사실과 손가락을 굽힐 수도 없고 손가락에는 아무 느낌도 없다는 사실을 알고는 소스라치게 놀랐다. 손과 손가락이 점점 더 얼어들어 간다는 사실을 깜빡 잊고 있었던 것이다. 이 모든 일이 순식간에 벌어졌다. 그는 개가 도망가기 전에 두 팔로 개의 몸을 감싸 안았다. 그가 눈 위에 앉아 두 팔로 개를 잡고 있는 동안, 개는 으르렁대고 낑낑대며 몸부림쳤다.
 개의 몸통을 두 손으로 얼싸안고 있는 것 말고는 사나이가 달리 할 수 있는 일은 없었다. 개를 죽일 수 없다는 사실도 깨달았다. 죽일 방법이 없었다. 힘이 없는 두 손으로는 칼집에서 칼을 빼어 손에 쥘 수도 없었고 개의 목을 쥘 수도 없었다.
 그가 개를 놓아 주었다. 개는 꼬리를 다리 사이에 감추고 계속 짖어대면서 미친 듯이 달아났다. 40걸음쯤 물러나서는 멈추더니 두 귀를 쫑긋 세웠다. 그러고는 뚫어지게 사나이를 바라보았다.
 사나이는 자신의 손이 어디 있는지 확인하려고 두 손을 내려다보았다. 그는 손이 팔 끝에 매달려 있는 것을 보았다. 손이 어디 있는지를 알기 위해 눈을 사용해야 한다는 사실이 참 이상스러웠다. 그는 두 팔을 앞뒤로 휘두르기 시작했고 또 장갑 낀 두 손으로 허리를 치기 시작했다. 이러한 동작을 5분간 억세게 계속했다. 그러자 그의 심장은 온몸의 살갗까지 피를 공급했기 때문에 몸이 떨리던 것이 멈추었다. 그런데 손의 감각은 살아나지 않았다. 느낌으로는 두 손이 두 팔의 끝에 묵직하게 달려 있다는 것이었으나 그 느낌을 실제로 확인할 수는 없었다.
 희미하긴 했으나 죽음에 대한 무거운 공포가 사나이에게 엄습해 왔다. 이번 일이 단순히 손가락과 발가락이 언다든지 또는 손발을 잃는 정도의 문제가 아니다. 죽을 가능성이 높은 생사의 문제라는 생각이 들자 공포감은 더욱 커져 갔다. 그는 힘이 쭉 빠졌다. 방향을 틀어 수로 바닥을 넘어 오래된 희미한 길을 따라 뛰었다. 개가 합세하여 그를 따랐다. 평생 몰랐던 공포를 느끼며, 아무 의도도 없이 맹목적으로 뛰었다. 눈길을 헤치며 허우적허우적 달리다가 천천히 주위의 사물들에 시선을 주기도 했다.
 수로의 기슭, 오래 묵은 목재 더미, 잎사귀 없는 백양나무들, 그리고 하늘이 보였다. 달린 덕분에 기분은 한결 좋아졌다. 오한도 느껴지지 않았다. 아마 계속 달리면 두 발도 녹으리라. 오랫동안 달리다 보면 야영지에 있는 동료들도 보이리라. 틀림없이 손가락과 발가락 몇 개, 얼굴 중 일부는 잃을지 모른다.

그러나 그곳에 도착하면 동료들이 그를 보살펴 주고 몸의 나머지 부분도 구해 주리라. 이와 동시에 자기는 결코 동료들이 있는 야영지에 가지 못하리라는 생각, 그의 몸이 너무 얼어서 뻣뻣하게 굳어 죽을 것이라는 생각이 들었다. 이런 생각을 떨쳐 버리어 마음속에 두지 않으려 했다. 때때로 이런 생각이 스스로 밀치고 나와서 자신을 바깥 세상에 알리려 했다. 그러나 그는 그런 생각을 다시 밀쳐 넣고 다른 생각을 하려고 했다.

두 발이 너무 얼었다. 달리다가 땅을 쳐서 몸의 무게를 받을 때에도 느낄 수 없는 정도였다. 그래도 그가 달릴 수 있다는 사실은 너무도 신기했다. 땅 표면을 스치듯 지나가는 것 같았다. 땅과는 아무 관련이 없는 것 같았다. 어디선가 본 날개 달린 메르쿠리우스 신이 땅을 스치며 다닐 때 지금의 자기가 느끼는 것과 같은 기분이 아니었을까 하는 생각도 해보았다.

야영장 동료들이 있는 곳으로 뛰어간다는 그의 생각에는 한 가지 잘못된 것이 있었다. 곧 그는 인내력이 부족했던 것이다. 몇 번을 넘어지고 끝내는 뒤뚱거리다 힘없이 픽 넘어졌다. 곧 일어나려 했지만 일어날 수 없었다. 앉아서 좀 쉬어야겠다고 마음먹었다. 다음부터는 그냥 걸어서 계속 가리라고 마음도 먹었다. 그가 앉아 숨을 되돌렸을 때 자신이 꽤 따뜻하고 편안하다는 것을 느꼈다. 더 이상 떨고 있지도 않았다. 따뜻한 불이 그의 가슴과 몸통 속으로 들어온 것 같았다. 그러나 코와 뺨을 만졌을 때 아무런 느낌이 없었다. 뛰었다고 해서 코와 뺨이 녹은 것은 아니었다.

또한 손과 발도 풀리지 않았다. 이윽고 그에게는 얼어붙은 몸의 부위가 점점 늘어간다는 생각이 들었다. 그는 이런 생각들을 잊어버리고 다른 생각을 하려고 했다. 왜냐하면 이런 생각을 하노라면 고통스럽다는 것을 알고 있었기 때문이다. 그 고통스러운 느낌이 두려웠다. 그런데 이 생각은 사라지지 않고 끝까지 남았다가 마침내는 완전히 언 자기 몸을 생각하게끔 했다. 견딜 수 없었다. 그는 길을 따라 다시금 미친 듯이 뛰었다. 그러다가 일단 속력을 낮추어 걸었다. 그래도 몸이 점점 얼어온다는 생각 때문에 다시 한 번 뛰기 시작했다.

그런데 줄곧 개가 뒤에 바짝 붙어 함께 뛰었다. 그가 두 번째 넘어졌을 때였다. 개는 그의 앞에 앉아서 이상스러울 정도로 열심히 그를 들여다보았다. 아무 일 없는 개를 보자 그는 화가 났다. 개에게 욕을 퍼부었다. 마침내는 개가 두 귀를 늘어뜨리고 사나이를 달래는 듯했다. 이번에는 그에게 오한이 좀 더 빨리 닥쳤다. 동상과의 싸움에 지고 있는 중이었다. 동상은 사방에서 그의 몸으로 기어들고 있었다.

이런 생각 때문에 다시 힘껏 달렸지만, 100피트 정도 달리고는 멈추었다. 그리고는 비틀거리다가 앞으로 곤두박질쳤다. 최후의 고통이었다.

숨을 제대로 쉬고 정신을 차렸을 때, 그는 앉아서 죽음을 당당하게 맞이하리라는 생각을 했다. 그러나 그 생각은 다른 식으로 다가왔다. 그에게 떠오른 것은 목이 날아간 채 뛰어 돌아다니는 닭처럼 바보 같은 자신의 모습이었다. 어쨌든 얼어 죽을 수밖에 없으니 그 사실을 겸허하게 받아들여야 마땅하리라. 이렇듯 새로 찾은 마음의 평화와 함께, 처음으로 희미한 졸음이 다가왔다. 그의 생각으로는, 자다가 죽는 것도 괜찮을 것 같았다. 마취당하는 것과 같지 않을까. 얼어 죽는 것이 사람들 생각처럼 나쁘지는 않았다. 더 험하게 죽는 방법도 많지 않은가.

그는 다음 날 이웃 사람들이 자신의 시체를 발견하는 것을 머릿속으로 그려 보았다. 그러자 갑자기 그를 찾아 길을 따라온 동료들과 함께 있는 자신을 발견하게 되었다. 또한 그들과 함께 굽은 길을 따라가다가 눈 속에 누워 있는 자신의 모습을 보게 되었다. 더 이상 동료들과 같은 세계에 머물고 있는 것이 아니었다. 이미 제 몸에서 빠져나와 동료들과 함께 눈 속에 누워 있는 자신의 모습을 바라보고 있다. 정말로 춥다고 생각했다. 알래스카를 떠나 본토로 돌아가면 사람들에게 정말로 추운 것이 어떤 것인지를 말해 줄 수 있으리라. 이런 생각을 하다가 다시금 설퍼 수로 쪽에서 온 노인의 모습을 생각하게 되었다. 노인의 모습이 꽤 선명하게 보였다. 노인은 따뜻하고 편안한 곳에서 담배를 피우고 있었다.

"노인장 말씀이 옳았소. 당신 말씀이 옳았던 것이오." 사나이는 노인에게 중얼거렸다.

그러다가 사나이는 평생 맛보았던 잠 가운데 가장 편안하고 달콤한 잠에 빠져들었다. 개는 그를 들여다보면서 곁에 앉아 기다렸다. 짧은 낮이 거의 끝나간다. 긴 황혼이 서서히 다가왔다. 개가 보기에도 불을 피울 기미 같은 것이 없었다. 그런데다가 개의 경험으로도 눈 속에 이렇게 앉아 있을 때 불을 지피지 않는 사람은 없었다. 황혼이 짙어지자 불에 대한 간절한 소망을 억제할 수 없었다. 그래서 개는 앞발을 높이 쳐들기도 하고 흔들어 대기도 하면서 작은 소리로 낑낑거렸다. 그러고는 주인한테 꾸중을 들을 것으로 예상했던지 두 귀를 늘어뜨렸다.

그러나 주인은 꼼짝하지 않았다. 잠시 뒤 개는 더 큰 소리로 낑낑댔다. 조금 더 시간이 흐른 뒤에 사람 곁으로 바짝 기어들어가 죽음의 냄새를 맡았다. 냄새를 맡고 나서 개는 털을 꼿꼿이 세우고 물러났다.

개는 얼마 동안 그 자리에 머물러 있었다. 그리고 차가운 하늘에 높이 솟아 춤추듯 반짝이며 밝게 빛나는 별들, 그 아래에서 길게 울부짖었다. 그러고는 몸을 돌려 자기가 아는 야영장 방향의 길을 따라 걸어갔다. 맛난 음식과 따뜻한 불을 마련해 줄 다른 인간들을 찾아서.

The House of Mapuhi
마푸히의 집

오라이 호는 투박하고 무거운 모양이지만 가벼운 바람 속에서는 조종하기가 쉬웠다. 선장은 그 배를 잘 몰고 나아가 해안에 부서지는 파도 바로 바깥에 정박했다. 히쿠에루 환초는 수면 위에 낮게 떠 있었다. 부서진 산호의 모래로 이루어진 그 반지 모양 섬은 평균 폭이 100미터, 둘레가 32킬로미터쯤 되며, 바다의 수위가 가장 높을 때에는 해발고도가 1미터에서 1.5미터쯤 되었다. 그 한가운데에 형성된, 수면이 거울같이 잔잔한 드넓은 초호(礁湖)의 밑바닥에서는 많은 진주조개가 자랐다. 그 스쿠너[1] 갑판에서는 가는 반지 모양의 환초 너머로 호수에서 물질하는 이들이 일하는 광경을 볼 수 있었다. 그러나 호수에는 큰 배가 드나들 수 있는 출입구가 없어서 교역용 스쿠너조차도 안으로 들어갈 수 없었다. 순풍이 불 때 돛 하나짜리 작은 배들은 바닥이 얕은 구불구불한 수로를 따라 간신히 들어갈 수 있으나 스쿠너들은 섬 바깥에 정박한 채 작은 보트들을 들여보내곤 했다.

오라이 호에서 보트 한 척이 흔들거리면서 이내 수면에 내려앉자 새빨간 천으로 사타구니만 가린 갈색 피부의 선원 여섯 명이 보트에 올라탔다. 그들은 노를 하나씩 들고 있었다. 그 보트의, 조타용 노가 달린 고물 갑판에는 유럽인임을 알 수 있는 하얀색 옷을 입은 청년이 서 있었다. 햇볕에 타 황금빛으로 빛나는 피부에는 폴리네시아인 특유의 나른한 피로감이 어려 있고, 엷은 푸른빛 눈동자에서도 그런 기운을 찾아볼 수 있었다. 그는 라울이었다. 알렉산드르 라울. 오라이 호와 같은 교역용 스쿠너 여섯 척을 소유하고 운영하는 부유한 마리 라울의 막내아들이었다. 마리 라울은 혼혈인과 백인 사이에서 태어나 백인의 피가 4분의 3이 섞인 혼혈 여성이었다. 보트는

---

[1] 두 개 이상의 돛대에 세로돛을 단 서양식 범선.

출입구 바로 바깥에 형성된 소용돌이를 가로질러 조류들이 충돌해서 생긴 거친 파도들과 싸우며 앞으로 나아가 거울같이 잔잔한 호수로 들어갔다. 젊은 라울은 하얀 모래밭에 뛰어내려 키 큰 원주민과 악수했다. 원주민은 어깨가 떡 벌어지고 가슴도 두둑했으나 오른팔에는 손이 없었다. 그 팔 그루터기의 살에서는 오랜 세월 노출되어 하얗게 바랜 뼈가 몇 센티쯤 튀어나와 있었다. 그 그루터기와 뼈는 그가 과거에 상어와 만난 적이 있었고, 그 뒤 물질을 포기해야 하는 바람에 하찮은 이익을 얻기 위해 음모를 꾸미거나 아첨하면서 살아갈 수밖에 없음을 말해 주고 있었다.

그는 라울을 만나자마자 대뜸 말했다. "소식 들었어요, 알렉스? 마푸히가 진주를 발견했어요. 대단한 진주예요. 히쿠에루 섬에서는 그렇게 대단한 진주가 나온 적이 없었어요. 아니, 그런 근사한 진주는 포모투스 제도(諸島)에서도, 이 세상 어디에서도 나온 적이 없었죠. 그 친구한테서 그걸 사세요. 지금 그 친구가 갖고 있으니까. 그리고 이 소식은 댁한테 처음 알려준다는 점을 잊지 마세요. 녀석은 멍청하니까 싸게 얻을 수 있어요. 담배 좀 있나요?"

라울은 바닷가를 일직선으로 가로질러 판다누스 나무 밑 오두막집을 향해 갔다. 그는 자기 어머니의 화물관리인으로 포모투스 제도 전역에서 원주민들이 다량으로 생산하는 코프라*2, 조개, 진주를 수집하는 일을 하고 있었다.

그는 화물관리인이 된 지 얼마 되지 않아, 그런 일로 배를 타고 나온 건 이번이 두 번째였다. 그는 경험이 부족해서 진주 가격을 잘못 매기면 어쩌나 내심 걱정하고 있었다. 그러나 마푸히가 진주를 보여줬을 때 그는 놀란 가슴을 지그시 억누르고 장사꾼답게 짐짓 태연한 표정을 지을 수 있었다. 그 진주는 그에게 충격을 안겨줬다. 비둘기 알만큼 크고 완벽한 원형을 이루고 있는 데다 젖빛 광이 유난히 도드라지는 진주였다. 그것은 생생하게 살아 있었다. 그는 그런 진주를 어디에서도 본 적이 없었다. 마푸히가 진주를 손에다 떨어뜨려 줬을 때 그는 그 무게에 다시 놀랐다. 그 묵직함은 질이 뛰어난 진주임을 알려주었다. 그는 휴대용 확대경으로 그것을 세밀히 살펴봤다. 어떤

---

*2 야자 과육 말린 것. 야자유의 원료가 된다.

흠집이나 결함도 없었다. 그것이 지닌 순수함이 그의 손 가까이 대기 속으로 녹아드는 것만 같았다. 집 안의 어둠 속에서 그것은 여린 달빛처럼 은은한 빛을 발하고 있었다. 젖빛을 띠고 있는 반투명한 진주는 너무나 맑아서 물컵 속에 떨어뜨렸을 때 찾기가 쉽지 않았다. 그것이 컵 밑바닥으로 곧장, 그리고 빠르게 가라앉는 모습을 보고 무게가 꽤 많이 나간다는 걸 알았다.

"흐음, 얼마나 받고 싶소?" 그는 여전히 무관심한 태도로 심드렁하게 물었다.

"내가 갖고 싶은 건……." 마푸히가 입을 열었다. 그의 뒤에서 그의 검은 얼굴을 둘러싸고 있는 두 여자와 한 여자아이의 얼굴이 그가 원하는 것에 찬동한다는 듯이 고개를 끄덕였다. 하나같이 머리를 앞으로 내민 그들은 지그시 억누르고 있는 열망으로 얼굴이 붉게 달아올랐고, 여섯 개의 눈은 간절한 욕구로 번들거렸다.

마푸히는 계속 말했다. "나는 집을 갖고 싶어요. 함석지붕 안에 팔각형 괘종시계가 있는 집이어야 해요. 그 집은 전체 길이가 11미터에 포치가 딸려 있어야 해요. 집 한가운데 큰 방이 있고 그 방 한복판에는 둥그런 탁자가 있고 벽에는 팔각형 괘종시계가 걸려 있어야 해요. 큰방 양옆에는 각각 두 개씩 네 개의 침실에다가 각 침실에는 철제 침대 하나, 의자 둘, 세면대가 하나씩 있고요. 집 뒤쪽에는 주방이 있어야 해요. 단지들과 냄비들과 난로가 있는 좋은 주방이. 댁은 우리 섬인 파카라바 섬에다 그 집을 지어줘야 해요."

라울은 믿기지 않는다는 듯이 물었다. "얘기 다 끝났소?"

마푸히의 아내 테파라가 냉큼 나섰다. "재봉틀도 한 대 있어야 해요."

마푸히의 어머니인 나우리도 거들고 나섰다. "팔각형 괘종시계를 잊지 말아요."

마푸히가 말했다. "예, 이게 답니다."

라울은 웃음을 터트렸다. 그는 한참을 낄낄거리고 웃었다. 그러나 그렇게 웃는 동안 그들이 눈치채지 못하게 열심히 암산을 해봤다. 그는 그때까지 평생 집이라고는 지어 본 적이 없었고 집 짓는 일에 대해서는 도무지 문외한이었다. 그는 겉으로는 웃으면서도 건축자재를 구하러 타히티 섬에 가는 비용, 자재비, 그것을 싣고 파카라바 섬까지 돌아오는 비용, 그것을 섬에 부리고 집을 짓는 비용을 부지런히 계산해 봤다. 안전을 고려한 여유 비용까지 포함해서 계산한 결과, 프랑스 달러로 4천이나 되었다. 4천 프랑스 달러는 2만 프랑에 해당했다. 그만한 돈을 지급한다는 건 있을 수 없는 일이었다. 이런 진주의 값어치가 어느 정도인지 그가 어떻게 알 수 있겠는가? 2만 프랑이라면 큰돈이었다. 게다가 그건 어머니 돈이었다.

라울이 말했다. "마푸히, 당신은 못 말리는 바보요. 우리, 돈으로 가격을 정합시다."

하지만 마푸히는 고개를 가로저었다. 그의 뒤에 있는 세 사람도 고개를 가로저었다.

마푸히가 말했다. "나는 집을 갖고 싶어요. 그 집은 전체 길이가 11미터에 포치가 딸려 있어야 하고……."

라울은 그의 말을 중간에서 끊었다. "알았어요, 알았어. 당신이 말하는 집이 어떤 집인지는 나도 잘 알아요. 하지만 그건 안 돼요. 칠리 달러로 1천을 주겠소."

네 사람은 말없이 고개만 가로저었다.

"그리고 그 진주가 팔리면 1백을 더 얹어 주겠소."

"나는 집을 갖고 싶어요." 마푸히는 같은 말을 반복하기 시작했다.

라울이 물었다. "집이 있으면 뭘 해요? 첫 번째 허리케인이 닥쳐오자마자 곧장 쓸어가 버릴 텐데. 그걸 알아야죠. 래피 선장이 그러는데 허리케인이 금방 닥쳐올 것 같답니다."

마푸히는 말했다. "파카라바에서는 그렇지 않아요. 거기 땅은 여기보다 지대가 훨씬 높아요. 이 섬이라면 그 얘기가 맞죠. 어떤 허리케인이건 간에 일단 불어왔다 하면 히쿠에루를 쓸어 버리겠죠. 나는 파카라바에다 집을 지을 거예요. 그 집은 전체 길이가 11미터에 포치가 딸려 있어야 하고……."

라울은 그 집 얘기를 처음부터 다시 들어야 했다. 그는 몇 시간 동안 마푸히의 마음속에서 집에 대한 강박증을 몰아내려 무진 애를 썼다. 그러나 마푸히의 어머니와 아내, 딸 나쿠라는 집에 대한 그의 결심을 확고하게 밀어줬다. 라울이 마푸히가 원하는 집에 대한 자세한 설명을 스무 번째로 듣고 있을 때 열린 문을 통해 자신의 스쿠너에 딸린 두 번째 보트가 해변에 도착하는 광경이 내다보였다. 선원들은 노를 쥔 채 제자리에 앉아서 쉬고 있었고,

그것은 그들이 그곳을 빨리 떠나려 한다는 사실을 알려주고 있었다. 오라이 호의 일등항해사가 해변으로 뛰어내리더니 외팔이와 한마디 주고받고는 서둘러 라울이 있는 곳으로 걸어왔다. 스콜이 해를 가리면서 사방이 갑자기 컴컴해졌다. 라울은 호수 건너편에서 불길한 느낌을 안겨주는 돌풍이 다가오는 광경을 봤다.

항해사가 말했다. "래피 선장님이 빨리 이곳을 떠나야 한다고 하십니다. 쓸 만한 조개가 있다 해도 나중에 사시는 게 좋을 거라고 하십니다. 기압계가 20-9-70으로 떨어졌습니다."

돌풍이 오두막 위에 솟은 판다누스 나무를 들이치고 그 너머의 야자나무들을 휩쓸고 지나가는 바람에 잘 익은 코코넛 열매 대여섯 개가 둔중한 소리를 내면서 땅바닥에 떨어졌다. 곧이어 멀리서 빗발이 닥쳐오고 있었다. 맹렬한 바람이 포효하는 소리를 동반한 채 빗발이 다가오면서 사납게 요동하는 호수의 물이랑들 위로 뽀얀 물보라가 피어올랐다. 라울이 자리에서 벌떡 일어섰을 때 첫 빗방울들이 나뭇잎을 요란하게 두들기기 시작했다.

라울이 말했다. "지금 현찰로 1천 칠리 달러를 주겠소, 마푸히. 그리고 그걸 판 뒤 2백 칠리 달러를 더 주겠소."

"나는 집을 갖고 싶어요……." 마푸히는 다시 말하기 시작했다.

라울은 꽥 소리쳤다. "마푸히! 당신은 바보야!"

라울은 집을 뛰쳐나가 항해사와 함께 보트가 있는 데로 내려가기 위해 힘겹게 해변을 가로질렀다. 보트의 모습은 보이지 않았다. 열대성 폭우가 사방을 온통 뒤덮어 발밑의 모래밭, 호수에서 튀어오르는 사나운 파도의 비말들 말고는 아무것도 보이지 않았다. 그 폭우 속을 뚫고 한 사람이 나타났다. 그는 외팔이 사내 후루후루였다.

"그 진주를 샀습니까?" 그는 라울의 귀에 대고 소리쳤다.

라울은 소리쳤다. "마푸히는 바보요!" 폭포처럼 쏟아져 내리는 빗발의 장벽 때문에 서로의 모습은 이내 시야에서 사라져 버렸다.

그로부터 30분쯤 지났을 때 그 환초의 바다 쪽에서 오라이 호를 지켜보던 후루후루는 오라이 호가 두 척의 보트를 끌어올린 뒤 바다 쪽으로 이물을 돌리는 광경을 봤다. 그리고 오라이 호 부근에서 스콜의 끝자락이 동반한 바람을 타고 바다 쪽에서 다가온 또 다른 스쿠너가 해안에 정박한 뒤 보트를 내리는 광경을 봤다. 그는 그 배를 알고 있었다. 그것은 원주민과 백인의 피가 반반씩 섞인 상인 토리키가 소유하고 있는 오로헤나 호였다. 토리키는 직접 화물관리인으로 뛰고 있었고, 따라서 보트의 고물에 서 있는 사람도 역시 그가 분명할 터였다. 후루후루는 킬킬대고 웃었다. 그는 마푸히가 작년에 토리키로부터 물품값을 선불로 받았기 때문에 빚지고 있다는 사실을 알고 있었다.

스콜이 지나가 이제 뜨거운 해가 다시 뜨겁게 타올랐다. 호수 수면도 거울 같은 모습을 회복했다. 그러나 대기는 점액처럼 끈끈하고 아주 무거워 호흡이 힘들었다.

후루후루가 물었다. "그 소식 들으셨어요, 토리키? 마푸히가 진주를 발견했어요. 히쿠에루 섬에서는 그렇게 대단한 진주가 나온 적이 없었어요. 아니, 그런 근사한 진주는 포모투스 제도에서도, 이 세상 어디에서도 나온 적이 없었죠. 마푸히는 멍청해요. 게다가 녀석은 댁한테 빚지고 있죠. 이 소식은 댁한테 처음 알려 드린다는 점을 잊지 마세요. 담배 좀 있나요?"

토리키는 풀로 엮어 만든 마푸히의 오두막으로 갔다. 토리키는 노련한 데다 뱃심이 좋은 사람이었다. 그 놀라운 진주를 무관심한 눈길로 그저 한번 흘낏 쳐다보기만 했다. 그러고는 별것 아니라는 듯이 주머니 속에 쏙 집어넣었다.

"자네는 운이 좋군. 괜찮은 진주야. 장부에다 자네가 빚을 갚았다고 기록해 두겠네."

마푸히는 무척이나 놀라 정신없이 주워섬기기 시작했다. "저는 집을 갖고 싶어요. 그 집은 전체 길이가 11미터에……."

그러자 상인은 퉁명스럽게 말했다. "11미터라니, 무슨 헛소리야! 자네는 빚을 갚아야 해. 그게 자네가 원하는 거라고. 자네는 내게 1천2백 칠리 달러를 빚지고 있어. 그러니 아주 잘된 일이지. 이제 더 이상 빚은 없는 셈이니까. 아귀가 딱 맞아떨어지네그려. 게다가 나중에 2백 칠리 달러를 더 얹어 주도록 하겠네. 그리고 내가 타히티 섬으로 가서 진주를 좋은 값에 팔게 되면 다시 1백을 더 주도록 하겠네. 그러면 총 3백을 더 얹어 주는 셈이지. 하지만 이 진주가 좋은 값에 팔려야만 그렇게 해주겠다는 걸 잊지 마. 자칫하면 내가 손해를 볼 수도 있으니까."

마푸히는 비통한 표정으로 팔짱을 끼더니 고개를 푹 숙이고 자리에 주저앉았다. 그는 진주를 억지로 빼앗겼다. 그는 집을 얻는 대신에 빚을 갚았다. 그는 토리키에게 그 진주 말고는 내놓을 게 아무것도 없었다.

테파라가 말했다. "당신은 바보예요."

그의 어머니 나우리가 그 말을 받았다. "너는 바보야. 어째서 그 사람 손에 진주를 넘겨준 거냐?"

마푸히는 항변했다. "그럼 어떻게 해요? 그 사람한테 빚졌는데. 그는 내가 진주를 갖고 있다는 걸 알고 있었어요. 그걸 보자고 말하는 걸 어머니도 들었잖아요. 내가 그 사람한테 얘기해 준 게 아니에요. 이미 알고 있었어요. 누군가가 귀띔을 해준 거죠. 그리고 나는 그 사람한테 빚지고 있었다고요."

"마푸히는 바보야." 나쿠라도 어머니와 할머니의 말을 본떠서 한마디 했다.

열두 살 나쿠라는 철없었다. 마푸히는 상자에서 낚싯줄을 감은 얼레를 집어 들어 나쿠라에게 집어 던져 귀를 맞추는 것으로 분풀이했다. 테파라와 나우리는 울음을 터트렸다. 그리고 두 사람은 그럴 때 여자들이 늘 그렇듯이 마푸히를 계속 닦아세웠다.

해변을 지키고 있던 후루후루는 세 번째 스쿠너가 도착하는 광경을 봤다. 그는 그 배 역시 해변에 닻을 내리고 보트를 내려보내리라는 걸 잘 알았다. 그 배의 임자는 그 일대에서 가장 많은 진주를 사들이는 독일계 유대인 레비였다. 그 배는 히라라는 근사한 이름을 갖고 있었는데, 누구나 잘 아는 바와 같이 히라는 타히티의 어부와 도둑들이 모시는 신의 이름이기도 했다.

뚱뚱한 몸집에 이목구비가 제멋대로 생긴 레비가 해변에 발을 내딛자 후루후루는 물었다. "그 소식 들으셨나요? 마푸히가 진주를 발견했어요. 히쿠에루 섬에서는 그렇게 대단한 진주가 나온 적이 없었어요. 아니, 그런 근사한 진주는 포모투스 제도에서도, 이 세상 어디에서도 나온 적이 없었죠. 마푸히는 멍청해요. 녀석은 그걸 1천4백 칠리 달러에 토리키에게 팔았어요. 저는 그 집 바깥에서 거래하는 소리를 엿들었죠. 토리키도 멍청하기는 마찬가지니 그에게서 싸게 살 수 있을 겁니다. 이 소식은 댁한테 처음 알려 드리는 것이라는 점을 잊지 말아 주세요. 담배 좀 있나요?"

"토리키는 어디 있지?"

"린치 선장 집에서 압생트를 마시고 있어요. 한 시간 동안 거기 있었어요."

레비와 토리키는 압생트를 마시면서 그 진주를 두고 흥정했고 후루후루는 그들의 이야기를 주의 깊게 들었다. 토리키는 2만 5천 프랑이라는 거액을 받고 레비에게 그 진주를 넘기기로 했다.

바로 그때 해안 가까이 들어와 있던 오로헤나 호와 히라 호가 연방 대포를 쏘아 대면서 요란하게 신호를 보내기 시작했다. 놀라서 집 밖으로 나온 세 사람은 그 스쿠너 두 척이 급히 방향을 돌리는 광경을 봤다. 두 배는 저 멀리 하얗게 들끓고 있는 바다 위에서 뒤쫓아 오는 스콜의 사나운 이빨을 피하기 위해 황급히 주돛들을 내리고 뱃머리의 삼각돛을 펼친 채 해안 반대편으로 나아가고 있었다. 이윽고 거센 빗발이 배들의 모습을 가렸다.

토리키가 말했다. "스콜이 지나가고 나면 저 배들은 돌아올 거요. 그때 여길 나가는 게 좋을 것 같군요."

린치 선장이 말했다. "기압이 더 떨어진 것 같은데요."

그는 하얀 턱수염을 길렀는데 전직 선장으로 나이가 너무 들어 일을 그만둔 사람이었다. 자신의 천식을 잘 달래가며 살 수 있는 유일한 길은 히쿠에루 섬에서 지내는 것이라는 사실을 깨닫고 여기서 살았다. 그는 집 안에 들어가 기압계를 들여다봤다.

"맙소사!" 그들은 그가 외치는 소리를 듣고 집 안으로 뛰어들어가 함께 기압계 바늘을 들여다봤다. 그것은 20-9-20을 가리켰다.

그들은 다시 밖으로 나와 근심스러운 표정으로 바다와 하늘을 살펴봤다. 스콜은 지나갔다. 그러나 하늘은 여전히 어두웠다. 스쿠너 두 척은 이제 모든 돛을 다 올리고 해안 쪽으로 돌아오고 있었고, 어느새 나타난 또 다른 스쿠너 한 척도 그 곁을 따르고 있었다. 바람 방향이 바뀌는 바람에 배들의 돛들이 축 늘어졌다. 5분쯤 지났을 때 갑자기 바람 방향이 다시 바뀌면서 세 척의 배는 역풍을 받았다. 해변에 있는 이들은 그 배들의 활대-도르래들이 헐거워지거나 거기에 연결된 밧줄들이 맹렬하게 풀려나가는 걸 봤다. 해변으로 밀려와서 부서지는 파도 소리가 크고 위협적으로 울렸으며 크게 부풀어 오른 파도 하나가 밀려오고 있었다. 그들의 눈앞에 엄청난 번개가 떨어지면서 어둡던 주위가 환하게 밝아졌고, 곧이어 머리 위에서 요란한 천둥소리가 울려 퍼졌다.

토리키와 레비는 자기네 보트들 쪽으로 달려갔다. 레비는 공포에 질려 하마처럼 뒤뚱거렸다. 두 척의 보트가 출입구를 빠져나갈 때 오라이 호에 속한 보트가 그들의 곁을 지나쳐 호수 안으로 들어왔다. 고물에 서서 노잡이들을 격려하는 사람은 라울이었다. 그는 그 진주의 영상을 마음속에서 떨쳐 버릴 수 없어서 마푸히의 요구 조건을 들어주기 위해 돌아오고 있었다.

그는 천둥을 동반한 거센 스콜이 맹위를 떨치는 와중에 해변에 상륙했다. 빗발이 사방을 뒤덮고 있어 후루후루와 부딪친 뒤에야 겨우 그를 알아봤다.

후루후루가 소리쳤다. "너무 늦었어요. 마푸히는 그걸 1천4백 칠리 달러에 토리키에게 팔았고, 토리키는 2만 5천 프랑에 레비에게 팔았어요. 그리고 레비는 프랑스에서 그걸 10만 프랑에 팔 거예요. 담배 좀 있나요?"

그 말을 듣고 라울은 안도했다. 그 진주 때문에 생겨난 고민은 끝났다. 그것을 얻지는 못했지만 이제 고민은 더 이상 하지 않아도 되었다. 하지만 후루후루의 말을 곧이곧대로 믿지는 않았다. 마푸히가 1천4백 칠리 달러에 그것을 넘겼을 가능성은 있다. 하지만 진주를 잘 아는 레비가 그걸 사기 위해 2만 5천 프랑을 내놓았다는 얘기는 좀처럼 믿기 어려웠다. 라울은 린치 선장을 만나서 얘기를 들어보기로 했다. 이윽고 그 나이 든 옛 선원의 집에 도착한 그는, 기압계를 들여다보곤 얼빠진 표정이 된 린치 선장과 맞닥뜨렸다.

"이게 얼마를 가리키고 있는 것 같은가?" 린치 선장은 안경을 문질러 닦은 뒤 다시 기압계를 들여다보면서 근심스럽게 물었다.

라울이 대답했다. "20-9-10이요. 기압이 이렇게 낮은 건 생전 처음 보네요."

선장은 숨을 헐떡이면서 말했다. "나도 생전 처음 봐! 젊었을 때부터 50년간 세상의 온갖 바다를 다 떠돌아 다녀봤지만 기압이 이렇게 떨어진 때는 한 번도 본 적이 없었어. 저 소리를 들어 봐!"

그들은 잠시 조용히 서 있었다. 해안에 밀려온 파도가 우르르 부서지면서 집을 뒤흔들었다. 그들은 밖으로 나갔다. 스콜은 지나갔다. 그들은 1.6킬로미터 떨어진 해상에서 사방으로, 그리고 위아래로 미친 듯이 요동하는 오라이 호를 봤다. 북동쪽에서 밀려오는 거대한 파도들로 그 일대의 바다는 들끓고 있었고, 파도들은 산호 해변으로 돌진해 와 격렬하게 부서져 내렸다. 보트에 탄 선원들 중 한 사람이 손가락으로 호수의 출입구 부분을 가리키면서 고개를 절레절레 흔들었다. 그쪽으로 고개를 돌린 라울은 그곳이 거대한 파도와 하얀 포말로 온통 들끓고 있는 광경을 봤다.

"아무래도 저는 여기서 하룻밤 신세를 져야 할 것 같은데요, 선장님."

라울은 그렇게 말하고는 출입구를 가리켰던 선원 쪽으로 돌아서서 보트를 해변으로 끌어올리고 동료들과 함께 하룻밤 묵을 곳을 찾아보라고 지시했다.

"20-9-0." 선장은 다시 기압계를 보고 돌아와 한 손으로 의자를 잡으면서 말했다.

그는 의자에 앉아 바다의 장관을 멍하니 바라봤다. 해가 나오면서 무더위가 점점 더 심해졌으나 숨 막힐 듯한 고요함은 지속되었다. 바다는 계속 부풀어 오르고 있었다.

라울은 성마른 어조로 투덜거렸다. "저놈의 바다가 사람을 영 헷갈리게 하네. 바람은 한 점도 없는데 저기를 보세요, 저기 저 녀석!"

길이가 몇 킬로미터나 되고 수만 톤에 이르는 바닷물을 동반한 거대한 파도가 바닷가에 밀려와 부서지면서 마치 지진이라도 난 것처럼 연약한 환초를 온통 뒤흔들었다.

린치 선장은 놀라서, "어이쿠" 소리치면서 의자에서 반쯤 일어섰다가 다시 털썩 주저앉았다.

라울이 말했다. "그런데 바람은 전혀 없어요. 바람이 불면서 이런 일이 일어난다면 이해가 갈 텐데."

선장은 냉정하게 자르듯 말했다. "곧 바람이 닥쳐올 테니 그런 일로는 염려 안 해도 되네."

두 사람은 조용히 앉아 있었다. 피부에서 수많은 작은 땀이 솟아올라 서로서로 합쳐져 땀방울들을 이루고, 그 땀방울들이 다시 합쳐져 작은 물줄기를 이루면서 땅바닥에 뚝뚝 떨어졌다. 두 사람은 연방 가쁜 숨을 몰아쉬었다. 노인 쪽이 특히나 더 숨 쉬기 어려워했다. 부풀어 오른 바다가 해변을 타고 올라와 코코넛 줄기들의 밑동을 핥았고 두 사람의 발치께까지 육박해 들어왔다.

린치 선장이 말했다. "바닷물이 고수위를 넘어섰어. 여기서 11년이나 살앉는데." 그는 손목시계를 들여다봤다. "지금 시각은 3시."

한 남자와 여자가 나타났고 불안한 표정을 한 개구쟁이 아이들과 잡종견들이 무질서하게 뒤섞여 그들을 따라오고 있었다.

그들은 그 집 너머에 있는 숲으로 가서 한동안 우왕좌왕하더니 이윽고 모래밭에 주저앉았다. 몇 분 뒤 반대 방향에서 또 한 가족이 천천히 다가왔다. 그 가족의 남자와 여자들은 온갖 종류의 가재도구들을 짊어지고 왔다. 얼마 지나지 않아 온갖 연령층의 남녀 수백 명이 선장의 집 근방에 모여들었다. 선장은 새로 도착한 한 사람, 곧 아기를 품에 안고 있는 여자를 불러서 물어본 결과 그 여자 집이 조금 전에 호수 속으로 쓸려 들어갔다는 얘기를 들었다.

선장의 집은 섬에서 가장 높은 곳에 자리잡고 있었고, 부풀어 오른 바닷물이 그 집 양쪽으로 죽 이어진 환초의 가는 반지 같은 땅 곳곳을 휩쓸고 지나가 호수 속으로 들어갔다. 둘레가 32킬로미터쯤 되는 그 반지 같은 섬 어디에서도 폭이 92미터가 넘는 땅은 찾아볼 수 없었다. 지금은 진주 채취 시즌의 절정이어서 타히티같이 먼 곳에 있는 섬을 비롯하여 그 일대의 모든 섬에서 원주민들이 잔뜩 몰려와 있었다.

린치 선장이 말했다. "이 섬에는 1천2백 명의 남자, 여자, 아이가 있다네. 내일 아침에는 그중에서 몇 명이 살아남을지 궁금하군."

라울이 물었다. "그런데 어째서 바람이 불지 않죠? 전 그게 궁금해요."

"걱정하지 말게, 젊은 친구. 염려는 붙들어 매. 자네를 엄청 괴롭힐 일들이 곧 닥쳐올 테니까."

린치 선장이 말하는 동안에도 거대한 파도들이 환초를 강타하고 있었다.

바닷물이 밀어닥쳐 그들이 앉아 있는 의자가 8센티미터쯤 물에 잠겼다. 많은 여자의 입에서 두려움이 담긴 낮은 비탄의 소리가 새어나왔다. 서로의 손을 꼭 잡은 아이들은 자기네를 향해 밀려오는 파도를 보고 비명을 내질렀다. 밀려오는 바닷물 속에서 정신없이 허우적거리던 닭과 고양이들은 마치 약속이나 한 듯이 선장의 집 지붕 위로 날아오르거나 기어 올라갔다. 포모투스 제도 출신 사람 하나가 갓 태어난 강아지들을 담은 바구니를 들고 코코넛 나무 위로 기어 올라가 지상에서 6미터쯤 되는 곳에 잡아맸다. 그 사람의 어머니는 그 아래 바닷물 속에서 온몸을 버둥거리며 울부짖고 있었다.

태양은 아직도 찬연하게 빛났고 죽음 같은 적요는 계속되고 있었다. 그들은 의자에 앉아 바다와 미친 듯이 요동하는 오라이 호를 바라봤다. 린치 선장은 섬으로 밀려오는 거대한 파도의 산맥들을 뚫어지게 응시하다 더 이상 못 견디고 두 손으로 얼굴을 가렸다. 이윽고 그는 집 안으로 들어갔다.

다시 밖으로 나온 그는 나직하게 말했다. "20-8-60."

그는 한쪽 팔에 얼마 되지 않는 양의 밧줄 한 사리를 두르고 있었다. 그는 밧줄을 3.6미터 길이로 여러 토막을 내서 하나는 라울에게 주고 다른 하나는 자기 몫으로 남겨둔 뒤 나머지는 주위의 여자들에게 나눠주면서 나무를 하나씩 골라서 올라가라고 충고했다.

북동쪽에서 산들바람이 불어오기 시작했다. 뺨에 닿는 바람의 감촉에 라울은 기분이 좋아졌다. 그는 오라이 호가 돛들을 조정해 가며 해안을 등지고 나아가는 광경을 볼 수 있었다. 그 배를 타지 않은 걸 후회했다. 아무튼 그 배는 거기서 멀리 달아날 것이다. 그런데 환초에서는 바닷물이 모든 땅을 휩쓸고 지나가는 통에 제대로 서 있기도 어려웠다. 그도 나무 하나를 골라잡았다. 그런데 그 순간 기압계기 기억이 나서 선장의 집으로 달려갔다. 그는 같은 볼일로 돌아온 린치 선장과 마주쳤다. 두 사람은 함께 집 안으로 들어갔다.

늙은 선원이 말했다. "20-8-20. 이제 이곳은 완전히 지옥으로 변해 버릴 거야. 그런데 저게 뭐지?"

맹렬히 몰려드는 뭔가로 대기가 가득 찬 듯했다. 집 전체가 흔들리며 움직였다. 그리고 그들은 현을 잡아 뜯는 것 같은 날카로운 소리를 들었다. 창문들이 덜커덩거렸고, 유리창 두 개가 부서지면서 맹렬한 바람이 그들을 후려치는 통에 중심을 잃고 비틀거렸다. 반대편 문이 쾅 하고 닫히면서 걸쇠가 박살이 났다. 하얀 문에 달린 손잡이는 수많은 조각으로 부서져 방바닥에 흩어졌다. 방의 벽들은 갑자기 부풀어 오르는 풍선처럼 불룩해지더니 소총부대가 일제히 사격하는 듯한 소리가 나면서 바다에서 치솟은 물보라가 집 벽을 후려쳤다. 린치 선장은 손목시계를 들여다봤다. 오후 4시였다. 그는 뱃사람들이 즐겨 입는 군청색 외투를 걸쳐 입고 기압계의 고리를 벗겨 널찍한 주머니 속에 집어넣었다. 다시 둔중한 소리와 함께 파도가 집을 강타했다. 그러자 그 가벼운 건물은 기우뚱했고, 토대 위에 세워진 구조물 전체가 뒤틀리더니 바닥에 10도 각도로 주저앉았다.
 라울이 먼저 뛰어나갔다. 바람이 그의 몸을 잡아채 사정없이 잡아 돌렸다. 그는 바람이 동쪽으로 방향을 바꿨다는 걸 알았다. 그는 온 힘을 다해 모래밭에 몸을 내던지고는 바닥에 납작 엎드렸다. 린치 선장은 짚 뭉치처럼 바람에 날려 라울의 몸 위에 엎어졌다. 오라이 호의 두 선원이 이제까지 매달려 있었던 코코야자 곁을 떠나 그들을 도우러 왔다. 선원들은 도저히 거역할 수 없는 바람과 맞서서 사투를 벌이다시피 하면서 그들에게로 벌벌 기어왔다.
 노인은 관절이 뻣뻣해서 나무 위로 오를 수 없었다. 그러자 선원들은 양끝을 묶은 짧은 빗줄을 이용해서 노인의 몸을 한 번에 조금씩 끌어올려 마침내 지상에서 15미터가량 떨어진 나무 꼭대기로 올려 보내는 데 성공했다. 라울은 그 옆에 있는 나무 밑동에 자기 키만 한 길이의 밧줄을 감고는 굵은 나무 줄기와 마주 보고 섰다. 바람의 기세는 대단했다. 이제까지 바람이 그렇게 거셀 수 있다는 상상은 하지 못했다. 바다는 계속 환초를 쓸고 지나갔으며 그럴 때마다 바닷물이 그의 무릎 정도까지 차올랐다가 호수 속으로 쓸려 들어갔다. 해는 종적을 감춰 버렸고 납빛처럼 칙칙한 어스름 빛이 세상을 뒤덮었다. 몇 방울의 빗발이 수평으로 날아와 그를 후려치자 마치 납 총알을 맞은 것처럼 강한 충격이 왔다. 파도의 짜디짠 비말이 뺨을 때렸을 때는 마치 누군가에게 호되게 따귀를 얻어맞은 것처럼 정신이 아찔했다. 두 뺨은 얼얼했고, 울고 싶지 않은데도 통증 때문에 아린 눈에 눈물이 고였다. 몇 백 명의 원주민이 나무에 올라가 있었다. 나무들의 꼭대기에 잔뜩 매달린 그 인간 과일 다발들을 보니 쓴웃음이 나왔다. 이윽고 그는 타히티 섬 출신답게 허리께까지 몸을 잔뜩 숙이고 양손으로 나무줄기를 움켜쥔 뒤 양 발바닥으로 단단히 디디면서 올라가기 시작했다. 잠시 뒤 나무 꼭대기에 이른 그는 여자 둘과 아이 둘, 남자 하나가 이미 올라와 있다는 걸 알았다. 작은 여자애는 집 고양이 한 마리를 꼭 끌어안고 있었다.
 그 꼭대기에서 라울은 린치 선장에게 손을 흔들어줬다. 불굴의 용기를 지닌 그 노인도 손을 흔들어주는 것으로 답했다. 이어서 라울은 하늘을 올려다보고는 소스라치게 놀랐다. 하늘이 훨씬 더 밑으로 내려앉아 있었다. 바로 그의 머리 위에 있는 것 같았다. 그리고 그것은 납빛에서 검은빛으로 변했다. 많은 사람이 아직도 나무 아래 땅바닥에 떼로 몰린 채 밑동을 붙잡고 있었다. 그렇게 모여 있는 이들 가운데 몇 무리의 사람들은 기도했는데 한 무리 속에서는 모르몬교 선교사가 설교하고 있었다. 율동적인 이상한 소리가 먼 데 있는 귀뚜라미 소리만큼이나 희미하게, 그리고 지속적으로 들려왔다. 한순간, 그 소리가 천상의 음악처럼 성스럽다는 생각이 그의 뇌리를 스치고 지나갔다. 그는 주위를 둘러보다가 또 다른 나무 밑 부보에 꽤 많은 사람이 모여 있는 걸 발견했다. 그들은 나무줄기에 건 밧줄로 몸을 의지하고 있거나 다른 이의 몸을 붙잡고서 바람의 저항을 견뎌내고 있었다. 그는 그들의 얼굴이 실룩이고 입술이 함께 움직이는 걸 볼 수 있었다. 그들이 내는 소리는 들리지 않았으나 그들이 찬송가를 부르고 있다는 걸 알았다.

 바람은 점점 더 강하게 불어왔다. 그것은 바람에 관한 그의 체험 영역을 넘어선지 이미 오래였기에 그로서는 의식을 통한 어떤 방법으로도 그 강도를 측정할 수 없었다. 그럼에도 아무튼 그는 바람이 자꾸 더 세어진다는 걸 알았다. 그리 멀지 않은 곳에 있는 한 나무의 뿌리가 뽑히면서 거기에 올라가 있던 사람들은 땅바닥에 내동댕이쳐졌다. 바다가 가는 띠처럼 펼쳐진 그곳의 모래땅을 휩쓸고 지나가면서 그들의 모습은 사라졌다. 모든 일이 빠르게 일어나고 있었다. 그는 하얗게 들끓고 있는 호수 수면을 배경으로 해서 실루엣처럼 떠오른 갈색 어깨 하나와 검은 머리 하나를 봤다. 하지만 그런 모습들 역시 다음 순간 바로 사라졌다. 다른 나무들은 요동하고, 넘어지고, 성냥개비들처럼 열십자로 걸려 있곤 했다. 그는 바람의 힘에 놀라움을 금치 못했다. 그가 올라가 있는 나무가 위태롭게 흔들리자 한 여자가 울부짖으며 어린 여자애를 꼭 끌어안았고, 여자애도 품속의 고양이를 더 꼭 끌어안았다.

 다른 아이를 끌어안고 있던 남자가 라울의 팔을 건드리면서 손가락으로 가리켰다. 라울은 모르몬교 교회가 술 취한 사람처럼 이리저리 비틀거리면서 30미터쯤 내달리는 광경을 봤다. 바람과 바다가 합세하여 토대에서 뜯겨나간 교회 건물을 허공에 들어 올리고 호수 쪽으로 마구 밀어내고 있었다. 거대한 바닷물 벽이 그 건물을 덮쳐 기울게 하고 대여섯 그루의 코코야자에 내동댕이쳤다. 그러자 많은 인간 과일이 농익은 코코넛 열매들처럼 일제히 떨어졌다. 파도가 지나간 뒤 땅바닥에 떨어진 그들의 모습이 보였다. 어떤 이들은 꼼짝하지 않고 늘어져 있었고, 또 어떤 이들은 꿈틀거리거나 땅바닥을 꾸물꾸물 기어갔다. 그는 그들의 모습을 보고 묘하게도 개미들을 떠올렸다. 그는 아무 충격도 받지 않았다. 그는 이미 공포의 감정을 넘어서 있었다. 그 다음에 밀려온 파도가 그 땅을 휩쓸면서 당연히 그 인간 잔해들까지도 깨끗이 쓸어갔다. 그가 이제까지 본 어떤 파도보다도 거대한 세 번째 파도가 닥쳐와 그 교회를 호수 속으로 쓸어 넣었다. 반쯤 물에 잠긴 채 바람 부는 쪽 어딘가로 떠내려가는 그 교회를 멍하니 보고 있자니 대홍수에 쓸려가는 노아의 방주가 떠올랐다.

그는 린치 선장의 집을 눈으로 찾아보고는 역시 사라졌다는 걸 알고 놀랐다. 확실히 모든 상황이 급속히 진행되었다. 그는 여전히 버티고 서 있는 나무들 위에 있던 많은 사람이 이미 땅으로 내려갔다는 걸 알았다. 바람은 다시 강해졌다. 그가 올라가 있는 나무가 그걸 알려주고 있었다. 그 나무는 이제 이리저리 기울어지거나 요동하지 않았다. 사실상 그것은 맹렬한 바람을 받으면서 고정된 한 방향으로 구부러진 채 꼼짝하지 않고 그저 가늘게 떨기만 했다. 그러나 그 진동은 섬뜩했다. 그것은 구금(口琴)[*3]의 리드나 소리굽쇠의 진동과 같았다. 고약한 느낌이 드는 것은 그 진동이 너무나 빠르다는 데 있었다. 지금은 비록 그 뿌리들이 버티고는 있으나 그런 엄청난 긴장 상태를 오래도록 견디지는 못할 것이다. 뭔가가 부러질 수밖에 없을 것이다.

아, 꺾어진 나무가 하나 있었다. 그는 그것이 꺾어지는 장면은 보지 못했다. 하지만 그 나무가 서 있던 자리에는 절반이 부러지고 폭은 그루터기만 남아 있었다. 그가 보지 못했다면 이 세상의 그 누구도 그런 일이 일어났는지 알지 못했으리라. 나무들이 부딪치는 소리, 절망에 빠진 사람들의 울부짖음은 그곳 일대를 휩쓸고 있는 엄청난 굉음에 모조리 파묻혔다. 그는 우연히 린치 선장 쪽으로 고개를 돌렸다가 그 사건을 목격했다. 그 나무줄기의 윗부분이 소리 없이 떨어져 나가면서 나무가 둘로 분리되는 광경을 목격했다. 나무의 윗부분은 오라이 호 선원들과 늙은 선장과 더불어 호수 위로 날아갔다. 그 윗부분은 땅바닥에 떨어진 게 아니라 마치 지푸라기처럼 허공을 날아갔다. 그는 그것이 허공을 날아 수면에 떨어질 때까지의 백여 미터쯤 되는 궤적을 눈으로 좇았다. 그는 눈을 부릅뜨고 바라봤고, 린치 선장이 작별의 손짓을 한 것을 봤다고 확신했다.

[*3] jew's-harp. 아시아나 태평양의 여러 섬에서 사용하는 원시적인 소형 악기의 하나. 대나무 가운데를 가늘게 쪼개어 리드를 끼워 입에 물고 연주하는데 쇠로 만든 것도 있다.

라울은 더 이상 어떤 것도 기다리지 않았다. 그는 원주민 남자를 툭 건드리고는 땅바닥으로 내려가라는 신호를 보냈다. 그 사람은 그렇게 하고 싶어 했지만 아내들이 두려움에 질려 꼼짝하지 못하는 바람에 결국 아내들과 함께 그곳에 남는 편을 선택했다. 라울은 갖고 있던 밧줄을 나무줄기에 감은 뒤 땅바닥으로 미끄러져 내려갔다. 파도가 달려들어 머리를 뒤덮었다. 그는 숨을 멈추고 밧줄에 필사적으로 매달렸다. 파도의 물마루가 지나간 뒤 나무줄기 뒤에서 크게 심호흡을 했다. 그는 나무줄기를 감은 밧줄을 좀 더 든든하게 고정시켰다. 곧이어 또 다른 파도가 그의 몸을 집어삼켰다. 두 여자 중 한 여자가 미끄러져 내려와 그의 곁에서 밧줄을 잡고 섰다. 원주민 남자는 남은 아내와 두 아이, 고양이와 함께 나무 위에 머물러 있었다.

그 화물관리인은 다른 나무들의 밑동에 매달려 있는 사람들의 숫자가 계속 줄어드는 걸 눈여겨봤다. 이제 그는 자기 곁에서도 그런 과정이 이루어지고 있다는 걸 알았다. 의지하고 있던 나무줄기에서 떨려나지 않으려면 온 힘을 다 쏟아야 했다. 같은 나무에 매달려 있던 여자는 점점 더 기운을 잃어가고 있었다. 그는 수면 밖으로 고개를 내밀 때마다 자기가 아직도 제자리에 있다는 걸 알고 놀랐으며, 곧이어 여전히 버티고 있는 여자를 보고 다시 놀랐다. 결국 어느 순간 수면 밖으로 고개를 내밀었을 때 여자는 사라지고 없었다. 그는 위를 쳐다봤다. 그 나무의 윗부분도 역시 사라져 버렸다. 본디 높이의 반쯤 되는 남은 줄기의 끝 부분은 가늘게 진동했다. 그는 안전했다. 뿌리는 여전히 버티고 있는 반면 바람으로부터 받는 압력은 크게 줄어들었다. 그는 나무줄기를 오르기 시작했다. 기력이 약해져 천천히 올라갔다. 부러진 나무줄기 꼭대기까지 올라가는 동안 파도가 여러 차례 그를 덮쳤다. 다 올라간 그는 나무줄기에 자기 몸을 잡아 묶었고, 그 밤과 아울러 자신도 알지 못하는 그 무엇과 맞서기 위해 마음을 단단히 다져먹었다.

캄캄한 어둠 속에서 그는 몹시 외로웠다. 이따금 세상의 종말이 닥쳐오고 자신이 최후의 생존자인 듯한 느낌에 빠지곤 했다. 그런데 폭풍은 강도가 더 세어졌다. 시간이 흐를수록 점점 더 노기등등해졌다. 그가 11시쯤 되었으리라 추정한 무렵, 바람의 강도는 도저히 믿어지지 않을 정도로 엄청났다. 끔찍하고 소름 끼치는, 미친 듯이 격노한 비명을 내지르는 폭풍. 그를 사정없이 후려치고 지나가고, 다시 후려치고 지나가는 끝없는 파도의 벽. 그는 몸이 가벼워지고 에테르처럼 투명해진 듯한 기분이 들었다. 움직이는 것은 그였다. 그는 상상할 수 없을 만큼 빠른 속도로 한없이 두텁고 빽빽한 어떤 물질 속을 날아가는 듯했다. 바람은 이제 움직이는 대기가 아니었다. 그것은 물이나 수은처럼 견실한 실체가 되었다. 그는 자신이 그 실체의 중심부에 들어갈 수 있고, 사람들이 소의 몸통 살을 해체하듯 그것을 산산이 조각내 버릴 수 있을 것 같았다. 사람들이 절벽 사면에 매달리듯 바람을 움켜쥐고 매달릴 수 있을 것 같았다.

바람은 그를 질식시켰다. 그것과 정면으로 마주칠 때는 숨을 쉴 수 없었다. 맹렬한 폭풍이 입과 콧구멍을 뚫고 들어와 폐를 부레처럼 팽팽하게 부풀렸기 때문이다. 그런 순간이면 몸이 바람으로 단단히 채워져 견실한 대지와 함께 크게 부풀어 오른 것만 같았다. 그는 입술을 나무줄기에 밀착시킬 때만 겨우 숨을 쉴 수 있었다. 끊임없는 바람의 충격파에 그는 기진맥진했다. 몸과 뇌가 다 함께 지쳐 떨어졌다. 더 이상 주위를 돌아볼 생각도 할 수 없었다. 그는 반쯤 의식을 잃었다. 의식 속에서는 한 가지 생각만 맴돌았다. 맞아, 이건 허리케인이었어. 그런 생각은 뜬금없이 툭툭 일어났다. 그것은 이따금 한 번씩 확 피어나곤 하는 희미한 불꽃 같았다. 그는 혼미한 상태에서 번번이 그 생각으로 돌아갔다. 맞아, 이건 허리케인이었어. 그러고 나서 다시 혼미한 상태로 떨어졌다.

허리케인의 절정 상태는 밤 11시에서 새벽 3시까지 지속되었다. 마푸히와 그의 집안 여자들이 매달려 있던 나무가 부러진 건 밤 11시 무렵이었다. 마푸히는 자기 딸 나쿠라의 몸을 여전히 단단히 붙잡은 채 호수 수면으로 떠올랐다. 남태평양의 섬 출신 사람들만이 그런 난리통 속에서도 살아남을 수 있었다. 그가 매달려 있는 판다누스 나무는 거품과 소용돌이 속에서 연이어 뒤집혔다. 그는 어떤 때는 그저 나무에 매달린 채 기다리고 또 어떤 때는 나무를 쥐고 있던 손의 위치를 재빨리 바꿔주며 자신의 머리와 나쿠라의 머리를 연방 수면 위에 솟아오르게 함으로써 간신히 숨을 쉴 수 있었다. 그러나 허공을 나는 물보라와 폭풍을 타고 수평으로 날아오는 무수한 빗발 때문에 수면 밖도 역시 물 천지이긴 마찬가지였다.

반지 모양으로 둥글게 휘어 돌아간 건너편 모래밭까지의 거리는 16킬로미터쯤 되었다. 폭풍에 날려 떨어진 굵은 나무줄기들, 목재들, 작은 배의 파편들, 집들의 잔해들이 소용돌이치는 호수 속에서 헤엄쳐 나오려는 사람들 가운데 열에 아홉은 목숨을 잃었다. 물을 잔뜩 먹고 탈진 상태에 빠진 사람들은 폭풍과 파도와 갖가지 잔해물들이 함께 뒤섞여 미친 듯이 휘돌아가는 곳으로 내던져져 형체 없는 살덩어리가 되어 버렸다. 그러나 마푸히는 운이 좋았다. 그는 열 명 중에서 한 명에 해당했다. 그는 운명의 장난에 의해 그런 행운을 얻었다. 그는 수십 군데의 상처에서 피를 흘리면서 해변에 올라섰다.

나쿠라의 왼쪽 팔은 부러졌고 오른손의 손가락 몇 개는 뭉개졌으며 뺨과 이마는 속의 뼈가 다 드러날 정도로 갈라졌다. 마푸히는 아직까지 버티고 서 있는 나무 하나를 움켜쥐었다. 그는 나쿠라를 품에 안은 채 나무 줄기에 매달려 가쁜 숨을 몰아쉬었다. 호수에서 들끓는 바닷물이 무릎 높이까지 차올랐고 때로는 허리 높이까지 차오르기도 했다.

새벽 3시쯤 되자 허리케인의 기세가 한풀 꺾였다. 4시쯤에는 거센 바람이 부는 정도로 약화되었다. 그리고 6시쯤에는 죽음과도 같은 정적이 찾아왔고 해가 빛나기 시작했다. 바다는 물러갔다. 마푸히는 아직까지도 파도가 분주히 핥고 지나가는 호수 가장자리에서 뭍에 오르는 데 실패한 이들의 처참한 시신들을 목격했다. 그런 시신들 가운데는 분명 테파라와 나우리의 시신도 섞여 있을 터였다. 그는 해변을 따라가면서 시신들을 살펴보다 마침내 반은 물속에 잠겨 있고 반은 물 밖에 나와 있는 아내를 발견했다. 그는 그 곁에 주저앉아 비탄에 빠진 짐승처럼 처연한 울음을 토해 냈다. 그런데 이윽고 그녀가 불편한 듯 몸을 뒤척이면서 신음했다. 그는 좀 더 자세히 살펴봤다. 그녀는 살아 있을 뿐만 아니라 다치지도 않았다. 그녀는 그냥 잠이 들어 있을 뿐이었다. 그녀 역시 열 명에 하나 꼴로 찾아온 행운을 얻었다.

전날 밤의 1천2백 명 가운데서 불과 3백 명만이 살아남았다. 모르몬교 선교사와 경찰관 한 사람이 생존자 숫자를 조사했다. 호수는 시체들로 가득했다. 섬에는 단 한 채의 집도, 오두막도 남아나지 않았다. 그 환초 전체에서 모든 돌은 낱낱이 흩어져 두 개씩 겹쳐진 돌들은 전혀 찾아볼 수 없었다. 코코야자는 오십 그루에 한 그루 꼴로 서 있었고 살아남은 나무들마저 허리가 부러지거나 너덜너덜한 모양을 하고 있었다. 그리고 그 나무들에 달려 있던 코코넛 열매는 단 하나도 찾아볼 수 없었다.

민물은 전혀 없었다. 땅 표면으로 스며 나온 빗물이 고여 있던 얕은 샘들은 소금기로 가득했다. 살아남은 사람들은 호숫가에서 바닷물에 흠뻑 젖은 밀가루 부대 몇 개를 회수했다. 그들은 땅바닥에 쓰러진 코코넛 나무들의 속을 파내서 먹었다. 사람들은 여기저기서 모래를 파내고 금속 조각들을 지붕 삼아 덮은 오두막들 속으로 기어 들어갔다. 선교사가 조잡한 형태의 증류기를 만들기는 했으나 3백 명이 먹을 만한 양의 물은 도저히 뽑아낼 수 없었다. 둘째 날이 끝나갈 무렵 호수에서 목욕하던 라울은 갈증이 다소 덜어졌다는 걸 알았다. 그는 사람들에게 그 소식을 알렸다. 그 바람에 남자, 여자, 아이 3백 명이 모두 호수 속에 들어가 목까지 몸을 담근 채 피부를 통해 물을 흡수하려 애썼다. 그들 주위에서는 죽은 사람들의 시체가 떠다니고 때로는 바닥에 가라앉은 시체들이 발에 밟히곤 했다. 사흘째 되던 날 사람들은 시체들을 땅속에 파묻은 뒤 땅바닥에 앉아 자기네를 구조하기 위해 찾아올 기선을 기다렸다.

 한편, 허리케인 때문에 가족과 떨어진 나우리는 자기 나름의 모험 여정에 휩쓸렸다. 그녀는 부서진 판자에 매달렸지만 그 판자 때문에 몸 여기저기에 상처를 입고 멍이 들었으며 곳곳에 작은 나뭇조각들이 잔뜩 박혔다. 그녀는 판자에 매달린 채 환초 너머로 떠밀려가 넓은 바다로 나갔다. 넓은 바다에서 산처럼 밀려오는 파도들이 어마어마한 힘으로 그녀를 두들기는 바람에 그만 판자를 놓치고 말았다. 그녀는 예순 살 가까운 늙은 여자였지만 포모투스 제도 출신으로 평생 바다가 보이지 않는 곳에서는 한 번도 지내 본 적이 없었다. 그녀는 캄캄한 어둠 속에서 파도에 휘말려 물을 먹고, 질식할 것 같은 고통 속에서도 숨을 쉬려고 헐떡이면서 열심히 헤엄쳤다. 그러는 와중에 코코넛 열매 하나가 그녀의 어깨를 호되게 후려쳤다. 그 순간 좋은 계획이 번쩍 떠올라 그 열매를 붙잡았다. 다음 한 시간 동안 코코넛 열매를 일곱 개나 더 얻었다. 그녀는 그것들을 하나로 엮어 구명대를 만들었다. 그 구명대는 그녀의 목숨을 보존해 주긴 했지만 자칫 잘못했으면 그것들에 얻어맞아 젤리가 될 뻔했다. 그녀는 몸집이 뚱뚱했고 멍이 잘 들었다. 그녀는 과거에 많은 허리케인을 겪어 봤기에 상어 신에게 상어들로부터 자신을 보호해 달라고 기도하는 한편으로 폭풍의 기세가 꺾이기를 기다렸다. 그러나 새벽 3시쯤에는 의식을 잃고 있었기에 폭풍의 기세가 한풀 꺾였다는 사실을 알지 못했다. 죽음과도 같은 정적이 찾아온 6시 무렵에도 그런 사실을 알지 못했다.

그녀는 몸이 바닷가 모래밭으로 떠밀려날 때야 비로소 의식을 되찾았다. 그녀는 바닷가를 두드렸다 물러나는 파도에 휩쓸려 떠내려가지 않으려고 껍질이 벗겨져 생살이 드러나고 피범벅이 된 손과 다리로 모래밭을 기어 올라가 마침내 파도가 닿지 않는 곳에 이르렀다.

그녀는 그곳이 어딘지 알았다. 그곳은 바로 타코코타라고 하는 아주 작은 섬이 분명했다. 그 섬에는 초호가 없었다. 그 섬에는 사람이 전혀 살지 않았다.

히쿠에루 섬은 거기서 24킬로미터쯤 떨어진 곳에 있었다. 거기서는 히쿠에루 섬이 보이지 않았으나 그녀는 그 섬이 남쪽에 떠 있으리라는 걸 알고 있었다. 하루하루 지나갔고, 그녀는 구명대 역할을 한 코코넛으로 연명했다. 그것들은 마실거리와 먹을거리를 제공해줬다. 하지만 그녀는 마시고 싶은 만큼 마음껏 마시지 않았고 먹고 싶은 만큼 마음껏 먹지 않았다. 자신이 과연 구조될 수 있을지 의문이었기 때문이다. 그녀는 수평선에서 인명을 구조하기 위해 파견된 기선들의 연기를 봤다. 하지만 그 어떤 기선이 사람도 살지 않는 외딴섬이 타코코타에 와주리라 기대할 수 있겠는가?

그 섬에 처음 도착했을 때부터 그녀는 시체들 때문에 괴로움을 겪었다. 바다는 계속해서 작은 모래사장에 시체들을 내던지고 달아났다. 그 통에 그녀는 있는 힘을 다해 시체들을 다시 바다에 밀어 넣어 상어들이 그들의 살을 찢거나 삼키게 했다. 그러다 마침내 그녀의 기력이 다하자 해변은 흉악한 몰골로 줄줄이 드러누운 시체들 천지가 되었다. 그녀는 그 꼴이 끔찍해서 가급적 시체들이 보이지 않는 곳으로 물러났다. 하지만 아주 멀리 가지는 않았다.

열흘째 되던 날 마지막 코코넛이 사라졌고, 그녀는 갈증으로 시들어 갔다. 그녀는 코코넛을 찾기 위해 지친 몸을 끌고 해변을 따라 걸어갔다. 묘하게도 시체는 잔뜩 떠다녔으나 코코넛은 눈 씻고 찾아봐도 없었다. 죽은 사람들의 숫자보다 훨씬 더 많은 코코넛이 떠다닐 게 분명한데도! 마침내 단념하고 기진맥진해서 모래사장에 드러누웠다. 생의 종말이 닥쳐왔다. 죽음을 기다리는 것 말고는 아무것도 할 게 없었다.

얼마 후 혼수상태에서 깨어난 그녀는 자신이 어떤 시체의 두개골에 달라붙은 적갈색 머리를 응시하고 있다는 걸 서서히 깨닫기 시작했다. 바다는 그 시체를 그녀 쪽으로 밀어냈다가 다시 끌어 잡아당기곤 했다. 그녀는 그것에 얼굴이 붙어 있지 않다는 걸 알았다. 그러나 그 적갈색 머리는 왠지 모르게 눈에 익었다. 한 시간쯤 흘렀다. 그녀는 그 사람이 누군지 알아보려고 애쓰지 않았다. 그녀는 죽기를 기다렸다. 그런 마당에 그 흉측한 시체의 주인이 누군지 알아내서 뭐 할 것인가.

그러나 한 시간이 거의 다 지날 무렵 천천히 몸을 일으켜 앉아 그 시체를 물끄러미 바라봤다. 유별나게 큰 파도가 시체를 모래사장으로 높이 밀어내는 바람에 그보다 더 작은 파도들은 거기에 미치지 못했다. 맞다, 그녀가 보기는 제대로 봤다. 포모투스 제도에서 그런 색깔의 머리를 가진 사람은 오직 한 사람뿐이었다. 진주를 사들여 히라 호에 싣고 가곤 하던 독일계 유대인인 레비. 그 시점에서 한 가지는 분명했다. 히라 호는 사라졌다. 어부들과 도둑들의 신의 이름이 붙은 레비의 배는 그를 버리고 사라져 버렸다.

나우리는 죽은 사람에게 기어갔다. 그의 셔츠가 찢어져 달아난 바람에 허리에 차고 있던, 가죽으로 된 돈 지갑 벨트가 보였다. 그녀는 숨을 멈추고는 허리띠 버클을 잡아당겼다. 버클은 예상보다 쉽게 풀렸다. 그녀는 벨트를 잡아당기면서 황급히 모래사장을 기어 달아났다. 벨트에 붙어 있는 주머니들의 단추를 하나 하나 열어 봤지만 하나같이 다 비어 있었다. 이 사람이 그걸 어디다 뒀을까? 마지막 주머니를 열자 그가 그 항해 과정에서 처음이자 유일하게 사들인 진주가 바로 그 안에 들어 있었다. 그녀는 벨트에서 풍기는 고약한 냄새를 피하기 위해 몇 미터쯤 더 기어간 뒤 진주를 살펴봤다. 그것은 마푸히가 발견했다가 토리키한테 빼앗기다시피 한 바로 그 진주였다. 그녀는 한 손에 그것을 올려놓고 무게를 가늠해 본 뒤 살살 어르듯이 손바닥에서 이리저리 굴려 봤다. 그러나 진주가 지닌 고유의 아름다움 같은 것은 보지 못했다. 그것을 통해서 그녀가 본 것은 마푸히와 테파라와 그녀가 마음속에서 오랫동안 공들여 지어 왔던 집이었다. 진주를 볼 때마다 벽에 걸려 있는 팔각형 괘종시계를 비롯한 그 집의 모든 부분이 보였다. 진주는 그녀가 살아야 할 목적과 이유를 제공해줬다.

그녀는 입고 있던 옷에서 천 조각을 하나 찢어내 진주를 싼 뒤 목에다 단단히 묶었다. 그런 뒤 해변을 따라 걸어갔다. 그녀는 연방 헐떡이고 신음하면서도 코코넛을 열심히 찾았다. 그녀는 이내 하나를 찾았고, 주위를 두리번

마푸히의 집 343

거리다 또 하나를 찾아냈다. 그녀는 한 개를 깨트려 그 안에 든 곰팡내 나는 물을 마시고 과육도 남김없이 먹어치웠다. 잠시 뒤 통나무의 속을 파서 만든 카누를 발견했다. 그것을 양옆에서 떠받쳐 주는 역할을 하는 부재들은 떨어져 나가고 없었다. 하지만 그녀는 기대감에 부풀어 있었다. 그리고 날이 저물기 전에 사라진 부재들을 찾아냈다. 그 모든 게 다 행운의 조짐이었다. 그 진주가 바로 그런 행운을 몰고 오는 마력적인 부적이었다. 오후 늦은 시각에 그녀는 물속에 낮게 떠 있는 나무 상자 하나를 발견했다. 그것을 해변으로 끌어올릴 때 속에서 내용물들이 덜거덕거리는 소리가 들렸다. 상자를 열어 보니 연어 통조림 열 개가 들어 있었다. 그녀는 한 개를 카누에 두들겨서 구멍을 냈다. 국물이 새나오자 그녀는 깡통에 입을 대고 빨아 먹었다. 그 뒤 깡통을 연방 두들기면서 한 번에 한 조각씩 연어 조각을 빼먹는 식으로 해서 몇 시간이나 걸려 그것을 다 먹었다.

그녀는 여드레 동안이나 누군가가 구조해 주러 오기를 기다렸다. 그동안 주위에서 찾아낼 수 있는 코코넛 나무의 모든 섬유소와 걸치고 있던 겉옷을 사용하여 부재들을 카누에 다시 붙들어 맸다. 카누의 선체에는 금이 심하게 가 있었지만 물이 새들어 오지 않게 할 방도가 없었다. 하지만 그녀는 코코넛으로 만든 바가지를 물을 퍼내는 데 사용하기 위해 카누에다 실어 놨다. 그리고 심혈을 기울여 노를 만들었다. 그녀는 깡통 조각을 이용해서 머리칼을 머리 가죽에서 가까이 모조리 잘라낸 뒤 꼬아서 밧줄을 만들었다. 그리고 연어 통조림 상자에서 떼어낸 널빤지 하나에 길이가 1미터쯤 되는 나무 손잡이를 대고 그 밧줄로 단단히 잡아 묶었다.

그녀는 이빨로 나무를 쏠아 쐐기들을 만든 뒤 판자와 나무 손잡이를 잡아 묶은 머리칼 밧줄 안쪽에 끼워 한층 더 팽팽하게 만들었다.

열여드레째 되는 날 자정 무렵 나우리는 해변에 부서지는 파도를 뚫고 카누를 띄운 뒤 히쿠에루 섬을 향해 출발했다. 그녀는 나이 든 여자였다. 그간 겪은 고난 때문에 지방이 쭉 빠져 이제 몸에는 뼈와 가죽, 얼마 되지 않는 힘줄 근육들만 남았다. 그런데 그 카누는 튼튼한 남자 셋이 노를 저어야 할 만큼 컸다.

하지만 그녀는 임시변통으로 만든 노로 혼자서 파도를 헤쳐 나갔다. 그리고 카누에 물이 많이 새들어 와 3분의 1가량의 시간은 물을 퍼내는 데 써야 했다. 날이 밝았을 때 그녀는 열심히 히쿠에루를 찾아봤지만 보이지 않았다. 카누 뒤편에서 타코코타 섬은 수평선 밑으로 가라앉았다. 그녀의 알몸에 내리꽂히는 작열하는 햇살이 몸에서 물기를 빼앗아 갔다. 연어 통조림은 이제 두 개 남았다. 그녀는 낮 시간 동안 그것들의 구멍을 뚫어 국물만 빨아먹었다. 그녀에게는 고기 조각을 빼먹는 데 들일 만한 여유가 없었다. 조류가 서쪽으로 흐르는 탓에 남쪽으로 노를 젓건 어디로 젓건 상관없이 카누는 서쪽으로 흘러갔다.

이른 오후 무렵 카누에서 허리를 바로 세우고 일어섰을 때 무성한 코코야자들이 모두 사라진 히쿠에루 섬이 눈에 들어왔다. 섬 여기저기서 드문드문 윗부분이 부러진 나무 그루터기들만 보였다. 그녀는 섬을 보고 환호했다. 배는 생각했던 것보다 섬에 훨씬 더 가까이 와 있었다. 조류는 카누를 계속 서쪽으로 나아가게 했다. 그녀는 조류의 흐름에서 어긋나는 방향으로 뱃머리를 돌리고 노를 저었다. 노의 두 부분을 잡아 묶은 자리 안쪽에 찔러 넣은 쐐기들이 약간씩 빠져나오면서 노의 이음매 부분이 자주 헐거워지곤 해서 그녀는 쐐기들을 단단히 찔러 넣는 일로 많은 시간을 보냈다. 그다음에는 물을 퍼내야 했다. 세 시간에 한 시간 꼴로 물을 퍼내기 위해 노 젓는 일을 멈춰야 했다. 그럴 때마다 카누는 서쪽으로 떠내려갔다.

해질 무렵 히쿠에루 섬은 카누에서 남동쪽으로 5킬로미터쯤 떨어져 있었다. 밤이 되자 보름달이 떠올랐다. 밤 8시 무렵 그 섬은 카누 정동쪽으로 3.2킬로미터가량 떨어진 곳에 있었다. 그녀는 한 시간 정도 있는 힘을 다해 노를 저었으나 섬은 전보다 더 멀어졌다. 카누가 조류의 본류 속에 들어온 데다 선체가 너무 컸다. 노의 상태는 너무 형편없었고, 물을 퍼내는 데 너무 많은 힘과 시간을 들여야 했다. 게다가 그녀는 기력이 아주 약했고, 시간이 지날수록 기력이 점점 더 떨어져 갔다. 그런 모든 이유로 온갖 노력을 다함에도 카누는 속절없이 서쪽으로 떠내려갔다.

그녀는 자신이 모시는 상어 신에게 기도를 드리고는 뱃전에서 뛰어내려 헤엄치기 시작했다. 물속에 뛰어들자 기운이 번쩍 나 재빨리 카누의 고물 곁을 떠났다. 한 시간쯤 지났을 때 섬은 눈에 띄게 가까워졌다. 바로 그때 두려움이 그녀를 덮쳐왔다. 그녀의 눈앞으로 6미터도 채 떨어지지 않은 곳에서 큼직한 지느러미 하나가 물살을 가르고 있었기 때문이다. 그녀는 그것을 향해 계속 헤엄쳐 왔다. 그러자 그것은 오른쪽으로 방향을 틀어 유유히 몸을 피하더니 그녀의 주위를 맴돌기 시작했다. 그녀는 그 지느러미에서 시선을 떼지 않은 채 헤엄쳤다. 수면에서 지느러미가 사라졌을 때 그녀는 얼굴을 아래로 돌리고는 물속을 살펴봤다. 지느러미가 수면에 다시 나타나자 그녀는 다시 헤엄치기 시작했다. 녀석은 게을렀다. 그녀는 그걸 알 수 있었다. 녀석은 분명 허리케인이 닥쳐온 이래 포식하면서 지냈을 것이다. 녀석이 몹시 굶주린 상태였다면 망설이지 않고 대뜸 그녀에게 돌진해 들어왔을 것이다. 길이가 4.6미터쯤 되는 큰 녀석이라 단 한 번의 공격으로 그녀의 몸을 두 동강 낼 수 있었을 것이다.

그러나 그녀는 녀석에게 신경 쓸 겨를이 없었다. 헤엄을 치든 치지 않든 간에 조류는 전과 다름없이 그녀를 계속 섬으로부터 떼어 놓고 있었다. 30분쯤 흐르자 상어는 점점 더 대담해지기 시작했다. 녀석은 그녀에게 별 위험 요소가 없다는 걸 알고 좀 더 가까이 다가와 전보다 더 좁은 원을 그리면서 돌았다. 그리고 녀석은 뻔뻔스러운 눈길로 그녀를 정면으로 쳐다보면서 다가오다 슬쩍 옆으로 미끄러져 갔다. 그녀는 조만간 녀석이 용기를 내어 자기에게 돌진해 오리라는 걸 훤히 알 수 있었다. 그녀는 자기 쪽에서 선수를 치기로 마음먹었다. 그런 의도는 무모한 짓에 가까웠다. 그녀는 나이 든 여자고 바다에 혼자 있는 데다 그간의 굶주림과 여러 시련으로 많이 쇠약해진 상태였다. 하지만 그 바다 호랑이와 정면으로 마주친 이상 자기편에서 먼저 돌진해 들어가는 것으로 녀석의 공격을 차단해야 했다. 그녀는 계속 헤엄치면서 기회가 오기를 기다렸다. 마침내 녀석이 2.5미터쯤 떨어진 데서 한가롭게 그녀의 곁을 지나가고 있었다. 그녀는 그 순간을 놓치지 않고 마치 공격하기라도 하려는 듯 느닷없이 녀석에게 달려들었다. 그러자 녀석은 꼬리를 사납게 뒤치면서 재빨리 몸을 피했다. 그 서슬에 사포같이 꺼끌꺼끌한 녀석의 가죽이 그녀의 몸을 치면서 한쪽 팔꿈치에서 어깨까지 이르는 피부가 확 벗겨졌다. 녀석은 전보다 훨씬 더 넓은 원을 그리며 빠르게 헤엄치더니 마침내 자취를 감춰 버렸다.

마푸히와 테파라는 금속 조각들로 덮인 모래 구덩이 속에서 말다툼을 벌이고 있었다.

"당신이 내가 말한 대로만 했더라면, 그 진주를 숨겨 두고 아무한테도 말하지 않았더라면, 지금쯤 그건 당신이 갖고 있었을 거야." 테파라는 천 번째로 마푸히를 그렇게 비난했다.

"하지만 내가 그 조개를 열었을 때 후루후루가 곁에 있었다고. 이 얘기는 당신한테 하고, 하고, 또 했잖아? 끝도 없어."

"그리고 이제 우리한테 집 같은 건 다신 생기지 않겠지. 라울이 오늘 나한테 말했어. 당신이 그 진주를 토리키한테 팔지만 않았더라면……."

"나는 그걸 팔지 않았어. 토리키가 나한테서 빼앗아 갔지."

"……당신이 그 진주를 팔지만 않았다면 라울은 당신한테 프랑스 달러로 5천을 주려고 했대. 그건 칠리 달러로 1만이나 되는 큰돈이야."

마푸히가 말했다. "그 사람이 자기 어머니한테 그 얘기를 한 거야. 그 여자는 진주를 보는 눈이 있거든."

테파라는 투덜거렸다. "그리고 이제 그 진주는 날아가 버렸어."

"토리키한테 진 빚은 갚았잖아. 그러니 아무튼 나는 1천2백을 번 거라고."

테파라는 빽 소리쳤다. "토리키는 죽었어. 그 사람의 스쿠너는 행방불명이 됐고. 오라이호, 히라 호와 함께 그 배도 사라져 버렸어. 나중에 주겠다고 약속한 3백 칠리 달러를 토리키가 갚아 줄까? 천만에. 토리키는 죽었으니까. 당신이 어떤 진주도 발견하지 못했다고 하자고. 그랬다면 당신이 오늘 토리키한테 1천2백을 빚지고 있는 걸까? 천만에. 토리키는 죽었으니까. 죽은 사람한테는 돈을 갚을 수가 없지."

마푸히가 말했다. "그런데 레비는 토리키한테 돈을 주지 않았어. 레비는 토리키한테 파페에테 시*4에서 그만한 돈으로 인정해 주는 종잇장 하나를 줬어. 그리고 이제 레비는 죽었으니 돈을 가질 수 없지. 그리고 토리키도 죽었고, 그 종이는 그 사람과 함께 사라져 버렸고, 진주는 레비와 함께 사라져 버렸어. 당신 말이 옳아, 테파라. 나는 그 진주를 잃어버렸고 아무것도 얻지 못했어. 그러니 이제 우리 잠이나 자자고."

갑자기 그는 한 손을 쳐들고는 조용히 귀 기울였다. 어디선가 소리가 났다. 누군가가 힘겹게 숨을 몰아쉬는 소리와 아울러 고통으로 신음하는 듯한 소리. 누군가의 손이 문짝 대용으로 걸어 놓은 거적을 더듬고 있었다.

---

*4 타히티 섬 북서부에 있는 도시. 프랑스령 폴리네시아 제도의 수도.

마푸히는 소리쳤다. "거기 누구요?"

상대가 대답했다. "나우리. 내 아들 마푸히가 어디 있는지 말해 줄 수 있어요?"

테파라는 비명을 지르면서 남편의 팔을 움켜잡았다.

그녀는 덜덜 떨면서 말했다. "귀신이야! 귀신!"

마푸히의 얼굴이 창백해졌다. 그는 슬며시 아내의 몸에 달라붙었다.

마푸히는 평소의 말투를 다른 식으로 바꾸려고 안간힘을 쓰면서 더듬더듬 말했다. "부인, 나는 댁의 아들을 잘 알고 있어요. 그 사람은 호수 동쪽 편에 살고 있어요."

그러자 한숨 소리가 들려왔다. 마푸히는 의기양양해하기 시작했다. 방금 귀신을 속이는 데 성공했으니까.

마푸히가 물었다. "그런데 부인은 어디에서 왔나요?"

상대는 맥없이 대답했다. "바다에서."

"내 그럴 줄 알았어! 그럴 줄 알았다고!"

테파라는 비명을 지르면서 길길이 뛰었다.

"언제부터 테파라가 남의 집에서 잠을 잤지?" 거적문 밖에서 나우리의 목소리가 들려왔다.

마푸히는 겁먹은 표정과 아울러 아내를 나무라는 표정이 되었다. 테파라의 목소리 때문에 자기네의 정체가 드러났다.

"언제부터 내 아들 마푸히가 자기 엄마를 모르는 척하기 시작했지?"

마푸히는 소리쳤다. "아뇨, 아뇨, 난 그런 적이⋯⋯ 마푸히는 부인을 모르는 척한 적이 없어요. 저는 마푸히가 아닙니다. 마푸히는 호수 동쪽 끝에서 살고 있어요. 정말입니다."

나쿠라가 침대에서 일어나 앉더니 울기 시작했다. 거적문이 흔들리기 시작했다.

"뭘 하는 겁니까?" 마푸히가 물었다.

나우리의 목소리가 말했다. "안으로 들어가려고 그런다."

거적문 한끝이 위로 올라갔다. 테파라는 담요 속으로 뛰어 들어가려 했으나 마푸히가 붙잡고 놔주지 않았다. 그로서는 뭔가를 붙잡고 매달려야만 했다. 그들은 서로 끌어안고 버둥거리며 온몸을 떨고 이를 딱딱 마주치면서 금방이라도 툭 튀어나올 것처럼 휘둥그레진 눈으로 누군가가 쳐들고 있는 거적문을 바라봤다. 그들은 겉옷도 걸치지 않은 채 바닷물을 뚝뚝 흘리면서 안으로 기어들어오는 나우리의 모습을 봤다. 그들은 나우리를 피하기 위해 뒤로 몸을 굴렸다. 그들은 나쿠라의 담요를 뒤집어쓰기 위해 서로 잡아당기느라 난리였다.

귀신은 호소하듯 말했다. "이 늙은 어미한테 물 한 잔 좀 갖다주지 않으련."

테파라는 떨리는 목소리로 남편한테 말했다. "어머니한테 물을 갖다 드려요."

마푸히는 그 지시를 나쿠라한테 떠넘겼다. "할머니한테 물 좀 갖다 드려라."

그리고 나서 부부는 힘을 합해서 나쿠라를 담요 밖으로 몰아냈다. 1분쯤 흐른 뒤 마푸히는 담요 밑으로 살그머니 고개를 내밀고 귀신이 물을 마시는 광경을 바라봤다. 귀신이 한 손을 뻗어 자기 손 위에 올려놓는 순간 마푸히는 무게를 느끼고 상대가 귀신이 아니라는 걸 알았다. 그는 담요 밖으로 나와 테파라의 손을 잡아끌었다. 몇 분 지나지 않아 모든 식구가 나우리의 이야기에 귀를 기울이기 시작했다. 나우리가 레비 이야기를 하면서 그 진주를 테파라의 손바닥에 떨어뜨려 주자 그녀까지도 눈앞에 있는 사람이 진짜 자기 시어머니라는 사실을 받아들였다. 테파라가 말했다.

"날이 밝으면 라울한테 이 진주를 5천 프랑스 달러에 팔도록 해요."

나우리는 항의하듯 말했다. "집은 어떻게 하고?"

테파라는 말했다. "라울이 집을 지어 줄 거예요. 그 사람은 그 집을 짓는 데 4천 프랑스 달러가 들 거라 그랬어요. 그리고 나중에 1천 프랑스 달러를 더 얹어 주겠다고 했어요. 1천 프랑스 달러는 칠리 달러로 2천이에요."

나우리가 물었다. "길이가 11미터 되는 집을 지어 주겠대?"

마푸히가 답했다. "그럼요, 11미터짜리 집이죠."

"그리고 가운데 방에는 팔각형 괘종시계가 걸려 있고?"

"그럼요. 둥그런 탁자도 있죠."

나우리는 흡족해하면서 말했다. "그럼 나한테 먹을 걸 좀 다오. 배가 고파. 그런 다음에는 우리 모두 자도록 하자. 난 피곤하니까. 그리고 내일 이 진주를 팔기 전에 그 집에 대해서 좀 더 얘기하도록 하자. 우리가 현금으로 1천 프랑스 달러를 더 받는다면 그편이 낫지. 장사꾼들하고 거래할 때는 외상보다 현금이 훨씬 더 좋아."

The Law of Life
삶의 법칙

코스쿠시 노인은 온 정신을 다해서 귀를 기울였다. 그의 시력이 약해진 지는 이미 오래되었으나 청력은 여전히 꽤 예리한 편이어서 아무리 작은 소리라도 쭈글쭈글한 이마 뒤에 아직도 자리잡고 있는 희미한 지능 체계까지 잘 전달되었다. 하지만 이제 눈으로는 이 세상 사물들을 더 이상 식별해 내지 못했다. 아! 개들에게 새된 목소리로 외치고 손바닥으로 때리면서 개들의 어깨에 굴레를 씌우는 아이는 시트컴투하였다. 시트컴투하는 그의 딸의 딸이었다. 하지만 그 아이는 자기 일로 너무 바빠, 절망적이고 무력한 상태로 눈밭에 혼자 앉아 있는 쇠약한 외할아버지에게 신경 쓸 겨를이 없었다. 캠프는 이미 철거했을 것이다. 하루해는 짧은 반면 가야 할 길은 멀었다. 죽음이 아니라 삶이, 삶의 여러 의무들이 연방 그 아이를 불러 대고 있었다. 그리고 그는 이제 죽음에 아주 가까이 다가가 있었다.

그런 생각이 들자 노인은 한순간 공포에 질려 마비된 한 손을 뻗쳐서 곁에 쌓여 있는 작은 땔감 더미를 부들부들 떨면서 더듬었다. 그것이 정말로 거기 있다는 것에 안심한 그는 손을 지저분한 모피 속으로 돌려놓고는 주위에서 들리는 소리들에 다시 귀 기울이기 시작했다. 반쯤 언 가죽들이 바스락거리는 소리는 추장의 사슴가죽 천막집이 이미 철거되어 누군가가 그 가죽들을 옮기기 편하게 두드려 접고 있다는 걸 말해 주고 있었다. 추장은 그의 아들이었다. 건장하고 강인한 추장은 그 부족의 우두머리요, 대단한 사냥꾼이었다. 여자들이 야영지의 짐을 꾸리느라 애쓰고 있을 때 추장의 목소리가 높아졌다. 그는 여자들의 동작이 느리다고 나무랐다. 코스쿠시 노인은 귀를 바짝 세웠다. 그가 그런 소리들을 듣는 건 그게 마지막이 될 터였다. 지하우의 천막집이 철거되었다! 토스컨의 천막집도! 일곱, 여덟, 아홉. 샤먼의 집만 그대로 서 있는 것 같았다. 어이쿠! 사람들이 이제는 샤먼의 천막집을 헐고 있었다. 그는 샤먼이 썰매에 천막을 실으면서 투덜거리는 소리를 들을 수 있었다. 한 여자가 부드럽게 노래하는 듯한 소리로 뭔가 불편한 듯 울어 대는 아기를 어르고 있었다. 노인은 쿠티가 성마르고 허약한 아이라 생각했다. 아마 그 아이는 곧 죽을 것이다. 그러면 식구들은 얼어붙은 툰드라에 불을 피워 녹인 땅에 구덩이를 파고 아이를 집어넣을 것이다. 그리고 오소리들이 물어 가지 못하도록 그 위에 돌무더기를 쌓아 올릴 것이다. 흐음, 빨리 죽는다고 해서 무슨 상관이겠는가? 인간이 살아 봤자 얼마나 산다고. 배부른 날만큼이나 배곯는 날도 많을 텐데. 그리고 결국에는 모든 인간을 늘 걸신들린 것처럼 잡아먹고 싶어하는 기갈 들린 죽음이 기다리고 있는데.

저게 무슨 소리지? 아, 남자들이 썰매들에 쌓인 짐을 밧줄로 잡아 묶고, 밧줄을 팽팽하게 잡아당기는 소리로군. 그는 귀를 기울였다. 앞으로는 그런 소리를 듣고 싶어도 들을 수 없을 테니까. 채찍이 허공을 날아가 개들을 후려치는 소리가 들려왔다. 개들이 깨갱거렸다! 개들은 무거운 썰매를 끌고 머나먼 길을 달려가는 일을 무척이나 싫어했다! 그 일행은 떠나고 있었다! 썰매들은 차례로 앞으로 나아가 침묵 속으로 사라져 갔다. 그들은 가버렸다. 그들은 그의 삶의 경계 밖으로 빠져나가 버렸다. 그리고 그는 이제 홀로 최후를 맞는 가혹한 시간과 맞닥뜨렸다. 그게 아니군. 모카신이 눈밭을 바스락거리며 밟는 소리가 들려왔다. 한 사내가 그의 곁에 서 있었다. 손 하나가 그의 머리를 부드럽게 짚었다. 그의 아들은 선량한 마음씨를 지녀 그냥 떠나지 못했다. 그는 매정한 아들들이 늙은 자기 아버지들을 그냥 버려 두고 부족원들을 따라 훌쩍 떠나곤 한 다른 경우들을 떠올렸다. 그러나 그의 아들은 달랐다. 그는 정신없이 과거를 헤매다가 아들의 목소리가 들려오는 바람에 문득 현재로 돌아왔다.

아들은 물었다. "괜찮으세요, 아버지?"

노인은 대답했다. "괜찮아."

아들은 말을 이었다. "곁에 땔나무가 있어요. 불도 잘 피어나고 있고. 오늘은 날이 흐리고 추위가 닥쳐왔어요. 곧 눈이 올 거예요. 벌써 내리고 있네요."

"아, 벌써 눈이 오는구나."

"우리 부족 사람들은 마음이 급해요. 짐은 무겁고, 그간 잘 먹지 못해서 배를 곯고 있어요. 길이 멀어 모두들 급하게 이동하고 있어요. 이제 갑니다. 괜찮으세요?"

"괜찮아. 나는 줄기에 간당간당하게 매달려 있는 마지막 이파리 신세야. 바람이 살짝 불기만 해도 떨어질 거야. 내 목소리는 할망구 목소리처럼 변해 버렸어. 눈으로는 바로 앞도 보지 못 하고 다리는 한없이 무거워. 나는 피곤해. 하지만 괜찮아."

그는 흡족한 기분으로 고개를 떨어뜨렸다. 그리고 눈밭이 바스락거리며 부서지는 소리가 서서히 멀어지다 아주 안 들릴 때까지 계속 그러고 있었다. 이윽고 그는 황급히 땔감 쪽으로 기어갔다. 그와 그를 향해 크게 아가리를 벌리고 있는 영원 사이에 존재하는 것은 오로지 그 땔감 하나뿐이었다. 마침내 그의 삶의 시한은 한 아름 정도 되는 땔감의 양으로 정해졌다. 그것들은 하나하나 모닥불의 먹잇감이 되어 사라질 것이다. 그리고 그것이 사라짐과 더불어 죽음은 조금씩 그에게로 다가올 것이다. 마지막 나무가 열기를 다 뿜어내고 나면 매서운 추위가 힘을 얻기 시작할 터이다. 처음에는 두 다리가 마비될 테고 다음에는 양손이 마비되리라. 그리고 그런 마비 상태는 팔다리에서 몸체로 서서히 옮아올 것이다. 그의 머리는 양 무릎 위에 떨어질 테고, 그는 영원한 휴식 상태에 들어가리라. 그건 쉬운 일이었다. 모든 인간은 언제고 죽을 수밖에 없다.

그는 불평하지 않았다. 그것이 삶의 법칙이었다. 그 법칙은 정당했다. 그는 대지와 밀착된 상태에서 태어났고, 대지와 밀착된 삶을 살아왔으므로 대지로부터 비롯된 그런 법칙이 전혀 낯설지 않았다. 육신을 지닌 모든 존재의 법칙이 그러했다. 자연은 육체에 친절하지 않았다. 자연은 개체라고 하는 낱낱의 존재에게는 아무 관심이 없었다. 자연의 관심은 종과 종족을 향해 있었다. 코스쿠시 노인의 미개한 정신이 자아낼 수 있는 가장 깊은 개념은 바로 이것이었다. 하지만 그는 그런 개념을 확고히 붙잡고 있었다. 그는 모든 생명체의 삶에서 그런 개념이 그대로 구현되는 것을 봐왔다. 버드나무에 수액이 올라오고, 연초록 싹이 트고, 노란 잎이 떨어지는 과정, 그것의 모든 역사는 이렇게 간단하게 요약되었다. 그러나 자연은 개체에게 한 가지 과업을 부여했다. 그 개체가 과업을 수행하지 않을 때 죽는다. 그 개체가 과업을 수행해도 역시 죽는다. 자연은 상관하지 않았다. 이에 수응하는 것 말고는 다른 방도가 없었으므로 많은 개체가 순응해 왔다. 순응하지 않는 개체들도 많았고. 어쨌든 그렇게 해서 개체들은 늘 생존을 지속해 왔다. 코스쿠시의 부족은 오랜 역사를 지닌 부족이었다. 코스쿠시가 어렸을 적에 알고 있던 노인들은 그들보다 앞서 살았던 노인들을 알고 있었다. 따라서 그 부족이 존재한다는 것은 사실이었고, 그것은 부족의 구성원들이 과제를 순순히 이행했다는 걸 말해줬다. 그들은 망각의 과거 속으로 흘러갔고, 그들의 영원한 휴식처들의 기억 역시 망각의 어둠 속으로 사라졌다. 그들의 존재 자체는 중요하지 않았다. 그들은 작은 삽화에 불과했다. 그들은 여름 하늘의 구름처럼 흘러갔다. 코스쿠시 자신 역시 하나의 삽화에 지나지 않았고 곧 흘러갈 운명이었다. 자연은 전혀 개의치 않았다. 자연은 삶에 하나의 과제를 부여해줬고, 하나의 법칙을 제시해줬다. 삶의 과제에 해당하는 것은 영속하는 것이고, 삶의 법칙에 해당하는 것은 죽음이었다. 풍성한 가슴을 지닌 건강한 처녀는 보기만 해도 즐거움을 안겨주는 존재다. 그녀는 탄력 있는 걸음으로 사뿐사뿐 걸어다니고 두 눈에는 생기 있는 빛이 어려 있다. 하지만 그녀에게는 앞으로 이행해야 할 과제가 하나 있다. 그녀의 눈에 어린 빛이 더 밝아지고 걸음걸이가 더 빨라지면서 이제 마음 약한 청년들과 대담하게 어울린다. 그리고 내면에서 소용돌이치는 흥분과 열정의 기운을 청년들에게 전염시킨다. 그녀가 눈이 부실 정도로 더욱더 화사하게 피어나면 결국 어떤 젊은 사냥꾼이 더 이상 스스로를 억제할 수 없어 그녀를 자신의 천막집으로 데려가고야 만다. 그녀는 거기서 청년이 먹을 음식을 요리하고 그를 위해 집안일을 하고 그의 아이들의 엄마가 된다. 그리고 자식들이 생겨나면서 그녀의 아름다움은 빛을 잃는다. 그녀는 팔다리에 맥이 빠져 다리를 질질 끌고 걸으며, 과거 한때 빛났던 두 눈도 침침해진다. 그녀의 어린 자식들만이 나이 든 엄마의 시든 뺨에서 감촉되는 따뜻한 기운을 통해서 즐거움을 맛본다. 그녀는 과제를 이행했다. 그러나 얼마 뒤 기근이 닥쳐 부족이 심한 굶주림에 허덕이거나 부족 전체가 긴 여행을 떠나야 할 때 가족은 그의 처지가 지금 그러하듯이 약간의 땔감만 남겨 놓은 채 그녀를 눈밭에 버리고 떠난다. 자연의 법칙이 그러했다. 코스쿠시는 모닥불에 마른 나무 하나를 조심스럽게 올려놓고는 다시 명상에 빠졌다. 이 세상 어디에서나 모든 생명체의 운명은 그와 같았다. 모기들은 첫 추위가 닥치면 사라져 버린다. 작은 나무다람쥐는 어디론가 기어가 죽음의 운명을 맞는다. 토끼도 나이가 들면 걸음이 느려지고 무거워져 더 이상 적들을 따돌리지 못한다. 덩치 큰 흰점박이 말조차도 동작이 굼뜨고 눈이 멀고 툭하면 성질을 부려 결국은 사납게 짖는 에스키모개들에게 공격을 받아 쓰러지고 만다. 그는 어느 해 겨울, 아버지를 클론다이크 지방의 두메에 버렸던 일을 떠올렸다. 그것은 선교사가 이야기책들과 약 상자를 갖고 오기 전 해 겨울의 일이었다. 코스쿠시는 그 상자의 기억이 떠오를 때마다 늘 아쉬움에 입맛을 다시곤 했다. 이제는 입속이 바싹 말라 있긴 했지만 말이다. 그 '진통제'란 물건은 특히 더 약효가 기가 막혔다. 그러나 그 선교사는 캠프에 고기를 들여오는 일이 전혀 없었기에 결국 골칫거리가 되었다. 게다가 또 먹성은 엄청나게 좋아 사냥꾼들의 불평을 샀다. 그러나 그는 메이요 부근의 분수령에서 죽었고, 그 뒤 개들이 그의 시신 위에 쌓인 돌들을 밀어내고 뼈를 먹으려고 서로 다퉜다.

코스쿠시는 또 다른 마른 나무를 모닥불 위에 올려놓고는 과거로 더 깊숙이 들어갔다. 대기근이 닥쳐온 시절이 있었다. 그때 노인네들은 주린 배를 부여잡고 불가에 웅크리고 앉아 옛 시절의 희미한 전설들을 읊어 댔다. 유콘 강이 세 겨울 동안 범람하고 세 여름 동안 얼어붙었던 이야기들을. 그는 그 기근 때 어머니를 잃었다. 그해 여름, 연어들은 강을 거슬러 올라오지 않았다. 그 부족은 어서 빨리 겨울이 와서 순록 떼가 오기만 고대했다. 그러나 막상 겨울이 닥쳐왔어도 순록은 한 마리도 오지 않았다. 그것은 전례가 없는 일이었다. 노인네들조차도 그런 경우는 평생 처음 봤다. 순록 떼는 오지 않았고 기근은 7년째 계속되었다. 토끼들도 얼마 없었다. 먹지 못해 주린 개들은 뼈 주머니에 불과했다. 길고 긴 어둠 속에서 아이들은 울부짖다 죽어 갔고 여자들과 노인네들도 그러했다. 이듬해 봄이 돌아왔을 때 부족원들 중 열에 아홉은 해를 맞이하지 못하고 죽었다. 그런 게 바로 기근이었다!

그러나 그는 풍요로운 시절도 역시 겪어 봤다. 사람들의 손에서 고기가 썩어 나고, 개들은 너무 잘 먹어서 몸집이 비대해지는 바람에 별 쓸모가 없어졌다. 개들은 사냥감이 있어도 죽이지 않고 고이 보내 버리곤 했다. 여자들은 아이를 잔뜩 낳아 천막집마다 사내애들과 여자애들이 우글거렸다. 그 뒤 남자들은 배짱이 두둑해져 해묵은 싸움을 다시 벌이기 시작했다. 그들은 경계선을 넘어 남쪽으로 가서 펠리 족을 죽였고, 좀 더 운이 좋았다면 서쪽으로 쳐들어가 타나나 족의 꺼진 모닥불 곁에 앉을 수도 있었을 것이다. 그는 풍요가 계속되던 자신의 소년 시절, 늑대들이 큰사슴을 쓰러뜨리는 광경을 봤던 일을 아직도 기억했다. 그는 징하와 함께 눈밭에 엎드려 그 광경을 지켜봤다. 징하는 나중에 유콘 강 얼음판에 난 공기 구멍 속에 빠져 죽었다. 그로부터 한 달쯤 지난 뒤 사람들은 구멍 밖으로 반쯤 기어 나온 상태에서 얼어붙은 징하의 모습을 발견했다.

그 큰사슴 얘기로 돌아가 보자. 그날 징하와 그는 자기네 아버지들처럼 사냥을 하러 밖으로 나갔다. 그들은 물이 마른 작은 내의 바닥에서 갓 지나간 큰사슴의 발자국들을 발견했다. 근방에는 많은 늑대의 발자국들도 찍혀 있었다. 그보다도 그런 자취들을 잘 읽어 내는 징하가 말했다. "늙은 사슴이야. 무리를 따라갈 수 없어서 뒤처진 사슴. 늑대들이 그 늙은 사슴을 자기 형제들에게서 떨어져 나가게 만들었어. 녀석들은 절대로 그 사슴을 가만두지 않을 거야." 그 말은 사실이었다. 그런 게 늑대들의 방식이었다. 녀석들은 밤이고 낮이고 쉬지 않고 으르렁대면서 사슴의 뒤를 쫓아가고, 틈만 나면 사슴의 코를 물어뜯으려 덤빈다. 그러다 결국은 사슴의 앞길을 막아서고야 만다. 징하와 그는 내면에서 피를 보고 싶어하는 원초적인 본능이 꿈틀거리는 걸 느꼈다! 그건 정말 볼 만한 구경거리가 되리라!

그들은 열심히 자취를 쫓아갔다. 발자국이 워낙 커서 시력이 약하고 추적하는 솜씨가 시원찮은 코스쿠시조차도 아무 어려움 없이 그 자취를 쫓아갈 수 있었다. 그들은 한 걸음 한 걸음 옮길 때마다 갓 찍힌 그 냉혹한 비극의 자취를 판독하면서 쫓기는 짐승의 뒤를 정신없이 추적했다. 이윽고 그들은 큰사슴이 걸음을 멈췄던 곳에 이르렀다. 어른 몸 길이의 세 배 정도 되는 그 눈밭은 사슴이 이리저리 움직이고 껑충껑충 뛴 자국으로 뒤덮여 있었다. 눈밭 한가운데는 그 사냥감의 벌어진 발굽 자국들이 깊이 박혀 있었고 사방에는 늑대들의 좀 더 가벼운 발자국들이 잔뜩 찍혀 있었다. 늑대들 중 일부는 동료들이 사냥감을 죽이기 위해 공격하는 동안 한쪽 곁에 엎드려 휴식을 취했다. 그들이 팔다리를 쭉 뻗고 엎드린 자취는 방금 전에 만들어진 것처럼 선명했다. 늑대 한 마리는 성난 희생자가 미친 듯이 날뛰면서 맴돌진하는 서슬에 그 발굽에 짓밟혀 죽었다. 살점이 깨끗이 떨어져 나간 몇 개의 뼈가 그런 사실을 증언해 주고 있었다.

그들은 사슴이 두 번째로 걸음을 멈춘 지점에 이르러 눈 신발을 들어 올리는 걸 멈췄다. 여기서 그 거대한 짐승은 필사적으로 늑대들과 맞서 싸웠다. 눈밭에 남은 자취는 그 사슴이 두 번이나 늑대들에게 끌려갔다가 두 번이나 공격들을 몸에서 털어내 버리고 다시 일어섰다는 사실을 알려줬다. 그 사슴은 오래전에 이미 자신에게 주어진 과제를 다 이행했다. 하지만 그럼에도 제 목숨을 소중히 여겼다. 징하는 한 번 쓰러졌던 사슴이 다시 일어나 도망친 것은 이상한 일이라고 말했다. 하지만 그런 일이 일어난 건 분명했다. 그들이 나중에 샤먼에게 이런 사실을 전해 주면 그는 그것을 통해 여러 가지 전조를 알아낼 것이다.
  아무튼 그들은 사슴이 강둑을 올라가 숲으로 들어간 지점에 이르렀다. 그러나 적들이 뒤에서 공격하는 바람에 그는 앞다리를 번쩍 쳐들고 일어섰다가 벌렁 자빠지면서 늑대 두 마리를 눈밭에 뭉개 버렸다. 두 마리 늑대의 동료들이 그들을 먹어 치우지 않고 그냥 간 것으로 미루어 큰사슴의 최후가 가까워졌음이 분명했다. 큰사슴은 두 번이나 더 멈춰 섰으나 그 시간은 짧았고 멈춰 선 자리들의 간격도 얼마 떨어지지 않았다. 큰사슴이 지나간 자취는 이제 피로 붉게 물들어 있었다. 그 사슴이 껑충껑충 뛰어간 발자국들의 간격은 짧아졌고 방향도 무질서해졌다. 이윽고 그들은 그 전투의 첫 소음을 들었다. 늑대들이 사냥감을 추적하면서 목청껏 합창하는 소리가 아니라 바로 앞에 있는 사냥감의 몸뚱이를 향해 이빨을 박을 때의 짧은 외침들을. 징하는 바람을 거스르면서 눈밭을 포복해 갔다. 앞으로 몇 년 내에 그 부족의 추장이 될 운명인 코스쿠시도 함께 눈밭을 포복해 갔다. 그들은 어린 가문비나무 가지들 밑으로 기어 들어가 눈앞에 펼쳐진 광경을 내다봤다. 그들은 큰사슴의 최후를 목격했다.
  젊은 시절에 본 모든 인상적인 장면과 마찬가지로 그 장면 역시 아직도 그의 뇌리에 뚜렷하게 찍혀 있었다. 그의 침침한 두 눈은 그 옛날에 봤던 것만큼이나 생생하게 그 최후의 장면을 보고 있었다. 그 뒤 그는 이상한 백인과 칼을 들고 공개 결투를 벌여 그를 죽인 것을 비롯해서 부족의 지휘자가 되고 부족 모임의 의장이 되었으며, 모든 이가 찬탄할 만한 위대한 행위를 거듭하고 펠리 부족이 한목소리로 그의 이름을 저주하게 만든 인물이 되었다. 그런 큰일들이 수없이 많았는데도 사소한 사건의 기억이 이토록 생생하게 남아 있다는 것에 그는 놀라움을 금치 못했다.

그가 젊은 시절 겪은 일들에 깊이 빠져 있는 동안 모닥불이 사위어 들면서 추위가 뼛속 깊이 파고들었다. 이번에는 마른 나무를 두 개나 올려놨다. 그리고 남아 있는 땔감 개수를 세는 것으로 자신의 명줄 길이를 가늠해 봤다. 시트컴투하가 외할아버지를 조금이라도 생각했다면 땔감을 좀 더 많이 구해 왔을 것이고 그 덕에 그가 살아남을 시간도 좀 더 길어졌으리라. 그렇게 하는 건 별로 어려운 일이 아니었다. 하지만 시트컴투하는 본디부터 무심한 아이였고, 징하의 아들의 아들인 비버가 자기한테 처음으로 눈길을 준 날부터 조상들은 까맣게 잊어버렸다. 그래 봤자 무슨 상관인가? 자기도 팔팔한 젊은 시절에 그 애와 똑같이 행동했잖은가? 그는 한동안 깊은 침묵에 귀 기울였다. 자기 아들의 마음이 약해져서 개들을 데리고 돌아와 늙은 아버지를 모시고 부족이 있는 곳으로 갈지도 모른다. 수많은 순록 떼가 내달리고 부족원들의 머리에 순록의 지방이 주렁주렁 매달려 있는 곳으로.

그는 귀를 바짝 세웠다. 끊임없이 작동하던 뇌가 일순간 고요해졌다. 뭔가 바스락거리는 소리가 난 것 같았는데, 아무것도 아닌 모양이었다. 그 깊은 침묵 속에서 그 혼자서만 숨을 쉬고 있었다. 더없이 외로웠다. 가만! 저게 뭐지? 전율이 그의 몸을 타고 흘렀다. 길게 허공을 찢는 익숙한 울음소리. 그 소리는 아주 가까웠다. 뒤이어 그의 캄캄한 시야에 오래전에 봤던 그 늙은 큰사슴 수컷의 모습이 떠올랐다. 찢어진 옆구리, 피범벅이 된 허벅지, 상처투성이가 된 갈기, 많은 가지가 난 거대한 뿔, 눈밭에 쓰러지면서 마지막으로 머리를 흔드는 모습. 그는 번뜩이는 잿빛 눈들, 축 늘어진 혀들, 침을 뚝뚝 흘리는 송곳니들의 찰나적인 형상들을 봤다. 그리고 그 냉혹한 원이 점점 더 좁혀들어 수많은 발에 짓밟힌 눈밭 한가운데서 하나의 검은 점으로 변하는 광경을 봤다.

써늘한 주둥이 하나가 그의 뺨을 찔렀고, 그 서슬에 정신은 다시 현재 순간으로 홀쩍 돌아왔다. 그는 모닥불에 얼른 한 손을 뻗어 불타는 나뭇가지 하나를 뽑아냈다. 그 짐승은 대대로 상속받은 인간에 대한 두려움에 압도되어 얼른 뒤로 물러나 자기 동료들에게 길게 외쳐 댔다. 그러자 그의 동료들은 기갈 들린 울음의 합창으로 답했다. 그리고 잔뜩 포복한 자세에다 턱 밑으로 침을 뚝뚝 흘리는 회색의 둥근 포위망이 펼쳐졌다. 노인은 그 원이 조금씩 다가오는 소리에 귀 기울였다. 그가 불붙은 나무를 사납게 흔들어 대자 쿵쿵대던 소리는 으르렁거리는 소리로 변했다. 가쁜 숨을 몰아쉬는 그 짐승들은 물러날 생각이 전혀 없었다. 이윽고 한 녀석이 엉덩이를 뒤로 잔뜩 뺀 채 그의 가슴을 향해 살금살금 다가왔다. 두 번째도, 세 번째도 차례로 그렇게 다가왔다. 어느 한 녀석도 뒤로 물러서지 않았다. 그는 스스로에게 물었다. 어째서 나는 삶에 미련을 두는 거지? 그러면서 그는 불타는 나무를 눈밭에 떨어뜨렸다. 그것은 치익, 하는 소리를 내면서 꺼져 갔다. 원을 그린 대열에서는 불안감 어린 울음소리가 일었으나 대열은 흐트러지지 않았다. 늙은 큰사슴 수컷이 마지막으로 제자리에 멈춰 선 모습이 다시 떠올랐다. 코스쿠시는 피로감을 이기지 못하고 무릎에 머리를 떨어뜨렸다. 결국 아무러면 어떤가? 이런 게 삶의 법칙이잖은가?

Lost Face
잃어버린 체면

　이제 최후의 순간만 남았다. 수비엔코프는 비둘기처럼 늘 유럽의 수도들을 향해 날아가려 애쓰면서 혹독하고 끔찍한 오랜 여정을 밟아 왔다. 그리고 그 어느 곳보다 먼 이 러시아령 아메리카 땅에서 여정은 끝났다. 그는 양팔을 뒤로 결박당한 채 고문당할 순서를 기다리면서 눈밭에 앉아 있었다. 그는 자기 앞의 눈밭에 엎드린 채 고통어린 신음을 내뱉는 덩치 큰 카자흐 사람을 주의 깊게 바라봤다. 사내들은 그 거인을 실컷 고문한 뒤 여자들에게 넘겼다. 그런데 여자들은 잔인성에 있어서 사내들보다 한술 더 떴다. 거인의 끔찍한 비명이 그걸 입증해줬다.
　수비엔코프는 그 광경을 보면서 진저리를 쳤다. 죽는 건 두렵지 않았다. 그는 바르샤바에서 눌라토에 이르는 긴 여정 동안 목숨을 부지해 왔기에 그냥 죽는 것 따위에는 눈도 꿈쩍하지 않았다. 그러나 고문이라면 얘기가 달랐다. 그것은 그의 영혼을 뒤흔들었다. 그가 고문을 두려워하는 건 끔찍한 신체적 고통을 겪을 뿐만 아니라 그 고통을 이기지 못해서 비참한 꼴을 보이리라는 점 때문이었다. 그는 자기보다 먼저 그런 과정을 겪은 다른 사람들과 거인 이반이 그랬던 것처럼 기도하고, 사정하고, 애걸복걸하리라는 걸 잘 알았다. 그런 꼬락서니는 보이고 싶지 않았다. 용감하고 의연하게, 웃음을 머금고 농담하면서 여유 있게 가는 것……. 아! 그는 그렇게 죽고 싶었다. 그러나 자신에 대한 통제력을 잃고, 살을 뒤틀거나 파고드는 고통에 넋이 나가 원숭이처럼 비명을 질러 대고 꺅꺅거리면서 짐승 그 자체가 되어 버리는 것……. 아, 그건 생각만 해도 정말 끔찍한 일이 아닐 수 없었다.
　거기서 벗어날 길은 없었다. 폴란드 독립이라는 황홀한 꿈을 꿀 때부터 그는 운명의 손에 놀아나는 꼭두각시가 되었다. 애초에 바르샤바에서, 그리고 상트페테르부르크, 시베리아 광산들, 캄차카, 모피 도둑들의 형편없는 배들에서 운명은 그를 이런 최후를 향해 몰아왔다. 세상이라는 토대에는 그의 이런 최후를 맞아들이기 위한 매장지가 마련되어 있었던 게 분명했다. 아주 예민하고 섬세하며, 가는 신경줄들이 피부에 고스란히 드러나 있고, 몽상가요 시인이요 예술가인 그를 위한 묘자리가. 그가 미처 꿈꾸기도 전에 그를 구성하는 예민한 감성의 신경다발들은 살풍경하고 황량한 야만 상태에서 살아가야 할 운명을 타고났다. 그리고 세상의 마지막 경계선들 너머에 있는 이 머나먼 밤의 땅, 칠흑같이 어두운 땅에서 죽을 운명을 타고났다.

그는 한숨을 내쉬었다. 그의 앞에 널브러져 있는 존재는 거인 이반이었다. 신경이 없는 쇳덩어리 같은 인간, 바다의 약탈자로 변신한 카자흐인, 황소처럼 느긋하고 신경계가 너무나 무뎌 보통 사람들에게는 고통이 되는 것도 그저 간지럽게만 여기던 사람. 이 눌라토 인디언들이 거인 이반의 신경줄들을 찾아내어 전율하는 영혼의 뿌리까지 파고들었다는 건 믿어도 좋았다. 그들은 분명 그렇게 하고 있었다. 한 인간이 그렇게 엄청난 고통을 겪고도 여전히 살아남을 수 있다는 건 정말 놀라운 일이 아닐 수 없었다. 거인 이반은 신경이 무딘 대가를 톡톡히 치르고 있었다. 그는 다른 사람들의 두 배 이상 오래 버텨내고 있었다.

수비엔코프는 그 카자흐인이 겪는 고통을 더 이상 지켜볼 자신이 없었다. 어째서 이반은 죽지 않는 거지? 이반의 비명이 계속된다면 그는 아마 미쳐버릴 것이다. 하지만 비명이 그칠 때는 그의 차례가 돌아올 것이다. 그곳에는 이제 기대감이 가득한 눈길로 그를 바라보면서 빙글빙글 웃고 있는 야카가 그의 차례가 돌아오기를 기다렸다. 바로 지난주에 그는 요새에서 야카가를 쫓아내 버렸으며, 야카가의 얼굴에는 그가 개를 다루는 채찍으로 후려친 상처가 남아 있었다. 그를 고문하는 일은 야카가가 맡을 것이다. 야카가는 분명 훨씬 더 정교하고 끔찍하게 고통스러운 고문 방법들을 쓰지 않고 남겨 뒀을 것이다. 그에게 써먹으려고. 아! 이반 같은 사람이 비명을 내지르는 걸 보면 야카가가 고이 아껴둔 방법은 정말 무시무시할 것이다. 이반을 고문하던 인디언 여자들이 손뼉을 치고 깔깔거리고 웃으면서 뒤로 물러났다. 수비엔코프는 눈앞에서 자행된 그 끔찍한 짓거리를 모두 목격했다. 그리고 이제 그는 신경발작을 일으킨 사람처럼 웃어 대기 시작했다. 인디언들은 그가 무엇 때문에 웃는지 몰라 멍하니 그를 쳐다봤다. 하지만 수비엔코프는 웃음을 그칠 수 없었다.
 이런 짓을 해서는 안 되었다. 그는 자신의 감정을 억제했고, 그에 따라 발작적인 웃음도 서서히 잦아들었다. 그는 다른 일들을 생각하려 애썼다. 그리고 자신의 생애를 돌이켜 보기 시작했다. 그는 어머니와 아버지, 몸집이 아담한 점박이 조랑말, 프랑스인 가정교사의 모습을 떠올렸다. 가정교사는 그에게 무용을 가르쳐줬고, 오래되어 낡은 볼테르의 책을 몰래 읽어줬다. 그는 다시 파리를, 음산한 런던을, 화려한 빈을, 로마를 떠올렸다. 그는 자기처럼 폴란드 왕이 바르샤바에서 나라를 다스리는 독립 폴란드의 꿈을 꿨던 열혈 청년들 한 무리의 모습을 다시 봤다. 아, 그의 기나긴 여정은 거기서부터 시작되었다. 그의 여정은 그 누구보다 오래 지속되었다. 그는 상트페테르부르크에서 처형된 두 친구로부터 시작해서 그 용감했던 청년들의 죽음을 하나하나 꼽아 나갔다. 한 친구는 감옥에서 간수에게 맞아 죽었고, 또 한 친구는 그들이 여러 달 동안 카자흐 호송병들에게 얻어맞고 학대받으면서 끝없이 행군했던, 피로 얼룩진 유형의 여정에서 쓰러져 죽었다. 그 과정은 늘 야만스러웠다. 잔혹하고 무자비한 야만으로 넘쳐났던 과정. 그들은 열병으로, 광산에서 혹사당하다, 고문을 받다 죽었다. 마지막 두 청년은 카자흐 호송병들과 격투를 벌인 뒤 탈출했다가 나중에 잡혀 죽었다. 오로지 그 혼자만이 눈밭에 쓰러진 여행자에게서 훔친 서류들과 돈을 갖고서 캄차카로 달아나는데 성공했다.
 그 과정도 역시 처절한 야만의 과정이었다. 화실과 연극 극장, 아름다운 정원들에서 훈련된 감성을 지닌 그는 그 모든 세월 동안 늘 야만스러움에 에워싸여 지내왔다. 그는 피의 대가로 자기 목숨을 구했다. 모두가 서로를 죽이는 세상이었다. 그는 여권을 얻기 위해 그 여행자를 살해했다. 그는 단 하루 동안 두 명의 러시아 장교들과 결투를 벌여 자신이 능력 있는 사람임을 입증했다. 그는 모피 도둑들 사이에 적당한 자리를 차지하기 위해 자신의 능력을 증명해야 했다. 그는 그런 위치에 올라서야만 했다. 그의 뒤에는 시베리아 전체와 러시아 땅을 가로지르는, 가는 데 몇천 년이나 걸릴 길이 나 있었다. 그 길로는 러시아를 탈출할 수 없었다. 그가 택할 수 있는 유일한 길은 앞에 있었다. 어둡고 싸늘한 베링 해를 건너 알래스카로 가는 길. 그 길은 야만 상태에서 더 깊은 야만 상태로 이어졌다. 괴혈병이 창궐하는 모피 도둑들의 배들을 타고 다니다 보면 식량과 물이 떨어지기도 하고, 험악한 바다에서 끝없이 닥쳐오는 폭풍우에 시달리기 일쑤였기에 사람들은 저절로 짐승이 되어 갔다. 그는 캄차카에서 배를 타고 세 번이나 동쪽으로 갔다. 그리고 세 번 다 온갖 고초와 고난을 겪은 끝에 다른 생존자들과 더불어 캄차카로 돌아왔다. 탈출할 수 있는 길은 찾을 수 없었다. 그리고 과거에 왔던 길에는 광산들과 고문 형구들이 기다렸기에 돌아갈 수 없었다.

그는 네 번째이자 마지막으로 다시 배를 타고 동쪽으로 향했다. 그는 전설적인 물개섬(Seal Island)을 처음 발견한 사람들과 함께 갔다. 그는 캄차카에서 흔히 벌어지곤 하는 광란의 술잔치를 즐기기 위해 그들과 함께 돌아가지는 않았다. 그곳을 떠날 때 다시는 돌아가지 않겠다고 맹세했다. 그리운 유럽의 수도들로 돌아가기 위해서는 내처 앞으로 가야 한다는 걸 잘 알았다. 그리하여 그는 배를 거듭 바꿔 타고 그 어두운 새 땅에 남아 있었다. 슬라보니아의 사냥꾼들, 러시아의 모험가들, 몽골인들, 타타르인들, 시베리아 원주민들이 그의 동료가 되었다. 그들은 그새 세계의 야만인들을 무찌르고 피로 얼룩진 길을 뚫었다. 그들은 모피 공물을 바치려 들지 않는 마을을 만날 때마다 마을 사람들을 모조리 학살해 버렸다. 그리고 그들 역시 배에 탄 사람들에게 학살당했다. 그 학살극에서 살아남은 이들은 그와 핀란드 사람 단둘뿐이었다. 그들은 알류샨열도의 어느 무인도에서 굶주림과 외로움을 참고 견디면서 겨울을 났다. 그리고 이듬해 봄에 또 다른 모피 교역선이 그들을 구해줬다. 그들이 그렇게 구조받을 수 있는 확률은 천 분의 일 정도에 불과했다.

그러나 그 끔찍한 야만은 늘 그의 곁을 떠나지 않았다. 캄차카로 돌아가는 걸 거부하고 배를 거듭 갈아탄 끝에 그가 오른 배는 알래스카 해안을 따라 줄곧 남하하는 배였다. 알래스카 해안 전역을 탐험하면서 그들이 만난 이들이라고는 야만인들뿐이었다. 그들이 바다에 돌출한 섬들 사이나 본토의 험악한 절벽 아래에 닻을 내린다는 건 곧 전투 아니면 폭풍우가 닥칠 것을 뜻했다. 그럴 때마다 배를 파괴하려고 위협하는 맹렬한 폭풍이 몰아치거나 얼굴에 전투용 채색을 하고 기괴한 소리를 질러대는 원주민들이 탄 전투용 카누들이 몰려왔다. 그럴 때마다 원주민들은 그 해적들이 보유하고 있는 대포의 위력을 톡톡히 맛봤다. 그들은 해안선을 따라 전설의 땅인 캘리포니아를 향해 곧장 내려갔다. 캘리포니아에는 멕시코에서 출발해 원주민들과 싸우면서 북상한 에스파냐 모험가들이 있다고 했다. 그는 에스파냐 모험가들에게 기대를 걸었다. 일단 그들이 있는 곳으로 탈출하기만 하면 나머지는 탄탄대로일 것이다. 얼마간의 시차는 있겠지만 1, 2년 내에 멕시코에 도착한 뒤 배를 탈 것이다. 그러면 드디어 유럽에 도착하게 되리라. 하지만 그들은 에스파냐 사람들을 전혀 만나지 못했다. 야만인들의 난공불락의 벽에만 부딪힐 뿐이었다. 그 세계의 경계선에 거주하는 이들은 전투용 채색을 한 모습으로 달려들어 그들을 해안에서 몰아냈다. 마침내 보트 한 척이 고립되어 거기 탄 모든 사람이 살해당하자 선장은 그 탐사 원정을 포기하고 북쪽으로 방향을 돌렸다.

여러 해가 흘렀다. 미하일롭스키 요새가 건설되자 그는 테벤코프 밑에서 일했다. 그는 커스커큄 지방에서 2년을 보냈다. 2년째 되던 여름, 6월에 그는 코체부에 만 일대를 관장하는 지휘자가 되었다. 이즈음 그곳에는 여러 부족 사람들이 물물교환을 하기 위해 몰려들었다. 그곳에서는 반점들이 박혀 있는 시베리아산(産) 사슴가죽, 디오메데스산 상아. 북극 해안에서 생산된 해마가죽, 이상한 돌로 만든 램프 등이 어디 출신인지 아무도 모르는 부족들 사이에서 거래되었다. 그리고 한번은 영국제 사냥 칼도 나온 적이 있었다. 수비엔코프는 그곳이야말로 지리를 배울 수 있는 학교라는 걸 알았다. 그는 노턴 만, 킹 섬, 세인트로렌스 섬, 프린스오브웨일스 곶, 배로 곶 등지에서 온 에스키모들을 만났으니까. 에스키모들은 그런 곳들의 이름을 다르게 불렀고 그곳들까지의 거리를 날짜 단위로 이야기했다.

물물교환을 하기 위해 몰려든 야만인들은 광대한 지역에 흩어져 살고 있었고, 그들이 갖고 온 석제 램프와 강철칼 등은 그보다 더 넓은 지역에서 여러 번의 교환을 거쳐서 왔다. 수비엔코프는 원주민들을 협박하고 달콤한 말로 속이고 뇌물로 꾀었다. 멀리서 온 여행자들이나 낯선 부족 사람들이 나타나면 부하들이 그에게 데려왔다. 그들은 말로 나타내기 힘들고 상상을 초월하는 위험들에 관해 이야기했다. 사나운 짐승들, 호전적인 부족들, 뚫고 지나갈 수 없는 광대한 삼림, 험준한 산맥 등에 관해서. 그러나 그 너머에서는 하얀 피부와 파란 눈, 금발 머리를 지닌 사람들에 관한 이야기나 소문이 흘러들어왔다. 그 사람들은 악마처럼 무섭게 싸우고 항상 모피를 구하러 다닌다고 했다. 그 사람들은 동쪽 편에 있었다. 동쪽으로 아주 머나먼 곳에. 그들을 본 사람들은 아무도 없었다. 그저 말들만 그렇게 나돌았다.

그 학교에서 배우는 건 쉽지 않았다. 사실과 전설을 뒤섞어 이야기하고, '몇 밤'이라는 단위로 거리를 측정하는 무지한 사람들의 이상한 방언들을 통해서 지리를 배우기는 어려웠다. 그들에게는 하루 이틀 자고 갈 수 있는 거리는 가까운 곳이었고, 여러 날 자야 갈 수 있는 곳은 먼 곳이었다. 그러다 마침내 어떤 소문 하나가 수비엔코프에게 용기를 안겨줬다. 그 소문에 따르면 동쪽에 눈이 파란 사람들이 사는 큰 강이 있었다. 그 강 이름은 유콘이었다. 미하일롭스키 요새 남쪽으로는 러시아인들이 크위크파크라고 알고 있는 또 다른 큰 강이 바다로 흘러들어갔다. 소문에 따르면 그 두 강은 하나였다. 수비엔코프는 미하일롭스키 요새로 돌아갔다. 1년 동안 그는 틈만 나면 크위크파크 강을 답사할 원정대를 보내자고 주장했다. 그러자 말라코프가 그 주장에 호응하고 나섰다. 러시아인의 피가 반쯤 흐르는 말라코프는 캄차카에서 건너온, 더없이 난폭하고 잔인한 온갖 잡탕의 모험가들을 이끌었다. 수비엔코프는 그의 부관이 되었다. 그들은 크위크파크 강 하류에 있는 거대한 삼각주의 미로를 뚫고 나아가 북쪽 강둑에 있는 첫 번째 낮은 구릉 지대에 이르렀다. 그들은 거기서 교역 물품들과 탄약을 잔뜩 실은 가죽배들을 타고 수심이 깊고 강폭이 3킬로미터에서 16킬로미터에 이르며 5노트의 속도로 흐르는 강을 거슬러 올라갔다. 말라코프는 눌라토에 요새를 세우기로 결심했다. 수비엔코프는 더 올라가자고 주장했다. 그러나 그는 이내 눌라토까지 온 것 정도로 만족했다. 긴 겨울이 다가오고 있었으니까. 거기서 기다리는 게 더 나았다. 이듬해 초여름에 얼음이 풀리면 그는 크위크파크 강 상류 쪽으로 사라져 허드슨 만의 전초기지로 갈 작정이었다. 말라코프는 크위크파크 강이 곧 유콘 강이라는 소문을 들은 적이 없었고 수비엔코프도 그런 사실을 알려주지 않았다.

그 뒤 요새를 건설하는 작업이 시작되었다. 작업은 강제 노동으로 이루어졌다. 눌라토 인디언들의 한숨과 신음 속에서 통나무들을 층층이 쌓아올린 벽들이 올라갔다. 해적들은 억센 손에 움켜쥔 채찍으로 인디언들의 등을 사정없이 후려쳤다. 가끔 도망치는 인디언들이 나왔다. 해적들은 그들을 붙잡으면 요새 앞으로 끌고 와 태형 틀에 팔다리를 묶고 매질했다. 도망친 인디언들과 그들의 부족원들은 태형 틀이 얼마나 무서운가를 뼈저리게 체험했다. 두 명이 매를 맞다 죽었고 또 다른 몇 사람은 평생 불구로 살아야 하는 처지가 되었으며, 나머지는 그 교훈을 뼛속 깊이 새기고는 다시는 달아날 엄두를 내지 못했다. 요새가 완공되기 전에 눈발이 날렸다. 모피의 계절이 온 것이다. 그 부족은 힘겨울 만큼 많은 양의 모피를 바쳐야 했다. 구타와 채찍질은 계속되었고 부족원들은 자기네에게 할당된 모피의 양을 어떻게 해서든 맞춰줘야 했다. 그동안 여자들과 아이들은 요새에 볼모로 잡혀 있었고, 모피 도둑들은 자기네만이 아는 잔인하고 난잡한 방식으로 그들을 학대했다.

그것은 피의 씨를 뿌리는 행위들이었고, 이제 그 결실의 계절이 돌아왔다. 요새는 사라졌다. 요새가 활활 타오르는 환한 빛 속에서 인디언들은 모피 도둑들의 반가량을 베어 넘겼다. 나머지 반은 고문을 받다 죽었다. 이제 수비엔코프만 남아 있었다. 아니, 눈밭에서 훌쩍이고 울며 신음하는 피투성이 존재를 아직도 거인 이반이라 부를 수 있다면 그와 수비엔코프 둘이 살아남아 있다고 말해야 옳을 것이다. 수비엔코프는 야카가가 자기를 향해 씩 웃는 광경을 봤다. 그는 분명 야카가였다. 그의 얼굴에는 아직도 채찍에 맞아서 생긴 상처가 남아 있었으니까. 수비엔코프로서는 그를 나무랄 수 없었다. 하지만 야카가가 자기한테 어떤 식으로 나올지를 생각하면 끔찍했다. 수비엔코프는 그 부족의 추장인 마카무크에게 사정해 볼까도 생각했다. 하지만 그렇게 해봤자 아무 소용없으리라는 판단을 내렸다. 그다음에는 몸을 묶은 밧줄을 끊어버리고 싸우다 죽겠다는 생각도 했다. 하지만 그로서는 밧줄을 끊을 방법이 없었다. 순록 가죽으로 만든 밧줄은 너무 튼튼해서 그의 힘으로는 어림도 없었다. 계속 이리저리 궁리하는데 갑자기 또 다른 생각이 퍼뜩 떠올랐다. 그는 마카무크에게 손짓 발짓으로 신호했다. 그러자 해안 지역의 방언을 알고 있는 통역자가 수비엔코프의 말을 마카무크에게 전해줬다.

수비엔코프는 말했다. "나는 죽고 싶은 마음이 없어, 마카무크. 나는 위대한 사람이라 나를 죽이는 건 어리석은 일이야. 사실, 난 죽지 않을 거야. 나는 저 너절한 녀석들과는 다른 사람이야."

그는 예전에 거인 이반이었던, 신음하는 살덩어리를 내려다보면서 얕보듯이 발끝으로 툭 찼다.

"나는 너무나 지혜로워 절대 죽지 않을 사람이야. 나는 아주 훌륭한 약을 갖고 있지. 이 약은 나만이 알고 있어. 나는 죽지 않을 것이기에 이 약을 교환하고 싶다. 그대와."

마키무크가 물었다. "그게 어떤 약인데?"

"신기한 약이지."

수비엔코프는 그 비밀을 남에게 알려주기가 싫다는 듯이 잠시 갈등하는 듯한 표정을 지었다.

"당신에게 말해 주지. 이 약을 조금만 피부에 문지르면 피부가 바위처럼, 쇠처럼 단단해져서 날이 잘 드는 어떤 무기도 그 부분을 가를 수 없어. 날선 무기로 제아무리 세게 내리쳐도 헛일이지. 뼈칼이 진흙 조각같이 되어 버려. 우리가 가져온 강철 칼날은 그냥 튕겨 나가. 그 약의 비밀을 알려주는 대가로 내게 뭘 주겠나?"

마카무크는 통역을 통해서 대답했다. "네 목숨을 살려주겠다."

수비엔코프는 말도 안 된다는 듯이 웃었다.

"그럼 죽을 때까지 내 집에서 노예로 살겠느냐?"

그 폴란드인은 더 크게 웃었.

그는 말했다. "내 손발을 묶은 밧줄을 풀고 나서 이야기를 계속하자."

추장은 풀어주라는 신호를 보냈다. 밧줄이 풀리자 수비엔코프는 담배 한 대를 말아 불을 붙여 입에 물었다.

마카무크는 말했다. "이건 말도 안 되는 얘기야. 세상에 그런 약은 없어. 있을 수가 없지. 칼날은 어떤 약보다 강해."

추장은 그 폴란드 사람의 말을 의심했다. 하지만 그의 마음은 흔들렸다. 그는 모피 도둑들의 놀라운 마법을 수없이 봐온 터라 상대의 말을 완전히 무시하지는 못했다.

이윽고 그는 선언했다. "네 목숨을 살려주겠다. 그리고 노예로 일하지 않아도 돼."

"그 정도 갖고는 안 되지."

수비엔코프는 여우 가죽을 다른 물건과 물물교환할 때처럼 아주 냉정한 자세로 상대를 몰아갔다.

"이건 대단히 근사한 약이야. 이 약은 내 목숨을 수없이 구해줬어. 나는 썰매 한 대와 개 몇 마리, 나랑 같이 강 아래쪽으로 여행하고 미하일롭스키 요새로부터 하룻밤 거리만큼 떨어진 곳까지 안전하게 데려다줄 사냥꾼 여섯 명이 필요해."

그러자 마카무크는 말했다. "너는 여기서 살아야 해. 그리고 우리한테 네 마법을 모조리 가르쳐줘야 해."

수비엔코프는 두 손바닥을 내밀고 어깨를 으쓱한 뒤 침묵을 지켰다. 그는 싸늘한 대기에 담배 연기를 내뿜었다. 그러고는 덩치 큰 카자흐인의 몸뚱어리를 자세히 살펴봤다.

"그 상처!" 마키무크가 수비엔코프의 목을 가리키면서 느닷없이 소리쳤다. 그 목에는 캄차카에서 질펀한 술판이 벌어졌을 때 칼날에 베인 불그레한 흉터가 남아 있었다. "그 약은 엉터리야. 그 칼날은 네가 말하는 약보다 더 강했어."

"칼을 휘둘러 여기에 상처를 낸 사람은 힘이 장사였어." (수비엔코프는 생각에 잠긴 표정이 되었다.) "당신보다, 당신의 가장 강한 사냥꾼보다, 저 녀석보다 더 힘이 좋았지."

그는 모카신을 신은 발로 카자흐인의 몸을 다시 툭 찼다. 그 소름끼치는 구경감은 이제 의식을 잃은 상태였다. 하지만 손발이 잘린 몸뚱이는 끔찍한 고통에 시달리기는 했어도 아직 목숨이 붙어 있었다. 그의 질긴 명줄은 좀처럼 떠나기를 싫어했다.

"그리고 그 약은 효능이 약했어. 그곳에는 그 약을 만드는 데 필요한 어떤 종류의 열매들이 없었으니까. 이곳에는 그 열매들이 많이 있더군. 여기서 그 약은 약효가 제대로 나올 거야."

마카무크는 말했다. "너를 강 하류로 내려보내 주도록 하지. 썰매와 개들, 네 안전을 지켜줄 여섯 명의 사냥꾼도 내줄 거고."

그러자 수비엔코프는 싸늘하게 말했다. "당신은 머리가 잘 안 돌아가는 사람이야. 당신은 내 약을 모욕하는 짓을 했어. 내 요구 조건들을 곧바로 받아들이지 않았으니까. 그래, 이제 요구 조건을 더 늘릴 거야. 비버 가죽 1백 장을 받고 싶어." (그 말에 마카무크는 싸늘하게 웃었다.) "말린 생선 1백 파운드도 받고 싶어." (생선은 넘쳐나도록 많았고 값도 쌌으므로 마카무크는 고개를 끄덕였다.) "썰매도 두 대를 마련해줬으면 좋겠어. 하나는 내가 타고 갈 거고, 다른 하나에는 모피와 생선을 싣고 갈 거야. 내 라이플총도 돌려줘야 해. 이런 조건들을 받아들이지 않을 경우에는 요구 조건이 더 불어날 거야."

야카가가 추장의 귀에다 뭐라고 소곤댔다. 마카무크는 물었다. "그런데 네 약이 정말로 효험이 있는지 내가 어떻게 알 수 있지?"

"그거야 쉽지. 우선 나는 숲으로 들어가……."

야카가가 다시 마카무크에게 소곤댔다. 마카무크는 잔뜩 의심하는 듯한 얼굴이었다.

수비엔코프는 말을 계속했다. "나한테 사냥꾼 스무 명을 붙여줘도 좋아. 나는 숲으로 들어가 그 약을 만드는데 필요한 열매들과 뿌리들을 채취해야 하니까. 그러고 나서 당신이 썰매 두 대를 마련해 주고 거기에다 생선과 비버 가죽과 라이플총을 실어 놓으면, 당신이 나를 호위해 줄 사냥꾼 여섯 명을 대령해 놓는 일을 비롯해서 나를 보내줄 모든 준비가 끝나면, 나는 목에 약을 바를 거야. 그리고 저 통나무 위에다 목을 올려놓을 거야. 그러면 당신의 사냥꾼들 중에서 가장 힘 좋은 친구가 도끼를 들고 내 목을 세 번 내려치도록 해. 당신이 직접 세 번 내려쳐도 돼."

마카무크는 놀라서 입을 딱 벌렸다. 그는 모피 도둑들의 가장 놀라운 마법, 최신 마법에 관한 얘기를 듣고 그만 넋이 나갔다. 폴란드인은 얼른 덧붙여 말했다. "하지만 한 번씩 내려치는 중간 중간에 매번 약을 새로 발라야 해. 저 도끼는 무겁고 날이 예리하니까. 나는 실수하고 싶지 않아."

마카무크는 대뜸 수락하고 나섰다. "네가 요구한 걸 모두 내주겠다. 그러니 어서 가서 그 약을 만들어."

수비엔코프는 속으로 쾌재를 부르면서도 그런 감정을 지그시 억눌렀다. 그는 필사적인 게임을 하고 있었고, 조금이라도 실수해서는 안 되었다. 그는 거만하게 말했다.

"당신은 역시 머리 돌아가는 게 늦어. 당신은 또다시 내 약을 모욕하는 짓을 했어. 그걸 벌충하는 의미에서 당신 딸을 내게 줘야겠어."

그는 한쪽 눈이 사팔뜨기이고 날카로운 늑대 이빨 같은 것이 입술을 뚫고 튀어나와 있어 온전치 못한 처녀를 가리켰다. 마카무크는 화를 냈다. 하지만 폴란드인은 아랑곳하지 않고 담배를 다시 말아 불을 붙여 입에 물었다.

그는 위협하듯 말했다. "서둘러. 빨리 결정하지 않으면 요구 조건들만 더 늘어날 거야."

뒤이은 침묵 속에서 눈앞의 음산하고 황량한 북극 풍경이 희미해지고 대신 그의 고향땅, 프랑스의 풍경들이 떠올랐다. 그리고 그가 늑대 이빨 소녀를 힐끗 쳐다보는 순간 또 다른 처녀의 모습이 떠올랐다. 가수이고 무용수인 체자, 그가 청년 시절 처음 파리에 갔을 때 알고 지냈던 처녀의 모습이.

"저 아이를 어쩌려고?" 마카무크가 물었다.

"내가 갈 때 함께 데려가려고." 수비엔코프는 평가하려는 듯한 눈길로 처녀를 쓱 훑어보고는 말을 이었다. "저 아이는 좋은 아내가 될 거야. 네 피붙이와 결혼하는 것은 내 약의 가치에 걸맞은 명예로운 일이 될 거야."

그는 다시 가수이자 무희인 처녀의 모습을 떠올리면서 그녀가 자기한테 가르쳐줬던 노래를 콧노래로 크게 불렀다. 그는 옛 시절을 더듬었다. 그러나 마치 다른 사람의 자서전에 나오는 사진들을 보듯 초연하고도 냉정한 자세로 자신의 기억 속에 떠오른 영상들을 바라봤다. 침묵을 깨트리고 갑자기 흘러나오는 추장의 목소리에 그는 회상에서 깨어났다.

마카무크는 말했다. "그 요구를 들어주겠다. 네가 강 하류로 내려갈 때 저 아이도 딸려 보내도록 하지. 하지만 그전에 먼저 내가 직접 도끼로 네 목을 세 번 내려친다는 걸 명심하도록 해."

"하지만 도끼로 내려치기 전에 한 번씩 그 약을 바를 거야."

수비엔코프는 은근히 불안해하는 듯한 기색을 슬쩍 드러냈다.

"내려치기 전에 한 번씩 약을 바르도록 해. 네가 탈출하지 못하도록 감시할 사냥꾼들이 여기 있어. 그러니 숲으로 가서 네 약에 쓸 재료들을 구해 오도록 해."

그는 폴란드인이 잔뜩 욕심을 부리는 걸 보고 그 약이 정말 귀중한 것이라 믿었다. 곧 죽을 위기에 놓인 인간이 당당하게 버티고 서서 시시콜콜하게 이것 내놓아라, 저것 내놓아라 하는 식으로 요구하는 걸 보면 그 약은 아주 놀라운 약임에 틀림없었다.

그 폴란드인이 호송 역할을 맡은 사냥꾼들과 함께 가문비나무 숲 속으로 사라지자 야카가는 소곤댔다. "추장님이 그 약을 만드는 비법을 익히고 나면 놈을 쉽게 죽일 수 있습니다."

마카무크는 반박했다. "하지만 저놈을 어떻게 죽일 수 있겠어? 그 약이 죽지 않게 지켜줄 텐데."

야카가 말했다. "그 약을 바르지 않을 만한 데가 있을 겁니다. 우리는 그 부분을 쳐서 놈을 죽일 수 있습니다. 귀가 아닐까 싶은데요. 그렇게 하면 될 겁니다. 창으로 놈의 한쪽 귀를 찔러서 다른 쪽 귀로 튀어나오게 하는 겁니다. 아니면 눈일 수도 있어요. 그 약은 독해서 분명히 눈에는 바르지 못할 겁니다."

수비엔코프는 약의 재료들을 구하는 일에 시간을 많이 쓰지 않았다. 그는 가문비나무 이파리, 버드나무 속껍질, 자작나무에서 벗겨낸 띠 같은 긴 껍질, 많은 양의 이끼열매를 비롯하여 뭐든 손에 닿는 대로 채취했다. 이끼열매를 채취할 때는 사냥꾼들을 시켜 눈밭을 파헤쳐서 모아 오게 했다. 마지막으로 얼어붙은 몇 개의 식물 뿌리들을 채취한 뒤 인디언 캠프로 돌아갔다. 마카무크와 야카가는 수비엔코프의 곁에 쭈그리고 앉아 그가 물이 끓고 있는 단지 속에 집어넣는 재료들의 종류와 양을 잘 기억해 뒀다.

수비엔코프가 설명했다. "맨 먼저 이끼열매들을 집어넣어야 한다는 점을 잊지 말도록 해. 그리고…… 아, 그렇지, 또 한 가지가 있는데…… 사람의 손가락이 필요해. 어이 야카가, 자네의 손가락을 하나 끊어서 내게 주도록 하게."

하지만 야카가는 두 손을 재빨리 뒤로 감추고 오만상을 찌푸렸다.

수비엔코프는 달래듯 말했다. "새끼손가락 하나면 돼."

마카무크가 명령했다. "야카가, 자네의 손가락을 저자한테 주도록 해."

"여기에는 땅바닥에 굴러다니는 손가락들 천지인데요." 야카가는 고문당해 죽은 20여 명의 시체들을 가리키면서 불평했다. 폴란드인은 반박했다. "꼭 산 사람의 손가락이어야만 해."

"그렇다면 산 사람의 손가락을 갖다 주도록 하지." 야카가는 카자흐인에게 성큼성큼 걸어가더니 그의 손가락 하나를 베어 냈다. "저자는 아직 죽지 않았어." 야카가는 그렇게 말하고는 폴란드인의 발치 앞 눈밭에 피 묻은 전리품을 내던졌다. "그건 질 좋은 손가락이기도 해. 큼직한 놈이니까."

수비엔코프는 그 손가락을 단지 밑의 불 속에 던져 넣고는 노래하기 시작했다. 그가 끓고 있는 약을 향해 서서 더없이 엄숙하게 부른 노래는 프랑스의 연가였다.

"이런 주문을 불러주지 않으면 이 약은 효과가 없어. 이 주문이야말로 이 약의 약효 중에서 가장 중요한 부분을 차지하지. 자, 이제 준비가 끝났어."

"내가 외울 수 있게 그 주문을 천천히 말해 봐." 마카무크가 명령했다.

"시험이 다 끝난 뒤에. 먼저 도끼로 내 목을 세 번 내려쳐. 그러면 주문의 비밀을 알려주도록 하지."

마카무크는 조바심 어린 표정을 하면서 물었다. "그 약이 효과가 없는 약이면 어떻게 하지?"

수비엔코프는 노기 어린 표정으로 그를 쩨려봤다. "내 약은 항상 효과가 좋아. 만일 효과가 없다면 나도 저 사람들과 똑같이 다루면 되잖아. 저기 저 친구한테 그랬던 것처럼 한 번에 팔다리를 하나씩 잘라 내라고." 그는 카자흐인을 가리켰다. "약이 다 식었군. 자, 이제 약효를 더 높여줄 주문을 외우면서 목에 약을 바를 거야."

그는 아주 엄숙한 표정을 하고 '라 마르세예즈'(프랑스의 국가(國歌))의 가사를 천천히 노래하면서 흉측해 보이는 그 약을 목에 골고루 바르기 시작했다.

그 순간 누군가의 외침이 터져 나오면서 그의 연기를 방해했다. 거대한 몸집을 지닌 카자흐인의 무서운 생명력이 마지막으로 소생하면서 눈밭에 무릎을 꿇은 자세로 일어나 앉았다. 거인 이반이 심한 경련을 일으키면서 몸을 뒤흔들자 눌라토 인디언들 사이에서는 웃음소리와 놀라움의 외침, 그리고 박수갈채가 터져 나왔다.

수비엔코프는 그 광경을 보고 연민으로 가슴이 아팠지만 그런 감정을 지그시 억누르고 짐짓 화난 척했다.

그는 말했다. "이러면 곤란한데. 저 친구를 빨리 요절내. 그리고 나서 시험을 해보도록 하지. 어이, 야카가, 저 소리 좀 그치게 해줘."

야카가가 이반의 명줄을 끊는 동안 수비엔코프는 마카무크 쪽으로 돌아섰다.

"기억해 둬. 세게 내려쳐야 한다는 걸. 이건 애들 장난이 아니야. 저 도끼를 집어 들고 통나무를 쳐봐. 그러면 당신이 사내답게 제대로 치는지 어떤지 알아볼 수 있을 테니까."

마카무크는 시키는 대로 도끼를 힘차게 두 번 내려찍어 커다란 통나무 토막을 두 조각 냈다.

"잘했어." 수비엔코프는 차르의 경찰이 바르샤바에서 처음 자기를 체포한 이래 줄곧 사방에서 조여들었던 야만의 벽을 상징하는 듯한 그 야만스러운 얼굴들의 원 속에서 주위를 둘러봤다. "도끼를 잡게, 마카무크. 그리고 그렇게 서 있도록 하게. 나는 가만히 드러누울 테니까. 내가 손을 들면 쳐. 있는 힘을 다해서 치라고. 당신 뒤에 아무도 서 있지 않도록 해야 해. 약의 효과가 좋아서 도끼날이 내 목에서 튕겨 나가면서 손에서 빠져나갈 수도 있으니까."

그는 모피와 생선이 실려 있는 두 대의 썰매와 굴레를 씌워 놓은 개들을 바라봤다. 그의 라이플총은 비버 가죽 꾸러미 위에 얌전히 묶여 있었다. 호위병 역할을 할 여섯 명의 사냥꾼이 그 썰매들 곁에 서 있었다.

폴란드인은 물었다. "처녀는 어디 있어? 시험을 하기 전에 그 아이를 먼저 썰매들 곁에 데려다 놔."

상대가 요구를 들어주자 수비엔코프는 눈밭에 드러누운 뒤 잠을 자려는 피곤한 아이처럼 머리를 통나무 위에 올려놨다. 그는 비참한 세월을 너무 오래 겪었기에 정말로 피곤했다.

수비엔코프는 말했다. "오, 마카무크, 내 자네를, 자네의 힘을 마음껏 비웃어 주도록 하지. 자, 쳐. 세게 치라고."

그는 한 손을 쳐들어 신호했고, 마카무크는 통나무들의 굵기에 맞는 큼직한 도끼를 휘둘렀다. 번쩍이는 강철 날이 얼어붙은 허공을 가르면서 마카무크의 머리 위로 솟아올라 한순간 균형을 잡은 뒤 수비엔코프의 맨 목을 향해 곧장 내리꽂혔다. 도끼날은 살과 뼈를 가른 뒤 그 밑의 통나무 속에 깊숙이 박혔다. 깜짝 놀란 야만인들은 수비엔코프의 머리가 피를 내뿜는 몸통에서 1미터쯤 굴러가는 광경을 봤다.

엄청난 당혹감에 뒤이어 침묵이 찾아왔다. 그리고 그들은 그런 놀라운 약 같은 건 없다는 사실을 서서히 깨닫기 시작했다. 그 모피 도둑이 그들을 속인 것이다. 포로로 잡힌 자들 가운데서 오직 그자 하나만이 고문당하는 것을 모면했다. 그가 그런 도박을 한 건 바로 그 때문이었다. 이윽고 모든 이가 요란하게 웃어댔다. 마카무크는 수치심에 고개를 떨어뜨렸다. 그 모피 도둑은 그를 희롱했다. 그는 자기 부족의 모든 사람이 지켜보는 가운데 체면을 잃었다. 사람들은 계속 배꼽을 잡고 웃어댔다. 그는 여전히 고개를 떨어뜨린

잃어버린 체면 373

채 돌아서서 성큼성큼 걸어 나갔다. 그는 그때부터 자기가 마카무크가 아니라 '잃어버린 체면'으로 세상에 널리 알려지게 되리라는 걸 잘 알고 있었다. 그런 수치스러운 이력은 그가 죽을 때까지 따라다닐 것이다. 그리고 그 부족 사람들이 봄에 연어를 잡기 위해, 여름에 교역하기 위해 한곳에 모일 때마다 모닥불을 둘러싸고 앉아 그 모피 도둑이 '잃어버린 체면'이 휘두른 도끼 한 방에 평화롭게 죽었다는 이야기를 두고두고 할 것이다.

시건방진 어떤 청년이 "대체 '잃어버린 체면'이란 사람이 누굽니까?"라고 묻는 소리가 그의 귀에 쟁쟁하게 들렸다. "아, '잃어버린 체면'. 그 사람은 말이야 모피 도둑의 머리를 끊어 버리기 전에 며칠 동안 마카무크라는 이름을 갖고 있었던 친구지"라고 답하는 소리도.

The Minions of Midas
미다스의 노예들

웨이드 애츨러는 죽었다. 제 손으로 목숨을 끊었다. 그와 알고 지냈던 소규모 그룹 사람들이 그것을 전혀 뜻밖의 사건이라 말한다면 거짓말일 것이다. 하지만 그와 절친했던 우리가 그런 일이 일어날 가능성에 대해서 내놓고 이야기한 적은 한 번도 없었다. 우리 자신도 이해하기 어려운 어떤 잠재의식의 작용으로 우리가 이미 그런 사태가 올 것에 대한 마음의 준비가 되어 있었다고 표현하는 편이 옳을 것이다. 그 일이 일어나기 전까지만 해도 우리는 그런 일이 일어나리라고는 꿈에도 생각하지 못했다. 그런데 막상 그가 죽었다는 사실을 알고 나자 우리는 늘 그런 사태가 오리라는 걸 미리 내다보고 있었던 것만 같았다. 지난 일을 찬찬히 돌이켜 볼 때, 그가 큰 고민을 안고 있었다는 사실로 이런 상황을 쉽게 설명할 수 있다. '큰 고민'이라는 표현은 내가 심사숙고한 끝에 사용하는 것이다. 젊고 잘생겼으며, 전차사업계의 거물 에벤 헤일의 오른팔이라는 확고한 지위를 가진 그가 자신의 운수에 대해서 불평할 이유는 전혀 없어 보였다. 하지만 우리는 어떤 근심 걱정, 깊은 슬픔으로 그의 매끄러운 이마에 깊은 세로 고랑들이 파인 걸 지켜봤다. 우리는 작열하는 태양과 극심한 가뭄으로 초록빛 곡식이 타들어 가듯 그의 숱 많던 검은 머리가 금방 성글어지고 잿빛으로 세어 가는 걸 지켜봤다. 그가 생의 마지막에 이를수록 웃고 떠드는 흥겨운 자리를 한사코 찾아다니고, 또 막상 그런 자리들에 가서는 망연자실한 표정이 되거나 음울한 절망감에 빠져버리던 것을 누가 잊을 수 있겠는가? 흥겨움이 물결치고 좌흥이 절정에 다를 때마다 별다른 이유도 없이 눈빛이 흐려지면서 그는 이맛살을 찌푸리고 두 손을 꽉 움켜쥐곤 했다. 그리고 미지의 위험이 도사린 심연의 가장자리에서 맞서 싸우고 있는 정신적인 고통의 발작 때문에 얼굴은 일그러졌다.

그는 우리한테 고민을 털어놓은 적이 없었고, 우리도 역시 분별 있는 사람들이라 무엇 때문에 그러느냐고 물어보지 않았다. 서로 그러기를 잘했다. 우리가 캐묻고 그가 얘기해줬다 해도 우리는 그에게 아무 도움이 되지 못했을 테니까. 에벤 헤일이 죽었을 때 그가 가장 신임했던 비서, 아니 그의 동업자이자 그의 양자나 다름없었던 애츨러는 더는 우리 모임에 나오지 않았다. 그것은, 내가 지금 알고 있는 바로는 그가 우리와 어울리는 걸 싫어해서가 아니라 번민이 너무 커서 우리의 흥겨운 기분에 맞춰줄 수 없고 또 우리와 더불어 한가롭게 쉴 수 없었기 때문이다.

그즈음 우리는 어째서 상황이 이렇게 돌아가는지 이해할 수 없었다. 에벤 헤일의 유언장이 공개되었을 때 세상 사람들은 애츨러가 자기 고용인의 엄청난 재산을 상속받을 유일한 사람이라는 사실을 알게 되었다. 유언장에는 에벤 헤일의 막대한 유산을 애츨러에게 아무 조건 없이 즉각 상속 집행하라는 내용이 분명하게 쓰여 있었다. 고인의 친척들에게는 주식 한 장, 동전 한 개도 돌아가지 않았다. 고인의 직계가족의 경우, 유언장에는 명확하게 서술한 딱 한 구절만 들어가 있었다. 즉 웨이드 애츨러가 적당하다고 판단한 금액을 적당하다고 생각하는 시기에 고인의 아내와 아들, 딸 들에게 나눠 주라는 것. 고인의 식구들이 세상에 물의를 일으킬 만한 짓을 저질렀다든가 고인의 아들들이 방탕하고 불성실하다든가 했다면 더없이 괴이한 이런 유언을 한 이유를 조금은 이해할 수도 있었을 것이다. 하지만 에벤 헤일의 식구들은 동네에서 소문이 날 만큼 사이가 좋았고, 그의 아들, 딸들만큼 건전하고 품행 좋고 분별 있는 이들은 달리 찾아보기 어려울 정도였다. 고인의 아내는 그녀를 가장 잘 아는 이들이 '그라쿠스 형제의 어머니'[*1]라는 애정 어린 별명을 붙여줄 만큼 현숙한 여성이었다. 세상일이 다 그렇듯이, 처음에는 유언 내용이 도무지 이해가 가지 않아 쑥덕거렸던 사람들도 차차 조용해졌다. 하지만 곧 유산 싸움이 일어날 것이라 기대했던 사람들은 시간이 가도 그럴 기미가 전혀 보이지 않는 데에 실망했다.

에벤 헤일이 대리석으로 만든 크고 화려한 묘에 안장된 지 며칠 지나지 않아 웨이드 애츨러도 사망했다. 오늘 조간신문에 그 소식이 실려 있었다. 그리고 조금 전에 우체부가 그의 편지를 내게 전해 주었다. 그가 자진해서 영원의

[*1] 로마 공화정 시대의 개혁가들이었던 이들 형제의 어머니인 코르넬리아는 여성이 지닌 미덕의 표본이라는 칭송을 받았다.

세계로 뛰어들기 직전에 부친 편지 같았다. 내 앞에 놓인 그 편지는 자필로 쓴 이야기, 오려낸 신문 기사들, 자기가 받은 편지 사본들로 이루어져 있었다. 그는 자기가 받은 편지 원본들은 경찰이 갖고 있다고 썼다. 그리고 세상 사람들이 사회의 존립 자체를 위협하는 아주 기괴하고 잔학한 위험에 경각심을 갖도록 하기 위해 자기가 아무 죄도 없이 연루된 그 끔찍한 비극적 사건을 세상에 널리 알려 달라고 당부했다. 이에 나는 그가 보낸 두툼한 편지 속에 들어 있는 다음과 같은 내용 전체를 세상에 공개하려 한다.

그 재난이 처음 들이닥친 때는 내가 여름휴가를 마치고 돌아온 직후인 1899년 8월이었어. 그 당시 우리는 그것이 갖는 의미를 제대로 알지 못했지. 우리는 그런 일들이 정말로 현실화될 가능성이 있으리라고는 미처 생각하지 못했어. 헤일 씨는 그 편지를 뜯어서 읽어 보더니 웃으면서 내 책상에 툭 던져 놓았어. 그 편지를 읽고 나서 나도 웃음을 터트리면서 말했지. "고약한 농담이네요. 헤일 씨. 질 나쁜 농담이에요" 하고.

친애하는 존, 다음에 이어지는 것은 문제의 그 편지 내용을 한 자도 빠트리지 않고 그대로 인용한 사본이니 읽어 보도록 하게.

      1899년 8월 17일, THE M. OF M. 사무국

부자 귀족이신 에벤 헤일 귀하

안녕하십니까. 우리는 우선 선생이 소유하고 있는 엄청난 재산에서 현금으로 2천만 달러를 양도받아야겠다는 사실을 선생이 알아주셨으면 합니다. 선생은 우리가 요구하는 이 금액을 우리나 우리의 대리인들에게 지급해 주시기 바랍니다. 지급 시한을 정해 놓지는 않겠습니다. 공연히 일을 서두르게 하고 싶지는 않으니까요. 열 번, 열다섯 번, 혹은 스무 번으로 나누어서 지급하는 게 편하다면 그렇게 하셔도 됩니다. 몇 차례로 나누어 보내든 상관없지만 한 번에 1백만 달러 이하를 보낼 때는 받지 않겠습니다.

친애하는 헤일 씨, 우리가 이런 식으로 행동하는 데 적의나 원한 같은 것은 거의 끼여 있지 않다는 말을 믿어주셨으면 합니다. 우리는 지적인 프롤레타리아의 일원들입니다. 그 숫자가 날로 불어나고 있는 지적인 프롤레타리아는 19세기의

이 마지막 시기에 붉은빛으로 굵은 획을 긋는 존재들입니다. 우리는 경제학을 철저히 연구한 끝에 이런 사업에 착수하기로 결정했습니다. 이 사업은 많은 장점을 갖고 있습니다. 그 가운데서 가장 중요한 것은 우리가 아무 자본도 없이 수지맞는 대규모의 일을 벌일 수 있다는 점일 겁니다. 이제까지 우리 사업은 아주 성공적이었습니다. 그리고 선생과의 거래가 유쾌하고 만족스러운 것이 되기를 바라 마지않습니다. 우리의 견해를 좀 더 상세히 설명할 테니 부디 잘 귀담아 들어주시기 바랍니다. 현재의 사회체제는 재산권을 기반으로 하고 있습니다. 그리고 최근의 분석에 따르자면, 개인이 재산을 보유할 수 있는 이 권리는 전적으로 힘에 의해 좌우되고 있습니다. 정복왕 윌리엄의 무장한 신사들[*2]은 검의 힘을 빌려서 잉글랜드 땅을 마음대로 나눠 가졌습니다. 사실, 모든 봉건 영지가 다 그런 식으로 점유되었다는 것은 선생도 동의하시리라 믿습니다. 증기기관이 발명되고 산업혁명이 도래하면서 현대적인 의미에서의 자본가 계급이 출현했습니다.

이 자본가들은 이내 옛 귀족들을 제치고 올라섰습니다. 산업계의 거물들은 전투 지휘관들의 후손들을 몰아냈습니다. 오늘날의 생존 투쟁에서는 근육이 아니라 정신이 승리하고 있습니다. 그러나 이러한 현상도 역시 힘을 기반으로 해서 형성된 겁니다. 이러한 변화는 질적인 변화입니다. 옛 시대의 봉건 귀족들은 불과 검으로 온 세상을 짓밟았습니다. 현대의 부자 귀족들은 세상의 경제적인 힘을 지배하고 활용함으로써 모든 사람을 착취하고 있습니다. 근육이 아니라 뇌가 힘을 발휘하고 있어서 생존하는 데 가장 적합한 사람들은 지적인 힘과 상업적인 힘을 가진 이들입니다. 우리 미다스의 노예들(M. of M.)은 임금 노예들이 되고 싶지 않습니다. 그 거대한 기업연합체들(거기서 선생은 선생의 지분을 갖고 있지요)은 그들의 세계에서 우리가 마땅히 차지해야 할 자리, 곧 우리 지식인들이 우리가 차지할 권리가 있다고 규정한 자리에 올라서는 걸 가로막고 있습니다. 어째서 그럴까요? 그 이유는 우리가 자본이 없는 사람들이기 때문입니다. 우리는 천민들입니다. 하지만 여느 천민들과는 다릅니다. 가장 뛰어난 뇌를 갖고 있고, 또 어리석은 도덕관념이나 사회적 윤리관 따위를 갖고 있지 않습니다. 아침 일찍부터 밤늦게까지 열심히 일하고 늘 허리띠를 졸라매고 사는 우리 같은 임금 노예들은 60년이 지나도, 아니 60년의 스무 배나 되는 긴 세월이 지난다 해도 밀집자

[*2] 여기서의 신사(gentlemen)는 일반적인 남성을 지칭하는 용어가 아니라 귀족 바로 아래에 해당하는 준귀족 계급을 이르는 용어다.

본의 거대한 집합체와 성공적으로 맞설 수 있을 만한 자본을 절대로 모을 수 없을 겁니다. 그럼에도 우리는 그 싸움의 장에 들어섰습니다. 이제 우리는 이 세상의 자본가 계급에게 도전장을 던지고 있습니다. 자본가 계급은 싸우기를 원하든 원치 않든 간에 결국은 싸울 수밖에 없을 겁니다. 우리의 이해관계에 따라서 선생에게 2천만 달러를 요구합니다. 우리는 이 거래에서 선생이 제 역할을 할 만한 시간을 넉넉하게 드릴 정도로 선생의 입장을 충분히 배려해 드리고 있습니다. 하지만 너무 오래 지체하지는 마시기를. 선생이 우리의 요구 조건에 동의하신다면 〈모닝 블레이저〉지의 개인광고란에 광고 형태로 적절한 내용을 실어주시기 바랍니다. 그러면 우리는 앞에서 언급한 금액을 전달받을 방법을 선생에게 알려 드릴 겁니다. 10월 1일 전까지 광고를 통해서 알려주시는 게 좋을 겁니다. 만일 그렇게 하지 않을 때는 우리가 진지한 자세로 이런 요구를 하고 있음을 알려 드리기 위해 바로 그 날짜에 이스트 39번가에서 한 사람을 죽일 겁니다. 노동자인 사람을. 선생도 모르고 우리도 모르는 사람을. 선생은 현대 사회에서 한 힘을 대표하는 인물입니다. 우리도 역시 한 힘, 새로운 힘을 대표하는 집단입니다. 우리는 분노나 적개심 없이 전투에 임해 왔습니다. 선생도 곧 아시게 될 테지만 우리는 하나의 사업 제안한 데에 불과합니다. 선생은 윗맷돌이고 우리는 밑맷돌입니다. 그 두 개의 맷돌이 돌아갈 때 그 노동자의 목숨은 갈려 버릴 겁니다. 선생이 우리의 요구 조건을 수락하고 제시간 내에 적절한 행동을 하신다면 그 사람의 목숨을 구할 수 있을 겁니다.

   옛날에 손으로 건드리기만 하면 다 황금으로 변하는 저주를 받은 왕이 있었죠. 우리는 그 왕의 이름을 우리의 공식적인 명칭으로 선택했습니다. 우리는 경쟁자들로부터 우리를 보호하기 위해 앞으로 언제고 그 이름의 독점적 사용권을 얻을 예정입니다.

   그럼 안녕히 계십시오.

미다스의 노예들

   친애하는 존, 우리가 그런 터무니없는 편지를 그냥 가볍게 웃어넘기기만 할 수 없었던 이유는 자네가 직접 판단해 보기 바라네. 우리로서는 그런 발상이 잘 짜인 것이라는 점을 인정할 수밖에 없었어. 하지만 그건 너무 괴이해서 진지하게 받아들이기가 힘들었다네. 헤일 씨는 학문적인 호기심에서 그걸 보관하고 싶다고 말한 뒤 서류 캐비닛 속에 집어넣었어. 그 뒤 우리는 이내 그 편지에 관한 일을 잊어버렸지. 그러고 나서 그 사건은 10월 1일 아침에 온 편지로 바로 건너뛰게 돼. 그 편지 내용은 다음과 같다네.

1899년 10월 1일, THE M. OF M. 사무국

부자 귀족이신 에벤 헤일 귀하

안녕하십니까. 선생의 희생자는 최후를 맞았습니다. 1시간 전 이스트 39번가에서 한 노동자가 심장에 칼을 맞았습니다. 선생이 이 편지를 읽을 때쯤이면 그의 시신은 시체공시소에 누워 있을 겁니다. 거기 가서 선생이 저지른 소행을 구경해 보시기 바랍니다. 우리가 진지한 자세로 이렇게 하고 있다는 증거로 10월 14일까지 선생의 태도가 누그러지지 않을 경우 우리는 포크 거리와 클레르몽 거리가 만나는 길모퉁이나 그 근방에서 경찰관 한 명을 죽일 겁니다. 편안하시기를 빌면서.

미다스의 노예들

헤일 씨는 다시 웃었다네. 당시 그분은 시카고 시 전차사업 전체의 매각 건을 두고 시카고의 한 기업연합과 협상하고 있었는데, 이 거래의 성사 가능성이 높아 모든 관심을 거기에만 쏟고 있었어. 그래, 그분은 그 편지는 금방 잊어버리고 속기사에게 계속 자신의 말을 받아쓰게만 했지. 하지만 나는 무슨 이유에서인지는 몰라도 심한 불안감에 사로잡혔다네. 나는 속으로 생각했어. 만일 그 내용이 농담이 아니면 어떻게 하지. 그러면서 나도 모르게 조간신문을 집어 들었어. 그랬더니 그 기사가 나온 게 보였어. 하층계급의 별 볼 일 없는 사람에 관한 얘기답게 신문 한 귀퉁이의 빤한 약 광고 바로 곁에 파묻혀 있는 여섯 줄짜리 짧은 기사가.

오늘 새벽 5시 직후, 이스트 39번가에서 피트 래스칼이라고 하는 노동자가 일하러 가던 도중에 신원미상의 가해자가 휘두른 칼에 심장을 찔렸다. 가해자는 현장에서 바로 달아나 버렸다. 경찰은 살인 사건의 동기를 전혀 찾지 못하고 있다.

내가 그 기사를 큰 소리로 읽어주자 헤일 씨는, "말도 안 돼!"라고 소리쳤어. 하지만 헤일 씨는 그 사건이 크게 마음에 걸렸는지 그날 오후 늦은 시각이 되자 자신의 어리석음을 무수히 탓하면서 경찰서에 그 사건을 제보하라고 내게 지시했지. 나는 경위의 사무실에서 비웃음을 당했지만, 그들이 내가 제보한 사실을 조사할 거고, 문제의 그날 밤에는 포크 거리와 클레르몽 거리 일대를 철통같이 지킬 것이라 확신하면서 그곳을 떠났다네. 그 일은 그걸로 일단락되었지. 그리고 두 주가 빠르게 지나간 뒤 다음과 같은 편지가 도착했다네.

1899년 10월 15일, THE M. OF M. 사무국

부자 귀족이신 에벤 헤일 귀하
안녕하십니까. 선생의 두 번째 희생자가 우리가 예고한 그 시간에 쓰러졌습니다. 우리는 서두르지 않습니다. 하지만 선생을 좀 더 압박하기 위해 이제부터 매주 한 사람씩 죽일 겁니다. 방해하려 드는 경찰로부터 우리 자신을 보호하기 위해 앞으로 선생에게 사건을 통보해 주기는 하되 일을 결행하기 직전이나 바로 그 시간에 통보해 드릴 겁니다. 선생의 건강을 빌면서.

미다스의 노예들

그러자 헤일 씨는 전과는 달리 즉각 신문을 집어 들었지. 그리고 잠시 기사를 찾아본 뒤 내게 이런 기사를 읽어줬다네.

비열한 범죄

지난밤, 11구에서 특별 순찰 업무를 수행하던 조지프 도나휴가 자정 무렵 머리에 총탄을 맞고 즉사했다. 그 비극은 포크 거리와 클레르몽 거리가 만나는 길모퉁이, 사방이 가로등 불빛으로 환한 지점에서 일어났다. 평화를 지키는 이들이 이렇게 큰길에서 무자비한 총탄의 희생자들이 되는 것을 보면 우리 사회는 참으로 불안한 사회라는 느낌을 지울 수 없다. 현재까지 경찰 측에서는 어떤 단서도 얻지 못한 상태다.

헤일 씨가 이 기사를 읽기가 무섭게 경찰관들이 도착했어. 경위와 가장 솜씨가 뛰어난 형사 두 사람이. 우리는 그들의 얼굴에서 놀란 기색을 보고 그들이 무척이나 당황하고 있음을 알 수 있었지. 이 사건과 관련된 사실들은 얼마 되지 않았고 아주 단순했지만 우리는 다각도로 거듭 검토하면서 오래 이야기했다네. 떠날 시간이 되자 경위는 사건이 곧 해결될 것이고 그 암살자들의 정체가 드러날 거라고 자신만만하게 말했어. 한편 그는 헤일 씨와 나를 보호하기 위해 경호경관들을 붙여주고, 헤일 씨의 집과 정원을 지속적으로 감시할 경관 몇 사람을 파견하는 것이 좋겠다고 했지. 그러고 나서 일주일이 지난 날 오후 1시쯤에 다음과 같은 전보가 날아왔다네.

1899년 10월 21일, THE M. OF M. 사무국

부자 귀족이신 에벤 헤일 귀하

안녕하십니까. 선생이 우리를 너무나 잘못 알고 있는 것에 유감스러운 마음을 금할 길이 없습니다. 어처구니없게도 선생은 우리가 선생의 집으로 침입해 들어가 2천만 달러를 강탈하려 하는 평범한 범죄자들이기라도 한 듯 선생 자신과 자택을 무장 경호 병력으로 둘러싸셨더군요. 그런 식의 범죄는 우리 의도와는 지극히 거리가 멀다는 점을 믿어주시면 좋겠습니다.

우리한테 선생의 목숨이 소중하다는 점은 맑은 정신으로 잠깐만 생각해 보면 금방 알 수 있을 겁니다. 두려워하지 마십시오, 우리는 선생을 절대로 해치지 않을 겁니다. 선생을 소중하게 대하고 어떤 피해도 받지 않도록 지켜 드리자는 것이 우리의 방침입니다. 선생의 죽음은 우리한테 전혀 득이 될 게 없습니다. 만일 선생이 죽는다면 선생과 같은 처지에 있는 다른 사람들은 우리가 자기네도 곧 죽일 거라고 믿을 테니까요. 이런 점을 깊이 생각해 보시기 바랍니다, 헤일 씨. 선생이 우리가 요구한 돈을 제대로 지급하려면 가급적 돈을 아끼는 게 좋을 겁니다. 그러니 당장 경호 병력을 내보내 비용을 절감하시기 바랍니다.

선생이 이 전보를 받고 나서 몇 분 내에 간호사 한 사람이 브렌트우드 공원에서 목 졸려 죽을 겁니다. 그 시신은 야외 연주대 왼쪽으로 난 길가의 관목 덤불 속에서 발견될 겁니다. 그럼 편안하시기를 빌면서.

미다스의 노예들

헤일 씨는 그 전보를 본 즉시 경위에게 전화를 걸어 곧 일어날 살인 사건에 관해 제보했어. 경위는 실례한다고 말하고는 얼른 F 파출소에 전화해서 경찰관들을 현장으로 급파했지. 15분쯤 뒤 경위는 우리한테 전화를 걸어 헤일 씨가 알려준 그곳에서 시신이 발견되었는데 아직 따뜻하다고 하더군. 그날 저녁에 나온 석간신문들은 피해자의 목을 졸라 죽인 살인마에 관한 요란한 제목들로 온통 뒤덮여 있었지. 그리고 신문들은 한목소리로 사건의 잔인성을 비난하고 경찰의 늑장 수사를 지적했다네. 우리는 다시 경위와 밀담을 나눴는데 경위는 우리가 알고 있는 사실들을 절대로 비밀에 부쳐 달라고 신신당부했어. 그는 이런 얘기들이 외부에 알려지지 않아야 범인들을 잡을 수 있다고 말했지.

자네도 알다시피 헤일 씨는 강철 같은 의지를 지닌 분일세. 그분은 그자들에게 굴복하기를 거부했어. 하지만 아, 존, 어둠 속에 도사린 이 맹목적인 세력은 무서운, 아니 끔찍한 자들이었다네. 소름 끼치게 잔혹한 자들. 우리는 그자들과 싸울 수도, 계획을 세울 수도 없고, 그저 두 손 놓고 멍하니 기다리는 것 말고는 아무것도 할 수가 없었다네. 한 주 한 주가 지나갈 때마다 마치 아침마다 해가 뜨는 것처럼 정확하게, 사람을 죽이겠다는 통고가 날아오고 아무 죄도 없는 남녀가 죽어 나가는 거야. 그럴 때마다 우리는 아무 짓도 하지 않았지만 꼭 우리 손으로 그들을 죽인 것만 같은 기분이 들었다네. 헤일 씨가 한마디만 하면 그 집단 학살극은 끝이 나겠지. 하지만 그분은 마음을 굳게 다져 먹고 기다렸다네. 주름살은 깊어지고, 입술과 눈매의 선들은 더 엄격하고 단호해졌으며, 얼굴은 빠르게 늙어갔지. 그 끔찍한 기간 동안 나 역시도 심한 고통에 시달렸다는 건 새삼 말할 필요가 없을 걸세. 매주 '미다스의 노예들'이 보낸 편지와 전보를 받고 곧이어 신문에서 살인 소식을 접하면서 지냈으니.

그자들이 보낸 편지들을 보면 그자들이 헤일 씨한테 사업상의 적들이 꾸민 음모, 은밀한 주가 조작 등에 관해서도 제보해줬다는 걸 알 수 있을 걸세. '미다스의 노예들'은 상업계와 금융계 내부 깊숙한 곳에 자기네 요원들을 심어두고 있는 것 같았어. 그자들은 우리 요원들이 얻어낼 수 없었던 귀중한 정보들을 입수해서 알려주곤 했어. 한번은 우리가 어떤 거래를 하는데 그자들이 결정적인 순간에 딱 맞춰 연락해준 덕에 헤일 씨는 5백만 달러를 지킬 수 있었지. 또 한 번은 무정부주의를 신봉하는 어떤 정신 나간 녀석이 헤일 씨의 목숨을 노렸는데 그자들이 전보로 그 사실을 알려준 덕분에 위험을 피할 수 있었어. 우리는 녀석이 도착한 즉시 사로잡아 경찰에 넘겼어. 경찰이 조사해 보니 녀석은 전함 한 척을 침몰시킬 수 있을 만큼 강력한 신형 폭약을 소지하고 있었다네. 우리는 계속 버텼어. 헤일 씨는 정말 용기가 대단한 분이었지. 그분은 은밀한 정보활동비로 매주 10만 달러가량을 지급했어. 그분은 핑커턴을 비롯해서 수많은 사설탐정 사무소들에 도움을 요청했고, 그 밖에도 수천 명을 고용해서 정보를 알아 오게 했어. 온갖 모습으로 변장한 우리 요원들이 사방에 득실거렸고, 사회의 모든 계급 속에 침투해 들어가서 탐문 활동을 벌였지. 요원들은 수많은 단서를 물어 왔고, 수백 명의 요주의 인물들이 감옥에 들어갔고, 수천 명의 범죄 혐의자들이 감시를 받았어. 하지만 뚜렷한 단서는 하나도 잡히지 않았어. '미다스의 노예들'은 우리한테 편지를 보낼 때마다 전달 방식을 계속 바꿨다네. 그자들이 우리한테 편지를 보낼 때마다 그걸 전달하는 역할을 맡은 사람들은 매번 체포되었지. 하지만 그때마다 그 사람들은 아무 죄 없는 사람들이라는 사실이 밝혀지곤 했어. 그 사람들에게 심부름을 시킨 자들에 대한 인상착의도 제대로 밝혀지지 않았고. 그러던 중 12월 말에 우리한테 다음과 같은 메모가 날아왔다네.

1899년 12월 31일, THE M. OF M. 사무국

부자 귀족이신 에벤 헤일 귀하

안녕하십니까. 선생이 이미 잘 알고 있다고 우리가 자부해 마지않는 우리의 방침에 따라서 경위에게 이 눈물의 골짜기*³에서 벗어날 수 있는 승차권을 주려 한다는 사실을 알려 드리는 바입니다. 우리의 친절한 배려 덕에 그간 선생은 그 사람과 아주 친해졌죠. 그 사람은 이 시각쯤이면 자신의 사무실에 있곤 하죠. 선생이 이 편지를 읽을 때쯤이면 그 친구는 이미 마지막 숨을 몰아쉬고 있을 겁니다.

그럼 편안하시기를 바라며.

미다스의 노예들

---

*3 이 세상을 뜻함.

나는 편지를 떨어뜨리고 즉각 전화기를 집어 들었다네. 전화기에서 경위의 원기 왕성한 목소리가 흘러나오는 바람에 나는 크게 안도의 한숨을 내쉬었어. 그런데 말하는 도중 그의 목소리가 서서히 약해지더니 목구멍을 쿨럭거리면서 헐떡이는 소리로 바뀌는 거야. 이어서 그의 몸이 바닥에 쓰러지는 소리가 희미하게 들리더군. 그리고 이상한 목소리가 내게 안녕하세요, 하면서 '미다스의 노예들'의 인사말을 전하고는 전화를 뚝 끊는 거야. 나는 대번에 경찰서에 전화해 빨리 경위의 방으로 가서 그를 도와 달라고 부탁했어. 나는 계속 전화기를 들고 있었다네. 그리고 몇 분 뒤 자신이 흘린 피의 웅덩이 속에 쓰러져 있는 경위가 막 숨이 넘어가기 직전이라는 소식을 들었지. 목격자가 하나도 없고 살인자의 신원을 밝혀 줄 만한 어떤 자취도 발견되지 않았다고 하더군.

그 사건이 일어난 뒤 헤일 씨는 즉각 은밀한 내사 활동에 더욱 열을 올리는 바람에 매주 25만 달러나 되는 거액이 나갈 정도까지 이르렀다네. 헤일 씨는 반드시 범인들의 정체를 밝혀내고야 말겠다고 결심했어. 그분은 현상금 액수를 자꾸 올려 마침내 1천만 달러를 넘어섰다네. 자네는 그분의 재산을 공정하게 평가하는 사람이니 그분이 어떤 식으로 그 재산을 모았는지 알고 있을 걸세. 그분은 자신이 황금을 위해서가 아니라 원칙을 위해서 투쟁하고 있다고 단언했어. 그분의 행동 방침이 그분의 동기가 고상함을 입증해 준다는 점을 인정해야 해. 전국 모든 대도시의 경찰서들이 협조했고 심지어 미국 정부까지도 이 사건에 개입했다네. 그렇게 해서 이제 이 사건은 국가의 가장 중요한 문제들 중의 하나가 되었어. 국가 예비비의 일정액이 '미다스의 노예들'의 정체를 밝히는 데 투입되었고, 모든 정부 요원들이 경계 태세에 들어갔지. 그런데 모든 게 다 헛수고였다네. '미다스의 노예들'은 여전히 자기네의 가증스러운 공작을 거침없이 추진해 나가고 있었으니까. 그자들은 자기네의 방침을 실수 없이 계속 밀어붙이고 있었어.

헤일 씨는 마지막까지 그자들과 싸우는 동안 죄 없는 이들의 피로 붉게 물든 자신의 손을 깨끗이 씻을 수 없었어. 현행법상 헤일 씨는 분명 살인자가 아니고 그분 주위에 있는 이들 가운데서 그분에게 죄가 있다고 단죄하려는 이는 전혀 없었지만 그때까지 죽은 이들은 사실 헤일 씨 때문에 목숨을 잃은 셈이야. 내가 앞서 말한 대로 헤일 씨가 그자들의 요구를 수락한다는 한마디만 했다면 그 학살극은 당장 끝났을 테니까. 그러나 헤일 씨는 그런 말을 하기를 거부했어. 그분은 이렇게 계속 역설했다네. 사회의 근간이 공격을 받았고, 자신은 지키던 자리를 버리고 달아나는 겁쟁이가 아니다, 다수의 궁극적인 행복과 안녕을 위해 소수가 희생당하는 건 지극히 정당한 일이라고. 그럼에도 그분은 사건의 희생자들이 흘린 피를 온통 뒤집어썼고, 점점 더 우울한 기분 속에 깊숙이 빠져들었어. 나 역시 그분의 공범자라는 죄책감이 들었고. 아기들, 어린이들, 노약자들이 무자비하게 살해당했어. 이러한 살인은 우리가 사는 도시에만 국한되지 않고 나라 전체로 확산되어 갔다네. 2월 중순 어느 날 저녁, 우리가 서재에 앉아 있을 때 누군가가 요란하게 문을 두드리는 소리가 들렸어. 내가 그 소리에 응답하면서 나가 보니 복도 카펫 위에 다음과 같은 내용을 적은 메모지가 떨어져 있었다네.

1900년 2월 15일, THE M. OF M. 사무국

부자 귀족이신 에벤 헤일 귀하

안녕하십니까. 선생의 영혼은 그 영혼이 거둬들이고 있는 붉은 피의 수확물 때문에 울부짖고 있지는 않은가요? 암만해도 그간 우리는 사업을 추진해 나가는 면에서 너무 추상적이지 않았나 싶습니다. 그래 이제는 구체적으로 나가고자 합니다. 애들레이드 레이들로 양은 선량하고 재능 있는 아가씨고, 또 아름다운 아가씨이기도 합니다. 그 아가씨는 선생의 옛 친구인 레이들로 판사의 따님이죠. 우리는 그 아가씨가 아주 어렸을 때 선생이 품에 안고 어른 적이 있다는 사실까지도 알고 있습니다. 그 아가씨는 선생 따님의 가장 가까운 친구고, 요즘도 곧잘 따님을 만나러 오곤 하죠. 선생이 이 글을 읽을 때쯤이면 그 아가씨가 따님을 만나러 오는 일도 끝장이 날 겁니다.

그럼 편안하시기를 바라며.

미다스의 노예들

맙소사! 우리는 그 메모가 예고하는 고약한 뜻을 곧바로 깨닫지 못해 조금 뜸을 들이고 난 다음에야 서재 문을 박차고 나갔다네! 우리는 집 안의 거실들을 살펴봤지만 레이들로 양은 보이지 않았어. 우리는 다시 그 아가씨

의 집으로 달려갔어. 현관문은 잠겨 있었어. 하지만 문짝에 몸을 힘껏 내던져 문을 부수고 들어갔다네. 레이들로 양은 마치 오페라를 보러 가기 위해 한껏 성장한 것 같은 모습으로 방바닥에 쓰러져 있더군. 누군가가 긴 의자에 있는 베개들로 얼굴을 짓누르는 바람에 그녀는 숨이 막혀 죽었어. 그녀의 피부는 아직도 발그레한 기운이 그대로 어려 있었고, 몸도 여전히 유연하고 따듯했어. 이 끔찍한 사건의 나머지 이야기는 그냥 지나치도록 하세. 존, 자네도 이 사건을 보도한 신문 기사들을 분명히 기억하고 있을 걸세.

그날 밤 늦은 시각에 헤일 씨는 나를 자기 방으로 불러들였네. 그리고 모든 일가친척이 죽는 한이 있어도 끝까지 헤일 씨 편에 서서 결코 타협하지 않겠다고 하느님 앞에서 엄숙히 맹세하게 했네.

이튿날 나는 그분의 쾌활한 모습을 보고 놀랐어. 그분이 전날의 비극 때문에 큰 충격을 받았을 거라 생각했거든. 얼마 지나지 않아 그 깊은 속내를 알게 되었지만, 헤일 씨는 온종일 명랑하고 활달한 모습을 보였어. 마침내 그 끔찍한 곤경에서 벗어날 길을 찾기라도 한 사람처럼 말일세. 이튿날 아침, 우리는 그분이 침대에서 근심으로 찌든 얼굴에 평화로운 미소를 머금은 채 죽어 있는 걸 발견했어. 의도적인 질식사였지. 경찰과 관계 당국자들의 묵인 아래 우리는 그분이 심장병으로 사망했다고 발표했어. 우리는 진실을 숨기는 것이 현명한 일이라 판단했어. 진실을 밝혀 봤자 우리한테 좋을 게 거의 없고, 또 당시로서는 달리 어떻게 할 방도가 없었으니까.

내가 헤일 씨의 방을 떠나자마자 때늦게 다음과 같은 특별한 편지가 날아왔다네.

                    1900년 2월 17일, THE M. OF M. 사무국

  부자 귀족이신 에벤 헤일 귀하

  안녕하십니까. 그제 일어난 슬픈 사건의 여운이 채 가시기도 전에 이렇게 불쑥 연락을 드리는 걸 용서해 주시기 바랍니다. 하지만 선생에게 더없이 중요한 어떤 말을 전하고 싶어 이렇게 연락을 드립니다. 우리는 선생이 우리에게서 달아나려 할 수도 있다는 걸 염두에 두고 있습니다. 딱 한 가지 길이 있고, 선생은 이미 그 길을 찾아냈을 겁니다. 하지만 그 한 가지 길조차도 막혀 있다는 사실을 알려

드리고자 합니다. 선생은 자살할 수도 있습니다. 하지만 그래 봤자 선생은 실패 속에서 그리고 자신의 실패를 인정하면서 죽는 것에 불과할 겁니다. 다음과 같은 점에 유의하시기 바랍니다. 우리는 선생이 소유한 재산의 중요한 한 부분입니다. 우리는 선생의 엄청난 재산과 함께 선생의 상속자들에게 대대로 이월될 겁니다. 우리는 선생의 상속자들을 계속 따라다닐 겁니다. 우리는 피할 수 없는 필연적인 존재들입니다. 우리는 산업적, 사회적 악의 정점입니다. 우리는 우리를 창조해 낸 사회와 맞서고 있습니다. 우리는 이 시대의 성공적인 실패작들이요, 타락한 문명이 가져다준 재앙입니다.

우리는 잘못된 사회적 선택이 빚어낸 존재들입니다. 우리는 힘에는 힘으로 맞섭니다. 오로지 강한 자들만이 살아남을 겁니다. 우리는 적자생존의 원리를 믿습니다. 선생은 자신의 임금 노예들을 짓밟음으로써 살아남았습니다. 선생의 지시를 받은 전투 지휘관들은 수십 차례에 걸친 격렬한 파업 사태 과정에서 선생의 피고용인들을 개처럼 쏘아 죽였습니다. 그런 수단에 의지해서 선생은 살아남았습니다. 우리는 그런 결과에 불평하지 않습니다. 왜냐하면 우리는 선생과 마찬가지로 자연법을 인정하고 그 안에서 존재하기 때문입니다. 그리고 이제 다음과 같은 의문이 일어납니다. 현재와 같은 사회 환경 아래 선생과 우리 중에서 어느 쪽이 살아남게 될까? 우리는 우리가 최적자들이라 믿습니다. 선생은 선생이 최적자라 믿으면서 사십시오. 그 궁극적인 결말은 시간과 자연법칙에 맡기도록 합시다.

편안하시기를 바라며.

미다스의 노예들

내가 어째서 즐거움을 피하고 친구들을 멀리했는가가 아직도 궁금한가, 존? 새삼 설명할 필요가 없겠지? 이 이야기가 모든 걸 분명히 해줄 테니까. 3주 전에 애들레이드 레이들로 양이 죽었네. 그때 이후 나는 희망과 두려움 속에서 죽 기다려 왔네. 어제 헤일 씨의 유언장 검인 과정이 끝나고 그 내용이 세상에 공표되었지. 나는 오늘 여기서 아주 멀리 떨어진 샌프란시스코의 금문교 공원에서 중산 계급의 한 여성이 살해될 것이라는 통고를 받았네. 그리고 오늘치 신문들에는 그 잔혹한 살인 사건에 관한 상세한 속보 기사가 실려 있었네. 내가 사전에 통보받은 내용과 일치하는 기사가.

다 쓸데없는 짓일세. 나는 불가피한 필연에 맞서 싸울 수 없어. 그간 나는 헤일 씨에게 충실했고 열심히 일해 왔네. 무슨 이유로 내 성실성이 이런 식으로 보답받아야 하는지 알 길이 없어. 하지만 그자들과 타협하는 것으로 내가 서약한 바를 깨트릴 수 없고 헤일 씨가 내게 보여준 신뢰를 배신할 수 없어. 그러나 나는 죄 없는 이들의 피를 더 이상 뒤집어쓰지 않기로 결심했네. 나는 최근에 상속받은 엄청난 재산을 애초에 그걸 받았어야 마땅할 이들에게 상속해 주라는 유언장을 작성했다네. 에벤 헤일 씨의 아들들은 성실하고 건강한 사람들이니 자기네 앞가림은 알아서 잘 해낼 거야. 자네가 이 편지를 읽기 전에 나는 죽을 걸세. '미다스의 노예들'은 전능하다 할 만큼 막강한 자들일세. 경찰은 무력하기 그지없고, 나는 그자들을 통해 다른 백만장자들도 역시 우리와 마찬가지로 거액을 강탈당했거나 괴롭힘을 당해 왔다는 걸 알았네. 얼마나 많은 사람이 그런 처지에 놓여 있는지는 나도 몰라. 어떤 이들이건 간에 일단 '미다스의 노예들'의 요구에 굴복하고 나면 입을 굳게 닫고 살아야 하니까. 굴복하지 않은 이들은 지금도 여전히 무고한 이들의 피를 뒤집어쓰면서 살고 있을 거고, 그 무자비한 게임은 계속되고 있어. 연방정부는 아무것도 할 수 없어. 유럽에서도 이와 비슷한 지부 조직들이 출현한 걸로 알고 있어. 사회는 그 근본부터 뒤흔들리고 있다네. 유럽의 공국들과 강대국들은 그들의 먹잇감이 되기에 딱 좋은 나라들이지. 거기서의 투쟁은 유산계급과 무산계급의 투쟁이 아니라 한 계급이 다른 계급들에 맞서는 투쟁 형태로 전개될 걸세. 그자들은 인간 진보의 수호자들인 우리를 골라서 때려 눕히고 있어. 법과 질서는 그 기능을 상실하고 말았어.

관리들은 내게 이 일을 꼭 비밀에 부쳐 달라고 사정했다네. 나는 그들이 요구하는대로 해왔지만 이제는 더 이상 그렇게 못 하겠어. 이제 이 사태는 끔찍한 결과들을 내포한, 공적으로 아주 중요한 의미를 지닌 문제가 되었으니까. 나는 이 세상을 뜨기 전에 세상 사람들에게 이 위험한 사태의 진상을 자세히 알림으로써 내 의무를 다할 걸세. 존, 자네에게 마지막으로 부탁하는데, 부디 이 편지를 세상에 널리 알려주게. 모쪼록 두려워하지 않았으면 좋겠네. 인류의 운명이 자네 손에 달려 있으니까. 언론사들이 이 편지를 수백만 부 찍어 내도록 하게. 그러면 그 충격의 전류가 세계 전역에서 그자들을 쓸어내 버릴 걸세. 이 세상 어디서건 간에 사람들은 다른 이들과 만날 때마다 공포와 전율에 떨면서 그자들에 관해 이야기할 걸세. 그리고 사람들이 그

자들의 사악함과 위험성을 철저히 자각하고 나면 사회 전체가 들고일어나 이 가증스러운 자들을 타도해 버릴 걸세.
　이제 그만 자네와 작별해야겠네.

웨이드 애츨러

The Shadow and the Flash
그림자와 섬광

    나는 과거를 돌이켜 볼 때마다 그것이 참으로 독특하고 괴이한 우정이었음을 새삼 실감하곤 한다. 한 친구는 로이드 인우드로 키가 크고 날씬하며 깎은 듯이 잘생긴 얼굴에 성마른 편이었고, 머리는 검은빛을 띠고 있었다. 또 한 친구는 폴 티클론으로 역시 키가 크고 날씬하며 깎은 듯이 잘생긴 얼굴에 성마른 편이었고, 머리는 금발이었다. 머리와 눈동자 빛깔만 제외하고 두 사람은 모든 면에서 똑 닮았다. 로이드의 눈동자는 까맸고, 폴의 눈동자는 파랬다. 로이드는 흥분할 때면 얼굴이 올리브빛으로 물들었고, 폴이 흥분할 때면 새빨개졌다. 하지만 이렇게 색깔만 다를 뿐 두 사람은 한 꼬투리 속에 들어 있는 두 개의 완두콩과도 같았다. 두 사람은 똑같이 성마른 편이었고, 지나치게 긴장하면서 지내고 극도로 인내하는 경향을 보였다. 두 사람의 삶의 방식은 거의 똑같았다.

    그런데 이렇게 특이한 우정 속에 제삼의 인물이 끼여 있었다. 그 사람은 뚱뚱한 땅딸보에 동작이 굼뜬 편이었다. 이런 말 하기는 싫지만 그 사람은 바로 나였다. 폴과 로이드는 애초부터 서로 경쟁할 운명을 타고난 친구들 같았으며 나는 두 사람 사이에서 중재자 역할을 할 운명을 타고난 것 같았다. 우리 셋은 함께 자랐고, 나는 두 사람이 화가 나서 상대방을 겨냥하고 후려치는 주먹에 툭하면 얻어맞았다. 두 사람은 늘 겨뤘고, 어떻게 해서든 상대를 능가하려고 안간힘을 썼다. 그런 식의 다툼이 벌어질 때마다 그들은 모든 걸 다 걸고 끝없이 싸움에 열중했다.

    그들은 공부할 때건 놀이할 때건 가리지 않고 늘 치열한 경쟁심을 보였다. 폴이 《마미온》[*1]의 시편 하나를 외우면 로이드는 둘을 외웠고, 폴이 셋을 외

[*1] 월터 스콧이 1513년에 스코틀랜드와 잉글랜드 사이에서 벌어진 플로든 전투에 관해서 쓴 서사시.

우면 로이드는 다시 넷을 외웠으며, 결국 그렇게 해서 둘 다 그 서사시를 모조리 외우는 것으로 경쟁은 끝났다. 예전에 강 깊은 곳에서 일어났던 사건 하나가 기억난다. 그것은 두 사람의 목숨을 건 다툼의 비극적인 전형이라 할 만한 사건이었다. 두 소년은 누가 더 물속에서 오래 있는가를 알아보기 위해 깊이 3미터가 넘는 강물 속으로 잠수해서 물속에 있는 나무뿌리를 붙잡고 버티는 시합을 했다. 폴과 로이드는 동시에 물속으로 뛰어들자는데 합의했다. 그들의 얼굴은 똑같이 단호하고 결연했다. 강물로 뛰어든 두 소년은 재빨리 잠수해 들어가 이내 모습을 감췄다. 나는 뭔가 무서운 일이 일어날 것 같은 예감을 느꼈다. 시간은 빠르게 지나갔고, 그들이 뛰어들면서 일어났던 잔물결도 사라져 수면은 본디 평온한 모습을 회복했다. 검은 머리도 금발 머리도 숨을 쉬기 위해 수면 위로 올라오지 않았다. 물 바깥에 있었던 우리의 불안감은 점점 더 커졌다. 물속에서 가장 오래 버틴 소년의 잠수 기록이 이미 깨졌는데도 둘이 수면으로 올라올 기미는 전혀 보이지 않았다. 이윽고 두 소년이 조금씩 내쉰 공기 방울들이 서서히 올라오더니 잠시 뒤에는 그것들마저도 올라오지 않았다. 1초 1초가 마치 영원만큼이나 길게 느껴지면서 나는 더 이상 긴장감을 견딜 수 없어 물속으로 뛰어들었다.

　나는 강바닥에서 두 친구를 발견했다. 둘은 강바닥의 나무뿌리를 꽉 움켜쥔 채 부릅뜬 눈으로 30센티미터도 채 떨어져 있지 않은 상대의 얼굴을 서로 노려보고 있었다. 둘은 자진해서 받아들인 질식 상태의 고통으로 온몸을 비틀고 두 발을 버둥거리면서도 그 엄청난 괴로움을 용케 견뎌내고 있었다. 양쪽 다 패배를 인정하고 손을 놓으려 하지 않았다. 나는 나무뿌리를 움켜쥐고 있는 폴의 손아귀를 풀어 보려 해봤지만 폴은 격렬하게 저항했다. 이윽고 나는 숨이 막혀 더 견딜 수 없어 수면으로 떠올랐다. 나는 심한 두려움에 사로잡혔다. 내가 바깥에 있는 친구들에게 재빨리 상황을 설명해 주자 여섯 명 가량의 친구들이 물속에 잠수해 들어가 강제로 두 친구의 손아귀를 풀었다. 우리가 두 친구를 물 밖으로 끌어냈을 때는 이미 혼절해 있었다. 우리가 둘의 몸을 이리저리 굴리고 배를 문지르고 등을 두드려 대는 식으로 한참 난리를 친 뒤에야 비로소 둘은 의식을 되찾았다. 만일 우리가 뛰어들지 않았더라면 둘은 거기서 목숨을 잃었을 것이다.

　폴 티클론이 대학에 입학할 무렵이 되었을 때 주변 사람들은 으레 폴이 사회과학 계열 학과에 들어갈 것이라 예상했다. 비슷한 시기에 대학에 입학한 로이드 인우드도 사회과학 계열을 선택했다. 그런데 평소 자연과학, 그중에서도 특히 화학을 전공하려는 마음을 은밀히 품고 있었던 폴은 마지막 순간에 가서야 속내를 드러내 돌연 자연과학 계열로 방향을 틀었다. 로이드는 한 해의 수강 신청을 하고 이미 몇 과목의 첫 강의를 들었지만 폴의 소식을 듣더니만 대뜸 자연과학 계열, 그중에서도 특히 화학 전공 쪽으로 방향을 틀었다. 두 사람의 경쟁 관계는 곧 대학 내에서 유명한 화젯거리가 되었다. 그들은 서로에게 자극을 주는 바람에 과거 그 과 출신의 어떤 학생보다도 더 화학에 정통하게 되었다. 사실 두 학생은 화학에 너무나 깊이 파고든 덕에 졸업장을 받기도 전에 학과장인 '올드' 모스 교수를 제외한 모든 화학 교수 또는 '시시한 교수'들을 쩔쩔매게 만들었다. 사실 두 학생은 올드 모스 교수조차도 여러 번 당황하게 만들었다. 로이드는 아귀의 '치명적인 간상균'을 발견하고 사이안화칼륨 곧 청산칼리로 실험해 본 결과를 발표했는데, 이 때문에 그와 그 대학은 전 세계적으로 유명해졌다. 폴도 이에 질세라 아메바 같은 활동상을 보여주는 실험용 콜로이드를 만들어내는 데 성공했고, 또 염화나트륨과 마그네슘 용액 같은 간단한 재료들을 갖고서 바다의 하등 생물체들을 실험하는 과정을 통해 수정 과정에 새로운 빛을 던져줬다.

그러나 도리스 밴 벤쇼튼이 그들의 삶 속에 뛰어든 것은 그들이 학부 시절 때 유기화학의 신비 속으로 깊숙이 몰입해 들어가던 과정에서 일어난 일이었다. 로이드가 그녀를 먼저 만났지만 24시간이 채 지나기 전에 폴도 역시 그녀와 알게 되었다. 물론 그들은 그녀를 사랑하게 되었고, 그녀는 그들의 삶을 살아갈 만한 가치가 있는 것으로 만들어주는 유일한 존재가 되었다. 그들은 똑같이 열정적인 자세로 그녀에게 사랑을 호소했다. 그녀의 마음을 얻으려는 다툼이 너무나 치열해서 대학 학생들의 반 가량은 결과를 두고 내기를 거는 데 열을 올렸다. 올드 모스 교수조차도 그의 개인 실험실에서 놀라운 증명을 해낸 폴이 도리스 밴 벤쇼튼의 신랑감이 되도록 도와주기 위해 한 달치 봉급에 해당하는 돈까지 제공해줬다.

결국 그녀는 자기 나름의 방식으로 그 문제를 해결했다. 폴과 로이드를 제외한 모든 사람은 그 해결책에 만족했다. 그녀는 두 사람을 함께 부른 뒤 자기는 둘을 똑같이 사랑하기에 누구를 선택해야 좋을지 알 수 없다, 그리고 불행하게도 미국에서는 일처다부제가 허용되지 않기에 두 사람 모두와 결혼하는 영광과 행복을 포기할 수밖에 없다고 말했다. 두 사람은 그런 애석한 일이 일어난 것을 상대방 탓으로 돌렸으며, 그 때문에 둘 사이의 골은 한층 더 깊어졌다.

두 사람 사이의 이런 격심한 갈등은 결국 곪아 터질 정도까지 이르렀다. 그들이 학사 학위를 얻고 세상 사람들의 시야에서 사라진 뒤 내 집에서 그 끝맺음 과정은 시작되었다. 둘 다 재주가 뛰어난 사람들이라 직장을 구할 마음이 없었고 또 그래야 할 이유도 없었다. 그들을 함께 엮어주는 역할을 한 두 가지 요소는 그들과 나의 우정, 그리고 그들 상호 간의 적개심이었다. 두 사람은 툭하면 우리 집에 들렀다. 그러다 보니 이따금 우리 집에서 마주치는 일도 일어났지만 두 사람은 가급적 부딪치지 않으려고 꽤 신경을 썼다.

어느 날, 폴 티클론이 우리 집 서재에서 최근에 발표된 한 과학 논평을 두고 오전 내내 멍한 표정을 한 채 생각에 잠겨 있었던 때를 나는 아직도 뚜렷하게 기억하고 있다. 폴이 자기 생각에 깊이 빠져 있었던 덕에 나는 일에 몰두할 수 있어 정원에 나가 장미를 손보고 있었는데 로이드 인우드가 찾아왔다. 나는 포치에서 장미 덩굴들을 솎아내고 가지치기하고 고정시키는 일을 하느라 입술에 못을 잔뜩 물고 있었고, 로이드는 내 뒤를 따라다니면서 이따금 한 번씩 손을 빌려줬다. 그러면서 우리는 보이지 않는 사람들로 이루어진 이상한 종족에 관한 이야기를 나눴다. 세상을 정처 없이 떠돌아 다닌다는 그 이상한 사람들에 관한 전설은 우리 세대에까지 전해졌다. 로이드는 평소처럼 과민한 태도로 화제에 열중했다. 그리고 이내 보이지 않을 가능성들, 그 물리적인 속성들에 관해 하나하나 짚어 나갔다. 그는 완벽하게 검은 물체라면 아무리 눈 밝은 사람이라도 볼 수 없을 것이라 주장했다.

그는 말했다. "색은 하나의 감각이야. 색은 객관적인 실체성을 가진 게 아니란 얘기지. 빛이 없으면 우리는 색깔도 물체도 볼 수 없어. 어둠 속에서는 모든 물체가 새까맣기 때문에 물체들을 본다는 게 불가능해. 거기에 빛이 비치지 않으면 거기에 반사되어 우리 눈에 들어오는 빛도 없지. 따라서 우리는 그것들이 존재한다는 어떤 시각적 증거도 가질 수 없어."

나는 반박했다. "하지만 환한 낮에는 검은 물체들을 볼 수 있잖아."

그는 부드러운 어조로 말을 이어 나갔다. "맞아. 그리고 그건 그 물체들이 완벽하게 새까맣지 않기 때문이야. 그 물체들이 완벽하고 절대적인 검은색을 띠고 있다면 그것들을 볼 수 없어. 수천 개의 태양이 눈부시게 빛나는 가운데서도 그것들을 볼 수 없을 거야! 적당한 색소들을 적절하게 배합하기만 한다면 우리는 절대적으로 검은 페인트를 만들어 낼 수 있을 거야. 칠하기만 했다 하면 어떤 물체도 보이지 않게 해주는 페인트를."

"그건 대단한 발견이 되겠네." 나로서는 그 얘기가 너무나 기상천외한 얘기여서 그저 상상하는 정도로나 그칠 만한 것으로 여겨져 건성으로 대꾸하고 말았다.

그러자 로이드는 내 어깨를 탁 치면서 말했다. "대단하고말고! 당연히 그렇지. 그런 페인트로 몸을 골고루 칠한다면 온 세상을 내 발 아래 둘 수 있을 거야. 왕들과 궁정들의 비밀, 외교관들과 정치가들의 음모, 주식 투기꾼들의 농간, 트러스트들과 기업체들의 계획 같은 것들을 감쪽같이 입수할 수 있을 테니까. 나는 모든 것의 내밀한 움직임을 모조리 파악할 수 있어 세상에서 가장 막강한 권력자가 될 거야. 그리고 나는……." 그는 잠시 말을 그쳤다가 다시 이었다. "나는 실험을 하기 시작했어. 솔직히 말하자면 이미 실험을 할 준비를 다 끝마쳤어."

그때 문득 문 쪽에서 웃음소리가 들려오는 바람에 우리는 놀라서 돌아봤다. 폴 티클론이 입술에 비웃음을 머금은 채 서 있었다.

폴은 말했다. "친애하는 로이드, 자네는 잊고 있어."

"뭘 잊었다는 거야?"

폴은 말을 계속했다. "자네는 잊고 있어. 유감스럽게도 그림자를 잊고 있다고."

로이드는 고개를 떨어뜨렸다. 하지만 그는 비웃으면서 대꾸했다. "햇빛가리개를 갖고 다닐 수 있지." 그리고 나서 갑자기 폴 쪽으로 고개를 홱 돌렸다. "이것 봐, 폴, 넌 이 일에서 손을 떼는 게 신상에 이로울 거야."

금방이라도 둘 사이에 맹렬한 싸움이 벌어질 것처럼 아슬아슬한 순간에 폴이 부드럽게 웃으며 말했다. "너의 그 지저분한 색소들에는 손가락 하나 대지 않을 거야. 너의 그 낙관적인 기대감을 훨씬 더 넘어설 만큼 성공하기를 바라지. 하지만 넌 끝에 가서는 항상 그림자와 부딪치게 될 거야. 그 문제에서 도저히 벗어날 길이 없지. 이제 나는 그와는 정반대 방향으로 나갈 거야. 내가 택한 전제의 본질상 거기서는 그림자가 배제될 거……."

그 말을 들은 순간 로이드는 즉각 소리쳤다. "투명성! 하지만 그런 경지에는 이를 수 없어."

"오, 아냐. 당연히 이를 수 있지." 폴은 두 손바닥을 내밀고 어깨를 으쓱하더니 장미 덩굴 길을 따라 느긋하게 걸어갔다. 이것이 그 사건의 발단이었다. 두 사람은 대단한 열정을 갖고서 온 힘을 다해 그 문제에 부딪혔다. 두 사람이 일단 흥미를 갖는 일이면 무엇에나 어마어마한 에너지를 쏟는다는 것은 주위 사람 누구나 다 잘 알았다. 나는 두 사람이 상대에게 심한 적개심과 미움을 갖고서 어떻게 해서든 자신의 목표를 이루려고 애쓰는 걸 곁에서 지켜보면서 두려운 마음이 들었다. 두 사람 다 나를 절대적으로 신뢰했기에 그 뒤 여러 주에 걸쳐 실험하는 동안 둘을 번갈아 만나면서 그들의 이론에 귀 기울이고 증명 과정을 지켜봤다. 나는 어느 한쪽이 어느 만큼의 진전을 이루었는지에 대해서는 상대에게 입도 뻥긋하지 않았고 또 뭘 알았다는 기미조차 보이지 않았다. 그들은 내가 그렇게 함구하는 것을 존중해줬고, 또 그런 태도를 높이 평가해줬다.

로이드 인우드는 한동안 맹렬히 연구에 몰두한 끝에 몸과 마음의 긴장도가 너무 높아져 견딜 수 없게 되자 이상한 방식으로 긴장을 풀곤 했다. 그는 현상금을 걸고 하는 권투 시합을 자주 보러 갔다. 어느 날, 로이드는 최근에 얻은 연구 성과를 직접 보여주기 위해 그런 잔인한 시합이 벌어지는 경기장으로 나를 끌고 갔으며, 나는 그의 말을 듣고 그의 이론이 맞는다는 걸 인정했다.

"저기 빨간색 구레나룻을 가진 사람 보여?" 그는 링 건너편 네 번째 줄에 앉은 사람을 가리키며 말했다. "그리고 그 옆에 앉은 사람 보여? 하얀 모자 쓴 사람? 그런데 그 둘 사이에 간격이 있지?"

나는 대답했다. "맞아. 두 사람이 한 좌석 거리만큼 떨어져서 앉아 있군. 두 사람 사이에 빈 좌석이 있어서 그래."

그는 내 쪽으로 고개를 숙이고 심각한 어조로 말했다. "빨간 구레나룻과 하얀 모자 사이에는 벤 워슨이 앉아 있어. 내가 저 사람 얘기하는 소리를 너도 들었을 거야. 벤 워슨은 그 체급의 우리나라 권투선수들 중에서 가장 영리한 사람이야. 저 사람은 카리브해 출신의 검둥이지. 백인의 피가 조금도 섞이지 않아 미국에서 가장 까만 친구야. 벤은 지금 검은 외투를 입고 단추를 목까지 채우고 있어. 나는 저 사람이 들어와 저기에 앉을 때까지는 모습을 볼 수 있었어. 그런데 저 사람이 자리에 앉자마자 모습이 사라져 버렸어. 자세히 봐. 빙긋이 웃고 있는 것 같군."

나는 로이드의 말이 맞는지 확인해 보기 위해 그쪽으로 걸어갔다. 그런데 로이드가 다시 내 팔을 잡아끌었다. "잠깐 기다려 봐."

나는 기다리면서 지켜봤다. 이윽고 빨간 구레나룻이 마치 보이지 않는 좌석에다 대고 뭔가 말하려는 듯이 그쪽으로 고개를 돌렸다. 그러고 나서 나는 한 쌍의 하얀 눈자위와 한 쌍의 초승달 모양으로 생긴 치열이 움직이는 광경을 봤다. 그리고 한 순간 한 흑인의 얼굴을 식별해 낼 수 있었다. 그러나 그의 미소가 사라지면서 얼굴 모습도 사라졌다. 그 좌석은 방금 전처럼 비어 있는 듯이 보였다.

로이드가 말했다. "저 사람이 완벽하게 새까맸다면 넌 저 사람 곁에 앉았어도 저 사람을 볼 수 없었을 거야." 나는 그 예를 보고 로이드의 말이 맞다는 걸 거의 확신할 수 있었다.

그 뒤 나는 로이드의 실험실을 여러 차례 찾아갔고, 그때마다 그는 늘 완벽한 검은색을 찾아내는 일에 깊이 빠져 있었다. 그는 온갖 종류의 색소를 실험했다. 램프의 검댕, 타르, 탄화된 식물들, 석유나 지방을 태울 때 생기는 검댕, 그리고 온갖 동물을 태워서 생긴 숯 등을.

그는 내게 주장했다. "하얀빛은 일곱 가지 기본색으로 이루어져 있어. 하지만 하얀빛은 그 자체로는 우리 눈에 보이지 않아. 하지만 그 빛이 대상들에 반사됨으로써 대상들이 우리 눈에 보이게 되지. 하얀빛 중에서 대상에 반사되는 부분만이 보이게 되는 거야. 여기 이 파란색 담배 상자를 예로 들어 보자고. 하얀빛이 이 상자에 부딪치면 한 가지 색깔의 빛만 빼고 나머지 모든 색깔의 빛, 그러니까 보라색, 남색, 초록색, 노란색, 주황색, 빨간색 빛들은 모두 대상에 흡수돼. 한 가지 예외는 푸른색 빛이야. 그 빛은 흡수되지 않고 반사되지. 따라서 이 담배 상자는 우리에게 파랗다는 느낌을 줘. 다른 색깔의 빛들은 모두 흡수되기 때문에 눈에 보이지 않지. 우리는 그저 파란색 빛만 보는 거야. 같은 이유로 풀은 초록빛으로 보이지. 하얀빛의 초록색 파장들만 눈에 들어오니까 그런 거야."

또 한 번은 그가 이렇게 말했다. "우리가 집에 색칠할 때 사실 우리는 색칠을 하는 게 아니야. 그때 우리가 하는 일이란 하얀빛 중에서 우리가 원하는 색깔을 제외한 나머지 모든 빛을 흡수하는 성질을 지닌 어떤 물질을 칠하는 데 불과해. 한 물질이 모든 빛을 반사할 때 그것은 하얗게 보여. 모든 빛을 흡수하면 검게 보여. 하지만 내가 전에 말한 대로 우리는 아직 완벽한 검은색을 갖고 있지 못해. 모든 색깔의 빛이 완벽하게 다 흡수되지 않는 거야. 완벽한 검은색은 제아무리 조명이 밝은 곳에서도 전혀 보이지 않을 거야. 예컨대 이걸 보라고."

그는 자신의 작업대 위에 놓인 팔레트를 가리켰다. 팔레트에는 짙은 정도가 저마다 다른 다양한 검은색 색소들이 칠해져 있었는데 그중 어느 한 색소는 제대로 볼 수 없었다. 그것은 내 눈에 부옇게만 비쳐 눈을 비비고 다시 들여다봤다.

그는 의기양양하게 말했다. "그 색은 이제까지 그 어떤 사람도 보지 못한 가장 검은색이야. 조금만 기다리면 너무나 까매서 그 누구도 볼 수 없을 색을 얻을 테니까. 두고 봐!"

다른 한편으로 나는 빛의 편광 현상, 회절, 간섭, 단굴절과 복굴절, 온갖 종류의 이상한 유기화합물 등의 연구에 폭 빠져 있는 폴 티클론을 만나곤 했다.

"투명성이란 모든 광선을 투과할 수 있게 해주는 물체의 상태나 질을 말해." 그는 투명성을 그렇게 정의했다. "이게 바로 내가 추구하는 주제야. 로이드는 멍청하게도 완벽한 검은색을 찾다가 결국 그림자와 싸우는 지경에 이르렀지. 하지만 나는 그런 함정을 피했어. 투명한 물체는 그림자를 드리우지 않고 광파들을 반사하지도 않아. 완벽하게 투명해서 그런 거지. 따라서 지나치게 밝은 조명만 피한다면 그런 물체는 어떤 그림자도 드리우지 않을 뿐 아니라 어떤 빛도 반사하지 않아서 우리 눈에 보이지 않게 되지."

또 다른 날, 우리는 창가에 서 있었다. 폴은 그때 많은 렌즈를 창턱에 죽 늘어놓고 하나하나 닦고 있었다. 폴은 다른 얘기를 한참 하다가 내게 불쑥 말했다. "아, 이런! 렌즈 하나를 밖에다 떨어뜨렸네. 밖으로 고개를 내밀고 그게 어디쯤 떨어졌나 봐줘."

밖으로 머리를 내밀려고 하는데 뭔가가 이마에 호되게 부딪히는 바람에 나는 놀라서 머리를 얼른 뒤로 뺐다. 나는 멍든 이마를 문지르면서 이게 무슨 장난이냐는 듯한 눈빛으로 폴을 쩨려봤다. 폴은 어린애처럼 즐거워하면서 깔깔거리고 웃었다.

"어때?" 폴이 말했다.

"어떠냐니?"

"어째서 그런 일이 일어났는지 조사해 보지 않을 거야?"

그 말을 듣고 나는 조사해 봤다. 고개를 내밀기 전에 자동적으로 작동하던 내 감각들은 거기에 아무것도 없다는 걸 알려줬다. 나와 창 사이에는 아무것도 없다고. 창틀은 휜하게 트여 있었다. 한 손을 앞으로 뻗치자 단단한 물체가 손에 닿았다. 매끄럽고 차가운 판 같은 것이. 과거의 경험은 그것이 유리라고 내게 말해줬다. 하지만 나는 아무것도 볼 수 없었다.

폴은 신이 나서 이야기했다. "하얀 석영모래, 탄산나트륨, 소석회, 커틀릿, 과산화망간, 네가 만진 게 그거야. 생 고뱅 사가 만든 최상의 프랑스제 판유리. 그 회사는 세상에서 가장 질 좋은 판유리를 만들지. 그리고 이건 그 회사 제품 중에서도 최고급품이야. 그 때문에 왕의 몸값 정도에 해당하는 거액이 들었지. 하지만 봐! 넌 이걸 볼 수 없어. 이마를 부딪치기 전까지는 이게 있다는 걸 몰랐지. 그 자체로는 불투명한 어떤 요소들을 잘 조합하면 투명한 합성물질이 나온다는 걸 네게 생생하게 알려주기 위해 현장 교육을 좀 시킨 거야. 하지만 넌 이게 무기화학적 물질이라고 말하고 싶을 거야. 당연히 맞는 말이지. 하지만 나는 여기서 두 발로 당당하게 서서 과감히 주장하는데, 나는 무기화학의 영역에서 일어나는 어떤 현상도 유기화학의 영역에서 그대로 복제해 낼 수 있어. 이걸 봐!"

그는 나와 빛 사이에서 시험관 하나를 쳐들었다. 그 안에는 뿌옇고 탁한 용액이 들어 있었다. 그는 또 다른 시험관 속에 든 용액을 그 시험관에다 부었다. 그랬더니 탁한 용액은 이내 맑고 투명하게 변했다.

"이것도!" 그는 죽 늘어서 있는 시험관들 앞을 조바심치듯 빠르게 오가면서 하얀 용액을 포도주 빛깔로 변화시켰고, 연노랑 용액을 진한 갈색으로 변화시켰다. 그가 리트머스 시험지를 산성 용액 속에 떨어뜨리자 그것은 즉각 붉은색으로 변했고, 알칼리성 용액에다 떨어뜨리자 즉각 파란색으로 변했다.

"이건 여전히 리트머스 시험지야." 그는 꼭 강사 같은 말투로 선언했다. "나는 이 시험지를 다른 것으로 변화시킨 게 아니야. 그렇다면 내가 뭘 한 걸까? 난 단지 분자들의 배열만 변화시켰을 뿐이야. 처음에 이 종이는 빛으로부터 붉은색을 뺀 모든 색깔을 흡수했어. 그랬는데 분자 구조가 변한 뒤에는 파란색을 뺀 나머지 모든 색깔을 흡수했어. 당연히 붉은색도 역시 흡수했고. 그리고 이런 과정은 영원히 계속될 수 있어. 이제 내가 하려고 하는 일은 이런 거야." 그는 잠시 뜸을 들이다가 다시 말을 이었다. "나는 적당한 시약들을 찾고 있어. 살아 있는 생명체들에 반응해서 네가 방금 전에 목격한 현상들과 거의 비슷한 분자적 변화를 일으킬 시약들을. 조만간 이 시약들을 찾아낼 거야. 실제로 이미 그런 작업에 착수했고. 그런데 이 시약들은 생명체를 파란색이나 빨간색이나 검은색으로 변화시키는 게 아니라 투명하게 변화시킬 거야. 모든 빛이 그 생명체를 그냥 통과해 가기 때문에 그것은 눈에 보이지 않을 거야. 그림자도 드리우지 않을 거고."

몇 주 뒤에 나는 폴과 사냥하러 나갔다. 폴은 얼마 동안 내게 거듭 약속했다. 내가 놀라운 개 덕분에, 사실 이제까지 그 어떤 사냥꾼도 만나지 못했던 가장 놀라운 개 덕에 사냥하는 즐거움을 제대로 맛볼 거라고. 그가 계속 그렇게 단언했기에 내 호기심은 한껏 달아올랐다. 하지만 문제의 그날 아침, 나는 어떤 개도 볼 수 없었기에 실망했다.

"그 개는 신경 쓰지 마." 폴은 태평하게 말했다. 우리는 들판을 가로질러 가기 시작했다.

그 당시 나는 무엇이 나를 괴롭히는지 잘 몰랐다. 하지만 곧 뭔가 심한 병 같은 것이 올 것 같은 느낌에 사로잡혔다. 온 신경은 팽팽하게 곤두섰고, 신경이 마구 교란되는 바람에 감각들이 제멋대로 날뛰는 것만 같았다. 이상한 소음이 나를 괴롭혔다. 이따금 나는 풀들이 양쪽으로 갈라지는 소리를 듣곤 했다. 그리고 한 번은 뭔가가 돌밭을 토닥토닥 걸어가는 소리가 들려왔다.

나는 딱 한 번 폴에게 물었다. "무슨 소리 듣지 않았어, 폴?"

하지만 그는 고개를 가로젓고는 계속 앞으로 나아갔다.

울타리를 넘어가는데 내 곁에서 불과 1, 2미터밖에 떨어지지 않은 곳에서 개가 뭔가를 간절히 바라는 듯 낮게 보채는 소리가 들려왔다. 얼른 주위를 둘러봤지만 아무것도 보이지 않았다.

나는 맥이 쭉 빠진 상태에서 가볍게 떨면서 땅바닥에 발을 내디뎠다.
나는 말했다. "폴, 우리 이만 집으로 돌아가는 게 좋겠어. 암만해도 난 병에 걸린 것 같아."

"말도 안 돼. 머리에 강한 햇살을 받아 포도주에 취한 듯한 기분인 거야. 곧 괜찮아질 거라고. 날이 너무 좋잖아."

하지만 사시나무 숲 사이로 난 좁은 길을 따라가는데 어떤 물체가 다리를 스치고 지나가는 바람에 나는 중심을 잃고 휘청거리다 하마터면 쓰러질 뻔했다. 나는 잔뜩 겁을 집어먹은 채 폴을 쳐다봤다.

폴이 물었다. "무슨 일이야? 뭔가에 걸려 넘어질 뻔한 거야?"

나는 지그시 혀를 깨물고 터벅터벅 걸어갔다. 접질린 데가 욱신거리다 결국 통증이 완전히 사라지기는 했지만 뭔가 강력하고 이상한 병 때문에 신경이 팽팽히 곤두섰다. 그때까지 시야는 흐렸다. 그런데 사방이 탁 트인 벌판으로 다시 나왔을 때 시력도 다시 돌아왔다. 가지각색의 이상한 섬광들, 무지갯빛이 내 앞길에 나타났다 사라졌다 하기 시작했다. 그래도 정신을 똑바로 차리려 애쓰고 있는데 그 다채로운 빛들이 약 20초 동안 지속되면서 계속 눈앞에서 번뜩이고 어른거렸다. 결국 나는 기운이 쭉 빠져 비틀거리면서 땅바닥에 주저앉았다.

"저게 날 줄곧 따라다니네." 나는 두 손으로 눈을 가리면서 헐떡였다. "저것 때문에 눈을 못 뜨겠어. 폴, 날 집에 데려다 줘."

하지만 폴은 한참을 요란하게 웃어 댔다. "내가 너한테 뭐라고 얘기했더라? 가장 놀라운 개라고 했지? 그래, 그 말에 대해서 어떻게 생각해?"

그는 내게서 살짝 돌아서더니 휘파람을 불기 시작했다. 나는 땅바닥을 재게 딛는 가벼운 발소리에 뒤이어 흥분한 개가 헐떡이는 소리, 그리고 컹컹 짖어 대는 소리를 들었다. 그건 분명 개가 짖는 소리였다. 그러자 폴은 허리를 숙이더니 아무것도 없는 허공을 쓰다듬었다.

"이봐! 손을 이리 내밀어 봐."

그러고 나서 폴은 내 손을 보이지 않는 개의 코와 턱에다 문질렀다. 형태와 질감으로 봐서 그건 분명 개였다. 털이 짧은 포인터종의 개.

그 바람에 내가 이내 기운을 차리고 침착함을 되찾은 건 새삼 말할 필요도 없다. 폴은 그 동물의 목에 목걸이를 채우고 꼬리에 손수건을 묶어 줬다. 그

그림자와 섬광

바람에 우리는 아무것도 걸려 있지 않은 동그란 목걸이와 손수건이 연방 허공에서 까딱거리면서 들판을 누비고 다니는 장관을 볼 수 있었다. 목걸이와 손수건이 쥐엄나무 숲 속에서 메추라기 떼를 급습해 그것들이 오금이 저려 꼼짝하지 못하게 하는 광경은 볼 만한 구경거리가 아닐 수 없었다. 메추라기들은 그렇게 제자리에 못 박혀 있다가 우리가 쫓아내자 겨우 공중으로 날아올랐다.

이따금 그 개는 내가 아까 이야기한 다채로운 빛깔의 섬광들을 방출했다. 폴은 그것 하나만은 자기도 미처 예상하지 못한 현상이라고 하면서 그 문제를 해결할 수 없을 것 같다고 말했다.

폴은 말했다. "이것들은 작은 무지개, 큰 무지개, 후광, 햇무리, 근일점 등으로 이루어진 하나의 대가족이야. 이것들은 빛이 광물질들과 빙정, 안개, 비, 물보라를 비롯한 수많은 요소들에 굴절되어서 생겨나지. 이것들은 내가 투명성을 얻기 위해 치러야 하는 일종의 벌금과도 같아. 나는 로이드의 그림자를 피했다고 생각했는데 결국은 무지개 섬광과 씨름하는 처지가 되어 버렸어."

그로부터 이틀이 지난 뒤 나는 폴의 실험실로 들어가려다 약한 악취와 부딪쳤다. 악취가 너무나 강해서 그 원천이 뭔지 금방 찾아냈다. 그것은 현관 계단 위에서 썩어 가는 덩어리였는데 대체적인 모양은 개를 닮았다.

폴은 내가 발견한 것을 조사해 보고 적지 아니하게 놀랐다. 그것은 바로 그의 보이지 않는 개였다. 아니, 과거 한때 보이지 않았던 개라고 해야 옳을 것이다. 이제는 확연히 잘 보이니까. 그것은 불과 몇 분 전까지만 해도 원기왕성하게 잘 뛰어놀던 개였다. 좀 더 자세히 살펴본 결과 개의 두개골이 뭔가에 의해 심한 타격을 받아 부서졌다는 사실이 드러났다. 그 개가 타살된 것도 이상한 일이긴 했지만 그렇게 빨리 썩었다는 것은 도무지 이해가 가지 않는 일이었다.

폴은 말했다. "내가 이 개의 몸에 주입한 시약들은 전혀 해가 없는 것들이었어. 하지만 약효가 강력하긴 했지. 아마 그래서 개가 죽자 약들이 순식간에 분해 작용을 일으킨 것 같아. 대단하네! 정말 대단해! 흐음, 그러니 중요한 것은 죽지 말아야 한다는 거야. 그 시약들은 생명체가 살아 있는 동안에는 아무 해도 주지 않으니까. 그런데 누가 저 개의 머리를 저렇게 부숴 놨는지 궁금하네."

그런 궁금증은 겁먹은 하녀가 새로운 소식을 전해 주면서 금방 풀렸다. 하녀의 말에 따르면 그날 아침, 한 시간도 채 안 된 시각에 사냥꾼인 개퍼 베드쇼가 심하게 발광하는 바람에 자기 집에서 결박당했는데 그는 그렇게 묶인 상태에서, 자기가 티 클론 거리의 방목장에서 엄청나게 크고 대단히 사나운 괴수를 만나 격투를 벌였다는 헛소리를 해댔다고 한다. 그 사람은 그것의 정체가 뭔지는 몰라도 그것이 눈에 보이지 않았고, 자기는 그것이 보이지 않는다는 걸 제 눈으로 똑똑히 봤다고 주장했단다. 그런 얘기를 듣고 그의 아내와 딸은 울면서 고개를 절레절레 흔들었고, 그 때문에 그는 더욱더 미쳐 날뛰었다고 한다. 정원사와 마부는 개퍼 베드쇼를 더욱 단단히 묶어 놨고.

그렇게 해서 폴 티클론이 보이지 않게 하는 과제를 성공적으로 완수하고 있는 동안 로이드 인우드도 그에 못지않은 성과를 거두고 있었다. 나는 자기 일이 얼마나 진척되었는지 와서 봐달라는 로이드의 연락을 받고 그의 집으로 갔다. 그의 실험실은 드넓은 집터 한가운데 있는 호젓한 곳에 자리잡고 있었다. 쾌적한 작은 빈터에 지어진 실험실은 울창한 숲으로 둘러싸여 있었고 구불구불하고 미로처럼 복잡한 샛길로 연결되어 있었다. 하지만 나는 그 길을 너무나 자주 다닌 터라 눈 감고도 갈 수 있었다. 그런데 막상 빈터에 이르고 보니 실험실이 보이지 않아 깜짝 놀랐다. 붉은색 사암 굴뚝이 딸린 그 이색적인 창고형 건물은 감쪽같이 사라졌다. 거기에는 예전에 그런 건물이 있었다는 흔적조차 남아 있지 않았다. 지붕이나 벽이 무너진 잔해나 돌덩어리 같은 것들도 전혀 보이지 않았다.

나는 예전에 실험실이 있었던 곳으로 다가가기 시작했다. "여기쯤에는 문으로 이어지는 계단이 있었는데." 내 입에서 그런 말이 나오기가 무섭게 어떤 장애물에 발이 걸려 앞으로 곤두박질쳤고, 그 바람에 꼭 문 같은 느낌을 주는 어떤 것에 머리를 호되게 부딪쳤다. 나는 한 손을 앞으로 뻗었다. 그건 문이었다. 이리저리 더듬거리다 손잡이를 찾아낸 뒤 돌렸다. 그러자 문이 안쪽으로 열리면서 실험실 내부가 한눈에 들어왔다. 나는 로이드에게 인사만 하고 문을 닫고는 뒤로 몇 걸음 물러나 전면을 살펴봤다. 건물의 모습은 전혀 보이지 않았다. 나는 다시 문 앞으로 돌아와 문을 열었다. 이번에도 역시 실험실 안의 가구와 집기들을 비롯한 모든 것이 곧바로 눈에 들어왔다. 텅 빈 허공이 순식간에 빛과 형태와 색깔로 변한다는 것은 실로 놀라운 일이 아닐 수 없었다.

로이드는 내 손을 꽉 움켜쥐면서 물었다. "어떻게 생각해. 응? 내가 만들어 낸 절대적인 검은색이 어떻게 작용하나 알아보려고 어제 오후에 실험실 외부를 두 번 칠했지. 머리는 어때? 꽤 심하게 부딪친 것 같던데."

"뭐, 괜찮아……."

그의 성공을 축하하는 말을 하려 하는데 그는 내 말을 중도에서 잘랐다. "네가 해줘야 할 일이 있어."

그는 그렇게 말하면서 옷을 벗기 시작했다. 그는 벌거벗은 몸으로 내 앞에 선 뒤 내 손에 단지 하나와 붓을 쥐어 주면서 말했다. "이 색소를 내 몸에다 발라 줘."

그것은 유성 셸락 같은 물질이었다. 그것은 로이드의 피부에 쉽게 발라지고 빠르게 번져 나갔으며, 또 즉각 말랐다.

내가 그 작업을 끝내자 그는 설명했다. "이건 단지 예방 조치를 위한 예비 작업에 불과해. 이제 진짜를 발라야 해."

나는 그가 가리키는 또 다른 단지를 집어 들고 안을 들여다봤다. 하지만 그 안에는 아무것도 없었다. 나는 말했다. "비었는데."

"그 안에다 손가락을 대봐."

그가 시키는 대로 했더니 서늘하고 축축한 감촉이 느껴졌.

나는 단지에서 손을 빼고는 단지 안의 물질에 집어넣었던 집게손가락을 들여다봤다. 그것은 사라졌다. 집게손가락을 움직여 봤다. 그러자 힘줄들이 긴장하고 이완하는 움직임들이 느껴졌다. 하지만 그 모습은 여전히 시야에 잡히지 않았다. 겉보기에 내 집게손가락은 감쪽같이 달아난 것처럼 보였다. 그 손가락을 밖에서 들어오는 햇살에 들이대자 바닥에 그것의 선명한 그림자가 드리워지는 바람에 나는 겨우 그 손가락의 시각적 이미지를 포착할 수 있었다.

로이드는 킬킬대고 웃었다. "자, 이제 그 색소를 발라 줘. 눈을 크게 뜨고 잘 발라."

나는 빈 것처럼 보이는 단지 속에 붓을 담갔다가 꺼내 그의 가슴에 가로로 길게 그었다. 붓이 지나갈 때마다 그것이 건드린 부위의 살아 있는 살이 사라졌다. 그의 오른쪽 다리에 색소를 골고루 바르자 중력의 법칙을 무시하고 외다리로 꼿꼿하게 서 있는 사람의 모습이 되었다. 그리고 로이드 인우드의 몸 부위들을 한 번 한 번 바를 때마다 그 부위들은 차례로 사라졌다. 그것은 섬뜩한 경험이었다. 그의 몸 전체에 색소를 다 발랐을 때 다른 것은 다 시야에서 사라졌지만 허공에 둥둥 떠 있는 것처럼 보이는 한 쌍의 타는 듯한 검은 눈만은 남아 있는 게 내심 반가웠다.

로이드가 말했다. "이 눈들의 경우에는 아무 피해도 주지 않을 만한 세련된 해결책을 마련해 놨지. 에어브러시로 꼼꼼하게 뿌려주면 돼. 어서 해! 그럼 난 감쪽같이 사라질 테니까."

작업이 무사히 끝나자 로이드는 말했다. "이제 내가 이 안을 이리저리 돌아다닐 테니까 어떤 느낌이 드나 말해 줘."

나는 보고 느낀 대로 말했다. "우선 네 모습을 볼 수가 없어." 그러자 빈 허공에서 흥겨워하는 웃음소리가 울려 나왔다. 나는 말을 계속했다. "물론 네 그림자는 보이지만 그건 이미 예상했던 바니까. 네가 내 눈과 저 앞의 대상들 사이를 지나가면 대상들이 잠시 사라져. 그런데 그렇게 사라지는 양상이 아주 독특하고 또 예상 밖에 일어나는 일이라 마치 내 시력이 흐려진 듯한 기분이 들어. 네가 빨리 움직이면 계속해서 시야가 흐려지는 바람에 당혹스러운 기분이 들고. 시야가 흐려졌다 밝아졌다 하니까 눈이 아프고 머리가 멍해져."

로이드는 물었다. "내가 여기 있다는 걸 알려주는 다른 조짐 같은 건?"

"없다고도 할 수 있고 있다고도 할 수 있어. 네가 가까이에 오면 축축한 창고, 어두운 토굴, 깊은 광산 같은 데 들어갔을 때와 비슷한 느낌이 나. 뱃사람들이 어두운 밤중에 육지가 어렴풋이 나타나는 걸 느낄 때처럼 네 몸이 나타나는 것이 느껴져. 하지만 그런 느낌은 아주 희미하고 어렴풋해서 좀처럼 포착하기 어려워."

그날 오전 우리는 로이드의 실험실에서 오래도록 이야기했다. 그리고 그곳을 떠나려고 할 즈음 그는 보이지 않는 손으로 내 손을 꽉 잡으면서 말했다. "이제 나는 세상을 정복할 거야!" 나는 폴 티클론도 비슷한 성공을 거뒀다는 얘기를 차마 할 수 없었다.

집에 도착했을 때 나는 즉각 자기 집으로 와달라는 폴의 메모를 전달받았다. 그래서 나는 정오 무렵, 자전거를 타고 찻길을 따라 달려갔다. 폴은 테니스 코트에서 나를 소리쳐 불렀다. 나는 자전거에서 내린 뒤 그리로 갔다. 하지만 코트는 텅 비어 있었다. 내가 거기 서서 입을 헤벌린 채 우두커니 서 있을 때 테니스 공이 날아와 팔을 쳤다. 반사적으로 주위를 둘러보자 또 다른 공이 귓전을 스쳐 지나갔다. 나를 공격하는 사람을 전혀 볼 수 없었기에 나로서는 아무것도 없는 허공에서 날아오는 공에 얻어맞기 십상이었다. 이미 날아왔던 공들이 다시 가격하는 소리와 함께 되돌아오기 시작했을 때 나는 그게 어떤 상황인지 알아챘다. 나는 라켓을 움켜잡고 눈을 크게 떴다. 나는 무지갯빛 섬광이 나타났다 사라졌다 하면서 코트 위를 날아다니는 걸 재빨리 포착하고는 눈으로 좇았다. 그리고 내가 그 빛을 향해 대여섯 번 힘차게 라켓을 휘두르자 폴의 목소리가 울려 나왔다.

"됐어! 됐어! 오! 어이쿠! 그만해! 넌 내 알몸에다 공을 후려치고 있어! 너도 알잖아! 아! 아이고 아파라! 별일 아냐! 곧 괜찮아질 거야! 단지 내가 어떻게 변했는지 네가 봐주기를 바랐을 뿐이야." 폴은 후회하는 듯이 말했다. 나는 그가 자신의 상처들을 쓰다듬고 있으리라 생각했다.

몇 분 뒤에 우리는 테니스 시합을 했다. 나는 폴과 태양과 내가 적절한 각도로 만날 때를 제외하고는 그가 어디 있는지 전혀 알 도리가 없었으므로 폴은 내게 몇 점 접어주고 시합했다. 세 존재가 그렇게 적절한 각도에서 만날 때면 폴의 모습이 한순간 섬광처럼 떠올랐다가는 사라졌다. 하지만 그 섬광들은 무지갯빛보다 더 찬란했다. 가장 순수한 파란빛. 더없이 고운 보랏빛, 가장 밝은 노란빛, 그 중간에 해당하는 온갖 색조의 빛, 그리고 눈이 부실 만큼 휘황한 다이아몬드의 무지갯빛 광휘로 이루어진 섬광들.

그런데 그렇게 시합하는 동안 나는 갑자기 선뜻한 냉기를 느꼈다. 깊은 광산이나 어두운 토굴을 떠올리게 하는 그 냉기는 그날 오전에 체험했던 바로 그것이었다. 다음 순간 네트 가까운 빈 허공에서 공이 내게로 되돌아오는 광경을 봤다. 그리고 그와 동시에 거기서 6미터쯤 떨어진 곳에서 폴 티클론이 무지갯빛 섬광을 발하는 광경을 봤다. 거리상으로 보아 내게 공을 되돌려 보낸 사람은 폴일 수 없었다. 나는 로이드 인우드가 이곳에 나타났다는 걸 깨닫고 섬뜩한 두려움에 사로잡혔다. 나는 내 느낌이 사실인지 확인하기 위해 로이드의 그림자를 찾아봤다. 그림자는 거기 있었다. 해가 중천에 떠 있어서 그의 몸통 굵기만 한 그림자가 움직이는 모습만 보였다. 나는 그전에 로이드가 했던 말을 떠올리고는 그와 폴의 오랜 경쟁 관계가 곧 일찍이 볼 수 없었던 괴이한 싸움 형태로 최고조에 다다를 것이라 확신했다.

나는 폴에게 조심하라고 소리쳤다. 그리고 사나운 맹수가 으르렁거리는 듯한 소리에 뒤이어 그에 화답해서 나오는 으르렁거리는 소리를 들었다. 나는 둥그런 검은 그림자가 빠르게 코트를 가로질러 가는 광경을, 그리고 다채로운 빛깔의 찬란한 섬광도 그에 못지않게 빠른 속도로 그림자를 향해 달려가는 광경을 봤다. 이윽고 그림자와 섬광이 부딪쳤고 보이지 않는 가운데 서로가 주먹을 휘두르는 소리가 들려왔다. 놀라서 멍하니 바라보는 내 눈앞에서 네트가 털썩 무너져 내렸다. 나는 맞붙어 싸우는 두 사람에게 달려가면서 소리쳤다.

"제발 좀 그만 둬!"

하지만 한데 뒤엉킨 두 사람의 몸이 내 무릎에 부딪치면서 나는 뒤로 벌렁 나동그라졌다.

허공에서 로이드 인우드의 목소리가 들려왔다. "넌 여기서 빠져!" 폴도 소리쳤다. "맞아, 넌 그동안 중재할 만큼 했어!"

나는 목소리를 듣고 그들의 몸이 떨어졌다는 걸 알았다. 나는 폴이 어디 있는지 찾아낼 수 없어서 로이드를 상징하는 그림자를 향해 다가갔다. 하지만 엉뚱한 방향에서 주먹이 날아와 턱을 치는 바람에 나는 그만 멍한 상태가 되어버렸다. 폴이 화가 나서 외치는 소리가 들려왔다. "이제는 좀 떨어져 줄 거야?"

그러고 나서 둘은 다시 맞붙었다. 그들이 주먹으로 상대를 후려치는 소리, 신음과 헐떡이는 소리, 그림자와 섬광의 빠른 움직임은 두 사람이 목숨을 걸고 싸우고 있다는 걸 말해 주고 있었다.

나는 도와 달라고 소리쳤다. 그러자 개퍼 베드쇼가 코트 안으로 달려왔다. 그는 이해할 수 없다는 표정으로 나를 쳐다보면서 달려왔다. 그러다 그는 두 사람의 몸에 부딪히고는 코트 바닥에 나가 떨어졌다. 개퍼 베드쇼는 절망적인 비명을 내지르고 "오, 주여, 저는 그것들에 씌웠어요!"라고 소리치더니 벌떡 일어나 미친 듯이 코트 밖으로 달아났다.

나는 아무것도 할 수 있는 게 없어서 코트 바닥에 무력하게 주저앉아 그 싸움만 정신없이 바라봤다. 테니스 코트에는 한낮의 눈부신 햇살만 가득했다. 거기에는 아무도 없었다. 내가 볼 수 있는 것이라고는 뭉툭한 그림자와 무지갯빛 섬광, 보이지 않는 발들이 일으키는 먼지, 잔뜩 힘을 준 발들에 의해 패어 나가는 흙, 그들의 몸이 날아가서 부딪치는 바람에 한두 번 불룩해지던 절망뿐이었다. 그것뿐이었다. 그리고 얼마 뒤에는 그런 모습들도 보이지 않았다. 섬광들은 더 이상 보이지 않았고 그림자는 제자리에 정지한 채 오래도록 움직이지 않았다. 내 심상에서는 그들이 강물 깊은 곳의 냉기 속에서 나무뿌리를 붙잡고 버티던 때의 앳된 얼굴들이 떠올랐다.

한 시간 뒤 사람들이 나를 발견했다. 하인들은 거기서 어떤 일들이 일어났는지를 어렴풋이 눈치채고는 티클론 집안에서는 더 이상 일할 수 없다고 선언하고 떠나 버렸다. 두 번째로 받은 충격에서 끝내 회복되지 못한 개퍼 베드쇼는 도저히 치료할 수 없는 상태가 되어 정신병원에 갇혔다. 폴과 로이드가 죽으면서 그들이 찾아낸 놀라운 비밀들도 함께 묻혀 버렸고 두 군데의 실험실은 비탄에 빠진 친지들이 부숴 버렸다. 이제 나는 화학적 연구에는 모든 관심을 접어 버렸으며, 우리 집에서 과학에 관한 이야기는 금기가 되었다. 나는 우리 집의 장미를 가꾸는 일로 돌아왔다. 내게는 자연의 빛깔들만으로 충분했다.

잭 런던 생애와 작품

잭 런던 생애와 작품

방랑자, 사회주의자, 작가—여러 얼굴을 가진 잭 런던

 잭 런던(Jack London)은 1876년 1월 12일 샌프란시스코에서 태어났다. 본명은 존 그리피스 체이니이다.

 그의 어머니 플로라 웰만(Flora Wellman)은 웨일즈에서 태어나 위스콘신 주로 이주한 개척 이민자의 딸이다. 그녀는 스물다섯 살 때 집을 뛰쳐나와 3년 뒤 유랑 점성가인 체이니(W.H. Chaney)를 만났으며 1874년부터 75년까지 샌프란시스코에서 그와 함께 살았다. 그들 사이에 잭이 태어났지만 체이니는 플로라가 임신했다는 말을 듣자 그녀와 헤어져, 죽을 때까지 잭을 자신의 아이라 인정하지 않았다. 유랑 점성가의 사생아로 태어났다는 사실이 뒷날 펼쳐질 그의 방랑 인생을 예시하는 듯하다.

 잭이 태어난 지 8개월이 지나 플로라는 자신의 아이들과 함께 홀아비 생활을 하고 있었던 존 런던(John London)과 재혼했다. 이때부터 의붓아버지의 성을 따라 존 그리피스 런던으로 불렸으며, 뒷날 필명도 잭 런던으로 지었다. 잭의 유년기는 부모님의 사업이 성공하느냐 실패하느냐에 따라 그 부침이 매우 컸다. 양아버지 존은 본디 재봉틀 방문판매로 생계를 꾸려갔는데, 결혼하고 시작한 식료잡화점 경영에 실패한다. 가세가 기울자 일가족은 샌프란시스코 가까이에 있는 버널 하이츠, 오클랜드, 앨러미다, 샌 머테이오, 리버모어를 전전하며 살아야만 했다. 한때는 감자 농원 등에서 성공을 거두었지만, 다음에 손을 댄 양계업이 전염병으로 치명적인 타격을 받아 1886년 농원을 버리고 서오클랜드 최빈곤 지구로 이주했다. 그곳에서 양아버지 존은 겨우 항구의 야경일을 얻었지만, 나이가 든데다 피로가 쌓여 건강을 해치고 만다.

 아들 잭은 겨우 열 살의 나이에 신문배달을 하거나 고물을 주워 내다팔며 살림에 보탰다. 그런 생활 속에서도 이상하리만치 독서에 열정을 보여 공립

어린 시절
열 살 때 잭 런던. 애견 로로와 함께.

도서관에 수없이 드나들었다. 열다섯 살에 중학교를 졸업한 잭은 근처 통조림공장에서 시급 10센트에 하루 15시간 가까이 혹독한 노동을 했다. 그런데도 가난에서 벗어날 수 없는 상황에 혐오감이 생긴 잭은 돈을 빌려 작은 배를 구입해, 당시 샌프란시스코 항일대에 횡행하던 굴 양식장에서 불법으로 고기잡이에 손을 댄다. 이 일의 경험을 살려 잭은 아이러니하게도 불법어획 감시원으로 일하게 된다.

배를 타다 보니 해양생활에 대한 동경이 커져, 열일곱 살 때인 1893년 일본으로 가는 배에 오른다. 그 뒤 일본 동부 오가사와라 섬이나 베링 해역을 항해하며, 일본에서는 불법인 바다표범 사냥에 참여하기도 했다. 8개월 남짓한 항해를 마치고 샌프란시스코로 돌아왔으나, 그 무렵 미국에는 대공황이 찾아와 수많은 은행이 파산하고 기업가는 도산했으며 거리는 실업자들로 넘쳐나고 있었다. 가족의 생활도 빚만 늘어갔다. 겨우 황마공장에서 일을 구했으나 임금은 적고 일은 너무나 고달팠다. 발전소 석탄운반 일도 해 봤지만 달라지는 건 아무것도 없었으며 입에 풀칠하기도 어려웠다. 열악한 환경에서의 장시간 노동은 강인한 육체를 가진 런던에게도 목숨이 위태로울 만큼 힘겨운 일이었다. 괴로움을 잊으려 폭음을 계속하는 바람에 급기야 자살을 시도하려 할 만큼 알코올 중독에 빠지게 된다.

잭이 이른바 사회주의 사상에 기울어진 것은 이때이다. 워싱턴으로 향하는 캘리 노동자집단(1893년의 공황에서 생겨난 실업자들로 구성된 많은 저항단체 중의 하나)의 행진에 참가했지만 도중에 이탈해 약 8개월간 미국 곳곳을 떠돌아다녔다. 굶주림이나 추위, 더위에 괴로워하면서도 철도승무원이나 공안관의 눈을 피해 화물열차나 급행열차의 연결기를 타고 발길 닿는 대로 정처없이 나아갔다. 그때 나이아가라 부근에서 부당하게 체포되었고, 떠돌이 생활을 한 죄로 30일간 징역을 살게 됨으로써 노동자에 대한 불공정한 대우를 방임하는 사회에 대한 반발은 점점 강해져 갔다. 또한 떠돌아다니며 목격한 극심한 불황과 빈곤층의 비참한 삶이 그를 과격한 사회주의로 기울게 했다. 그 당시 사회주의는

잭 런던(1876~1916)

모든 사람이 형제라는 것과 사유재산제의 폐지 등을 주장했다.

그 뒤 펜실베이니아, 뉴욕, 캐나다를 거쳐 오클랜드로 돌아온 잭은 열아홉 살에 고등학교에 입학한다. 그 학교 학생들 대다수가 샌프란시스코의 범죄자들이나 다름없었다. 사람들은 난폭한 불량배들로 유명한 그들을 '바르바리 해적들'이라고 불렀다. 이때부터 그는 학교 신문에 기사나 이야기를 자주 실었는데, 실제로 체험한 일을 생생하게 엮어내는 묘사력과 느낌이 좋은 영향력을 가진 산문은 이미 높이 평가받고 있었다. 또 어린 시절부터 엄청난 독서가였던 런던은, 당시 유행하던 스펜서의 '사회진화론'에 관심을 가져 캘리포니아 대학교 버클리 캠퍼스에 입학하기로 결정한다. 3개월간 하루에 19시간을 공부한 끝에 1896년 마침내 입학을 하지만, 어머니와 양아버지를 부양해야 하는데다가 학비가 없어 한 학기 만에 꿈을 접을 수밖에 없었다. 세탁소에서 고된 노동을 다시 하게 된 런던은, 공부에 대한 열망도 꺾이고 출세도 바랄 수 없는 현실에 하루하루를 괴롭게 보냈다. 이때부터 잭은 도서관에서 찰스 다윈, 카를 마르크스, 프리드리히 니체의 저작들을 읽으면서 독학하여 사회주의와 백인 우월주의를 나름대로 결합해 냈다. 노동운동에 관여해

노동자들 간의 회합에서 연설을 하기도 했다. 클론다이크 지방에서 금이 발견되었다는 소식과 함께 골드러시의 파도가 전세계를 휩쓴 것은 바로 그때이다.

1897년 여름, 잭은 일확천금을 꿈꾸며 클론다이크(Klondike)로 떠났다. 오가는 데 걸린 날도 포함해 1년 남짓 헤맸지만, 금은 하나도 찾지 못했다. 결국 괴혈병에 걸려 1898년 6월, 캘리포니아로 돌아왔다. 여행을 떠나기 전부터 병상에 있었던 양아버지는 이미 세상을 떠난 뒤였다. 잭은 여행의 피로를 풀 시간도 없이 가족의 생계를 위해 일할 곳을 찾아야 했다. 그러나 아무리 해도 일자리를 구하지 못하자 글을 써서 돈을 벌기로 마음먹는다. 그는 잡지를 자세히 연구했고 소네트·발라드·재담·일화·모험소설·공포소설을 쓰는 일과표를 잡아 꾸준히 써 나갔다. 하지만 잡지사에 보낸 무수한 원고는 매번 돌아오고, 12월에 들어서 〈오버랜드 먼슬리〉지에 뽑힌 단편 《길 떠나는 자에게 To the Man on Trail》(1898) 원고료는 불과 5달러였다.

그러나 이 작품이 계기가 되어 북방을 중심으로 작품이 조금씩 팔리게 된다. 2년도 못 가 그의 모험담들은 더러 서툰 부분이 있기는 했지만 신선한 주제와 박력으로 인정받기 시작했다. 1899년에는 〈애틀랜틱 먼슬리〉지에 《북방의 오디세이 An Odyssey of the North》가 실리고 120달러를 받았다. 1900년 4월 간행된 첫 단편집 《늑대의 아들 Son of the Wolf》은 큰 호평을 받으며 널리 읽혔고, 잭은 '북방의 키플링'으로 널리 이름이 알려졌다. 이해에 베시 매던(Bessie Maddern)과 결혼했고, 이후 둘 사이에서 두 딸이 태어났다. 1901년에는 오클랜드 시장선거에 입후보했으나 낙선했다.

잭의 작품은 크게 두 가지로 나눌 수 있다. 하나는 사회주의 영향을 받아 쓴 아메리카 프롤레타리안 문학의 선구적 성향을 띤 작품이며, 다른 하나는 생존본능과 야성과 폭력이 지배하는 세상을 그린 작품이다. 그 작품들은 몇 개의 다른 장르로 분류할 수 있다. 장편 《눈의 딸 A Daughter of the Snow》(1902)과 북방 원주민을 소재로 한 단편집 《서리의 아이들 Children of the Frost》(1902)은 좋은 평판을 얻지는 못했지만 그럭저럭 꾸준히 팔렸다. 어선에 탔던 경험을 바탕으로 쓴 《대즐러의 항해 The Cruise of the Dazzler》(1902)는 어른과 어린이가 함께 읽을 수 있는 책으로 높이 평가받았다.

클론다이크에 있는 오두막 클론다이크에서 런던은 본드 형제를 만났다. 그들은 캘리포니아 판사의 아들이었다. 그들이 기르던 커다란 잡종견 잭(왼쪽 개)은 뒷날 벅의 모델이 된다.

    1902년에는 AP 통신사 소속으로 보어전쟁 취재차 남아프리카 공화국으로 파견되었는데, 도중에 계약이 취소되어 되돌아온다. 곧이어 미국 출판협회의 초대로 영국 런던에 가서 빈민가를 방문했다. 그는 거지 행세를 하며 가난하고 고단한 삶을 직접 체험했다. 자발적으로 뛰어든 이런 모험적인 생활을 바탕으로 1903년에 에세이 《밑바닥 사람들 *The People of the Abyss*》을 발표했다. 그는 자신의 작품 가운데서 이것을 가장 마음에 들어했다. 그리고 같은 해에 알래스카를 배경으로 잊혀져 가는 '야성의 힘'을 그린 《야성의 부르짖음 *The Call of the Wild*》을 발표했으며 잭은 일약 대작가가 되어 사람들에게 환영을 받게 된다. 이 대성공으로 런던은 3천 달러의 빚을 갚고 작가로서 안정된 삶을 보낼 목표를 드디어 세우게 된다.

    1903년부터 베시와 별거한다. 그 2년 뒤 그녀와 이혼하고 샤미안 키트리지(Charmian Kittredge)와 재혼했다. 1904년 1월 W. 허스트의 〈샌프란시스코 이그재미너〉 특파원으로 한국을 방문한 뒤 러일전쟁을 취재하기 위해 일본으로 갔다. 그러나 일본군은 그가 전선에서 활동하는 것을 허락하지 않아 취재는 벽에 부딪혔다. 몇 개월 뒤 잭은 일본인에게 지독한 증오심만을 품고

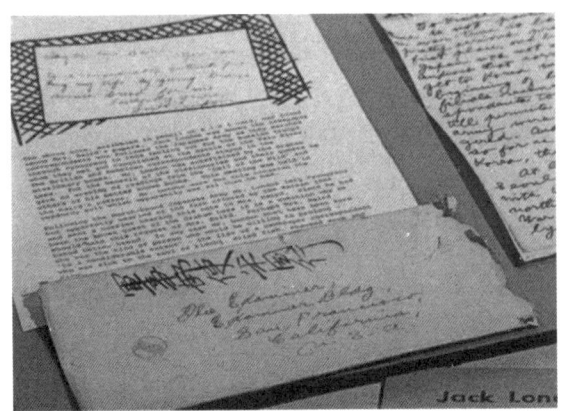

러일전쟁 종군기자
1904년 잭은 〈샌프란시스코 이그재미너〉러일전쟁 특파원으로 뽑혔다. 그러나 일본군이 전선 취재를 막는 바람에 일본을 싫어하게 된다. 샤미안에게 보내는 편지에서 그는 이렇게 적었다. "이게 무슨 종군기자야. 일본 놈들이 나한테 전쟁을 보여 주지도 않는데." 사진은 〈이그재미너〉 본사에 보낸 편지.

미국으로 돌아왔다.

《바다 늑대 The Sea Wolf》(1904)는 드라마틱하고 서사시적인 웅장함이 돋보이며 최고의 해양소설로 꼽힌다. 《계급투쟁 The War of the Classes》(1905)은 《밑바닥 사람들》처럼 사회비판적인 관심을 바탕으로 한 에세이집이다. 《강철군화 The Iron Heel》(1908)는 파시즘이 판치는 미래를 그린 공상소설이다. 《하얀 엄니 White Fang》(1906)는 적응력, 《불타는 태양 Burning Daylight》(1910)은 황야의 매력을 극화한 뛰어난 작품이다. 《엘시노어의 반란 The Mutiny of the Elsinore》(1914)도 잭의 대표작 가운데 하나로 꼽히는 장편 명작이다.

1907년 잭은 3만 달러를 들여 범선 스나크호를 만들었다. 그 뒤 아내나 친구들과 함께 이 배를 타고 하와이나 마르키즈 제도, 남태평양 제도를 자주 항해하였다. 그 모험은 1911년에 연달아 펴낸 에세이 《스나크호 순항기 The Cruise of the Snark》, 단편 《남해 이야기 South Sea Tales》, 소설 《모험 Adventure》에 뚜렷하게 그려져 있다. 이렇게 잭은 자기의 체험을 바탕으로 많은 작품을 썼는데, 특히 그의 문학적 정력과 낙관주의가 뚜렷이 드러나는 《마틴 이든 Martin Eden》(1909), 알코올 중독자의 내면을 그린 《존 발리콘 John Barleycorn》(1913), 방랑시대의 회상록 《길 The Road》(1907)을 그의 자전적 작품의 대표작으로 들 수 있다.

한편 이런 실록적인 작품뿐만 아니라 런던은 의외로 SF적인 작품도 썼다. 원시인의 생활을 그린 《아담 이전 Before Adam》(1906), 인류 멸망을 그린

울프 하우스 폐허 1905년 글렌 엘런의 농장을 구입해서 이주한 런던은 이곳에 '울프 하우스'라는 거대한 석조 저택을 짓기 시작한다. 그러나 런던 부부는 이 저택에서 살지 못했다. 공사가 끝날 무렵, 1913년 여름에 원인 모를 화재가 발생해 저택이 잿더미로 변했기 때문이다. 오늘날 이 폐허는 '뷰티 런치' 농장과 더불어 주립공원의 일부로서 보존되고 있다.

《적사병 *The Scarlet Plague*》(1915) 등이 그것이다. 또 런던이 작가로서 세상에 알려진 계기가 된 단편 《*A Thousand Deaths*》(1899)는 에드거 앨런 포를 흉내낸 공포소설이다. 이렇게 다양한 장르에 손을 대고, 소설 이외에도 작곡과 에세이, 나아가서는 아이들을 위한 작품까지도 쓴 런던의 집필활동의 다양성에는 감탄하지 않을 수 없다.

1910년 잭은 캘리포니아 글렌 엘런이라는 작은 마을에 있는 힐 런치의 땅을 사서 자리잡고 '울프 하우스'라고 이름지은 웅장한 저택을 짓는다. 1914년에는 〈콜리어스〉지 특파원으로서 멕시코 혁명을 취재했다. 1915년 2월부터 5월까지 하와이에서 보낸 뒤 다시 12월에 하와이로 떠나 이듬해 8월 캘리포니아로 돌아온다.

상당히 다양한 성격을 지닌 그의 책들은 전 세계 수많은 언어로 번역되었고, 그에게 궁핍한 어린 시절을 보상해 줄 만한 막대한 부를 안겨 주었다. 미국에서 가장 비싼 원고료를 받는 작가가 되었지만, 수입이 지출을 따르지

▲ 배에서 글을 쓰는 잭 런던
1914년 '로마호'에서, 아내 샤미안이 촬영.
▶ 아내 샤미안과 함께
샤미안은 런던이 꿈꾸던 '친구 같은 여자'
였다. 범선 '스나크호'에서.

못했기 때문에 늘 돈에 쪼들려 절박하게 글을 썼다. 많은 작품을 썼고 대부분 급히 쓰였기 때문에 작품 수준이 고르지 않다.

잭 런던은 과음이나 불규칙적인 식생활, 수많은 저작 활동에서 온 과로와 청소년 시절에 겪었던 지나친 가난함과 중노동이 건강에 영향을 끼쳐 1916년 11월 22일, 마흔의 나이로 눈을 감았다.

요독증이라고 발표했지만 사실은 모르핀 과다 사용이었다. 짧은 생애 동안 50권이 넘는 책을 썼으며 그 수입은 백만 달러를 넘어섰지만 방탕한 생활 때문에 말년에는 겨우 2, 3백 달러의 돈조차 융통을 할 수가 없었다고 전해져 온다. 죽을 무렵에는 사회주의 신념에 반대했고, 다윈이나 마르크스를 벗어나 스펜서나 니체의 영향을 받았다. 계급투쟁에 대한 관심을 잃은 뒤에도 오랫동안 혁명론자들 사이에서 영웅이 되었다.

1920년대 미국에서는 제1차 세계대전 이후 작가들의 뛰어난 새 세대가 등장하여 전쟁 전의 작가들은 덜 세련된 것처럼 보이기 시작했으며, 따라서 잭의 인기도 떨어졌다. 그러나 다른 나라에서는 여전히 명성을 유지했는데, 특

▲잭 런던 무덤 위의 돌

▶잭 런던과 샤미안의 묘비문
어느 날 잭이 부인과 여동생에게 아이들이 묻힌 곳에 자신의 유골을 묻어주되 그 위에 빅 하우스의 돌을 얹어 달라고 부탁했다.

1916년 11월 26일, 잭 런던의 유골이 그의 말대로 돌 밑에 묻혔다. 1955년, 부인 샤미안의 유골도 돌 밑에 가족과 함께 묻혔다.

히 러시아에서는 1956년에 출판된 그의 작품 기념판이 5시간 만에 모두 팔리기도 했다.

 잭 런던은 탁월한 이야기꾼이었다. 헤밍웨이보다도 더 모험과 방랑을 사랑했던 작가 잭은 빈민가에서 태어나 범죄자 소굴과 별로 다를 바 없는 고등학교를 다녔다. 황금을 캐러 무작정 클론다이크로 갔고 불법으로 바다표범을 포획하기도 했다. 이런 일화들은 방랑하는 막노동자의 이미지를 연상시키지만 특유의 낙천주의를 잃은 적은 단 한 번도 없었다.

《야성의 부르짖음》의 무대 썰매 개 벅이 세 번이나 여행한 '유콘 트레일'은 다이 해안에서 칠쿠트 고개를 넘어, 라베르지 호수 등 유콘 강의 원류에 해당하는 호수 지대로 내려가는 것이다. 차례차례 지류를 흡수하는 거대한 유콘 강을 따라 도슨까지 가는 기나긴 여정. 직선거리로 계산해도 600km나 된다. 벅이 마지막으로 모습을 감춘 곳은 스튜어트 강 원류 지대이다.

    잭 런던의 내면에서는 두 가지 상반되는 사상이 만나서 충돌한다. 삶의 투쟁에서는 강자가 살아남는다는 다윈의 이론과, 인류에 대한 무한한 사랑이다. 헤밍웨이의 비슷한 작품들에서도 그렇듯, 잭 런던의 수많은 작품에는 두 인물의 숭고한 그림자가 투영되어 있다. 바로 키플링과 니체의 그림자이다.
    하지만 잭 런던과 그들의 근본적인 차이를 잊지 말아야 한다. 키플링은 전쟁을 필요한 것으로 보았지만 절대로 승리를 노래하지 않았다. 오히려 승리와 냉혹한 전쟁이 가져다 준 평화를 노래했다. 베르사유 궁에서 거행된 독일 제국 선포식에 참석했던 니체는 제국들은 모두 어리석기 그지없으며, 비스마르크는 이 어리석은 수열에 또 하나의 숫자를 덧보탰다고 썼다. 키플링과 니체는 집 안에 틀어박혀 운명이 그들에게 거부한 모험과 위험을 열망하기만 했다. 그 반면 적극적인 모험가였던 잭과 헤밍웨이는 넓은 세상으로 나가 모험을 실제로 즐겼다.
    키플링과 니체는 폭력과 잔학한 행위까지도 맹목적으로 숭배했고 그 때문

꽁꽁 얼어붙은 유콘 강 《야성의 부르짖음》의 무대인 얼어붙은 유콘 강가를 달리는 개썰매. 유콘 강은 캐나다 로키 산맥에 있는 호수에서 발원하여, 북극권 알래스카를 서쪽으로 가로질러 베링 해로 흘러들어가는 거대한 강이다. 한겨울에 태양은 지평선 위로 잠깐 얼굴을 내밀었다가 곧바로 사라져 버린다. 도슨의 1월 평균기온은 영하 32.5도였다.

에 용서하기 힘들다. 바로 그런 숭배 때문에 키플링과 니체는 당대에 많은 비난을 받았다. 벨록의 혹평, 또 버나드 쇼가 '짐승들을 위한 복음서를 만들었다'라는 비난으로부터 니체를 변호해야만 했던 사실을 상기해 보라. 잭과 헤밍웨이는 폭력에 열광했던 것을 후회했다. 명성, 위험, 황금에 지친 두 사람이 그 탈출구로 스스로 목숨을 끊은 것도 우연은 아니었다.

잭 런던의 능력은 젊은 시절 직업이었던 신문기자로서의 뛰어난 자질에서 나온 것이었다. 헤밍웨이의 능력은 특정한 이론을 공표하고 그것을 오랫동안 논쟁하는 문인의 것이었다. 하지만 두 사람은 닮았다. 비록 진위는 알 수 없으되, 프랑스 살롱들에서는 《노인과 바다》의 작가가 《바다 늑대》를 쓴 작가의 영향을 받았다는 의견이 나돌았다. 정확하지 못한 비평이 그들 사이의 차이점만 부각하고 비슷한 점은 가렸다고 가정해 볼 수도 있다.

잭 런던은 생전에 육체와 정신의 생명력을 한 방울도 남김없이 써 버린 뒤 마흔 살의 나이로 세상을 떴다. 육체와 정신 그 무엇도 그를 온전히 만족시키지 못했으며, 그는 죽음에 이르러서야 무의 찬란한 어둠을 찾았다.

잭 런던의 전기로는 아내 샤미안 런던이 쓴 《잭 런던 The Book of Jack London》(1921), 어빙 스톤이 쓴 《말을 탄 선원 Sailor on Horseback》(1938, 개정판 1976), 딸 조앤 런던이 쓴 《잭 런던과 그의 시대 Jack London and His Times》(1939)가 있다. R. 발트롭이 쓴 전기는 1976년, A. 싱클레어가 쓴 전기는 1977년에 나왔다.

《야성의 부르짖음》은 '마지막 프론티어'와 자연회귀운동

잭 런던은 클론다이크 지방 골드러시에 끼어든 일을 기초로 한 '북방'이라 불리는 작품을 잇달아 선보이며 작가로서의 지위를 단단히 다졌다. 《야성의 부르짖음》도 이 흐름을 이어받은 작품의 하나로 꼽을 수 있다. 이 '북방'에 포함된 대부분의 작품이 잭의 초기 작품이라는 것에서 알 수 있듯이, 잭이 작가로서의 경력을 본격적으로 시작한 것은 1898년 클론다이크에서 돌아온 직후였다.

그런데 북방의 작가로서 초기 작품 활동을 한 잭 런던이지만, 사실 이미 1901년경에는 이야기 소재로서의 클론다이크에서 손을 떼려고 생각했던 것 같다. 그럼에도 그러지 못했던 것은, 이미 시들해졌다고는 하나 북극 지방의 모험 이야기를 찾는 독자의 요구가 여전히 뿌리 깊게 존재했기 때문이다. 애초에 그의 클론다이크행도 황금 발견에 대한 욕망뿐만 아니라, 북쪽에 대한 동경심을 자극하는 동시대의 더 큰 흐름에 뒤처진 것이기도 했다.

미국 영토로서의 알래스카 역사는 1867년 크리미아 전쟁에서 경제가 파탄 난 러시아가 영토 일부를 미국 정부에 720만 달러에 양도함으로써 시작된다. 남북전쟁 이후 해외로 확장 정책을 펴려던 미국 정부는 알래스카를 그 발판으로 이용하려고 했다. 이 해외 확장의 기운은 1893년에 역사학자 프레더릭 잭슨 터너가 〈미국사에서 프론티어의 의의〉라는 논문을 발표한 것과 깊은 관계가 있다. 이 논문에서 터너는 미개와 문명의 경계에 위치하는 프론티어의 존재야말로 미국적인 자아를 만들며, 더 나아가서는 국가 번영을 뒷받침하는 중요한 요소라고 주장했다. 이미 1890년 국가 조사에서 서부 프론티어의 '소멸'이 선언되었을 당시 이 학설의 발표는 미국 국민 사이에 국가 쇠퇴에 대한 강한 위기감을 환기하고, 그것을 회피하기 위한 새로운 '뉴프론티어'를 갈망하게 했다.

이런 가운데 지도상의 새로운 '공백'으로 출현한 알래스카가 이른바 '마지막 프론티어'로서 동경의 목표가 된 것은 상상하기 어렵지 않다. 엄밀히 말하자면 잭이 찾아간 클론다이크 유콘 강 유역은 북미 알래스카가 아니라 캐나다령이었지만, 이런 지리적 구분은 사람들의 상상력 속에서는 그다지 의미가 없었을 것이다.

한편, 이런 알래스카에 대한 동경은 사람의 손길이 닿지 않은 자연의 '아름다움'을 누리고 싶다는, 당시 미국 사회에 퍼진 다른 하나의 욕망과도 밀접하게 연동하면서 고조되었다.

1867년에 러시아로부터 양도받을 당시, 미국에서 알래스카의 일반적 이미지는 단순히 눈 쌓인

《야성의 부르짖음》(1903) 초판 속표지
런던은 클론다이크로 '금광'을 찾으러 갔다가 다른 데서 그것을 발견했다. 그가 쓴 소설은 출판되자마자 절찬을 받았다. 그로부터 100년이 지났는데도 이 소설은 세계적으로 사랑을 받고 있다.

황무지였다. 매각 교섭에서 중심적 역할을 한 국무장관 윌리엄 스워드는 "눈과 얼음으로 된 거대한 덩어리를 샀다"고 야유했을 정도였다. 그러나 1870년대에 들어 이 상황은 차차 변해 갔다. 특히 알래스카의 새로운 이미지 보급에 큰 역할을 한 것은 내추럴리스트인 존 뮤어의 여행기였다. 나중에 《캘리포니아의 산들 The Mountains of California》(1894)과 《국립공원 Our National Parks》(1901) 등의 기행문으로 유명해진 뮤어는 1879년에 최초로 알래스카 여행을 떠난 이래 알래스카 대자연의 매력을 전하는 기사를 신문과 잡지에 연일 발표했다. 기사에서 뮤어는 알래스카의 '글이나 말로 다하기 힘든' 아름다운 풍경을 반복해서 말하고, 혹독한 자연이 지닌 거친 야만성이야말로 문명화된 땅에서는 볼 수 없는 가치가 있다고 주장하여 수많은 독자

《야성의 부르짖음》
펼친 면에서 본 삽화

의 마음을 사로잡았다.

　이런 시류의 변화를 반영한 것인지, 1880년대에 들어 퍼시픽 코스트 증기선 회사(PCSC)가 일반인을 대상으로 한 알래스카행 크루즈 투어를 판매하는 등, 알래스카는 관광지로서 인기를 모으고 알래스카에 관한 각종 가이드북이 유통되기 시작했다. 러스 킹맨이 쓴 잭 런던의 전기에는 잭이 클론다이크행을 한창 준비하면서 "마이너 브루스의 《알래스카》를 한 권 빌렸다"는 기술이 있는데, 이는 아마 〈Miner Wait Bruce, Alaska, Its History and Resources, Gold Fields and Scenery, Seattle : Lowman & Hanford, 1895〉를 말하는 것이리라. 이런 기술에서, 잭의 시대에 이미 책에서 예비지식을 얻어 북쪽으로 향하는 습관이 어느 정도 정착해 있었음을 엿볼 수 있다. 또한 그런 경험을 바탕으로 잭이 그린 다양한 북방의 모습이 독자에게 북쪽 지방에 대한 동경을 충족해 주는 가이드북과 같은 역할을 했음도 읽을 수 있다.

　또 한 가지, 《야성의 부르짖음》이 경이적인 판매고를 올리는 데 원동력이 되기도 한 동시대 미국의 이러한 '알래스카 열풍'을 부추긴 것은 1880년대부터 주로 도시에서 두드러진 이른바 '자연회귀운동'이었다.

　19세기 후반, 급속한 도시화와 공업화에 따라 이른바 레크리에이션 공간으로서의 '자연'의 가치가 인식되자 하이킹이나 등산, 정원 가꾸기, 낚시,

캠핑 등 아웃도어·레저가 도시민 사이에서 크게 유행했다. 한편, 실제로 자연으로 나가지 못하는 사람들이 그 대용으로 이용한 것이 자연에 대한 '책'들이었다.

이러한 책의 작가로서 당시 인기를 모았던 사람은 당시 내추럴리스트로서 유명했던 존 바로스였으며, 그 다음 세대에는 《시튼 동물기》로 유명한 어니스트 톰슨 시튼과 윌리엄 J. 롱 같은 작가였다. 특히 시튼은 1898년에 간행된 동물 이야기 모음집 《내가 아는 야생동물 Wild Animals I Have Known》이 대성공을 거둔 뒤

영화 〈야성의 부르짖음〉 포스터

부터 오늘날 '사실적 동물 이야기'라 불리는 작품들을 차례차례 발표하여 동물 이야기 작가로서 상당한 성공을 거두었다.

이런 의미에서 런던의 두 '개' 이야기, 《야성의 부르짖음》과 《하얀 엄니》는 시기적으로 볼 때 시튼의 뒤를 잇는 차세대 작품이라고 할 수 있다.

1902년 《야성의 부르짖음》을 집필하기 시작했을 때, 잭 런던은 이 이야기를 이미 발표했던 개를 소재로 한 Bâtard(사생아, 잡종이라는 뜻)라는 소편으로 4천 단어 정도의 단편을 구상했다. 그러나 그해 12월부터 이듬해 1903년 1월까지 약 2개월 동안 쓴 소설은 3만 단어를 넘는 대작이 되었다.

잭은 집필과정에 대해 편집자 존 앞으로 쓴 편지에 "이 이야기는 아주 빠르게 진행했습니다. 영국에서 돌아와 4천 단어 정도의 이야기로 시작했는데, 작품이 내 손에서 떠나 이야기를 늘이지 않을 수 없었습니다"고 말하고 있다. 여기에 쓰였듯이 잭은 《야성의 부르짖음》 집필에 들어가기 전, 영국 런던 시내의 이스트 앤드 빈민굴로 잠입취재를 갔다(이때의 체험은 그의 다른 대표작인 《밑바닥 사람들》에 반영되어 있다). 그래서 이 한 구절에서 알 수 있듯이 유럽에서 돌아와 이야기를 단기간에 한번에 써 내려간 것이다.

영화 〈야성의 부르짖음〉(1935) 한 장면

1903년 《야성의 부르짖음》 원고를 받은 맥밀런 출판사는 잭에게 보내는 편지에서 이렇게 적었다. "이 이야기는 너무나 진실하고 완벽하군요. 그래서 톰슨 시튼을 신봉하는 감상적인 대중이 이 작품을 받아들일 수 있을지 걱정됩니다." 그러면서 이 출판사는 판권을 재빨리 사들이고 대규모 판촉사업을 벌였다. 그때 '동물 이야기'를 원하는 시장이 어느 정도 형성되어 있었으므로 출판사로서는 꽤 승산 있는 도전을 한 셈이다.

탈고 직후, 이 원고의 판권은 맥밀런사에 2천 달러에 팔렸다. 또 〈새터데이 이브닝 포스트〉지에 이 작품을 연재하는 계약을 해 잭은 750달러를 손에 넣는다. 그러나 그 뒤 작품이 엄청난 반향을 불러일으키자, 이 계약들은 너무나 성급했으며 그가 살면서 저지른 가장 큰 실수라고 아쉬워하기도 한다. 사실 1903년 7월에 간행된 초판 1만 부는 불과 하루 만에 다 팔렸으며, 1903년부터 1947년 사이에 미국 전체에서 6백만 부를 팔아 베스트셀러가 된 것이다. 이러한 성공의 배후에 맥밀런사의 대규모적인 판촉계획이 있었지만, 동시대 다른 작품과 비교해도 역시 주목할 만한 작품이다.

논쟁의 대상 《야성의 부르짖음》과 《하얀 엄니》

그런데 맥밀런 출판사의 편지 내용과는 달리 실제로 시튼의 동물 이야기는 이미 인기가 떨어지고 있었다. 아마 그때 논단을 들썩이게 했던 이른바 '네이처 페이커스(nature fakers) 논쟁'도 이에 한몫했을 것이다.

네이처 페이커스 논쟁은 1903년 3월 존 배로즈가 〈애틀랜틱 먼슬리〉에서 〈진정한 동물학, 가짜 동물학〉이라는 논설문을 발표한 데서 시작되었다. 여기서 배로즈는 시튼을 비롯한 여러 자연 소설가들이 야생동물의 습성 및 행동에 관해서 쓴 내용이 공상에 바탕을 둔 허구일 뿐임을 지적하고, 그들을 '가짜 동물학자'라고 부르며 비난했다. 이에 대해 인기 작가 윌리엄 J. 롱이 배로즈를 상대로 맹렬한 반론을 펼쳤다. 이로써 여러 과학자, 지식인을 포함한 대규모 논쟁으로 발전했다. 그로부터 4년이 지난 1907년 9월, 내추럴리스트를 자처하는 루스벨트 대통령이 자꾸 길어지는

《하얀 엄니》(1906) 초판본 표지

논쟁에 종지부를 찍기 위해 〈에브리바디즈 매거진〉에 〈네이처 페이커스(자연에 대해 거짓을 꾸미는 자)〉라는 글을 기고했다. 대통령이 쓴 이 기사에서 동물에 대해 '거짓된 내용'을 기술하는 작가로서 새로이 비난받게 된 롱과 시튼 등은 작가로서의 명예에 상처를 입고, 그 뒤 미국에서는 잊힌 존재가 되어 갔다.

그리고 잭 런던도 대통령이 쓴 기사로 인해 다른 작가들과 함께 비난받았다. 이 기사가 1907년에 나온 것으로 미루어 루스벨트의 비판은 잭의 대표작인 《야성의 부르짖음》보다도 오히려 1906년에 나온 《하얀 엄니》를 겨냥한 것이었다. 이에 대해 잭은 〈코리아스〉지에 〈그 밖의 동물들(The Other Animals)〉이라는 논설문을 기고하여, 대통령뿐만 아니라 논쟁의 또 한 당사자인 배로즈에 대해서도 열렬하게 반론을 펼쳤다.

이런 소동에 휩싸였음에도 불구하고, '동물 이야기'가 유행에 조금 뒤떨어졌던 것이 다행이었는지, 혹은 지난 세대 사람인 시튼 등의 '감상적'인 동물

이야기에서 벗어나 보다 현실감 넘치는 '동물 이야기'를 원하는 독자의 잠재적인 욕구를 충족했는지는 모르나, 논쟁 중에 잊혀진 시튼 등과는 달리 잭의 동물 이야기의 인기는 그 뒤에도 계속되었다. 또 잭 본인도 제2차 세계대전을 거치며 작가로서 지명도를 잃기는 했지만, 1970년대에 들어서 다시 애니미즘이 주목받게 된다.

이렇게 보면 《야성의 부르짖음》과 《하얀 엄니》이라는 두 작품의 인기가 대단했던 덕분에 가끔 오해를 받기도 하는 일이지만, 잭 런던이라는 작가를 생각할 때 반드시 염두에 두어야 할 것은 그가 단순한 '동물 이야기' 작가가 아니라는 점이다. 물론 《야성의 부르짖음》이 잭의 출세작이 된 이유에 대해서는 19세기 후반 알래스카 투어 열풍이나 자연회귀운동, 그에 따른 '동물이야기'의 유행이라는 동시대 미국의 온갖 문화적·사회적 배경과 연관하여 생각해야만 한다. 그러나 한편으로는 그와 같은 동시대적 요구에서 멀어진 지금도 잭의 작품은 수많은 독자를 매료하고 있다.

그 이유 가운데 하나는, 잭의 풍부한 체험이나 과학적 지식이 뒷받침된 치밀한 자연 묘사 또는 인간 묘사의 기교일 것이다. 특히 《야성의 부르짖음》은 비평가들 사이에서는 동물 이야기 이상으로 인간에 관한 우화이며, '문명 비판' 이야기라는 것이 일반적 해석이다.

캘리포니아의 밀러 판사 저택에서 왕자처럼 대우받던 잡종견 벅을 사리사욕에 눈 먼 고용인이 훔쳐 썰매 개로 팔아 버린다. 그리고 증기선으로 다이에이로 건너가, 벅은 거기서 골드러시의 중심지인 도슨까지 썰매 끄는 일을 하게 된다. 엄격한 자연 환경에 적응하고 여러 주인을 거치면서 벅은 점차 야성적인 본능에 눈뜨게 된다. 그 편력 가운데 가장 인상적인 것은 세 번째로 도슨에 갈 때 등장하는 핼과 찰스, 머시디스 등 3인조일 것이다. 썰매 개에 대해 무지했던 그들은 벅 등을 무척이나 고생시킨 뒤, 무지했던 까닭에 스스로 궁지에 몰리게 된다. 녹기 시작한 강 얼음 위를 무리하게 나아간 끝에 급기야 썰매 채 물에 빠지고 만다. 이런 추태에 독자는 한심해하면서도 핼처럼 문명화한 생활에 젖어 있는 스스로를 되돌아보고 참을 수 없는 복잡한 공감을 느끼는 것은 아닐까.

이처럼 생생한 인간의 추악함과 어리석음을 냉철한 눈으로 관찰하고 예리하게 묘사해 내는 수법은 어린 시절부터 사회 밑바닥을 헤맨 잭 런던이기 때문에 가능했으며, 작가로서 진수를 보여 줄 수 있었던 것이다. 그런 뜻에서 《야성의 부르짖음》은 런던의 다른 작품, 특히 인간을 묘사한 작품과 비교하면서 읽어 봐도 재미있다.

예를 들어, 이 이야기는 가혹한 환경을 견뎌 낸 주인공이 자립해 가는 과정을 그리고 있다. 이따금 잭의 경우와 비견되어 해석되는데, '자전적' 요소를 담고 있는 작품으로는 앞서 말한 《마틴 이든》이나 《존 발리콘》, 《잭 런던 유랑기》 등도 있다. 또 모닥불 곁에서 벅이 바라본 '털 많은' 원시인의 환영을 통해, 인류

영화 〈하얀 엄니〉(1925) 포스터

의 진화에 관한 SF적 작품 《아담 이전》과의 연관성도 발견할 수 있다.

혹은 '슈퍼 도그'로 성장하는 벅의 모습에서는 잭이 생각하고 있는 니체의 '초인 사상'을 엿볼 수 있는가 하면, 한편으로는 1904년에 쓴 소설 《바다 늑대》는 잭이 그 초인적 사상을 의심하면서 쓴 작품이라 한다. 또 르포르타주인 《밑바닥 사람들》과 같은 사회 비판적 논고와, 《야성의 부르짖음》과 같은 이야기 세계와의 관련성을 생각해 보는 것도 재미있다.

이처럼 다채로운 작품들로 짜여 있는 잭 런던의 복잡한 세계관 한가운데에 《야성의 부르짖음》을 놓고 볼 때, 때로는 '단순한 구성'라는 평을 받기도 하는 이 작품에서 새로운 면모를 발견할 수 있다. 그리고 하나하나의 작품마다 그런 읽는 재미야말로 잭 런던 작품의 가장 큰 매력이다.

《하얀 엄니》는 《야성의 부르짖음》과 더불어 동물을 다룬 문학 작품 가운데 세계적으로 알려진 걸작이다. 4분의 1만 개의 피를 물려받아 북쪽 나라 황야에서 태어난 새끼늑대가 인디언의 손에 길들여진 뒤 백인에게 넘어가면서 성장해 가는 늑대의 생애를 그린 작품으로, 줄거리만으로도 매우 흥미 깊은

동물 소설이다. 그러나 인간과 늑대와의 관계에서 드러나는 적나라한 인간성이나 늑대의 눈으로 표현되는 인간을 향한 신랄하기 짝이 없는 풍자는 독자의 마음을 강하게 흔들어 놓는다.

그 밖의 주요작품들

《불 지피기》는 이름을 알 수 없는 한 남자가 죽음에 이르는 과정을 마치 바로 옆에서 보듯 생생히 그려낸다.

'사나이'가 혹독한 추위 속에서 황야를 걸어간다. 동행이라고는 개 한 마리뿐이다. 저녁 6시에는 앞서 간 동료들과 만나 따뜻한 식사를 하고 기분 좋게 쉴 수 있으리라 마음을 달래며 한 걸음 한 걸음 얼어붙은 발을 옮겨간다. 이런 혹한에 혼자 길을 떠나는 건 죽으러 가는 것과 마찬가지라고 충고한 노인이 있었으나 그는 그 말을 무시했다.

사나이는 중간 중간에 불을 지피며 얼어 죽지 않기 위해 애쓴다. 그러나 어느덧 손발은 얼어붙고 점점 감각이 없어진다. 성냥을 켜지 못할 지경에까지 이른다. 자신만만했던 사나이는 그제야 죽음의 그림자를 느낀다. 그러나 벗어날 길은 없다. 뒤따르던 개는 그 죽음을 말없이 바라보다가 곧 자기에게 따뜻한 음식과 불을 줄 다른 인간을 찾아 발길을 돌린다.

애써 잊고 있는 사실이지만, 죽음은 늘 우리 곁에 있다. 어느 순간 느닷없이 찾아오기도 하고, 반대로 인간이 스스로 죽음을 선택하기도 한다. 죽음이 닥쳐오면 인간은 지난 삶과 죽음의 의미를 곰곰이 되짚어보게 된다. 그러나 《불 지피기》는 죽음의 거창한 의미 따위에는 관심이 없다. 시간의 흐름도 과거와 미래와는 단절되어 있다. 이 작품에서 작자가 관심 있는 것은 오로지 살을 에는 엄청난 혹한 속에서 한 인간이 어떻게 얼어 죽는가이다.

그 과정을 따라가면서 작자는 주관적인 생각이나 감정 따위는 모두 배제한 채 완전히 객관적인 시각으로 서술한다. 사나이의 성급한 행동이나 실수를 비난하지 않으며 또한 점점 죽음에 다가가는 그에게 한 치의 동정심도 품지 않는다. 사나이 또한 자신에게 죽음의 그림자가 드리워지는 것을 알면서도 살려고 몸부림치거나 격렬한 심경 변화 없이 그저 덤덤히 죽음 속으로 빠져 들어간다. 《불 지피기》의 그러한 죽음 묘사는 다른 작품에서 볼 수 없는 특유의 죽음에 대한 미학(美學)을 보여준다.

《마푸히의 집》은 어느 집안에 큼직한 진주가 들어오면서 생기는 희망과 좌절을 그리고 있다. 값비싼 진주는 희망을 품게 해주지만 주위 사람의 탐욕에 의해 그 희망은 꺾이고 만다. 그저 신세한탄만 하던 그때 자연의 엄청난 힘이 섬을 휩쓸고 모든 것을 날려 버린다. 재앙 속에서 크고 작은 여러 사건이 일어나고, 가난한 사람들 손을 떠났던 진주는 돌고 돌아 다시 그들 손에 돌아온다. 얼핏 로버트 루이스 스티븐슨의 남태평양을 배경으로 한 소설들을 떠올리게 하는 유쾌한 작품이다.

《삶의 법칙》은 극한의 오지에서 너무 늙고 몸이 불편하여 부족으로부터 버림받은 어느 노인이 지난 삶을 되짚어보는 이야기다. 그는 누구보다도 용감하고 뛰어났으며 부족의 족장으로서 모두를 이끌어왔다. 스스로도 자신의 삶이 자랑스럽지만, 이제는 이렇게 무대에서 퇴장해야 하는 처지다. 자신의 삶을 돌이켜보는 노인의 심정은 슬픔이나 격정 없이 담담하기만 하다. 이렇게 상념에 빠져 있는 동안 늑대 무리가 노인을 둘러싼다. 점점 거리를 좁혀오는 늑대들을 쫓으려 애쓰지만 어느새 장작도 다 떨어지고 죽음은 피할 수 없다. 노인은 스스로에게 묻는다. 왜 삶에 미련을 두는가? 결국 아무려면 어떤가. 이것 또한 삶의 법칙이거늘.

《잃어버린 체면》은 원주민에게 포로로 잡힌 한 남자가 끔찍한 고문을 피하려고 모두를 속여 넘긴 뒤 단칼에 처형되는 이야기다. 탈출이 아니라 고통 없는 죽음을 맞기 위해 필사적으로 머리를 굴린다는 그 주제는 무척이나 신선한 충격을 준다. 한껏 기세등등했던 원주민은 남자가 어이없게 죽어 버리는 바람에 오히려 체면을 구기고 만다. 독자들까지도 작가에게 속아 넘어간 묘한 기분을 느끼게 된다.

《미다스의 노예들》은 폭력적인 무정부주의자들로 이루어진 비밀집단의 냉혹하고 섬뜩한 실체를 마치 독자에게 경고하듯 그리고 있다.

《그림자와 섬광》은 문학의 오래된 모티프, 곧 보이지 않는 존재가 될 수 있는 가능성에 관한 이야기를 새롭고 풍부하게 표현했다.

잭 런던 연보

1876년	1월 12일, 잭 런던은 점성술사인 W.H. 체이니와 플로라 사이에서 태어났으나, 아버지인 체이니가 아들로 인정하지 않아 두 사람은 헤어졌다. 어머니 플로라는 9월에 존 런던과 결혼. 의붓아버지의 성을 따라 존 그리피스 런던이라 불림.
1878년 (2세)	캘리포니아 오클랜드로 이주. 아버지 존은 식료잡화점을 경영.
1881년 (5세)	아버지의 식료잡화점 경영 부진으로 파산. 앨러미다의 농장으로 이주.
1882년 (6세)	샌프란시스코 남부의 샌 머테이오 시에 있는 작은 농장으로 이주.
1884년 (8세)	샌프란시스코 만 동쪽에 있는 리버모어의 작은 농장으로 이주. 아버지의 양계업 실패.
1886년 (10세)	오클랜드로 돌아옴. 잭은 신문배달 등을 하면서도 오클랜드 시립도서관에서 독서에 열중함.
1891년 (15세)	중학교 졸업. 굴 양식장에서 불법으로 고기잡이를 함.
1892년 (16세)	캘리포니아 불법어획 감시원으로 임명됨.
1893년 (17세)	일본 동부 오가사와라 섬이나 베링 해역을 항해하는 어선에서 8개월 남짓 일하며 당시 불법인 바다표범 사냥에도 참여함.
1894년 (18세)	워싱턴으로 향하는 캘리 노동자집단 행진에 참가. 도중에 이탈해 미국과 캐나다를 방랑. 도중에 나이아가라 부근에서 체포되어 30일간 징역을 살았음.
1895년 (19세)	고등학교 입학. 학교 신문에 단편 등을 기고함.
1896년 (20세)	사회주의노동당에 입당. 고등학교를 중퇴하고 캘리포니아 대

	학교 버클리 캠퍼스에 입학.
1897년(21세)	캘리포니아 대학 중퇴. 세탁소일을 함. 클론다이크 지방에서 일어난 골드러시에 끼어듦.
1898년(22세)	괴혈병에 걸려 오클랜드에 돌아옴. 가난한 가계를 지탱하기 위해 집필활동 재개. 〈오버랜드 먼슬리〉지에 단편 《길 떠나는 자에게》 발표.
1899년(23세)	12월 〈애틀랜틱 먼슬리〉지에 《북방의 오디세이》가 실리고 원고료 120달러를 받음. 단편집 출판 이야기가 나옴.
1900년(24세)	4월, 베시 매던과 결혼. 단편집 《늑대의 아들》 간행.
1901년(25세)	1월, 딸 존 태어남. 오클랜드 시장선거에 낙선.
1902년(26세)	보어전쟁 보도 목적으로 AP통신사에서 남아프리카에 파견되기로 했지만 갑자기 계획이 취소됨. 영국 런던 이스트 빈민굴에서의 현지조사를 함. 10월, 딸 베스 태어남. 장편 《눈의 딸》, 단편집 《서리의 아이들》 간행.
1903년(27세)	아내 베시와 별거. 《야성의 부르짖음》 발표. 런던 빈민굴에서의 경험을 기본으로 한 현지보고 《밑바닥 사람들》 발표.
1904년(28세)	신문특파원으로 한국을 방문하고, 러일전쟁을 취재. 장편 해양소설 《바다 늑대》 발표, 베스트셀러가 됨.
1905년(29세)	11월, 아내 베시와 이혼. 이미 수년 전부터 동거한 샤미안과 재혼. 캘리포니아 주 글렌 엘런에 농장을 구입. 사회주의적 에세이집 《계급투쟁》이 좋은 평판을 얻음.
1906년(30세)	장편 《하얀 엄니》 발표. 범선 스나크호를 만들기 시작하고 7년간 세계일주 항해를 계획함.
1907년(31세)	스나크호로 하와이, 마르키즈 제도, 타히티를 여행함. 장편 《아담 이전》, 1894년 방랑 경험을 기본으로 한 《길》 등 발표.
1908년(32세)	스나크호로 솔로몬 제도를 여행함. 열대병에 걸려 오스트레일리아의 시드니에서 입원생활을 함. 12월에 장기여행을 단념함. 장편 《강철군화》 발표.
1909년(33세)	7월, 글렌 엘런으로 돌아옴. 자전적 소설 《마틴 이든》 발표.

1910년(34세) 평론집《혁명》발표.
1911년(35세) 여행기《스나크호 순항기》, 단편집《남해 이야기》, 소설《모험》등 발표.
1912년(36세) 아내 샤미안과 데리고호로 볼티모어, 시애틀, 혼 곶을 항해함. 단편집《태양의 아들》발표.
1913년(37세) 자전적 작품《존 발리콘》발표.
1914년(38세) 〈콜리어스〉지 통신원으로서 멕시코 혁명을 취재. 장편《엘시노어의 반란》발표.
1915년(39세) 2월부터 약 5개월을 하와이에서 보냄. 일단 캘리포니아로 돌아왔다가 12월에 다시 하와이로 감. 중편《적사병》《별 방랑자》발표.
1916년(40세) 8월, 캘리포니아 글렌 엘런으로 돌아옴. 11월 22일 죽음. 사인에 대해서 여러 설은 있지만, 예전부터 주류를 이룬 자살설은 최근에는 부정적임. 요독증의 고통 완화를 위해 모르핀을 과다 사용했다는 것이 간접적인 원인, 직접적인 사인은 심장발작이라는 설이 유력함.

옮긴이 박상은
이화여자대학교 영문과를 졸업하고 같은 대학교 교육대학원에서 석사학위를 받았다. 미국대사관에서 근무한 뒤 중고등학교에서 영어교사를 역임했다. 옮긴책 조안 해리스 《젠틀맨 플레이어》 알리 스미스 《소녀, 소년을 만나다》 로버트 벨라르드 《C.S.루이스와 함께한 하루》 앤드류 카네기 《성공한 CEO에서 위대한 인간으로》 존 라이트 《뉴욕타임스가 선정한 교양》 오켈리 《인생이 내게 준 선물》 스펜서 《행복인 줄도 모르고 놓쳐버린 것들》 《빌 브라이슨 발칙한 미국학》 등이 있다.

World Book
214

Jack London
THE CALL OF THE WILD/WHITE FANG
야성의 부르짖음/하얀 엄니
잭 런던/박상은 옮김
1판 1쇄 발행/2013. 1. 20
발행인 고정일
발행처 동서문화사
창업 1956. 12. 12. 등록 16-3799
서울 강남구 도산대로 163 (신사동)
☎ 546-0331~6 (FAX) 545-0331
www.dongsuhbook.com

잘못 만들어진 책은 바꾸어 드립니다.
*
이 책의 출판권은 동서문화사가 소유합니다.
의장권 제호권 편집권은 저작권 법에 의해 보호를 받는 출판물이므로 무단전재와 무단복제를 금합니다.
이 책의 법적문제는 「하재흥법률사무소 jhha@naralaw.net」에서 전담합니다.
사업자등록번호 211-87-75330
ISBN 978-89-497-0806-5 04080
ISBN 978-89-497-0382-4 (세트)